LEXIQUE

ANGLAIS — FRANÇAIS

**Termes techniques
à l'usage des biologistes**

L'impression de ce travail a été rendue possible
grâce à l'aide financière conjointe
du Secrétariat d'État du Gouvernement canadien
et du Ministère des Collèges et Universités de l'Ontario.

ISBN-0-7766-8004-8

J. VAILLANCOURT, B. Sc., M. Sc., Ph.D.

Professeur agrégé
Département de Biologie
Université d'Ottawa

LEXIQUE

ANGLAIS — FRANÇAIS

Termes techniques
à l'usage des biologistes

ÉDITIONS DE L'UNIVERSITÉ D'OTTAWA
Ottawa, K1N 6N5 (Ontario), Canada
1978

« Voulez-vous apprendre les sciences avec facilité ?
Commencez par apprendre la langue. »

Étienne Bonnot, Abbé de Condillac
1715-1780 *(Traité des systèmes)*

INTRODUCTION

Les biologistes étudiants ou diplômés, doivent souvent consulter ou rédiger des textes scientifiques anglais. C'est surtout et avant tout à leur intention que ce lexique a été préparé. Cependant, les scientifiques de toutes disciplines pourront tirer avantage de cet ouvrage. C'est du moins ce que nous souhaitons. Bien que l'anglais ait servi de base à la préparation du lexique, l'index français qui constitue la deuxième partie du travail permettra à l'usager de retrouver facilement les équivalences anglaises des termes français.

On pourra peut-être reprocher à cet ouvrage l'utilisation de domaines qui peuvent paraître peu conventionnels au linguiste et au non-initié aux sciences biologiques. Il nous a paru préférable, dans certains cas, de relier un terme à un embranchement, à une classe, à un ordre ou à un groupe particulier d'animaux ou de plantes plutôt qu'à un domaine habituellement reconnu et utilisé dans un ouvrage du même genre. Ainsi, à titre d'exemple, les mots « mastax » et « protopodite » ont été reliés respectivement aux « domaines » des *Rotifères* et des *Crustacés* de préférence au très vaste domaine de la *Zoologie*.

On n'a pas cru nécessaire, sauf pour quelques rares exceptions, d'indiquer le pluriel des noms sachant que la règle générale veut que les substantifs prennent un *s* ou un *x* au pluriel. Les exceptions à cette règle ont été clairement indiquées. Exemple : œil *(m.)*, pluriel : yeux *(m.)*.

Les adjectifs masculins qui prennent une forme différente au féminin sont suivis d'un (-) lui-même suivi de la terminaison appropriée. Exemple : crânien, -enne *(adj.)*.

Certains adjectifs qui varient au féminin et au pluriel sont d'abord suivis par la terminaison qui s'applique au genre féminin puis par la terminaison de la forme plurielle. Exemple : épidural, -e, -aux *(adj.)*.

Pour le dévouement de son personnel et sa collaboration remarquable, l'auteur remercie de façon tout à fait spéciale la direction et le personnel du Centre d'informatique de l'Université d'Ottawa. L'auteur désire également remercier très sincèrement tous ceux qui, par leurs encouragements, leurs conseils et leurs critiques objectives et désintéressées, ont rendu possible la réalisation de ce lexique.

LISTE DES ABRÉVIATIONS UTILISÉES DANS CET OUVRAGE

Acanthoc.	Acanthocéphales	*lat.*	latin
adj.	adjectif	*Limnol.*	Limnologie
adv.	adverbe ou adverbial, -e	*loc.*	locution
Agnath.	Agnathes	*m.*	masculin
Algol.	Algologie	*Mamm.*	Mammifères
Agric.	Agriculture	*Méd.*	Médecine
Amph.	Amphibiens	*Micr.*	Microscopie
Anat.	Anatomie	*Microbiol.*	Microbiologie
Anat. comp.	Anatomie comparée	*Microtech.*	Microtechnique
Ann.	Annélides	*Moll.*	Mollusques
Anthropol.	Anthropologie	*Mycol.*	Mycologie
Arachn.	Arachnides	*Myr.*	Myriapodes
Art vétér.	Art vétérinaire	*n.*	nom
Arthrop.	Arthropodes	*n. pr.*	nom propre
Bactériol.	Bactériologie	*Ném.*	Nématodes
Biochim.	Biochimie	*Océanogr.*	Océanographie
Biol.	Biologie	*Ong.*	Ongulés
Biol. cell.	Biologie cellulaire	*Ornith.*	Ornithologie
Biol. mar.	Biologie marine	*Paléont.*	Paléontologie
Bot.	Botanique	*Parasitol.*	Parasitologie
Bryoz.	Bryozoaires	*Pathol.*	Pathologie
Céphal.	Céphalocordés	*Pêch.*	Pêcheries
Chim.	Chimie	*Pédol.*	Pédologie
Climatol.	Climatologie	*Pharmacol.*	Pharmacologie
Coelent.	Coelentérés	*Physiol.*	Physiologie
Comport.	Comportement	*Physiopathol.*	Physiopathologie
Crust.	Crustacés	*Physiq.*	Physique
Crypt.	Cryptogamie	*Phytopathol.*	Phytopathologie
Cytol.	Cytologie	*pl.*	pluriel
Démogr.	Démographie	*Plath.*	Plathelminthes
Echinod.	Echinodermes	*Protoz.*	**Protozoologie**
Ecol.	Ecologie	*Rad.*	Radiolaires
Embryol.	Embryologie	*Radio-biol.*	Radio-biologie
Entom.	Entomologie	*Rept.*	Reptiles
Env.	Environnement	*Rotif.*	Rotifères
Evol.	Evolution	*Sérol.*	Sérologie
ex.	exemple	*Spong.*	Spongiaires
f.	féminin	*Statist.*	Statistique
Flag.	Flagellés	*Syst.*	Systématique
Génét.	Génétique	*Tech.*	**Technique**
Géol.	Géologie	*Tératol.*	Tératologie
Géogr.	Géographie	*Toxicol.*	Toxicologie
Hématol.	Hématologie	*Tun.*	Tuniciés
Herpétol.	Herpétologie	*v. intr.*	verbe intransitif
Histol.	Histologie	*v. pron.*	verbe pronominal
Ichtyol.	Ichtyologie	*v. tr.*	verbe transitif
Immunol.	Immunologie	*Vert.*	Vertébrés
Infus.	Infusoires	*Zool.*	Zoologie
Invert.	Invertébrés	*Zootechn.*	Zootechnie
Lamell.	Lamellibranches		

A

1. **abacterial** — *Microbiol.* abactérien, -enne *(adj.).*

2. **abactinal** — Voir: **aboral.**

3. **abambulacral** — *Echin.* aboral, -e, -aux *(adj.).*

4. **abaxial** — *Bot.* désaxé, -e *(adj.).*

5. **abdomen** — *Anat., Zool.* abdomen *(m.).*

6. **abdominal** — *Anat., Zool.* abdominal, -e, -aux *(adj.).*

7. **abdominal pore** — *Anat.* comp. pore *(m.)* abdominal.

8. **abducens nerve** — *Anat.* nerf *(m.)* abducteur de l'oeil, nerf *(m.)* oculaire externe.

9. **abducent** — *Anat., Physiol.* abducteur *(n. m. et adj.).*

10. **abduction** — *Anat., Physiol.* abduction *(f.).*

11. **abductor** — *Anat., Physiol.* abducteur *(n. m. et adj.).*

12. **abiogenesis** — *Biol.* abiogenèse *(f.),* archébiose *(f.),* archigonie *(f.),* génération *(f.)* spontanée.

13. **abiogenetic** — *Biol.* abiogénique *(adj.).*

14. **abiosis** — *Biol.* abiose *(f.).*

15. **abiotic** — *Biol.* abiotique *(adj.).*

16. **abomasum** — *Anat.* comp. abomasum *(m.),* caillette *(f.).*

17. **aboral** — *Zool.* aboral, -e, -aux *(adj.).*

18. **abortion** — *Méd., Physiol.* avortement *(m.).*

19. **abscisin** — *Bot.* abscissine *(f.).*

20. **abscission layer** — *Bot.* assise *(f.)* de séparation.

21. **absorption** — *Physiol.* absorption *(f.).*

22. **abundance** — *Ecol.* abondance *(f.).*

23. **abyssal** — *Océanogr.* abyssal, -e, -aux *(adj.).*

24. **abyssal region** — *Ecol., Océanogr.* zone *(f.)* abyssale.

25. **acarina** — *Arthrop.* acarien *(m.),* acaride *(m.).*

26. **acaudal** — *Anat. comp.* acaudé, -e *(adj.).*

27. **acaudate** — Voir: **acaudal.**

28. **acaulous** — *Bot.* acaule *(adj.).*

29. **acceptance region** — *Statist.* région *(f.)* d'acceptation.

30. **accessory** — *Biol.* accessoire *(n. m. et adj.).*

31. **accessory chromosome** — *Génét.* chromosome *(m.)* accessoire.

32. **acclimatation** — *Ecol.*
    acclimatation *(f.)*,
    acclimatement.

33. **acclimatization** — Voir:
    acclimatation.

34. **acclimatize** (to) — *Ecol.*
    acclimater *(v. tr.)*

35. **accommodation** —
    Physiol. accommodation
    (f.).

36. **accretion** — *Physiol.*
    apposition *(f.)*.

37. **acculturation** —
    Comport. acculturation
    (f.).

38. **accuracy** — *Statist.*
    précision *(f.)*.

39. **acentric** — *Génét.*
    acentrique *(adj.)*.

40. **acephalic** — Voir:
    acephalous.

41. **acephalous** — *Zool.*
    acéphale *(adj.)*.

42. **acervate** — *Bot.* qui croît
    en grappe.

43. **acervulus** — *Bot.*
    acervule *(m.)*, acervulus
    (m.); *Histol.* acervule
    (m.), acervulus *(m.)*,
    sable *(m.)* cérébral.

44. **acetabulum** — *Anat.*,
    Zool. acetabulum *(m.)*,
    acétabule *(f.)*, cavité *(f.)*
    cotyloïde. *Bot.*
    acetabulum *(m.)*,
    acétabule *(f.)*, réceptacle
    (m.) (de champignon).

45. **acetylcholine** —
    Biochim., Physiol.
    acétylcholine *(f.)*.

46. **acetylcholinesterase** —
    Biochim.
    acétylcholinestérase *(f.)*.

47. **acetylgalactosamine** —
    Biochim.
    acétylgalactosamine *(f.)*,
    acétilgalactosamine *(f.)*.

48. **achene** — Voir: akene.

49. **acheulean** — *Paléont.*
    acheuléen, -enne *(adj.)*.

50. **acheulian** — Voir:
    acheulean.

51. **Achilles tendon** — *Anat.*
    tendon *(m.)* d'Achille.

52. **achlamydeous** — *Bot.*
    apérianthé, -e *(adj.)*.

53. **achromatic spindle** —
    cytol. fuseau *(m.)*
    achromatique.

54. **achromatin** — *Cytol.*
    achromatine *(f.)*.

55. **achromatism** — *Cytol.*
    achromatisme *(m.)*.

56. **acicular** — *Bot.*
    aciculaire *(adj.)*.

57. **aciculate** — *Zool.*
    aciculé, -e, *(adj.)*

58. **aciculum** — *Ann.* acicule
    (m.).

59. **acid dye** — *Microtech.*
    colorant *(m.)* acide.

60. **acidian tadpole** — *Zool.*
    larve *(f.)* d'ascidie,
    têtard *(m.)* d'ascidie.

61. **acidophil** — *Hématol.*,
    Histol. acidophile *(adj.)*,
    éosinophile *(adj.)*.

62. **aciform** — *Bot.* aciforme
    (adj.), aciculiforme
    (adj.).

63. **acini** — Voir: **acinus.**

64. **acinose** — Voir: **acinous.**

65. **acinous** — *Anat., Bot.*
    acineux, -euse *(adj.)*.

66. **acinous glands** — *Histol.*
glandes *(f.)*
conglomérées, glandes
(f.) en grappes.

67. **acinus** — *Bot., Histol.*
acinus *(m.)*, acine *(m.).*

68. **acoelomata** — *Zool.*
acoelomates *(m.).*

69. **acoelomate** — *Zool.* sans
coelome *(m.).*

70. **acontium** — *Coelent.*
acontie *(f.).*

71. **acorn** — *Bot.* gland *(m.).*

72. **acorn-barnacle** — *Crust.*
balane *(f.)*, balanus
(m.).

73. **acorn-bearing** — *Bot.*
glandifère *(adj.)*, *Zool.*
balanophore *(adj.).*

74. **acorn-cup** — *Bot.* cupule
(f.).

75. **acorn eating** — *Zool.*
balanophage *(adj.)*,
glandivore *(adj.).*

76. **acorn-shaped** — *Biol.*
glandiforme *(adj.).*

77. **acorn-shell** — *Crust.*
balane *(f.)*, balanus
(m.).

78. **acoustic** — *Physiol.*
acoustique *(adj.).*

79. **acoustic nerve** — *Anat.*
nerf *(m.)* acoustique,
nerf *(m.)* auditif.

80. **acoustico-lateralis
system** — *Anat. comp.*
système *(m.)* acoustico-
latéral.

81. **acquired** — *Génét.*
acquis, -ise *(adj.).*

82. **acquired character** —
Génét. caractère *(m.)*
acquis.

83. **acrania** — *Zool.*
acraniens *(m.).*

84. **acridology** — *Entom.*
acridologie *(f.).*

85. **acrocentric** — *Génét.*
acrocentrique *(adj.).*

86. **acrocentrometric** —
Voir: **acrocentric.**

87. **acrocephaly** —
Anthropol. acrocéphalie
(f.).

88. **acrodont** — *Herpétol.*
acrodonte *(n. m. et adj.).*

89. **acrolein** — *Chim.*
acroléine *(f.).*

90. **acromegaly** — *Physiol.*
acromégalie *(f.).*

91. **acromion process** —
Anat. comp. acromion
(m.).

92. **acro-osteolyse** — *Méd.*
acroostéolyse *(f.).*

93. **acropetal** — *Bot.*
acropète *(adj.).*

94. **acrosomal vesicle** —
Histol. vésicule *(f.)*
acrosomiale.

95. **acrosome** — *Cytol.*
acrosome *(m.)*, bouton
(m.) céphalique, coiffe
(f.) céphalique.

96. **acrotrophic ovariole** —
Entom. ovariole *(f.)*
acrotrophique.

97. **A.C.T.H.** — *Physiol.*
corticostimuline *(f.)*,
adrénocorticotrophine
(f.), adrénotrophine *(f.)*,
hormone *(f.)*
corticotrope, hormone
(f.) adrénocorticotrope,
corticotrophine *(f.)*,
A.C.T.H. *(f.).*

98. **actinia** — *Coelent.* actinie *(f.)*, anémone *(f.)* de mer.

99. **actinomorphic** — *Bot.* actinomorphe *(adj.)*; *Zool.* à symétrie *(f.)* radiale.

100. **actinomycetes** — *Mycol.* actinomycètes *(m. pl.)*.

101. **actinopterygii** — *Ichtyol.* actinoptérygiens *(m. pl.)*.

102. **actinothermic index** — *Ecol.* indice *(m.)* actinothermique.

103. **actinotrichia** — *Ichtyol.* actinotriches *(m. pl.)*.

104. **actinozoa** — Voir: **anthozoa.**

105. **actinula** — *Coelent.* actinule *(f.)*.

106. **action potential** — *Physiol.* potentiel *(m.)* d'action.

107. **action spectrum** — *Bot.* spectre *(m.)* d'action.

108. **activation** — *Physiol.* activation *(f.)*.

109. **active center** — *Biochim.* site *(m.)* actif.

110. **active immunotherapy** — *Biol.* immunothérapie *(f.)* active.

111. **active site** — Voir: **active center.**

112. **active transport** — *Physiol.* transport *(m.)* actif.

113. **actograph** — *Physiol.* actographe *(m.)*.

114. **acumen** — *Bot.* pointe *(f.)*.

115. **acute** — *Bot., Physiol., Zool.* aigu, -ë *(adj.)*.

116. **adamantoblast** — *Cytol.* adamantoblaste *(n.m.)*.

117. **adambulacral ossicle** — Voir: **adambulacral plate.**

118. **adambulacral plate** — *Echinod.* plaque *(f.)* adambulacraire.

119. **adambulacral spine** — *Echinod.* piquant *(m.)* adambulacraire.

120. **adaptation** — *Ecol., Génét., Physiol.* adaptation *(f.)*.

121. **adduction** — *Anat., Physiol.* adduction *(f.)*.

122. **adductor** — *Anat., Physiol.* adducteur *(n. m. et adj.)*.

123. **adenohypophysis** — *Histol.* adénohypophyse *(f.)*.

124. **adenopituicyte** — *Histol.* adénopituicyte *(m.)*.

125. **adenosine diphosphate** — *Biochim.* adénosine-diphosphate *(m.)*, acide *(m.)* adénosine-diphosphorique, A.D.P. *(m.)*.

126. **adenosine triphosphate** — *Biochim.* adénosine-triphosphate *(m.)*, acide *(m.)* adénosine-diphosphorique, A.T.P. *(m.)*.

127. **adephaga** — *Entom.* adéphages *(n. m. pl.)*.

128. **adipose** — *Anat., Histol.* adipeux, -euse *(adj.)*.

129. **adipose fin** — *Ichtyol.*
nageoire *(f.)* adipeuse.

130. **adipose tissue** — *Histol.*
tissu *(m.)* adipeux.

131. **adipsia** — *Physiol.*
adipsie *(f.)*.

132. **adjustor neurone** —
Anat., Physiol. neurone
(m.) intercalaire.

133. **adlittoral** — *Océanogr.*
adlittoral, -e, -aux *(n. m.
et adj.)*.

134. **adnate** — *Bot.* adhérent,
-e *(adj.)*, adné, -e *(adj.)*,
coadné, -e *(adj.)*.

135. **adoral** — *Zool.* adoral, -e,
-aux *(adj.)*.

136. **A.D.P.** — Voir:
adenosine diphosphate.

137. **adradial** — *Coelent.*
adradiaire *(adj.)*.

138. **adrenal cortex** — *Anat.,
Histol., Physiol.* cortex
(m.) surrénalien.

139. **adrenal gland** — *Anat.,
Physiol.* glande *(f.)*
surrénale, capsule *(f.)*
surrénale, surrénale *(f.)*.

140. **adrenalin** — *Physiol.*
adrénaline *(f.)*,
épinéphrine *(f.)*.

141. **adrenergic** — *Physiol.*
adrénergique *(adj.)*.

142. **adrenocorticotrophic** —
Voir:
adrenocorticotropic.

143. **adrenocorticotropic** —
Physiol. surrénalotrope
(adj.). (Voir aussi:
A.C.T.H.).

144. **adrenocorticotropic
hormone** — Voir:
A.C.T.H.

145. **adrenotropic** — Voir:
adrenocorticotropic.

146. **adsorbtion** — *Bot., Ecol.*
adsorption *(f.)*.

147. **adult** — *Zool.* adulte *(n.
m. et adj.)*.

148. **adventitia** — *Histol.*
adventice *(f.)*, tunique
(f.) adventice, couche
(f.) adventice.

149. **adventitious** — *Bot.*
adventif, -ive *(adj.)*.

150. **adventitious root** — *Bot.*
racine *(f.)* adventive.

151. **aeciospore** — *Mycol.*
écidiospore *(f.)*,
éciospore *(f.)*.

152. **aecium** — *Mycol.* écie
(f.), écidie *(f.)*.

153. **aegithognathous** — *Anat.
comp., Ornith.*
aegithognathe *(adj.)*.

154. **aepyornis** — *Paléont.*
aepyornis *(m.)*.

155. **aeration** — *Ecol.* aération
(f.); Physiol.
artérialisation *(f.)* (du
sang).

156. **aerenchyma** — *Bot.*
aérenchyme *(m.)*.

157. **aerial** — *Bot., Physiol.,
Zool.* aérien, -enne
(adj.).

158. **aerobe** — *Bactériol.*
aérobie *(n. m. et adj.)*,
aérobionte *(m.)*.

159. **aerobic** — Voir: **aerobe.**

160. **aerobiosis** — *Bactériol.,
Physiol.* aérobiose *(f.)*.

161. **aeroembolism** — *Méd.,
Biol. mar.*
aéroembolisme *(m.)*.

5

162. **aerogenic** — *Ecol., Méd.*
aérogène *(adj.).*

163. **aerosol** — *Env.* aérosol
(m.).

164. **aesthetasc** — *Arthrop.*
aesthétasc *(m.).*

165. **aesthete** — *Moll.* esthète
(m.).

166. **aestivate** — Voir:
estivate.

167. **aestivation** — Voir:
estivation.

168. **affectivity** — *Comport.*
affectivité *(f.).*

169. **afferent** — *Anat., Physiol.*
afférent, -e *(adj.).*

170. **affinity** — *Génét.* affinité
(f.)

171. **affluent blood** — *Physiol.*
sang *(m.)* affluent.

172. **afterbirth** — *Embryol.*
placenta *(m.).*

173. **after-ripening** — *Bot.*
surmaturation *(f.).*

174. **aftershaft** — Voir:
hyporachis.

175. **agamete** — *Protoz.*
mérozoïte *(m.),*
schizozoïte *(m.).*

176. **agamogony** — Voir:
schizogony.

177. **agamont** — Voir:
schizont.

178. **agar-agar** — *Bactériol.,*
Biochim. agar-agar
(m.)., gélose *(f.).*

179. **agarose** — *Biochim.*
agarose *(m.).*

180. **age distribution** — *Ecol.*
distribution *(f.)* des
âges.

181. **age pyramid** — *Ecol.*
pyramide *(f.)* des âges.

182. **agglutinant** — *Bactériol.,*
Hématol. agglutinant *(n.*
m. et adj.).

183. **agglutination** —
Bactériol., Hématol.
agglutination *(f.).*

184. **agglutinin** — *Bactériol.,*
Hématol. agglutinine
(f.).

185. **aggregation** — *Ecol.*
agrégation *(f.).*

186. **Aggressivity** — *Comport.*
aggressivité *(f.).*

187. **agnatha** — *Zool.*
agnathes *(m. pl.).*

188. **agnosia** — *Physiol.*
agnosie *(f.).*

189. **aggradation** — *Pédol.*
agradation *(f.).*

190. **agranular leucocyte** —
Cytol. leucocyte *(m.)*
hyalin.

191. **agranular reticulum** —
Histol. réticulum *(m.)*
lisse.

192. **agregate** — *Pédol.*
agrégat *(m.).*

193. **agrobiology** — *Agric.*
agrobiologie *(f.).*

194. **agroecosystem** — *Ecol.,*
Env. agroécosystème
(m.).

195. **air bladder** — *Ichtyol.*
vessie *(f.)* natatoire.

196. **air chamber** — *Bot.*
chambre *(f.)* sous-
stomatique, chambre
(f.) aérifère (de
l'hépatique).

197. **air pollution** — *Ecol.*, *Env.* pollution *(f.)* atmosphérique.

198. **air sac** — *Entomol.*, *Ornith.* sac *(m.)* aérien.

199. **air space** — *Bot.* lacune *(f.)* (d'un faisceau libéro-ligneux), chambre *(f.)* sous-stomatique (d'un stomate).

200. **akene** — *Bot.* akène *(m.)*, achène, achaine *(m.)*.

201. **akinete** — *Bot.* akinète *(f.)*.

202. **alar** — *Bot.* axillaire *(adj.)*; *Ornith.* alaire *(adj.)*.

203. **alarm substance** — *Comport.* substance *(f.)* d'alarme.

204. **alary muscle** — *Entom.* muscle *(m.)* aliforme.

205. **alate** — *Entom.* ailé, -e *(adj.)*.

206. **alated** — Voir: **alate.**

207. **albinism** — *Génét.* albino *(m.)*.

208. **albinotic pearl** — *Moll.* pupure *(f.)*.

209. **albumen** — *Bot.* albumen *(m.)*; *Zool.* albumen *(m.)*, blanc *(m.)* d'oeuf.

210. **albumine** — *Biochim.*, *Embryol.* albumine *(f.)*.

211. **aldosteron** — *Biochim.* aldostérone *(f.)*.

212. **aleurone** — *Biochim.*, *Bot.* aleurone *(f.)*.

213. **aleurone grain** — *Bot.* grain *(m.)* d'aleurone.

214. **aleurone-plast** — Voir: **aleuroplast.**

215. **aleuro-plast** — Voir: **aleuroplast.**

216. **aleuroplast** — *Bot.* grain *(m.)* d'aleurone.

217. **algal** — *Algol.* algacé, -e *(adj.)*, algal, -e, -aux *(adj.)*.

218. **algaecide** — *Ecol. Env.* algicide *(n. m. et adj.)*.

219. **algicide** — Voir: **algaecide.**

220. **alga** — *Algol.*, *Bot.* algue *(f.)*.

221. **alimentary** — *Ecol.*, *Physiol.* alimentaire *(adj.)*.

222. **alimentary canal** — *Anat.*, *Physiol.* canal *(m.)* alimentaire, tube *(m.)* digestif, tube *(m.)* alimentaire.

223. **alisphenoid bone** — *Anat. comp.* canal *(m.)* alisphénoïde.

224. **alkaline phosphatase** — *Biochim.* phosphatase *(f.)* alcaline.

225. **alkaloid** — *Biochim.* alcaloïde *(m.)*.

226. **allantoic** — *Embryol.* allantoïque *(adj.)*, allantoïdien, -enne *(adj.)*.

227. **allantoic bladder** — *Amph.*, *Embryol.* vessie *(f.)* allantoïdienne, vessie *(f.)* allantoïde.

228. **allantoic canal** — *Anat. comp.* canal *(m.)* allantoïde, canal *(m.)* allantoïdien.

229. **allantoic duct** — Voir: **allantoic canal.**

230. **allantoic placenta** —
Embryol. placenta *(m.)*
allantoïde, placenta *(m.)*
allantoïdien.

231. **allantois** — *Embryol.*
allantoïde *(n. f. et adj.)*,
membrane *(f.)*
allantoïde.

232. **Allee's principle** — *Ecol.*
principe *(m.)* d'Allee.

233. **allele** — *Génét.* allèle
(m.), gène *(m.)*
allélomorphe.

234. **allelic** — *Génét.* allélique
(adj.).

235. **allelism** — *Génét.*
allélisme *(m.)*.

236. **allelochemic** — *Ecol.*
allélochimique *(adj.)*.

237. **allelochemistry** — *Ecol.*
allélochimie *(f.)*.

238. **allelomorph** — *Génét.*
allélomorphe *(n. m. et
adj.)*.

239. **allelomorph genes** —
Génét. gènes *(m.)*
allélomorphes.

240. **allergenic** — *Méd.*
allergisant, -e *(adj.)*.

241. **allergenicity** — *Méd.*
allergénicité *(f.)*.

242. **allergology** — *Méd.*
allergologie *(f.)*.

243. **allergy** — *Méd., Physiol.*
allergie *(f.)*.

244. **alligator** — *Herpétol.*
alligator *(m.)*.

245. **alloantibody** — *Immunol.*
alloanticorps *(m.)*.

246. **allochtonous
development** — *Pédol.*
allochtonie *(f.)*.

247. **allodiploid** — *Génét.*
allodiploïde *(m.)*

248. **allogamous** — *Bot.*
allogame *(adj.)*.

249. **allogamy** — *Bot.*
allogamie *(f.)*.

250. **allohaploid** — *Génét.*
allohaploïde *(m.)*.

251. **alloimmunization** —
Génét. allo-
immunisation *(f.)*.

252. **allomone** — *Comport.*
allomone *(f.)*.

253. **allopatric** — *Ecol., Génét.*
allopatrique *(adj.)*.

254. **allopatric speciation** —
Ecol. spéciation *(f.)*
allopatrique.

255. **allopatry** — *Ecol.*
allopatrie *(f.)*.

256. **alloploid** — *Génét.*
alloploïde *(m.)*.

257. **allopolyploid** — *Génét.*
allopolyploïde *(adj.)*.

258. **allopolyploidy** — *Génét.*
allopolyploïdie *(f.)*.

259. **all-or-none law** —
Physiol. loi *(f.)* du tout
ou rien.

260. **allosome** — *Génét.*
allosome *(m.)*,
hétérochromosome *(m.)*.

261. **allosteric protein** —
Biochim., Génét.
protéine *(f.)*
allostérique.

262. **allostery** — *Biochim.*
allostérie *(f.)*.

263. **allosyndesis** — *Génét.*
allosyndèse *(f.)*.

264. **allotetraploid** — *Génét.*
allotétraploïde *(adj.)*.

265. **allotetraploidy** — *Génét.*
allotétraploïdie *(f.)*.

266. **allotype** — *Génét.*
allotype *(m.)*.

267. **alluvial deposits** — *Ecol.*
alluvions *(m. pl.)*.

268. **alpha** — *Comport.* alpha
(m.) (individu
dominant dans une
société animale).

269. **alpha acidophil** — Voir:
orangeophil.

270. **alteralogy** — *Ecol.*
altéralogie *(f.)*.

271. **alterametry** — *Env.*
altéramétrie *(f.)*.

272. **alternation** (of
generations) — *Bot.,*
Zool. alternance *(f.)*
(des générations).

273. **alternative distribution** —
Génét. distribution *(f.)*
alternée.

274. **altricial** — *Ornith.*
nidicole *(adj.)*.

275. **alula** — *Entom.* cuilleron
(m.); *Ornith.* alula *(f.)*,
allule *(f.)*, aile *(f.)*
bâtarde.

276. **alveolar** — *Anat.,*
Physiol. alvéolaire
(adj.).

277. **alveolar cells** — Voir:
septal cells.

278. **alveolar duct** — *Anat.*
canal *(m.)* alvéolaire.

279. **alveolar pore** — *Histol.*
pore *(m.)* alvéolaire.

280. **alveolar process** — *Anat.*
bord *(m.)* alvéolaire (du
maxillaire).

281. **alveolar ridge** — Voir:
alveolar process.

282. **alveolar sac** — *Anat.* sac
(m.) alvéolaire.

283. **alveolus** — *Anat.* alvéole
(f.).

284. **amacrine cell** — *Histol.*
cellule *(f.)* amacrine.

285. **amanita toxin** — *Mycol.*
amatoxine *(f.)*.

286. **ambergris** — *Mamm.*
ambre *(m.)* gris.

287. **ambulacral** — *Echinod.*
ambulacraire *(adj.)*,
ambulacral, -e, -aux
(adj.).

288. **ambulacral groove** —
Echinod. gouttière *(f.)*
ambulacraire.

289. **ambulacral surface** —
Echinod. aire *(f.)*
ambulacraire.

290. **ambulacrum** — *Echinod.*
ambulacre *(m.)*, pied
(m.) ambulacraire.
(Voir aussi: **podium**).

291. **ameba** — *Protoz.* amibe
(f.).

292. **amebic** — *Protoz.*
amibien, -enne *(adj.)*.

293. **amebocyte** — *Biol. cell.*
amibocyte *(m.)*.

294. **ameboid** — *Biol. cell.,*
Protoz. amiboïde *(adj.)*.

295. **ameboid movement** —
Biol. cell., Protoz.
mouvement *(m.)*
amiboïde.

296. **ameloblast** — Voir:
adamantoblast.

297. **amensalism** — *Ecol.*
amensalisme *(m.)*.

298. **ametabola** — *Entom.*
amétabole *(adj.)*,
amomorphe *(adj.)*.

299. **amictic lake** — *Limnol.* lac *(m.)* amictique.

300. **aminergic** — *Physiol.* aminergique *(adj.)*.

301. **amino-acid** — *Biochim.* acide *(m.)* aminé, aminoacide *(m.)*, amino-acide *(m.)*.

302. **aminosugar** — *Biochim.* aminosucre *(m.)*.

303. **amitosis** — *Biol. cell.* amitose *(f.)*, acinèse *(f.)*.

304. **amitotic** — *Biol. cell.* amitotique *(adj.)*.

305. **ammocete** — *Zool.* ammocète *(m.)*.

306. **amniocentesis** — *Méd.* amniocentèse *(f.)*.

307. **amnion** — *Bot., Zool.* amnios *(m.)*.

308. **amnionic** — Voir: **amniotic.**

309. **amniota** — *Zool.* amniotes *(m. pl.)*, amniens *(m. pl.)*, allantoïdiens *(m. pl.)*.

310. **amniote** — *Zool.* amniote *(m.)*.

311. **amniotic** — *Embryol.* amniotique *(adj.)*.

312. **amniotic cavity** — *Embryol.* cavité *(f.)* amniotique.

313. **amniotic fluid** — *Embryol.* liquide *(m.)* amniotique.

314. **amoeba** — Voir: **ameba.**

315. **amoebic** — Voir: **amebic.**

316. **amoebina** — *Protoz.* amibiens *(m. pl.)* nus, amoebiens *(m. pl.)* nus, gymnamoebiens *(m. pl.)*.

317. **amoebocyte** — Voir: **amebocyte.**

318. **amoeboid** — Voir: **ameboid.**

319. **amphiaster** — *Cytol.* amphiaster *(m.)*, diaster *(m.)*.

320. **amphibia** — *Zool.* amphibiens *(m. pl.)*, batraciens *(m. pl.)*.

321. **amphibian** — *Zool.* amphibie *(n. m. et adj.)*.

322. **amphibiotic** — Peu usité; on utilise plutôt **amphibian.** (Amphibiotiques *(m. pl.)* désigne, en français, un groupe d'insectes dont les larves aquatiques sont munies de branchies trachéennes).

323. **amphibious** — *Zool.* amphibie *(adj.)*.

324. **amphiblastic** — Voir: **telolecithal.**

325. **amphicoelous** — *Anat. comp.* amphicoele *(adj.)*, amphicoelien, -enne *(adj.)*, biconcave *(adj.)*.

326. **amphicribral bundle** — *Bot.* faisceau *(m.)* amphicribral.

327. **amphidiploid** — *Génét.* amphidiploïde *(m.)*.

328. **amphigony** — *Biol.* reproduction *(f.)* sexuée.

329. **amphihaploid** — *Génét.* amphihaploïde *(m.)*.

330. **amphimixie** — *Biol.* amphimixie *(f.)*.

331. **amphineura** — *Moll.*
amphineures *(m. pl.)*,
loricates *(m. pl.)*.

332. **amphioxus** — *Zool.*
amphioxus *(m.)*.

333. **amphineustic** — *Zool.*
amphineuste *(adj.)*.

334. **amphipoda** — *Crust.*
amphipodes *(m. pl.)*.

335. **amphistylic skull** —
Anat. comp. crâne *(m.)*
amphistylique.

336. **amphitoky** — *Biol.*
parthénogenèse *(f.)*
deutérotoque.

337. **amphivasal bundle** —
Bot. faisceau *(m.)*
amphivasal.

338. **ampulla** — *Anat.*
ampoule *(f.); Zool.*
ampoule *(f.)*
ambulacraire (d'une
astérie).

339. **ampullae of Lorenzini** —
Voir: **Lorenzini's
ampullae.**

340. **amylase** — *Biochim.*
amylase *(f.)*.

341. **amyloplast** — *Bot.*
amyloplaste *(m.)*,
amyloleucyte *(m.)*,
leucoplaste *(m.)*.

342. **anabolic** — *Physiol.*
anabolique *(adj.)*.

343. **anabolism** — *Physiol.*
anabolisme *(m.)*.

344. **anabolizing** — *Méd.*,
Physiol. anabolisant
(m.).

345. **anaculture** — *Art vétér.*
anaculture *(f.)*.

346. **anadromous** — *Ichtyol.*
anadrome *(adj.)*,
potamotoque *(adj.)*.

347. **anaerobe** — *Microbiol.*
anaérobie *(n. m. et adj.)*.

348. **anaerobic** — Voir:
anaerobe.

349. **anaerobiosis** —
Microbiol. anaérobiose
(f.).

350. **anagenesis** — *Evol.*
anagenèse *(f.)*.

351. **anagenetic** — *Evol.*
anagénétique *(adj.)*.

352. **anal** — *Anat.* anal, -e,
-aux *(adj.)*.

353. **anal opening** — Voir:
anus.

354. **anal pore** — *Cytol.*
cytopyge *(m.)*, pore *(m.)*
anal.

355. **anallergic** — *Méd.*
anallergisant *(adj.)*.

356. **analogy** — *Anat.*
analogie *(f.)*.

357. **anamnia** — Voir:
anamniota.

358. **anamniota** — *Zool.*
anamnié, -e *(adj.)*,
anamnien, -enne *(adj.)*,
anamniote *(adj.)*.
S'utilise aussi comme
noms pluriels:
anamniés, anamniens,
anamniotes.

359. **anamorphosis** — *Bot.*
dégénérescence *(f.)*
morbide.

360. **anaphase** — *Cytol.*
anaphase *(f.)*. (Voir
aussi: **early anaphase** et
late anaphase).

361. **anaphylaxis** — *Physiol.*
anaphylaxie *(f.)*.

362. **anapophysis** — *Anat.*
anapophyse *(f.)*,
apophyse *(f.)* accessoire,
apophyse *(f.)* styloïde.

363. **anapsid** — *Anat. comp.*
anapside *(adj.)*.

364. **anastomosis** — *Anat.*
anastomose *(f.)*.

365. **anatomy** — *Anat., Zool.*
anatomie *(f.)*.

366. **anatropous** — *Bot.*
anatrope *(adj.)*.

367. **anautogenous** —
Entomol., Zool.
anautogène *(adj.)*.

368. **anavenin** — *Immunol.*
anavenin.

369. **anchoring villus** (of
placenta) — *Histol.*
villosité *(f.)* crampon.

370. **andosoil** — *Pédol.*
andosol *(m.)*.

371. **androcium** — *Bot.*
androecie *(f.)*, androcée
(m.).

372. **androconia** — *Entomol.*
androconie *(f.)*.

373. **androdioecious** — *Bot.*
androdioïque *(adj.)*.

374. **androgen** — *Physiol.*
androgène *(m.)*,
hormone *(f.)*
androgène, hormone
(f.) mâle.

375. **androgenesis** — *Embryol.*
androgenèse *(f.)*.

376. **androgynous** — *Bot.*
androgyne *(adj.)*; *Zool.*
androgyne *(adj.)*,
hermaphrodite *(adj.)*.

377. **andromonoecious** — *Bot.*
andromonoïque *(adj.)*.

378. **anemophilous** — *Bot.*
anémophile *(adj.)*,
anémogame *(adj.)*.

379. **anemophily** — *Bot.*
anémophilie *(f.)*.

380. **anergic** — *Biol., Bot.*
anergié, -e *(adj.)*.

381. **aneuploid** — *Génét.*
aneuploïde *(adj.)*.

382. **aneuploidy** — *Génét.*
aneuploïdie *(f.)*.

383. **aneurin** — *Bioch.,*
Physiol. aneurine *(f.)*,
vitamine B-l *(f.)*,
thiamine *(f.)*, vitamine
(f.) antinévritique.

384. **angiosperm** — *Bot.*
angiosperme *(f.)*.

385. **angiospermous** — *Bot.*
angiosperme *(adj.)*.

386. **angiosporous** — Bot.
angiospore *(adj.)*.

387. **angiotensin** — *Physiol.*
angiotensine *(f.)*.

388. **angustifoliate** — *Bot.*
angustifolié, -e *(adj.)*.

389. **animal husbandry** —
Zool. élevage *(m.)*.

390. **animal language** —
Comport. langage *(m.)*
animal.

391. **animal pole** — *Embryol.*
pôle *(m.)* animal.

392. **anisocercal** — Voir:
heterocercal tail.

393. **anisocytosis** — *Cytol.*
anisocytose *(f.)*.

394. **anisogametes** — *Biol.*
gamètes *(m.)*
dissemblables.

395. **anisogamy** — *Biol.*
anisogamie *(f.)*.

396. **anisomerous** — *Bot.*
anisomère *(adj.)*.

397. **anisopetalous** — *Bot.*
anisopétale *(adj.)*.

398. **anisospore** — Voir:
heterospore.

399. **anisotropy** — *Hist.*
anisotropie *(f.)*.

400. **ankle** — *Anat.* cheville
(f.).

401. **annelida** — *Zool.*
annélides *(f. pl.)*.

402. **annual** — *Bot.* annuel,
-elle *(adj.)*.

403. **annual ring** — *Bot.*
anneau *(m.)* annuel,
cercle *(m.)* annuel.

404. **annular thickening** —
Bot. anneau *(m.)*
d'épaississement.

405. **annular tube** — *Bot.*
vaisseau *(m.)* annelé,
trachéide *(f.)* annelée.

406. **annulate** — *Bot., Zool.*
annelé, -e *(adj.)*.

407. **annulate lamellae** —
Histol. lamelles *(f.)*
annelées.

408. **annuli fibrosi** — *Histol.*
anneaux *(m.)* fibreux.

409. **annulus** — *Bot., Zool.*
anneau, -aux *(m.)*.

410. **anodontoid** — *Zool.*
édenté, -e *(adj.)*,
anodonte *(adj.)*.

411. **anomaly** — *Biol.*
anomalie *(f.)*.

412. **anovulatory cycle** —
*Physiol.:*cycle *(m.)*
anovulatoire.

413. **anoxia** — *Physiol.* anoxie
(f.).

414. **anoxic** — *Biochim., Biol.*
anoxique *(adj.)*.

415. **antagonism** — *Bactériol.,*
Physiol. antagonisme
(m.).

416. **antambulacral** — Voir:
adambulacral ossicle.

417. **antenna** — *Zool.* antenne
(f.).

418. **antenna ablation** — Voir:
antenna removal.

419. **antenna removal** — *Zool.*
antennectomie *(f.)*.

420. **antennal** — *Zool.*
antennaire *(adj.)*.

421. **antennal gland** — *Zool.*
glande *(f.)* antennaire;
Crust. glande *(f.)* verte.

422. **antennary** — Voir:
antennal.

423. **antennary nerve** — *Zool.*
nerf *(m.)* antennaire.

424. **antennular** — *Zool.*
antennulaire *(adj.)*.

425. **antennulary** — Voir:
antennular.

426. **antennule** — *Zool.*
antennule *(f.)*.

427. **anterior** — *Anat., Zool.*
antérieur, -e *(adj.)*.

428. **anterior abdominal vein** —
Anat. veine *(f.)*
abdominale antérieure,
veine *(f.)* ventrale
abdominale.

429. **anterior cardinal sinus** —
Anat. comp. sinus *(m.)*
cardinal antérieur.

430. **anterior cornu** — *Anat.*
processus *(m.)* antérieur
de l'hyoïde.

431. **anterior cornua** — Voir:
anterior cornu.

432. **anterior mesenteric
artery** — *Anat.* artère
(f.) mésentérique
antérieure.

433. **anterior rectus muscle** —
Anat. muscle *(m.)* droit
interne,

434. **anterior root** — *Anat.*
racine *(f.)* antérieure,
corne *(f.)* antérieure.

435. **anthelminthic** — *Méd.*
anthelminthique *(adj.).*

436. **anther** — *Bot.* anthère
(f.).

437. **antheridial** — *Bot.*
anthéridien, -enne
(adj.).

438. **antheridial chamber** —
Bot. chambre *(f.)*
anthéridienne.

439. **antheridial head** — *Bot.*
chapeau *(f.)*
anthéridien.

440. **antheridium** — *Bot.*
anthéridie *(f.).*

441. **antheriferous** — *Bot.*
anthérifère *(adj.).*

442. **antherozoid** — *Bot.*
anthérozoïde *(m.),*
spermatozoïde *(m.)*
(seul ce dernier mot
s'applique au gamète
mâle des aninaux).

443. **anthesis** — *Bot.* anthèse
(f.).

444. **anthocyanin** — *Bot.*
anthocyanine *(f.),*
anthocyane *(f.).*

445. **anthocyanophore** —
Génét. anthocyanophore
(m.).

446. **anthozoa** — *Zool.*
anthozoaires *(m. pl.).*

447. **anthrax** — *Pathol.*
charbon *(m.),* fièvre *(f.)*
charbonneuse.

448. **anthropeic** — Voir:
anthropic.

449. **anthropic** — *Env.*
anthropique *(adj.).*

450. **anthropogenic
subclimax** — *Ecol.*
subclimax *(m.)*
anthropogénétique,
subclimax *(m.)*
anthropogénique.

451. **anthropoid** — *Zool.*
anthropoïde *(adj.),*
anthropomorphe *(adj.).*

452. **anthropology** — *Zool.*
anthropologie *(f.).*

453. **anthropomorphic** —
Voir: **anthropoid.**

454. **anthropopaleontology** —
Paléont.
anthropopaléontologie
(f.).

455. **antiauxin** — *Bot.*
antiauxine *(f.).*

456. **antibiotic** — *Microbiol.*
antibiotique *(n. m. et
adj.).*

457. **antibiotic addiction** —
Méd. antibiomanie *(f.).*

458. **antibiotic-resistant type** —
Voir: **antibiotype.**

459. **antibiotic
supplementation** —
Art vétér.
antibiosupplémentation
(f.).

460. **antibiotic therapy** —
Méd. antibiothérapie
(f.).

14

461. **antibiotics added** —
Zootechn.
antibiosupplémenté, -e
(adj.).

462. **antibiotype** — Bactériol.
antibiotype (m.).

463. **antibody** — Immunol.
anticorps (m.).

464. **anticlinal** — Bot.
anticlinal, -e, -aux
(adj.).

465. **anticoagulant** — Physiol.
anticoagulant (n. m. et
adj.).

466. **anticodon** — Génét.
anticodon (m.).

467. **antidote** — Méd. antidote
(m.), contrepoison (m.).

468. **antidiuretic** — Méd.,
Physiol. antidiurétique
(adj.).

469. **antidiuretic hormone** —
Physiol. hormone (f.)
antidiurétique.

470. **antigen** — Immunol.,
Sérol. antigène (m.).

471. **antigibberellin** — Bot.
antigibbérelline (f.),
antigibérelline (f.).

472. **antihormone** — Physiol.
antihormone (f.).

473. **antihyperlipodemic** —
Biochim. hypolipémiant.
(adj.)

474. **antilarval** — Entom.
antilarvaire (adj.).

475. **antimere** — Bot., Zool.
antimère (m.).

476. **anti-mutagene** — Génét.
antimutagène (n. m. et
adj.).

477. **antimycotic** —
Mycol. antimycotique
(adj.).

478. **antinoise** — Env.
antibruit (adj.).

479. **antiperistaltic** — Physiol.
antipéristaltique (adj.).

480. **antipodal** — Bot., Zool.
antipodal, -e, -aux
(adj.).

481. **antipodal cell** — Bot.
antipode (f.), cellule (f.)
antipodale.

482. **antipoison** — Méd.
contrepoison (m.),
antidote (m.).

483. **antiprothrombine** —
Physiol.
antiprothrombine (f.),
héparine (f.).

484. **antiserum** — Sérol.
antisérum (m.).

485. **antitoxin** — Méd.
antitoxine (f.).

486. **antitropic** — Bot.
antitropistique (adj.).

487. **antler** — Zool. andouiller
(m.).

488. **antlers** — Zool. bois (m.
pl.).

489. **antrum** — Anat. antre
(m.).

490. **anura** — Zool. anoures
(m. pl.).

491. **anus** — Anat. anus (m.).

492. **aorta** — Anat. aorte (f.).

493. **aortic arch** — Anat.
crosse (f.) aortique.

494. **aortic valve** — Anat.
valvule (f.) sigmoïde.

15

495. **aperture** — *Anat., Zool.*
ouverture *(f.)*, pore *(m.)*,
orifice *(m.)*.

496. **apetalous** — *Bot.* apétale
(adj.).

497. **apex** — *Bot., Zool.* pointe
(f.), extrémité *(f.)*.

498. **aphagia** — *Physiol.*
aphagie *(f.)*.

499. **apheliotropic** — *Bot.*
(feuille) à héliotropisme
(m.) négatif.

500. **aphidian** — *Entom.*
aphidien, -enne *(adj.)*.

501. **aphis** — *Entom.* aphis
(m.).

502. **aphotic zone** —
Océanogr. région *(f.)*
aphotique.

503. **aphyllous** — *Bot.* aphylle
(adj.).

504. **aphytal** — *Bot.,*
Océanogr. aphytal, -e,
-aux *(adj.)*.

505. **apical** — *Bot.* apical, -e,
-aux *(adj.)*.

506. **apical cell** — *Bot.* cellule
(f.) apicale.

507. **apical meristem** — *Bot.*
méristème *(m.)* apical.

508. **aplacentalia** — *Zool.*
aplacentaires *(m. pl.)*.

509. **aplacophora** — *Moll.*
aplacophores *(m. pl.)*.

510. **aplanospore** — *Bot.*
aplanospore *(f.)*.

511. **apocarpous** — *Bot.*
apocarpe *(adj.)*.

512. **apocrine** — *Histol.*
apocrine *(adj.)*.

513. **apocyte** — *Bot.* apocyte
(m.), article *(m.)*.

514. **apoda** — *Zool.* apodes
(m. pl.).

515. **apodeme** — *Entom.*
apodème *(m.)*.

516. **apodes** — Voir: **apoda.**

517. **apodous** — *Zool.* apode
(adj.).

518. **apodous larva** — *Zool.*
larve *(f.)* apode.

519. **apoenzyme** — *Biochim.*
apoenzyme *(m.)*.

520. **apogamy** — *Génét.*
apogamie *(f.)*.

521. **apolar** — *Histol.* apolaire
(adj.).

522. **apomeiosis** — *Génét.*
apoméïose *(f.)*.

523. **apomict** — *Bot.* apomicte
(adj.).

524. **apomixis** — *Génét.*
apomixie *(f.)*.

525. **aponeurosis** — *Anat.,*
Histol. aponévrose *(f.)*.

526. **apophysis** — *Anat.*
apophyse *(f.)*.

527. **apopyle** — *Spong.*
apopyle *(m.)*, canal *(m.)*
aphodal.

528. **aposematic** — *Biol.*
aposémate *(adj.)*,
aposématique *(adj.)*.

529. **aposematic coloration** —
Comport. coloration *(f.)*
aposématique,
coloration *(f.)*
prémonitrice.

530. **apospory** — *Bot., Génét.*
aposporie *(f.)*.

531. **apothecium** — *Mycol.*
apothécie *(f.)*.

532. **apparatus** — *Anat.*
appareil *(f.)*.

533. **appendage** — *Anat., Bot., Zool.* appendice *(m.).*

534. **appendices epiploicae** — *Histol.* appendices *(m. pl.)* épiploïques.

535. **appendicular** — *Biol.* appendiculaire *(adj.).*

536. **appendicularia** — *Zool.* appendiculaires *(m. pl.).*

537. **appendicularia larva** — *Zool.* larve *(f.)* d'appendiculaires.

538. **appendicularia skeleton** — *Anat.* squelette *(m.)* appendiculaire.

539. **appendix** — *Anat.* appendice *(m.).*

540. **apposition** — *Biol.* apposition *(f.).*

541. **appositional growth** — *Histol.* accroissement *(m.)* par apposition.

542. **apprenticeship** — *Comport.* apprentissage *(m.).* (Voir aussi: **latent apprenticeship**).

543. **apterium** — *Ornith.* aptérie *(f.).*

544. **apterygota** — *Entomol.* aptérygotes *(m. pl.).*

545. **aquaculture** — *Biol. mar.* aquiculture *(f.).*

546. **aquanaute** — *Océanogr.* aquanaute *(m.).*

547. **aquariology** — *Ecol.* aquariologie *(f.).*

548. **aquarium study** — Voir: **aquariology.**

549. **aquatic** — *Bot., Zool.* aquatique *(adj.).*

550. **aqueduct of Sylvius** — *Anat.* aqueduc *(m.)* de Sylvius.

551. **aqueductus vestibuli** — *Anat.* aqueduc *(m.)* du limaçon.

552. **aqueous** — *Biol.* aqueux, -euse *(adj.).*

553. **aqueous humour** — *Anat.* humeur *(f.)* aqueuse.

554. **aquicultural** — *Biol. mar.* aquacole *(adj.).*

555. **aquiculture** — *Biol. mar.* aquiculture *(f.),* aquaculture *(f.).*

556. **aquintocubitalism** — *Ornith.* aquintocubitalisme *(m.),* diastataxie *(f.),* quintocubitalisme *(m.).*

557. **arable land** — *Péd.* sol *(m.)* arable, terre *(f.)* arable. (Voir aussi: **fertile arable land**).

558. **arachnida** — *Arthrop.* arachnides *(m. pl.).*

559. **arachnoid** — *Anat.* arachnoïdien, -enne *(adj.).*

560. **arachnoid membrane** — *Anat.* arachnoïde *(f.).*

561. **arboreal** — *Zool.* arboricole *(adj.).*

562. **arboretum** — *Bot.* arboretum *(m.).*

563. **arbor vitae** — *Anat.* arbre *(m.)* de vie.

564. **arbovirus** — *Ecol.* arbovirose *(f.).*

565. **arbovirus infection** — Voir: **arbovirus.**

566. **arch** — *Anat.* arc *(m.),* arcade *(f.).*

567. **archaeopteryx** — *Paléont.* archéoptéryx *(m.).*

568. **archedictyon** — Voir: **archidictyon.**

569. **archegonial** — *Bot.* archégonial, -e, -aux *(adj.).*

570. **archegonial head** — *Bot.* chapeau *(m.)* archégonial.

571. **archegonium** — *Bot.* archégone *(m.).*

572. **archenteron** — *Embryol.* archentéron *(m.),* archentère *(m.),* entéron *(m.).*

573. **archesporium** — *Bot.* archéspore *(f.).*

574. **archiannelida** — *Ann.* archiannélides *(m. pl.).*

575. **archicerebrum** — *Arthrop.* archicérébron *(m.).*

576. **archidictyon** — *Entom.* archédictyon *(m.).*

577. **archinephros** — *Anat.* comp. archinéphros *(m.).*

578. **archipallium** — *Anat.* comp. archipallium *(m.).*

579. **archipterygium** — *Ichtyol.* archiptérygie *(f.).*

580. **archosaurien** — *Paleont.* archosaurien *(m.).*

581. **arcicentrous vertebra** — *Anat. comp.* vertèbre *(f.)* arcocentrique.

582. **arciform artery** — *Anat., Histol.* artère *(f.)* arcocentrique.

583. **arcualia** — *Anat. comp.* arcualie *(f.).*

584. **area opaca** — *Embryol.* aire *(f.)* opaque.

585. **area pellucida** — *Embryol.* aire *(f.)* pellucide.

586. **area vasculosa** — *Embryol.* aire *(f.)* vasculaire.

587. **arenicolous** — *Ecol.* arénicole *(adj.),* sabulicole *(adj.),* psammique *(adj.).*

588. **arenivorous** — *Ecol.* arénivore *(adj.).*

589. **areola** — *Anat.* aréole *(f.),* espace *(m.)* interstitiel; *Bot.* aréole *(f.).*

590. **areolar gland** — *Histol.* glande *(f.)* aréolaire.

591. **areolar tissue** — *Histol.* tissu *(m.)* aréolaire, tissu *(m.)* conjonctif aréolaire.

592. **argentaffin cell** — *Histol.* cellule *(f.)* argentaffine (on peut dire aussi cellule *(f.)* entérochromaffine).

593. **argyrophil** — *Histol.* argyrophile *(adj.).*

594. **aril** — *Bot.* arille *(m.).*

595. **arista** — *Bot.* arête *(f.);* *Entom.* arista *(f.).*

596. **aristate** — *Bot.* aristé, -e *(adj.),* barbu, -e *(adj.).*

597. **Aristotle's lantern** — *Echinod.* lanterne *(f.)* d'Aristote.

598. **arm** — *Anat.* bras *(m.);* *Zool.* bras *(m.),* rayon *(m.),* radius *(m.).*

599. **arolium** — *Entom.* arolium *(m.).*

600. **arrector pili muscle** —
Anat. muscle *(m.)*
arrecteur, muscle *(m.)*
horripilateur, muscle
(m.) pilo-moteur.

601. **arrectores pilorum** —
Voir: **arrector pili
muscle.**

602. **artefact** — *Biol.* artéfact
(m.).

603. **arterial** — *Anat., Physiol.*
artériel, -elle *(adj.).*

604. **arteriolar** — *Anat.,
Physiol.* artériolaire
(adj.).

605. **arteriole** — *Anat.*
artériole *(f.).*

606. **artery** — *Anat.* artère
(f.).

607. **arthrobranchia** — *Crust.*
arthrobranchie *(f.).*

608. **arthropoda** — *Zool.*
arthropodes *(m. pl.).*

609. **articulamentum** — *Moll.*
articulamentum *(m.).*

610. **articular** — *Anat.*
articulaire *(adj.).*

611. **articular bone** — *Anat.*
comp. os *(m.)*
articulaire.

612. **articular surface** —
Anat. facette *(f.)*
articulaire.

613. **articular tubercule** —
Anat. tubercule *(m.)*
articulaire.

614. **artificial insemination** —
Physiol., Zootech.
insémination *(f.)*
artificielle.

615. **artificial mother** —
Comport. mère *(f.)*
artificielle.

616. **artificial
parthenogenesis** —
Bot., Zool.
parthénogenèse *(f.)*
artificielle.

617. **artiodactyla** — *Zool.*
artiodactyles *(m. pl.).*

618. **arytenoid** — *Anat.*
aryténoïde *(n. m. et
adj.).*

619. **arytenoid cartilage** —
Anat. cartillage *(m.)*
aryténoïde.

620. **asbestos
transformation** —
Histol. transformation
(f.) asbestosique.

621. **ascending colon** — *Anat.*
côlon *(m.)* ascendant.

622. **Ascheim-Zondek test** —
Physiol. test *(m.)*
d'Ascheim-Zondek.

623. **ascidians** — *Zool.*
ascidies *(f. pl.),*
ascidiacés *(m. pl.).*

624. **ascidium** — *Bot.* ascidie
(f.).

625. **ascocarpe** — *Bot.*
ascocarpe *(m.).*

626. **ascomycetes** — *Mycol.*
ascomycètes *(m. pl.).*

627. **ascorbic acid** — *Physiol.*
acide *(m.)* ascorbique,
vitamine C *(f.),*
vitamine *(f.)*
antiscorbutique.

628. **ascospore** — *Mycol.*
ascospore *(f.).*

629. **ascus** — *Mycol.* asque
(m.), thèque *(f.).*

630. **asepsis** — *Méd.* asepsie
(f.).

19

631. **aseptic** — *Méd.* aseptique *(adj.).*

632. **asexual** — *Biol.* asexué, -e *(adj.),* asexuel, -elle *(adj.).*

633. **asexual cycle** — *Biol.* cycle *(m.)* asexué.

634. **asexual division** — *Biol.* division *(f.)* asexuée.

635. **asporous** — *Bactériol.* asporulé, -e *(adj.).*

636. **assimilation** — *Ecol., Physiol.* assimilation *(f).*

637. **association** — *Ecol.* association *(f).*

638. **assortment** — *Génét.* assortiment *(m.).*

639. **aster** — *Bot., Cytol.* aster *(m.).*

640. **asteroidea** — *Zool.* astéridés *(m. pl.),* stellaridés *(m. pl.).*

641. **asterospondylous** — *Anat. comp.* astérospondyle *(adj.).*

642. **astigmatic** — *Physiol.* astigmate *(adj.).*

643. **astigmatism** — *Physiol.* astigmatisme *(m.).*

644. **astragulus** — *Anat.* astragale *(m.),* talus *(m.).*

645. **astrocyte** — *Histol.* astrocyte *(m.).*

646. **asymmetrical** — *Biol.* asymétrique *(adj.).*

647. **asynapsis** — *Cytol.* asynapsis *(f.),* asyndèse *(f.).*

648. **at random** — *Statist.* au hasard *(loc. adv.).*

649. **atavism** — *Génét.* atavisme *(m.).*

650. **atherogenesis** — *Méd.* athérogénèse *(f.).*

651. **atlas** — *Anat. Anat.* atlas *(m.).*

652. **atoll** — *Ecol.* atoll *(m.).*

653. **atomic** — *Chim.* atomique *(adj.).*

654. **A.T.P.** — Voir: **adenosine triphosphate.**

655. **atresia** — *Physiol.* atrésie *(f.).*

656. **atriopore** — *Céphal.* atrésie *(f.).*

657. **atrioventricular bundle** — *Histol.* faisceau *(m.)* auriculo-ventriculaire, faisceau *(m.)* de His.

658. **atrioventricular node** — *Histol.* noeud *(m.)* auriculo-ventriculaire.

659. **atrioventriculaire valve** — *Anat.* valvule *(f.)* auriculo-ventriculaire.

660. **atrium** — *Anat.* oreillette *(f.); Zool.* (Protochordés) atrium *(m.),* cavité *(f.)* péribranchiale.

661. **atrophy** — *Bot., Zool.* atrophie *(f.).*

662. **attached X-chromosome** — *Génét.* chromosome X *(m.)* lié.

663. **attachment constriction** — *Cytol.* centromère *(m.).*

664. **attention** — *Comport.* attention *(f.).*

665. **attenuation** — *Bactériol.* atténuation *(f.).*

666. **attic** — *Anat.* attique *(m.).*

667. **attractive** — *Comport.* attractif *(m.).*

668. **audiogenic crisis** — *Comport.* crise *(f.)* audiogène.

669. **auditory** — *Anat.,* *Physiol.* auditif, -ive *(adj.).*

670. **auditory apparatus** — *Entom.* organe *(m.)* tympanal, organe *(m.)* tympanique.

671. **auditory capsule** — *Anat.* comp. capsule *(f.)* otique.

672. **auditory meatus** — *Anat.* conduit *(m.)* auditif.

673. **auditory nerve** — *Anat.* nerf *(m.)* acoustique, nerf *(m.)* auditif.

674. **Auditory organ** — *Anat.* comp. organe *(m.)* auditif.

675. **auditory ossicle** — *Anat.* osselet *(m.)* auditif.

676. **auditory strings** — *Anat.* cordes *(f.)* auditives.

677. **auditory tube** — *Anat.* canal *(m.)* auditif, conduit *(m.)* auditif.

678. **Auerbach's plexus** — *Histol.* plexus *(m.)* auditif, conduit *(m.)* auditif.

679. **aufwuchs** — Voir: **periphyton.**

680. **auricle** — *Anat.* oreillette *(f.)* (du coeur), pavillon *(m.)* (de l'oreille); *Zool.* auricule *(f.),* tentacule *(m.)* (d'une planaire).

681. **auricular** — *Ornith.* auriculaire *(f.).*

682. **auricular feather** — *Ornith.* plume *(f.)* auriculaire.

683. **auricular surface** — *Anat.* facette *(f.)* auriculaire.

684. **auricularia** — *Zool.* auricularia *(f.).*

685. **auriculo-ventricular** — *Anat.* auriculo-ventriculaire *(adj.).*

686. **aurignacian** — *Paléont.* aurignacien, -enne *(n. m. et adj.).*

687. **australopithecine** — *Paléont.* australopithèque *(adj.).*

688. **australopithecus** — *Paléont.* australopithèque *(m.).*

689. **autacoid** — *Physiol.* autacoïde *(n. m. et adj.).*

690. **autecology** — Voir: **autoecology.**

691. **auto-adaptation** — *Comport.* autoadaptation *(f.).*

692. **autocatalytic** — *Biochim., Chim.* autocatalytique *(adj.).*

693. **autochtony** — *Pédol.* autochtonie *(f.).*

694. **autocidal control** — *Entom.* lutte *(f.)* autocide.

695. **autoclavable** — *Biol.* autoclavable *(adj.).*

696. **autocoid** — Voir: **autacoid.**

697. **autoecious** — *Parasitol.* autoïque *(adj.).*

698. **autoecology** — *Ecol.*
autoécologie *(f.)*.

699. **auto-fertilizing** — *Agric.*
autofertilisant, -e *(adj.)*.

700. **autogamy** — *Génét.,*
Zool. autogamie *(f.)*,
autofécondation *(f.)*.

701. **autograft** — *Biol., Méd.*
autotransplantation *(f.)*.

702. **autografting** — *Biol.,*
Méd.
autotransplantation *(f.)*.

703. **auto-immunity** —
Immunol. auto-
immunité *(f.)*.

704. **auto-immunization** —
Immunol. auto-
immunisation *(f.)*.

705. **autolysis** — *Biol.*
autolyse *(f.)*.

706. **autonomic** — *Anat.,*
Physiol. autonome
(adj.).

707. **autonomic nervous**
system — *Anat.,*
Physiol. système *(m.)*
nerveux autonome.

708. **autoplastic graft** — Voir:
autograft.

709. **autoploid** — *Génét.*
autoploïde *(m.)*.

710. **autopolyploid** — *Génét.*
autopolyploïde *(m.)*.

711. **autoradiography** — *Biol.*
cell. autoradiographie
(f.).

712. **autosome** — *Génét.*
autosome *(m.)*.

713. **autosterility** — *Bot.*
autostérilité *(f.)*.

714. **autostylic** — *Anat. comp.*
autostylique *(adj.)*.

715. **autostylic jaw**
suspension — *Anat.*
comp. accrochage *(m.)*
autostylique.

716. **autosyndesis** — *Génét.*
autosyndèse *(f.)*.

717. **autotetraploid** — *Génét.*
autotétraploïde *(n. m. et*
adj.).

718. **autotetraploidy** — *Génét.*
autotétraploïdie *(f.)*.

719. **autotomy** — *Zool.*
autotomie *(f.)*,
autoamputation *(f.)*.

720. **autotransplantation** —
Voir: **autografting.**

721. **autotroph** — *Ecol.*
autotrophe *(adj.)*.

722. **autotrophic** — *Ecol.*
autotrophe *(adj.)*.

723. **autozooid** — *Zool.*
autozoïde *(m.)*.

724. **auxesis** — *Bot.* auxèse
(f.).

725. **auxiliary gland** — *Anat.*
glande *(f.)* annexe .

726. **auxiliary virus** —
Bactériol. virus *(m.)*
auxiliaire.

727. **auxin** — *Bot.* auxine *(f.)*,
phytohormone *(f.)*.

728. **auxotroph** — *Génét.*
auxotrophe *(n. f. et*
adj.).

729. **average** — *Statist.*
moyenne *(f.)*, moyen,
-enne *(adj.)*.

730. **aversion** — *Comport.*
aversion *(f.)*.

731. **avian** — *Ornith.* aviaire
(adj.), avien, -enne
(adj.).

732. **avianized** — *Art vétér.* avianisé, -e *(adj.)*.

733. **avicularium** — *Zool.* aviculaire *(m.)*.

734. **avifauna** — *Ecol., Zool.* avifaune *(f.)*.

735. **avine** — Voir: **avian.**

736. **avitaminosis** — *Physiol.* avitaminose *(f.)*.

737. **awl-shaped** — *Bot., Zool.* subulé, -e *(adj.)*.

738. **awn** — *Bot.* barbe *(f.)*, arête *(f.)*.

739. **axenic** — *Méd., Zool.* axène *(adj.)*.

740. **axenization** — *Méd., Zool.* axénisation *(f.)*.

741. **axial** — *Bot., Zool.* axial, -e, -aux *(adj.)*.

742. **axial gradient** — *Bot.* gradient *(m.)* axial, gradient *(m.)* longitudinal.

743. **axial organ** — *Echinod.* organe *(m.)* axial.

744. **axial skeleton** — *Anat.* squelette *(m.)* axial.

745. **axil** — *Bot.* aisselle *(f.)* (de la feuille).

746. **axil organ** — *Bot.* organe *(m.)* axile.

747. **axilla** — *Anat.* aisselle *(f.)*.

748. **axillar** — *Bot., Zool.* axillaire *(adj.)*.

749. **axillary bud** — *Bot.* bourgeon *(m.)* axillaire.

750. **axis** — *Anat.* (vertèbre) axis *(m.)*.

751. **axis cylinder** — *Histol., Physiol.* cylindre-axe *(m.)*, cylindraxe *(m.)*, axone *(m.)*.

752. **axodendrite** — *Anat.* axodendrite *(m.)*.

753. **axolotl** — *Zool.* axolotl *(m.)*.

754. **axon** — *Anat., Histol.* axone *(m.)*.

755. **axon hillock** — *Histol.* cône *(m.)* de Doyère.

756. **axonost** — *Ichtyol.* axonoste *(m.)*.

757. **axoplasm** — *Histol.* axoplasme *(m.)*, cylindraxe *(m.)*, axoplasma *(m.)*.

758. **axopodium** — *Protoz.* axopode *(m.)*.

759. **axostyle** — *Protoz.* axostyle *(m.)*.

760. **azoospermia** — *Physiol.* azoospermie *(f.)*.

761. **azygos** — *Anat.* azygos *(adj.)*.

762. **azygos vein** — *Anat.* veine *(f.)* azygos.

763. **azygospore** — *Bot.* azygospore *(f.)*.

764. **Azygote** — *Génét.* azygote *(adj.)*.

B

765. **bacillar** — *Bactériol.* bacillaire *(adj.)*.

766. **bacillicide** — *Bactériol.* bactéricide *(m.)*.

767. **bacillogenous** — *Bactériol.* bacillogène *(adj.)*.

768. **bacillus** — *Bactériol.* bacille *(m.)*.

769. **backbone** — *Anat.* épine *(f.)* dorsale, colonne *(f.)* vertébrale; *Ichtyol.* grande arête *(f.).*

770. **backcross** — *Génét.* rétrocroisement *(m.),* recroisement *(m.),* backcross *(m.).*

771. **background radiation** — *Radio-biol.* radiation *(f.)* de fond.

772. **back mutation** — *Génét.* mutation *(f.)* inverse, mutation *(f.)* de retour.

773. **bacteria** — *Microbiol.* bactérie *(f.).*

774. **bacterial** — *Microbiol.* bactérien, -enne *(adj.).*

775. **bactericidal** — *Microbiol.* bactéricide *(adj.).*

776. **bactericide** — *Microbiol.* bactéricide *(adj.).*

777. **bacteriochlorophyll** — *Bot.* bactériochlorophylle *(f.).*

778. **bacterioid** — *Microbiol.* bacilliforme *(adj.).*

779. **bacteriologist** — *Microbiol.* bactériologiste *(m.).*

780. **bacteriology** — *Biol.* bactériologie *(f.).*

781. **bacteriolysin** — *Microbiol.* bactériolysine *(f.).*

782. **bacteriophage** — *Bactériol.* bactériophage *(n. m. et adj.)*

783. **bacterioprotein** — *Bactériol., Biochim.* bactérioprotéine *(f.).*

784. **bacterioscopy** — *Microbiol.* bactérioscopie *(f.).*

785. **bacteriostatic** — *Bactériol.* bactériostatique *(adj.).*

786. **bacteriotherapy** — *Méd.* bactériothérapie *(f.).*

787. **bacteritic** — *Microbiol.* bactérien, -enne *(adj.).*

788. **bactospein** — *Entom.* bactospéine *(f.).*

789. **badger** (female) — *Zool.* blairelle *(f.).*

790. **badger** (male) — *Zool.* blaireau *(m.).*

791. **Baermann funnel** — *Ecol.* entonnoir *(m.)* de Baerman.

792. **Balancer** — *Entom.* balancier *(m.).*

793. **balaniferous** — *Bot.* balanophore *(adj.).*

794. **balanoglossus** — *Zool.* balanoglosse *(m.),* balanoglossus *(m.).*

795. **Balbiani's rings** — *Génét.* anneaux *(m.)* de Balbiani.

796. **baleen** — Voir: **whalebone.**

797. **banding** — *Ornith.* baguage *(m.).*

798. **bank** (shoal) — *Océanogr.* banc *(m.).*

799. **bar** — *Ichtyol.* Voir: **gill bar**; *Ornithol.* bande *(f.)* transversale.

800. **bar of Sanio** — *Bot.* barre *(f.)* de Sanio.

801. **barb** — *Bot.* arête *(f.)*; *Coelent.* barbe *(f.),* crochet *(m.)*; *Ichtyol.*

barbillon *(m.)*; *Ornith.*
barbe *(f.)*.

802. **barbel** — *Ichtyol.*
barbeau *(m.)*, barbillon
(m.), barbe *(f.)*.

803. **barbicel** — *Ornith.*
barbicelle *(f.)*.

804. **barbule** — *Ornith.*
barbule *(f.)*.

805. **bark** — *Bot.* écorce *(f.)*.

806. **barnacle** — *Crust.*
bernacle *(f.)*, anatif *(f.)*;
Ornith. bernache *(f.)*.

807. **barrier reef** — *Océanogr.*
récif-barrière *(m.)*.

808. **barophilic** — *Biol.*
barophile *(adj.)*.

809. **Bartholin's gland** —
Anat. glande *(f.)* de
Bartholin.

810. **basal** — *Bot.* basilaire
(adj.).

811. **basal body** — *Cytol.*
grain *(m.)* basal,
blépharoplaste *(m.)*,
blépharoblaste *(m.)*,
mastigosome *(m.)*,
corpuscule *(m.)* basal.

812. **basal cell** — *Histol.*
cellule *(f.)* basale.

813. **basal granule** — Voir:
basal body.

814. **basal lamina** — *Histol.*
lame *(f.)* basale.

815. **basal membrane** — Voir:
basement membrane.

816. **basement membrane** —
Histol. couche *(f.)* sous-
épithéliale, couche *(f.)*
sous-épidermique,
membrane *(f.)* basale,
basale *(f.)*, membrane

(f.) vitrée, lame *(f.)*
basale.

817. **basibranchial** — *Ichtyol.*
basibranchial, -e, -aux
(n. m. et adj.).

818. **basic dye** — *Microtech.*
colorant *(m.)* basique.

819. **basic number** — *Génét.*
nombre *(m.)* de base.

820. **basiconic receptor** —
Entom. sensille *(f.)*
basiconique.

821. **basidiomycetes** — *Mycol.*
basidiomycètes *(m. pl.)*.

822. **basidiospore** — *Mycol.*
basidiospore *(f.)*.

823. **basidium** — *Mycol.*
baside *(f.)*.

824. **basidorsal** — *Anat. comp.*
basidorsal, -e, -aux *(n.
m. et adj.)*.

825. **basifixed** — *Bot.* basifixe
(adj.).

826. **basihyal** — *Anat. comp.*
basihyal *(n. m. et adj.)*,
corps *(m.)* de l'os
hyoïde.

827. **basilar** — *Anat. comp.*
basilaire *(adj.)*.

828. **basilar fibers** — *Histol.*
fibres *(f.)* basilaires.

829. **basilar membrane** —
Voir: **basement
membrane.**

830. **basilar plate** — Voir:
gnathochilarium.

831. **basilic vein** — *Anat.*
veine *(f.)* basilique.

832. **basioccipital bone** —
Anat. comp. os *(m.)*
basioccipital.

833. **basioccipital surface** —
Anat. comp. surface *(f.)*

basilaire de l'os occipital.

834. **basiost** — *Ichtyol.* baséoste *(m.).*

835. **basipetal** — *Bot.* basipète *(adj.).*

836. **basipodite** — *Crust.* basipodite *(m.).*

837. **basi-pterygial process** — *Anat. comp.* apophyse *(f.)* basiptérigoïde.

838. **basisphenoid** — *Anat. comp.* basisphénoïde *(m.).*

839. **basisphenoid rostrum** — *Herpétol.* rostre *(m.)* basisphénoïde.

840. **basitemporal bone** — *Anat. comp.* os *(m.)* basitemporal.

841. **basiventral** — *Anat. comp.* basiventral, -e, -aux *(adj.).*

842. **basket cell** — *Histol.* cellule *(f.)* en corbeille.

843. **basophil** — *Histol.* basophile *(adj.),* mastzelle *(f.).*

844. **basophilia** — *Histol.* basophilie *(f.).*

845. **basophilic** — Voir: **basophil.**

846. **Basophilous** — Voir: **basophil.**

847. **bass** — *Bot.* liber *(m.),* phloème *(m.)*; *Ichtyol.* perche *(f.)* commune.

848. **bast** — Voir: **bass** *(Bot.)*

849. **bastard wing** — Voir: **alula** *(Ornith.)*

850. **batesian mimicry** — *Comp.* mimétisme *(m.)* batésien.

851. **bathometer** — *Océanogr.* bathymètre *(m.),* bathomètre *(m.).*

852. **bathyal** — *Océanogr.* bathyal, -e, -aux *(adj.).*

853. **bathymeter** — Voir: **bathometer.**

854. **bathymetric** — *Océanogr.* bathymétrique *(adj.).*

855. **bathymetry** — *Océanogr.* bathymétrie *(f.).*

856. **bathyphotometer** — *Océanogr.* bathyphotomètre *(m.).*

857. **batrachia** — *Zool.* batraciens *(m. pl.).*

858. **beak** — *Zool.* bec *(m.).*

859. **bean** — *Bot.* fève *(f.).*

860. **beat** — *Physiol.* battement *(m.),* pulsation *(f.).*

861. **bearing three buds** — Voir: **three-budded.**

862. **bed-rock** — *Pédol.* rochemère *(f.).*

863. **bees' dance** — *Comport., Entom.* danse *(f.)* des abeilles.

864. **bahavior** — *Comport.* comportement *(m.).*

865. **behaviorism** — *Comport.* béhaviorisme *(m.),* béhaviourisme *(m.).*

866. **behaviorist** — *Comport.* béhavioriste *(m.),* béhaviouriste *(m.),* comportementaliste *(m.).*

867. **behaviour** — Voir: **behavior.**

868. **benthologist** — *Océanogr., Zool.* benthologue *(m.).*

869. **biennal** — *Bot.* bisannuel, -elle *(adj.)*.

870. **bifarious** — *Bot.* (feuilles) opposées *(adj.)*.

871. **bifid** — *Anat., Bot.* bifide *(adj.)*.

872. **bifurcate** — *Bot.* bifurqué, -e *(adj.)*, dichotomique *(adj.)*, dichotome *(adj.)*.

873. **bigeminal bodies** — *Anat.* paire *(f.)* antérieure des tubercules quadrijumeaux.

874. **bigéminous bodies** — Voir: **bigeminal bodies.**

875. **big science** — *Recherche.* mégascience *(f.)* (tentative de traduction).

876. **bilateral** — *Anat., Bot., Zool.* bilatéral, -e, -aux *(adj.)*.

877. **bilateral cleavage** — *Embryol.* clivage *(m.)* bilatéral.

878. **bilateral symmetry** — *Bot., Zool.* symétrie *(f.)* bilatérale.

879. **bile** — *Physiol.* bile *(f.)*.

880. **bile canaliculi** — *Histol.* canalicules *(m.)* biliaires.

881. **bile duct** — *Anat.* canal *(m.)* hépatique.

882. **bile salt** — *Physiol.* sel *(m.)* biliaire.

883. **bile stone** — *Méd.* calcul *(m.)* biliaire.

884. **bilharzia** — *Plath.* bilharzie *(f.)*, bilharzia *(f.)*.

885. **biliprotein** — *Bot.* biliprotéine *(f.)*.

886. **bilirubin** — *Physiol.* bilirubine *(f.)*.

887. **biliverdin** — *Biochim.* biliverdine *(f.)*.

888. **Billroth cords** — *Histol.* cordons *(m.)* de Billroth.

889. **bilobate** — *Bot., Zool.* bilobé, -e *(adj.)*.

890. **bilobed** — Voir: **bilobate.**

891. **bilobular** — *Anat.* bilobulaire *(adj.)*.

892. **bilophodonth tooth** — *Anat., comp.* dent *(f.)* bilophodonte.

893. **bimana** — *Zool.* bimane *(m.)*.

894. **binary fission** — *Protoz.* fission *(f.)* binaire.

895. **binocular vision** — *Physiol.* vision *(f.)* binoculaire.

896. **binodal** — *Bot.* à deux noeuds.

897. **binomial nomenclature** — *Syst.* nomenclature *(f.)* binominale

898. **bio-assay** — *Biol.* essai *(m.)* biologique, titrage *(m.)* biologique.

899. **bioblast** — *Génét.* bioblaste *(m.)*.

900. **biocatalyst** — *Biochim.* biocatalyseur *(m.)*, diastase *(f.)*.

901. **biochemical genetics** — *Génét.* génétique *(f.)* biochimique.

902. **biochemistry** — *Chim.* biochimie *(f.)*.

903. **biocide** — *Biol.* biocide *(n. m. et adj.).*

904. **bioclimatic** — *Ecol.* bioclimatique *(adj.).*

905. **biocoenosis** — *Ecol.* biocénose *(f.),* biocoenose *(f.).*

906. **biocoenotics** — *Ecol.* biocénotique *(f.).*

907. **biocompatible** — *Physiol.* biocompatible *(adj.).*

908. **bioelectrogenesis** — *Physiol.* bioélectrogenèse *(f.).*

909. **bioenergy** — *Ecol.* énergobiose *(f.).*

910. **bio-feedback** — *Physiol.* rétroaction *(f.)* biologique.

911. **biogenesis** — *Biol.* biogenèse *(f.).*

912. **biogenetic** — *Biol.* biogénétique *(adj.).*

913. **biogenic salt** — *Ecol.* composé *(m.)* minéral biogène, élément *(m.)* biogène.

914. **biogeochemical cycle** — *Ecol.* cycle *(m.)* biogéochimique.

915. **biogeographic limit** — *Ecol.* limite *(f.)* biogéographique.

916. **biokinetics** — *Biol.* biomécanique *(f.).*

917. **biological clock** — *Comport., Physiol.* horloge *(f.)* interne.

918. **biological control** — *Comport., Physiol.* régulation *(f.)* biologique.

919. **biological fight** — *Env.* lutte *(f.)* biologique.

920. **biological indicator** — *Ecol., Env.* indicateur *(m.)* biologique.

921. **biological material** — *Méd.* biomatériau, -aux *(m.).*

922. **biological species** — *Génét.* espèce *(f.)* biologique.

923. **biologist** — *Biol.* biologiste *(m.).*

924. **biology** — *Biol.* biologie *(f.).*

925. **bioluminescence** — *Biol.* bioluminescence *(f.).*

926. **biomass** — *Ecol.* biomasse *(f.).*

927. **biome** — *Ecol.* biome *(m.).*

928. **biomaterial** — Voir: **biological material.**

929. **biometrics** — *Biol., Statist.* biométrie *(f.).*

930. **biomonomer** — *Biochim.* biomonomère *(m.).*

931. **bion** — *Paléont.* bion *(m.).*

932. **bionecrosis** — *Méd.* nécrobiose *(f.).*

933. **bionomics** — *Ecol.* bionomie *(f.).* (Peu usité, le mot écologie étant beaucoup plus utilisé.)

934. **bioperiodic** — *Biol.* biopériodique *(adj.).*

935. **bioperiodicity** — *Biol.* biopériodicité *(f.).*

936. **biophysics** — *Biol.* biophysique *(f.).*

937. **biopoiesis** — *Biol.* biopoièse *(f.).*

938. **biopotential** — *Biol., Physiol.* biopotentiel *(m.).*

939. **biopsed** — *Méd.* biopsié, -e *(adj.).*

940. **biorythm** — *Biol., Env.* biorythme *(m.).*

941. **biorythmic** — *Biol., Env.* biorythmique *(n. f. et adj.).*

942. **biospeleology** — *Biol.* biospéléologie *(f.).*

943. **biosphere** — *Ecol.* biosphère *(f.),* écosphère *(f.).*

944. **biostratigraphy** — *Paléont.* biostratigraphie *(f.).*

945. **biosystematics** — *Biol., Syst.* biosystématique *(f.),* systématique *(f.).*

946. **biota** — *Ecol.* somme *(f.)* de la flore et de la faune.

947. **biotechnological** — *Biol.* biotechnologique *(adj.),* ergonomique *(adj.).*

948. **biotic** — *Biol.* biotique *(adj.).*

949. **biotic factor** — *Biol.* facteur *(m.)* biotique.

950. **biotic potential** — *Ecol.* potentiel *(m.)* biotique.

951. **biotin** — *Biochim.* biotine *(f.).*

952. **biotope** — *Ecol.* biotope *(m.).*

953. **biotype** — *Génét.* biotype *(m.).*

954. **biparous** — *Zool.* bipare *(adj.).*

955. **bipartition** — *Bot., Zool.* bipartition *(f.).*

956. **biped** — *Zool.* bipède *(n. m. et adj.).*

957. **Bipedal** — *Zool.* bipède *(adj.).*

958. **bipinnaria** — *Echinod.* bipinnaria *(f.).*

959. **bipinnate** — *Bot., Zool.* bipinné, -e *(adj.),* bipenné, -e *(adj.).*

960. **bipolar** — *Bot., Zool.* bipolaire *(adj.).*

961. **bipolar cell** — *Histol.* cellule *(f.)* bipolaire.

962. **bipolar neuron** — *Histol., Physiol.* neurone *(m.)* bipolaire.

963. **biramous** — *Zool.* biramé, -e *(adj.).*

964. **biramous appendage** — *Crust.* appendice *(m.)* biramé.

965. **biramous limb** — Voir: **biramous appendage.**

966. **bird repellent** — *Ecol., Ornith.* avifuge *(n. m. et adj.).*

967. **birefringence** — *Micr.* biréfringence *(f.),* double réfraction *(f.).*

968. **birth** — *Zool.* naissance *(f.).*

969. **birth control** — *Méd.* régulation *(f.)* des naissances, orthogénie *(f.).*

970. **birth rate** — *Ecol.* taux *(m.)* de natalité.

971. **bisexual** — *Bot., Zool.* bisexué, -e *(adj.),* bisexuel, -elle *(adj.).*

29

972. **biuret reaction** —
Biochim. réaction *(f.)* du
biuret.

973. **bivalent** — *Génét.*
bivalent, -e, *(adj.)*.

974. **bivalve** — *Bot.* bivalve
(adj.); *Moll.* bivalve
(m.), pélécypode *(m.)*,
lamellibranche *(m.)*,
acéphale *(m.)*.

975. **bivariate distribution** —
Statist. distribution *(f.)*
à deux dimensions.

976. **black alkali** — *Pédol.*
salant *(m.)* noir.

977. **black death** — *Méd.*
peste *(f.)*.

978. **bladder** — *Bot.* vésicule
(f.); *Zool.* vésicule *(f.)*,
vessie *(f.)*. (Voir aussi:
air bladder)

979. **bladder worm** — *Plath.*
cysticerque *(m.)*.

980. **blastema** — *Embryol.*
blastème *(m.)*, blastème
(m.) régénérateur,
blastème *(m.)* de
régénération.

981. **blastemal** — *Embryol.*
blastématique *(adj.)*.

982. **blastocoel** — *Embryol.*
blastocoele *(m.)*,
blastocèle *(m.)*.

983. **blastocyst** — *Embryol.*
blastocyste *(m.)*.

984. **blastocyte** — *Invert.*
blastocyte *(m.)*.

985. **blastoderm** — *Embryol.*
blastoderme *(m.)*.

986. **blastodermic** — *Embryol.*
blastodermique *(adj.)*.

987. **blastodisc** — *Embryol.*
blastodisque *(m.)*,

disque *(m.)*
embryonnaire.

988. **blastogenesis** — *Embryol.*
blastogenèse *(f.)*.

989. **blastomere** — *Embryol.*
blastomère *(m.)*.

990. **blastophore** — *Bot.*
blastophore *(m.)*,
hypoblaste *(m.)*.

991. **blastopore** — *Embryol.*
blastopore *(m.)*.

992. **blastostyle** — *Coelent.*
blastostyle *(m.)*.

993. **blastozoite** — Voir:
blastozooid.

994. **blastozooid** — *Zool.*
blastozoïde *(m.)*,
blastozoïte *(m.)*.

995. **blastula** — *Embryol.*
blastula *(f.)*.

996. **blepharoblast** — Voir:
basal body.

997. **blind bud** — *Bot.*
bourgeon *(m.)* fixé.

998. **blind spot** — *Anat.,*
Physiol. point *(m.)*
aveugle, papille *(f.)*
optique, tache *(f.)*
aveugle.

999. **blood** — *Anat., Physiol.*
sang *(m.)*.

1000. **blood-air barrier** —
Physiol. barrière *(f.)*
sang-air.

1001. **blood clot** — *Physiol.*
caillot *(m.)* sanguin.

1002. **blood clotting** — *Physiol.*
coagulation *(f.)*
sanguine.

1003. **blood corpuscle** —
Histol., Physiol. globule
(m.) sanguin.

1004. **blood ghosts** — Voir:
blood shadows.

1005. **blood gill** — *Entom.*
branchie *(f.)* sanguine.

1006. **blood group** — *Hématol.,*
Physiol. groupe *(m.)*
sanguin.

1007. **blood pigment** —
Hématol. pigment *(m.)*
sanguin.

1008. **blood plaque** — Voir:
blood platelet.

1009. **blood plasma** —
Hématol., Physiol.
plasma *(m.)* sanguin.

1010. **blood platelet** —
Hématol., Histol.
plaquette *(f.)* sanguine,
hématoblaste *(m.),*
globulin *(m.),*
thrombocyte *(m.).*

1011. **blood-poisonning** — *Méd.*
empoisonnement *(m.)*
du sang.

1012. **blood pressure** —
Physiol. tension *(f.)*
artérielle, pression *(f.)*
artérielle.

1013. **blood prophylaxis** — *Art*
vétér., Méd.
hémoprévention *(f.).*

1014. **blood serum** — *Hématol.*
sérum *(m.)* sanguin.

1015. **blood shadows** — *Histol.*
ombres *(f.)* sanguines,
fantômes *(m.)* sanguins.

1016. **blood-sucker** — *Ann.*
sangsue *(f.).*

1017. **blood sugar** — *Physiol.*
glucose *(m.)* sanguin.

1018. **blood system** — *Anat.*
appareil *(m.)* vasculaire,
appareil *(m.)*
cardiovasculaire.

1019. **blood-**
thermocoagulation —
Biol. pochage *(m.).*

1020. **blood transfusion** —
Méd., Physiol.
transfusion *(f.)*
sanguine, transfusion
(f.) de sang.

1021. **blood vessel** — *Anat.*
vaisseau *(m.)* sanguin.

1022. **bloom** — *Bot.* floraison
(f.), fleur *(f.),*
effloraison *(f.).*

1023. **blossom** — *Bot.* fleur *(f.).*

1024. **blubber** — *Zool.* panicule
(m.) adipeux, lard *(m.).*

1025. **B.O.D.** — *Biochim.*
demande *(f.)*
biochimique en
oxygène, D.B.O. *(f.).*

1026. **bodies of Zuckerkandl** —
Voir: **paraaortic bodies**
of Zuckerkandl.

1027. **body** — *Anat.* corps *(m.),*
corpuscule *(m.).*

1028. **body cavity** — *Anat.*
cavité *(f.)* générale,
cavité *(f.)* coelomique.

1029. **body fluid** — *Physiol.*
fluide *(m.)* biologique.

1030. **body of hyoid** — *Anat.*
corps *(m.)* de l'hyoïde.

1031. **bone** — *Anat.* os *(m.);*
Ichtyol. os *(m.),* arête
(f.).

1032. **bone marrow** — *Anat.*
moelle *(f.),* moelle *(f.)*
osseuse, moelle *(f.)* des
os.

1033. **bone seeking** — *Méd.*
ostéotrope *(adj.).*

1034. **bony fish** — *Ichtyol.*
poisson *(m.)* osseux,
ostéichthyen *(m.)*.

1035. **bony tissue** — *Histol.*
tissu *(m.)* osseux.

1036. **booted** — *Ornith.* botté,
-e, *(adj.)*.

1037. **border** — *Ornith.* bordure
(f.).

1038. **bordered pit** — *Bot.*
ponctuation *(f.)* aréolée.

1039. **boreal coniferous forest** —
Ecol. forêt *(f.)* boréale
de conifères.

1040. **bot** — *Entom.* larve *(f.)*
d'oestre.

1041. **bot-fly** — *Entom.* oestre
(m.), mouche *(f.)* des
chevaux.

1042. **Botal's foramen** — *Anat.*
trou *(m.)* de Botal,
foramen *(m.)* oval.

1043. **Botalo's foramen** —
Voir: **Botal's foramen.**

1044. **botanist** — *Bot.* botaniste
(m.).

1045. **botany** — *Bot.* botanique
(f.).

1046. **botryoidal tissue** — *Ann.*
tissu *(m.)* botryoïde.

1047. **botulism** — *Méd.*
botulisme *(m.)*.

1048. **bovine** — *Zootechn.*
bovin, -e *(adj.)*.

1049. **bowel** — *Anat.* intestin
(m.).

1050. **Bowman's capsule** —
Histol. capsule *(f.)* de
Bowman.

1051. **Bowman's membrane** —
Histol. membrane *(f.)*
de Bowman.

1052. **brachial** — *Anat.*
brachial, -e, -aux *(adj.)*.

1053. **brachial artery** — *Anat.*
artère *(f.)* brachiale.

1054. **brachial ossicle** —
Echinod. plaque *(f.)*
brachiale.

1055. **brachial plexus** — *Anat.*
plexus *(m.)* brachial,
plexus *(m.)* pectoral.

1056. **brachial vein** — *Anat.*
veine *(f.)* brachiale.

1057. **brachiating** — Voir:
brachiator.

1058. **brachiator** — *Zool.*
brachiateur *(adj.)*.

1059. **brachicera** — *Zool.*
brachicères *(m. pl.)*.

1060. **brachiocephalic** — *Anat.*
brachiocéphalique
(adj.).

1061. **brachiocephalic artery** —
Anat. artère *(f.)*
brachiocéphalique.

1062. **brachiocephalic vein** —
Anat. veine *(f.)*
brachiocéphalique.

1063. **brachiole** — *Echinod.*
brachiole *(f.)*.

1064. **brachiopoda** — *Zool.*
brachiopodes *(m. pl.)*,
brachyopodes *(m. pl.)*.

1065. **brachycardia** — Voir:
bradycardia.

1066. **brachycephalic** — *Zool.*
brachycéphale *(n. m. et
adj.)*.

1067. **brachydactyl** — *Zool.*
brachydactyle *(adj.)*,
brachydactile *(adj.)*.

1068. **brachydactyly** — *Zool.*
brachydactilie *(f.)*,
brachydactylie *(f.)*.

1069. **brachyodont tooth** — *Anat. comp.* dent *(f.)* brachyodonte.

1070. **brachyopoda** — Voir: **brachiopoda.**

1071. **brachyura** — *Arthrop.* brachyures *(m. pl.),* brachyoures *(m. pl.).*

1072. **brackish water** — *Ecol.* eau *(f.)* saumâtre.

1073. **brackish water fish farming** — *Env., Ichtyol.* valliculture *(f.).*

1074. **bract** — *Bot.* bractée *(f.).*

1075. **bracteole** — *Bot.* bractéole *(f.).*

1076. **bradycardia** — *Physiol.* bradycardie *(f.),* brachycardie *(f.),* bradyrythmie *(f.).*

1077. **bradymictic lake** — *Limnol.* lac *(m.)* bradymictique.

1078. **brain** — *Anat.* cerveau *(m.); Invert.* cerveau *(m.),* ganglion *(m.)* cérébroïde.

1079. **brain sand** — *Histol.* sable *(m.)* cérébral, acervule *(m.).*

1080. **brain stem** — *Anat.* tronc *(m.)* cérébral.

1081. **brain waves** — *Physiol.* ondes *(f.)* cérébrales.

1082. **branch** — *Bot.* branche *(f.),* rameau *(m.).*

1083. **branchia** — *Zool.* branchie *(f.).*

1084. **branchial** — *Zool.* branchial, -e, -aux *(adj.).*

1085. **branchial arch** — *Anat. comp.* arc *(m.)* branchial.

1086. **branchial basket** — *Anat. comp., Ichtyol.* corbeille *(f.)* branchiale.

1087. **branchial chamber** — *Crust.* chambre *(f.)* branchiale; *Tun.* cavité *(f.)* péribranchiale.

1088. **branchial cleft** — Voir: **gill slit.**

1089. **branchial heart** — *Moll.* coeur *(m.)* branchial, coeur *(m.)* veineux.

1090. **branchial lamella** — *Zool.* languette *(f.)* branchiale (de l'amphioxus).

1091. **branchial rod** — *Zool.* synapticule *(m.)* (de l'amphioxus).

1092. **branchial slit** — Voir: **gill slit.**

1093. **branchiate** — *Zool.* branchié, -e *(adj.).*

1094. **branchiform** — *Zool.* branchiforme *(adj.).*

1095. **branchiopoda** — *Zool.* branchiopodes *(m. pl.).*

1096. **branchiostegal membrane** — *Ichtyol.* membrane *(f.)* branchiostège.

1097. **branchiostegal ray** — *Ichtyol.* rayon *(m.)* branchiostège.

1098. **branchiostegite** — *Crust.* branchiostégite *(m.).*

1099. **branchiura** — *Crust.* branchiures *(m. pl.).*

1100. **breast** — *Anat.* poitrine *(f.),* sein *(m.).*

1101. **breastbone** — *Anat.*, *Anat. comp.* sternum *(m.)*.

1102. **breast fin** — *Ichtyol.* nageoire *(f.)* pectorale.

1103. **breed strain** — *Génét.* race *(f.)*.

1104. **breeding** — Voir: **salmon breeding.**

1105. **breeding value** — *Génét.* valeur *(f.)* génétique.

1106. **bregma** — *Anat.* bregma *(m.)*.

1107. **briny water** — Voir: **brackish water.**

1108. **bristle** — *Bot.* soie *(f.)*, poil *(m.)*; *Zool.* soie *(f.)*, poil *(m.)*, vibrisse *(f.)*.

1109. **broad ligament** — *Anat.* ligament *(m.)* large (de l'utérus), ligament *(m.)* suspenseur (du foie).

1110. **bronchial** — *Anat.* bronchique *(adj.)*.

1111. **bronchial tube** — *Anat.* bronche *(f.)*.

1112. **bronchiole** — *Anat.* bronchiole *(f.)*.

1113. **bronchus** — Voir: **bronchial tube.**

1114. **brood** — *Moll.* naissain *(m.)*; *Ornith.* couvée *(f.)*, volée *(f.)*.

1115. **brood pouch** — *Zool.* poche *(f.)* incubatrice.

1116. **brooder house** — *Zootech.* élevoir *(m.)*.

1117. **brown body** — *Bryoz.* corps *(m.)* brun.

1118. **brown fat tissue** — *Histol.* graisse *(f.)* brune.

1119. **Brown's funnel** — *Zool.* entonnoir *(m.)* atriocoelomique (de l'amphioxus).

1120. **brownian movement** — *Physiq.* mouvement *(m.)* brownien.

1121. **brow ridge** — *Anat.* arcade *(f.)* sourcilière.

1122. **brow spot** — *Zool.* tache *(f.)* oculaire.

1123. **brucellosis-infected** — *Art vétér.* brucellique *(adj.)*.

1124. **brucellous** — Voir: **brucellosis-infected.**

1125. **Bruch's membrane** — *Histol.* membrane *(f.)* de Bruch.

1126. **Brunner's glands** — *Histol.* glandes *(f.)* de Brunner.

1127. **brush border** — *Histol.* bordure *(f.)* en brosse.

1128. **bryological** — *Bot.* bryologique *(adj.)*.

1129. **bryologist** — *Bot.* bryologiste *(m.)*.

1130. **bryology** — *Bot.* bryologie *(f.)*.

1131. **bryophyta** — *Bot.* bryophytes *(f. pl.)*.

1132. **bryozoa** — *Zool.* bryozoaires *(m. pl.)*.

1133. **buccal** — *Anat.*, *Zool.* buccal, -e, -aux *(adj.)*.

1134. **buccal capsule** — *Ném.* capsule *(f.)* bucale.

1135. **bud** — *Bot.* bourgeon *(m.)* (d'une feuille), bouton *(m.)* (d'une fleur); *Zool.* bourgeon *(m.)*.

1136. **bud** (to) — *Bot., Zool.*
bourgeonner *(v. intr.).*

1137. **budding** — *Bot., Zool.*
bourgeonnement *(m.).*

1138. **bud-shape** — *Bot., Zool.*
gemmiforme *(adj.).*

1139. **buffer** — *Biochim.*
tampon *(m.).*

1140. **buffer zone** — *Ecol., Env.*
préparc *(m.).*

1141. **bulb** — *Anat.* bulbe *(m.)*;
Bot. bulbe *(m.),* oignon
(m.).

1142. **bulbil** — *Bot.* bulbille *(f.).*

1143. **bulblet** — Voir: **bulbil.**

1144. **bulbourethral glands** —
Anat., Histol. glandes
(f.) bulbo-urétrales,
glandes *(f.)* de Cowper.

1145. **bulbus arteriosus** —
Anat. comp. bulbe *(m.)*
artériel.

1146. **bulbus caroticus** — Voir:
carotid gland.

1147. **bulbus cordis** — Voir:
bulbus arteriosus.

1148. **bulla** — Voir: **tympanic
bulla.**

1149. **bulla ossea** — Voir:
tympanic bulla.

1150. **bullate** — *Bot.* bullé, -e
(adj.).

1151. **bundle** — *Bot., Zool.*
faisceau *(m.).*

1152. **bundle of His** — *Histol.*
faisceau *(m.)* de His,
faisceau *(m.)* auriculo-
ventriculaire.

1153. **bunodonth tooth** — *Anat.
comp.* dent *(f.)*
bunodonte.

1154. **buno-lophodont tooth** —
Anat. comp. dent *(f.)*
bunolophodonte.

1155. **burrower** — *Zool.*
fouisseur, -euse *(n. m. et
adj.).*

1156. **burrowing** — Voir:
burrower.

1157. **bursa** — *Anat.* bourse
(f.), sac *(m.),* poche *(f.).*

1158. **bursa copulatrix** —
Invert. bourse *(f.)*
copulatrice.

1159. **bursa fabricii** — *Ornith.*
bourse *(f.)* de Fabricius.

1160. **bush** — *Bot.* buisson *(m.),*
arbrisseau, -e, -aux *(m.),*
arbuste *(m.).*

1161. **butterfly** — *Entom.*
papillon *(m.),*
lépidoptère *(m.).*

1162. **button** — *Mycol.* bouton
(m.) (de champignon).

1163. **byssus** — *Moll.* byssus
(m.).

1164. **cadophore** — *Tun.*
cadophore *(m.),*
appendice *(m.)* dorsal.

1165. **caducity** — *Bot.* caducité
(f.).

1166. **caducous** — *Anat., Bot.*
caduc, -uque *(adj.).*

C

1167. **caecal** — *Anat.* caecal, -e,
-aux *(adj.).*

1168. **caeciform** — *Anat.*
caeciforme *(adj.).*

1169. **caecum** — *Anat.* caecum
(m.), diverticule *(m.).*

35

1170. **caenogenesis** — *Génét.*
caenogenèse *(f.)*,
cénogenèse *(f.)*.

1171. **caenogenetic** — *Génét.*
caenogénétique *(adj.)*,
cénogénétique *(adj.)*.

1172. **caesius** — *Bot.* bleu *(m.)*
verdâtre, bleu *(m.)*
grisâtre.

1173. **calamus** — *Bot.* rotin
(m.); Ornith. calamus
(m.), hampe *(f.)* creuse.

1174. **calceneum** — *Anat.*
calcanéum *(m.),* os *(m.)*
fibulaire.

1175. **calcar** — *Entom., Ornith.*
éperon *(m.).*

1176. **calcarated** — *Zool.*
calcarifère *(adj.).*

1177. **calcareous** — *Pédol.,*
Zool. calcaire *(adj.),*
calcifié, -e *(adj.).*

1178. **calcareous gland** — Voir:
calcareous node.

1179. **calcareous node** —
Amph. glande *(f.)*
calcarifère, glande *(f.)*
de Swammerdan, sac
(m.) crayeux.

1180. **calceiform** — *Bot., Zool.*
calcéiforme *(adj.).*

1181. **calceolate** — *Bot.*
calcéiforme *(adj.),*
calcéoliforme *(adj.).*

1182. **calcicole** — *Bot.* calcicole
(adj.), calciphile *(adj.).*

1183. **calciferous gland** — *Ann.*
glande *(f.)* calcifère,
glande *(f.)* calcarifère,
glande *(f.)* de Morren.

1184. **calcification** — *Physiol.*
calcification *(f).*

1185. **calcifuge** — *Bot.*
calcifuge *(adj.),*
calciphobe *(adj.).*

1186. **calcigerous gland** —
Voir: **calcareous node.**

1187. **calcitonin** — *Physiol.*
calcitonine *(f.).*

1188. **calcium cycle** — *Ecol.*
cycle *(m.)* du calcium.

1189. **caliciform** — *Histol.*
caliciforme *(adj.).*

1190. **calicle** — *Bot.* calicule
(m.).

1191. **calicular** — *Bot.*
caliculaire *(adj.).*

1192. **caliculate** — *Bot.*
caliculé, -e *(adj.).*

1193. **caliculus** — Voir: **calicle.**

1194. **callitriche** — *Bot.*
callitriche *(m.).*

1195. **callithrix** — *Zool.*
callitriche *(m.).*

1196. **callose** — *Bot.* callose
(f.).

1197. **callus** — *Bot., Zool.* cal
(m.), callosité *(f.).*

1198. **caloric** — *Physiol.*
calorique *(adj.).*

1199. **caloric-nitrogenous** —
Physiol. calorico-azoté
(adj.).

1200. **calorie** — *Physiol.* calorie
(f.).

1201. **calorific** — *Physiol.*
calorifique *(adj.).*

1202. **calory** — Voir: **calorie.**

1203. **calymna** — *Rad.* calymna
(m.).

1204. **calypter** — *Entom.*
cuilleron *(m.).*

1205. **calyptoblastea** —
Coelent. calyptoblastides

(m. pl.), leptoméduses *(f. pl.)*, calyptoblastiques *(m. pl.)*.

1206. **calyptomera** — *Arthrop.* calyptomères *(m. pl.)*.

1207. **calyptra** — *Bot.* calyptre *(f.)*.

1208. **calyptrate** — *Bot.* calyptré, -e *(adj.)*.

1209. **calyptrogen** — *Bot.* calyptrogène *(n. f. et adj.)*.

1210. **cambial** — *Bot.* cambial, -e, -aux *(adj.)*.

1211. **calyx** — *Anat., Bot.* calice *(m.)*.

1212. **cambium** — *Bot.* cambium *(m.)*.

1213. **cambrian** — *Géol.* cambrien *(m.)*, cambrien, -enne *(adj.)*.

1214. **campaniform receptor** — *Ichtyol.* campanule *(f.)* de Haller.

1215. **campanulate** — *Bot.* campanulé, -e *(adj.)*.

1216. **campodeiform larva** — *Entom.* larve *(f.)* campodéiforme.

1217. **camptotrichia** — *Ichtyol.* camptotriche *(m.)*.

1218. **campylotropous** — *Bot.* campylotrope *(adj.)*.

1219. **Canada balsam** — *Microtech.* baume *(m.)* du Canada.

1220. **canal** — *Ant.* canal, -aux *(m.)*.

1221. **canal of Hering** — *Anat.* canal *(m.)* de Hering.

1222. **canal of Schlemn** — *Anat.* canal *(m.)* de Schlemn.

1223. **canalicular** — *Anat., Bot.* canaliculaire *(adj.)*.

1224. **canaliculate** — *Anat., Bot.* canaliculé, -e *(adj.)*.

1225. **canaliculus** — *Anat., Bot.* canalicule *(m.)*.

1226. **canary breeder** — *Zootech.* seriniculteur *(m.)*.

1227. **cancellous bone** — *Histol.* os *(m.)* spongieux.

1228. **cancer** — *Pathol.* cancer *(m.)*.

1229. **cancerization** — *Méd.* cancérisation *(f.)*.

1230. **cancerous** — *Pathol.* cancéreux, -euse *(adj.)*.

1231. **cancroid** — *Crust., Pathol.* cancroïde *(adj.)*, cancériforme *(adj.)*.

1232. **canibalism** — *Comport., Zool.* canibalisme *(m.)*.

1233. **canine tooth** — *Anat.* canine *(f.)*, dent *(f.)* canine.

1234. **caninity** — *Zool.* caninité *(f.)*.

1235. **canker** — *Bot.* gangrène *(f.)*, nécrose (du bois) *(f.)*; *Pathol.* chancre *(m.)*, ulcère *(m.)* rongeur.

1236. **cankerous** — *Bot., Pathol.* chancreux, -euse *(adj.)*.

1237. **cannon bone** — *Anat.* os *(m.)* canon.

1238. **canopy** — *Bot., Ecol.*
voûte *(f.)* de verdure,
voûte *(f.)* de feuillage.

1239. **cap** — *Cytol.* capuchon
(m.) (de
spermatozoïde); *Mycol.*
chapeau, -eaux *(m.)*.

1240. **capacitation** — *Physiol.*
capacitation *(f.)*.

1241. **capillary** — *Anat.*
capillaire *(adj.)*.

1242. **capillifolious** — *Bot.*
capillifolié, -e *(adj.)*.

1243. **capilliform** — *Zool.*
criniforme *(adj.)*.

1244. **capillitium** — *Mycol.*
capillitium *(m.)*.

1245. **capitate** — *Bot.* en
capitule *(f.)*, capité, -e
(adj.); *Entom.* en
massue *(f.)* (antenne en
massue).

1246. **capitated** — Voir:
capitate.

1247. **capitellum** — Voir:
capitulum.

1248. **capitulum** — *Anat.*
capitulum *(m.)*; *Bot.*
capitule *(m.)*.

1249. **caprinized** — *Art vétér.*
caprinisé, -e *(adj.)*.

1250. **capsule** — *Anat., Bot.*
capsule *(f.)*. (Voir aussi:
cartilage capsule).

1251. **capsule of Tenon** —
Histol. capsule *(f.)* de
Tenon.

1252. **captacula** — *Zool.*
captacule *(m.)*.

1253. **captivity** — *Comport.,*
Zool. captivité *(f.)*.

1254. **capture-recapture**
method — *Ecol.*

recensement *(m.)* par
capture et recapture.

1255. **caput epididymis** —
Anat. tête *(f.)* de
l'épididyme.

1256. **carapace** — *Zool.*
carapace *(f.)*, bouclier
(m.) céphalothoracique
(des Branchioures).

1257. **carbohydrate** — *Biochim.*
hydrate *(m.)* du
carbone.

1258. **carbon cycle** — *Ecol.*
cycle *(m.)* du carbone.

1259. **carboniferous** — *Géol.*
carbonifère *(n. m. et*
adj.).

1260. **carboxylic group** —
Chim. groupe *(m.)*
carboxylique, groupe
(m.) carboxylé.

1261. **carcinogen** — *Pathol.*
carcinogène *(n. m. et*
adj.), cancérigène *(n. m.*
et adj.), cancérogène *(n.*
m. et adj.).

1262. **carcinogenicity** — *Méd.*
cancérogénicité *(f.)*.

1263. **cardia** — *Anat., Zool.*
cardia *(m.)*.

1264. **cardiac** — *Anat., Physiol.*
cardiaque *(adj.)* (qui se
rapporte au coeur),
cardial, -e, -aux *(adj.)*
(qui se rapporte au
cardia), on dit aussi
cardiaque.

1265. **cardiac gland** — *Anat.,*
Zool. glande *(f.)*
cardiale.

1266. **cardiac muscle** — *Anat.*
coeur *(m.)*; *Histol.*
muscle *(m.)* cardiaque.

1267. **cardiac sphincter** —
Anat. sphincter *(m.)*
cardial, sphincter *(m.)*
cardiaque.

1268. **cardiac stomach** — *Anat.*
portion *(f.)* cardiaque
de l'estomac; *Echinod.*
poche *(f.)* cardiaque de
l'estomac.

1269. **cardinal** — *Embryol.*
cardinal, -e, -aux *(adj.)*;
Ornith. cardinal, -aux
(m.).

1270. **cardinal edge** — *Moll.*
bord *(m.)* dorsal.

1271. **cardinal region** — *Moll.*
région *(f.)* de la
charnière.

1272. **cardinal vein** — *Embryol.*
veine *(f.)* cardinale.

1273. **cardo** — *Entom.* cardo
(m.).

1274. **caridoid facies** — *Crust.*
faciès *(m.)* caridoïde.

1275. **carina** — *Bot., Zool.*
carène *(f.)*; *Ornith.*
bréchet *(m.)*, carène *(f.)*.

1276. **carinates** — *Ornith.*
carinates *(m. pl.)*.

1277. **carminophil** — *Histol.*
cellule *(f.)*
carminophile.

1278. **carnassial tooth** — *Anat.*
comp. dent *(f.)*
carnassière.

1279. **carnivora** — *Zool.*
carnivores *(m. pl.)*.

1280. **carnivore** — *Bot.*
carnivore *(adj.)*; *Ecol.*
consommateur *(m.)*
secondaire; *Zool.*
carnassier, -ère *(n. m. et
adj.)*.

1281. **carnivorous** — *Bot.*
carnivore *(adj.)*; *Ecol.*
carnivore *(adj.)*,
carnassier, -ère *(adj.)*.

1282. **carotene** — *Bot.* carotène
(m.).

1283. **carotenoid** — *Bot.*
caroténoïde *(m.)*.

1284. **carotid arch** — *Anat.*
comp. artère *(f.)*
carotide primitive.

1285. **carotid artery** — *Anat.*
carotide *(f.)*, artère *(f.)*
carotide.

1286. **carotid body** — *Anat.*
corpuscule *(m.)*
carotidien.

1287. **carotide canal** — *Anat.*
comp. canal *(m.)*
carotidien.

1288. **carotid gland** — *Anat.*
comp. glande *(f.)*
carotidienne, ganglion
(m.) carotidien.

1289. **carotid labyrinth** — Voir:
carotid gland.

1290. **carotin** — Voir:
carotene.

1291. **carpal bone** — *Anat.*
carpe *(m.)*, os *(m.)*
carpien.

1292. **carpale** — Voir: **carpal
bone.**

1293. **carpel** — *Bot.* carpelle
(m.).

1294. **carpellary** — *Bot.*
carpellaire *(adj.)*.

1295. **carpogonium** — *Algol.*
carpogone *(f.)*.

1296. **carpo-metacarpus** —
Anat. comp.
carpométacarpe *(m.)*.

1297. **carpopodite** — *Crust.*
carpopodite *(m.)*.

1298. **carpospore** — *Algol.*
carpospore *(f.)*.

1299. **carrying capacity** —
Ecol. capacité *(f.)*
limite.

1300. **cartilage** — *Anat.*
cartilage *(m.)*.

1301. **cartilage bone** — *Anat.*
comp. os *(m.)*
enchondral.

1302. **cartilage capsule** —
Histol. capsule *(f.)* de
cellules cartilagineuses.

1303. **cartilagenous** — *Anat.*
cartilagineux, -euse
(adj.).

1304. **cartilagenous fish** —
Ichtyol. poisson *(m.)*
cartilagineux.

1305. **caruncle** — *Anat., Bot.*
caroncule *(f.)*.

1306. **carnuncula lacrimalis** —
Anat. comp. caroncule
(f.) lacrymale.

1307. **carunculate** — *Bot., Zool.*
caroncule, -e *(adj.)*.

1308. **caryaster** — *Cytol.*
caryaster *(m.)*.

1309. **caryocinesis** — *Cytol.*
caryocinèse *(f.)*,
caryokinèse *(f.)*,
karyokinèse *(f.)*, mitose
(f.).

1310. **caryocinetic** — *Cytol.*
caryocinétique *(adj.)*.

1311. **caryogamous** — *Cytol.*
caryogamique *(adj.)*.

1312. **caryogamy** — *Cytol.*
caryogamie *(f.)*.

1313. **caryological** — *Cytol.*
caryologique *(adj.)*.

1314. **caryolymph** — *Cytol.*
caryolymphe *(f.)*, suc
(m.) nucléaire,
nucléoplasme *(m.)*.

1315. **caryolysis** — *Cytol.*
caryolyse *(f.)*.

1316. **caryoplasm** — *Cytol.*
nucléoplasme *(m.)*,
caryolymphe *(f.)*, suc
(m.) nucléaire.

1317. **caryopsis** — *Bot.*
caryopse *(m.)*, cariopse
(m.).

1318. **caryosome** — *Cytol.*
caryosome *(m.)*.

1319. **caryotype** — *Cytol.*,
Génét. caryotype *(m.)*.

1320. **casein** — *Biochim.*,
Physiol. caséine *(f.)*.

1321. **caseous** — *Physiol.*
caséeux, -euse *(adj.)*.

1322. **casparian strip** — *Bot.*
bande *(f.)* de Caspary.

1323. **caste** — *Comport.* caste
(f.).

1324. **castor oil** — *Bot.* huile
(f.) de ricin.

1325. **castration** — *Physiol.*
castration *(f.)*.

1326. **castration cell** — *Histol.*
Physiol. cellule *(f.)* de
castration.

1327. **catabolism** — *Physiol.*
catabolisme *(m.)*.

1328. **catadromous** — *Ichtyol.*
catadrome *(adj.)*,
thalassotoque *(adj.)*.

1329. **catalase** — *Biochim.*
catalase *(f.)*.

1330. **catalyser** — *Biochim.*,
Chim., Physiol.
catalyseur *(m.)*.

1331. **catapetalous** — *Bot.*
catapétale *(adj.)*.

1332. **catarrhini** — *Zool.*
catarhiniens *(m. pl.)*.

1333. **catatoxic** — *Biochim.,*
Physiol. catécholamine
(f.).

1334. **caterpillar** — *Entom.*
chenille *(f.)*.

1335. **cathepsin** — *Biochim.*
cathepsine *(f.)*.

1336. **catosteomi** — *Ichtyol.*
catostéomes *(m. pl.)*.

1337. **caudad** — *Anat. comp.,*
Zool. vers la queue,
orienté (-e) vers la
queue.

1338. **cauda epididymis** —
Anat. queue *(f.)* de
l'épididyme.

1339. **cauda equina** — *Anat.*
queue *(f.)* de cheval.

1340. **caudal** — *Zool.* caudal,
-e, -aux *(adj.)*.

1341. **caudal fin** — *Zool.*
nageoire *(f.)* caudale.

1342. **caudal tube** — *Histol.*
gaine *(f.)* fibreuse.

1343. **caudophagia** — *Art vétér.*
caudophagie *(f.)*.

1344. **caudophagy** — Voir:
caudophagia.

1345. **caul** — *Anat.* grand
épiploon *(m.)*; *Embryol.*
coiffe *(f.)*.

1346. **caulescent** — *Bot.*
caulescent, -e *(adj.)*.

1347. **caulicle** — *Bot.* caulicule
(f.), tigelle *(f.)*.

1348. **caulicule** — Voir:
caulicle.

1349. **cauliferous** — *Bot.*
caulifère *(adj.)*,
caulescent, -e *(adj.)*.

1350. **cauliflorous** — *Bot.*
caulifloré, -e *(;dj.)*.

1351. **cauliflory** — *Bot.*
cauliflorie *(f.)*.

1352. **cauliform** — *Bot.*
cauliforme *(adj.)*.

1353. **caulinary** — *Bot.*
caulinaire *(adj.)*.

1354. **cauline** — Voir:
caulinary.

1355. **cave dwelling** — *Ecol.,*
Zool. cavernicole *(adj.)*.

1356. **caveolae intracellulares** —
Voir: **pinocytotic**
vesicles.

1357. **cavernous tissue** —
Histol. tissu *(m.)*
caverneux.

1358. **cavicorn** — *Zool.*
cavicorne *(n. m. et adj.)*.

1359. **cecal** — Voir: **caecal.**

1360. **cecidiology** — Voir:
cecidology.

1361. **cecidology** — *Bot.*
cécidologie *(f.)*.

1362. **cecidy** — *Bot.* cécidie *(f.)*,
galle *(f.)*.

1363. **cecum** — Voir: **caecum.**

1364. **celiac** — Voir: **coeliac.**

1365. **cell** — *Biol.* cellule *(f.)*.

1366. **cell body** — *Cytol.* corps
(m.) cellulaire.

1367. **cell culture** — *Cytol.*
culture *(f.)* des cellules.

1368. **cell cycle** — *Cytol.* cycle
(m.) cellulaire.

1369. **cell differentiation** —
Bot., Embryol., Zool.

différenciation *(f.)*
cellulaire.

1370. **cell division** — *Cytol.*
division *(f.)* cellulaire.

1371. **cell-elasticity
diffractometer** — *Biol.*
cell. ectacytomètre *(m.).*

1372. **cell-form diffractometer** —
Voir: **cell-elasticity
diffractometer.**

1373. **cell host** — *Parasitol.*
cellule *(f.)* hôte.

1374. **cell junction** — *Histol.*
jonction *(f.)* cellulaire.

1375. **cell lineage** — *Cytol.,*
Génét. lignée *(f.)*
cellulaire.

1376. **cell membrane** — *Cytol.*
membrane *(f.)*
cellulaire, membrane
(f.) plasmique,
membrane *(f.)*
plasmatique.

1377. **cell nest** — *Histol.* nid
(m.) cellulaire, groupe
(m.) isogénique.

1378. **cell of Hofbauer** —
Histol. cellule *(f.)* de
Hofbauer.

1379. **cell of Paneth** — *Histol.*
cellule *(f.)* de Paneth.

1380. **cell plate** — *Cytol.*
plaque *(f.)* équatoriale.

1381. **cell sap** — *Cytol.* suc *(m.)*
cellulaire.

1382. **cell theory** — *Cytol.*
théorie *(f.)* cellulaire.

1383. **cell wall** — *Bot., Cytol.*
paroi *(f.)* cellulaire.

1384. **cellated** — *Biol.* cellulé,
-e *(adj.).*

1385. **celled** — Voir: **cellated.**

1386. **cellular** — *Cytol.*
cellulaire *(adj.).*

1387. **cellular hybridization** —
Génét. hybridation *(f.)*
cellulaire.

1388. **cellulate** — *Biol.* cellulé,
-e *(adj.),* cellulaire
(adj.).

1389. **cellulifugal** — *Physiol.*
cellulifuge *(adj.).*

1390. **cellulipetal** — *Physiol.*
cellulipète *(adj.).*

1391. **cellulose** — *Bot.* cellulose
(f.).

1392. **celom** — Voir: **coelom.**

1393. **cement** — *Anat.* cément
(m.).

1394. **cement line** — *Histol.*
ligne *(f.)* cimentante.

1395. **cement membrane** —
Voir: **cement line.**

1396. **cementocyte** — *Histol.*
cémentocyte *(m.).*

1397. **cementum** — Voir:
cement.

1398. **cenogenesis** — *Génét.*
caenogenèse *(f.),*
cénogenèse *(f.).*

1399. **cenozoic** — *Géol.*
cénozoïque *(n. m. et*
adj.), tertiaire *(n. m. et*
adj.).

1400. **census** — *Ecol.*
dénombrement *(m.).*

1401. **center** — Voir: **centers
hierarchy, germinal
center, nerve center,
organization center.**

1402. **centers hierarchy** —
Physiol. hiérarchie *(f.)*
des centres.

1403. **centimorgan** — *Génét.*
centimorgan *(m.)*.

1404. **centipede** — *Zool.*
centipède *(m.)*,
chilopode *(m.)*.

1405. **central canal** — *Anat.*
canal *(m.)* central de la
moelle, canal *(m.)*
épendymaire.

1406. **central fovea** — Voir:
macula lutea.

1407. **central nervous system** —
Anat. système *(m.)*
nerveux central.

1408. **centrale** — *Anat. comp.*
os *(m.)* central.

1409. **centre** — Voir: **centres
hierarchy, germinal
center, nerve center.**

1410. **centrifugable** — *Biol.,
Chim.* centrifugable
(adj.).

1411. **centrifugalizable** — Voir:
centrifugable.

1412. **centriole** — *Cytol.*
centriole *(m.)*.

1413. **centroacinar cell** —
Histol. cellule *(f.)*
centro-acineuse.

1414. **centrocercus** — *Anat.
comp.* centrocerque *(m.)*.

1415. **centrolecithal** —
Embryol. centrolécithe
(adj.).

1416. **centromere** — *Cytol.*
centromère *(m.)*.

1417. **centromere interference** —
Cytol. interférence *(f.)*
du centromère.

1418. **centrosome** — *Cytol.*
centrosome *(m.)*.

1419. **centrosphere** — *Cytol.*
centrosphère *(f.)*.

1420. **centrum** — *Anat.* corps
(m.) vertébral, centre
(m.) vertébral.

1421. **cephalad** — *Zool.* vers la
tête, orienté (-e) vers la
tête.

1422. **cephalate** — *Entom.,
Moll.* céphalé, -e *(adj.)*.

1423. **cephalic** — *Anat.*
céphalique *(adj.)*.

1424. **cephalic index** — *Anat.
comp.* indice *(m.)*
céphalique.

1425. **cephalic vein** — *Anat.*
veine *(f.)* céphalique.

1426. **cephalization** — *Embryol.*
céphalisation *(f.)*.

1427. **cephalochordata** — *Zool.*
céphalocordés *(m. pl.)*.

1428. **cephalochordate** — Voir:
cephalochordata.

1429. **cephaloid** — *Zool.*
céphaloïde *(adj.)*.

1430. **cephalo-pharyngeal
skeleton** — *Anat.*
comp. squelette *(m.)*
céphalopharyngien.

1431. **cephalopod** — *Zool.*
céphalopode *(m.)*.

1432. **cephalopoda** — *Zool.*
céphalopodes *(m. pl.)*.

1433. **cephalothorax** —
Arthrop. céphalothorax
(m.).

1434. **ceratin** — Voir: **keratin.**

1435. **ceratinous** — *Anat.*
kératinique *(adj.)*.

1436. **ceratobranchial
cartilage** — *Anat.*
comp. cartilage *(m.)*
cératobranchial, arc
(m.) cératobranchial.

1437. **ceratodus** — *Ichtyol.*
cératodus *(m.).*

1438. **ceratogenous** — *Anat.*
kératogène *(adj.).*

1439. **ceratohyal bone** — *Anat.*
comp. os *(m.)*
cératohyal.

1440. **ceratoid** — *Anat.*
kératoïde *(adj.).*

1441. **ceratotrichium** —
Ichtyol. cératotriche
(m.).

1442. **cercaria** — *Parasitol.,*
Zool. cercaire *(f.).*

1443. **cercus** — *Entom.* cerque
(m.).

1444. **cere** — *Ornith.* cire *(f.).*

1445. **cereal** — *Bot.* céréale *(n.*
f. et adj.).

1446. **cerebellar** — *Anat.*
cérébelleux, -euse *(adj.).*

1447. **cerebellum** — *Anat.*
cervelet *(m.).*

1448. **cerebral** — *Anat.,*
Physiol. cérébral, -e,
-aux *(adj.).*

1449. **cerebral cortex** — *Anat.*
cortex *(m.)* cérébral.

1450. **cerebral ganglion** —
Anat., Zool. ganglion
(m.) cérébral, ganglion
(m.) cérébroïde.

1451. **cerebral hemisphere** —
Anat. hémisphère *(m.)*
cérébral, hémisphère
(m.) du cerveau.

1452. **cerebral vesicle** — *Anat.*
vésicule *(f.)*
encéphalique.

1453. **cerebrodynamic theory** —
Physiol. théorie *(f.)*
cérébrodynamique.

1454. **cerebrospinal canal** —
Anat. canal *(m.)*
cérébrospinal.

1455. **cerebrospinal fluid** —
Anat. liquide *(m.)*
cérébrospinal, liquide
(m.) céphalo-rachidien.

1456. **cerebrum** — *Anat.*
cerveau *(m.).*

1457. **ceroma** — Voir: **cere.**

1458. **ceruloplasmin** —
Biochim., Physiol.
céruléoplasmine *(f.).*

1459. **cerumen** — *Physiol.*
cérumen *(m.).*

1460. **cervical** — *Anat.* cervical,
-e, -aux *(adj.).*

1461. **cervical groove** —
Arthrop. sillon *(m.)*
cervical.

1462. **cervical rib** — *Anat.*
comp. côte *(f.)* cervicale.

1463. **cervical vertebra** — *Anat.*
vertèbre *(f.)* cervicale.

1464. **cervico-branchial** —
Anat. cervico-branchial,
-e, -aux *(adj.).*

1465. **cervicum** — *Entom.*
région *(f.)* nucale.

1466. **cervix** — *Anat.* col *(m.)*
utérin.

1467. **cestoda** — *Parasitol.,*
Zool. cestodes *(m. pl.).*

1468. **cestoid** — *Zool.* cestoïde
(adj.).

1469. **cetacea** — *Zool.* cétacés
(m. pl.).

1470. **chaeta** — Voir: **seta.**

1471. **chaetigerous sac** — *Ann.*
bulbe *(m.)* sétigère.

1472. **chaetognatha** — *Ann.*
chaetognathes *(m. pl.)*,
chétognathes *(m. pl.)*.

1473. **chaetopoda** — *Ann.*
chaetopodes *(m. pl.)*

1474. **chaetosoma** — *Ann.*
chaetosome *(m.)*,
chaetosoma *(m.)*.

1475. **chalaza** — *Embryol.*,
Ornith. chalaze *(f.)*.

1476. **chalky** — *Pédol.* crayeux,
-euse *(adj.)*.

1477. **chalone** — *Biochim.*
chalone *(m.)*.

1478. **chamaephyte** — *Bot.*,
Ecol. chaméphyte *(adj.)*,
chionophile *(n. m. et
adj.)*.

1479. **chambered organ** —
Echinod. organe *(m.)*
cloisonné.

1480. **chancre** — *Pathol.*
chancre *(m.)*.

1481. **chancroid** — *Pathol.*
chancroïde *(adj.)*.

1482. **chancrous** — *Pathol.*
chancreux, -euse *(adj.)*.

1483. **change of sex** — *Biol.*
changement *(m.)* de
sexe.

1484. **channel** — *Océanogr.*
chenal, -aux *(m.)*.

1485. **character** — *Génét.*
caractère *(m.)*
héréditaire; *Syst.*
caractère *(m.)*, trait *(m.)*
caractéristique.

1486. **characteristic** — Voir:
character (Syst.).

1487. **charophyta** — *Bot.*
charophytes *(f. pl.)*.

1488. **chart** — *Biol.*, *Ecol.*
graphique *(m.)*,
diagramme *(m.)*.

1489. **checkered** — *Ornith.*
tacheté, -e *(adj.)* en
damier.

1490. **cheek** — *Anat.*, *Ornith.*
joue *(f.)*.

1491. **chela** — *Arthrop.* chélate
(m.), pince *(f.)*.

1492. **chelation** — *Ecol.*
chélation *(f.)*.

1493. **chelicera** — *Arachn.*
chélicère *(f.)*.

1494. **chelicerate** — *Arthrop.*
chélicérates *(m. pl.)*.

1495. **chelifer** — *Arachn.*
chélifère *(m.)*.

1496. **chellean** — *Géol.* chelléen
(m.), chelléen, -enne
(adj.).

1497. **chemicalization** — *Pédol.*
chimisation *(f.)*.

1498. **chemical mediator** —
Biochm. médiateur *(m.)*
chimique.

1499. **chemoautotrophic** —
Bactério.
chimiautotrophe *(adj.)*.

1500. **chemoprophylaxis** —
Méd. chimioprophylaxie
(f.).

1501. **chemoreceptor** —
Physiol. chimiorécepteur
(m.).

1502. **chemosynthesis** —
Biochim.
chimiosynthèse *(f.)*.

1503. **chemosynthetic** — Voir:
chemoautotrophic.

1504. **chemotaxis** — *Physiol.*
chimiotaxie *(f.)*.

1505. **chemotherapy** — *Méd.*
chimiothérapie *(f.)*.

1506. **chemotrophic** —
Bactériol. chimiotrophe
(adj.).

1507. **chemotropism** — *Physiol.*
chimiotropisme *(m.)*.

1508. **chevron bone** — *Anat.*
comp. os *(m.)* chevron.

1509. **chiasma** — *Anat.*
chiasme *(m.)*, chiasma
(m.).

1510. **chiasmatypy** — *Génét.*
enjambement *(m.)*.

1511. **chilaria** — *Arthrop.*
chilaria *(f.)*.

1512. **chilopoda** — *Arthrop.*
chilopodes *(m. pl.)*,
centipèdes *(m. pl.)*.

1513. **chilostomata** — *Bryoz.*
chilostomes *(m. pl.)*.

1514. **chimerism** — *Génét.*
chimérisme *(m.)*.

1515. **chiroptera** — *Zool.*
chiroptères *(m. pl.)*.

1516. **chiropterygium** — *Anat.*
comp. chiroptérygium
(m.).

1517. **chi square** — *Statist.* chi
(m.) carré.

1518. **chitin** — *Arthrop.* chitine
(f.).

1519. **chitinous** — *Arthrop.*
chitineux, -euse *(adj.)*.

1520. **chlamydospore** — *Mycol.*
chlamydospore *(f.)*.

1521. **chloragogen** — Voir:
chloragogue.

1522. **chloragogue** — *Ann.*
chloragogue *(adj.)*,
chloragogène *(adj.)*.

1523. **chloragogue cell** — *Ann.*
cellule *(f.)* chloragogue.

1524. **chlorinity** — *Océanogr.*
chlorinité *(f.)*.

1525. **chlorocruorin** — *Ann.*,
Physiol. chlorocruorine
(f.).

1526. **chloromonadina** —
Protoz.
chloromonadines *(m.
pl.)*.

1527. **chlorophylle** — *Bot.*
chlorophylle *(f.)*.

1528. **chlorophyllian** — *Bot.*
chlorophyllien, -enne
(adj.).

1529. **chloroplast** — *Bot.*
chloroplaste *(m.)*,
chloroplastide *(f.)*,
chloroleucite *(m.)*.

1530. **chlorosis** — *Hématol.*,
Phytopathol. chlorose
(f.).

1531. **chlorosity** — *Océanogr.*
chlorosité *(f.)*.

1532. **choana** — *Anat.* choane
(m.).

1533. **choanata** — *Zool.*
choanata *(m. pl.)*.

1534. **choanichthyes** — *Ichtyol.*
choanichthyens *(m. pl.)*.

1535. **choanocyte** — *Spong.*
choanocyte *(m.)*, cellule
(f.) à collerette.

1536. **choanoflagellata** —
Protoz. choanoflagellés
(m. pl.).

1537. **cholangiole** — *Histol.*
cholangiole *(m.)*.

1538. **choledoch** — *Anat.*
cholédoque *(adj.)*.

1539. **cholesterol** — *Bioch.*,
Physiol. cholestérol *(m.)*.

1540. **cholinergic** — *Physiol.*
cholinergique *(adj.)*.

1541. **cholinesterase** —
Biochim. cholinestérase
(f.).

1542. **chondrichthyes** —
Ichtyol.
chondrichthyens *(m.
pl.)*.

1543. **chondral** — *Anat.*
chondral, -e, -aux *(adj.)*,
cartilagineux, -euse
(adj.).

1544. **chondrin** — *Biochim.*
chondrine *(f.)*.

1545. **chondriome** — *Cytol.*
chondriome *(m.)*.

1546. **chondriosome** — *Cytol.*
chondriosome *(m.)*
(synonyme ancien de
chondriome).

1547. **chondroblast** — *Histol.*
chondroblaste *(m.)*.

1548. **chondrocranium** — *Anat.*
comp. chondrocrâne
(m.).

1549. **chondrocyte** — *Histol.*
chondrocyte *(m.)*.

1550. **chondromucin** —
Biochim., Histol.
chondromucine *(f.)*.

1551. **chondrostei** — *Ichtyol.*
chondrostéens *(m. pl.)*.

1552. **chonotricha** — *Protoz.*
chonotriches *(m. pl.)*,
conotriches *(m. pl.)*.

1553. **chorda tympani** — *Anat.*
corde *(f.)* du tympan.

1554. **chordae tendineae** —
Anat. cordons *(m.)*
tendineux.

1555. **chordal vertebra** — *Anat.*
comp. vertèbre *(f.)*
cordale.

1556. **chordata** — *Zool.* cordés
(m. pl.), chordés *(m. pl.)*.

1557. **chordotonal receptor** —
Entom. organe *(m.)*
chordotonal, récepteur
(m.) de tension.

1558. **chorio-allantoic
grafting** — *Embryol.*
greffe *(f.)* chorio-
allentoïdienne.

1559. **choriocapillaris** — *Histol.*
choroïde *(f.)*.

1560. **chorioid** — Voir:
choroid.

1561. **chorioid plexus** — Voir:
choroid plexus.

1562. **chorion** — *Embryol.*
chorion *(m.)*.

1563. **chorion frondosum** —
Histol. chorion *(m.)*
chevelu.

1564. **chorionic** — *Embryol.*
chorial, -e, -aux *(adj.)*.

1565. **chorionic plate** —
Embryol. plaque *(f.)*
choriale.

1566. **choripetalous** — *Bot.*
choripétale *(adj.)*.

1567. **choroid** — *Anat.*
choroïde *(adj.)*.

1568. **choroid plexus** — *Anat.*
plexus *(m.)* choroïde.

1569. **chorology** — *Biol.*
chorologie *(f.)*.

1570. **chromaffin** — *Cytol.*
chromaffine *(adj.)*.

1571. **chromaffin cell** — *Histol.*
cellule *(f.)* chromaffine,
cellule *(f.)* phéochrome.

1572. **chromaffin reaction** —
Histol. réaction *(f.)*
chromaffine.

1573. **chromatid** — *Cytol.*
chromatide *(f.)*.

1574. **chromatin** — *Cytol.*
chromatine *(f.)*.

1575. **chromatolysis** — *Histol.*
chromatolyse *(f.)*.

1576. **chromatophore** — *Cytol.*
chromatophore *(m.)*,
chromophore *(m.)*.

1577. **chromidial substance** —
Cytol. substance *(f.)*
chromidiale.

1578. **chromidium** — *Bactériol.*
chromidie *(f.)*.

1579. **chromocenter** — *Cytol.*
chromocentre *(m.)*.

1580. **chromogenous** —
Biochim. chromogène
(adj.).

1581. **chromomere** — *Cytol.*
chromomère *(m.)*.

1582. **chromonema** — Voir:
chromonemata.

1583. **chromonemata** — *Cytol.*
chromophage *(adj.)*.

1584. **chromophilic** — *Cytol.*
chromophile *(n. m. et
adj.)*.

1585. **chromophobe** — *Cytol.*
chromophobe *(adj.)*.

1586. **chromoplast** — *Bot.,
Cytol.* chromoplaste
(m.).

1587. **chromoplastid** — Voir:
chromoplast.

1588. **chromosomal** — *Génét.*
chromosomique *(adj.)*.

1589. **chromosomal
recombination** —

Génét. remaniement
(m.) chromosomique.

1590. **chromosomal toxin** —
Cytol., Génét. poison
(m.) chromosomique.

1591. **chromosome** — *Cytol.,
Génét.* chromosome
(m.).

1592. **chromosome
fragmentation** —
Génét. fragmentation
(f.) chromosomique.

1593. **chromosome fusion** —
Cytol., Génét. carte *(f.)*
génétique, carte *(f.)*
chromosomique, carte
(f.) factorielle.

1594. **chromosome set** —
Cytol., Génét. garniture
(f.) chromosomique.

1595. **chronobiology** —
Comport. Ecol.
chronobiologie *(f.)*.

1596. **chronogenesis** — *Génét.*
chronogenèse *(f.)*,
chronogénétique *(f.)*.

1597. **chronon** — *Génét.*
chronon *(m.)*.

1598. **chronosusceptibility** —
Physiol.
chronosusceptibilité *(f.)*.

1599. **chronotherapy** — *Méd.*
chronothérapeutique
(f.).

1600. **chrysalis** — *Entom.*
chrysalide *(f.)*.

1601. **chrysomonadina** — *Bot.,
Protoz., Zool.*
chrysomonadales *(f.
pl.)*, chrysophycées *(f.
pl.)*.

1602. **chylaceous** — *Physiol.*
chylaire *(adj.)*, chyleux,
-euse *(adj.)*.

1603. **chyle** — *Physiol.* chyle *(m.).*

1604. **chylification** — *Physiol.* chyle *(m.).*

1605. **chyliferous** — *Physiol.* chylifère *(adj.).*

1606. **chylify** (to) — *Physiol.* chylifier *(v. tr.).*

1607. **chylosis** — *Physiol.* chylification *(f.).*

1608. **chylous** — Voir: **chylaceous.**

1609. **chyme** — *Physiol.* chyme *(m.).*

1610. **chymification** — *Physiol.* chymification *(f.).*

1611. **chymify** (to) — *Physiol.* chymifier *(v. tr.).*

1612. **chymotrypsin** — *Biochim.* chymotrypsine *(f.).*

1613. **cicatrice** — *Bot.* Voir: **cicatricule** et **scar**; *Méd.* cicatrice *(f.).*

1614. **cicatricle** — Voir: **cicatricule.**

1615. **cicatricule** — *Bot.* cicatricule *(f.),* hile *(m.).*

1616. **cicatrization** — *Méd.* cicatrisation *(f.).*

1617. **cilia** — Voir: **cilium.**

1618. **ciliary** — *Biol.* ciliaire *(adj.).*

1619. **ciliary body** — *Anat.* corps *(m.)* ciliaire.

1620. **ciliary epithelium** — *Histol.* épithélium *(m.)* cilié, rétine *(f.)* ciliée (de l'oeil).

1621. **ciliary muscle** — *Anat.* muscle *(m.)* ciliaire.

1622. **ciliary processes** — *Anat.* procès *(m.)* ciliaire.

1623. **ciliata** — *Protoz.* ciliés *(m. pl.),* ciliates *(m. pl.),* infusoires *(m. pl.).*

1624. **ciliate** — *Biol.* cilié, -e *(adj.),* cilifère *(adj.).*

1625. **ciliated** — Voir: **ciliate.**

1626. **ciliated border** — *Histol.* bordure *(f.)* en brosse.

1627. **ciliated epithelium** — *Histol.* épithélium *(m.)* cilié.

1628. **ciliferous** — *Biol.* cilifère *(adj.).*

1629. **ciliform** — *Biol.* ciliforme *(adj.).*

1630. **ciliophora** — *Protoz.* ciliophores *(m. pl.).*

1631. **ciliospore** — *Protoz.* ciliospore *(f.).*

1632. **cilium** — *Biol.* cil *(m.),* cil *(m.)* vibratile.

1633. **cingulum** — *Mamm., Rotif.* cingulum *(m.).*

1634. **circadian** — *Comport., Ecol., Zool.* circadien, -enne *(adj.).*

1635. **circadian rhythm** — *Comport., Ecol., Zool.* rythme *(m.)* circadien.

1636. **circannual** — *Biol.* circannuel, -elle *(adj.).*

1637. **circannian** — Voir: **circannual.**

1638. **circular muscle** — *Histol.* muscle *(m.)* circulaire.

1639. **circulation** — *Physiol.* circulation *(f.).*

1640. **circulatory system** — *Anat., Physiol.* appareil *(m.)* circulatoire.

1641. **circulus cephalicus** —
Ichtyol. cercle *(m.)*
céphalicus.

1642. **circumanal glands** —
Anat. glandes *(f.)*
anales.

1643. **circumferential
lamellae** — *Histol.*
lamelles *(f.)*
d'ossification périostées.

1644. **circumnutation** — *Bot.*
circumnutation *(f.)*,
nutation *(f.)*.

1645. **circum-oesophageal
band** — Voir:
peripharyngeal band.

1646. **circum-oesophageal
commissure** — *Invert.*
collier *(m.)*
périoesophagien,
connectif *(m.)*
périoesophagien.

1647. **circum-oesophageal
connective** — Voir:
**circum-oesophageal
commissure.**

1648. **circumpolar** — *Ecol.*
circumpolaire *(adj.)*,
circompolaire *(adj.)*.

1649. **circumvallate papilla** —
Histol. papille *(f.)*
caliciforme.

1650. **cirrhose** — *Pathol.*
cirrose *(f.)*.

1651. **cirriferous** — *Bot.*
cirrifère *(adj.)*.

1652. **cirriped** — Voir:
cirripedia.

1653. **cirripedia** — *Crust.*
cirripèdes *(m. pl.)*.

1654. **cirrus** — *Bot.* vrille *(f.)*;
Zool. cirre *(m.)*, cirrhe
(m.).

1655. **cisterna** — *Cytol.* citerne
(f.), espace *(m.)*
périnucléaire.

1656. **cisternae
subarachnoidales** —
Anat. citernes *(f.)* (sous-
arachnoïdiennes).

1657. **cis-trans test** — *Chim.*
test *(m.)* cis-trans.

1658. **cistron** — *Génét.* cistron
(m.).

1659. **cladocarpous** — *Bot.*
cladocarpe *(adj.)*.

1660. **cladocera** — *Crust.*
cladocères *(m. pl.)*.

1661. **cladode** — *Bot.* cladode
(m.), phyllocladode *(m.)*.

1662. **cladogenesis** — *Evol.*
cladogenèse *(f.)*.

1663. **cladogenetic** — *Evol.*
cladogénétique *(adj.)*.

1664. **clasmatocyte** — *Histol.*
clasmatocyte *(m.)*.

1665. **clasper** — *Ichtyol.*
ptérygopode *(m.)*,
myxoptérygium *(m.)*,
myxotérygie *(f.)*.

1666. **class** — *Syst.* classe *(f.)*.

1667. **classification** — *Syst.*
classification *(f.)*.

1668. **clavicle** — *Anat.*
clavicule *(f.)*.

1669. **clavicular** — *Anat.*
claviculaire *(adj.)*.

1670. **claviculate** — *Anat.*
claviculé, -e *(adj.)*.

1671. **claviform** — *Biol.*
claviforme *(adj.)*.

1672. **claw** — *Mamm.* griffe
(f.), ongle *(m.)*; *Ornith.*
serre *(f.)*.

1673. **clawed** — *Zool.* unguifère *(adj.)*, armé, -e *(adj.)* de griffes.

1674. **clearing** — *Microtech.* clarification *(f.)*.

1675. **clearing agent** — *Microtech.* agent *(m.)* éclaircissant.

1676. **cleavage** — *Cytol.* clivage *(m.)*; *Embryol.* segmentation *(f.)*, division *(f.)*.

1677. **cleft** — *Anat.* scissure *(f.)*; *Histol.* Voir: **Schmidt-Lanterman cleft**.

1678. **cleistocarp** — *Bot.* cléistocarpe *(adj.)*, cléistocarpique *(adj.)*.

1679. **cleistogamous** — *Bot.* cléistogame *(adj.)*.

1680. **cleithrum** — *Anat. comp.* cleithrum *(m.)*.

1681. **climactic** — *Ecol.* climacique *(adj.)*.

1682. **climate** — *Ecol.* climat *(m.)*.

1683. **climatic** — *Ecol.* climatique *(adj.)*, climatologique *(adj.)*.

1684. **climatological** — *Ecol.* climatologique *(adj.)*.

1685. **climatology** — *Ecol.* climatologie *(f.)*.

1686. **climatron** — *Ecol.* climatron *(m.)*.

1687. **climax** — *Ecol., Physiol.* climax *(m.)*.

1688. **climbing fiber** — *Histol.* fibre *(f.)* grimpante.

1689. **climograph** — *Ecol.* climogramme *(m.)*.

1690. **cline** — *Ecol.* cline *(m.)*.

1691. **clinoid ridge** — *Anat. comp., Embryol.* crête *(f.)* clinoïde.

1692. **clitellum** — *Ann.* clitellum *(m.)*, selle *(f.)*.

1693. **clitoris** — *Anat.* clitoris *(m.)*.

1694. **cloaca** — *Anat. comp., Zool.* cloacal, -e, -aux *(adj.)*.

1695. **cloacal sac** — *Anat. comp., Zool.* poche *(f.)* cloacale.

1696. **clonal propagation** — *Ecol.* propagation *(f.)* clonale.

1697. **clonal reproduction** — *Biol.* reproduction *(f.)* clonale.

1698. **clone** — *Biol., Ecol.* clone *(m.)*.

1699. **cloning** — *Ecol.* clonage *(m.)*.

1700. **clot** — *Hématol.* caillot *(m.)*.

1701. **cloth-moth** — *Entom.* mite *(f.)*.

1702. **clotted** — *Biochim., Hématol.* coagulé, -e *(adj.)*.

1703. **clotting** — *Hématol.* coagulation *(f.)*.

1704. **clouded** — *Limnol.* trouble *(adj.)*.

1705. **club-moss** — *Bot.* lycopode *(m.)* en massue.

1706. **club-shaped gland** — *Anat., Histol., Zool.* glande *(f.)* en massue.

1707. **clutch** — *Ornith.* couvée *(f.)*.

1708. **clypeastroida** — *Echinod.*
clypéastroïdes *(m. pl.).*

1709. **clypeus** — *Entom.*
clypeus *(m.),* épistome
(m.), chaperon *(m.).*

1710. **cnidaria** — *Coelent.*
cnidaires *(m. pl.).*

1711. **cnidoblast** — *Coelent.*
cnidoblaste *(m.).*

1712. **cnidocil** — *Coelent.*
cnidocil *(m.).*

1713. **cnidocyst** — Voir:
nematocyst.

1714. **cnidosporidia** — *Protoz.*
cnidosporidia *(m. pl.),*
cnidosporidie *(m. pl.).*

1715. **coacervation** — *Chim.*
coacervation *(f.).*

1716. **coagglutination** —
Hématol.
coagglutination *(f.).*

1717. **coagulable** — *Biochim.,*
Hématol. coagulable
(adj.).

1718. **coagulent** — *Biochim.,*
Hématol. coagulant, -e
(adj.).

1719. **coagulation** — *Biochim.,*
Hématol. coagulation
(f.).

1720. **coalescence** — *Biol.,*
Pathol. coalescence *(f.).*

1721. **coalescent** — *Biol.,*
Pathol. coalescent, -e
(adj.).

1722. **coarctate pupa** — *Entom.*
chrysalide *(f.)* coarctée.

1723. **coarticulation** — Voir:
synarthrosis.

1724. **coastline** — *Océanogr.*
littoral *(m.).*

1725. **cob** — *Bot.* épi *(m.).*

1726. **cobalamine** — *Physiol.*
cobalamine *(f.),*
cyanocobalamine *(f.),*
hémogène *(f.),* facteur
(m.) extrinsèque,
vitamine B-12 *(f.).*

1727. **cobweb** — *Entom.* toile
(f.) d'araignée.

1728. **coccidomorpha** — *Protoz.*
coccidiomorphes *(m.*
pl.).

1729. **coccidiosis** — *Pathol.*
coccidiose *(f.).*

1730. **coccidiostat** —
Pharmacol. coccidiostat
(m.).

1731. **coccidium** — *Bot.*
coccidie *(f.).*

1732. **coccidia** — *Bot.* coccidies
(f. pl.).

1733. **coccoid** — *Bactériol.*
cocciforme *(adj.).*

1734. **coccoidal** — Voir:
coccoid.

1735. **coccus** — *Bactériol.*
coccus *(m.),* coque *(f.).*

1736. **coccygeal vertebra** —
Anat. vertèbre *(f.)*
coccygyenne.

1737. **coccyx** — *Anat.* coccyx
(m.).

1738. **cochlea** — *Anat.* cochlée
(f.), limaçon *(m.).*

1739. **cochlear** — *Anat.*
cochléaire *(adj.).*

1740. **cochlear canal** — *Anat.*
canal *(m.)* cochléaire
(adj.).

1741. **cochlear duct** — Voir:
cochlear canal.

1742. **cochlear nerve** — *Anat.*
nerf *(m.)* cochléaire.

1743. **cochleate** — *Anat.*
cochléaire *(adj.).*

1744. **cocoon** — *Ann., Entom.*
cocon *(m.).*

1745. **co-dominance** — *Génét.,*
Ecol. codominance *(f.),*
semi-dominance *(f.),*
absence *(f.)* de
dominance.

1746. **co-dominant** — *Génét.,*
Ecol. codominant *(adj.),*
semi-dominant *(adj.).*

1747. **codon** — *Génét.* codon
(m.).

1748. **coefficient of**
destruction — *Ecol.*
coefficient *(m.)* de
destruction.

1749. **coelenterata** — *Invert.*
coelentérés *(m. pl.).*

1750. **coelenteron** — *Coelent.*
cavité *(f.)* gastro-
vasculaire.

1751. **coeliac** — *Anat.*
coeliaque *(adj.).*

1752. **coelenteric artery** —
Anat. artère *(f.)*
coelentérique, tronc *(m.)*
coeliaque.

1753. **coeliaco-mesenteric**
artery — *Anat.* artère
(f.) coeliaco-
mésentérique.

1754. **coeliac plexus** — *Anat.*
plexus *(m.)* coeliaque.

1755. **coeloconic receptor** —
Entom. sensille *(f.)*
coeloconique.

1756. **coelom** — *Anat., Anat.*
comp. coelome *(m.),*
cavité *(f.)* coelomique.

1757. **coelomata** — Voir:
coelomates.

1758. **coeloblastula** — *Embryol.*
coeloblastula *(f.).*

1759. **coelomates** — *Zool.*
coelomates *(m. pl.).*

1760. **coelomoduct** — *Anat.*
comp. coelomoducte
(m.).

1761. **coelomostome** — *Anat.*
comp. coelomostome
(m.).

1762. **coenenchyma** — *Coelent.*
coenenchyme *(m.).*

1763. **coenobium** — *Algol.*
coenobe *(m.).*

1764. **coenocyte** — *Bot.*
coenocyte *(m.),*
plasmode *(m.),*
syncitium *(m.).*

1765. **coenosarc** — *Coelent.*
coenosarc *(m.),*
coenosarque *(m.).*

1766. **coenospecies** — *Génét.*
coeno-espèce *(f.).*

1767. **coenzyme** — *Biochim.,*
Physiol. coenzyme *(m.).*

1768. **coffin bone** — *Anat.*
comp. phalange *(f.)* à
sabot., phalangette *(f.)*
(du cheval).

1769. **coition** — *Physiol.* coït
(m.), copulation *(f.).*

1770. **colchicine** — *Cytol.*
colchicine *(f.).*

1771. **cold-blooded animal** —
Voir: **poikilothermous.**

1772. **coleoptera** — *Entom.*
coléoptères *(m. pl.).*

1773. **coleopterous** — *Entom.*
coléoptère *(adj.).*

1774. **coleoptile** — *Bot.*
coléoptile *(m.).*

1775. **coleorhiza** — *Bot.*
coléorhize *(f.).*

1776. **colic** — *Anat.* colique
(adj.).

1777. **colic artery** — *Anat.*
artère *(f.)* colique.

1778. **collaboration** —
Comport. collaboration
(f.).

1779. **collagen** — *Biochim.*
collagène *(m.)*,
élastoïdine *(f.)*,
ichtyocolle *(f.)*.

1780. **collagenous** — *Biochim.*
collagène *(adj.)*.

1781. **collagenous fiber** —
Histol. fibre *(f.)*
conjonctive.

1782. **collar** — *Spong.*
collerette *(f.)* (d'un
choanocyte) *(f.)*,
entonnoir *(m.)*. (Voir:
periosteal bone ring).

1783. **collar-bone** — *Anat.*
clavicule *(f.)*.

1784. **collar-cell** — Voir:
choanocyte.

1785. **collateral** — *Anat.*,
Physiol. collatéral, -e,
-aux *(adj.)*.

1786. **collateral bundle** — *Bot.*
faisceau *(m.)* collatéral.

1787. **collateral ganglia** —
Anat., *Physiol.*
ganglions *(m.)*
collatéraux.

1788. **collecting duct** — *Anat.*
tube *(m.)* collecteur.

1789. **collembola** — *Entom.*
collemboles *(m. pl.)*.

1790. **collenchyma** — *Bot.*
collenchyme *(m.)*.

1791. **colleterial glands** —
Entom. glandes *(f.)*
collétériales.

1792. **colloblast** — *Coelent.*
colloblaste *(m.)*.

1793. **colloid** — *Biochim.*,
Histol. colloïde *(n. m. et
adj.)*.

1794. **colloidal** — Voir: **colloid.**

1795. **collum** — *Arthrop.*
collum *(m.)*, cou *(m.)*.

1796. **colombidity** — *Ornith.*
colombité *(f.)*.

1797. **colon** — *Anat.* côlon *(m.)*.

1798. **colonial animal** — *Zool.*
animal *(m.)* colonial.

1799. **colonici** — *Entom.*
colonici *(m.)*.

1800. **colony** — *Ecol.*, *Zool.*
colonie *(f.)*.

1801. **colostrum** — *Physiol.*
colostrum *(m.)*.

1802. **colour change** —
Comport., *Zool.*
caméléonisme *(m.)*.

1803. **columella** — *Anat.*, *Bot.*,
Zool. columelle *(f.)*.

1804. **columella cranii** — Voir:
epipterygoid.

1805. **columella muscle** —
Moll. muscle *(m.)*
columellaire.

1806. **columnae carneae** —
Anat. piliers *(m.)* du
coeur.

1807. **columnar cell** — *Histol.*
cellule *(f.)* cylindrique.

1808. **columniferous** — *Bot.*
colomnifère *(adj.)*.

1809. **columniform** — *Biol.* en
forme de colonne *(f.)*.

1810. **columns of Bertin** —
Voir: **renal columns of
Bertin.**

1811. **columns of Morgagni** —
Histol. colonnes *(f.)* de
Morgagni.

1812. **comb** — *Ornith.* crête *(f.).*

1813. **commensal** — *Ecol.,*
Zool. commensal, -e,
-aux *(adj.).*

1814. **commensalism** — *Ecol.,*
Zool. commensalisme
(m.).

1815. **commissure** — *Anat.,*
Bot. commissure *(f.).*
(Voir: **great**
commissure, optic
commissure).

1816. **common bile duct** —
Anat. canal *(m.)*
cholédoque.

1817. **common carotid artery** —
Anat. carotide *(f.)*
primitive.

1818. **common iliac artery** —
Anat. artère *(f.)* iliaque
primitive.

1819. **community** — *Ecol.*
communauté *(f.).*

1820. **compact bone** — *Anat.,*
Histol. os *(m.)* compact.

1821. **companion cell** — *Bot.*
cellule *(f.)* compagne.

1822. **comparative anatomy** —
Anat. comp. anatomie
(f.) comparée.

1823. **compass** — *Echinod.*
compas *(m.).*

1824. **compensating**
hypertrophy — *Zool.*
hypertrophie *(f.)*
compensatrice.

1825. **compensation sac** —
Bryoz. sac *(m.)*
compensateur.

1826. **competence** — *Embryol.*
compétence *(f.).*

1827. **competition** — *Ecol.*
compétition *(f.).*

1828. **complement** — *Sérol.*
complément *(m.).*

1829. **complemental male** —
Crust. mâle *(m.)*
complémentaire.

1830. **complementary**
structure — *Génét.*
structure *(f.)*
complémentaire.

1831. **complexification** — *Evol.*
complexification *(f.).*

1832. **compound eye** —
Arthrop. oeil *(m.)*
composé.

1833. **compressed** — *Biol.*
comprimé, -e *(adj.).*

1834. **conarium** — Voir: **pineal**
gland.

1835. **concave vein** — *Entom.*
nervure *(f.)* concave.

1836. **concentration factor** —
Ecol. facteur *(m.)* de
concentration.

1837. **concentrator** — *Ecol.*
concentreur *(m.).*

1838. **concentric bundle** — *Bot.*
faisceau *(m.)*
concentrique.

1839. **conceptacle** — *Bot.*
conceptacle *(m.).*

1840. **concha** — *Anat.* cornet
(m.) (de l'oreille),
conque *(f.)* (de
l'oreille).

1841. **conchological** — *Moll.*
conchylicole *(adj.).*

1842. **conchostraca** — *Crust.*
conchostracés *(m. pl.).*

1843. **conditional lethal mutation** — *Génét.* mutation *(f.)* léthale conditionnelle.

1844. **conditioned reflex** — *Physiol.* réflexe *(m.)* conditionné.

1845. **conditioning** — *Physiol.* conditionnement *(m.)*.

1846. **condylar** — *Anat.* condylien, -enne *(adj.)*.

1847. **condyle** — *Anat.* condyle *(m.)*.

1848. **condyloid** — *Anat.* condyloïde *(adj.)*.

1849. **cone** — *Anat.* cône *(m.)* rétinien; *Bot.* cône *(m.)*, strobile *(m.)*.

1850. **confidence region** — *Statist.* région *(f.)* de confiance.

1851. **conglobate gland** — *Entom.* glande *(f.)* conglobée.

1852. **conglutinate** — *Hématol.* conglutiné, -e *(adj.)*.

1853. **conglutination** — *Hématol.* conglutination *(f.)*.

1854. **conglutinative** — *Hématol.* conglutinant, -e *(adj.)*, conglutinatif, -ive *(adj.)*.

1855. **conglutinator** — *Hématol.* conglutinant *(m.)*.

1856. **conidiospore** — Voir: **conidium.**

1857. **conidium** — *Mycol.* conidie *(f.)*.

1858. **conifer** — *Bot.* conifère *(m.)*.

1859. **coniferous** — *Bot.* conifère *(adj.)*, coniférien, -enne *(adj.)*.

1860. **conirostral** — *Ornith.* conirostre *(adj.)*.

1861. **conitrophic lake** — *Limnol.* lac *(m.)* conitrophe.

1862. **conjugant** — *Biol.* conjugant *(m.)*.

1863. **conjugate leaflets** — *Bot.* folioles *(f.)* accolées, folioles *(f.)* conjuguées.

1864. **conjugation** — *Bot.* conjugaison *(f.)*, fécondation *(f.)*; *Zool.* conjugaison *(f.)*.

1865. **conjugation tube** — *Bot.* tube *(m.)* copulateur.

1866. **conjunctiva** — *Anat.* conjonctive *(f.)*.

1867. **conjunctive tissue** — *Histol.* tissu *(m.)* conjonctif.

1868. **connective tube** — *Echinod.* canal *(m.)* ambulacraire latérale.

1869. **connective tissue** — *Histol.* tissu *(m.)* conjonctif.

1870. **conoid gland** — Voir: **pineal gland.**

1871. **conoid ligament** — *Anat.* ligament *(m.)* conoïde.

1872. **consanguinity** — *Génét.* consanguinité *(f.)*.

1873. **conservation** — *Ecol.* conservation *(f.)*.

1874. **consistent** — *Statist.* consistant, -e *(adj.)*.

1875. **constitutive enzyme** — *Biochim.* enzyme *(m.)* constitutif.

1876. **consumable** — *Ecol.*
ôtable *(adj.)*.

1877. **consumer** — *Ecol.*
consommateur *(m.)*.

1878. **contagious** — *Pathol.*
contagieux, -euse *(adj.)*.

1879. **contagious behaviour** —
Comport. facilitation *(f.)*
sociale.

1880. **contiguous zone** —
Océnogr. zone adjacente
(f.).

1881. **continental drift** — *Ecol.,*
Evol. dérive *(f.)* des
continents.

1882. **continental shelf** —
Océanogr. plateau *(m.)*
continental.

1883. **continental slope** —
Océanogr. pente *(f.)*
continentale.

1884. **contingency table** —
Statist. tableau *(m.)* de
contingence.

1885. **continuity of the germ
plasm** — *Biol.*
continuité *(f.)* du
plasma germinatif.

1886. **continuous
characteristic** —
Statist. caractère *(m.)*
continu.

1887. **continuous variation** —
Génét. variation *(f.)*
continue.

1888. **continuum** — *Ecol.*
continuum *(m.)*.

1889. **contour feather** —
Ornith. plume *(f.)* de
contour, penne *(f.)*.

1890. **contraceptive** — *Méd.,*
Physiol. antigénésique
(n. m. et adj.),

contraceptif, -ive *(n.m.*
et adj.).

1891. **contractile** — *Biol.*
contractile *(adj.)*, *Cytol.*
pulsatile *(adj.)*.

1892. **contractile bulbil** —
Anat. comp. bulbille *(f.)*
contractile.

1893. **contractile vacuole** —
Cytol. vacuole *(f.)*
pulsatile.

1894. **control** — *Physiol.*
témoin *(n. m. et adj.)*;
Ecol. captage *(m.)*
(pollution).

1895. **conus arteriosus** — *Anat.*
comp. bulbe *(m.)*
artériel.

1896. **convection** — *Limnol.,*
Océanogr. convection
(f.).

1897. **convergence** — *Evol.*
convergence *(f.)*.

1898. **convergent** — *Evol.*
convergent, -e *(adj.)*.

1899. **convergent adaptation** —
Evol. adaptation *(f.)*
convergente.

1900. **convergent evolution** —
Evol. évolution *(f.)*
convergente.

1901. **convex vein** — *Entom.*
veine *(f.)* convexe.

1902. **convoluted** — *Ant.*
circonvolutionnaire
(adj.); *Bot.* convoluté, -e
(adj.).

1903. **convolvulaceous** — *Bot.*
convolvulacé, -e *(adj.)*.

1904. **coo** — *Ornith.*
roucoulement *(m.)*.

1905. **coo** (to) — *Ornith.*
roucouler *(v. intr.)*.

1906. **coordinated enzyme synthesis** — *Biochim.* synthèse *(f.)* coordonnée des enzymes.

1907. **copepoda** — *Crust.* copépodes *(m. pl.).*

1908. **copolymer** — *Chim.* copolymère *(m.).*

1909. **coprodeum** — *Anat. comp.* coprodaeum *(m.),* xoprodéum *(m.).*

1910. **coprophagous** — *Zool.* coprophage *(adj.).*

1911. **coprophagy** — *Ecol., Zool.* coprophagie *(f.).*

1912. **coprophilous** — *Ecol., Entom., Zool.* coprophile *(adj.).*

1913. **copulation** — *Physiol.* copulation *(f.),* coït *(m.),* accouplement *(m.).*

1914. **copulatory** — *Anat., Physiol.* copulateur, -trice *(adj.).*

1915. **copulatory bursa** — Voir: **bursa copulatrix.**

1916. **copulatory organ** — *Anat., Zool.* organe *(m.)* copulateur.

1917. **copulatory spicule** — *Ném.* spicule *(f.)* copulatrice.

1918. **coracoid** — *Anat.* coracoïde *(n. f. et adj.).*

1919. **coral** — *Coelent.* corail, -aux *(m.).*

1920. **coralliferous** — *Coelent.* corallifère *(adj.),* coralligère *(adj.).*

1921. **coralliform** — *Coelent.* coralliforme *(adj.).*

1922. **coralligerous** — *Coelent.* coralligère *(adj.).*

1923. **coral reef** — *Coelent., Ecol., Océanogr.* récif *(m.)* corallien, récif *(m.)* de coraux.

1924. **corbicula** — *Entom.* corbeille *(f.).*

1925. **cord** — *Anat., anat. comp., Zool.* corde *(f.),* cordon *(m.).* (Voir: **notochord, nerve cord, spermatic cord, spinal cord, umbilical cords**).

1926. **cordiform** — *Anat.* cordiforme *(adj.).*

1927. **core** — *Bot.* coeur (du bois) *(m.).*

1928. **corium** — *Histol.* derme *(m.),* chorion *(m.).*

1929. **cork** — *Bot.* liège *(m.).*

1930. **corm** — *Bot.* tige *(f.)* souterraine bulbeuse.

1931. **cormidium** — *Coelent.* cormidie *(f.).*

1932. **cornea** — *Anat.* cornée *(f.).*

1933. **cornagen layer** — *Arthrop.* couche *(f.)* cornéagène.

1934. **corneal** — *Anat.* cornéal, -e, -aux *(adj.).*

1935. **corneoscute** — *Herpetol.* scutelle *(f.).*

1936. **corneous** — *Anat. comp.* corné, -e *(adj.).*

1937. **corneum** — *Histol.* couche *(f.)* cornée.

1938. **cornicle** — *Entom.* cornicule *(f.).*

1939. **cornification** — *Biochim.* kératinisation *(f.).*

1940. **cornified epidermis** —
Histol. couche *(f.)*
cornée.

1941. **cornua** — Voir: **hyoid
cornua, lesser cornua,
greater cornua.**

1942. **corolla** — *Bot.* corolle
(f.).

1943. **corolla tube** — *Bot.* tube
(m.) de la corolle, tube
(m.) corollaire.

1944. **corollaceous** — *Bot.*
corollacé, -e *(adj.).*

1945. **corollate** — *Bot.* corollé,
-e *(adj.).*

1946. **corolliferous** — *Bot.*
corollifère *(adj.).*

1947. **corollifloral** — *Bot.*
corolliflore *(adj.).*

1948. **corolliflorous** — Voir:
corollifloral.

1949. **corolliform** — *Bot.*
corolliforme *(adj.).*

1950. **corona** — *Echinod.*
couronne *(f.).*

1951. **corona radiata** —
Embryol. couronne *(f.)*
radiante, couronne *(f.)*
rayonnante.

1952. **coronal** — *Anat.* coronal,
-e, -aux *(adj.).*

1953. **coronary** — *Anat.*
coronaire *(adj.).*

1954. **coronary bone** — *Anat.*
os *(m.)* coronoïde, os
(m.) frontal.

1955. **coronary sinus** — *Anat.*
sinus *(m.)* coronaire.

1956. **coronary system** — *Anat.*
système *(m.)* coronaire.

1957. **coronary vessel** — *Anat.*
vaisseau *(m.)* coronaire.

1958. **coronate** — *Bot.*
couronné, -e *(adj.).*

1959. **coronated** — Voir:
coronate.

1960. **coronoid bone** — Voir:
coronary bone.

1961. **coronoid process** —
Anat. apophyse *(f.)*
coronoïde.

1962. **corpora amylacea** —
Histol. concrétions *(f.)*
prostatiques,
sympexions *(f.).*

1963. **corpora arenacea** —
Histol. sable *(m.)*
cérébral, acervule *(m.).*

1964. **corpora bigemina** —
Anat. tubercules *(m.)*
bijumeaux.

1965. **corpora cavernosa** —
Anat. corps *(m.)*
caverneux.

1966. **corpora mamillaria** —
Anat. corps *(m.)*
mamillaires.

1967. **corpora quadrigemina** —
Anat. tubercules *(m.)*
quadrijumeaux.

1968. **corpus albicans** —
Physiol. corps *(m.)*
atrésique.

1969. **corpus allatum** — *Entom.*
corpus *(m.)* allatum,
corps *(m.)* allate.

1970. **corpus callosum** — *Anat.*
corps *(m.)* calleux.

1971. **corpus cavernosum
urethrae** — *Anat.*
corps *(m.)* caverneux
(de l'urètre).

1972. **corpus luteum** — *Physiol.*
corps *(m.)* jaune.

1973. **corpus restiform** — *Anat.* corps *(m.)* restiforme.

1974. **corpus spongiosum** — *Anat.* corps *(m.)* spongieux.

1975. **corpus striatum** — *Anat.* corps *(m.)* strié.

1976. **corpus uteri** — *Anat.* corps *(m.)* de l'utérus.

1977. **corpus vitreum** — *Anat.* corps *(m.)* vitré, humeur *(f.)* vitrée.

1978. **corpuscle** — *Hématol.* globule *(m.)*; *Histol.* globule *(m.)*, corpuscule *(m.)*.

1979. **corpuscle of Hassall** — *Histol.* corpuscule *(m.)* de Hassall.

1980. **corpuscle of Ruffini** — *Histol.* corpuscule *(m.)* de Ruffini.

1981. **correlation** — *Statist.* corrélation *(f.)*.

1982. **cortex** — *Bot., Zool.* cortex *(m.)*. (Voir: **adrenal cortex, cerebral cortex, hair cortex, renal cortex**).

1983. **cortical** — *Biol.* cortical, -e, -aux *(adj.)*.

1984. **cortical area** — *Biol.* aire *(f.)* corticale.

1985. **corticiferous** — *Bot.* corticifère *(adj.)*.

1986. **corticotropin** — *Physiol.* corticotrophine *(f.)*. (Voir aussi: **A.C.T.H.**).

1987. **cortin** — *Physiol.* cortine *(f.)*.

1988. **cortisone** — *Physiol.* cortisone *(f.)*.

1989. **cortone** — Voir: **A.C.T.H.**

1990. **corvicide** — *Agric.* corvicide *(m.)*.

1991. **corymb** — *Bot.* corymbe *(m.)*.

1992. **cosmin** — *Ichtyol.* cosmine *(f.)*.

1993. **cosmoid scale** — *Ichthyol.* écaille *(f.)* cosmoïde.

1994. **costa** — *Entom.* nervure *(f.)* costale.

1995. **costal** — *Anat.* costal, -e, -aux *(adj.)*.

1996. **costal fovea** — *Anat.* fossette *(f.)* costale.

1997. **costal margin** — *Entom.* bord *(m.)* costal.

1998. **costal vein** — *Entom.* nervure *(f.)* costale.

1999. **cotyledon** — *Bot.* cotylédon *(m.)*.

2000. **cotyledonary** — *Bot.* cotylédonaire *(adj.)*.

2001. **cotyledonous** — *Bot.* cotylédoné, -e *(adj.)*.

2002. **cotylegerous** — *Bot.* cotylifère *(adj.)*.

2003. **cotyloid** — *Anat., Entom.* cotyloïde *(adj.)*, cotyloïdien, -enne *(adj.)*.

2004. **coupled reaction** — *Génét.* réaction *(f.)* couplée.

2005. **cover** — *Ecol.* couvert *(m.)*.

2006. **coverglass** — *Microtech.* lamelle *(f.)* couvre-objet.

2007. **coverslip** — Voir: **coverglass.**

2008. **covert** — *Ecol.* Voir: **cover**. *Ornith.* tectrice *(f.).* (Voir aussi: **tail-coverts, wing coverts**).

2009. **Cowper's gland** — *Anat.* glande *(f.)* de Cowper.

2010. **coxa** — *Anat.* hanche *(f.)*; *Entom.* coxa *(f.).*

2011. **coxal** — *Anat., Entom.* coxal, -e, -aux *(adj.).*

2012. **coxite** — *Entom.* coxite *(m.).*

2013. **coxopodite** — *Arthrop.* coxopodite *(m.).*

2014. **Crampton's muscle** — *Ornith.* muscle *(m.)* de Crampton.

2015. **craniad** — *Anat.* vers le crâne, orienté vers le crâne.

2016. **cranial** — *Anat.* crânien, -enne *(adj.).*

2017. **cranial flexure** — *Embryol.* courbure *(f.)* céphalique.

2018. **cranial nerve** — *Anat.* nerf *(m.)* crânien.

2019. **cranial segment** — *Embryol.* somite *(m.)* crânien, métamère *(m.)* crânien.

2020. **cranium** — *Ant.* crâne *(m.)*, boîte *(f.)* crânienne.

2021. **crash** — *Ecol.* catastrophe *(f.)*, chute *(f.)*, effondrement *(m.).*

2022. **creatinine** — *Biochim.* créatine *(f.).*

2023. **creationism** — *Evol.* créationisme *(m.).*

2024. **creek** (Angleterre) — *Ecol.* crique *(f.)*, anse *(f.).*

2025. **creek** (Amérique du nord) — *Ecol.* ruisseau *(m.)*, petit cours *(m.)* d'eau.

2026. **cremaster** — *Anat., Entom.* crémaster *(m.).*

2027. **crenation** — *Cytol.* crénelure *(f.).*

2028. **crest** — *Ant.* crête *(f.)*, arête *(f.)*; *Ornith.* huppe *(f.).*

2029. **crestlike** — *Zool.* cristiforme *(adj.).*

2030. **cretaceous** — *Géol.* crétacé *(m.).*

2031. **cretinism** — *Pathol.* crétinisme *(m.).*

2032. **cribellum** — *Arachn., Entom.* cribellum *(m.).*

2033. **cribriform plate** — *Anat. comp.* lame *(f.)* criblée.

2034. **cricoid** — *Anat.* cricoïde *(adj.).*

2035. **cricoid cartilage** — *Anat.* cartilage *(m.)* cricoïde.

2036. **crista** — *Anat.* crête *(f.).*

2037. **crista acoustica** — Voir: **crista ampullaris**.

2038. **crista ampullaris** — *Anat.* crête *(f.)* ampullaire.

2039. **crista galli process** — *Anat.* apophyse *(f.)* crysta-galli.

2040. **cristae mitochondriales** — *Cytol.* crête *(f.)* mitochondriale.

2041. **criterion** — *Syst.* critère *(m.).*

2042. **critical group** — *Evol.*, *Syst.* groupe *(m.)* critique.

2043. **critical period** — *Physiol.* période *(f.)* critique.

2044. **croak** — *Zool.* croassement *(m.)* (de la corneille), croasser *(v. int.)*, coassement *(m.)* (de la grenouille), coasser *(v. intr.)*.

2045. **crocodile** — *Zool.* crocodile *(m.)*.

2046. **crocodilian** — *Zool.* crocodilien, -enne *(adj.)*.

2047. **crop** — *Ecol.* récolte *(f.)*. (Voir aussi: **standing crop**); *Zool.* jabot *(m.)*.

2048. **crop milk** — Voir: **pigeon's milk.**

2049. **cross** — *Génét.* croisement *(m.)*.

2050. **cross-fertilization** — *Génét.* fécondation *(f.)* croisée, hibridation *(f.)*, pollinisation *(f.)* croisée.

2051. **crossing-over** — *Génét.* crossing-over *(m.)*, enjambement *(m.)*.

2052. **cross pollination** — *Bot.*, *Génét.* croisement *(m.)* pollinique.

2053. **crossopterygii** — *Ichtyol.* crossoptérygiens *(m. pl.)*.

2054. **cross section** — *Microtech.* coupe *(f.)* transversale.

2055. **cross-vein** — *Entom.* nervure *(f.)* transverse.

2056. **crotchet** — *Ann.* crochet *(m.)*.

2057. **crown** — *Bot.* couronne *(f.)* (d'un prothalle); *Ornith.* vertex *(m.)*, calotte *(f.)*.

2058. **crow repellent** — *Ornith.* corvifuge *(m.)*.

2059. **cruciate** — *Biol.* en forme de croix, cruciforme *(adj.)*, croisé, -e *(adj.)*.

2060. **cruciferous** — *Bot.* crucifère *(adj.)*.

2061. **cruciform** — *Biol.* cruciforme *(adj.)*.

2062. **cruciform center** — *Anat. comp.* centre *(m.)* cruciforme.

2063. **crural** — *Anat.* crural, -e, -aux *(adj.)*.

2064. **crus cerebelli** — *Anat.* pédoncule *(m.)* cérébelleux.

2065. **crus cerebri** — *Anat.* pédoncule *(m.)* cérébral.

2066. **crus commune** — *Anat.* segment *(m.)* commun de l'oreille.

2067. **crustacea** — *Arthrop.* crustacés *(m. pl.)*.

2068. **crustacean** — *Arthrop.* crustacé *(m.)*, crutacéen, -enne *(adj.)*.

2069. **crustaceous** — *Bot.* crustacé, -e *(adj.)*, à carapace *(f.)*; *Zool.* Voir: **crustacean.** .

2070. **cryobiology** — *Biol.* cryobiologie *(f.)*.

2071. **cryoeutrophic lake** — *Limn.* lac *(m.)* cryoeutrophe.

2072. **cryoprotectant** — *Biol. cell.* cryoprotecteur *(m.)*.

2073. **cryo-ultramicrotomy** — *Microtechn.* cryo-ultramicrotomie *(f.).*

2074. **cryotrophic lake** — *Limn.* lac *(m.)* cryotrophe.

2075. **crypt** — *Ant.* crypte *(f.).*

2076. **cryptal** — *Anat.* cryptique *(adj.),* en forme de crypte.

2077. **cryptic** — *Génét.* cryptique *(adj.).*

2078. **cryptic coloration** — *Comport., Ecol., Zool.* coloration *(f.)* cryptique, dessin *(m.)* cryptique.

2079. **cryptocerata** — *Entom.* cryptocérates *(m. pl.).*

2080. **cryptodira** — *Herpétol.* cryptodères *(m. pl.).*

2081. **cryptogam** — *Bot.* cryptogame *(n. f. et adj.).*

2082. **cryptogamic** — *Bot.* cryptogame *(adj.),* cryptogamique *(adj.).*

2083. **cryptogamous** — *Bot.* cryptogame *(adj.),* cryptogamique *(adj.).*

2084. **cryptopolymorphism** — *Génét.* cryptopolymorphisme *(m.).*

2085. **cryptorchidism** — *Pathol.* cryptorchidie *(f.).*

2086. **cryptorchidy** — Voir: **cryptorchidism.**

2087. **cryptorchism** — Voir: **cryptorchidism.**

2088. **crypts of Liberkühn** — *Histol., Physiol.* cryptes *(f.)* de Liberkéuhn.

2089. **crystalline cone** — *Arthrop.* cône *(m.)* cristallin.

2090. **crystallin lens** — *Anat.* cristallin *(m.).*

2091. **crystalline style** — *Moll.* stylet *(m.)* cristallin.

2092. **crystallophagous** — *Biol.* cristophage *(n. m. et adj.).*

2093. **ctenidia** — *Moll.* cténidie *(f.).*

2094. **ctenoid scale** — *Ichtyol.* écaille *(f.)* cténoïde.

2095. **ctenophora** — *Coelent.* cténophores *(m. pl.),* cténaires *(m. pl.).*

2096. **ctenostomata** — *Bryoz.* cténostomates *(m. pl.).*

2097. **cub** — *Zool.* petit *(m.),* (ourson, renardeau, lionceau, louveteau).

2098. **cubic epithelium** — *Histol.* épithélium *(m.)* cubique.

2099. **cubital** — *Anat.* cubital, -e, -aux *(adj.).*

2100. **cubitale** — *Anat.* os *(m.)* cunéiforme, cunéiforme *(m.).*

2101. **cubital feather** — *Ornith.* rémige *(f.)* secondaire.

2102. **cubital vein** — *Entom.* nervure *(f.)* cubitale.

2103. **cubito-radial** — *Anat.* cubito-radial, -e, -aux *(adj.).*

2104. **cubitus** — *Anat.* cubitus *(m.).*

2105. **cuboid** — *Anat.* cuboïde *(adj.).*

2106. **cuboid bone** — *Anat.* os *(m.)* cuboïde, cuboïde *(m.)*.

2107. **cuboidal cell** — *Histol.* cellule *(f.)* cubique.

2108. **cucumber** — *Bot.* concombre *(m.)*, *Zool.* Voir: **sea cucumber**.

2109. **culicicide** — *Entom.* insecticide *(m.)* (contre les culicidés).

2110. **culmen** — *Ornith.* culmen *(m.)*.

2111. **culmiferous** — *Bot.* culmifère *(adj.)*.

2112. **cultivar** — *Bot., Génét.* cultival *(m.)*.

2113. **cultivated land** — *Ecol.* terre *(f.)* cultivée, terre *(f.)* exploitée.

2114. **cultural** — *Agric.* cultural, -e, -aux *(adj.)*.

2115. **cultrirostral** — *Ornith.* cultrirostre *(adj.)*.

2116. **culture** — *Agric., Bactériol.* culture *(f.)*.

2117. **cumulative distribution function** — *Statist.* fonction *(f.)* de répartition.

2118. **cuneiform** — *Anat.* cunéiforme *(n. m. et adj.)*.

2119. **cunifuge** — *Agric.* cunifuge *(n. m. et adj.)*.

2120. **cup** — *Bot.* calice *(m.)* (d'une fleur).

2121. **cup-moss** — *Bot.* cladonie *(f.)*.

2122. **cupula** — *Histol.* cupule *(f.)* terminale (des canaux semi-circulaires).

2123. **cupule** — *Bot.* cupule *(f.)*.

2124. **cupuliferous** — *Bot.* cupulifère *(adj.)*.

2125. **cupuliform** — *Bot.* cupuliforme *(adj.)*.

2126. **curator** — *Musée*conservateur *(m.)*, curateur *(m.)*.

2127. **current** — *Limnol., Oceanogr.* courant *(m.)*.

2128. **currents measurement** — *Océanogr.* courantométrie *(f.)*.

2129. **cursorial** — *Zool.* coureur *(adj.)*.

2130. **curvature** — *Anat.* courbure *(f.)*.

2131. **cusp** — *Bot.* cuspide *(f.)*.

2132. **cuspidate** — *Bot.* cuspidé, -e *(adj.)*.

2133. **cuspidated** — Voir: **cuspidate**.

2134. **cuspidated tooth** — *Anat.* dent *(f.)* canine.

2135. **cuspide** — *Anat.* dent *(f.)* canine.

2136. **cutan** — *Pédol.* cutane *(m.)*.

2137. **cuticular lamina** — *Histol.* couche *(f.)* cuticulaire (de l'oeil).

2138. **cyanocell** — *Biol. cell., Algol.* cyanelle *(f.)*.

2139. **cyma** — Voir: **cyme**.

2140. **cyme** — *Bot.* cyme *(f.)*.

2141. **cymbiform** — *Bot.* cymbiforme *(adj.)*.

2142. **cyphaunaute larva** — *Bryoz.* larve *(f.)* cyphaunaute.

2143. **cypris larva** — *Crust.* larve *(f.)* cypris.

2144. **cyst** — *Anat., Biol.* kyst *(m.)*, vésicule *(f.)*, sac *(m.)*.

2145. **cystic** — *Anat.* kystique *(adj.).*, cystique *(adj.)*.

2146. **cystic duct** — *Anat.* canal *(m.)* cystique.

2147. **cysticercoid** — *Zool.* cysticercoïde *(adj.)*.

2148. **cysticercus** — *Parasitol., Zool.* cysticerque *(m.)*.

2149. **cystocarp** — *Algol.* cystocarpe *(m.)*.

2150. **cystoflagellata** — *Protoz.* cystoflagellés *(m. pl.)*.

2151. **cystogenous cell** — *Biol.* cellule *(f.)* cystogène.

2152. **cystolith** — *Bot.* cystolithe *(f.)*.

2153. **cystworm** — Voir: **bladder worm.**

2154. **cytoarchitecture** — *Cytol.* cytoarchitecture *(f.)*.

2155. **cytoblast** — *Biol.* cytoblaste *(m.)*.

2156. **cytochrome** — *Biochim.* cytochrome *(m.)*.

2157. **cytogenetics** — *Cytol., Génét.* cytogénétique *(f.)*.

2158. **cytogeneticyst** — *Cytol., Génét.* cytogénéticien, -enne *(n.m. et n.f.)*.

2159. **cytogenic gland** — *Physiol.* glande *(f.)* cytogène.

2160. **cytogeography** — *Cytol.* cytogéographie *(f.)*.

2161. **cytoid** — *Bot.* cytoïde *(adj.)*.

2162. **cytokinesis** — *Cytol.* cytodiérèse *(f.)*, cytocinèse *(f.)*.

2163. **cytokinin** — *Bot.* cytokinine *(f.)*.

2164. **cytology** — *Biol.* cytologie *(f.)*.

2165. **cytolysin** — *Biochim.* cytolisine *(f.)*.

2166. **cytolysis** — *Histol.* cytolyse *(f.)*.

2167. **cytomixis** — *Cytol.* cytomixie *(f.)*.

2168. **cytophagy** — *Cytol.* phagocytose *(f.)*.

2169. **cytoplasm** — *Cytol.* cytoplasme *(m.)*.

2170. **cytoplasmic** — *Cytol.* cytoplasmique *(adj.)*.

2171. **cytoplasmic inheritance** — *Génét.* hérédité *(f.)* cytoplasmique.

2172. **cytosol** — *Biol. cell.* cytosol *(m.)*.

2173. **cytosome** — *Cytol.* cytosome *(m.)*, cytoplasme *(m.)*, cytoplasma *(m.)*.

2174. **cytostome** — *Cytol.* cytostome *(m.)*.

2175. **cytotaxonomy** — *Bot.* cytotaxonomie *(f.)*.

2176. **cytotrophoblast** — *Embryol.* cytotrophoblaste *(m.)*.

D

2177. **dacryogogue** — *Physiol.* dacryogène *(adj.)*, lacrymogène *(adj.)*.

2178. **dactyl** — *Anat. comp.* doigt *(m.)*.

2179. **dactylopodite** — *Crust.* dactylopodite *(m.).*

2180. **dactylopterous** — *Ichtyol.* dactyloptère *(adj.).*

2181. **dactylozooid** — *Coelent.* dactylozoïde *(n.m.).*

2182. **daily** — *Biol.* quotidien, -enne *(adj.).*

2183. **daltonian** — *Méd., Physiol.* daltonien, -enne *(n. m. et adj.).*

2184. **daltonism** — *Méd., Physiol.* daltonisme *(m.).*

2185. **dam** — *Ecol., Env.* barrage *(m.),* digue *(f.).*

2186. **damp** — *Biol.* humide *(adj.).*

2187. **dandruff** — *Histol.* pellicules *(f. pl.),* croûte *(f.)* squameuse du cuir chevelu.

2188. **dark-field microscope** — *Micr.* microscope *(m.)* à fond noir.

2189. **dart** — *Moll.* dard *(m.),* gypsobellum *(m.); Ném.* aiguillon *(m.)* cuticulaire.

2190. **dart sac** — *Moll.* poche *(f.)* du dard.

2191. **darwinism** — *Evol.* darwinisme *(m.).*

2192. **datation method** — *Paléont.* méthode *(f.)* de datation.

2193. **daughter-cell** — *Cytol.* cellule-fille *(f.).*

2194. **daughter chromosome** — *Génét.* chromosome-fils *(m.).*

2195. **daughter molecule** — *Génét.* molécule-fille *(f.).*

2196. **day-brake** — *Ecol., Env.* aube *(f.).*

2197. **daylight** — *Bot., Ecol., Zool.* lumière *(f.)* du jour.

2198. **deacidification** — *Physiol.* désacidification *(f.).*

2199. **deadly** — *Biol.* mortel, -elle *(adj.),* fatal, -e, -als *(adj.).*

2200. **dead matter** — *Ecol.* nécromasse *(f.).*

2201. **deafness** — *Méd., Physiol.* surdité *(f.).*

2202. **dealation** — *Entom.* désailement *(m.).*

2203. **deallergize** (to) — *Méd.* désallergiser *(v. tr.)*

2204. **deamidase** — *Biochim.* désamidase *(f.).*

2205. **deamination** — *Biochim.* désamination *(f.).*

2206. **daquation** — Voir: **dehydration.**

2207. **deathtrap** — *Zool.* mouroir *(m.).*

2208. **death rate** — *Ecol.,Zool.* taux *(m.)* de mortalité.

2209. **decalcification** — *Physiol.* décalcification *(f.).*

2210. **decalcify** (to) — *Physiol.* décalcification *(f.).*

2211. **decapeptide** — *Biochim.* décapeptide *(m.).*

2212. **decapetalous** — *Bot.* décapétale *(adj.).*

2213. **decapod** — *Zool.*
décapode *(m.).*

2214. **decapoda** — *Zool.*
décapodes *(m. pl.).*

2215. **decapodal** — *Crust.*
décapodes *(m. pl.).*

2216. **decapodous** — Voir:
decapodal.

2217. **decerating agent** —
Microtech. solvant *(m.).*

2218. **decerebration** — *Physiol.*
décérébration *(f.).*

2219. **dechloruration** — *Méd.*
déchloruration *(f.).*

2220. **decidua** — *Embryol.*
caduque *(f.),* membrane
(f.) déciduale.

2221. **decidua basalis** — *Histol.*
caduque *(f.)* basilaire.

2222. **decidua capsularis** —
Histol. caduque *(f.)*
ovulaire.

2223. **decidua parietalis** —
Histol. caduque *(f.)*
pariétale.

2224. **decidual** — *Physiol.*
déciduale *(n. f. et adj.).*

2225. **decidual cell** — *Histol.*
cellule *(f.)* déciduale.

2226. **deciduata** — *Zool.*
déciduates *(m. pl.),*
décidués *(m. pl.).*

2227. **deciduous** — *Bot.* décidu,
-e *(adj.),* caduc, -uque
(adj.), décident, -e
(adj.).

2228. **decimorgan** — *Génét.*
décimorgan *(m.).*

2229. **decomposer** — *Ecol.*
décomposeur *(m.).*

2230. **decompression** —
Physiol. décompression
(f.).

2231. **decumbent** — *Bot.*
couché, -e *(adj.),*
décombant, -e *(adj.).*

2232. **decussation** — *Anat.*
décussation *(f.),*
croisement *(m.)* en X.

2233. **dedifferentiate** (to) —
Biochim. dédifférencier
(v. tr.).

2234. **dedifferentiation** —
Génét. dédifférenciation
(f.).

2235. **deep petrosal nerve** —
Anat. nerf *(m.)* pétreux
profond.

2236. **deep sleep** — *Physiol.*
sommeil *(m.)* à ondes
lentes, sommeil *(m.)*
lent, sommeil *(m.)*
classique, sommeil *(m.)*
proprement dit.

2237. **defecate** — *Physiol.*
déféquer *(v. tr.)*

2238. **defecation** — *Physiol.*
défécation *(f.).*

2239. **defective virus** —
Bactériol. virus *(m.)*
défectif.

2240. **deferent** — *Anat.*
déférent, -e *(adj.).*

2241. **defibrination** — *Hématol.*
défibrination *(f.).*

2242. **defibrinator** — *Méd.,*
Physiol. défibrineur
(m.).

2243. **deficiency** — *Génét.,*
Physiol. déficience *(f.),*
carence *(f.),* insuffisance
(f.), défaut *(m.)* de,
imperfection *(f.).*

2244. **deficiency disease** —
Méd. maladie *(f.)* de
carence.

2245. **deficiency of growth** —
Génét. dysauxie (f.).

2246. **definitive plumage** —
Ornith. plumage (m.)
définitif.

2247. **defoaming** — Env.
démoussage (m.).

2248. **defoliant** — Ecol., Env.
défoliant (n. m. et adj.).

2249. **defoliate** (to) — Ecol.,
Env. défeuiller (v. tr.).

2250. **defoliation** — Bot., Ecol.
(chute des feuilles)
défoliation (f.),
défeuillaison (f.);
(enlèvement des
feuilles) défeuillage
(m.).

2251. **defoliator** — Entom.
défoliateur (m.).

2252. **deformability** — Biol.
déformabilité (f.).

2253. **degenerate** — Bot.,
Génét., Zool. dégénéré,
-e (adj.).

2254. **degenerate** (to) — Bot.,
Génét., Zool. dégénérer
(v. tr.)

2255. **degeneration** — Evol.,
Génét.,Physiol.
dégénérescence (f.),
dégénération (f.).

2256. **deglutition** — Physiol.
déglutition (f.).

2257. **degradation** — Chim.
dégradation (f.).

2258. **degree-day** — Env.
degré-jour (m.).

2259. **degree of freedom** —
Statist. degré (m.) de
liberté.

2260. **degree of wetness** —
Agric., Pédol. capacité
(f.) au champ.

2261. **dehiscence** — Bot.
déhiscence (f.).

2262. **dehiscent** — Bot.
déhiscent, -e (adj.).

2263. **dehydrate** (to) — Physiol.
déshydratation (f.).

2264. **dehydration** — Physiol.
déshydratation (f.).

2265. **dehydrogenase** —
Biochim.
déshydrogénase (f.),
déshydrase (f.),
déhydrase (f.).

2266. **dehydrogenated** — Chim.
déshydrogéné, -e (adj.).

2267. **dehydrogenation** —
Chim. déshydrogénation
(f.).

2268. **dehydrogenize** (to) —
Chim. déshydrogéner (v.
tr.)

2269. **dejecta** — Physiol.
déjections (f.),
excréments (m.).

2270. **delactation** — Physiol.
sevrage (m.)

2271. **delamination** — Embryol.
délamination (f.).

2272. **delay** — Comport. délai
(m.).

2273. **deletion** — Génét.
délétion (f.).

2274. **deliquescence** — Bot.
déliquescence (f.).

2275. **deliquescent** — Bot.
déliquescent, -e (adj.).

2276. **delivery** — Physiol.
accouchement (m.),
mise-bas (f.)

(mammifères autres que l'homme).

2277. **deltoid** — *Anat.* deltoïde *(n. m. et adj.)*, muscle *(m.)* deltoïde.

2278. **deme** — *Génét.* dème *(m.)*.

2279. **demibranch** — Voir: **hemibranch.**

2280. **demifacet** — *Anat.* demi-facette *(f.)* (costale).

2281. **demographic explosion** — *Ecol.* explosion *(f.)* démographique.

2282. **demography** — *Ecol.* démographie *(f.)*.

2283. **demospongiae** — *Zool.* démosponges *(m. pl.)*.

2284. **denaturation** — *Génét.* dénaturation *(f.)*.

2285. **dendrite** — *Histol.* dendrite *(m.)*.

2286. **dendritic tentacle** — *Zool.* tentacule *(m.)* dendritique.

2287. **dendrochirotae** — *Echinod.* dendrochirotes *(m. pl.)*.

2288. **denervated** — *Bot.* énervé, -e *(adj.)*.

2289. **denitrify** (to) — *Ecol.* dénitrifier *(v. tr.)*, dénitrer *(v. tr.)*, désazoter *(v. tr.)*.

2290. **denitrifying bacteria** — *Bactériol., Ecol.* bactéries *(f.)* dénitrifiantes.

2291. **dental** — *Anat.* dentaire *(adj.)*.

2292. **dental formula** — *Anat., Zool.* formule *(f.)* dentaire.

2293. **dental lamina** — *Embryol.* lame *(f.)* dentaire.

2294. **dentary** — *Anat.* dentaire *(adj.)*, os *(m.)* dentaire.

2295. **dentate** — *Bot.* dentelé, -e *(adj.)*, denté, -e *(adj.)*; *Zool.* denté, -e *(adj.)*.

2296. **dentation** — *Bot.* dentelure *(f.)*.

2297. **dentatum** — *Anat.* corps *(m.)* rhomboïdal du cervelet, olive *(f.)* cérébelleuse.

2298. **denticle** — *Ichtyol.* denticule *(f.)*.

2299. **denticular** — *Bot.* denticulé, -e *(adj.)*.

2300. **denticulate** — Voir: **denticular.**

2301. **dentiform** — *Bot., Zool.* dentiforme *(adj.)*.

2302. **dentinal fibers** — Voir: **Tomes's dentinal fibers.**

2303. **dentinal tubule** — *Histol.* canalicule *(m.)* de l'ivoire.

2304. **dentine** — *Anat., Histol.* dentine *(f.)*, ivoire *(f.)*.

2305. **dentinoblast** — Voir: **odontoblast.**

2306. **dentition** — *Anat., Physiol.* dentition *(f.)*.

2307. **deoxidation** — *Physiol.* désoxydation *(f.)*, déoxygénation *(f.)*

2308. **deoxidization** — Voir: **deoxidation.**

2309. **depletion** — *Méd.* déplétion *(f.)*.

2310. **deplumation** — *Ornith.* mue *(f.)*, perte *(f.)* de plumage.

2311. **depolarization** — *Physiol.*
dépolarisation *(f.).*

2312. **depopulate** (to) — *Ecol.*
dépeupler *(v. tr.).*

2313. **depopulation** — *Ecol.*
dépopulation *(f.).,*
dépeuplement *(m.).*

2314. **depressant** — *Physiol.*
déprimant *(n. m. et
adj.),* sédatif *(n. m. et
adj.).*

2315. **depressed** — *Ornith.*
(bec) aplati *(adj.).*

2316. **depressor** — *Anat.*
abaisseur *(adj.).*

2317. **derivative** — *Méd.*
dérivatif *(m.),* agent
(m.) dérivatif.

2318. **derm** — Voir: **dermis.**

2319. **derma** — Voir: **dermis.**

2320. **dermal** — *Anat. comp.*
dermique *(adj.),* cutané,
-e *(adj.).*

2321. **dermal bone** — *Anat.
comp.* os *(m.)* dermique.

2322. **dermal papilla** — *Histol.*
papille *(f.)* dermique.

2323. **dermal plica** — *Zool.* pli
(m.) glandulaire (chez
la grenouille).

2324. **dermal ridge** — Voir:
dermal papilla.

2325. **dermal root sheath** —
Histol. gaine *(.)*
épithéliale (d'un poil),
gaine *(f.)* de la racine
(d'un poil).

2326. **dermaptera** — *Entom.*
dermaptères *(m. pl.).*

2327. **dermatoglyphic** — *Génét.*
dermatoglyphique
(adj.).

2328. **dermatophytosis** — *Art
vétér.* dermatophilose
(f.).

2329. **dermatosome** — *Génét.*
dermatosome *(m.).*

2330. **dermic** — *Anat., Histol.*
dermique *(adj.).*

2331. **dermis** — *Anat., Histol.*
derme *(m.),* chorion
(m.), corion *(m.).*

2332. **dermoptera** — *Entom.*
dermoptères *(m. pl.),*
dermatoptères *(m. pl.).*

2333. **Descemet's membrane** —
Histol. membrane *(f.)*
de Descemet.

2334. **descendant** — *Génét.*
descendance *(f.).*

2335. **descending colon** —
Anat. côlon *(m.)*
descendant.

2336. **desert** — *Ecol., Env.*
désert *(m.).*

2337. **desert greenhouse** — *Bot.*
serre *(f.)* sèche.

2338. **design of experiment** —
Biol. plan *(m.)*
d'expérience, protocole
(m.) expérimental.

2339. **desmergate** — *Entom.*
desmergate *(m.).*

2340. **desmognathous** —
Ornith. desmognathe
(adj.).

2341. **desmosome** — *Cytol.*
desmosome *(m.).* (Voir
aussi: **macula
adherens**).

2342. **desoxycorticosterone** —
Biochim., Physiol.
désoxycorticostérone
(f.).

2343. **desoxycortone** — Voir: **desoxycorticosterone.**

2344. **desoxyribonucleic acid** — Voir: **DNA.**

2345. **desoxyribosenucleic acid** — Voir: **DNA.**

2346. **detaching of oysters** — *Moll.* détroquage *(m.).*

2347. **deterioration** — *Méd.* détérioration *(f.).*

2348. **determinant** — *Génét., Entom.* déterminant *(m.).*

2349. **determinate cleavage** — *Embryol.* segmentation *(f.)* déterminée.

2350. **detorsion** — *Moll.* détorsion *(f.).*

2351. **detoxicate** (to) — *Méd., Toxicol.* désintoxiquer *(v. tr.).*

2352. **detoxication** — *Env.* détoxication *(f.)*; *Toxicol.* désintoxication *(f.).*

2353. **detritivore** — *Ecol.* détritivore *(m.),* saprobie *(m.),* consommateur *(m.)* de matière morte, détritiphage *(adj.).*

2354. **detritus** — *Env.* détritus *(m.).*

2355. **detrivore** — Voir: **detritivore.**

2356. **deuterocerebrum** — *Anat. comp.* deutérocérébron *(m.),* mésocérébron *(m.).*

2357. **deutomerite** — *Protoz.* deutomérite *(m.).*

2358. **deutoplasm** — *Embryol.* deutoplasme *(m.).*

2359. **developed nature reserve** — *Env.* réserve *(f.)* naturelle dirigée.

2360. **development** — *Embryol., Evol.* développement *(m.),* évolution *(f.).*

2361. **deviation** — *Comport.* détour *(m.),* déviation *(f.).*

2362. **dévolution** — *Biol.* involution *(f.),* dégénérescence *(f.),* dégénération *(f.).*

2363. **devonian** — *Géol.* dévonien, -enne *(n. m. et adj.).*

2364. **dew** — *Ecol.* rosée *(f.).*

2365. **dew-claw** — *Zool.* ergot *(m.)* (des chiens).

2366. **dextral** — *Moll.* dextre *(adj.).*

2367. **dextrin** — *Biochim.* dextrine *(f.).*

2368. **dextrorse** — Voir: **dextral.**

2369. **dextrose** — *Biochim.* dextrose *(m.).*

2370. **diabetes** — *Méd.* diabète *(m.).*

2371. **diacele** — *Anat.* vésicule *(f.)* encéphalique moyenne.

2372. **diacoele** — Voir: **diacele.**

2373. **diadelphian** — Voir: **diadelphous.**

2374. **diadelphous** — *Bot.* diadelphe *(adj.).*

2375. **diaderm** — *Embryol.* ectoderme *(m.)* et endoderme *(m.)* (pris ensemble comme un tout - peu usité).

2376. **diageotropism** — *Bot.*
diagéotropisme *(m.).*

2377. **diagram** — *Biol.*
diagramme *(m.)*, tracé
(m.), schéma *(m.).*

2378. **diakinesis** — *Cytol.*
diacinèse *(f.).*

2379. **dialysate** — *Méd.,*
Physiol. dialysat *(m.).*

2380. **dialysis** — *Physiol.*
dialyse *(f.).*

2381. **diamine** — *Biochim.*
diamine *(f.).*

2382. **diandrous** — *Bot.*
diandrique *(adj.)*,
diandre *(adj.).*

2383. **diapause** — *Entom.*
diapause *(f.).*

2384. **diapedesis** — *Physiol.*
diapédèse *(f.).*

2385. **diaphragm** — *Anat.,*
Micr. diaphragme *(m.).*

2386. **diaphragma sellae** —
Anat. tente *(f.)*
hypophysaire.

2387. **diaphysis** — *Anat.*
diaphyse *(f.).*

2388. **diapophysis** — *Anat.*
comp. diapophyse *(f.)*,
apophyse *(f.)*
transverse.

2389. **diapside** — *Anat. comp.*
diapside *(adj.).*

2390. **diarthrosis** — *Anat.*
diarthrose *(f.).*

2391. **diastase** — *Biochim.*
diastase *(f.).*

2392. **diastataxy** — Voir:
aquintocubitalism.

2393. **diaster** — *Cytol.* diaster
(m.), amphiaster *(m.).*

2394. **diastole** — *Physiol.*
diastole *(f.).*

2395. **diastolic** — *Physiol.*
diastolique *(adj.).*

2396. **diatoms** — *Bot.*
diatomées *(f. pl.)*,
bacillariées *(f. pl.).*

2397. **diatoma** — Voir:
diatoms.

2398. **diauxic** — *Microbiol.*
diauxique *(adj.).*

2399. **diauxic growth curve** —
Microbiol. courbe *(f.)* de
croissance diauxique.

2400. **diauxy** — *Microbiol.*
diauxie *(f.).*

2401. **dicentric** — *Génét.*
dicentrique *(adj.).*

2402. **dichasium** — *Bot.*
dichasium *(m.).*

2403. **dichlamideous** — *Bot.* à
double périanthe *(m.).*

2404. **dichocephalous rib** —
Anat. comp. côte *(f.)*
dichocéphale.

2405. **dichogamous** — *Bot.*
dichogame *(adj.).*

2406. **dichogamy** — *Bot.*
dichogamie *(f.).*

2407. **dichotomic** — *Biol.*
dichotomique *(adj.).*

2408. **dichotomous** — *Biol.*
dichotome *(adj.)*,
bifurqué, -e *(adj.)*,
dichotomique *(adj.).*

2409. **dichotomy** — *Biol.*
dichotomie *(f.).*

2410. **diclinous** — *Bot.* dicline
(adj.).

2411. **dicotyledon** — *Bot.*
dicotylédone *(f.)*,
dicotylédonée *(f.).*

2412. **dicotyledonae** — *Bot.*
dicotylédones *(f. pl.)*.

2413. **dicotyledonous** — *Bot.*
dicotylédone *(adj.)*,
dicotylédoné, -e *(adj.)*.

2414. **dictyosome** — *Cytol.*
dictyosome *(m.)*.

2415. **dictyospore** — *Bot.*
dictyospore *(f.)*, spore
(f.) muriforme.

2416. **dictyostele** — *Bot.*
dictyostèle *(f.)*.

2417. **didactyla** — Voir:
polyprotodontia.

2418. **didelphia** — *Zool.*
didelphes *(m. pl.)*,
didelphiens *(m. pl.)*,
marsupiaux *(m. pl.)*.

2419. **didymous** — *Bot.* didyme
(adj.).

2420. **didynamous** — *Bot.*
didyname *(adj.)*,
didynamique *(adj.)*.

2421. **diecious** — Voir:
dioecious.

2422. **diencephalon** — *Anat.*
comp. diencéphale *(m.)*.

2423. **diet** — *Physiol.* diète *(f.)*,
alimentation *(f.)*,
régime *(m.)*.

2424. **differentiation** — *Bot.*,
Embryol., *Cytol.*
différenciation *(f.)*.

2425. **differentiation center** —
Embryol. centre *(m.)*
différenciateur.

2426. **diffusion** — *Biol. cell.*,
Bot. diffusion *(f.)*.

2427. **diffusion pressure
deficit** — *Bot.* déficit
(m.) de pression de
diffusion.

2428. **digenesis** — *Bot.*, *Zool.*
digenèse *(f.)*.

2429. **digenia** — *Zool.*
digéniens *(m. pl.)*.

2430. **digestion** — *Physiol.*
digestion *(f.)*.

2431. **digestive absorption** —
Physiol. absorption *(f.)*
digestive.

2432. **digestive gland** —
Arthrop., *Moll.*
hépatopancréas *(m.)*.

2433. **digestive system** — *Anat.*,
Physiol. appareil *(m.)*
digestif.

2434. **digestive tract** — *Anat.*
tube *(m.)* digestif.

2435. **digit** — *Anat. comp.*,
Zool. doigt *(m.)*.

2436. **digital** — *Anat.*, *Zool.*
digital, -e, -aux *(adj.)*.

2437. **digital formula** — *Zool.*
formule *(f.)* digitale.

2438. **digitate** — *Bot.*, *Zool.*
digité, -e *(adj.)*.

2439. **digitate-leaved** — *Bot.*
digitifolié, -e *(adj.)*.

2440. **digitated** — Voir:
digitate.

2441. **digitation** — *Zool.*
digitation *(f.)*.

2442. **digitiform** — *Biol.*
digitiforme *(adj.)*.

2443. **digitigrade** — *Zool.*
digitigrade *(adj.)*.

2444. **digitinervate** — *Bot.*
digitinervé, -e *(adj.)*,
digitinerve *(adj.)*.

2445. **digynous** — *Bot.* digyne
(adj.).

2446. **dihaploid** — *Cytol.*
dihaploïde *(n. m. et adj.).*

2447. **dihybrid** — *Génét.*
dihybride *(n. m. et adj.).*

2448. **dihybridism** — *Génét.*
dihybridisme *(m.).*

2449. **dikaryon** — *Bot.*
dicaryon *(m.),*
dicharyon *(m.).*

2450. **dikaryophase** — *Bot.*
dicaryophase *(f.).*

2451. **dilator** — *Anat.*
dilatatateur *(m.),* muscle
(m.) dilateur.

2452. **dimerous** — *Bot., Entom.*
dimère *(adj.).*

2453. **dimictic lake** — *Limnol.*
lac *(m.)* dimictique.

2454. **dimorphism** — *Bot., Zool.*
dimorphisme *(m.).*

2455. **dinergate** — *Entom.*
dinergate *(m.).*

2456. **dinoflagellata** — *Zool.*
dinoflagellés *(m. pl.),*
péridiniens *(m. pl.).*

2457. **dinoflagellida** — Voir:
dinoflagellata.

2458. **dinosauria** — *Paleont.*
dinosauriens *(m. pl.).*

2459. **dioecious** — *Bot., Zool.*
dioïque *(ajd.).*

2460. **diotocardia** — *Moll.*
diotocardes *(m. pl.).*

2461. **dioxide** — *Chim.* bioxyde
(m.).

2462. **diphycercal** — *Ichtyol.*
diphycerque *(adj.).*

2463. **diphyletic theory** — Voir:
dualistic theory.

2464. **diphyodont** — *Anat.*
comp., Zool.
diphyodonte *(adj.).*

2465. **diplanetism** — *Bot.*
diplanétisme *(m.).*

2466. **dipleurula** — Voir:
pluteus larva.

2467. **diplobacillus** — *Bactériol.*
diplobacille *(m.).*

2468. **diploblastic** — *Embryol.*
didermique *(adj.),*
diploblastique *(adj.).*

2469. **diploée** — *Histol.* diploé
(m.).

2470. **diplo-haplont** — *Génét.*
diplo-haplonte *(n. m. et ajd.).*

2471. **diploid** — *Génét.* diploïde
(adj.).

2472. **diplonema** — *Génét.*
diplonème *(m.).*

2473. **diplont** — *Génét.* diplonte
(n. m. et adj.),
diplobionte *(n. m. et adj.).*

2474. **diplophase** — *Génét.*
diplophase *(f.).*

2475. **diplopoda** — *Arthrop.*
diplopodes *(n. pl.).*

2476. **diplospondyly** — *Anat.*
comp. diplospondylie
(f.).

2477. **diplospory** — *Génét.*
diplosporie *(f.).*

2478. **diplostraca** — *Crust.*
diplostracés *(n. pl.).*

2479. **diplotene** — *Cytol.*
diplotène *(adj.).*

2480. **diplura** — *Entom.*
diploures *(m. pl.).*

2481. **dipneumones** — Voir:
dipnoi.

2482. **dipneusti** — Voir: **dipnoi.**

2483. **dipnoi** — *Ichtyol.*
dipneustes *(m. pl.).*

2484. **dipodous** — *Zool.* dipode
(adj.).

2485. **diprotodontia** — *Mamm.*
diprotodontes *(m. pl.).*

2486. **diptera** — *Entom.*
diptères *(m. pl.).*

2487. **dipterous** — *Entom.*
diptère *(adj.).*

2488. **direct trophallaxis** —
Comport., Entom.
trophallaxie *(f.)* directe.

2489. **directional selection** —
Génét. sélection *(f.)*
directionnelle.

2490. **directive evolution** —
Voir: **orthogenesis.**

2491. **disaccaride** — *Biochim.*
disaccharide *(m.),*
diholoside *(m.).*

2492. **disc flower** — *Bot.* fleur
(f.) tubuleuse.

2493. **discal cell** — *Entom.*
(lépidoptères) aréole
(f.), cellule *(f.)* discale.

2494. **disclimax** — *Ecol.*
disclimax *(m.).*

2495. **discoblastula** — *Embryol.*
discoblastula *(f.).*

2496. **discoboli** — *Ichtyol.*
discobole *(adj.).*

2497. **discoid** — *Zool.* discoïde
(adj.), discoïdal, -e, -aux
(adj.).

2498. **discoid placenta** —
Embryol. placenta *(m.)*
discoïde.

2499. **discoloration** —
Microtech. décoloration
(f.).

2500. **discomedusae** — *Coelent.*
discoméduses *(f.).*

2501. **discontinuity** — *Evol.*
discontinuité *(f.).*

2502. **discontinuous
distribution** — *Ecol.*
distribution *(f.)*
discontinue,
distribution *(f.)*
intermitente.

2503. **discontinuous variation** —
Génét. variation *(f.)*
discontinue, mutation
(f.).

2504. **discrete characteristic** —
Statist. caractère *(m.)*
discret.

2505. **discrimination** —
Biochim. discrimination
(f.).

2506. **discus proligerous** —
Histol. disque *(m.)*
proligère.

2507. **disfunction** — *Physiol.*
dysfonction *(f.).*

2508. **disgenic** — *Génét.*
dysgénique *(adj.).*

2509. **disinfection** — *Bactériol.*
débactérisation *(f.);*
Méd. désinfection *(f.).*

2510. **disjunction** — *Génét.*
disjonction *(f.),*
ségrégation (des
facteurs) *(f.),* divorce
(m.) des facteurs.

2511. **disomic** — *Génét.*
disomique *(adj.).*

2512. **dispermy** — *Bot.*
dispermie *(f.).*

2513. **dispersal** — *Ecol.*
dispersion *(f.).*

2514. **dispersion** — *Env.*
dispersion *(f.).*

2515. **dissection** — *Biol.*
dissection *(f.).*

2516. **dissimilation** — *Biol.*
catabolisme *(m.).*

2517. **distad** — *Biol.* vers
l'extrémité *(f.),* orienté,
-e *(adj.)* vers
l'extrémité.

2518. **distal** — *Biol.* distal, -e,
-aux *(adj.).*

2519. **distemper** — *Art vétér.*
maladie *(f.)* de Carré,
maladie *(f.)* des chiens,
maladie *(f.)* du jeune
âge.

2520. **distribution** — *Ecol.,*
Statist. distribution *(f.).*

2521. **distribution area** — *Ecol.*
aire *(f.)* de distribution.

2522. **disturbance climax** —
Voir: **disclimax.**

2523. **distylous** — *Bot.* distyle
(adj.).

2524. **disutility** — *Env.*
désutilité *(f.).*

2525. **diuresis** — *Physiol.*
diurèse *(f.).*

2526. **diurnal** — *Biol.* diurne
(adj.).

2527. **diurnal rhythm** — *Biol.*
rythme *(m.)* circadien.

2528. **divergent** — *Bot., Evol.*
divergent, -e *(adj.).*

2529. **diversity index** — *Ecol.*
indice *(m.)* de diversité.

2530. **diverticulum** — *Anat.*
diverticule *(m.),* cavité
(f.) en cul-de-sac.

2531. **dividing cell** — *Cytol.*
cellule *(f.)* en voie de
division.

2532. **division** — *Cytol.* division
(f.).

2533. **dizygotic** — *Embryol.*
dizygote *(adj.),*
dizygotique *(adj.),*
biovulaire *(adj.),*
bivitellin *(adj.).*

2534. **DNA** — *Biochim.,*
Physiol. acide *(m.),*
désoxyribonucléique,
ADN *(f.).*

2535. **DNA polymerase** —
Cytol. polymérase *(f.)*
de l'ADN.

2536. **docoglossa** — *Moll.*
docoglosses *(m. pl.),*
hétérocardes *(m. pl.).*

2537. **dog fish** — *Zool.* chien
(m.) de mer.

2538. **dog tick** — *Entom.* tique
(f.) des chiens.

2539. **dolichocephalic** —
Anthropol.
dolichocéphale *(adj.).*

2540. **dolichocephalus** —
Anthropol.
dolichocéphale *(m.).*

2541. **domestication** — *Ecol.,*
Zool. domestication *(f.).*

2542. **dominance** — *Génét.*
dominance *(f.).*

2543. **dominant** — *Génét.*
dominant, -e *(adj.).*

2544. **dominant character** —
Génét. caractère *(m.)*
dominant.

2545. **donor** — *Hématol.,*
Physiol. donneur *(m.).*

2546. **Dollo's law** — *Evol.* loi
(f.) de Dollo.

2547. **doping** — *Méd.* dopage
(m.).

2548. **dormancy** — *Bot.*
dormance *(f.).*

2549. **dormant** — *Bot.* dormant,
-e *(adj.)*.

2550. **dormant bud** — *Bot.*
bourgeon *(m.)* sensible.

2551. **dormin** — *Bot.* dormine
(f.).

2552. **dorsad** — *Anat. comp.*,
Zool. vers le dos *(m.)*,
orienté, -e *(adj.)* vers le
dos.

2553. **dorsal** — *Anat.*, *Zool.*
dorsal, -e, -aux *(adj.)*.

2554. **dorsal lip** — *Embryol.*
lèvre *(f.)* dorsale du
blastopore.

2555. **dorsal root** — *Anat.*
(Système nerveux)
racine *(f.)* dorsale,
racine *(f.)* postérieure.

2556. **dorsalia** — Voir:
arcualia.

2557. **dorsiventral leaf** — *Bot.*
feuille *(f.)* dorsiventrale.

2558. **dorso-lombar** — *Anat.*
dorso-lombaire *(adj.)*.

2559. **dorso-ventral muscle** —
Plathel. muscle *(m.)*
oblique.

2560. **dosage** — *Chim.*, *Physiol.*
dosage *(m.)*.

2561. **double circulation** —
Anat. circulation *(f.)*
double.

2562. **double cross** — *Génét.*
croisement *(m.)* double.

2563. **double fertilization** —
Physiol. double
fécondation *(f.)*.

2564. **double refraction** —
Voir: **birefringence.**

2565. **double-tail test** — *Statist.*
test *(m.)* bilatéral.

2566. **down** — *Ornith.* duvet
(m.).

2567. **DPD** — Voir: **diffusion
pressure deficit.**

2568. **drain canal** — *Env.* canal
(m.) d'évacuation.

2569. **drainage** — *Env.*
assèchement *(m.)*,
écoulement *(m.)* des
eaux, drainage *(m.)*.

2570. **drainage basin** — *Ecol.*,
Limnol. bassin *(m.)* de
drainage.

2571. **drainage gage** — *Env.*
drainologue *(m.)*.

2572. **draining** — *Env.*
assèchement *(m.)*.

2573. **drastic** — *Méd.* drastique
(adj.), énergique *(adj.)*.

2574. **drepanocytic** — *Méd.*
drépanocytaire *(adj.)*.

2575. **drinking-water** — *Env.*
eau *(f.)* potable.

2576. **dromaeognathous** —
Ornith. droméognathe
(adj.).

2577. **drone** — *Entom.* bourdon
(m.).

2578. **drosophila** — *Entom.*,
Génét. drosophile *(f.)*.

2579. **drought** — *Ecol.*, *Env.*
sécheresse *(f.)*.

2580. **drum** — *Anat.* tympan
(m.), membrane *(f.)*
tympanique.

2581. **drumhead** — *Anat.*
membrane *(f.)* du
tympan, tympan *(m.)*.

2582. **drupe** — *Bot.* drupe *(f.)*.

2583. **dualistic theory** — *Histol.*
théorie *(f.)* dualiste,
théorie *(f.)*
diphylétique.

2584. **duct** — *Biol.* conduit *(m.)*, vaisseau *(m.)*, canal *(m.)*.

2585. **duct of Bellini** — *Histol.* tube *(m.)* papillaire de Bellini.

2586. **duct of Botallo** — Voir: **ductus arteriosus.**

2587. **duct of Gartner** — *Anat.* canal *(m.)* de Gartner.

2588. **duct of Méuller** — Voir: **mullerian duct.**

2589. **duct of Wolff** — Voir: **wolffian duct.**

2590. **ductless gland** — *Physiol.* glande *(f.)* endocrine, glande *(f.)* à sécrétion interne, glande *(f.)* close.

2591. **ductule** — *Anat.* canalicule *(m.)*.

2592. **ductule of Hering** — Voir: **canal of Hering.**

2593. **ductuli efferentes** — *Anat.* cônes *(m.)* efférents.

2594. **ductus arteriosus** — *Anat.* canal *(m.)* artériel de Botal.

2595. **ductus Botalli** — Voir: **ductus arteriosus.**

2596. **ductus caroticus** — *Anat. comp.* canal *(m.)* carotidien.

2597. **ductus cuvieri** — *Anat. comp.* canal *(m.)* de Cuvier.

2598. **ductus deferens** — *Anat.* canal *(m.)* déférent.

2599. **ductus ejaculatorius** — *Anat. comp.* canal *(m.)* éjaculateur, conduit *(m.)* éjaculateur.

2600. **ductus endolymphaticus** — *Ichtyol.* canal *(m.)* endolymphatique.

2601. **ductus epididymidis** — *Anat.* épididyme *(m.)*.

2602. **ductus thoracicus** — *Anat.* canal *(m.)* thoracique.

2603. **ductus venosus** — *Ornith.* canal veineux.

2604. **ductus venosus arantii** — *Embryol.* canal *(m.)* veineux d'Arantius.

2605. **dulosis** — *Entom.* esclavagisme *(m.)*.

2606. **dulotic** — *Entom.* (fourmi) qui pratique l'esclavagisme.

2607. **dune** — *Env.* dune *(f.)*.

2608. **duodenal** — *Anat.* duodénal, -e, -aux *(adj.)*.

2609. **duodenum** — *Anat.* duodénum *(m.)*.

2610. **duplication** — *Génét.* duplication *(f.)*.

2611. **duplicidentata** — *Mamm.* duplicidentés *(m. pl.)*.

2612. **dura-mater** — *Anat.* dure-mère *(f.)*, pachyméninge *(f.)*.

2613. **dusk** — *Ecol., Env.* crépuscule *(m.)*.

2614. **dust** — *Env.* poussière *(f.)*.

2615. **dust cell** — *Histol.* cellule *(f.)* à poussière.

2616. **dwarf** — *Génét.* nain, naine *(n.m., n.f. et adj.)*.

2617. **dwarfism** — *Génét., Physiol.* nanisme *(m.)*.

2618. **dwarfness** — Voir: **dwarfism.**

2619. **dyad** — *Génét.* dyade *(f.).*

2620. **dye** — *Histol., Microtech.* colorant *(m.).*

2621. **dynamics** — Voir: **ecosystem dynamics, population dynamics.**

2622. **dysfunction** — Voir: **disfunction.**

2623. **dysfunctional** — *Physiol.* dysfonctionnel, -elle *(adj.).*

2624. **dysgenesis** — *Génét.* dysgénésie *(f.).*

2625. **dysgenic** — Voir: **disgenic.**

2626. **dysmelic** — *Méd.* dysmélique *(adj.).*

2627. **dystrophic lake** — *Limnol.* lac *(m.)* dystrophe.

2628. **dystrophication** — *Limnol.* dystrophisation *(f.).*

2629. **dystrophization** — Voir: **dystrophication.**

2630. **dystrophy** — *Pathol.* dystrophie *(f.).*

2631. **dysuria** — *Méd., Physiol.* dysurie *(f.).*

2632. **dysury** — Voir: **dysuria.**

2633. **dyticid** — *Entom.* dytique *(adj.).*

2634. **dytiscus** — *Entom.* dytique *(m.).*

E

2635. **ear** — *Anat.* oreille *(f.), Bot.* épi *(m.), Entom.* appareil *(m.)* auditif.

2636. **ear-brain** — *Anat. comp.* tubercule *(m.)* acoustique.

2637. **ear drum** — *Anat.* tympan *(m.),* membrane *(f.)* tympanique, membrane *(f.)* du tympan.

2638. **ear ossicles** — *Anat.* osselets *(m.)* de l'oreille moyenne.

2639. **earless** — *Bot.* sans épis *(m.).*

2640. **early anaphase** — *Cytol.* stade *(m.)* initial de l'anaphase.

2641. **early experiences** — *Comport.* stimulations *(f.)* précoces.

2642. **early prophase** — *Cytol.* stade *(m.)* initial de la prophase.

2643. **early telophase** — *Cytol.* stade *(m.)* initial de la télophase.

2644. **ebracteate** — *Bot.* ébracté, -e *(adj.).*

2645. **ecad** — *Ecol.* écade *(f.).*

2646. **ecardines** — *Invert.* écardines *(m. pl.),* inarticulés *(m. pl.).*

2647. **ecchymosis** — *Pathol.* ecchymose *(f.).*

2648. **eccrine** — *Anat., Histol.* eccrine *(adj.).*

2649. **ecdysis** — *Arthrop.* ecdysis *(f.).*

2650. **acdysone** — *Entom.* ecdysone *(f.).*

2651. **ecesic** — *Bot., Ecol.* écésique *(adj.).*

2652. **ecesis** — *Bot., Ecol.* écésis *(f.).*

2653. **ECG** — *Physiol.*
électrocardiogramme
(m.).

2654. **echidna** — *Mamm.*
echidné *(m.).*

2655. **echinoderm** — *Invert.*
échinoderme *(m.).*

2656. **echinodermata** — *Invert.*
échinodermes *(m. pl.).*

2657. **echolocation** — *Comport.*
écholocation *(f.).*

2658. **echo sounder** — *Limnol.,*
Océanogr. échosondeur
(m.), sondeur *(m.)* à
écho.

2659. **echurioides** — *Ann.*
échiures *(m. pl.),*
échiuriens *(m. pl.).*

2660. **ecocide** — *Ecol.* écocide
(m.).

2661. **ecocline** — *Ecol.* écocline
(f.).

2662. **ecodeme** — *Ecol., génét.*
écodème *(m.).*

2663. **ecodevelopment** — *Ecol.*
écodéveloppement *(m.).*

2664. **ecoethology** — *comport.,*
Ecol. écoéthologie *(f.).*

2665. **ecogram** — *Ecol.*
écogramme.

2666. **eco-immunology** — *Ecol.*
éco-immunologie *(f.).*

2667. **ecological** — *Ecol.*
écologique *(adj.).*

2668. **ecological backlash** —
Voir: **ecological**
boomerang.

2669. **ecological boomerang** —
Ecol. effet *(m.)*
boomerang, boomerang
(m.) écologique.

2670. **ecological dependency** —
Ecol. dépendance *(f.)*
écologique.

2671. **ecological data bank** —
Ecol. écothèque *(f.).*

2672. **ecological dominance** —
Ecol. dominance *(f.)*
écologique.

2673. **ecological efficiency** —
Ecol. efficacité *(f.)*
écologique.

2674. **ecological indicator** —
Ecol. indicateur *(m.)*
écologique.

2675. **ecological murder** —
Voir: **ecocide.**

2676. **ecological niche** — *Ecol.*
niche *(f.)* écologique.

2677. **ecology** — *Biol.* écologie
(f.).

2678. **ecomuseum** — *Ecol.*
écomusée *(m.).*

2679. **ecospecies** — *Génét.*
écoespèce *(f.).*

2680. **ecosphere** — *Ecol.*
écosphère *(f.),*
biosphère *(f.).*

2681. **ecosystem** — *Ecol.*
écosystème *(m.).*

2682. **ecosystem dynamics** —
Ecol. dynamique *(f.)* de
l'écosystème.

2683. **ecotone** — *Ecol.* écotone
(m.).

2684. **ecotope** — *Ecol., Env.*
écotope *(m.).*

2685. **ecotype** — *Ecol.* écotype
(m.).

2686. **ectadenia** — *Entom.*
ectadénie *(f.).*

2687. **ectoblast** — *Embryol.*
ectoblaste *(m.),*
ectoderme *(m.).*

2688. **ectoconcept** — *Biol.*
ectoconcept *(m.).*

2689. **ectoderm** — *Embryol.*
ectoderme *(m.),*
ectoblaste *(m.).*

2690. **ectodermal** — *Embryol.*
ectodermique *(adj.).*

2691. **ectodermic** — Voir:
ectodermal.

2692. **ectognatha** — *Entom.*
ectognathe *(adj.),*
ectotrophe *(adj.).*

2693. **entomogenous** — *Entom.,*
Mycol. entomogène
(adj.).

2694. **ectoparasite** —
Parasitol., Zool.
ectoparasite *(n. m. et*
adj.).

2695. **ectoplasm** — *Cytol.*
ectoplasme *(m.),*
ectoplasma *(m.),*
exoplasme *(m.).*

2696. **ectopolymer** — *Biochim.,*
Cytol. ectopolymère
(m.).

2697. **ectoprocta** — *Bryoz.*
ectoproctes *(m. pl.).*

2698. **ectopterygoid** — *Anat.*
comp. ectoptérygoïde
(m.), os *(m.)*
ectoptérygoïde.

2699. **ectoskeleton** — *Zool.*
exosquelette *(m.).*

2700. **ectothermic** — *Physiol.*
ectothermique *(adj.).*

2701. **ectotrophic** — Voir:
ectotropic.

2702. **ectotropic** — *Bot.*
ectotrophe *(adj.).*

2703. **edaphic factor** — *Ecol.*
facteur *(m.)* édaphique.

2704. **edaphon** — *Ecol.*
euédaphon *(m.).*

2705. **edema** — *Pathol.* oedème
(m.).

2706. **edentata** — *Mamm.*
édentés *(m. pl.).*

2707. **edentate** — *Zool.* édenté,
-e *(adj.).*

2708. **edentates** — Voir:
edentata.

2709. **edentulous** — *Zool.*
édenté, -e *(adj.),*
anodonte *(adj.).*

2710. **edge** — *Ecol.* lisière *(f.).*

2711. **edge effect** — *Ecol.* effet
(m.) de lisière.

2712. **EEG** — *Physiol.*
électroencéphalogramme *(m.).*

2713. **eelworm** — *Ném.*
anguillule *(f.).*

2714. **effector** — *Biochim.*
effecteur *(m.).*

2715. **efferent** — *Anat., Physiol.*
efférent, -e *(adj.).*

2716. **efferent branchial**
vessels — *Anat.*
vaisseaux *(m.)*
branchiaux efférents.

2717. **efferent nerve** — *Anat.*
nerf *(m.)* efférent.

2718. **efficient** — *Biol.* efficace
(adj.).

2719. **egest** (to) — *Physiol.*
évacuer *(v. tr.).*

2720. **egestion** — *Physiol.*
évacuation *(f.),* éjection
(f.), expulsion *(f.).*

2721. **egg** — *Bot.* oosphère *(f.),*
Zool. oeuf *(m.).*

2722. **egg-cell** — *Bot.* ovule
(m.), Zool. ovule *(m.),*
oeuf *(m.)* vierge.

2723. **egg-laying** — *Zool.*
ovipare *(adj.)*.

2724. **egg-shell** — *Zool.*
coquille *(f.)*.

2725. **egg-tooth** — *Ornith.*
diamant *(m.)*.

2726. **egosymphory** — *Env.*
égosymphorie *(f.)*.

2727. **egret** — *Bot., Ornith.*
aigrette *(f.)*.

2728. **ejaculation** — *Physiol.*
éjaculation *(f.)*.

2729. **ejaculatory duct** — *Anat.*
comp. canal *(m.)*
éjaculateur.

2730. **ejecta** — *Physiol.*
excréments *(m.)*,
matières *(f.)* fécales.

2731. **elaeodochon** — Voir:
uropygial gland.

2732. **elaiodochon** — Voir:
uropygial gland.

2733. **elaioplast** — *Bot.*
élaioplaste *(m.)*.

2734. **elasmobranchii** —
Ichtyol. élasmobranches
(m. pl.), sélaciens *(m.
pl.)*.

2735. **elastance** — *Physiol.*
élastance *(f.)*.

2736. **elastic cartilage** —
Histol. cartilage *(m.)*
élastique.

2737. **elastic fiber** — *Histol.*
fibre *(f.)* élastique.

2738. **elastic tissue** — *Histol.*
tissu *(m.)* élastique.

2739. **elastica** — *Anat. comp.,*
Embryol. membrane *(f.)*
élastique (de la
notocorde).

2740. **elasticity** — *Physiol.*
élasticité *(f.)*, tonicité
(f.) des muscles.

2741. **elastin** — *Histol.* élastine
(f.).

2742. **elater** — *Bot., Zool.*
élatère *(f.)*.

2743. **elbow** — *Anat.* coude
(m.).

2744. **electric organ** — *Zool.*
organe *(m.)* électrique,
organe *(m.)* électrogène.

2745. **electroantennogram** —
Entom., Zool.
électroantennogramme
(m.).

2746. **electrobiology** — *Physiol.*
électrobiologie *(f.)*,
électrophysiologie *(f.)*.

2747. **electroclimate** — *Env.*
électroclimat *(m.)*.

2748. **electrocoagulation** —
Env. électrocoagulation
(f.).

2749. **electroencephalogram** —
Voir: **EEG.**

2750. **electroflocculation** —
Voir:
electrocoagulation.

2751. **electrolysis** — *Méd.*
électrolyse *(f.)*.

2752. **electrolyte balance** —
Physiol. équilibre *(m.)*
électrolytique.

2753. **electro-
immunodiffusion** —
Biochim. électro-
immunodiffusion *(f.)*.

2754. **electron** — *Chim.*
électron *(m.)*.

2755. **electron microscope** —
Micr. microscope *(m.)*
électronique.

2756. **elephantiasis** —
Parasitol. éléphantiasis
(m.), pachydermie *(f.).*

2757. **eleutherozoa** — *Echinod.*
éleuthérozoaires *(m.
pl.).*

2758. **elevator** — *Anat.,*
Physiol. releveur *(adj.),*
muscle *(m.)* releveur.

2759. **elimination ratio** —
Physiol. taux *(m.)*
d'élimination.

2760. **ellipsoid** — Voir: **sheated
arteriole.**

2761. **elongation** — *Bot.*
élongation *(f.),*
allongement *(m.).*

2762. **elytron** — *Anat.* vagin
(m.); Entom. élytre *(m.).*

2763. **emarginate** — *Bot.*
émarginé, -e *(adj.).*

2764. **emasculation** — *Méd.,*
Physiol. émasculation
(f.), castration *(f.).*

2765. **embedding** — *Microtech.*
inclusion *(f.).*

2766. **embioptera** — *Entom.*
embioptères *(m. pl.).*

2767. **embryo** — *Embryol.*
embryon *(m.).*

2768. **embryo sac** — *Bot.* sac
(m.) embryonnaire.

2769. **embryogenesis** —
Embryol. embryogenèse
(f.).

2770. **embryogeny** — Voir:
embryogenesis.

2771. **embryological** —
Embryol. embryologique
(adj.).

2772. **embryologist** — *Embryol.*
embryologiste *(m.).*

2773. **embryology** — *Biol.*
embryologie *(f.).*

2774. **embryonary** — *Embryol.*
embryonnaire *(adj.).*

2775. **embryonic** — Voir:
embryonary.

2776. **embryonic annexes** —
Embryol. annexes *(f.)*
embryonnaire.

2777. **embryonic disk** — *Bot.*
disque *(m.)*
embryonnaire.

2778. **embryonic induction** —
Embryol. induction *(f.)*
embryonnaire.

2779. **embryonic knob** —
Embryol. bouton *(m.)*
embryonnaire.

2780. **embryonic layers** —
Embryol. feuillets *(m.)*
embryonnaires.

2781. **embryonic membranes** —
Embryol. membranes
(f.) embryonaires.

2782. **embryonic region** — *Bot.*
zone *(f.)*
méristématique.

2783. **embryonic regulation** —
Embryol. régulation *(f.)*
embryonnaire.

2784. **embryophyta** — *Bot.*
embryophythes *(f. pl.).*

2785. **emergence** — *Anat., Bot.*
émergence *(f.); Evol.*
émergence *(f.),*
novation *(f.).*

2786. **emigration** — *Ecol., Zool.*
émigration *(f.).*

2787. **empodium** — *Entom.*
empodium *(m.).*

2788. **emulsion** — *Chim.*
émulsion *(f.).*

2789. **enamel** — *Anat.* émail *(m.).*

2790. **enamel organ** — *Anat.* organe *(m.)* de l'émail.

2791. **enamel prism** — *Histol.* prisme *(m.)* de l'émail.

2792. **enation** — *Bot.* énation *(f.).*

2793. **encephalic** — *Anat.* encéphalique *(adj.).*

2794. **encephalocoele** — *Méd.* encéphalocèle *(f.).*

2795. **encephalon** — *Anat.* comp. encéphale *(m.).*

2796. **enchondral** — *Histol.* enchondral, -e, -aux *(adj.).*

2797. **enchondral ossification** — *Histol.* ossification *(f.)* enchondrale.

2798. **enchylema** — *Cytol.* enchyléma *(m.),* enchylème *(m.),* suc *(m.)* nucléaire.

2799. **encystation** — *Biol.* enkystement *(m.).*

2800. **encysted** — *Biol.* enkysté, -e *(adj.).*

2801. **encystment** — Voir: **encystation.**

2802. **end bulb** — *Histol.* bouton *(m.)* terminal (d'un axone).

2803. **end feet** — Voir: **end bulb.**

2804. **end organ** — *Anat.* (système nerveux) organe *(m.)* terminal.

2805. **endemial** — *Bot., Méd., Zool.* endémique *(adj.).*

2806. **endemic** — Voir: **endemial.**

2807. **endemism** — *Bot., Méd., Zool.* endémisme *(m.).*

2808. **endergonic** — *Biochim., Physiol.* endergonique *(adj.).*

2809. **endite** — *Crust.* endite *(m.).*

2810. **endoblast** — *Embryol.* endoblaste *(m.),* endoderme *(m.),* feuillet *(m.)* interne.

2811. **endocardium** — *Anat.* endocarde *(f.).*

2812. **endocarp** — *Bot.* endocarpe *(m.).*

2813. **endochondral bone formation** — *Histol.* formation *(f.)* endochondrale de l'os.

2814. **endocrine** — *Physiol.* endocrine *(adj.),* endocrinien, -enne *(adj.).*

2815. **endocrine gland** — *Physiol.* glande *(f.)* endocrine. (Voir aussi: **ductless gland**).

2816. **endocrinologist** — *Physiol.* endocrinologiste *(m.).*

2817. **endocrinology** — *Physiol.* endocrinologie *(f.).*

2818. **endocuticle** — *Arthrop.* endocuticule *(f.).*

2819. **endocytosis** — *Cytol.* endocytose *(f.).*

2820. **endoderm** — *Bot.* endoderme *(m.); Embryol.* endoderme *(m.),* endoblaste *(m.),* entoderme *(m.).*

2821. **endodermis** — Voir: **endoderm.**

2822. **endofauna** — *Biol. mar.*
endofaune *(f.).*

2823. **endogamy** — *Anthropol.*
endogamie *(f.).*

2824. **endogen** — *Bot., Physiol.,*
Statist. endogène *(adj.).*

2825. **endogenetic** — *Biol.*
endogène *(adj.).*

2826. **endogenic** — *Biol.*
endogène *(adj.).*

2827. **endogenous** — Voir:
endogenic.

2828. **endoglobular** — *Hématol.*
endoglobulaire *(adj.).*

2829. **endolithic** — *Ecol.*
endolithe *(adj.).*

2830. **endolymph** — *Anat.*
endolymphe *(f.).*

2831. **endolymphatic duct** —
Anat. canal *(m.)*
endolymphatique.

2832. **endolymphatic sac** —
Anat. sac *(m.)*
endolymphatique.

2833. **endometrium** — *Histol.*
endomètre *(m.).*

2834. **endomitosis** — *Cytol.,*
Génét. endomitose *(f.).*

2835. **endomixis** — *Cytol.*
endomixie *(f.).*

2836. **endomysium** — *Histol.*
endomysium *(m.).*

2837. **endoneurium** — *Histol.*
endonèvre *(m.).*

2838. **endoparasite** —
Parisitol., Zool.
endoparasite *(n. m. et*
adj.).

2839. **endophyte** — *Biol.*
endophyte *(m.); Bot.,*
Zool. endophyte *(n. m.*
et adj.).

2840. **endophragmal skeleton** —
Crust. endophragme
(m.).

2841. **endophragmal system** —
Crust. système *(m.)*
endophragmal.

2842. **endophytic** — *Biol.*
endophyte *(adj.).*

2843. **endoplasm** — *Cytol.*
endoplasme *(m.).*

2844. **endoplasmic reticulum** —
Cytol. réticulum *(m.)*
endoplasmique,
ergastoplasme *(m.),*
ARN *(m.)*
cytoplasmique.

2845. **endopleura** — *Bot.*
endoplèvre *(f.).*

2846. **endopleurite** — *Crust.*
endopleurite *(f.).*

2847. **endopodite** — *Crust.*
endopodite *(m.).*

2848. **endoprocta** — *Invert.*
endoproctes *(m. pl.),*
kamptozoaires *(m. pl.).*

2849. **endopterygoid** — *Ichtyol.*
endoptérygoïde *(m.),* os
(m.) endoptérygoïde.

2850. **endopterygota** — *Entom.*
endoptérygotes *(m. pl.).*

2851. **endoskeleton** — *Zool.*
endosquelette *(m.).*

2852. **endosmose** — *Physiol.,*
Physiq. endosmose *(f.).*

2853. **endosmosis** — Voir:
endosmose.

2854. **endosome** — *Cytol.*
endosome *(m.),*
caryosome *(m.).*

2855. **endosperm** — *Bot.*
endosperme *(m.).*

2856. **endospermic** — *Bot.*
endospermé, -e *(adj.).*

2857. **endospore** — *Bot.*
endospore *(f.)*.

2858. **endosteal layer** — *Histol.*
endoste *(m.)*.

2859. **endosteum** — Voir:
endosteal layer.

2860. **endosternite** — *Arthrop.*
endosternite *(f.)*.

2861. **endostome** — *Bot.*
endostome *(m.)*.

2862. **endostyle** — *Zool.*
endostyle *(m.)*.

2863. **endotendineum** — *Histol.*
endotendineum *(m.)*.

2864. **endotheca** — *Bot.*
endothèque *(f.)*.

2865. **endothelial** — *Histol.*
endothélial, -e, -aux
(adj.).

2866. **endotheliochorial** —
Embryol.
endothéliochorial, -e,
-aux *(adj.)*.

2867. **endotheliochorialis
placenta** — *Embryol.*
placenta *(m.)*
endothéliochorial.

2868. **endothelium** — *Histol.*
endothélium *(m.)*.

2869. **endothermic** — *Chim.*
endothermique *(adj.)*.

2870. **endotoxin** — *Microbiol.*
endotoxine *(f.)*.

2871. **endotrophic** — Voir:
endotropic.

2872. **endotropic** — *Bot.*
endotrophe *(adj.)*.

2873. **endovascular** — *Anat.*
intravasculaire *(adj.)*,
endovasculaire *(adj.)*.

2874. **endyma** — Voir:
ependyma.

2875. **endymal** — *Anat.*
épendymaire *(adj.)*.

2876. **energetics** — *Ecol.*
énergétique *(f.)*.

2877. **energizing** — *Méd.,*
Physiol. énergisant, -e
(adj.).

2878. **energy** — *Ecol., Méd.,*
Physiol. énergie *(f.)*.

2879. **energy flow** — *Ecol.* flux
(m.) d'énergie.

2880. **energy requirement** —
Physiol. besoin *(m.)*
d'énergie.

2881. **enervate** — *Bot.* énervé,
-e *(adj.)*.

2882. **engulfing** — *Protoz.*
engouffrement *(m.)*.

2883. **enneagynous** — *Bot.*
ennéagyne *(adj.)*.

2884. **enneandrous** — *Bot.*
ennéandre *(adj.)*.

2885. **enneapetalous** — *Bot.*
ennéapétale *(adj.)*.

2886. **entamoebiasis** — *Pathol.*
amibiase *(f.)* intestinale,
amibose *(f.)* intestinale.

2887. **entepicondylar foramen** —
Anat. comp. trou *(m.)*
entépicondylien, trou
(m.) susépitrochléen.

2888. **entepicondyle** — *Anat.*
épicondyle *(m.)* de
l'humérus.

2889. **enteral** — *Anat., Physiol.*
entéral, -e, -aux *(adj.)*,
intestinal, -e, -aux
(adj.).

2890. **enteral canal** — *Anat.*
comp. canal *(m.)*
entérique. (Voir aussi:
alimentary canal).

2891. **enteric** — *Anat.*
entérique *(adj.)*, entéral,
-e, -aux *(adj.)*.

2892. **enteroceptor** — *Anat.*,
Physiol. entérocepteur
(m.).

2893. **enterochromaffine cell** —
Histol. cellule *(f.)*
entérochromaffine.

2894. **enterocoel** — *Anat. comp.*
cavité *(f.)* abdominale.

2895. **enterokinase** — *Biochim.*
entérokinase *(f.)*.

2896. **enteron** — *Anat. comp.*
intestin *(m.)*, canal *(m.)*
alimentaire.

2897. **enteropneusta** — *Zool.*
entéropneustes *(m. pl.)*.

2898. **entoblast** — Voir:
endoblast.

2899. **entoderme** — Voir:
endoderme.

2900. **entodiniomorpha** —
Protoz.
entodiniomorphes *(m.
pl.)*.

2901. **entognathous** — *Entom.*
entotrophe *(adj.)*.

2902. **entomological** — *Entom.*
entomologique *(adj.)*.

2903. **entomologist** — *Entom.*
entomologiste *(m.)*.

2904. **entomology** — *Biol.*
entomologie *(f.)*.

2905. **entomophagous** — *Bot.*,
Zool. entomophage
(adj.), insectivore *(adj.)*.

2906. **entomophilous** — *Bot.*
entomophile *(adj.)*.

2907. **entomophily** — *Bot.*
entomophilie *(f.)*.

2908. **entomostraca** — *Crust.*
entomostracés *(m. pl.)*.

2909. **entoozoon** — *Parasitol.*
entozoaire *(m.)*.

2910. **entophyte** — Voir:
endophyte.

2911. **entropy** — *Ecol.* entropie
(f.).

2912. **environment** — *Ecol.*
environnement *(m.)*,
milieu *(m.)*, milieu *(m.)*
ambiant.

2913. **environmental** — *Ecol.*
du milieu *(m.)*.

2914. **enzootic** — *Art vétér.*
enzootique *(adj.)*.

2915. **enzooty** — *Art vétér.*
enzootie *(f.)*.

2916. **enzyme** — *Biochim.*
enzyme *(m.)*, diastase
(f.), ferment *(m.)*
soluble, zymase *(f.)*.

2917. **enzyme electrode** —
Biochim. électrode *(f.)* à
enzyme.

2918. **enzymic** — *Biochim.*
enzymatique *(adj.)*,
diastasique *(adj.)*.

2919. **enzymogram** — *Biochim.*
enzymogramme *(m.)*.

2920. **eocene** — *Géol.* éocène
(n. m. et adj.).

2921. **eosin** — *Microtech.*
éosine *(f.)*.

2922. **eosinoblast** — *Hématol.*
éosinoblaste *(m.)*,
myéloblaste *(m.)*.

2923. **eosinophil leucocyte** —
Hématol. éosinophile
(m.), éosinocyte *(m.)*,
leucocyte *(m.)*
éosinophile.

2924. **epaxonic muscle** — *Anat.*
comp. musculature *(f.)*
épaxonale.

2925. **ependyma** — *Anat.*
épendyme *(m.).*

2926. **ependymal** — *Anat.*
épendymaire *(adj.).*

2927. **ephemera** — *Entom.*
éphémère *(n. m. ou n. f.).*

2928. **ephemeral** — *Bot.*
éphémère *(adj.).*

2929. **ephemeron** — Voir:
ephemera.

2930. **ephemeroptera** — *Entom.*
éphéméroptères *(m. pl.).*

2931. **ephippium** — *Anat. comp.*
selle *(f.)* turcique; *Crust.*
éphippium *(m.),*
ephippie *(f.).*

2932. **ephyra** — *Coelent.*
éphyra *(f.).*

2933. **epibiont** — *Biol.*
épibionte *(m.).*

2934. **epiblast** — *Bot., Embryol.*
épiblaste *(m.).*

2935. **epiblastic** — *Bot.,*
Embryol. épiblastique
(adj.).

2936. **epibolic** — *Embyrol.*
épibolique *(adj.).*

2937. **epiboly** — *Embryol.*
épibolie *(f.).*

2938. **epibranchial** — *Zool.*
épibranchial, -e, -aux
(adj.).

2939. **epibranchial vessel** —
Zool. vaisseau *(m.)*
épibranchial.

2940. **epicardium** — *Anat.*
épicarde *(m.).*

2941. **epicarp** — *Bot.* épicarpe
(m.).

2942. **epiceratodus** — Voir:
ceratodus.

2943. **epichoroid** — *Anat.*
épichoroïd *(f.).*

2944. **epicondylar** — *Anat.*
épicondylien, -enne
(adj.).

2945. **epicondyle** — *Anat.*
épicondyle *(m.).*

2946. **epicondylic** — Voir:
epicondylar.

2947. **epicoracoid** — *Anat.*
comp. épicoracoïde *(f.).*

2948. **epicotyl** — *Bot.* épicotylé,
-e *(adj.).*

2949. **epicranial** — *Anat.,*
Entom. épicrânien,
-enne *(adj.).*

2950. **epicranial plate** —
Entom. plaque *(f.)*
épicrânienne.

2951. **epicranium** — *Anat.,*
Entom. épicrâne *(m.).*

2952. **epicuticle** — *Arthrop.*
épicuticule *(f.).*

2953. **epidemic** — *Biol.*
épidémie *(f.),*
épidémique *(adj.).*

2954. **epidemical** — *Biol.*
épidémique *(adj.).*

2955. **epidemiologic** — *Méd.*
épidémiologique *(adj.).*

2956. **epidemiology** — *Méd.*
épidémiologie *(f.).*

2957. **epiderm** — Voir:
epidermis.

2958. **epidermal** — *Anat., Bot.,*
Zool. épidermique
(adj.).

2959. **epidermal cell** — *Biol.*
cellule *(f.)* épidermique.

2960. **epidermis** — *Anat., Bot.,*
Zool. épiderme *(m.).*

2961. **epididymis** — *Anat.*
épididyme *(m.).*

2962. **epidural** — *Anat.*
épidural, -e, -aux *(adj.).*

2963. **epidural space** — *Anat.*
espace *(m.)* épidural.

2964. **epigamic character** —
Physiol. caractère *(m.).*
épigamique.

2965. **epigamic determination** —
Génét. détermination
(f.) épigamique.

2966. **epigastric** — *Anat.*
épigastrique *(adj.).*

2967. **epigastric artery** — *Anat.*
artère *(f.)* épigastrique.

2968. **epigastric vein** — *Anat.*
veine *(f.)* épigastrique.

2969. **epigastrium** — *Anat.,*
Zool. épigastre *(m.).*

2970. **epigeal** — Voir: **epigeous.**

2971. **epigeal fauna** — Voir:
epigeous fauna.

2972. **epigean fauna** — Voir:
epigeous fauna.

2973. **epigeic fauna** — Voir:
epigeous fauna.

2974. **epigene** — *Bot.* épigène
(adj.).

2975. **epigenesis** — *Embryol.*
épigenèse *(f.).*

2976. **epigenetic** —
*Génét.*épigénétique
(adj.).

2977. **epigeous** — *Bot.* épigé, -e
(adj.).

2978. **epigeous fauna** — *Ecol.*
épigaion *(m.).*

2979. **epiglottic** — *Anat.*
épiglottique *(adj.).*

2980. **epiglottis** — *Anat.*
épiglotte *(f.).*

2981. **epigone** — *Bot., Evol.*
épigone *(m.).*

2982. **epigynous** — *Bot.*
épigyne *(adj.).*

2983. **epigyny** — *Bot.* épigynie
(f.).

2984. **epihyal bone** — *Anat.*
comp. épihyal *(m.).*

2985. **epilimnion** — *Limnol.*
épilimnion *(m.).*

2986. **epimere** — Voir: **somite.**

2987. **epimerite** — *Protoz.*
épimérite *(m.).*

2988. **epimeron** — *Entom.*
épimère *(m.).*

2989. **epimorphosis** — *Biol.*
épimorphose *(f.).*

2990. **epimysium** — *Histol.*
épimysium *(m.).*

2991. **epinasty** — *Bot.* épinastie
(f.).

2992. **epinephrine** — Voir:
adrenalin.

2993. **epineural canal** —
Echinod. canal *(m.)*
épineural.

2994. **epineurium** — *Histol.*
épinèvre *(m.).*

2995. **epiotic bone** — *Anat.*
comp. os *(m.)* épiotique.

2996. **epipedonic** — *Pédol.*
épipédique *(adj.).*

2997. **epipetalous** — *Bot.*
épipétale *(adj.).*

2998. **epipharyngeal groove** —
Zool. (Amphioxus)
gouttière *(f.)*
épipharyngienne.

2999. **epipharynx** — *Entom.*
épipharynx *(m.).*

3000. **epiphloem** — *Bot.*
épiphléon *(m.),*

enveloppe *(f.)*
subéreuse.

3001. **epiphragma** — *Moll.*
épiphragme *(m.)*.

3002. **epiphyllous** — *Bot.*
épiphylle *(adj.)*.

3003. **epiphyseal** — *Anat.*
épiphysaire *(adj.)*.

3004. **epiphyseal centers** —
Histol. centres *(m.)*
épiphysaires.

3005. **epiphyseal disc** — Voir:
epiphyseal plate.

3006. **epiphyseal line** — *Histol.*
ligne *(f.)* épiphysaire.

3007. **epiphyseal plate** —
Histol. cartilage *(m.)* de
conjugaison.

3008. **epiphysis** — *Anat.*
épiphyse *(f.)* (d'un os
long). (Aussi synonyme
de glande *(f.)* pinéale).

3009. **epiphysis cerebri** —
Anat. glande *(f.)*
pinéale, épiphyse *(f.)*.

3010. **epiphytal** — *Bot.*
épiphytique *(adj.)*.

3011. **epiphyte** — *Bot.* épiphyte
(m.).

3012. **epiphytic** — *Bot.*
épiphytique *(adj.)*.

3013. **epiphytism** — *Bot.*
épiphytisme *(m.)*.

3014. **epiplasm** — *Bot.*
épiplasme *(m.)*.

3015. **epiploic** — *Anat.*
épiploïque *(adj.)*.

3016. **epiploon** — *Anat.*
épiploon *(m.)*.

3017. **epipodite** — *Crust.*
épipodite *(m.)*.

3018. **epipodium** — *Bot.*
épipode *(m.)*; *Zool.*
épipodium *(m.)*.

3019. **epiproct** — *Entom.*
épiprocte *(m.)*.

3020. **epipterygoid** — *Herpétol.*
épiptérigoïde *(m.)*,
columella *(f.)* cranii,
antépiptérygoïde *(m.)*.

3021. **epipubic bone** — *Mamm.*
épipubis *(m.)*, os *(m.)*
marsupial.

3022. **epirhizous** — *Bot.*
épirrhize *(adj.)*.

3023. **episcleral tissue** —
Histol. tissu *(m.)*
épiscléral.

3024. **episitism** — *Ecol.*
épisitisme *(m.)*.

3025. **episome** — *Génét.*
épisome *(m.)*.

3026. **episperm** — *Bot.*
épisperme *(m.)*.

3027. **epistasis** — *Biol.* arrêt
(m.) de développement;
Génét. épistasie *(f.)*,
Méd. épistase *(f.)* (qui
surnage dans l'urine).

3028. **episternum** — *Anat.*
comp. épisternum *(m.)*,
manubrium *(m.)*,
poignée *(f.)*, présternum
(m.), *Entom.* épisternum
(m.).

3029. **epistome** — *Crust.*
épistome *(m.)*.

3030. **epistropheus** — *Anat.*
comp. épistropheus *(m.)*,
épistrophée *(f.)*, axis
(m.).

3031. **epitendineum** — *Histol.*
épitendinéum *(m.)*.

3032. **epithelial** — *Histol.*
épithélial, -e, -aux
(adj.).

3033. **epithelial root sheath** —
Histol. gaine *(f.)*
épithéliale de la racine
(d'une dent), gaine *(f.)*
épithéliale d'Hertwig.

3034. **epitheliochorial** —
Embryol.
épithéliochorial, -e, -aux
(adj.).

3035. **epitheliochorialis
placenta** — *Embryol.*
placenta *(m.)*
épithéliochorial.

3036. **epithelioid cell** — *Histol.*
cellule *(f.)* épithélioïde.

3037. **epithelioma** — *Pathol.*
épithélioma *(m.)*.

3038. **epithelio-muscular cell** —
Invert. cellule *(f.)*
myo-épithéliale, cellule
(f.) épithélio-
musculaire.

3039. **epithelium** — *Histol.*
épithélium *(m.)*.

3040. **epitympanic recess of
attic** — *Anat.* attique
(m.) externe, cavité *(f.)*
de Kretschmann.

3041. **epizoic** — *Zool.*
épizoïque *(adj.)*.

3042. **epizoon** — *Zool.*
épizoaire *(m.)*.

3043. **epizootic** — *Zool.*
épizootique *(adj.)*.

3044. **epizooty** — *Zool.*
épizootie *(f.)*.

3045. **eponchynium** — *Histol.*
éponychynium *(m.)*.

3046. **epoophoron** — *Anat.*
parovarium *(m.)*,

organe *(m.)* de
Rosenmüller
époophore *(m.)*.

3047. **equal-loudness curve** —
Voir: isophon.

3048. **equally likely** — *Statist.*
équiprobable *(adj.)*.

3049. **equational division** —
Bactériol. division *(f.)*
équationelle binaire.

3050. **equatorial plate** — *Cytol.*
plaque *(f.)* équatoriale.

3051. **equisetales** — *Bot.*
équisétales *(f. pl.)*.

3052. **equisetum** — *Bot.*
equisetum *(m.)*.

3053. **equitant** — *Bot.* equitant,
-e *(adj.)*, chevauchant,
-e *(adj.)*.

3054. **equitant whorls** — *Bot.*
spirales *(f.)* équitantes.

3055. **era** — *Géol.* ère *(f.)*.

3056. **erectile** — *Histol.*,
Physiol. érectile *(adj.)*.

3057. **erectile tissue** — *Histol.*
tissu *(m.)* érectile.

3058. **erector** — *Anat.* érecteur
(n. m. et adj.), muscle
(m.) érecteur.

3059. **erepsin** — *Biochim.*
érepsine *(f.)*.

3060. **ergapolysis** — *Env.*
ergapolyse *(f.)*.

3061. **ergastoplasm** — *Cytol.*
ergastoplasme *(m.)*.

3062. **ergatandromorph** — *Biol.*
ergatomorphique *(adj.)*,
mâle *(m.)*
ergatandromorphique,
gynandromorphe *(m.)*
antérolatéral,
gynandromorphe *(m.)*
intersexué.

3063. **ergataner** — *Entom.*
ergatanère *(m.).*

3064. **ergate** — *Entom.*
ergatanère *(n. m. et adj.).*

3065. **ergate** — *Entom.* ergate
(n. m. et adj.).

3066. **ergatogyne** — *Entom.*
ergatogyne *(adj.).*

3067. **ergometric** — *Physiol.*
ergométrique *(adj.).*

3068. **ergon** — *Génét.* ergon
(m.).

3069. **ergonomic** — *Biol.*
ergonomique *(adj.),*
biotechnologique *(adj.).*

3070. **ergophthalmology** —
Méd. ergophtalmologie
(f.).

3071. **ergot** — *Bot.* ergot *(m.).*

3072. **erianthous** — *Bot.*
érianthe *(adj.).*

3073. **ericaceous** — *Bot.*
éricacé, -e *(adj.).*

3074. **erinose** — *Bot.* érinose
(f.).

3075. **erogenic** — Voir:
erogenous.

3076. **erogenous** — *Physiol.*
érogène *(adj.).*

3077. **erosion** — *Ecol., Pédol.*
érosion *(f.).*

3078. **eruciform larva** —
Entom. larve *(f.)*
éruciforme.

3079. **eruption** — *Ecol.*
irruption *(f.).*

3080. **erythrinina** — *Ichtyol.*
érythrin *(m.).*

3081. **erythroblast** — *Histol.*
érythroblaste *(m.),*
hématie *(f.)* nucléée.

3082. **erythroblastic** — *Histol.*
érythroblastique *(adj.).*

3083. **erythrocarpous** — *Bot.*
érythrocarpe *(adj.).*

3084. **erythrocyte** — *Hématol.,*
Histol. érythrocyte *(m.),*
globule *(m.)* rouge,
hémacie *(f.).*

3085. **erythrocytic** — *Hématol.,*
Histol. érythrocytaire
(adj.).

3086. **erythrolysis** — *Physiol.*
érythrolyse *(f.),*
hémolyse *(f.).*

3087. **erythropoiesis** — *Histol.*
érythropoïèse *(f.).*

3088. **escape** — *Bot., Ecol.*
plante *(f.)* cultivée
propagée hors jardin.

3089. **esophageal** — Voir:
oesophageal.

3090. **esophageal artery** —
Voir: **oesophageal**
artery.

3091. **esophageal gland** —
Voir: **oesophageal**
gland.

3092. **esophagus** — Voir:
oesophagus.

3093. **esterase** — *Biochim.*
estérase *(f.).*

3094. **estival** — *Bot., Ecol.*
estival, -e, -aux *(adj.).*

3095. **estivate** (of animal) —
Zool. estiver *(v. intr.).*

3096. **estivation** — *Bot.*
préfloraison *(f.),*
estivation *(f.); Zool.*
estivation *(f.).*

3097. **estradiol** — Voir:
oestradiol.

3098. **estrin** — Voir: **oestrin.**

3099. **estriol.** — Voir: **oestriol.**

3100. **estrogen** — Voir: **oestrogen.**

3101. **estrogenic** — Voir: **oestrogenic.**

3102. **estrogenous** — Voir: **oestrogenous.**

3103. **estrone** — Voir: **oestrone.**

3104. **estrous** — Voir: **oestrus.**

3105. **estrous cycle** — Voir: **oestrous cycle.**

3106. **estrum** — Voir: **oestrus.**

3107. **etheogenesis** — *Ecol.* éthogénèse *(f.).*

3108. **ethmoid** — *Anat.* ethmoïde *(n. m. et adj.).*

3109. **ethmoid plate** — *Anat.* lame *(f.)* ethmoïde.

3110. **ethmoidal** — *Anat.* ethmoïdal, -e, -aux *(adj.).*, ethmoïdien, -enne *(adj.).*

3111. **ethological** — *Comport.* éthologique *(adj.).*

3112. **ethology** — *Comport.* éthologie *(f.).*

3113. **etiolate** (to) — *Bot.* étiolé, -e *(adj.),* anémié, -e *(adj.).*

3114. **etiolation** — *Bot.* étiolement *(m.),* chlorose *(f.).*

3115. **eubiotics** — *Biol.* eubiotique *(f.).*

3116. **eucarida** — *Crust.* eucarides *(m. pl.),* décapodes *(m. pl.).*

3117. **eucaryotic** — *Biol.* eucaryote *(adj.).*

3118. **eucephalous** — *Entom.* eucéphale *(adj.).*

3119. **euchromatin** — *Cytol.* euchromatine *(f.).*

3120. **eugenesis** — *Génét.* eugénésie *(f.).*

3121. **eugenic** — *Génét.* eugénésique *(adj.).*

3122. **eugenics** — *Biol.* eugénie *(f.),* eugénique *(f.),* eugénisme *(m.),* calipédie *(f.).*

3123. **euglena** — *Protoz.* euglène *(f.).*

3124. **euglenoid movement** — *Protoz.* mouvement *(m.)* euglénien, mouvement *(m.)* flagellaire.

3125. **euglenoidina** — *Protoz.* eugléniens *(m. pl.).*

3126. **eugregarinaria** — *Protoz.* eugrégarines *(f.).*

3127. **eukariotic** — Voir: **eucaryotic.**

3128. **eulamellibranchia** — *Moll.* eulamellibranches *(m. pl.).*

3129. **eumictic lake** — *Limnol.* lac *(m.)* eumictique.

3130. **eunuch** — *Méd., Physiol.* eunuque *(m.),* castrat *(m.).*

3131. **euphotic** — *Océanogr., Limnol.* zone *(f.)* euphotique.

3132. **euphotic zone** — *Océanogr., Limnol.* zone *(f.)* euphotique.

3133. **euploid** — *Génét.* euploïde *(adj.).*

3134. **euploidy** — *Génét.* euploïdie *(f.).*

3135. **eurhythmy** — *Physiol.*
eurythmie *(f.)*.

3136. **europoid** — *Anthropol.*
europoïde *(n. m. et adj.)*.

3137. **euryecious** — *Ecol.*
euryèce *(adj.)*.

3138. **eurygamous** — *Zool.*
eurygame *(adj.)*.

3139. **euryhaline** — *Zool.*
euryalin, -e *(adj.)*.

3140. **euryhydric** — *Ecol.*
euryhydrique *(adj.)*.

3141. **euryphagic** — *Ecol.*
euryphage *(adj.)*,
polyphage *(adj.)*.

3142. **euryphagous** — *Ecol.*
euryphage *(adj.)*,
polyphage *(adj.)*.

3143. **euryplastic** — *Ecol.*
euryèce *(adj.)*.

3144. **eurythermal** — *Ecol.*
eurytherme *(adj.)*.

3145. **eurythermous** — Voir:
eurythermal.

3146. **euselachii** — *Ichtyol.*
eusélaciens *(m. pl.)*.

3147. **eusporangiates** — *Bot.*
eusporangiées *(f. pl.)*.

3148. **eustachian muscle** —
Anat. muscle *(m.)*
acoustico-malléen.

3149. **eustachian tube** — *Anat.*
trompe *(f.)* d'Eustache.

3150. **eustachian valve** —
Anat.comp., *Mamm.*
valvule *(f.)* d'Eustache.

3151. **eustatic movement** —
Océanogr. eustasie *(f.)*.

3152. **eutheria** — *Mamm.*
valvule *(f.)* d'Eustache.

3153. **eutheria** — *Mamm.*
euthériens *(m. pl.)*,
placentaires *(m. pl.)*,
monodelphes *(m. pl.)*,
monodelphiens *(m. pl.)*.

3154. **eutherian** — *Mamm.*
placentaire *(adj.)*.

3155. **euthyneury** — *Moll.*
euthyneurie *(f.)*.

3156. **eutrophic** — *Limnol.*,
Physiol. eutrophique
(adj.), eutrophe *(adj.)*.

3157. **eutrophic lake** — *Limnol.*
lac *(m.)* eutrophe.

3158. **eutrophication** — *Ecol.*,
Env. eutrophisation *(f.)*.

3159. **eutrophy** — *Limnol.*,
Physiol. eutrophie *(f.)*.

3160. **evagination** — *Biol.*
evagination *(f.)*.

3161. **evaporite** — *Pédol.*
évaporite *(f.)*.

3162. **evaporite saline deposit** —
Voir: **evaporite.**

3163. **evapotranspiration** —
Ecol.
évapotranspiration *(f.)*.

3164. **evergreen** — *Bot.* (arbre)
toujours vert.

3165. **eversion** — *Biol.* éversion
(f.), retournement *(m.)*.

3166. **evocation** — *Embryol.*
évocation *(f.)*.

3167. **evolution** — *Embryol.*
développement *(m.)*;
Evol., *Pathol.* évolution
(f.).

3168. **evolution of behaviour** —
Comport. évolution *(f.)*
du comportement.

3169. **evolutionary** — *Evol.*
évolutionnaire *(adj.)*.

3170. **evolutionism** — *Evol.*
évolutionnisme *(m.).*

3171. **evolutionist** — *Biol.*
évolutionniste *(m.).*

3172. **evolutive speed** — *Evol.*
vitesse *(f.)* évolutive.

3173. **exarate** — *Entom.*
exarate *(n. m. et adj.).*

3174. **exchange** — *Génét.*
échange *(m.).*

3175. **exchange** (to) oxygen-carbon dioxide —
Physiol. hématoser *(v. tr.).*

3176. **excitable** — *Physiol.*
excitable *(adj.).*

3177. **excitant** — *Physiol.*
excitant, -e *(n. m. et adj.),* stimulant, -e *(n. m. et adj.).*

3178. **excitation** — *Physiol.*
excitation *(f.).*

3179. **excitement** — *Physiol.*
surexcitation *(f.).*

3180. **excito-motory** — *Physiol.*
excito-moteur, -trice *(adj.).*

3181. **excitor neurone** —
Physiol. neurone *(m.)* moteur.

3182. **excrement** — *Physiol.*
neurone *(m.)* moteur.

3183. **excrescence** — *Bot.*
excroissance *(f.).*

3184. **excreta** — *Physiol., Zool.*
excréta *(m. pl.),* excrétions *(f. pl.).*

3185. **excrete** (to) — *Bot.*
sécréter *(v. tr.), Zool.* excréter *(v. tr.).*

3186. **excretive** — *Voir:.*
excretory.

3187. **excretory** — *Biol.*
excréteur, -trice *(adj.),* excrétoire *(adj.).*

3188. **excretory canal** — *Anat.*
canal *(m.)* excréteur.

3189. **excurrent** — *Bot.,*
Physiol. excurrent, -e *(adj.); Zool.* exhalant, -e *(adj.).*

3190. **excurrent siphon** — *Moll.*
siphon *(m.)* exhalant.

3191. **exergonic** — *Physiol.*
exergonique *(adj.).*

3192. **exfoliate** (to) — *Bot.*
exfoliation *(f.).*

3193. **exhalent canals** —
Spong. canaux *(m.)* exhalants.

3194. **exhalent siphon** — *Moll.*
siphon *(m.)* exhalant.

3195. **exite** — *Crust.* exite *(m.).*

3196. **exobiology** — *Biol.*
exobiologie *(f.).*

3197. **exocarp** — Voir: **epicarp.**

3198. **exoccipital** — *Anat.*
comp. exoccipital, -e, -aux *(n. m. et adj.).*

3199. **exocoel** — *Coelent.*
exocoele *(m.).*

3200. **exocolonization** — *Biol.,*
Méd. exocolonisation *(f.).*

3201. **exocrine** — *Physiol.*
exocrine *(adj.).*

3202. **exocuticle** — *Arthrop.*
exocuticule *(f.).*

3203. **exocytosis** — *Cytol.*
exocytose *(f.).*

3204. **exoderm** — Voir:
ectoderm.

3205. **exodermis** — Voir:
ectoderm.

3206. **exogamous** — *Anthropol.*
exogame *(adj.)*.

3207. **exogamy** — *Anthropol.*
exogamie *(f.)*.

3208. **exogen** — *Bot., Statist.*
exogamie *(f.)*.

3209. **exogenous** — Voir:
exogen.

3210. **exogynous** — *Bot.*
exogyne *(adj.)*.

3211. **exomeothermic** —
Physiol. exoméotherme
(adj.).

3212. **exophilic** — *Zool.*
exophile *(adj.)*.

3213. **exophthalmique** — *Méd.,*
Physiol. exophtalmique
(adj.).

3214. **exoplasmic** — *Cytol.*
exoplasmique *(adj.)*.

3215. **exopodite** — *Crust.*
exopodite *(m.)*.

3216. **exopterygota** — *Entom.*
exoptérygote *(adj.)*,
hétérométabole *(adj.)*.

3217. **exorhiza** — *Bot.* plante
(f.) exorhize.

3218. **exorhizal** — *Bot.*
exorhize *(adj.)*.

3219. **exoskeleton** — *Anat.*
comp., Zool.
exosquelette.

3220. **exosmose** — *Physiol.,*
Physiq. exosmotique
(adj.).

3221. **exosmosis** — Voir:
exosmose.

3222. **exosmotic** — *Physiq.*
exosmotique *(adj.)*.

3223. **exospore** — *Bot.*
exospore *(n. f. et adj.)*,
épispore *(n. f. et adj.)*.

3224. **exostosis** — *Bot., Pathol.*
exostose *(f.)*.

3225. **exotic** — *Bot., Zool.*
exotique *(adj.)*.

3226. **expectation** — *Statist.*
espérance *(f.)*
mathématique.

3227. **expectancy** — Voir: **life**
expectancy.

3228. **experiment** — *Biol.*
expérience *(f.)*.

3229. **experiment** (to) — *Biol.*
expérimenter *(v. tr.)*

3230. **experimental** — *Biol.*
expérimental, -e, -aux
(adj.).

3231. **experimental nevrosis** —
Comport. névrose *(f.)*
expérimentale.

3232. **experimentation** — *Biol.*
expérimentation *(f.)*.

3233. **experimenter** — *Biol.*
expérimentateur, -trice
(n.m., n.f. et adj.).

3234. **experimenting** — *Biol.*
expérimentation *(f.)*.

3235. **expiration** — *Physiol.*
expiration *(f.)*.

3236. **explant** — *Génét.* explant
(m.).

3237. **explantation** — *Génét.*
explantation *(f.)*.

3238. **exponential** — *Stastist.*
exponentiel, -elle *(adj.)*.

3239. **expressivity** — *Génét.*
expressivité *(f.)*.

3240. **exsiccation period** —
Agric. assec *(m.)*.

3241. **extensible** — *Physiol.*
extensible *(adj.)*.

3242. **extensor** — *Physiol.*
extenseur *(n. m. et adj.)*,
muscle *(m.)* extenseur.

3243. **extensor muscle** — Voir:
extensor.

3244. **exterminate** (to) — *Zool.*
exterminer *(v. tr.)*,
anéantir *(v. tr.)*.

3245. **exterminator** — *Ecol.*,
Zool. exterminateur,
-trice *(n. m., n. f. et
adj.)*.

3246. **external** — *Biol.* externe
(adj.).

3247. **external auditory
meatus** — *Anat.* méat
(m.) auditif externe.

3248. **external carotid artery** —
Anat. artère *(f.)*
carotide externe.

3249. **external ear** — *Anat.*
oreille *(f.)* externe.

3250. **external gills** — *Anat.
comp., Zool.* branchies
(f.) externes.

3251. **external iliac vein** —
Anat. veine *(f.)* iliaque
externe.

3252. **external jugular vein** —
Anat. veine *(f.)*
jugulaire externe.

3253. **external nare** — *Anat.
comp.* narine *(f.)*.

3254. **external rectus muscle** —
Anat. comp. muscle *(m.)*
droit externe.

3255. **external respiration** —
Physiol. respiration *(f.)*
externe.

3256. **exteroceptor** — *Physiol.*
cellule *(f.)*
extéroceptrice, organe
(m.) exterocepteur.

3257. **extinct** — *Paléont., Zool.*
disparu, -e *(adj.)*.

3258. **extinction** — *Biol.*
extinction *(f.)*.

3259. **extirpated** — *Bot.*
extirpé, -e *(adj.)*,
déraciné, -e *(adj.)*.

3260. **extracellular** — *Biol.*
extracellulaire *(adj.)*,
extra-cellulaire *(adj.)*.

3261. **extraction** — *Chim.,
Méd.* extraction *(f.)*.

3262. **extraembryonic** —
Embryol.
extraembryonnaire
(adj.).

3263. **extraembryonic coelom** —
Embryol. coelome *(m.)*
extraembryonnaire,
exocoele *(m.)*.

3264. **extranuclear** — *Cytol.*
extra-nucléaire *(adj.)*.

3265. **extra-thecal zone** —
Coelent. épithèque *(f.)*.

3266. **extravascular reticular
cell** — Voir: **pericyte.**

3267. **extrinsic eye muscle** —
Anat. muscle *(m.)*
extrinsèque de l'oeil.

3268. **extrorse** — *Bot.* extrorse
(adj.).

3269. **exsudation** — *Bot.*
sudation *(f.); Physiol.*
exsudation *(f.)*.

3270. **exudate** — *Bot., Physiol.*
exsudat *(m.)*.

3271. **exumbrellar surface** —
Coelent. surface *(f.)*
ombrellaire aborale.

3272. **exuviable** — *Zool.*
exuviable *(adj.)*.

3273. **exuviae** — *Zool.* exuvie
(f.).

3274. **exuviate** (to) — *Zool.* changer *(v. tr.)* de peau, de carapace, muer *(v. tr.)*.

3275. **eye** — *Anat., Zool.* oeil *(m.)*, pluriel: yeux *(m.)*.

3276. **eye-ball** — *Anat.* globe *(m.)* oculaire.

3277. **eye-brain** — *Anat. comp.* lobes *(m.)* optiques.

3278. **eye muscle** — *Anat.* muscle *(m.)* optique.

3279. **eye prominence** — *Anat.* saillie *(f.)* du globe oculaire.

3280. **eye-spot** — *Zool.* tache *(f.)* oculaire.

3281. **eye-tooth** — *Anat.* canine *(f.)*, dent *(f.)* canine.

3282. **eyebrow** — *Anat.* sourcil *(m.)*.

3283. **eyelid** — *Anat.* paupière *(f.)*.

3284. **eyepiece** — *Anat.* oculaire *(adj.)*.

F

3285. **face** — *Anat.* face *(f.)*; *Bot.* face *(f.)*, côté *(m.)*.

3286. **facet** — *Entom.* facette *(f.)*.

3287. **facia** — Voir: **fascia**.

3288. **facial** — *Anat.* facial, -e, -aux *(adj.)*.

3289. **facial angle** — *Anthropol.* angle *(m.)* facial.

3290. **facial nerve** — *Anat.* nerf *(m.)* facial.

3291. **facies** — *Bot., Génét., Géol., Zool.* faciès *(m.)*.

3292. **facilitation** — *Physiol.* facilitation *(f.)*.

3293. **facilitator** — *Physiol.* facilitateur, -trice *(adj.)*.

3294. **factor** — *Biol.* facteur *(m.)*, coefficient *(m.)*.

3295. **faeces** — Voir: **feces**.

3296. **facultative parasitism** — *Ecol., Parasitol.* parasitisme *(m.)* facultatif.

3297. **falcate** — *Entom., Ornith.* falqué, -e *(adj.)*, falciforme *(adj.)*.

3298. **falciform** — *Anat., Hématol.* falciforme *(adj.)*; *Zool.* Voir: **falcate**.

3299. **falciform ligament** — *Anat.* ligament *(m.)* falciforme.

3300. **falcula** — *Mamm.* griffe *(f.)*, *Ornith* serre *(f.)*.

3301. **fallopian tube** — *Anat.* oviducte *(m.)*, trompe *(f.)* de Fallope, trompe *(f.)* utérine.

3302. **fallout** — *Ecol., Env.* retombée *(f.)*.

3303. **false palate** — *Anat. comp.* palais *(m.)* secondaire, pseudo-palais *(m.)*.

3304. **false rib** — *Anat. comp.* fausse côte *(f.)*.

3305. **family** — *Syst.* famille *(f.)*.

3306. **fang** — *Zool.* croc *(m.)* (de chien), crochet *(m.)* (de serpent), défense *(f.)* (de sanglier).

3307. **fardel** — *Anat. comp., Zool.* feuillet *(m.)*,

psalterium *(m.)*,
omasum *(m.)*.

3308. **fascia** — *Anat., Histol.*
fascia *(m.)*.

3309. **fascial** — *Anat., Histol.*
fascial, -e, -aux *(adj.)*,
aponévrotique *(adj.)*.

3310. **fasciated** — *Bot.* fascié,
-e *(adj.)*.

3311. **fasciation** — *Bot.*
fasciation *(f.)*.

3312. **fascicle** — Voir:
fasciculus.

3313. **fascicled** — Voir:
fascicular.

3314. **fascicular** — *Anat.*
fasciculaire *(adj.)*; *Bot.*
fasciculaire *(adj.)*,
fasciculé, -e *(adj.)*;
Pathol. fasciculé, -e
(adj.).

3315. **fascicular cambium** —
Bot. cambium *(m.)*
fasciculaire.

3316. **fasciculate** — Voir:
fascicular.

3317. **fasciculated** — Voir:
fascicular.

3318. **fascicule** — Voir:
fasciculus.

3319. **fasciculus** — *Anat., Bot.*
faisceau *(m.)*, cordon
(m.).

3320. **fat** — *Anat., Biochim.,*
Histol. graisse *(f.)*,
lipide *(m.)*, adipeux,
-euse *(adj.)*.

3321. **fat body** — *Zool.* corps
(m.) gras, corps *(m.)*
adipeux.

3322. **fatigability** — *Physiol.*
fatigabilité *(f.)*.

3323. **fatiguability** — Voir:
fatigability.

3324. **fat storing cell** — Voir:
pericyte.

3325. **fatty acid** — *Chim.* acide
(m.) gras.

3326. **fauces** — *Anat.* isthme
(m.) du gosier, gosier
(m.), fosse *(f.)* gutturale.

3327. **fauna** — *Zool.* faune *(f.)*.

3328. **fauna of cimes** — *Ecol.*
faune *(f.)* des cîmes.

3329. **faunal** — Voir:
faunistical.

3330. **faunistic** — Voir:
faunistical.

3331. **faunistical** — *Ecol., Zool.*
faunistique *(adj.)*,
faunique *(adj.)*.

3332. **faunistical**
stratification — *Ecol.*
stratification *(f.)*
faunique.

3333. **faveolate** — *Biol.* favéolé,
-e *(adj.)*.

3334. **faveolus** — *Biol.* favéole
(f.), alvéole *(f.)*.

3335. **fawn** — *Zool.* faon *(m.)*.

3336. **fawn** (to) — *Zool.*
faonner *(v. intr.)*, mettre
(v. tr.) bas.

3337. **fear** — *Comport.* peur
(f.).

3338. **feather** — *Ornith.* plume
(f.).

3339. **feathered** — *Ornith.*
emplumé, -e *(adj.)*.

3340. **feathered legged** —
Ornith. pattu, -e *(adj.)*.

3341. **feces** — *Physiol.* fèces *(f.*
pl.), matières *(f.)*

fécales, excréments *(m. pl.)*.

3342. **Fechner's law** — *Physiol.* loi *(f.)* de Fechner.

3343. **fecundate** (to) — *Biol.* féconder *(v. tr.)*.

3344. **fecundation** — *Biol.* fécondation *(f.)*.

3345. **fecundity** — *Biol.* fécondité *(f.)*, fécondance *(f.)* (aptitude à la fécondation).

3346. **feed-back** — *Ecol.*, *Physiol.* rétroaction *(f.)*.

3347. **feedback inhibition** — *Biochim.*, *Génét.* rétro-inhibition *(f.)*.

3348. **feeding** — *Physiol.* alimentation *(f.)*.

3349. **female** — *Biol.* femelle *(n. f. et adj.)*.

3350. **femoral** — *Anat.* fémoral, -e, -aux *(adj.)*.

3351. **femoral artery** — *Anat.* artère *(f.)* fémorale.

3352. **femoral circonflex artery** — *Anat.* artère *(f.)* fémorale circonflexe.

3353. **femoral circonflex vein** — *Anat.* veine *(f.)* fémorale circonflexe.

3354. **femoral vein** — *Anat.* veine *(f.)* fémorale.

3355. **femur** — *Anat.* fémur *(m.)*.

3356. **fenestra ovalis** — *Anat. comp.* fenêtre *(f.)* ovale.

3357. **fenestra pro-otica** — *Anat. comp.* fenêtre *(f.)* prootique, foramen *(m.)* jugulaire postérieur.

3358. **fenestra rotunda** — *Anat. comp.* fenêtre *(f.)* ronde.

3359. **feral** — *Zool.* féral, -e, -aux *(adj.)*, retourné, -e à l'état sauvage.

3360. **ferment** — *Biochim.* ferment *(m.)*, enzyme *(m.)*, diastase *(f.)*.

3361. **fermentable** — *Biochim.* fermentescible *(adj.)*, fermentable *(adj.)*.

3362. **fermentation** — *Biochim.* fermentation *(f.)*.

3363. **fern** — *Bot.* fougère *(f.)*.

3364. **ferritin** — *Biochim.* ferritine *(f.)*.

3365. **fertile** — *Agric.* fertile *(adj.)*; *Physiol.* fécond, -e *(adj)*.

3366. **fertile arable land** — *Env.* paysage *(m.)* cultivé.

3367. **fertility** — *Agric.* fertilité *(f.)*, *Physiol.* fécondité *(f.)*.

3368. **fertility factor** — *Bactériol.*, *Génét.* facteur *(m.)* de fertilité.

3369. **fertilizable** — *Agric.* fertilisable *(adj.)*.

3370. **fertilization** — *Agric.* fertilisation *(f.)*; *Bot.* pollinisation *(f.)*; *Embryol.*, *Génét.*, *Physiol.* fécondation *(f.)*.

3371. **fertilization membrane** — *Embryol.* membrane *(f.)* de fécondation.

3372. **fertilize** (to) — *Agric.* fertiliser *(v. tr.)*; *Embryol.*, *Génét.* féconder *(v. tr.)*

3373. **fertilizer** — *Agric.*
engrais *(m.)*, fertilisant
(m.); *Bot.* agent *(m.)*
fécondant.

3374. **fertilizin** — *Embryol.*,
Physiol. fertilisine *(f.)*,
gamone *(f.)*.

3375. **fetal** — Voir: **foetal.**

3376. **fetus** — Voir: **foetus.**

3377. **Feulgen reaction** —
Cytol. réaction *(f.)* de
Feulgen.

3378. **fever** — *Pathol.* fièvre
(f.).

3379. **fiber** — *Histol.* fibre *(f.)*,
filament *(m.)*.

3380. **fibers of Müller** —
Histol. fibres *(f.)* de
Müller.

3381. **fibre** — Voir: **fiber.**

3382. **fibriform** — *Histol.*,
Pathol. fibreux, -euse
(adj.).

3383. **fibril** — *Bot.*, *Histol.*
fibrille *(f.)*.

3384. **fibrillar** — *Cytol.*, *Histol.*
fibrillaire *(adj.)*.

3385. **fibrillary** — Voir:
fibrillar.

3386. **fibrillated** — Voir:
fibrillar.

3387. **fibrillation** — *Physiol.*
fibrillation *(f.)*.

3388. **fibrilliform** — *Biol.*
fibrilleux, -euse *(adj.)*,
fibrillé, -e *(adj.)*.

3389. **fibrin** — *Biochim.*,
Hématol. fibrine *(f.)*.

3390. **fibrinogen** — *Hématol.*
fibrinogène *(m.)*.

3391. **fibrinous** — *Hématol.*
fibrineux, -euse *(adj.)*.

3392. **fibroblast** — *Histol.*
fibroblaste *(m.)*,
fibrocyte *(m.)*, cellule
(f.) tendineuse.

3393. **fibro-cartilage** — *Histol.*
fibrocartilage *(m.)*.

3394. **fibro-cartilagenous** —
Histol.
fibrocartilagineux, -euse
(adj.).

3395. **fibro-cyst** — *Pathol.*
fibrokyste *(m.)*.

3396. **fibrocyte** — Voir
fibroblast.

3397. **fibrogen** — Voir:
fibrinogen.

3398. **fibroid** — *Anat.*, *Histol.*
fibroïde *(adj.)*,
fibrogénique *(adj.)*.

3399. **fibroma** — *Pathol.*
fibrome *(m.)*, corps *(m.)*
fibreux.

3400. **fibropituicyte** — *Histol.*
fibropituicyte *(m.)*.

3401. **fibrosis** — *Pathol.*
dégénérescence *(f.)*
fibreuse.

3402. **fibrous** — *Histol.*, *Pathol.*
fibreux, -euse *(adj.)*

3403. **fibrous astrocyte** —
Histol. astrocyte *(m.)*
fibreux.

3404. **fibrous tunic** — *Histol.*
enveloppe *(f.)* fibreuse
(de l'oeil).

3405. **fibro-vascular bundle** —
Bot. faisceau *(m.)* fibro-
vascular, faisceau *(m.)*
libéro-ligneux.

3406. **fibro-vascular cylinder** —
Bot. cylindre *(m.)*
libéro-ligneux.

3407. **fibrous root** — *Bot.*
racine *(f.)* fibreuse.

3408. **fibula** — *Anat.* péroné
(m.), fibule *(f.).*

3409. **fibulare** — *Anat. comp.*
os *(m.)* fibulaire,
calcanéum *(m.).*

3410. **fiddler-crab** — *Crust.*
crabe *(m.)* appelant.

3411. **field** — *Ecol.* champ *(m.).*

3412. **field capacity** — *Bot.*
capacité *(f.)* au champ.

3413. **fields of Cohnheim** —
Histol. champs *(m.)* de
Conheim.

3414. **field work** — *Biol.*
travail, -aux *(m.)* sur le
terrain.

3415. **filament** — *Anat.*
filament *(m.),* fibre *(f.);*
Bot. filet *(m.)* (de
l'étamine).

3416. **filamented** — *Biol.* à
filaments *(m.).*

3417. **filamentous** — *Anat.*
filamenteux, -euse *(adj.).*

3418. **fila olfactoria** — *Histol.*
filets *(m.)* olfactifs.

3419. **filaria** — *Ném.* filaire *(f.).*

3420. **filiar generation** —
Génét. génération *(f.)*
fille.

3421. **filibranchia** — *Moll.*
filibranches *(m. pl.).*

3422. **filicales** — *Bot.* filicales
(f. pl.).

3423. **filiform** — *Anat., Zool.*
filiforme *(adj.).*

3424. **filiform papilla** — *Histol.*
papille *(f.)* filiforme.

3425. **filoplume** — *Ornith.*
filoplume *(f.).*

3426. **filopodium** — *Rad.*
filopode *(m.).*

3427. **filtration angle** —
Physiol. angle *(m.)* de
filtration.

3428. **filtration barrier** —
Physiol. barrière *(f.)* de
filtration.

3429. **filtration slit** — *Cytol.*
fente *(f.)* de filtration.

3430. **filum terminale** — *Anat.*
filum *(m.)* terminal.

3431. **fimbria** — *Histol.* frange
(f.), corps *(m.)* bordant,
repli *(m.)* frangé.

3432. **fimbriate** — *Anat., Bot.*
fimbrié, -e *(adj.),*
frangé, -e *(adj.).*

3433. **fin** — *Zool.* nageoire *(f.),*
aileron *(m.)* (d'un
requin).

3434. **final product** — *Génét.*
produit *(m.)* final.

3435. **finality** — *Evol.* finalité
(f.).

3436. **fingerling** — *Ichtyol.*
saumoneau, -eaux *(m.),*
parr *(m.),* tacon *(m.),*
samlet *(m.).*

3437. **finned** — *Zool.* à
nageoires *(f.),* qui porte
des nageoires *(f.).*

3438. **fin-rays** — *Zool.* rayons
(m.) des nageoires.

3439. **fire blight** — *Agric.* feu
(m.) bactérien.

3440. **fire-fly** — *Entom.*
mouche-à-feu *(f.),*
luciole *(f.).*

3441. **firmisternal** — *Anat.*
comp. firmisterne *(adj.).*

3442. **first polar body** — *Cytol.*
premier globule *(m.)*
polaire.

3443. **first ventricle** — *Anat.*
comp. premier
ventricule *(m.).*

3444. **fish** — *Ichtyol.* poisson
(m.).

3445. **fish biologist** — *Zool.*
ichtyobiologiste *(m.),*
ichtyologiste *(m.).*

3446. **fish-breeding** — *Ichtyol.*
pisciculture *(f.),* (voir
aussi aquiculture).

3447. **fish-eating** — *Zool.*
ichtyophage *(adj.).*

3448. **fish farming** — Voir:
**brackish water fish
farming.**

3449. **fishery** — *Ichtyol.* pêche
(f.).

3450. **fishing-ground** — *Ichtyol.*
pêcherie *(f.).*

3451. **fishpond** — *Ichtyol.*
vivier *(m.),* réservoir
(m.) à poissons.

3452. **fish-tank** — *Ichtyol.*
réservoir *(m.)* à
poissons.

3453. **fissidactyl** — *Anat.*
comp., Zool. fissidactyle
(adj.).

3454. **fission** — *Zool.* fissiparité
(f.), scissiparité *(f.).*

3455. **fission-fungi** — *Mycol.*
schizomycètes *(m. pl.).*

3456. **fissiparism** — *Biol.*
fissiparité *(f.).*

3457. **fissiparity** — *Biol.*
fissiparité *(f.),*
scissiparité *(f.).*

3458. **fissiparous** — *Biol.*
fissipare *(adj.),*
scissipare *(adj.).*

3459. **fissiped** — *Zool.* fissipède
(adj.).

3460. **fissipedal** — Voir:
fissiped.

3461. **fissipedia** — *Zool.*
fissipèdes *(m. pl.),*
carnassiers *(m. pl.).*

3462. **fissure** — *Anat.* fissure
(f.), scissure *(f.),* fente
(f.).

3463. **fissure of Sylvius** —
Anat. fissure *(f.)* de
Sylvius.

3464. **fistula** — *Méd.* fistule
(f.); Zool. évent *(m.)*
(d'une baleine).

3465. **five-rayed** — *Zool.*
pentaradié, -e *(adj.).*

3466. **fixation** — *Ecol.,*
Microtech. fixation *(f.).*

3467. **fixation disc** — *Echinod.*
disque *(m.)* adhésif.

3468. **fixation papillae** — *Tun.*
papilles *(f.)* adhésives.

3469. **fixism** — *Evol.* fixisme
(m.).

3470. **flabellate** — *Bot., Zool.*
flabellé, -e *(adj.),*
flabelliforme *(adj.).*

3471. **flabelliform** — Voir:
flabellate.

3472. **flabellum** — *Arthrop.*
flabellum *(m.).*

3473. **flagellata** — *Protoz.*
flagellés *(m. pl.),*
flagellates *(m. pl.).*

3474. **flagellate** — *Bot.*
stolonifère *(adj.), Zool.*
flagellé, -e *(adj.).*

3475. **flagellated chamber** — *Spong.* corbeille *(f.)*.

3476. **flagellispore** — *Rad.* flagellispore *(f.)*.

3477. **flagellum** — *Cytol., Protoz.* flagelle *(m.)*.

3478. **flagellulum** — Voir: **flagellispore.**

3479. **flame cell** — *Zool.* cellule *(f.)* à flamme vibratile.

3480. **flank** — *Anat.* flanc *(m.)*.

3481. **flat-fish** — *Ichtyol.* poisson *(m.)* plat, pleuronecte *(m.)*, hétérosome *(m.)*.

3482. **flat-worm** — *Zool.* ver *(m.)* plat, plathelminthe *(m.)*, platode *(m.)*.

3483. **flavescence** — *Ecol.* flavescence *(f.)*.

3484. **flea** — *Entom.* puce *(f.)*.

3485. **flesh-eating** — *Zool.* carnassier, -ère *(adj.)*, carnivore *(adj.)*.

3486. **flexor** — *Anat., Physiol.* fléchisseur *(m.)*, muscle *(m.)* fléchisseur.

3487. **flexuose** — *Bot.* flexueux, -euse *(adj.)*.

3488. **flexuosity** — *Bot.* flexuosité *(f.)*.

3489. **flexuous** — Voir: **flexuose.**

3490. **flight** — *Physiol., Zool.* vol *(m.)*, volée *(f.)* (distance parcourue).

3491. **floating rig** — *Anat. comp.* côte *(f.)* flottante.

3492. **floc** — *Env.* floc *(m.)*.

3493. **floccose** — *Bot.* flocconneux, -euse *(adj.)*.

3494. **flocculation** — *Bactériol.* floculation *(f.)*.

3495. **flocculus** — *Anat. comp.* flocculus *(m.)*; *Biochim., Chim.* précipité *(m.)*.

3496. **floccus** — *Bot.* flocon *(m.)* (de poils), hyphe *(m.)* (d'un champignon); *Ornith.* duvet *(m.)* d'un oisillon.

3497. **flock** — *Ornith.* volée *(f.)*; *Zool.* bande *(f.)*, troupe *(f.)*, troupeau *(m.)*.

3498. **flood** — *Ecol., Env.* inondation *(f.)*.

3499. **flooding** — *Ecol., Env.* inondation *(f.)*, irrigation *(f.)*.

3500. **floor** — Voir: **inner floor.**

3501. **flora** — *Bot.* flore *(f.)*. (Voir aussi: **precambrian flora**).

3502. **floral** — *Bot.* floral, -e, -aux *(adj.)*.

3503. **floral diagram** — *Bot.* diagramme *(m.)* floral, diagramme *(m.)* d'une fleur.

3504. **floral formula** — *Bot.* formule *(f.)* florale.

3505. **florigen** — *Bot.* florigène *(adj.)*, anthogène *(adj.)*.

3506. **floristic** — *Bot.* floristique *(adj.)*.

3507. **floristics** — *Bot.* floristique *(f.)*.

3508. **floscular** — *Bot.* flosculeux, -euse *(adj.)*.

3509. **flosculous** — Voir: **floscular.**

3510. **flottation** — *Ecol., Env.* flottation *(f.)*.

3511. **flow** — *Ecol.* Voir: **energy flow**; *Physiol.* écoulement *(m.).*

3512. **flower** — *Bot.* fleur *(f.).*

3513. **flower-bud** — *Bot.* bourgeon *(m.)* floral.

3514. **flower-cup** — *Bot.* calice *(m.).*

3515. **flower-head** — *Bot.* capitule *(m.).*

3516. **flowering** — *Bot.* floraison *(f.).*

3517. **fluctuating** — *Biol., Pathol., Statist.* variable *(adj.),* fluctuant, -e *(adj.).*

3518. **fluctuation** — *Biol., Pathol., Statist.* fluctuation *(f.),* variation *(f.),* oscillation *(f.).*

3519. **fluke** — *Plathel.* douve *(f.).*

3520. **fluorescence microscopy** — *Micr.* microscopie *(f.)* de fluorescence.

3521. **fluorescent antibody technique** — *Physiol.* technique *(f.)* des anticorps fluorescents.

3522. **fluttering** — *Ornith.* voletant, -e *(adj.),* trémoussant, -e *(adj.).*

3523. **fly ash** — *Env.* cendre *(f.)* volante, envols *(m. pl.).*

3524. **flying squirrel** — *Zool.* polatouche *(m.),* écureuil *(m.)* volant.

3525. **foam** — *Env., Océanogr.* écume *(f.).*

3526. **foamy** — *Env., Océanogr.* écumeux, -euse *(adj.).*

3527. **foetal** — *Embryol., Physiol.* foetal, -e, -aux *(adj.).*

3528. **foetal envelope** — *Embryol.* enveloppe *(f.)* de l'oeuf.

3529. **foetal membranes** — *Embryol.* membranes *(f.)* embryonnaires.

3530. **alpha-foetoprotein** — *Embryol.* alpha-foetoprotéine *(f.).*

3531. **foetus** — *Embryol.* foetus *(m.),* embryon *(m.).*

3532. **fog** — *Env.* brouillard *(m.).*

3533. **fold** — *Anat.* pli *(m.),* repli *(m.).*

3534. **foliaceous** — *Bot.* foliacé, -e *(adj.).*

3535. **foliage** — *Bot.* feuillage *(m.),* frondaison *(m.).*

3536. **foliar** — *Bot.* foliaire *(adj.).*

3537. **foliate** — *Bot.* feuillu, -e *(adj),* folié, -e *(adj.),* feuillé, -e *(adj.).*

3538. **foliate papilla** — *Histol.* papille *(f.)* foliée.

3539. **foliole** — *Bot.* foliole *(f.).*

3540. **follicle** — *Anat., Bot.* follicule *(m.).*

3541. **follicle stimulating hormone** — *Physiol.* folliculo-stimuline *(f.),* follicostimuline *(f.),* F.S.H. *(f.).*

3542. **follicular** — *Anat., Bot.* folliculeux, -euse *(adj.).*

3543. **follicular phase** — Voir: **proliferative stage.**

3544. **follicular stigma** —
Histol. stigma *(m.)*
folliculaire.

3545. **folliculin** — *Physiol.*
folliculine *(f.)*, oestrone
(f.).

3546. **folliculous** — Voir:
follicular.

3547. **folliculus** — Voir:
follicle.

3548. **fontanelle** — *Anat.*
fontanelle *(f.)*.

3549. **food chain** — *Ecol.*
chaîne *(f.)* alimentaire,
chaîne *(f.)* trophique.

3550. **food pyramid** — *Ecol.*
pyramide *(f.)* de
nourriture.

3551. **food vacuole** — *Cytol.*
vacuole *(f.)*, digestive,
vacuole *(f.)* nutritive.

3552. **foot** — *Anat.* pied *(m.)*;
Coelent. sole *(f.)*
pédieuse; *Crypt.* pied
(m.); *Moll.* pied *(m.)*.

3553. **footbath** — *Zootechn.*
pédiluve *(m.)*.

3554. **footstalk** — *Bot.* pétiole
(m.) (d'une feuille),
pédoncule *(m.)* (d'une
fleur).

3555. **forage** — *Agric.* fourrage
(m.).

3556. **foramen** — *Anat.*
foramen *(m.)*, orifice
(m.), trou *(m.)*, hiatus
(m.).

3557. **foramen lacerum
anterius** — *Anat.*
comp. trou *(m.)* déchiré
antérieur.

3558. **foramen lacerum
medium** — *Anat.*

comp. trou *(m.)* déchiré
moyen.

3559. **foramen lacerum
posterius** — *Anat.*
comp. trou *(m.)* déchiré
postérieur.

3560. **foramen magnum** —
Anat. foramen *(m.)*
occipital, trou *(m.)*
occipital.

3561. **foramen of Munro** —
Anat. trou *(m.)* de
Munro.

3562. **foramen of Panizza** —
Herpétol. foramen *(m.)*
de Panizza.

3563. **foramen of Winslow** —
Anat. comp. hiatus *(m.)*
de Winslow.

3564. **foramen ovale** — *Anat.*
trou *(m.)* ovale, foramen
(m.) ovale.

3565. **rotundum** — *Anat. comp.*
trou *(m.)* rond.

3566. **foramen triosseum** —
Ornith. foramen *(m.)*
triosseux.

3567. **foraminate** — *Zool.*
foraminé, -e *(adj.)*.

3568. **foraminifera** — *Protoz.*
foraminifères *(m. pl.)*.

3569. **forceps** — *Biol., Méd.*
pince *(f.)*, forceps *(m.)*.

3570. **forearm** — *Anat.* avant-
bras *(m.)*.

3571. **fore-brain** — *Anat. comp.*
prosencéphale *(m.)*,
cerveau *(m.)* antérieur.

3572. **fore-gut** — *Embryol.*
stomodeum *(m.)*.

3573. **foreskin** — *Anat.*
prépuce *(m.)*.

3574. **forestry** — *Agric.*
foresterie *(f.).*

3575. **forfex** — *Entom.* pince
(f.) abdominale.

3576. **forficate** — *Zool.* en
forme de pince *(f.).*

3577. **form** — *Biol.* forme *(f.).*

3578. **formalinized whole
culture** — Voir:
anaculture.

3579. **formation** — *Bot., Zool.*
formation *(f.),*
développement *(m.).*

3580. **fornix** — *Anat.* fornix
(m.), trigone *(m.)*
cérébral.

3581. **fornix of Gottsche** —
Voir: **valvula cerebelli.**

3582. **fossa** — *Anat.* fosse *(f.).*

3583. **fossa ovalis** — *Anat.*
fosse *(f.)* ovale.

3584. **fossil** — *Paléont.* fossile
(m.).

3585. **fossilization** — *Paléont.*
fossilisation *(f.).*

3586. **fossorial** — *Ecol., Zool.*
fouisseur, -euse *(adj.),*
fossoyeur, -euse *(adj.).*

3587. **fourchette** — *Ornith.*
fourchette *(f.).*

3588. **four-cleft** — *Bot.*
quadrifide *(adj.).*

3589. **four-leaved** — *Bot.*
quadrifolié *(adj.).*

3590. **four-toed** — *Zool.*
tétradactyle *(adj.).*

3591. **fourth ventricle** — *Anat.*
comp. quatrième
ventricule *(m.).*

3592. **fovea** — *Physiol.* fovéa
(f.).

3593. **fovea centralis** — Voir:
fovea.

3594. **fovea capitis femoris** —
Anat. fossette *(f.)* du
ligament rond.

3595. **fragment** — *Génét.*
fragment *(m.).*

3596. **free-martin** — *Génét.*
free-martin *(m.).*

3597. **free villus** — *Histol.*
villosité *(f.)* flottante
(du placenta).

3598. **freeze-drying method** —
Microtech. méthode *(f.)*
de congélation-
dessication.

3599. **freeze-etching** —
Microtech. cryodécapage
(m.).

3600. **freeze-substitution
method** — *Microtech.*
méthode *(f.)* de
congélation-
substitution.

3601. **freezing microtome** —
Microtech. microtome
(m.) à congélation.

3602. **frenulum** — *Entom.*
frénulum *(m.),* filet *(m.).*

3603. **frenum** — Voir:
frenulum.

3604. **fresh water fishery** —
Env., Ichtyol.
dulçaquiculture *(f.).*

3605. **freshening** — *Océanogr.*
dessalure *(f.).*

3606. **fringe** — *Bot.* cils *(m. pl.),*
fimbrilles *(f. pl.); Zool.*
cirres *(m. pl.).*

3607. **fringing reed** —
Océanogr. récif *(m.)*
frangeant.

3608. **frond** — *Bot.* fronde *(f.)* (de fougère), feuille *(f.)* (de palmier).

3609. **frondescence** — *Bot.* frondaison *(f.)*, feuillaison *(f.)*.

3610. **frondescent** — *Bot.* frondescent, -e *(adj.)*.

3611. **frondiferous** — *Bot.* frondifère *(adj.)*.

3612. **frons** — *Entom.* front *(m.)*, lobe *(m.)* frontal.

3613. **front** — *Anat.* front *(m.)*.

3614. **frontal** — *Anat.* frontal, -e, -aux *(adj.)*, coronal, -e, -aux *(adj.)*, os *(m.)* frontal, os *(m.)* coronal.

3615. **frontal bone** — Voir: **frontal.**

3616. **frontal ganglion** — *Entom.* ganglion *(m.)* frontal.

3617. **frontal gland** — *Entom.* glande *(f.)* frontale.

3618. **frontal lobe** — *Anat. comp.* lobe *(m.)* frontal.

3619. **frontal pore** — *Entom.* pore *(m.)* frontal, pore *(m.)* de la glande frontale.

3620. **frontal sinus** — *Anat. comp.* sinus *(m.)* frontal.

3621. **fronto-parietal** — *Anat. comp.* fronto-pariétal *(m.)*, os *(m.)* fronto-pariétal.

3622. **frost** — *Ecol., Env.* gel *(m.)*.

3623. **frost action** — *Pédol.* cryoclastie *(f.)*.

3624. **frost splitting** — Voir: **frost action.**

3625. **fructose** — *Biochim.* fructose *(m.)*.

3626. **frugiferous** — *Bot.* frugifère *(adj.)*, fructifère *(adj.)*.

3627. **frugivorous** — *Zool.* frugivore *(adj.)*.

3628. **fruit** — *Bot.* fruit *(m.)*.

3629. **fruit-bearing** — Voir: **frugiferous.**

3630. **fruit-bud** — *Bot.* bourgeon *(m.)* à fruit.

3631. **fruit-fly** — *Entom., Génét.* drosophile *(f.)*.

3632. **fruit-stalk** — *Bot.* pédoncule *(m.)*.

3633. **frustule** — *Algol.* frustule *(m.)*.

3634. **frutescent** — *Bot.* frutescent, -e *(adj.)*.

3635. **fruticetum** — *Bot.* fruticetum *(m.)*.

3636. **fucoxanthin** — *Algol.* fucoxanthine *(f.)*.

3637. **fucus** — *Algol.* fucus *(m.)*.

3638. **fulcra** — *Bot.* fulcre *(m.)*, fulcrum *(m.)*.

3639. **fumigate** (to) — *Agric.* fumiger *(v. tr.)*.

3640. **fumigating** — Voir: **fumigation.**

3641. **fumigation** — *Agric.* fumigation *(f.)*.

3642. **function** — *Physiol.* fonction *(f.)*.

3643. **functional** — *Physiol.* fonctionnel, -elle *(adj.)*.

3644. **functional group** — *Biochim.* groupement *(m.)* fonctionnel, *Génét.* groupe *(m.)* fonctionnel.

3645. **fundamental** — *Biol.* fondamental, -e, -aux *(adj.)*.

3646. **fundamental biogenetic law** — *Evol.* loi *(f.)* biogénétique fondamentale.

3647. **fundatrix** — *Entom.* fondatrice *(f.)*.

3648. **fundic glands** — *Histol., Physiol.* glandes *(f.)* fondiques.

3649. **fundus** — *Anat.* fundus *(m.)*.

3650. **fungicidal** — *Mycol.* fongicide *(adj.)*.

3651. **fungicide** — *Mycol.* fongicide *(m.)*.

3652. **fungiform** — *Biol.* fongiforme *(adj.)*.

3653. **fungiform papilla** — *Histol.* papille *(f.)* fongiforme.

3654. **fungivorous** — *Zool.* fongivore *(adj.)*.

3655. **fungous** — *Bot., Méd.* fongueux, -euse *(adj.)*.

3656. **fungus** — *Mycol.* mycète *(m.)*, champignon *(m.)*.

3657. **funicle** — *Anat.* cordon *(m.)* (de la substance blanche), *Bot.* funicule *(m.)*; *Zool.* funicule *(m.)*, flagellum *(m.)*.

3658. **funiculus** — Voir: **funicle.**

3659. **funnel** — *Biol.* entonnoir *(m.)*.

3660. **fur** — *Zool.* pelage *(m.)*, fourrure *(f.)*.

3661. **furca** — *Crust.* furca *(f.)*, rame *(f.)* caudale; *Entom.* furca *(f.)*.

3662. **furcula** — *Entom.* furcula *(f.)*; *Ornith.* fourchette *(f.)*.

3663. **furuncle** — *Méd.* furoncle *(m.)*.

3664. **furrow** — *Biol.* sillon *(m.)*.

3665. **fusion** — *Génét.* fusion *(f.)*.

3666. **fusula** — *Arthrop.* fusule *(f.)*.

G

3667. **gadiformes** — *Ichtyol.* gadiformes *(m. pl.)*, anacanthiniens *(m. pl.)*.

3668. **gadoid** — *Ichtyol.* gadoïde *(adj.)*.

3669. **gait** — *Zool.* démarche *(f.)*, allure *(f.)*.

3670. **galactase** — *Biochim.* galactase *(f.)*.

3671. **galactose** — *Biochim.* galactose *(m.)*.

3672. **gale** — *Ecol.* coup *(m.)* de vent.

3673. **galea** — *Entom.* galéa *(f.)*, casque *(m.)*.

3674. **galeiform** — *Bot.* galéiforme *(adj.)*.

3675. **gall** — *Bot.* galle *(f.)*, cécidie *(f.)*; *Physiol.* bile *(f.)*.

3676. **gall bladder** — *Anat.* vésicule *(f.)* biliaire.

3677. **gall duct** — *Anat.* canal *(m.)* cholédoque, canal *(m.)* biliaire, conduit *(m.)* bilaire.

3678. **gall stone** — *Méd.* calcul *(m.)* biliaire.

3679. **galliformes** — *Ornith.*
galliformes *(m. pl.)*.

3680. **gallinaceous** — *Ornith.*
gallinacé, -e *(adj.)*.

3681. **Galton's law** — *Génét.* loi
(f.) de Galton.

3682. **galvanotropism** —
Comport.
galvanotropisme *(m.)*,
galvanotaxie *(f.)*.

3683. **game** — *Comport., Zool.*
jeu *(m.)*.

3684. **gametangium** — *Bot.*
gamétange *(m.)*.

3685. **gamete** — *Génét.* gamète
(m.).

3686. **gametes incompatibility** —
Génét. incompatibilité
(f.) gamétique,
interstérilité *(f.)*.

3687. **gametoblast** — *Zool.*
sporozoïte *(m.)*.

3688. **gametocyste** — *Zool.*
gamétocyste *(m.)*.

3689. **gametocyte** — *Biol.*
gamétocyte *(m.)*,
gamonte *(m.)*.

3690. **gametogenesis** — *Génét.*
gamétogenèse *(f.)*.

3691. **gametophyte** — *Bot.*
gamétophyte *(m.)*.

3692. **gamma globuline** —
Biochim.
gammaglobuline *(f.)*.

3693. **gammaglobulinopathy** —
Voir: **gammopathy.**

3694. **gammopathy** — *Méd.*
gammapathie *(f.)*.

3695. **gamodeme** — *Génét.*
gamodème *(m.)*.

3696. **gamogony** — Voir:
gametogenesis.

3697. **gamont** — Voir:
gametocyte.

3698. **gamopetalous** — *Bot.*
gamopétale *(adj.)*.

3699. **gamosepalous** — *Bot.*
gamosépale *(adj.)*.

3700. **ganglia habenulae** —
Anat. comp. ganglions
(m.) de l'habénula.

3701. **ganglion** — *Anat., Zool.*
ganglion *(m.)*.

3702. **ganglion-cell** — *Anat.*
ganglion *(m.)* nerveux.

3703. **ganglionary** — *Anat.,*
Zool. ganglionnaire
(adj.).

3704. **ganglionic** — Voir:
ganglionary.

3705. **ganoid** — *Ichtyol.*
ganoïde *(adj.)*.

3706. **ganoid scale** — *Ichtyol.*
écaille *(f.)* ganoïde.

3707. **ganoin** — Voir: **ganoid.**

3708. **ganoine** — Voir: **ganoid.**

3709. **gas-gland** — *Ichtyol.*
glande *(f.)* à gaz.

3710. **gasserian ganglion** —
Anat. comp. ganglion
(m.) de Gasser.

3711. **gasteropoda** — *Moll.*
gastropodes *(m. pl.)*,
gastéropodes *(m. pl.)*.

3712. **gastralia** — *Herpetol.*
gastralia *(f.)*.

3713. **gastric** — *Anat., Physiol.*
gastrique *(adj.)*,
stomacal, -e, -aux *(adj.)*.

3714. **gastric artery** — *Anat.*
artère *(f.)* gastrique.

3715. **gastric caecum** —
Echinod. caecum *(m.)*
gastrique.

3716. **gastric gland** — *Histol.,*
Physiol. glandes *(f.)*
gastriques.

3717. **gastric juice** — *Physiol.*
suc *(m.)* gastrique.

3718. **gastric mill** — *Crust.*
moulinet *(m.)* gastrique,
moulin *(m.)* gastrique.

3719. **gastric pits** — *Histol.*
cryptes *(f.)* gastriques.

3720. **gastric vein** — *Anat.*
veine *(f.)* gastrique.

3721. **gastrin** — *Physiol.*
gastrine *(f.).*

3722. **gastrocoel** — *Embryol.*
gastrocoele *(m.),*
gastrocèle *(m.),*
archentère *(m.),*
archentéron *(m.),*
entéron *(m.).*

3723. **gastroderm** — *Coelent.*
endoderme *(m.).*

3724. **gastrolith** — *Crust.*
gastrolithe *(m.).*

3725. **gastropoda** — Voir:
gasteropoda.

3726. **gastrosplenic** — *Anat.*
gastro-splénique *(adj.).*

3727. **gastrosteiformes** — Voir:
catosteomi.

3728. **gastrotricha** — *Zool.*
gastrotriches *(m. pl.).*

3729. **gastrovascular** —
Coelent. gastro-
vasculaire *(adj.).*

3730. **gastrovascular cavity** —
Coelent. cavité *(f.)*
gastro-vasculaire.

3731. **gastrozooid** — *Coelent.*
gastrozoïde *(m.).*

3732. **gastrula** — *Embryol.*
gastrula *(f.).*

3733. **gastrulation** — *Embryol.*
gastrulation *(f.).*

3734. **gelada** — *Zool.* singe-lion
(m.).

3735. **gelatinous sheath** —
Algol. gaine *(f.)*
gélatineuse (d'algues
bleues).

3736. **gemellancy** — *Génét.*
gémellance *(f.).*

3737. **gemellation** — *Génét.*
gémellation *(f.).*

3738. **gemellity** — *Génét.*
gémellité *(f.).*

3739. **gemellologist** — *Génét.,*
Méd. gémellologue *(m.).*

3740. **gemellology** — *Génét.,*
Méd. gémellologie *(f.).*

3741. **gemma** — *Bot.* propagule
(f.) (d'hépatique),
propagine *(f.),*
bourgeon *(m.)* (d'une
mousse), gemme *(f.).*

3742. **gemmation** — *Bot., Zool.*
gemmation *(f.); Génét.*
gémellité *(f.).*

3743. **gemmiferous** — *Bot.,*
Zool. gemmifère *(adj.).*

3744. **gemmiflorate** — *Bot.*
gemmiflore *(adj.).*

3745. **gemmiform** — *Biol.*
gemmiforme *(adj.).*

3746. **gemmiparous** — *Bot.,*
Zool. gemmipare *(adj.).*

3747. **gemmule** — *Bot., Zool.*
gemmule *(f.).*

3748. **gena** — *Entom.* joue *(f.).*

3749. **gene** — *Génét.* gène *(m.).*

3750. **gene exchange** — *Génét.*
échange *(m.)* de gènes.

3751. **gene expressivity** —
Génét. expressivité *(f.)*
des gènes.

3752. **gene frequency** — *Génét.*
fréquence *(f.)* génique.

3753. **gene interaction** —
Génét. interaction *(f.)*
des gènes.

3754. **gene map** — *Génét.* carte
(f.) génétique, carte *(f.)*
factorielle, carte *(f.)*
chromosomique.

3755. **gene mutation** — *Génét.*
mutation *(f.)* génique.

3756. **gene penetrance** —
Génét. pénétrance *(f.)*
des gènes.

3757. **gene pool** — *Génét.*
effectif *(m.)* des gènes.

3758. **gene potency** — *Génét.*
puissance *(f.)* d'un
gène.

3759. **genecology** — *Écol.,*
Génét. génécologie *(f.).*

3760. **generalize** (to) — *Biol.*
généraliser *(v. tr. et*
intr.).

3761. **generation** — *Génét.*
génération *(f.).*

3762. **generative** — *Biol.*
générateur, -trice *(adj.),*
génératif, -ive *(adj.),*
producteur, -trice *(adj).*

3763. **generative cell** — *Bot.*
cellule *(f.)* anthéridiale;
Zool. cellule *(f.)*
spermatique.

3764. **generative layer** — *Bot.*
assise *(f.)* génératrice.

3765. **generic** — *Syst.*
générique *(adj.).*

3766. **genetic** — *Biol.* génétique
(adj.).

3767. **genetic code** — *Génét.*
code *(m.)* génétique.

3768. **genetic control** — *Entom.*
lutte *(f.)* génétique.

3769. **genetic disease** — *Génét.*
maladie *(f.)* héréditaire.

3770. **genetic frequency** —
Génét. fréquence *(f.)*
génique.

3771. **genetic information** —
Génét. information *(f.)*
génétique.

3772. **genetic load** — *Génét.*
charge *(f.)* génétique.

3773. **genetic map** — Voir:
gene map.

3774. **genetic marker** — *Génét.*
marqueur *(m.)*
génétique.

3775. **genetic material** —
Génét. matériau *(m.)*
génétique.

3776. **genetic recombination** —
Génét. recombinaison
(f.) génétique.

3777. **genetic shift** — *Génét.*
dérive *(f.)* génique.

3778. **genetics** — *Biol.*
génétique *(f.).*

3779. **geniculate** — *Anat., Bot.,*
Zool. géniculé, -e *(adj.),*
genouillé, -e *(adj.).*

3780. **geniculate antenna** —
Zool. antenne *(f.)*
géniculée.

3781. **geniculate ganglion** —
Anat. comp. ganglion
(m.) géniculé.

3782. **geniculum** — *Anat.* corps
(m.) géniculé, corps *(m.)*
genouillé.

3783. **genio-hyoid** — *Anat.*
géniohyoïdien, -enne *(n. m. et adj.)*.

3784. **genital** — *Biol.* génital, -e, -aux *(adj.)*.

3785. **genital atrium** — *Zool.* atrium *(m.)* génital.

3786. **genital bursa** — *Echinod.* bourse *(f.)* génitale.

3787. **genital pore** — *Zool.* pore *(m.)* génital.

3788. **genital rachis** — *Echinod.* rachis *(m.)* génital.

3789. **genital ridge** — *Embryol.* crête *(f.)* génitale.

3790. **genital tract** — *Anat., Zool.* tractus *(m.)* génital.

3791. **genitalia** — *Anat., Zool.* organes *(m.)* génitaux.

3792. **genito-crural** — *Anat.* génito-crural, -e, -aux *(adj.)*.

3793. **genito-urinary** — *Anat.* génito-urinaire *(adj.)*.

3794. **genom** — Voir: **genome**.

3795. **genome** — *Génét.* génome *(m.)*, haplome *(m.)*.

3796. **genotype** — *Génét.* génotype *(m.)*.

3797. **genotypical** — *Génét.* génotypique *(adj.)*.

3798. **genus** — *Syst.* genre *(m.)*.

3799. **geobotany** — *Bot.* géobotanique *(f.)*.

3800. **geochemistry** — *Ecol.* géochimie *(f.)*.

3801. **geological period** — *Géol.* ère *(f.)* géologique.

3802. **geophyte** — *Bot.* géophyte *(f.)*.

3803. **geotactism** — *Biol.* géotactisme *(m.)*.

3804. **geotaxis** — *Biol.* géotaxie *(f.)*.

3805. **geotropic** — *Bot.* géotropique *(adj.)*.

3806. **geotropism** — *Bot.* géotropisme *(m.)*.

3807. **gephyrea** — *Zool.* géphyriens *(m. pl.)*.

3808. **germ** — *Bactériol.* germe *(m.)*, microbe *(m.)*, bacille *(m.)*, bactérie *(f.)*.

3809. **germ carrier** — *Biol.* porteur, -euse *(n. m. et f.)* de germes.

3810. **germ cell** — *Génét.* cellule *(f.)* germinale, gonocyte *(m.)*.

3811. **germ layer** — *Embryol.* feuillet *(m.)* embryonnaire.

3812. **germ-killer** — *Bactériol.* microbicide *(n. m. et adj.)*.

3813. **germ-plasm** — *Génét.* plasma *(m.)* germinatif.

3814. **germarium** — *Zool.* germarium *(m.)*.

3815. **germen** — *Biol.* germen *(m.)*.

3816. **germen regeneration** — *Biol.* régénération *(f.)* du germen.

3817. **germicidal** — *Biol.* microbicide *(adj.)*, antiseptique *(adj.)*, germicide *(adj.)*.

3818. **germicide** — *Biol.* microbicide *(m.)*, antiseptique *(m.)*, germicide *(m.)*.

3819. **germinal** — *Génét.*
germinal, -e, -aux *(adj.)*,
germinatif, -ive *(adj.)*.

3820. **germinal center** — *Biol.*
centre *(m.)* germinatif.

3821. **germinal continuity** —
Génét. continuité *(f.)*
germinale.

3822. **germinal disc** — *Embryol.*
disque *(m.)*
embryonnaire,
blastodisque *(m.)*.

3823. **germinal epithelium** —
Histol. épithélium *(m.)*
séminifère.

3824. **germinal variations** —
Génét. variations *(f.)*
germinales.

3825. **germinal vesicle** —
Embryol., Histol.
vesicule *(f.)*
germinative.

3826. **germinate** (to) — *Bot.*
germer *(v. intr.)*.

3827. **germination** — *Bot.*
germination *(f.)*.

3828. **germinative** — *Biol.*
germinatif, -ive *(adj.)*.

3829. **germinicide** — *Agric.*
germinicide *(m.)*.

3830. **gestant** — *Méd.* gestante
(n. f. et adj. f.).

3831. **gestation** — *Physiol.*,
Zool. gestation *(f.)*.

3832. **giant nerve fiber** —
Invert. fibre *(f.)*
nerveuse géante.

3833. **giant reed** — *Bot.* canisse
(f.).

3834. **gibberellin** — *Bot.*
gibbérelline *(f.)*,
gibérelline *(f.)*.

3835. **gigantism** — *Génét.*,
Physiol. gigantisme *(m.)*.

3836. **gigantocyte** — *Hématol.*
gigantocyte *(m.)*,
mégalocyte *(m.)*.

3837. **gill** — *Mycol.* lamelle *(f.)*,
branchie *(f.)*.

3838. **gill bar** — *Ichtyol.* cloison
(f.) interbranchiale.

3839. **gill book** — *Arachn.*
branchie *(f.)*, appendice
(m.) foliacé, patte *(f.)*
branchifère.

3840. **gill cleft** — Voir: **gill slit.**

3841. **gill cover** — *Zool.*
opercule *(m.)*.

3842. **gill fungi** — *Mycol.*
champignons *(m.)* à
lamelles.

3843. **gill net** — *Pêch.* filet *(m.)*
maillant.

3844. **gill plate** — *Zool.* plaque
(f.) branchiale.

3845. **gill pouch** — *Agnath.*,
Embryol. sac *(m.)*
branchial.

3846. **gill racker** — *Ichtyol.*
peigne *(m.)* branchial.

3847. **gill slit** — *Embryol., Zool.*
fente *(f.)* branchiale.

3848. **gingiva** — *Anat.* gencive
(f.).

3849. **gingival** — *Anat.*
gingival, -e, -aux *(adj.)*.

3850. **ginkgoales** — *Bot.*
ginkgoales *(f. pl.)*.

3851. **girdle** — *Anat. comp.*
ceinture *(f.)*.

3852. **girdle bone** — Voir:
sphenethmoid.

3853. **gizzard** — *Zool.* gésier
(m.).

3854. **glabella** — *Anat.,*
Paléont. glabelle *(f.).*

3855. **glabrous** — *Bot., Zool.*
glabre *(adj.).*

3856. **gladiate** — *Bot.* gladié, -e
(adj.), ensiforme *(adj.).*

3857. **gland** — *Anat., Physiol.*
glande *(f.),* ganglion
(m.).

3858. **gland cell** — *Histol.,*
Zool. cellule *(f.)*
glandulaire.

3859. **gland of Bartholin** —
Voir: **Bartholin's gland.**

3860. **gland of Bowman** —
Histol. glande *(f.)* de
Bowman.

3861. **gland of Brunner** —
Voir: **Brunner's gland.**

3862. **gland of Cowper** — Voir:
Cowper's gland.

3863. **gland of internal**
secretion — Voir:
endocrine gland et
ductless gland.

3864. **gland of Liberkéuhn** —
Histol. glande *(f.)* de
Liberkéuhn.

3865. **gland of Littre** — *Histol.*
glande *(f.)* de Littre.

3866. **gland of Moll** — *Histol.*
glande *(f.)* de Moll.

3867. **gland of Montgomery** —
Histol. glande *(f.)* de
Montgomery.

3868. **glandiferous** — *Bot.*
glandifère *(adj.).*

3869. **glandiform** — *Biol.*
glandiforme *(adj.).*

3870. **glandular** — *Anat.,*
Physiol. glandulaire
(adj.).

3871. **glandulous** — *Bot.*
glanduleux, -euse *(adj.).*

3872. **glans** — *Anat., Bot.* gland
(m.).

3873. **glans clitoridis** — *Anat.*
gland *(m.)* du clitoris.

3874. **glans penis** — *Anat.*
gland *(m.)* du pénis.

3875. **glassy membrane** —
Histol. membrane *(f.)*
vitrée.

3876. **glaucescence** — *Bot.*
glaucescence *(f.).*

3877. **glaucescent** — *Bot.*
glaucescent, -e *(adj.).*

3878. **glaucoma** — *Méd.*
glaucome *(m.).*

3879. **glaucothoe** — *Crust.*
larve *(f.)* glaucothoé.

3880. **glen** — *Anat.* cavité *(f.)*
glénoïde.

3881. **glenoid cavity** — *Anat.*
cavité *(f.)* glénoïde.

3882. **glenoid fossa** — *Anat.*
fosse *(f.)* glénoïde.

3883. **gley** — *Pédol.* gley *(m.).*

3884. **glia** — *Anat., Histol.*
neuroglie *(f.),* névroglie
(f.).

3885. **Glisson's capsule** —
Anat. capsule *(f.)* de
Glisson, enveloppe *(f.)*
fibreuse du foie.

3886. **globigerina** — *Protoz.*
globigérine *(f.).*

3887. **globigerina-mud** —
Protoz. boue *(f.)* à
globigérines.

3888. **globin** — *Physiol.* globine
(f.).

3889. **globular** — *Biol.*
globulaire *(adj.).*

sphérique *(adj.),*
globuleux, -euse *(adj.).*

3890. **globule** — *Hématol.,*
Histol. globule *(m.).*

3891. **globulin** — *Biochim.*
globuline *(f.).*

3892. **globulite** — *Biol.,*
Paléont. globulite *(m.).*

3893. **glochidium** — *Moll.*
glochidium *(m.).*

3894. **glomerate** — *Anat.*
gloméré, -e *(adj.); Bot.*
congloméré, -e *(adj.).*

3895. **glomerulus** — *Anat.,*
Bot., Physiol. glomérule
(m.).

3896. **glomus** — *Histol.* glomus
(m.).

3897. **glossa** — *Entom.* glosse
(f.).

3898. **glossina** — *Entom.*
glossine *(f.),* mouche
(f.) tsé-tsé.

3899. **glossopharyngeal nerve** —
Anat. nerf *(m.)*
glossopharyngien.

3900. **glottal** — *Anat.* glottique
(adj.).

3901. **glottic** — Voir: **glottal.**

3902. **glottis** — *Anat.* glotte
(f.).

3903. **glow worm** — *Entom.* ver
(m.) luisant, lampyre
(m.), luciole *(f.).*

3904. **glucagon** — *Biochim.*
glucagon *(m.).*

3905. **glucid** — *Biochim.*
glucide *(m.),* saccharide
(m.).

3906. **glucocorticoid** —
Biochim. glucocorticoïde
(n. m. et adj.).

3907. **gluconeogenesis** —
Physiol. néo-
glucogenèse *(f.).*

3908. **glucose** — *Biochim.*
glucose *(m.),* glycose
(m.).

3909. **glucoside** — *Biochim.*
glucoside *(m.),*
hétéroside *(m.).*

3910. **glumaceous** — *Bot.*
glumacé, -e *(adj.).*

3911. **glume** — *Bot.* glume *(f.).*

3912. **glumella** — *Bot.* glumelle
(f.).

3913. **glumose** — *Bot.* glumé, -e
(adj.).

3914. **glumous** — *Bot.* glumé, -e
(adj.).

3915. **gluteus** — *Anat.* muscle
(m.) fessier.

3916. **glycemia** — *Physiol.*
glycémie *(f.).*

3917. **glycogen** — *Biochim.,*
Physiol. glycogène *(m.).*

3918. **glycogenic** — *Physiol.*
glycogénique *(adj.).*

3919. **glycolysis** — *Physiol.*
glycolyse *(f.).*

3920. **glycoprotein** — *Biochim.*
glycoprotéide *(m.),*
glucoprotéide *(m.).*

3921. **glycoside** — *Biochim.*
glycoside *(m.),* glucoside
(m.).

3922. **gnathobase** — *Arthrop.*
gnathobase *(f.).*

3923. **gnathochilarium** —
Arthrop.
gnathochilarium *(m.).*

3924. **gnathostomata** — *Zool.*
gnathostomes *(m. pl.).*

3925. **gnetales** — *Bot.* gnétales *(f. pl.).*

3926. **gnosopraxic** — *Physiol.* gnosopraxique *(adj.).*

3927. **gnotobiology** — Voir: **gnotobiotics.**

3928. **gnotobiotic** — *Biol.* gnotoxénique *(adj.).*

3929. **gnotobiotics** — *Biol.* gnotoxénie *(f.).*

3930. **globlet cell** — *Histol.* cellule *(f.)* caliciforme.

3931. **goitre** — *Méd., Physiol.* goitre *(m.).*

3932. **Golgi apparatus** — *Cytol.* appareil *(m.)* de Golgi, idiosome *(m.).*

3933. **Golgi bodies** — Voir: **Golgi apparatus.**

3934. **gomphosis** — *Anat.* gomphose *(f.).*

3935. **gonad** — *Zool.* gonade *(f.),* glande *(f.)* sexuelle, glande *(f.)* génitale.

3936. **gonadotrophic** — *Physiol.* gonadotrope *(adj.),* gonadotrophique *(adj.).*

3937. **gonadotrophin** — *Physiol.* gonadotrophine *(f.),* gonadostimuline *(f.),* hormone *(f.)* gonadotrope.

3938. **gonangium** — *Coelent.* gonange *(m.),* gonanthe *(m.).*

3939. **gonapophysis** — *Entom.* gonapophyse *(f.).*

3940. **gonochorism** — *Zool.* gonochorisme *(m.),* gonochorie *(f.).*

3941. **gonocoel** — *Embryol.* gonocoele *(m.).*

3942. **gonocyte** — *Génét.* gonocyte *(m.),* cellule *(f.)* germinale.

3943. **gonoduct** — *Anat. comp.* gonoducte *(m.).*

3944. **gonophore** — *Zool.* gonophore *(m.).*

3945. **gonopod** — *Arthrop.* gonopode *(m.).*

3946. **gonopore** — *Zool.* gonopore *(m.).*

3947. **gonotheca** — *Coelent.* gonothèque *(f.).*

3948. **gonotome** — *Embryol.* gonotome *(m.).*

3949. **gonotrophic cycle** — *Zool.* cycle *(m.)* gonotrophique.

3950. **gonozooid** — *Zool.* gonozoïde *(m.).*

3951. **goodness of fit** — *Statist.* ajustement *(m.).*

3952. **gorgonians** — *Coelent.* gorgonaires *(m. pl.).*

3953. **gradient** — *Biol.* gradient *(m.).*

3954. **graduated** — *Ornith.* étagé, -e *(adj.).*

3955. **graffian follicle** — *Histol., Physiol.* follicule *(m.)* ovarien, follicule *(m.)* de De Graaf.

3956. **graft** — *Bot.* greffe *(f.),* greffon *(m.),* ente *(f.); Méd.* greffe *(f.).*

3957. **grafting** — *Bot.* greffe *(f.),* greffage *(m.); Méd.* implantation *(f.),* greffe *(f.).*

3958. **grain** — *Bot.* grain *(m.).*

3959. **gram's stain** — *Microbiol.* colorant *(m.)* de Gram.

3960. **graminaceous** — *Bot.* graminé, -e *(adj.)*.

3961. **gramineae** — *Bot.* graminées *(f. pl.)*, graminacées *(f. pl.)*.

3962. **grana** — *Cytol.* grana *(m.)*.

3963. **graniferous** — *Bot.* granifère *(adj.)*.

3964. **graniform** — *Biol.* graniforme *(adj.)*.

3965. **granivorous** — *Zool.* granivore *(adj.)*.

3966. **granular leucocyte** — *Cytol.* leucocyte *(m.)* granuleux.

3967. **granular reticulum** — *Histol.* réticulum *(m.)* rugueux.

3968. **granulation tissue** — *Histol.* tissu *(m.)* de granulation.

3969. **granule** — *Cytol.* granule *(m.)*. (Voir aussi: **secretion granule**).

3970. **granule-cell** — *Histol.* cellule *(f.)* granuleuse.

3971. **granule of keratohyalin** — *Cytol.* grain *(m.)* de kératohyaline.

3972. **granulocyte** — *Histol.* granulocyte *(m.)*, leucocyte *(m.)* granuleux.

3973. **granulosa lutein cells** — *Histol.* cellules *(f.)* lutéiniques folliculaires.

3974. **granum** — *Bot.* granum *(m.)*.

3975. **graptolite** — *Paléont.* graptolite *(m.)*, graptolithe *(m.)*.

3976. **grass** — *Bot.* herbe *(f.)*.

3977. **grass-feeding** — *Zool.* herbivore *(adj.)*.

3978. **grassland** — *Ecol.* prairie *(f.)*.

3979. **grasser** — *Zool.* broutard *(m.)*.

3980. **gravid** — *Physiol.* enceinte *(adj. f.)* (espèce humaine); grosse *(adj.)*, gravide *(adj.)*, pleine *(adj.)* (espèces animales).

3981. **graze** (to) — *Zool.* paître *(v. intr.)*, brouter *(v. intr.)*.

3982. **grazing** — *Ecol.* pâturage *(m.)*, pacage *(m.)*.

3983. **great commissure** — *Anat.* grande commissure *(f.)* cérébrale.

3984. **great omentum** — *Anat.* grand épiploon *(m.)*.

3985. **great reed** — *Bot.* canisse *(f.)*.

3986. **great trochanter** — *Anat.* grand trochanter *(m.)*.

3987. **great wing of sphenoid bone** — *Anat.* grande aile *(f.)* du sphénoïde *(m.)*.

3988. **greater cornua** — *Anat. comp.* grande corne *(f.)* de l'hyoïde *(m.)*.

3989. **greater multangular** — *Anat. comp.* grand multangulaire *(m.)*, trapèze *(m.)*, premier carpien *(m.)*.

3990. **greater tubercle** — *Anat.* grosse tubérosité *(f.)* (de l'humérus).

3991. **green gland** — *Crust.* glande *(f.)* verte, glande *(f.)* antennaire.

3992. **greenhouse** — *Bot.* serre *(f.)*.

3993. **greenhouse effect** — *Ecol.* effet *(m.)* de serre.

3994. **greenhouse operator** — *Bot.* serriste *(m.)*.

3995. **gregarious** — *Bot., Zool.* grégaire *(adj.)*.

3996. **grey matter** — *Anat.* matière *(f.)* grise, substance *(f.)* grise.

3997. **grey nerve fiber** — *Anat.* fibre *(f.)* nerveuse grise.

3998. **gristle** — *Anat., Histol.* cartilage *(m.)*, croquant *(m.)*.

3999. **grit** — *Biol., Ecol.* petit caillou *(m.)*, petite pierre *(f.)*.

4000. **groin** — *Anat.* aine *(f.)*.

4001. **groove** — *Biol.* sillon *(m.)*, gouttière *(f.)*, rainure *(f.)*.

4002. **ground substance** — *Histol.* substance *(f.)* fondamentale.

4003. **ground water** (circulating) — *Ecol.* eau *(f.)* de ruissellement.

4004. **ground water table** — *Ecol.* nappe *(f.)* phréatique, nappe *(f.)* aquifère.

4005. **group effect** — *Comport.* effet *(m.)* de groupe.

4006. **growth** — *Biol.* croissance *(f.)*.

4007. **growth factor** — *Génét., Physiol.* facteur *(m.)* de croissance.

4008. **growth hormone** — *Physiol.* hormone *(f.)* de croissance, hormone *(f.)* somatotrope, somatotrophine *(f.)*.

4009. **growth period** — *Bot.* phase *(f.)* d'accroissement.

4010. **growth ring** — *Bot., Ichtyol., Moll.* anneau *(m.)* de croissance.

4011. **grub** — *Entom.* larve *(f.)*, ver *(m.)* blanc, asticot *(m.)*.

4012. **guard cell** — *Bot.* cellule *(f.)* de garde.

4013. **gubernaculum** — *Anat.* gubernaculum *(m.)*.

4014. **gula** — *Zool.* oesophage *(m.)*, gosier *(m.)*.

4015. **gular** — *Zool.* gulaire *(adj.)*.

4016. **gular pouch** — *Ornith.* sac *(m.)* gulaire.

4017. **gullet** — *Anat.* oesophage *(m.)*, gosier *(m.)*; *Microbiol.* cytopharynx *(m.)*, goulot *(m.)*.

4018. **gustatory cell** — *Histol.* cellule *(f.)* gustative.

4019. **gut** — *Anat. comp.* intestin *(m.)*.

4020. **guttation** — *Bot.* guttation *(f.)*, (on dit parfois sudation *(f.)*).

4021. **guttiferous** — *Bot.* guttifère *(adj.)*.

4022. **guttiform** — *Biol.* guttiforme *(adj.)*.

4023. **gymnocarpous** — *Bot.*
gymnocarpe *(adj.)*.

4024. **gymnocerata** — *Entom.*
gymnocérates *(m. pl.)*.

4025. **gymnolaemata** — *Bryoz.*
gymnolémates *(m. pl.)*.

4026. **gymnomera** — *Crust.*
gymnomères *(m. pl.)*.

4027. **gymnophiona** — Voir:
apoda.

4028. **gymnosomate** — *Moll.*
gymnosome *(adj.)*.

4029. **gymnosomous** — Voir:
gymnosomate.

4030. **gymnospermae** — *Bot.*
gymnospermes *(f. pl.)*.

4031. **gymnospermous** — *Bot.*
gymnosperme *(adj.)*,
gymnospermé, -e *(adj.)*.

4032. **gymnospermy** — *Bot.*
gymnospermie *(f.)*.

4033. **gymnospore** — *Bot.*
gymnospore *(f.)*.

4034. **gymnostomata** — *Protoz.*
gymnostomes *(m. pl.)*.

4035. **gynandromorph** — *Bot.,*
Zool. gynandromorphe
(n. m. et adj.).

4036. **gynandromorphism** —
Bot., Zool.
gynandromorphisme
(m.).

4037. **gynandromorphous** —
Bot., Zool.
gynandromorphe *(m.)*.

4038. **gynandrous** — *Bot.*
gynandre *(adj.)*,
épistaminé, -e *(adj.)*.

4039. **gynecology** — *Méd.*
gynécologie *(f.)*.

4040. **gynobasic** — *Bot.*
gynobasique *(adj.)*.

4041. **gynoecium** — *Bot.*
gynécée *(m.)*, pistil *(m.)*.

4042. **gynodioecious** — *Bot.*
gynodioïque *(adj.)*.

4043. **gynomonoecious** — *Bot.*
gynomonoïque *(adj.)*.

4044. **gyrus** — *Anat.*
circonvolution *(f.)*, pli
(m.).

H

4045. **habenular commissure** —
Anat. comp. commissure
(f.) habénulaire.

4046. **habitat** — *Ecol.* habitat
(m.).

4047. **habituation** — *Comport.*
habituation *(f.)*.

4048. **hadal zone** — *Océanogr.*
zone *(f.)* hadale.

4049. **Haeckel's biogenetic
law** — *Evol.* loi *(f.)*
biogénétique de
Haeckel.

4050. **haemacyte** — *Cytol.,*
Hématol. globule *(m.)*
sanguin.

4051. **haemacytolysis** — Voir:
haemolysis.

4052. **haemacytometer** —
Hématol. hématimètre
(m.), globulimètre *(m.)*.

4053. **haemacytozoon** — Voir:
haematozoon.

4054. **haemagglutination** —
Hématol.
hémagglutination *(f.)*.

4055. **haemal** — *Anat.,*
Embryol. haemal, -e,
-aux *(adj.)*, hémal, -e,
-aux *(adj.)*.

4056. **haemal arch** — *Embryol.*
arc *(m.)* hémal.

4057. **haemal node** — *Zool.*
glande *(f.)* hémale.

4058. **haemaleucine** —
Biochim. fibrine *(f.).*

4059. **haematic** — *Physiol.*
hématique *(adj.).*

4060. **haematin** — *Physiol.*
hématine *(f.).*

4061. **haematoblast** —
Hématol. hématoblaste
(m.), thrombocyte *(m.)*,
plaquette *(f.).*

4062. **haematoblastic** —
Hématol. plaquettaire
(adj.).

4063. **haematochrome** —
Algol., Protoz.
hématochrome *(m.).*

4064. **haematocrit** — *Hématol.*
hématocrite *(m.).*

4065. **haematocryal** — Voir:
poikilothermous.

4066. **haematocymeter** — Voir:
haemacytometer.

4067. **haematocyte** — *Hématol.*
globule *(m.)* sanguin.

4068. **haematocytolysis** —
Voir: **haemolysis.**

4069. **haematocytozoon** —
Voir: **haematozoon.**

4070. **haematogenesis** —
Hématol.
haematogenèse *(f.).*

4071. **haematology** — *Biol.*
hématologie *(f.).*

4072. **haematophage** — *Pathol.*
hématophage *(m.).*

4073. **haematophagous** —
Pathol. hématophage
(adj.).

4074. **haematophilia** — Voir:
haemophilia.

4075. **haematoplasma** —
Hématol. plasme *(m.)*
sanguin.

4076. **haematopoiesis** — Voir:
haemopoiesis.

4077. **haematopoietic tissue** —
Voir: **haemopoietic
tissue.**

4078. **haematosis** — *Physiol.*
hématose *(f.).*

4079. **haematothermal** — Voir:
homeothermal.

4080. **haematozoon** —
Parasitol. hématozoaire
(m.).

4081. **haemerythrin** —
Biochim., Physiol.
hémérythrine *(f.).*

4082. **haemochorial
placentation** —
Embryol. placentation
(f.) hémochoriale.

4083. **haemocoele** — *Embryol.*
hémocèle *(f.).*

4084. **haemocompatible** —
Biol., Méd.
hémocompatible *(adj.).*

4085. **haemocyanin** —
Biochim., Zool.
hémocyanine *(f.).*

4086. **haemocyte** — *Hématol.*
globule *(m.)* sanguin.

4087. **haemocytoblast** —
Hématol.
hémocytoblaste *(m.)*,
hématogonie *(f.).*

4088. **haemodialysis** — *Physiol.*
hémodialyse *(f.).*

4089. **haemoerythrin** — Voir:
haemerythrin.

4090. **haemoglobin** — *Biochim.*
hémoglobine *(f.).*

4091. **haemolymph** — *Physiol.*
hémolymphe *(f.).*

4092. **haemolymph node** —
Zool. ganglion *(m.)*
hémolymphatique.

4093. **haemolyse** (to) —
Pathol., Physiol.
hémolyser *(v. tr.).*

4094. **haemolysine** — *Sérol.*
hémolysine *(f.).*

4095. **haemolysis** — *Pathol.,*
Physiol. hémolyse *(f.),*
hématolyse *(f.),* laquage
(m.).

4096. **haemolytic** — *Pathol.,*
Physiol. hémolytique
(adj.).

4097. **haemolytic agent** —
Sérol. agent *(m.)*
hémolytique,
hémolysine *(f.).*

4098. **haemophilia** — *Méd.*
hémophilie *(f.).*

4099. **haemophiliac** — *Méd.*
hémophile *(adj.).*

4100. **haemophilic** — *Méd.*
hémophilique *(adj.)*

4101. **haemopoiesis** —
Hématol. hémopoïèse
(f.), hématopoïèse *(f.).*

4102. **haemopoietic tissue** —
Histol. tissu *(m.)*
hématopoïétique, tissu
(m.) hémopoïétique.

4103. **haemorrhage** — *Méd.*
hémorragie *(f.).*

4104. **haemorrhagic** — *Méd.*
hémorragique *(adj.).*

4105. **haemorrhoid** — *Méd.*
hémorroïde *(f.).*

4106. **haemorrhoidal** — *Méd.*
hémorroïdal, -e, -aux
(adj.).

4107. **haemorrhoidal vein** —
Anat. veine *(f.)*
hémorroïdale.

4108. **heamosporidia** —
Parasitol.
hémosporidies *(f. pl.).*

4109. **haemostasia** — *Méd.,*
Physiol. hémostase *(f.).*

4110. **haemostat** — *Méd.*
pinces *(f.)*
hémostatiques.

4111. **haemotype** — *Hématol.*
hémotype *(m.).*

4112. **haemotypological** —
Génét. hémotypologique
(adj.).

4113. **hair** — *Bot.* poil *(m.);*
Zool. (homme) poil
(m.), cheveu, -x *(m.),*
(cheval) crin *(m.),*
(porc) soie *(f.).*

4114. **hair-bulb** — *Histol.* bulbe
(m.) pileux.

4115. **hair cells** — *Histol.*
cellules *(f.)* sensorielles.

4116. **hair cortex** — *Histol.*
cortex *(m.)* pileux.

4117. **hair follicle** — *Histol.*
follicule *(m.)* pileux.

4118. **half vertebrae** — *Anat.*
comp. demi-vertèbres
(f.) (pleurocentre et
hypocentre).

4119. **halieutic** — *Pêch.*
halieutique *(adj.).*

4120. **hallux** — *Anat. comp.*
hallux *(m.).*

4121. **halomorphic conditions** —
Pédol. halomorphie
(f.).

4122. **halophilic** — *Bot., Ecol.*
halophile *(adj.)*.

4123. **halophilous** — *Bot., Ecol.*
halophile *(adj.)*.

4124. **halophyte** — *Bot., Ecol.*
halophyte *(f.)*.

4125. **halophytic** — *Bot., Ecol.*
halophyte *(adj.)*.

4126. **haltere** — *Entom.* haltère
(m.), balancier *(m.)*.

4127. **hamate** — *Anat. comp.* os
(m.) crochu, os *(m.)*,
unciforme, carpiens
(m.) (4 et 5).

4128. **hammer** — *Anat.*
marteau *(m.)*, malleus
(m.).

4129. **hamster** — *Zool.* hamster
(m.).

4130. **hamula** — *Entom.*
hamule *(m.)*.

4131. **hamulate** — *Bot.*
hamuleux, -euse *(adj.)*.

4132. **hamulose** — Voir:
hamulate.

4133. **hamulus** — *Ornith.*
hamulus *(m.)*, crochet
(m.), barbicelle *(f.)*.

4134. **hand** — *Anat., Zool.*
main *(f.)*.

4135. **hand-lens** — *Biol.* loupe
(f.).

4136. **haplochlamydeous** —
Voir:
monochlamydeous.

4137. **haplodont** — *Anat. comp.*
haplodonte *(adj.)*.

4138. **haploid** — *Génét.*
haploïde *(adj.)*,
monoploïde *(adj.)*.

4139. **haplomi** — *Ichtyol.*
haplomes *(m. pl.)*.

4140. **haplomitosis** — *Cytol.*
haplomitose *(f.)*.

4141. **haplonte** — *Cytol.*
haplonte *(m.)*.

4142. **haplopetalous** — *Bot.*
haplopétale *(adj.)*.

4143. **haptotropism** — *Bot.*
haptotropisme *(m.)*,
thigmotropisme *(m.)*,
thigmotaxie *(f.)*.

4144. **hard palate** — *Anat.*
voûte *(f.)* palatine.

4145. **harderian glands** —
Anat. comp. glandes *(f.)*
de Harder.

4146. **Hardy-Weinberg law** —
Evol., Génét. loi *(f.)* de
Hardy-Weinberg.

4147. **harelip** — *Méd.* bec-de-
lièvre *(m.)*.

4148. **harpago** — *Entom.*
harpagones *(m.)*.

4149. **hatch** — *Ornith.* couvée
(f.).

4150. **hatchery** — *Zool.*
écloserie *(f.)*.

4151. **Hatschek's pit** — *Céphal.*
fossette *(f.)* de
Hatschek.

4152. **haustellum** — *Entom.*
trompe *(f.)*.

4153. **haustorium** — *Mycol.*
haustorie *(f.)*, suçoir
(m.).

4154. **haustrum** — *Anat.*
saccule *(m.)* (du côlon).

4155. **haversian canal** — *Histol.*
canal *(m.)* de Havers.

4156. **haversian system** —
Histol. système *(m.)*
haversien, ostéone *(m.)*.

4157. **Head** — *Anat.* tête *(f.)*;
Bot. capitule *(m.)*.

4158. **head cap** — *Histol.*
bouton *(m.)* céphalique,
capuchon *(m.)*
céphalique.

4159. **head fold** — *Embryol.* pli
(m.) amniotique
antérieur, pli *(m.)*
crânien.

4160. **head-kidney** — *Anat.*
comp. pronéphros *(m.)*.

4161. **healing rate** — *Ecol.,*
Env. taux *(m.)* de
cicatrisation.

4162. **heart** — *Anat.* coeur *(m.)*.

4163. **heart-beat** — *Physiol.*
battement *(m.),*
pulsation *(f.)*.

4164. **heart-failure** — *Physiol.*
syncope *(f.),* arrêt *(m.)*
du coeur.

4165. **heart-failure cell** — Voir:
siderophage.

4166. **heart wood** — *Bot.*
duramen *(m.),* bois *(m.)*
parfait.

4167. **heartburn** — *Méd.*
brûlures *(f.)* d'estomac.

4168. **heartlet** — *Bot.* coeuret
(m.).

4169. **heat receptor** — *Physiol.*
récepteur *(m.)* de la
chaleur.

4170. **heat-producing** —
Physiol. thermogène
(adj.).

4171. **hectocotylus** — *Moll.*
bras *(m.)* ectotyle.

4172. **hederaceous** — *Bot.*
hédéracé, -e *(adj.)*.

4173. **hederiform** — *Bot.*
hédériforme *(adj.)*.

4174. **heel** — *Anat.* talon *(m.);*
Ornith. éperon *(m.),*
ergot *(m.)*.

4175. **heel-bone** — *Anat.*
calcanéum *(m.)*.

4176. **Heister's valve** — Voir:
spiral valve of Heister.

4177. **heliciform** — *Biol.*
héliciforme *(adj.),*
spiralé, -e *(adj.)*.

4178. **helicine artery** — *Anat.*
artère *(f.)* hélicine.

4179. **helicoid** — *Bot.*
hélicoïdal, -e, -aux
(adj.), hélicoïde *(adj.)*.

4180. **helicotrema** — *Anat.*
hélicotrème *(m.)*.

4181. **heliothermic** — *Physiol.*
héliotherme *(adj.)*.

4182. **heliotropism** — *Bot.*
héliotropisme *(m.)*.

4183. **heliox** — *Limnol.,*
Océanogr. héliox *(m.)*.

4184. **heliozoa** — *Protoz.*
héliozoaires *(m. pl.)*.

4185. **helminth** — *Parasitol.*
helminthe *(m.)*.

4186. **helminthology** — *Zool.*
helminthologie *(f.)*.

4187. **hema-** — Voir: **sous le**
radical haema-. Ex:
haemacyte, haemolysis,
etc.

4188. **hematoxylin** —
Microtech. hématoxyline
(f.).

4189. **hemi-azygos vein** —
Anat. comp. petite veine
(f.) azygos.

4190. **hemibranch** — *Zool.*
hémibranchie *(f.)*.

4191. **hemicellulose** — *Biochim.* hémicellulose *(f.)*.

4192. **hemicephalous** — *Entom.* hémicéphale *(adj.)*.

4193. **hemichorda** — Voir: **hemichordata.**

4194. **hemichordata** — *Zool.* hémicordés *(m. pl.)*.

4195. **hemicryptophyte** — *Bot.* hémicryptophyte *(f.)*.

4196. **hemiedaphon** — *Ecol.* hémiédaphon *(m.)*.

4197. **hemielytron** — *Entom.* hémélitre *(m.)*.

4198. **hemimetabola** — *Entom.* hémimétabole *(m.)*.

4199. **hemiptera** — *Entom.* hémiptères *(m. pl.)*, hémiptéroïdes *(m. pl.)*.

4200. **hemipteral** — *Entom.* hémiptère *(adj.)*.

4201. **hemipteran** — *Entom.* hémiptère *(n. m. et adj.)*.

4202. **hemipterous** — *Entom.* hémiptère *(adj.)*.

4203. **hemizygous** — *Génét.* hémizygote *(adj.)*, hémizygotique *(adj.)*.

4204. **hemo-** — Voir: **sous le radical haemo-.** Ex: **haemocyte, haemolysis.**

4205. **hemylytron** — Voir: **hemielytron.**

4206. **hen** — *Ornith.* poule *(f.)*, femelle (d'oiseau) *(f.)*.

4207. **Henle's layer** — *Histol.* couche *(f.)* de Henle.

4208. **Henle's loop** — Voir: **loop of Henle.**

4209. **Henle's sheath** — *Histol.* gaine *(f.)* de Henle.

4210. **heparin** — *Physiol., Zool.* héparine *(f.)*.

4211. **hepatic** — *Anat., Physiol.* hépatique *(adj.)*.

4212. **hepatic caecum** — *Zool.* caecum *(m.)* hépatique.

4213. **hepatic cell** — *Histol.* hépatocyte *(m.)*.

4214. **hepatic ligament** — *Anat.* ligament *(m.)* hépatique.

4215. **hepatic portal system** — *Anat. comp., Zool.* système *(m.)* porte hépatique.

4216. **hepatic portal vein** — *Anat. comp., Zool.* veine *(f.)* porte hépatique.

4217. **hepatic sinus** — *Ichtyol.* sinus *(m.)* hépatique.

4218. **hepaticae** — *Bot.* hépatiques *(f. pl.)*.

4219. **hepatitis** — *Pathol.* hépatite *(f.)*.

4220. **hepato-pancreas** — *Zool.* hépatopancréas *(m.)*.

4221. **hepato-pancreatic duct** — *Anat. comp., Zool.* canal *(m.)* hépato-pancréatique.

4222. **herb** — *Bot.* herbe *(f.)*.

4223. **herbaceous** — *Bot.* herbacé, -e *(adj.)*.

4224. **herbalist** — *Bot.* herborisateur *(m.)*, -trice *(f.)*, botaniste *(m.)*.

4225. **herbarium** — *Bot.* herbier *(m.)*.

4226. **herbivora** — *Zool.* herbivores *(m. pl.)*.

4227. **herbivore** — *Zool., Ecol.* herbivore *(n. m. et adj.)*, phytophage *(n. m. et adj.)*, consommateur *(m.)* de premier ordre, consommateur *(m.)* primaire.

4228. **herbivorous** — *Zool.* herbivore *(adj.)*.

4229. **herd immunity** — *Méd.* immunité *(f.)* de groupe.

4230. **hereditary** — *Génét.* héréditaire *(adj.)*.

4231. **hereditary disease** — *Génét.* maladie *(f.)* héréditaire.

4232. **heredity** — *Génét.* hérédité *(f.)*.

4233. **heredity of acquired characters** — *Génét.* hérédité *(f.)* des caractères acquis.

4234. **Hering's canal** — *Histol.* canal *(m.)* de Hering.

4235. **hermaphrodism** — *Génét.* hermaphrodisme *(m.)*.

4236. **hermaphrodite** — *Biol.* hermaphrodite *(m.)*.

4237. **hermaphroditic** — *Biol.* hermaphrodite *(adj.)*, monoïque *(adj.)*.

4238. **hermaphroditical** — Voir: **hermaphroditic.**

4239. **hermaphroditism** — Voir: **hermaphrodism.**

4240. **hernia** — *Pathol., Phytopathol.* hernie *(f.)*.

4241. **hernial** — *Pathol., Phytopathol.* herniaire *(adj.)*.

4242. **herniary** — *Pathol., Phytopathol.* herniaire *(adj.)*.

4243. **heroin addict** — *Toxicol.* héroïnomane *(m.)*.

4244. **herpes** — *Pathol.* herpès *(m.)*.

4245. **herpetological** — *Zool.* herpétologique *(adj.)*, erpétologique *(adj.)*.

4246. **herpetologist** — *Zool.* herpétologiste *(m.)*, erpétologiste *(m.)*.

4247. **herpetology** — *Zool.* herpétologie *(f.)*, erpétologie *(f.)*.

4248. **Herring bodies** — *Histol.* corps *(m.)* de Herring.

4249. **heterocera** — *Entom.* hétérocères *(m. pl.)*.

4250. **heterocercal tail** — *Ichtyol.* queue *(f.)* hétérocerque.

4251. **heterochlamydeous** — *Bot.* (fleur) hétérochlamydée *(adj.)*.

4252. **heterochromatic** — *Génét.* hétérochromatique *(adj.)*.

4253. **heterochromatin** — *Génét.* hétérochromatine *(f.)*.

4254. **heterochromosome** — *Génét.* hétérochromosome *(m.)*, allosome *(m.)*, chromosome *(m.)* sexuel, gonosome *(m.)*, hétérosome *(m.)*.

4255. **heterocoela** — *Spong.* hétérocèles *(m. pl.)*.

4256. **heterocoelous** — *Anat.*
comp. hétérocoele *(adj.).*

4257. **heterocyst** — *Bot.*
hétérocyste *(m.).*

4258. **heterodont** — *Anat.*
comp. hétérodonte
(adj.).

4259. **heteroecious** — *Parasitol.*
hétéroïque *(adj.),*
polyxène *(adj.).*

4260. **heterogametes** — *Biol.*
hétérogamètes *(m.),*
anisogamètes *(m.).*

4261. **heterogametic sex** —
Biol. sexe *(m.)*
hétérogamétique.

4262. **heterogamety** — *Biol.*
hétérogamétie *(f.).*

4263. **heterogamous** — *Biol.*
hétérogame *(adj.).*

4264. **heterogamy** — *Biol.*
hétérogamie *(f.),*
anisogamie *(f.).*

4265. **heterogenesis** — *Biol.*
hétérogenèse *(f.),*
xénogenèse *(f.).*

4266. **heterogeny** — *Biol.*
hétérogénie *(f.).*

4267. **heterograft** — *Biol.*
hétérogreffe *(f.),*
hétéroplastie *(f.).*

4268. **heterokaryotic** — *Génét.*
hétérocaryote *(adj.).*

4269. **heterometabola** —
Entom. hétérométaboles
(m. pl.), exoptérygotes
(m. pl.).

4270. **heterometabolous** —
Entom. hétérométabole
(adj.), exoptérygote
(adj.).

4271. **heteromorph** — Voir:
heteromorphic.

4272. **heteromorphic** — *Entom.*
hétéromorphe *(adj.),*
holométabole *(adj.).*

4273. **heteronemertini** — *Zool.*
hétéronémertes *(m. pl.).*

4274. **heteronereis** — *Ann.*
hétéronereis *(m.).*

4275. **heteroneura** — *Entom.*
hétéroneures *(m. pl.).*

4276. **heterophil** — *Hématol.*
hétérophile *(adj.).*

4277. **heterophyllous** — *Bot.*
hétérophylle *(adj.).*

4278. **heteroploid** — *Génét.*
hétéroploïde *(adj.).*

4279. **heteropoda** — *Moll.*
hétéropodes *(m. pl.).*

4280. **heteroptera** — *Entom.*
hétéroptères *(m. pl.).*

4281. **heteropycnose** — *Génét.*
hétéropycnose *(f.).*

4282. **heteropycnosis** — Voir:
heteropycnose.

4283. **heteropycnotic** — *Génét.*
hétéropycnotique *(adj.).*

4284. **heterosexual** — *Biol.*
hétérosexuel, -elle *(adj.).*

4285. **heterosis** — *Génét.*
hétérosis *(f.),*
hétérozygosis *(f.).*

4286. **heterospore** — *Bot.*
hétérospore *(f.).*

4287. **heterosporous** — *Bot.*
hétérosporé, -e *(adj.).*

4288. **heterostyly** — *Bot.*
hétérostylie *(f.).*

4289. **heterotaxy** — *Tératol.*
hétérotaxie *(f.).*

4290. **heterothallism** — *Biol.*
hétérothallisme *(m.).*

4291. **heterotricha** — *Protoz.*
hétérotriches *(m. pl.).*

4292. **heterotrichida** — Voir: **heterotricha.**

4293. **heterotrichous** — *Bot.* hétérotriche *(adj.).*

4294. **heterotroph** — *Ecol.* hétérotrophe *(n. m. et adj.).*

4295. **heterotrophic** — *Bot., Zool.* hétérotrophe *(adj.).*

4296. **heterotrophic nutrition** — *Bot., Zool.* nutrition *(f.)* hétérotrophe.

4297. **heterotypical groups** — *Cytol.* groupes *(m.)* hétérotypiques.

4298. **heterozygote** — *Génét.* hétérozygote *(m.).*

4299. **heterozygous** — *Génét.* hétérozygote *(adj.).*

4300. **hexacanth** — *Zool.* hexacanthe *(adj.).*

4301. **hexacanth embryo** — *Zool.* embryon *(m.)* hexacanthe.

4302. **hexactinellida** — *Spong.* hexactinellides *(m. pl.),* triaxonides *(m. pl.).*

4303. **hexandrous** — *Bot.* hexandre *(adj.).*

4304. **hexaploid** — *Génét.* hexaploïde *(n. m. et adj.).*

4305. **hexasomic** — *Génét.* hexasomique *(adj.).*

4306. **hexose** — *Chim.* hexose *(m.).*

4307. **hiatus** — *Ecol.* lacune *(f.),* discontinuité *(f.).*

4308. **hibernaculum** — *Bot.* hibernacle *(m.).*

4309. **hibernal** — *Bot., Ecol., Zool.* hibernal, -e, -aux *(adj.).*

4310. **hibernant** — *Zool.* hibernant *(n. m. et adj.).*

4311. **hibernate** (to) — *Zool.* hiberner *(v. intr.),* hiverner *(v. intr.).*

4312. **hibernation** — *Biol.* hibernation *(f.).*

4313. **hierarchy** — *Comport.* hiérarchie *(f.).*

4314. **high-protein plant** — *Biochim., Bot.* plante *(f.)* protéagineuse.

4315. **high recombination frequency** — *Génét.* haute fréquence *(f.)* de recombinaison.

4316. **high tide** — *Océanogr.* marée *(f.)* haute.

4317. **hilum** — *Anat.* hile *(m.); Bot.* hile *(m.),* ombilic *(m.),* cicatricule *(f.).*

4318. **himalayan** — *Génét., Zool.* himalayen, -enne *(adj.).*

4319. **hind** — *Zool.* de derrière, postérieur, -e *(adj.).*

4320. **hind-brain** — *Anat. comp.* cerveau *(m.)* postérieur, métencéphale *(m.).*

4321. **hind-gut** — *Embryol.* proctodeum *(m.).*

4322. **hinge** — *Moll.* charnière *(f.).*

4323. **hinge-joint** — *Anat.* diarthrose *(f.).*

4324. **hip-girdle** — Voir: **pelvic girdle.**

4325. **hippocampal cortex** — Voir: **hippocampus.**

4326. **hippocampal lobes** —
Voir: **hippocampus.**

4327. **hippocampus** — *Anat.*,
Ichtyol. hippocampe
(m.).

4328. **hirudinea** — *Ann.*
hirudinées *(f. pl.)*,
achètes *(m. pl.).*

4329. **His's** (of Hiss) — *Anat.*
hissien *(adj.).*

4330. **histamine** — *Biochim.*
histamine *(f.).*

4331. **histiocyte** — *Histol.*
histiocyte *(m.).*

4332. **histochemistry** — *Chim.*,
Histol. histochimie *(f.).*

4333. **histocompatible** —
Immunol.
histocompatible *(adj.).*

4334. **histocompatibility** —
Immunol.
histocompatibilité *(f.).*

4335. **histogen** — *Embryol.*
histogène *(adj.).*

4336. **histogenesis** — *Embryol.*
histogenèse *(f.).*

4337. **histology** — *Anat., Biol.*
histologie *(f.).*

4338. **histolysis** — *Histol.*
histolyse *(f.).*

4339. **histone** — *Biochim.*
histone *(f.)*, histonine
(f.).

4340. **hodology** — *Physiol.*
hodologie *(f.).*

4341. **Hoff's law** (Van't) —
Chim. loi *(f.)* de Van't
Hoff.

4342. **holarctic** — *Bot., Ecol.*
holarctique *(adj.).*

4343. **holdfast** — *Bot.* crampon
(m.).

4344. **holoblast** — *Embryol.*
oeuf *(m.)* holoblastique.

4345. **holoblastic cleavage** —
Voir: **holoblastic**
segmentation.

4346. **holoblastic**
segmentation —
Embryol. segmentation
(f.) holoblastique.

4347. **holobranch** — *Zool.*
holobranchie *(f.).*

4348. **holocarpic** — *Bot.*
holocarpe *(adj.).*

4349. **holocene** — *Géol.*
holocène *(n. m. et adj.).*

4350. **holocephali** — *Ichtyol.*
holocéphales *(m. pl.).*

4351. **hocephalous** — *Anat.*
comp., Entom.
holocéphale *(adj.).*

4352. **hocephalous rib** — *Anat.*
comp. côte *(f.)*
holocéphale, côte *(f.)*
monocéphale.

4353. **holocrine** — *Histol.*
holocrine *(adj.).*

4354. **hologamy** — *Protoz.*
hologamie *(f.).*

4355. **holometabola** — *Entom.*
holométaboles *(m. pl.)*,
endoptérygotes *(m. pl.).*

4356. **holometabolous** —
Entom. holométabole
(adj.), endoptérygote
(adj.).

4357. **holophytic** — *Biol.*
autotrophe *(adj.).*

4358. **holophytic nutrition** —
Biol. nutrition *(f.)*
autotrophe, autotrophie
(f.).

4359. **holosteous** — *Ichtyol.*
holosté, -e *(adj.).*

4360. **holothuria** — Voir:
holothuroidea.

4361. **holothurian** — *Echinod.*
holothurie *(f.),*
concombre *(m.)* de mer.

4362. **holothurid** — Voir:
holothuroidea.

4363. **holothuroidea** —
Echinod. holothurides
(m. pl.).

4364. **holotricha** — *Protoz.*
holotriches *(m. pl.).*

4365. **holotrichida** — Voir:
holotricha.

4366. **holotype** — *Biol.*
holotype *(m.).*

4367. **holozoic** — *Biol.*
holotrophe *(adj.).*

4368. **holozoic nutrition** —
Biol. nutrition *(f.)*
holotrophe.

4369. **homeostasis** — *Ecol.,*
Physiol. homéostasie
(f.).

4370. **home range** — *Ecol.,*
Zool. domaine *(m.)*
vital.

4371. **homeothermal** — *Physiol.*
homéotherme *(adj.).*

4372. **homeothermous** — Voir:
homeothermal.

4373. **hominoid** — *Zool.*
hominoïde *(m.).*

4374. **homiothermal** — Voir:
homeothermal.

4375. **homocentric** — *Biol.*
homocentrique *(adj.),*
concentrique *(adj.).*

4376. **homocercal** — *Ichtyol.*
homocerque *(adj.).*

4377. **homodont** — *Anat. comp.*
homodonte *(adj.).*

4378. **homogamete** — *Génét.*
isogamète *(m.),*
homogamète *(m.).*

4379. **homogametic sex** —
Génét. sexe *(m.)*
homogamétique, sexe
(m.) isogamétique.

4380. **homogamous** — *Bot.*
homogame *(adj.).*

4381. **homogenate** — *Génét.*
broyat *(m.).*

4382. **homogeneity** — *Biol.*
homogénéité *(f.).*

4383. **homogeneous** — *Biol.*
homogène *(adj.).*

4384. **homogenesis** —
Anthropol. homogénésie
(f.), homogénie *(f.).*

4385. **homograft** — *Génét.,*
Méd. greffe *(f.)*
allogénique.

4386. **homoiothermic** — Voir:
homeothermal.

4387. **homologous** — *Biol.*
homologue *(adj.).*

4388. **homologous**
chromosomes —
Génét. chromosomes
(m.) homologues.

4389. **homologous graft** —
Voir: **homograft.**

4390. **homologue** — *Biol.*
homologue *(m.),*
homotype *(m.).*

4391. **homologous** — *Biol.*
homologue *(adj.),*
homotypique *(adj.).*

4392. **homology** — *Biol.*
homologie *(f.).*

4393. **homoneura** — *Entom.*
homoneures *(m. pl.).*

4394. **homopetalous** — *Bot.*
homopétale *(adj.).*

4395. **homopolar** — *Biol.*
homopolaire *(adj.)*,
unipolaire *(adj.)*.

4396. **homoptera** — *Entom.*
homoptères *(m. pl.)*.

4397. **homopterous** — *Entom.*
homoptère *(adj.)*.

4398. **homosexual** — *Méd.*
homosexuel, -elle *(adj.)*.

4399. **homosporous** — *Bot.*
homosporé, -e *(adj.)*.

4400. **homostyly** — *Bot.*
homostylie *(f.)*.

4401. **homothallism** — *Bot.*
homothallisme *(m.)*.

4402. **homothermal** — Voir:
homeothermal.

4403. **homothermous** — Voir:
homeothermal.

4404. **homotype** — *Biol.*
homotype *(m.)*,
homologue *(m.)*.

4405. **homotypical** — *Biol.*
homologue *(adj.)*,
homotypique *(adj.)*.

4406. **homotypical groups** —
Biol. groupes *(m.)*
homotypiques.

4407. **homozygote** — *Génét.*
homozygote *(n. m. et
adj.)*.

4408. **homozygous** — *Génét.*
homozygote *(adj.)*.

4409. **honey-eating** — *Zool.*
mellivore *(adj.)*.

4410. **honeycomb** — *Entom.*
rayon *(m.)* de miel.

4411. **honeycomb bag.** — *Zool.*
(ruminant) bonnet *(m.)*,
réseau *(m.)*, réticulum
(m.).

4412. **honeydew** — *Bot.* miellée
(f.) (produite par les
nectaires), nectar *(m.)*;
Zool. miellat *(m.)*
(produit par certains
parasites des plantes).

4413. **hood** — *Bot., Entom.*
casque *(m.)*; *Zool.*
manteau *(m.)* (d'un
lézard), coiffe *(f.)*,
capuchon *(m.)* (d'un
cobra).

4414. **hoof** — *Anat. comp.*,
Zool. sabot *(m.)* (d'un
cheval), onglon *(m.)*
(d'un porc, d'un boeuf).

4415. **hoofed** — *Zool.* ongulé,
-e *(adj.)*.

4416. **hookworm** — *Parasitol.*,
Zool. ankylostome *(m.)*,
ancylostome *(m.)*.

4417. **hoplocarida** — Voir:
stomatopoda.

4418. **horizon** — Voir: **soil
horizons**

4419. **hormogonium** — *Algol.*
hormogonie *(f.)*.

4420. **hormone** — *Physiol.*
hormone *(f.)*.

4421. **hormonology** — *Physiol.*
hormonologie *(f.)*.

4422. **horn** — *Anat.* corne *(f.)*
(de l'utérus, de la
vessie); *Zool.* bois *(m.
pl.)* (des cervidés.),
corne *(f.)*.

4423. **horsehair** — *Zool.* crin
(m.).

4424. **horseshoe crab** —
Arthrop. limule *(m.)*.

4425. **horsetail** — *Anat.* nerfs
(m. pl.) rachidiens
postérieurs, queue *(f.)*
de cheval; *Bot.* prêle
(f.).

4426. **horse-tick** — *Entom.*
hippobosque *(m.)* des
chevaux.

4427. **horticulture** — *Agric.*
horticulture *(f.).*

4428. **horticultural** — *Agric.*
horticole *(adj.).*

4429. **horticulturist** — *Agric.*
horticulteur *(m.).*

4430. **host** — *Biol.* hôte *(m.).*

4431. **houndfish** — Voir:
dogfish.

4432. **Howship's lacunae** —
Histol. lacunes *(f.)*
d'Howship.

4433. **hull.** — *Bot.* gousse *(f.),*
cosse *(f.).*

4434. **human genetics** — *Génét.*
génétique *(f.)* humaine.

4435. **humeral** — *Anat.*
huméral, -e, -aux *(adj.).*

4436. **humero-cubital** — *Anat.*
brachio-cubital, -e
(adj.), huméro-cubital,
-e, -aux *(adj.).*

4437. **humerus** — *Anat.,*
Entom. humérus *(m.).*

4438. **humic substances** —
Voir: **humus.**

4439. **humification** — *Ecol.,*
Pédol. humification *(f.).*

4440. **humus** — *Ecol., Pédol.*
humus *(m.).*

4441. **hunger** — *Physiol.* faim
(f.).

4442. **hungry** — *Physiol.*
affamé, -e *(adj.).*

4443. **husbandry** — Voir:
animal husbandry.

4444. **Huxley's layer** — *Histol.*
couche *(f.)* de Huxley.

4445. **hyaline** — *Biol.* hyalin, -e
(adj.).

4446. **hyaline cartilage** —
Histol. cartilage *(m.)*
hyalin.

4447. **hyaloid** — *Anat.* hyaloïde
(adj.), hyaloïdien, -enne
(adj.).

4448. **hyaloid canal** — *Anat.*
canal *(m.)* hyaloïde,
canal *(m.)* de Cloquet.

4449. **hyaloid membrane** —
Anat. membrane *(f.)*
hyaloïde.

4450. **hyalomere** — *Cytol.*
hyalomère *(m.).*

4451. **hyaloplasm** — *Cytol.*
hyaloplasme *(m.),*
hyaloplasma *(m.).*

4452. **hyaluronic acid** —
Biochim. acide *(m.)*
hyaluronique.

4453. **hyaluronidase** —
Biochim. hyaluronidase
(f.).

4454. **hybrid** — *Génét.* hybride
(n. m. et adj.).

4455. **hybrid vigour** — *Génét.*
vigueur *(f.)* hybride.

4456. **hybridization** — *Génét.*
hybridation *(f.).*

4457. **hybridize** (to) — *Génét.*
hybrider *(v. tr.),*
s'hybrider *(v. pron.).*

4458. **hydathode** — *Bot.*
hydatode *(m.).*

4459. **hydatid cyst** — *Plath.*
kyst *(m.)* hydatique.

4460. **hydra** — *Coelent.* hydre
(f.).

4461. **hydranth** — *Coelent.*
hydrante *(m.).*

4462. **hydration** — *Chim.*,
Physiol. hydratation *(f.)*.

4463. **hydratuba** — Voir:
scyphistoma.

4464. **hydrobiology** — *Biol.*
hydrobiologie *(f.)*.

4465. **hydrobiont** — *Ecol.*
hydrobiont *(m.)*.

4466. **hydrocaulus** — *Coelent.*
hydrocaule *(m.)*.

4467. **hydroclimograph** — *Ecol.*
hydroclimogramme
(m.).

4468. **hydrocoel** — *Echin.*
hydrocoele *(m.)*, cavité
(f.) du système aquifère.

4469. **hydrocorallinae** —
Coelent.
hydrocoralliaires *(f. pl.)*.

4470. **hydrocortisone** —
Biochim. hydrocortisone
(f.), cortisol *(m.)*,
composé *(m.)* F de
Kendall, 17-
hydroxycorticostérone
(f.).

4471. **hydrocyclone** — *Env.*
hydrocyclone *(m.)*.

4472. **hydrogel** — *Cytol.*
hydrogel *(m.)*.

4473. **hydroid generation** —
Coelent. phase *(f.)*
polype, stade *(m.)*
polype.

4474. **hydroids** — *Coelent.*
hydroïdes *(m. pl.)*,
hydraires *(m. pl.)*.

4475. **hydrological cycle** —
Ecol. cycle *(m.)*
hydrologique.

4476. **hydrolysis** — *Chim.*
hydrolyse *(f.)*.

4477. **hydromedusae** —
Coelent. hydroméduses
(f. pl.).

4478. **hydrophile** — *Cytol.*,
Physiol. hydrophile
(adj.), lyophile *(adj.)*.

4479. **hydrophobe** — *Chim.*
hydrophobe *(adj.)*.

4480. **hydrophobic binding** —
Chim. liaison *(f.)*
hydrophobe.

4481. **hydrophyllium** —
Coelent. aspidozoïde
(m.), bouclier *(m.)*.

4482. **hydrophyte** — *Bot.*
hydrophyte *(f.)*.

4483. **hydroponic** — *Bot.*
hydroponique *(adj.)*.

4484. **hydrorhiza** — *Coelent.*
hydrorhize *(f.)*, stolon
(m.) radiculaire,
rhizocaule *(f.)*.

4485. **hydrosere** — *Ecol.*
hydrosère *(f.)*.

4486. **hydrotheca** — *Zool.*
hydrothèque *(f.)*, calice
(m.).

4487. **hydrotropism** — *Bot.*
hydrotropisme *(m.)*,
hydrotaxie *(f.)*.

4488. **hydrozoa** — *Coelent.*
hydrozoaires *(m. pl.)*.

4489. **hymen** — *Anat.* hymen
(m.).

4490. **hymenial layer** — *Mycol.*
couche *(f.)* hyménéale,
hyménium *(m.)*.

4491. **hymenium** — Voir:
hymenial layer.

4492. **hymenoptera** — *Entom.*
hyménoptères *(m. pl.)*.

4493. **hymenopterous** —
Entom. hyménoptère
(adj.).

4494. **hymenostomata** —
Protoz. hyménostomes
(m. pl.).

4495. **hyoid** — *Anat.* hyoïde *(n.
m. et adj.),* os *(m.)*
hyoïde, hyoïdien, -enne
(adj.).

4496. **hyoid arch** — *Anat.*
comp. arc *(m.)* hyoïdien.

4497. **hyoid bone** — Voir:
hyoid.

4498. **hyoid cornua** — *Anat.*
corne *(f.)* de l'hyoïde.

4499. **hyoid sclerite** — *Entom.*
sclérite *(m.)* hyoïde.

4500. **hyoidean** — *Anat.*
hyoïdien, -enne *(adj.).*

4501. **hyomandibulum** — *Anat.*
comp. hyomandibulaire
(m.).

4502. **hyostylic** — *Anat. comp.*
hyostylique *(adj.).*

4503. **hypandrium** — *Entom.*
hypandrium *(m.).*

4504. **hypapophysis** — *Anat.*
comp. hypapophyse *(f.).*

4505. **hypaxonic muscle** —
Anat. comp.
musculature *(f.)*
hypaxonale.

4506. **hyperaemia** — *Pathol.*
hyperémie *(f.),*
hyperhémie *(f.),*
congestion *(f.).*

4507. **hyperarginemia** —
Biochim., Génét.
hyperarginémie *(f.).*

4508. **hyperbaric** — *Méd.*
hyperbare *(adj.).*

4509. **hypercholesteremia** —
Voir:
hypercholesterolemia.

4510. **hypercholesterolemia** —
Physiol.
hypercholestérémie *(f.).*

4511. **hyperdactyly** — *Anat.*
comp., Tératol.
hyperdactylie *(f.).*

4512. **hyperimmune** — *Art
vétér., Méd.*
hyperimmun, -e *(adj.).*

4513. **hyperlipidemia** —
Physiol. hyperlipidémie
(f.).

4514. **hyperlipoidemia** — Voir:
hyperlipidemia.

4515. **hypermastigina** —
Protoz. hypermastigines
(f. pl.).

4516. **hypermetamorphosis** —
Entom.
hypermétamorphose
(f.).

4517. **hyperparathyroidism** —
Physiol.
hyperparathyroïdie *(f.),*
hyperparathyroïdisme
(m.).

4518. **hyperphagic** — *Physiol.*
hyperphagique *(adj.)*

4519. **hyperpharyngeal groove** —
Céphal. gouttière *(f.)*
épipharyngienne.

4520. **hyperplasia** — *Pathol.*
hyperplasie *(f.).*

4521. **hypertely** — *Biol.*
hypertélie *(f.),*
hypermorphie *(f.).*

4522. **hypertension** — *Pathol.,
Physiol.* hypertension
(f.).

4523. **hyperthyroidism** —
Physiol. hyperthyroïdie
(f.), hyperthyroïdisme
(m.).

4524. **hypertonic** — *Biol.*
hypertonique *(adj.)*.

4525. **hypertrophy** — *Biol.*
hypertrophie *(f.)*.

4526. **hypha** — *Mycol.* hyphe
(f.).

4527. **hyphomycetes** — *Mycol.*
hyphomycètes *(m. pl.)*,
moisissures *(f. pl.)*.

4528. **hypnogenous** —
Pharmacol. hypnogène
(adj.).

4529. **hypoblast** — *Bot.*
hypoblaste *(m.)*,
scutellum *(m.)*; *Embryol.*
hypoblaste *(m.)*,
endoderme *(m.)*.

4530. **hypoblastic** — *Embryol.*
hypoblastique *(adj.)*.

4531. **hypobranchial** — *Anat.*
comp., Zool.
hypobranchial, -e, -aux
(adj.).

4532. **hypocentrum** — *Anat.*
comp. hypocentre *(m.)*.

4533. **hypocerebral** — *Anat.*
hypocérébral, -e, -aux
(adj.).

4534. **hypochromat** — *Méd.*
daltonien, -enne *(adj.)*.

4535. **hypochromic
erythrocyte** — *Histol.*
hypochrome *(m.)*.

4536. **hypocotyl** — *Bot.*
hypocotyle *(m.)*, axe
(m.) hypocotylé.

4537. **hypoderm** — *Anat., Bot.*
hypoderme *(m.)*; *Entom.*

hypoderme *(m.)*, varron
(m.).

4538. **hypodermic** — *Anat.*
hypodermique *(adj.)*.

4539. **hypodermis** — Voir:
hypoderm.

4540. **hypogastric** — *Anat.*
hypogastrique *(adj.)*.

4541. **hypogastric artery** —
Anat. artère *(f.)*
hypogastrique.

4542. **hypogastric vein** — *Anat.*
veine *(f.)*
hypogastrique.

4543. **hypogastrium** — *Anat.*
hypogastre *(m.)*.

4544. **hypogeal** — *Bot.* hypogé,
-e *(adj.)*.

4545. **hypogean** — Voir:
hypogeal.

4546. **hypogeous** — Voir:
hypogeal.

4547. **hypoglossal** — *Anat.*
hypoglosse *(adj.)*.

4548. **hypoglossal nerve** —
Anat. nerf *(m.)*
hypoglosse.

4549. **hypoglycemia** — *Physiol.*
hypoglycémie *(f.)*.

4550. **hypogynous** — *Bot.*
hypogyne *(adj.)*.

4551. **hypohyal** — *Ichtyol.*
hypohyal, -e, -aux *(n. m.
et adj.)*.

4552. **hypo-ischium** —
Herpétol. hypoischium
(m.), cartilage *(m.)*
hypoischiatique.

4553. **hypolimnion** — *Limnol.*
hypolimnion *(m.)*.

4554. **hyponasty** — *Bot.*
hyponastie *(f.)*.

4555. **hyponeustic** — Voir:
hyponeustonic.

4556. **hyponeustonic** —
Océanogr.
hyponeustonique *(adj.).*

4557. **hyponychium** — *Histol.*
hyponichium *(m.).*

4558. **hypopharynx** — *Entom.*
hypopharynx *(m.).*

4559. **hypophyseal fenestra** —
Voir: **hypophysial
fenestra.**

4560. **hypophyseal portal
system** — Voir:
**hypophysial portal
system.**

4561. **hypophyseal sac** — Voir:
hypophysial sac.

4562. **hypophysectomy** — *Méd.,
Physiol.*
hypophysectomie *(f.).*

4563. **hypophysial fenestra** —
Anat. comp. fenêtre *(f.)*
hypophysaire.

4564. **hypophysial portal
system** — *Anat.*
système *(m.)* porte
hypophysaire.

4565. **hypophysial sac** — *Anat.
comp.* diverticule *(m.)*
hypophysaire.

4566. **hypophysis** — *Anat.*
hypophyse *(f.),* glande
(f.) pituitaire; *Bot.*
hypophyse *(f.).*

4567. **hypophysis cerebri** —
Anat. antéhypophyse
(f.).

4568. **hypoploidy** — *Génét.*
hypoploïdie *(f.).*

4569. **hypoptile** — Voir:
hyporachis.

4570. **hypoptilum** — Voir:
hyporachis.

4571. **hypopygium** — *Entom.*
hypopyge *(m.).*

4572. **hyporachis** — *Ornith.*
hyporachis *(m.),*
hypoptile *(m.),*
hypoptilum *(m.).*

4573. **hypostasis** — *Physiol.*
hypostase *(f.),*
hyperémie *(f.),* dépôt
(m.), sédiment *(m.).*

4574. **hypostoma** — Voir:
hypostome.

4575. **hypostome** — *Zool.*
hypostome *(m.).*

4576. **hypothalamo-hypophyseal
tract** — *Anat.* tractus
(m.) hypothalamo-
hypophysaire.

4577. **hypothalamus** — *Anat.*
hypothalamus *(m.).*

4578. **hypothyroidism** — *Anat.*
hypothyroïdie *(f.),*
hypothyroïdisme *(m.).*

4579. **hypotonia** — *Physiol.*
hypotonie *(f.).*

4580. **hypotonic** — *Physiq.*
hypotonique *(adj.).*

4581. **hypotremata** — *Ichtyol.*
hypotrèmes *(m. pl.),*
bathoïdes *(m. pl.).*

4582. **hypotricha** — *Protoz.*
hypotriches *(m. pl.).*

4583. **hypovirulent** —
Microbiol., Parasitol.
hypovirulent, -e *(adj.).*

4584. **hypoxia** — *Env.* hypoxie
(f.).

4585. **hypsodont tooth** — *Anat.
comp.* dent *(f.)*
hypsodonte.

4586. **hypural bones** — *Ichtyol.*
os *(m.)* hypuraux,
hypuraux *(m. pl.)*.

4587. **hyracoidea** — *Mamm.*
hyracoïdes *(m. pl.)*.

4588. **hystrichomorpha** —
Mamm.
hystrichomorphes *(m. pl.)*.

I

4589. **ichthyobiologist** — Voir:
fish biologist,
ichthyologist.

4590. **ichthyodorulite** —
Paléont. ichtyodorulite
(f.).

4591. **ichthyoid** — *Ichtyol.*
ichtyoïde *(adj.)*.

4592. **ichthyological** — *Zool.*
ichtyologique *(adj.)*.

4593. **ichthyologist** — *Zool.*
ichtyologiste *(m.)*.

4594. **ichthyology** — *Zool.*
ichtyologie *(f.)*.

4595. **ichthyophagist** — *Zool.*
ichtyophage *(m.)*.

4596. **ichthyophagous** — *Zool.*
ichtyophage *(adj.)*.

4597. **ichthyopterygium** —
Ichtyol. ichtyoptérygie
(f.).

4598. **identical twins** —
Embryol., Génét.
jumeaux *(m.)*
identiques, jumeaux
(m.) univitellins, vrais
jumeaux *(m.)*.

4599. **ideotype** — *Agric.*
idéotype *(m.)*.

4600. **idioblast** — *Bot.*
idioblaste *(m.)*.

4601. **idiogram** — *Cytol.*
idiogramme *(m.)*,
appareil *(m.)* de Golgi.

4602. **igloo** — *Océanogr.* iglou
(m.).

4603. **ileocecal** — *Anat.* iléo-
caecal, -e, -aux *(adj.)*.

4604. **ileocecal junction** —
Anat. jonction *(f.)* iléo-
caecale.

4605. **ileocecal valve** — *Anat.*
valvule *(f.)* iléo-caecale.

4606. **ileocolic** — *Anat.* iléo-
côlique *(adj.)*.

4607. **ileum** — *Anat.* iléon *(m.)*.

4608. **iliac** — *Anat.* iliaque
(adj.).

4609. **iliac artery** — *Anat.*
artère *(f.)* iliaque.

4610. **iliac vein** — *Anat.* veine
(f.) iliaque.

4611. **ilio-lumbar** — *Anat.* ilio-
lombaire *(adj.)*.

4612. **ilium** — *Anat.* ilion *(m.)*,
os *(m.)* iliaque.

4613. **illuviation** — *Pédol.*
illuviation *(f.)*.

4614. **imaginal** — *Entom.*
imaginal, -e, -aux *(adj.)*.

4615. **imaginal bud** — Voir:
imaginal disc.

4616. **imaginal disc** — *Entom.*
disque *(m.)* imaginal.

4617. **imago** — *Entom.* imago
(m.).

4618. **imagocide** — *Entom.*
imagocide *(m.)*.

4619. **imbricate** — *Bot.*
imbriqué, -e *(adj.)*.

4620. **imitation** — *Comport.*
imitation *(f.)*.

4621. **immigration** — *Ecol.,*
Zool. immigration *(f.).*

4622. **immune** — *Immunol.*
immunisé, -e *(adj.),*
vacciné, -e *(adj.).*

4623. **immunity** — *Immunol.*
immunité *(f.).*

4624. **immunize** (to) —
Immunol. immuniser *(v.*
tr.).

4625. **immunizing** — *Immunol.*
immunisant, -e *(adj.).*

4626. **immunochemistry** —
Immunol.
immunochimie *(f.).*

4627. **immunocytochemistry** —
Immunol.
immunocytochimie *(f.).*

4628. **immunocompetent** —
Biol. cell.
immunocompétent, -e
(adj.).

4629. **immunodiffusion** —
Biochim.
immunodiffusion *(f.).*

4630. **immunodominant** —
Physiol.
immunodominant, -e
(adj.).

4631. **immunogenicity** —
Immunol.
immunogénicité *(f.).*

4632. **immunosuppressant** —
Immunol., Génét.
immunosuppresseur *(n.*
m. et adj.),
immunodépresseur
(n.m. et adj.),
immunosuppressif, -ive
(adj.).

4633. **immuno-suppressive** —
Voir:
immunosuppressant.

4634. **implacental** — *Zool.*
implacentaire *(adj.),*
aplacentaires *(adj.).*

4635. **implacentalia** — *Zool.*
implacentaires *(m. pl.),*
aplacentaires *(m. pl.).*

4636. **implant** — *Zool.* implant
(m.).

4637. **implantation** — *Physiol.*
implantation *(f.).*

4638. **impregnate** (to) —
Physiol. imprégner *(v.*
tr.), féconder *(v. tr.).*

4639. **impregnated** — *Physiol.*
imprégné, -e *(adj.),*
fécondé, -e *(adj.).*

4640. **impregnation** — *Embryol.*
fécondation *(f.),*
implantation *(f.).*

4641. **imprinting** — *Comport.*
imprégnation *(f.).*

4642. **impuberal** — *Physiol.*
impubère *(adj.).*

4643. **impulse** — *Physiol.* influx
(m.) nerveux.

4644. **impulse-conducting**
system — *Physiol.*
système *(m.)*
cardionecteur.

4645. **in vitro** — *Biol.* in vitro
(lat.).

4646. **in vivo** — *Biol.* in vivo
(lat.).

4647. **inarticulata** — *Zool.*
inarticulés *(m. pl.).*

4648. **inarticulate** — *Biol.*
inarticulé, -e *(adj.).*

4649. **inbred** — *Génét.*
consanguin, -e *(adj.).*

4650. **inbreed** (to) — *Génét.*
reproduire *(v. tr.)* par
accouplements
consanguins.

4651. **inbreeding** — *Génét.*
inbreeding *(m.)*,
croisement *(m.)*
consanguin.

4652. **incapacitating** — *Physiol.*
incapacitant, -e *(adj.).*

4653. **incisive tooth** — Voir:
incisor.

4654. **incisor** — *Anat. comp.*
dent *(f.)* incisive,
incisive *(f.).*

4655. **incisor process** — *Zool.*
processus *(m.)* inciseur.

4656. **inclusion** — *Cytol.,*
Microtech. inclusion *(f.).*

4657. **incoagulable** — *Biochim.,*
Physiol. incoagulable
(adj.).

4658. **incompatibility** — *Biol.*
incompatibilité *(f.).*

4659. **increment** — *Statist.*
incrémentation *(f.).*

4660. **incubate** (to) — *Zool.*
incuber *(v. tr.)*, couver
(v. tr.).

4661. **incubation** — *Pathol.,*
Zool. incubation *(f.).*

4662. **incubation period** —
Pathol., Zool. période
(f.) d'incubation,
incubation *(f.).*

4663. **incubative instinct** —
Comport. instinct *(m.)*
de couvaison.

4664. **incubous** — *Bot.* incube
(adj.).

4665. **incumbent** — *Bot.*
incombant, -e *(adj.)*,
notorhizé, -e *(adj)*;
Ornith. appuyé, -e *(adj)*,
couché, -e *(adj.).*

4666. **incurrent** — *Zool.*
inhalant, -e *(adj.).*

4667. **incurrent canal** — *Zool.*
canal *(m.)* inhalant.

4668. **incurrent siphon** — *Zool.*
siphon *(m.)* inhalant.

4669. **incurved** — *Biol.* incurvé,
-e *(adj.).*

4670. **incus** — *Anat.* enclume
(f.).

4671. **indeciduous** — *Bot.*
persistant, -e *(adj.).*

4672. **indehiscent** — *Bot.*
indéhiscent, -e *(adj.).*

4673. **independent assortment** —
Génét. disjonction *(f.)*
indépendante
(deuxième loi de
Mendel).

4674. **indeterminate clivage** —
Embryol. segmentation
(f.) indéterminée.

4675. **indicator** — Voir:
ecological indicator.

4676. **indigenous** — *Biol.*
indigène *(adj.).*

4677. **indoor feeding** — *Entom.*
endophage *(adj.)*
(moustique).

4678. **indoor living** — *Entom.*
endophile *(adj)*
(moustique).

4679. **inducer** — *Physiol.*
inducteur *(m.).*

4680. **inducible enzyme** —
Biochim. enzyme *(m.)*
inductible.

4681. **induction** — *Embryol.*
induction *(f.).*

4682. **indusium** — *Bot.* induse
(f.), indusie *(f.).*

4683. **industrio-climax** — *Ecol.*
industrio-climax *(m.).*

4684. **inermous** — *Bot.* inerme
(adj.), sans épines *(f.).*

4685. **infarct** — *Pathol.*
infarctus *(m.)*.

4686. **infauna** — Voir:
endofauna.

4687. **infection** — *Pathol.*
infection *(f.)*.

4688. **infectious** — *Pathol.*
infectieux, -euse *(adj.)*.

4689. **inferior oblique muscle** —
Anat. muscle *(m.)*
oblique inférieur (de
l'oeil), petit oblique
(m.).

4690. **inferior ovary** — *Bot.*
ovaire *(m.)* infère.

4691. **inferior rectus** — *Anat.*
muscle *(m.)* droit
inférieur (de l'oeil),
muscle *(m.)* droit
ventral.

4692. **inferior vena cava** —
Anat. veine *(f.)* cave
postérieure.

4693. **infiltration** — *Pathol.*
infiltration *(f.)*.

4694. **inflammation** — *Pathol.*
inflammation *(f.)*.

4695. **inflexed** — *Bot.* inflexe
(adj.), courbé, -e *(adj.)*,
infléchi, -e *(adj.)*.

4696. **inflexion** — *Bot.* inflexion
(f.), actinotropisme *(m.)*
(inflexion vers la
lumière).

4697. **inflorescence** — *Bot.*
inflorescence *(f.)*,
exertion *(f.)* (action
d'apparaître, d'éclore).

4698. **influenza** — *Pathol.*
grippe *(f.)*, influenza
(f.).

4699. **infralittoral** — *Océanogr.*
infralittoral, -e, -aux
(adj.).

4700. **infra mammelian** —
Paléont.
inframammalien, -enne
(adj.).

4701. **infra-orbital gland** —
Anat. comp. glande *(f.)*
orbitaire.

4702. **infra-temporal arcade** —
Herpétol. arc *(m.)*
temporal inférieur.

4703. **infundibular gland** —
Voir: **saccus**
vasculosus.

4704. **infundibulum** — *Anat.*
infundibulum *(m.)* (du
troisième ventricule du
cerveau), pavillon *(m.)*
(de la trompe de
Fallope).

4705. **infusoria** — *Protoz.*
infusoires *(m. pl.)*, ciliés
(m. pl.).

4706. **infusorial earth** —
Protoz. terre *(f.)* à
infusoires.

4707. **ingest** (to) — *Physiol.,*
Zool. ingérer *(v. tr.)*.

4708. **ingestion** — *Physiol.,*
Zool. ingestion *(f.)*.

4709. **inguinal** — *Anat.*
inguinal, -e, -aux *(adj.)*.

4710. **inguinal canal** — *Anat.*
canal *(m.)* inguinal.

4711. **ingurgitate** (to) —
Physiol., Zool.
ingurgiter *(v. tr.)*, avaler
(v. tr.).

4712. **ingurgitation** — *Physiol.,*
Zool. ingurgitation *(f.)*.

4713. **inhalent** — *Zool.*
inhalant, -e *(adj.).*

4714. **inhalent canal** — *Zool.*
canal *(m.)* inhalant.

4715. **inheritance** — *Génét.*
patrimoine *(m.),*
héritage *(m.)*
biologique. (Voir aussi:
maternal inheritance).

4716. **inhibition** — *Physiol.*
inhibition *(f.).*

4717. **inhibitor** — *Ecol.,*
Physiol. inhibiteur,
-trice *(n. m. et adj.).*

4718. **inhibitory nerve** —
Physiol. nerf *(m.)*
inhibiteur.

4719. **initial** — *Biol.* initial, -e,
-aux *(adj.).*

4720. **initial cell** — *Bot.* cellule
(f.) initiale.

4721. **ink-sac** — *Moll.* poche
(f.) du noir, glande *(f.)*
du noir.

4722. **innate** — *Génét.* inné, -e
(adj.).

4723. **inner ear** — *Anat.* oreille
(f.) interne.

4724. **inner finger** — *Amph.*
index *(m.)* (d'un
amphibien;
incorrectement nommé
"pouce").

4725. **inner floor** — *Océanogr.*
plancher *(m.)* interne.

4726. **innervate** (to) — *Anat.,*
Physiol. innerver *(v. tr.).*

4727. **innervation** — *Anat.,*
Physiol. innervation *(f.).*

4728. **innominate artery** —
Anat. comp. artère *(f.)*
brachiocéphalique

(anciennement: artère
innominée).

4729. **innominate bone** — *Anat.*
comp. os *(m.)* innominé.

4730. **innominate vein** — *Anat.*
comp. tronc *(m.)*
branchiocéphalique
(anciennement: veine
innominée).

4731. **innutrition** — *Physiol.*
défaut *(m.)* de nutrition.

4732. **innutrition of the bones** —
Méd. rachitisme *(m.).*

4733. **inoculation** — *Méd.,*
Microbiol. inoculation
(f.).

4734. **inosculate** (to) — *Anat.*
s'anastomoser *(v. pr.).*

4735. **inosculation** — *Anat.*
anastomose *(f.).*

4736. **inquiline** — *Bot.* inquilin,
-ine *(adj.).*

4737. **inquilinism** — *Bot.*
inquilinisme *(m.).*

4738. **insalivation** — *Physiol.*
insalivation *(f.).*

4739. **insecta** — *Arthrop.*
insectes *(m. pl.),*
hexapodes *(m. pl.).*

4740. **insecticidal** — *Entom.*
insecticide *(adj.).*

4741. **insecticide** — *Entom.*
insecticide *(m.).*

4742. **insectivora** — *Mamm.*
insectivores *(m. pl.).*

4743. **insectivore** — *Zool.*
insectivore *(n. m. et*
adj.).

4744. **insectivorous** — *Bot.,*
Zool. insectivore *(adj.).*

4745. **insectivorous plant** —
Bot. plante *(f.)*

insectivore, plante *(f.)*
carnivore.

4746. **insemination** — *Zootech.*
insémination *(f.)*.

4747. **insertion** — *Anat., Bot.*
insertion *(f.)*.

4748. **insight** — *Comport.*
compréhension *(f.)*
brusque.

4749. **inspiration** — *Physiol.*
inspiration *(f.)*.

4750. **instar** — *Entom.* stade
(m.) larvaire.

4751. **instinct** — *Comport.*
instinct *(m.)*.

4752. **insular endemism** — *Biol.*
endémisme *(m.)*
insulaire.

4753. **insular slope** —
Océanogr. pente *(f.)*
insulaire.

4754. **insulin** — *Physiol.*
insuline *(f.)*.

4755. **integrated system** —
Génét. intégron *(m.)*.

4756. **integument** — *Anat., Bot.*
tégument *(m.)*.

4757. **intelligent act** —
Comport. acte *(m.)*
intelligent.

4758. **interact** (to) — *Biol.*
interagir *(v. intr.)*.

4759. **interaction** — *Biol., Ecol.*
interaction *(f.)*.

4760. **interalveolar septum** —
Histol. septum *(m.)*
interalvéolaire.

4761. **interattraction** —
Comport. interattraction
(f.).

4762. **interauricular septum** —
Anat. septum *(m.)*
interauriculaire.

4763. **intercalary** — *Anat., Bot.*
intercalaire *(adj.)*.

4764. **intercalary disc** — *Histol.*
disque *(m.)* intercalaire.

4765. **intercalary meristem** —
Bot. méristème *(m.)*
intercalaire.

4766. **intercalary vein** —
Entom. nervure *(f.)*
intercalaire.

4767. **intercalated disc** — Voir:
intercalary disc.

4768. **intercalation** — *Comport.*
intercalation *(f.)*.

4769. **intercapillary cell** (of renal
corpuscle) — Voir:
mesangial cell.

4770. **intercellular** — *Biol.*
intercellulaire *(adj.)*.

4771. **intercellular bridge** —
Bot. plasmodesme *(m.)*;
Cytol. pont *(m.)*
intercellulaire.

4772. **intercellular fluid** —
Voir: **tissue fluid.**

4773. **intercellular space** —
Bot. méat *(m.)*
intercellulaire.

4774. **intercellular substance** —
Histol. substance *(f.)*
intercellulaire.

4775. **intercentra** — *Herpétol.*
intercentre *(m.)*,
hypocentre *(m.)*.

4776. **intercept** — *Statist.*
ordonnée *(f.)* à
l'origine.

4777. **interception** — *Ecol.*
interception *(f.)*.

4778. **interclavicle** — *Anat.*
comp. interclavicule *(f.)*.

4779. **intercondyloid**
eminence — *Anat.*

éminence *(f.)*
interglénoïdienne (du
tibia).

4780. **intercostal** — *Anat.*
intercostal, -e, -aux
(adj.).

4781. **interdependence** — *Biol.*
interdépendance *(f.).*

4782. **interdigital** — *Anat.*
interdigital, -e, -aux
(adj.).

4783. **interdorsal** — *Anat.*
comp. interdorsal, -e,
-aux *(adj.).*

4784. **interfascicular
cambium** — *Bot.*
cambium *(m.)*
interfasciculaire.

4785. **interfecondity** — *Biol.*
interfécondité *(f.).*

4786. **interference** — *Génét.*
interférence *(f.).*

4787. **interference microscope** —
Micr. microscope *(m.)*
interférentiel.

4788. **interferon** — *Biochim.,*
Microbiol. interféron
(m.).

4789. **intergenic suppression** —
Génét. suppression *(f.)*
intergénique.

4790. **interglobular space** —
Histol. espace *(m.)*
interglobulaire.

4791. **interhyal bone** — *Ichtyol.*
os *(m.)* interhyal,
stylohyal *(m.).*

4792. **interkinesis** — *Cytol.*
intercinèse *(f.),*
interphase *(f.).*

4793. **interleaf** — *Bot.*
entrefeuille *(f.).*

4794. **interlobular vein** — *Anat.*
comp. veine *(f.)*
interlobulaire.

4795. **intermediary
metabolism** — *Physiol.*
métabolisme *(f.)*
intermédiaire.

4796. **intermedin** — *Physiol.*
intermédine *(f.).*

4797. **intermedium** — *Anat.*
comp. os *(m.)* semi-
lunaire, os *(m.)* lunaire,
os *(m.)* intermédiaire.

4798. **internal** — *Biol.* interne
(adj.).

4799. **internal carotid artery** —
Anat. carotide *(f.)*
interne, artère *(f.)*
carotide interne.

4800. **internal environment** —
Biol. milieu *(m.)*
intérieur.

4801. **internal jugular vein** —
Anat. veine *(f.)*
jugulaire interne.

4802. **internal nare** — *Anat.*
comp. narine *(f.)*
interne.

4803. **internal rectus** — *Anat.*
muscle *(m.)* droit
interne (de l'oeil).

4804. **internal respiration** —
Physiol. respiration *(f.)*
interne, respiration *(f.)*
cellulaire.

4805. **internasal septum** —
Anat. septum *(m.)* nasal.

4806. **internode** — *Bot.* entre-
noeuds *(m.).*

4807. **interoceptive** — *Physiol.*
intéroceptif, -ive *(adj.).*

4808. **interoceptor** — *Physiol.*
intérocepteur *(m.).*

4809. **interopercular bone** —
Ichtyol. interopercule
(m.).

4810. **interosseous** — *Anat.*
interosseux, -euse *(adj.).*

4811. **interparietal bone** —
Anat. comp.
interpariétal *(m.),* os
(m.) interpariétal.

4812. **interphase** — *Cytol.*
interphase *(f.),*
intercinèse *(f.).*

4813. **interpolate** (to) —
Statist. interpoler *(v.
tr.).*

4814. **interpolation** — *Statist.*
interpolation *(f.).*

4815. **inter-radial position** —
Coelent. position *(f.)*
interradiaire.

4816. **inter-renal body** —
Ichtyol. corps *(m.)* inter-
rénal.

4817. **intersex** — *Biol.* intersexe
(m.).

4818. **intersexuality** — *Biol.*
intersexualité *(f.).*

4819. **interstitial cell** — *Zool.*
cellule *(f.)* interstitielle.

4820. **interstitial fluid** —
Physiol. liquide *(m.)*
interstitiel.

4821. **interstitial growth** —
Histol. croissance *(f.)*
interstitielle.

4822. **interstitial lamella** —
Histol. lamelle *(f.)*
interstitielle.

4823. **interstitial portion** (of
fallopian tubes) —
Voir: **intramural
portion.**

4824. **interstitial tissue** —
Histol. tissu *(m.)*
interstitiel.

4825. **interstitium** — Voir:
intramural portion (of
fallopian tubes).

4826. **intertidal zone** —
Océanogr. zone *(f.)*
intertidale.

4827. **interventral** — *Anat.
comp.* interventral, -e,
-aux *(adj.).*

4828. **intervertebral disc** —
Anat. comp. disque *(m.)*
intervertébral.

4829. **intestinal** — *Anat.,
Physiol.* intestinal, -e,
-aux *(adj.).*

4830. **intestine** — *Anat.* intestin
(m.).

4831. **intima** — *Histol.* intima
(f.), endartère *(f.),*
endoveine *(f.).*

4832. **intracellular** — *Cytol.*
intracellulaire *(adj.).*

4833. **intracellular digestion** —
Physiol. digestion *(f.)*
intracellulaire.

4834. **intracerebral** — *Anat.*
intracérébral, -e, -aux
(adj.).

4835. **intracranial** — *Anat.*
intracrânien, -enne
(adj.).

4836. **intradermic** — *Histol.*
intradermique *(adj.).*

4837. **intra-epithelial** — *Histol.*
intra-épithélial, -e, -aux
(adj.).

4838. **intrafascicular
cambium** — *Bot.*
cambium *(m.)*
intrafasciculaire.

4839. **intrafusal fibers** —
Histol. fibres *(f.)* intra-
fusoriales.

4840. **intragenic suppression** —
Génét. suppression *(f.)*
intragénique.

4841. **intralobular ducts** —
Histol. canaux *(m.)*
intralobulaires.

4842. **intralobular vein** — *Anat.*
comp. veine *(f.)*
intralobulaire.

4843. **intramedullary** — *Anat.*
intramédullaire *(adj.).*

4844. **intramembranous bone**
formation — *Histol.*
formation *(f.)*
endomembraneuse de
l'os.

4845. **intramolecular** — *Physiq.*
intramoléculaire *(adj.).*

4846. **intramural portion** (of
fallopian tubes) —
Anat. partie *(f.)*
intrapariétale.

4847. **intraperiod line** — *Histol.*
ligne *(f.)*
intrapériodique.

4848. **intraspecific** — *Biol.*
intraspécifique *(adj.).*

4849. **intravascular** — *Anat.*
intravasculaire *(adj.).*

4850. **intravenous** — *Anat.,*
Physiol. intraveineux,
-euse *(adj.).*

4851. **intrinsic** — *Anat.,*
Hématol. intrinsèque
(adj.).

4852. **introgression** — *Bot.,*
Génét. introgression *(f.).*

4853. **introgressive**
hybridization — *Génét.*

hybridation *(f.)*
introgressive.

4854. **intromission** — *Biol.*
intromission *(f.).*

4855. **introrse** — *Bot.* introrse
(adj.).

4856. **intussusception** —
Pathol. intussusception
(f.), invagination *(f.),*
Physiq. intussusception
(f.).

4857. **inulin** — *Chim.* inuline
(f.).

4858. **invaginated** — *Biol.*
invaginé, -e *(adj.).*

4859. **invagination** — *Biol.*
invagination *(f.).*

4860. **invasion** — *Ecol.*
invasion *(f.),*
envahissement *(m.);*
Pathol. invasion *(f.).*

4861. **inversion** — *Génét.*
inversion *(f.).*

4862. **invertase** — *Biochim.*
invertase *(f.),* sucrase
(f.), succharase *(f.).*

4863. **invertebrata** — *Zool.*
invertébrés *(m. pl.).*

4864. **invertebrate** — *Zool.*
invertébré, -e *(adj.).*

4865. **invertebrates** — Voir:
invertebrata.

4866. **involucral** — *Bot.*
involucral, -e, -aux
(adj.).

4867. **involucrate** — *Bot.*
involucré, -e *(adj.).*

4868. **involucre** — *Bot.*
involucre *(m.).*

4869. **involucrum** — Voir:
involucre.

4870. **involuntary muscle** —
Anat., Histol., Physiol.

muscle *(m.)*
involontaire, muscle
(m.) lisse, muscle *(m.)*
viscéral.

4871. **involution** — *Biol.*
involution *(f.).*

4872. **iodopsin** — *Biochim.*
iodopsine *(f.).*

4873. **ionizing radiations** —
Ecol. radiations *(f.)*
ionisantes.

4874. **ionophoretic** — *Biochim.,*
Biol. ionophore *(adj.).*

4875. **iridaceous** — *Bot.*
iridacé, -e *(adj.).*

4876. **iridescence** — *Biol.*
iridescence *(f.),*
chatoiement *(m.).*

4877. **iridescent** — *Biol.*
iridescent *(adj.),* irisé, -e
(adj.) chatoyant, -e
(adj.).

4878. **iridocyte** — *Biol.*
iridocyte *(m.).*

4879. **iris** — *Anat., Bot., Zool.*
iris *(m.).*

4880. **iris cell** — *Arthrop.*
cellule *(f.)* pigmentaire.

4881. **iron hematoxylin** —
Microtech. hématoxyline
(f.) au fer.

4882. **irrigate** (to) — *Ecol.,*
Physiol. irriguer *(v. tr.).*

4883. **irrigation** — *Ecol.,*
Physiol. irrigation *(f.).*

4884. **irritability** — *Biol.*
irritabilité *(f.).*

4885. **irritation** — *Biol., Pathol.*
irritation *(f.).*

4886. **irruption** — Voir:
eruption.

4887. **ischemic stage** —
Physiol. phase *(f.)*

ischémique, phase *(f.)*
pré-menstruelle.

4888. **ischiatic** — *Anat.*
ischiatique *(adj.).*

4889. **ischio-pelvic bar** — *Anat.*
os *(m.)* pelvien.

4890. **ischiopodite** — *Crust.*
ischiopodite *(m.).*

4891. **ischio-pubic foramen** —
Anat. comp. trou *(m.)*
ischio-pubien.

4892. **ischium** — *Anat.* ischion
(m.); Entom. ischion
(m.), coxa *(m.).*

4893. **islands of Langerhans** —
Histol. îlôts *(m.)* de
Langerhans.

4894. **island slope** — *Océanogr.*
pente *(f.)* insulaire.

4895. **islets of Langerhans** —
Voir: **islands of**
Langerhans.

4896. **isoallele** — *Génét.*
isoallèle *(m.).*

4897. **isobar** — *Ecol.* isobare
(n. f. et adj.).

4898. **isocercal** — Voir:
diphycercal.

4899. **isochromosome** — *Génét.*
isochromosome *(m.).*

4900. **isocline** — *Ecol.* isoclinal,
-e, -aux *(adj.).*

4901. **isogametes** — *Génét.*
isogamètes *(m.).*

4902. **isogamy** — *Biol.*
isogamie *(f.),*
homogamie *(f.).*

4903. **isograft** — *Génét.* greffon
(m.) isologue.

4904. **isohumic** — *Pédol.*
isohymique *(adj.).*

4905. **isolate** — *Bactériol.,*
Génét. isolat *(m.).*

4906. **isolation** — *Biol.*
isolement *(m.).*

4907. **isologous** — *Chim.*
isologue *(m.).*

4908. **isomorphic** — *Bot.*
isomorphe *(adj.).*

4909. **isophene** — *Ecol.*
isophène *(m.).*

4910. **isophenous** — *Ecol.*
isophène *(adj.).*

4911. **isophon** — *Env.* isophone
(n. m. et adj.).

4912. **isopoda** — *Crust.*
isopodes *(m. pl.).*

4913. **isoptera** — *Entom.*
isoptères *(m. pl.).*

4914. **isospondyli** — *Ichtyol.*
isospondyles *(m. pl.).*

4915. **isospores** — *Bot.* spores
(f.) identiques.

4916. **isothermic** — *Physiol.*
isothermique *(adj.).*

4917. **isotonic** — *Physiol.*
isotonique *(adj.).*

4918. **isotope** — *Chim.* isotope
(m.).

4919. **isotropic object** — *Micr.*
objet *(m.)* isotrope.

4920. **isotype** — Voir: **holotype.**

4921. **isthmus** — *Anat.* isthme
(m.).

4922. **iter** — *Anat. comp.* forme
simplifiée de *"Iter a*
tertio ad quartum
ventriculum". (Voir:
aqueduct of Sylvius).

4923. **ixodicide** — *Art vétér.*
ixodicide *(n. m. et adj.).*
(Voir aussi: **tick-**
removing).

J

4924. **J-shaped curve** — *Ecol.*
courbe *(f.)* en J.

4925. **Jacobson's anastomosis** —
Anat. comp.
anastomose *(f.)* de
Jacobson.

4926. **Jacobson's organ** —
Anat. comp. organe *(m.)*
de Jacobson.

4927. **jaguarion** — *Zool.*
jaguarion *(m.).*

4928. **jaundice** — *Pathol.*
jaunisse *(f.),* ictère *(m.).*

4929. **jaw** — *Anat.* mâchoire
(f.).

4930. **jejunum** — *Anat.*
jéjunum *(m.).*

4931. **jelly-fish** — *Coelent.*
méduse *(f.).*

4932. **jelly-roll hypothesis** —
Histol. hypothèse *(f.)* du
gâteau roulé.

4933. **Johnston's organ** —
Entom. organe *(m.)* de
Johnston.

4934. **joint** — *Anat.* jointure
(f.), articulation *(f.),*
joint *(m.).*

4935. **joint distribution** —
Statist. distribution *(f.)*
conjointe.

4936. **Jordan's organ** — *Entom.*
organe *(m.)* de Jordan.

4937. **jugal** — *Anat. comp.*
jugal, -e, -aux *(adj.).*

4938. **jugal arch** — *Anat. comp.*
arcade *(f.)* jugale,
arcade *(f.)* zygomatique.

4939. **jugal bone** — *Anat. comp.*
os *(m.)* jugal.

4940. **jugal lobe** — *Entom.*
jugum *(m.).*

4941. **jugate** — *Bot.* conjugué, -e *(adj.)*.

4942. **jugular** — *Anat.* jugulaire *(adj.)*.

4943. **jugular anastomosis** — *Anat. comp.* anastomose *(f.)* jugulaire, anastomose *(f.)* transverse.

4944. **jugular fin** — *Ichtyol.* nageoire *(f.)* jugulaire.

4945. **jugular vein** — *Anat.* veine *(f.)* jugulaire.

4946. **jugulares** — *Ichtyol.* jugulaires *(m. pl.)*.

4947. **jugulum** — *Anat.* clavicule *(f.)*; *Ornith.* gorge *(f.)*.

4948. **jugum** — *Entom.* jugum *(m.)*.

4949. **juice** — *Physiol.* suc *(m.)*.

4950. **junctional complex** — *Histol.* complexe *(m.)* de jonction.

4951. **jurassic** — *Géol.* jurassique *(n. m. et adj.)*.

4952. **juvenile** — *Biol.* juvénile *(adj.)*.

4953. **juxtaglomerular** — *Histol.* juxta-glomérulaire *(adj.)*.

K

4954. **kamptotrichia** — Voir: camptotrichia.

4955. **karyaster** — Voir: caryaster.

4956. **karyenchyma** — Voir: caryolymph.

4957. **karyochylema** — Voir: caryolymph.

4958. **karyogamous** — Voir: caryogamous.

4959. **karyogamy** — Voir: caryogamy.

4960. **karyokinesis** — Voir: caryocinesis.

4961. **karyokinetic** — Voir: caryocinetic.

4962. **karyological** — Voir: caryological.

4963. **karyolymph** — Voir: caryolymph.

4964. **karyolysis** — Voir: caryolysis.

4965. **karyoplasm** — Voir: caryoplasm.

4966. **karyosome** — Voir: caryosome.

4967. **karyotype** — Voir: caryotype.

4968. **katabolism** — Voir: catabolism.

4969. **katadromous** — Voir: catadromous.

4970. **kathepsin** — Voir: cathepsin.

4971. **keel** — *Ornith.* bréchet *(m.)*, crête *(f.)* sternale.

4972. **kennelosis** — *Art vétér.* chenilose *(f.)*.

4973. **keratin** — *Cytol.* kératine *(f.)*.

4974. **keratinization** — *Histol.* kératinisation *(f.)*.

4975. **keratohyalin** — *Biochim.* kératohyaline *(f.)*.

4976. **kerckring's valves** — Voir: **plicae circulares**.

4977. **kidney** — *Anat.* rein *(m.)*.

4978. **killer character** — *Génét.* caractère *(m.)* "killer".

4979. **kilocalorie** — *Physiq.*
kilocalorie *(f.)*, grande
calorie *(f.)*, millithermie
(f.).

4980. **kinaesthetic** — *Physiol.*
kinesthésique *(adj.)*,
cinesthésique *(adj.)*.

4981. **kinesis** — *Comport.*
cinèse *(f.)*.

4982. **kinetochore** — Voir:
centromere.

4983. **kinetonucleus** — *Cytol.*
kinétonucléus *(m.)*.

4984. **kinetoplast** — *Cytol.*
kinétoplaste *(m.)*.

4985. **king-crab** — *Arthrop.*
limule *(m.)*.

4986. **kinin** — *Bot.* kinine *(f.)*.

4987. **kinomere** — Voir:
centromere.

4988. **knee** — *Anat.* genou,
-oux *(m.)*.

4989. **knee jerk** — *Physiol.*
réflexe *(m.)* tendineux
rotulien.

4990. **knee-pan** — *Anat.* rotule
(f.).

4991. **Kölliker's pit** — *Céphal.*
fossette *(f.)* de
Kölliker.

4992. **Krause's corpuscle** —
Histol. corpuscule *(m.)*
de Krause, bulbe *(m.)*
de Krause.

4993. **Krebs cycle** — *Biochim.*
cycle *(m.)* de Krebs.

4994. **krill** — *Biol. mar., Ecol.*
krill *(m.)*.

4995. **kryoeutrophic** — *Env.,*
Limnol. cryoeutrophe
(adj.).

4996. **Küpffer's cells** — *Histol.*
cellules *(f.)* de Küpffer.

L

4997. **labellum** — *Bot., Entom.*
labelle *(f.)*.

4998. **labia majora** — *Anat.*
grandes lèvres *(f.)*.

4999. **labia minora** — *Anat.*
petites lèvres *(f.)*,
nymphes *(f.)*.

5000. **labial** — *Zool.* labial, -e,
-aux *(adj.)*.

5001. **labial cartilage** —
Ichtyol. cartilage *(m.)*
labial.

5002. **labial gland** — *Herpétol.*
glande *(f.)* labiale.

5003. **labial hook** — *Entom.*
pince *(f.)*, crochet *(m.)*.

5004. **labial palp** — *Entom.,*
Moll. palpe *(m.)* labial.

5005. **labiate** — *Bot.* labiée *(f.)*,
labié, -e *(adj.)*.

5006. **labiodental lamina** —
Embryol., Histol. mur
(m.) plongeant.

5007. **labium** — *Entom.* labium
(m.), lèvre *(f.)*
inférieure.

5008. **laboratory assistant** —
Biol. laborant *(m.)*.

5009. **labrum** — *Entom.* labrum
(m.), labre *(m.)*.

5010. **labyrinth** — *Anat.*
labyrinthe *(m.)*. (Voir:
membranous labyrinth,
osseous labyrinth).

5011. **labyrinthodontia** —
Amph. labyrinthodontes
(m. pl.), stéréospondyles
(m. pl.).

5012. **labyrinthodonth tooth** —
Anat. comp. dent *(f.)*
labyrinthodonte.

5013. **labyrinthulale** — *Protoz.*
labyrinthule *(f.)*,
labyrinthula *(f.)*.

5014. **lac** — *Entom.* gomme-
laque *(f.)*.

5015. **lacerate** — *Bot.* lacéré, -e
(adj.).

5016. **lacertian** — *Herpétol.*
lacertien *(n. m. et adj.)*,
lacertilien *(n. m. et
adj.)*.

5017. **lacertilia** — *Herpétol.*
lacertiliens *(m. pl.)*,
lacertiens *(m. pl.)*.

5018. **lachrymal** — *Anat., Bot.*
lacrymal, -e, -aux *(adj.)*.

5019. **lachrymal apparatus** —
Anat. appareil *(m.)*
lacrymal.

5020. **lachrymal bone** — *Anat.*
comp. os *(m.)* lacrymal.

5021. **lachrymal duct** — *Anat.*
canal *(m.)* lacrymal.

5022. **lachrymal gland** — *Anat.*
glande *(f.)* lacrymale.

5023. **lacrimal** — Voir:
lachrymal.

5024. **lacrimal apparatus** —
Voir: **lachrymal
apparatus**

5025. **lacrimal bone** — Voir:
lachrymal bone.

5026. **lachrymal duct** — Voir:
lachrymal duct.

5027. **lachrymal gland** — Voir:
lachrymal gland.

5028. **lacinia** — *Entom.* lacinia
(f.).

5029. **lacinia mobilis** — *Crust.*
lacinia *(f.)* mobilis.

5030. **laciniate** — *Bot.* lacinié,
-e *(adj.)*.

5031. **lactase** — *Biochim.*
lactase *(f.)*.

5032. **lactation** — *Physiol.*
lactation *(f.)*.

5033. **lacteal** — *Histol., Physiol.*
chylifère *(adj.)*.

5034. **lacteals** — *Histol.,
Physiol.* vaisseaux *(m.)*
lymphatiques chylifères.

5035. **lactic acid** — *Biochim.*
acide *(m.)* lactique.

5036. **lactiferous** — *Anat.,
Physiol.* lactifère *(adj.)*,
galactophore *(adj.)*.

5037. **lactiferous duct** — *Anat.*
canal *(m.)* galactophore,
canal *(m.)* lactifère.

5038. **lactiferous sinus** —
Anat., Histol. sinus *(m.)*
lactifère.

5039. **lactogenic** — *Physiol.*
lactogène.

5040. **lactogenic hormone** —
Physiol. hormone *(f.)*
lactogène.

5041. **lactose** — *Biochim.*
lactose *(m.)*.

5042. **lacuna** — *Bot., Histol.*
lacune *(f.)*. (Voir aussi:
Howship's lacunae).

5043. **lacuna of trophoblast** —
Embryol., Physiol.
lacune *(f.)* du
trophoblaste.

5044. **lacunar** — *Histol.,
Physiol., Zool.* lacunaire
(adj.).

5045. **lacunar systèm** —
Echinod. appareil *(m.)*
lacunaire.

5046. **lag** — *Statist.* pas *(m.)*.

5047. **lagena** — *Anat. comp.*
lagena *(f.)*.

5048. **lagging** — *Génét.*
ralentissement *(m.).*

5049. **lagomorpha** — *Mamm.*
lagomorphes *(m. pl.).*

5050. **lagoon** — *Coelent.,*
Océanogr. lagon *(m.)*
(d'atoll).

5051. **lagooning** — *Entom.*
lagunage *(m.).*

5052. **lake over-turn** — Voir:
spring over-turn.

5053. **laking** — *Histol., Physiol.*
laquage *(m.),* hémolyse
(f.).

5054. **lamarckism** — *Evol.*
lamarckisme *(m.).*

5055. **lambdoid** — *Anat.*
lambdoïde *(adj.).*

5056. **lambdoidal** — *Anat.*
lambdoïde *(adj.).*

5057. **lambdoidal crest** — *Anat.*
comp. crête *(f.)*
lambdoïde.

5058. **lamella** — *Bot.* lamelle
(f.), lame *(f.);*
Microtech. lamelle *(f.);*
Ornith. lamelle *(f.).*

5059. **lamellar** — *Biol.*
lamellaire *(adj.),*
lamelliforme *(adj.).*

5060. **lamellate** — *Biol.* lamellé,
-e *(adj.).*

5061. **lamellibranchia** — *Moll.*
lamellibranches *(m. pl.).*

5062. **lamellibranchiata** —
Voir: **lamellibranchia.**

5063. **lamellicorn** — *Entom.*
lamellicorne *(adj.).*

5064. **lamina** — *Biol.* lame *(f.),*
lamelle *(f.),* feuillet
(m.); Bot. limbe *(m.).*
(Voir: **ausssi basal**
lamina, cuticular

lamina, dental lamina,
labiodental lamina,
spiral lamina). mina).

5065. **lamina cribriforma** —
Voir: **cribriform plate.**

5066. **lamina cribrosa** — Voir:
cribriform plate.

5067. **lamina elastica** — *Histol.*
lame *(f.)* élastique.

5068. **lamina perpendicularis** —
Anat. comp. lame *(f.)*
perpendiculaire (de l'os
ethmoïde).

5069. **lamina propria** — *Histol.*
chorion *(m.)* de
l'intestin.

5070. **lamina spiralis ossea** —
Voir: **spiral lamina.**

5071. **lamp shells** — *Zool.*
brachiopodes *(m. pl.),*
brachyopodes *(m. pl.).*

5072. **lampbrush chromosome** —
Génét. chromosome
(m.) plumeux.

5073. **lanceolate** — *Bot.,*
Ornith. lancéolé, -e
(adj.).

5074. **lanceolated** — Voir:
lanceolate.

5075. **landscape element** —
Ecol. élément *(m.)* de
paysage.

5076. **Langer's line** — *Histol.*
ligne *(f.)* de Langer.

5077. **Langhans's layer** —
Voir: **cytotrophoblast.**

5078. **languet** — *Tun.* languette
(f.).

5079. **laniflorous** — *Bot.*
laniflore *(adj.).*

5080. **lanuginous** — *Bot.*
lanugineux, -euse *(adj.).*

5081. **lanugo** — *Histol.* lanugo *(m.)*.

5082. **lapinized** — *Art vétér.* lapinisé, -e *(adj.)*.

5083. **large intestine** — *Anat.* gros intestin *(m.)*, côlon *(m.)*.

5084. **larva** — *Zool.* larve *(f.)*.

5085. **larval** — *Zool.* larvaire *(adj.)*.

5086. **larvicolous** — *Entom.* larvicole *(adj.)*.

5087. **larviform** — *Zool.* larviforme *(adj.)*.

5088. **larviparous** — *Zool.* larvipare *(adj.)*.

5089. **laryngeal** — *Anat.* laryngé, -e *(adj.)*, laryngien, -enne *(adj.)*.

5090. **laryngopharynx** — *Anat.* laryngopharynx *(m.)*.

5091. **larynx** — *Anat.* larynx *(m.)*.

5092. **lasso cell** — Voir: **colloblast.**

5093. **late anaphase** — *Cytol.* stade *(m.)* terminal de l'anaphase.

5094. **late prophase** — *Cytol.* stade *(m.)* terminal de la prophase.

5095. **late telophase** — *Cytol.* stade *(m.)* terminal de la télophase.

5096. **latent apprenticeship** — *Comport.* apprentissage *(m.)* latent.

5097. **latent period** — *Physiol.* temps *(m.)* de latence.

5098. **lateral** — *Biol.* latéral, -e, -aux *(adj.)*.

5099. **lateral line system** — *Amph., Ichtyol.* système *(m.)* latéral, système *(m.)* acoustico-latéral.

5100. **lateral neural blood vessel** — *Ann.* vaisseau *(m.)* neural latéral.

5101. **lateral plate mesoderm** — *Embryol.* plaque *(f.)* latérale mésodermique.

5102. **lateral ventricle** — *Anat. comp.* ventricule *(m.)* latéral (d'un hémisphère cérébral).

5103. **lateral vesicle** — Voir: **lateral ventricle.**

5104. **lateralis system** — Voir: **lateral line system**

5105. **laterifloral** — *Bot.* latériflore *(adj.)*.

5106. **latex** — *Bot.* latex *(m.)*.

5107. **laticiferous** — *Bot.* laticifère *(adj.)*.

5108. **latifoliate** — *Bot.* latifolié, -e *(adj.)*.

5109. **latimeria** — *Ichtyol.* latimeria *(m.)*, coelacanthe *(m.)*.

5110. **lauraceous** — *Bot.* lauracé, -e *(adj.)*.

5111. **Laurer's canal** — *Plathel.* canal *(m.)* de Laurer.

5112. **law of complementarity of bases** — *Génét.* loi *(f.)* de complémentarité des bases.

5113. **layer** — *Biol.* couche *(f.)*, assise *(f.)*, strate *(f.)*, feuillet *(m.)*.

5114. **laying** — *Zool.* ponte *(f.).*

5115. **leaf** — *Bot.* feuille *(f.).*

5116. **leaf blade** — *Bot.* lymbe *(m.).*

5117. **leaf blight** — *Bot.* rouille *(f.)* des feuilles.

5118. **leaf bud** — *Bot.* bourgeon *(m.)* foliaire.

5119. **leaf-dwelling** — *Ecol.* frondicole *(adj.).*

5120. **leaf-gap** — *Bot.* brèche *(f.).*

5121. **leaf rust** — Voir: **leaf blight.**

5122. **leaf-scar** — *Bot.* cicatrice *(f.)* foliaire.

5123. **leaf-sheath** — *Bot.* gaine *(f.)* foliaire.

5124. **leaf stalk** — *Bot.* pétiole *(m.).*

5125. **leaf trace** — *Bot.* trace *(f.)* foliaire.

5126. **leaf transpiration resistance** — *Bot.* résistance *(f.)* foliaire.

5127. **leafy** — *Bot.* feuillu, -e *(adj.).*

5128. **leaves spiral arrangement** — *Bot.* hélice *(f.)* foliaire.

5129. **lecithin** — *Biochim.* lécithine *(f.).*

5130. **lectin** — *Biochim.* lectine *(f.).*

5131. **leg** — *Zool.* jambe *(f.)* (d'un homme), patte *(f.)* (d'un animal).

5132. **legume** — *Bot.* légume *(m.),* gousse *(f.).*

5133. **lemma** — *Bot.* glumelle *(f.)* inférieure.

5134. **lemniscus** — *Acanthoc.* lemnisque *(m.).*

5135. **lemur** — *Mamm.* lémurien *(m.),* lémur *(m.).*

5136. **lemurian** — *Mamm.* lémurien, -enne *(adj.).*

5137. **lemuriform** — *Zool.* lemuriforme *(n. m. et adj.).*

5138. **lemuroid** — *Mamm.* lémurien, -enne *(adj.).*

5139. **lenght** — *Biol.* longueur *(f.).*

5140. **lens** — *Micr.* lentille *(f.).*

5141. **lens capsule** — *Anat.* capsule *(f.)* du cristallin, cristalloïde *(f.).*

5142. **lens substance** — *Histol.* fibres *(f.)* cristalliniennes.

5143. **lentic** — *Limnol.* lentique *(adj.).*

5144. **lentic water** — *Limnol.* eau *(f.)* stagnante.

5145. **lenticel** — *Bot.* lenticelle *(f.).*

5146. **lenticellate** — *Bot.* lenticellé, -e *(adj.).*

5147. **lenticular ganglion** — Voir: **ophthalmic ganglion.**

5148. **leopon** — *Zool.* léopon *(m.).*

5149. **lepidoptera** — *Entom.* lépidoptères *(m. pl.).*

5150. **lepidopterous** — *Entom.* lépidoptère *(adj.).*

5151. **lepidosauria** — *Herpétol.* lépidosauriens *(m. pl.),* squamates *(m. pl.).*

5152. **lepidosiren** — *Ichtyol.*
lépidosirène *(m.)*.

5153. **lepidostei** — *Ichtyol.*
lépidostées *(m.)*.

5154. **lepidosteoid scale** —
Ichtyol. écaille *(f.)*
lépidostéoïde.

5155. **lepidotrichia** — *Ichtyol.*
lépidotriche *(m.)*.

5156. **leptocephalic** — *Ichtyol.*
leptocéphale *(adj.)*.

5157. **leptocephalus** — *Ichtyol.*
leptocéphale *(m.)*.

5158. **leptomedusae** — Voir:
calyptoblastea.

5159. **leptomeninx** — *Anat.*
leptoméninge *(f.)*.

5160. **leptonema** — *Génét.*
leptonème *(m.)*.

5161. **leptosporangiates** — *Bot.*
leptosporangiées *(f. pl.)*,
eufilicales *(f. pl.)*.

5162. **leptostraca** — *Crust.*
leptostracés *(m. pl.)*.

5163. **leptotene** — *Cytol.*
leptotène.

5164. **leptotene stage** — *Cytol.*
stade *(m.)* leptotène.

5165. **lesser cornua** — *Anat.*
petite corne *(f.)* de
l'hyoïde.

5166. **lesser multangular** —
Anat. comp. petit
multangulaire *(m.)*,
trapézoïde *(m.)*,
deuxième carpien *(m.)*.

5167. **lesser trochanter** —
Anat. petit trochanter
(m.).

5168. **lethal** — *Génét.* mortel,
-elle *(adj.)*, léthal, -e,
-aux *(adj.)*.

5169. **lethal factor** — *Génét.*
gène *(m.)* létal, facteur
(m.) létal.

5170. **leucoblast** — *Hématol.*
leucoblaste *(m.)*.

5171. **leucocyte** — *Hématol.,*
Histol. leucocyte *(m.)*,
globule *(m.)* blanc.
(Voir aussi: **agranular**
leucocyte, granular
leucocyte,
polymorphonuclear
leucocyte).

5172. **leucocytosis** — *Cytol.*
leucocytose *(f.)*.

5173. **leucon grade** — *Spong.*
stade *(m.)* leucon.

5174. **leucopenia** — *Cytol.*
leucopénie *(f.)*.

5175. **leucoplast** — *Bot., Cytol.*
leucoplaste *(m.)*.

5176. **leucoplastid** — Voir:
leucoplast.

5177. **leucosine** — *Biochim.*
leucosine *(f.)*.

5178. **leucyte** — *Bot.* leucyte
(m.), leucoplaste *(m.)*.

5179. **leukemogenic** —
Hématol. leucémogène
(adj.).

5180. **leukocyte** — Voir:
leucocyte.

5181. **leukocytosis** — Voir:
leucocytosis.

5182. **leukopenia** — Voir:
leucopenia.

5183. **levalloisian** — *Paléont.*
levalloisien, -enne
(adj.).

5184. **levator palpebrae superior**
muscle — *Anat.*
muscle *(m.)* releveur de
la paupière supérieure.

5185. **Leydig's cell** — *Histol.* cellule *(f.)* interstitielle de Leydig.

5186. **Leydig's duct** — *Embryol.* canal *(m.)* de Leydig.

5187. **liane** — *Bot.* liane *(f.)*.

5188. **lichen** — *Bot.* lichen *(m.)*.

5189. **lichenology** — *Bot.* lichenologie *(f.)*.

5190. **lichenous** — *Bot.* lichénique *(adj.)*.

5191. **licking disease** — *Art vétér.* lichomanie *(f.)*.

5192. **Liebig's law of the minimum** — *Ecol.* loi *(f.)* de Liebig, loi *(f.)* du minimum.

5193. **life cycle** — *Biol.* cycle *(m.)* évolutif.

5194. **life expectancy** — *Biol., Statist.* espérance *(f.)* de vie.

5195. **life-forms** — *Ecol.* formes *(f.)* de vie, types *(m.)* biologiques.

5196. **life span** — *Zool.* durée *(f.)* de la vie, longévité *(f.)*.

5197. **life table** — *Ecol.* table *(f.)* de survie.

5198. **life zone** — *Ecol.* biome *(m.)*.

5199. **ligament** — *Anat.* ligament *(m.)*. (Voir aussi: **spiral ligament**).

5200. **ligamental** — *Anat.* ligamenteux, -euse *(adj.)*.

5201. **ligamentary** — Voir: **ligamental.**

5202. **ligamentous** — Voir: **ligamental.**

5203. **ligand** — *Biol.* ligand *(m.)*.

5204. **ligature** — *Méd.* ligature *(f.)*.

5205. **liger** — *Zool.* ligre *(m.)*.

5206. **light cells** — *Histol.* (glande thyroïde) cellules *(f.)* claires, cellules *(f.)* parafolliculaires, cellules *(f.)* "C".

5207. **light-compass reaction** — *Entom.* orientation *(f.)* par compas lumineux.

5208. **light microscope** — Voir: **optical microscope.**

5209. **ligneous** — *Bot.* ligneux, -euse *(adj.)*.

5210. **ligniferous** — *Bot.* lignifère *(adj.)*.

5211. **lignification** — *Bot.* lignification *(f.)*.

5212. **lignin** — *Bot.* lignine *(f.)*.

5213. **ligula** — *Bot.* ligule *(f.)*; *Entom., Plath.* ligule *(f.)*, ligula *(f.)*.

5214. **ligulate** — *Bot.* ligulé, -e *(adj.)*.

5215. **ligule** — Voir: **ligula.**

5216. **likelihood** — *Statist.* vraisemblance *(f.)*.

5217. **limaceous** — Voir: **limaciform.**

5218. **limaciform** — *Zool.* limaciforme *(adj.)*.

5219. **limacine** — Voir: **limaciform.**

5220. **limb** — *Anat.* membre *(m.)*; *Bot.* limbe *(m.)*.

5221. **limbate** — *Bot.* limbifère *(adj.)*.

5222. **limbus corneae** — *Anat.*
limbe *(m.)* scléro-
cornéen.

5223. **limbus spiralis** — *Anat.*
bandelette *(f.)* sillonnée.

5224. **limicolae** — *Ornith.*
limicolés *(m. pl.).*

5225. **limiting factor** — *Ecol.*
facteur *(m.)* limitant.

5226. **limnetic** — *Limnol.*
limnétique *(adj.).*

5227. **limniculture** — *Env.,*
Limnol. limniculture
(f.).

5228. **limnobiotic** — Voir:
limnetic.

5229. **limnograph** — *Limnol.*
limnigramme *(m.).*

5230. **limnology** — *Ecol.*
limnologie *(f.).*

5231. **limnophilous** — Voir:
limnetic.

5232. **limno-plankton** —
Limnol. limnoplancton
(m.).

5233. **limulus** — *Arthrop.*
limule *(m.),* limulus
(m.).

5234. **limy** — *Biol.* calcaire
(adj.).

5235. **linear hierarchy** —
Comport. hiérarchie *(f.)*
linéaire.

5236. **lineate** — *Bot.* ligné, -e
(adj.), rayé, -e *(adj.).*

5237. **lingual** — *Anat.* lingual,
-e, -aux *(adj.).*

5238. **lingual artery** — *Anat.*
artère *(f.)* linguale.

5239. **lingual tonsil** — *Anat.*
amygdale *(f.)* linguale.

5240. **lingual vein** — *Anat.*
veine *(f.)* linguale.

5241. **lingulate** — *Biol.*
lingulaire *(adj.),* lingulé,
-e *(adj.).*

5242. **linkage** — *Génét.* liaison
(f.), appariement *(m.),*
linkage *(m.).*

5243. **Linnaeus** — *Biol.* Linné
(n. pr. m.) (Carl von
Linné).

5244. **linnean** — *Biol.* linnéen,
-enne *(adj.),* linnéiste
(adj.).

5245. **linoleic** — *Chim.*
linoléique *(adj.).*

5246. **linoleic acid** — *Chim.*
acide *(m.)* linoléique.

5247. **lip** — *Anat.* lèvre *(f.);*
Bot. lèvre *(f.)* (d'une
fleur labiée), labelle *(f.)*
(d'une orchidée).

5248. **lip of blastopore** —
Embryol. lèvre *(f.)* du
blastopore, lèvre *(f.)*
blastoporale.

5249. **lipase** — *Biochim.* lipase
(f.).

5250. **lipid** — *Biochim.* lipide
(m.).

5251. **lipochrome pigment** —
Cytol. pigment *(m.)*
lipochrome.

5252. **lipoid** — *Biochim.* lipoïde
(m.).

5253. **lipolytic** — *Biochim.*
lipolytique *(adj.).*

5254. **lipostatic** — *Biochim.*
lipostatique *(adj.).*

5255. **lithochromic** — *Pédol.*
lithochrome *(adj.).*

5256. **litter** — *Ecol.* litière *(f.);*
Zool. portée *(f.).*

5257. **littoral** — *Océanogr.*
littoral, -e, -aux *(adj.).*

5258. **littoral cells** — *Histol.*
macrophages *(m.)* fixes.

5259. **littoral fauna** —
Océanogr., Zool. faune
(f.) littorale, faune *(f.)*
du littoral.

5260. **littoral flora** — *Bot.,*
Océanogr. flore *(f.)*
littorale, flore *(f.)* du
littoral.

5261. **liver** — *Anat.* foie *(m.).*

5262. **liver-fluke** — *Plath.*
douve *(f.)* du foie.

5263. **liverworth** — *Bot.*
hépatique *(f.).*

5264. **loam** — *Pédol.* terreau
(m.), terre *(f.)* grasse.

5265. **lobe** — *Anat., Zool.* lobe
(m.).

5266. **lobed** — *Biol.* lobé, -e
(adj.).

5267. **lobelet** — *Biol.* lobule
(m.).

5268. **lobopodium** — *Zool.*
lobopode *(m.).*

5269. **lobular** — *Anat.* lobulaire
(adj.).

5270. **lobulate** — *Anat., Bot.*
lobulé, -e *(adj.),*
lobuleux, -euse *(adj.).*

5271. **lobule** — *Anat., Bot.*
lobule *(m.).*

5272. **lobulous** — Voir:
lobulate.

5273. **localization of genes** —
Génét. localisation *(f.)*
génique.

5274. **locular** — *Bot.* loculaire
(adj.).

5275. **loculate** — *Bot.* loculé, -e
(adj.).

5276. **loculicidal** — *Bot.*
loculicide *(adj.).*

5277. **loculus** — *Bot.* loge *(f.).*

5278. **locus** — *Cytol.* locus *(m.).*

5279. **lodicule** — *Bot.* lodicule
(f.), glumellule *(f.).*

5280. **loess** — *Pédol.* loess *(m.).*

5281. **logistic curve** — *Ecol.*
courbe *(f.)* logistique,
courbe *(f.)* sigmoïde.

5282. **logistic equation** — *Ecol.*
équation *(f.)* logistique.

5283. **lomentum** — *Bot.* gousse
(f.) lomentacée.

5284. **long-day plant** — *Bot.*
plante *(f.)* de jours
longs.

5285. **long-lived** — *Bot.*
longévif, -ive *(adj.).*

5286. **longevity** — *Biol.*
longévité *(f.).*

5287. **longicaudate** — *Zool.*
longicaude *(adj.).*

5288. **longicauline** — *Bot.*
longicaule *(adj.).*

5289. **longicorn beetle** —
Entom. coléoptère *(m.)*
longicorne, longicorne
(m.).

5290. **longimanous** — *Zool.*
longimane *(adj.).*

5291. **longipedate** — *Zool.*
longipède *(m.).*

5292. **longipennate** — *Ornith.*
longipenne *(adj.).*

5293. **longirostral** — *Ornith.*
longirostre *(adj.).*

5294. **longitudinal** — *Biol.*
longitudinal, -e, -aux
(adj.).

5295. **longitudinal muscle** — *Zool.* muscle *(m.)* longitudinal.

5296. **longitudinal section** — *Microtech.* coupe *(f.)* longitudinale.

5297. **loop of Henle** — *Histol.* anse *(f.)* de Henlé.

5298. **looper** — *Entom.* arpenteuse *(f.)*.

5299. **loose connective tissue** — *Histol.* tissu *(m.)* conjonctif lâche.

5300. **lophiiformes** — *Zool.* lophiiformes *(m. pl.)*.

5301. **lophobranchiate** — *Zool.* lophobranche *(adj.)*.

5302. **lophodont** — *Anat. comp.* lophodonte *(adj.)*.

5303. **lophophore** — *Bryoz.* lophophore *(m.)*.

5304. **loral** — *Ornith.* loral, -e, -aux *(adj.)*.

5305. **lore** — *Ornith.* lore *(m.)*, lorum *(m.)*.

5306. **Lorenzini's ampullae** — *Ichtyol.* ampoules *(f.)* de Lorenzini.

5307. **lorum** — *Entom.* lorum *(m.)*.

5308. **lotic** — *Limnol.* lotique *(adj.)*.

5309. **lotic water** — *Limnol.* eau *(f.)* courante.

5310. **low tide** — *Océanogr.* marée *(f.)* basse.

5311. **lower paleolithic** — *Géol.* paléolithique *(m.)* inférieur.

5312. **lower sublittoral** — *Océanogr.* circalittoral, -e, -aux *(adj.)*, étage *(m.)* circalittoral.

5313. **lower tail-coverts** — *Ornith.* plumes *(f.)* sous-caudales.

5314. **luciferase** — *Biochim.* luciférase *(f.)*.

5315. **lucifugous** — *Zool.* lucifuge *(adj.)*.

5316. **lumbar** — *Anat.* lombaire *(adj.)*.

5317. **lumbar vertebra** — *Anat.* vertèbre *(f.)* lombaire.

5318. **lumbricus** — *Ann.* lombric *(m.)*, ver *(m.)* de terre.

5319. **lumen** — *Anat.* lumen *(m.)*.

5320. **luminescence** — *Biol.* luminescence *(f.)*.

5321. **luminescent** — *Biol.* luminescent, -e *(adj.)*.

5322. **lunar bone** — *Anat. comp.* os *(m.)* lunaire.

5323. **lunate** — Voir: **lunar bone.**

5324. **lung** — *Anat.* poumon *(m.)*.

5325. **lung-book** — *Zool.* sac *(m.)* pulmonaire, poumon *(m.)*, phyllotrachée *(f.)*.

5326. **lung-fish** — *Ichtyol.* dipneuste *(m.)*.

5327. **lunulate** — *Biol.* lunulaire *(adj.)*, lunulé, -e *(adj.)*.

5328. **lunule** — *Anat.* lunule *(f.)*.

5329. **luteal phase** — *Physiol.* phase *(f.)* lutéinique.

5330. **luteal stage** — Voir: **progestational stage.**

5331. **luteal tissue** — *Physiol.* corps *(m.)* jaune périodique.

5332. **lutein** — *Physiol.* lutéine *(f.).*

5333. **luteinizing hormone** — *Physiol.* hormone *(f.)* lutéinisante, lutéinostimuline *(f.),* gonadostimuline *(f.).*

5334. **luteotrophic hormone** — Voir: **luteotrophin.**

5335. **luteotrophin** — *Physiol.* lutéotrophine *(f.),* hormone *(f.)* lutéotrophique.

5336. **lycopodiales** — *Bot.* lycopodiales *(f. pl.).*

5337. **lycopodium** — *Bot.* lycopode *(m.).*

5338. **lymph** — *Bot.* lymphe *(f.)* (terme ancien par lequel on désignait la sève brute); *Physiol.* lymphe *(f.).*

5339. **lymph cord** — *Anat., Histol.* cordon *(m.)* médullaire.

5340. **lymph gland** — *Anat.* ganglion *(m.)* lymphatique.

5341. **lymph heart** — *Anat., Physiol.* coeur *(m.)* lymphatique.

5342. **lymph node** — *Anat.* ganglion *(m.)* lymphatique.

5343. **lymph nodule** — *Anat.* nodule *(m.)* lymphoïde.

5344. **lymph sinus** — *Histol.* sinus *(m.)* lymphatique.

5345. **lymph vascular system** — *Anat.* système *(m.)* vasculaire lymphatique.

5346. **lymphatic** — *Anat., Physiol.* lymphatique *(adj.).*

5347. **lymphatic capillary** — *Anat.* capillaire *(m.)* lymphatique.

5348. **lymphatic duct** — *Anat.* grande veine *(f.)* lymphatique.

5349. **lymphatic system** — *Anat., Physiol.* système *(m.)* lymphatique.

5350. **lymphatic trunk** — *Anat.* tronc *(m.)* lymphatique.

5351. **lymphatic vessel** — *Anat.* vaisseau *(m.)* lymphatique.

5352. **lymphoblast** — *Cytol.* lymphoblaste *(m.).*

5353. **lymphocyte** — *Cytol.* lymphocyte *(m.).*

5354. **lymphoid** — *Histol.* lymphoïde *(adj.).*

5355. **lymphoid tissue** — *Histol.* tissu *(m.)* lymphoïde.

5356. **lymphopoiesis** — *Physiol.* lymphopoïèse *(f.).*

5357. **lyophilization** — *Biol.* lyophilisation *(f.)*

5358. **lyophilized yeast** — *Biol.* lyophilevure *(f.).*

5359. **lyse** — *Physiol.* lyse *(f.).*

5360. **lysigenous** — *Bot.* lysigène *(adj.).*

5361. **lysimeter** — *Ecol.* lysimètre *(m.).*

5362. **lysis** — Voir: **lyse.**

5363. **lysogenesis** — *Biol.* lysogénie *(f.).*

5364. **lysogenic** — *Bactériol.*
lysogène *(adj.).*

5365. **lysogenic virus** —
Bactériol. virus *(m.)*
lysogène.

5366. **lysogeny** — Voir:
lysogenesis.

5367. **lysosome** — *Cytol.*
lysosome *(m.).*

5368. **lysozyme** — *Biochim.*
lysozyme *(m.).*

5369. **lytic** — *Physiol.* lytique
(adj.).

5370. **lytic virus** — *Bactériol.*
virus *(m.)* lytique.

M

5371. **macergate** — *Entom.*
macergate *(n. m. et
adj.).*

5372. **macraner** — *Entom.*
macraner *(m.).*

5373. **macrocephalic** — *Zool.*
macrocéphale *(adj.).*

5374. **macrocephalous** — Voir:
macrocephalic.

5375. **macrocyte** — *Hématol.*
macrocyte *(m.),*
mégalocyte *(m.).*

5376. **macrodactyl** — *Anthrop.*
macrodactyle *(adj.).*

5377. **macrodactylous** — Voir:
macrodactyl.

5378. **macro-evolution** — *Biol.*
macroévolution *(f.).*

5379. **macrogamete** — *Biol.*
macrogamète *(m.).*

5380. **macroglia** — *Histol.*
macroglie *(f.).*

5381. **macrolepidoptera** —
Entom.

macrolépidoptères *(m.
pl.).*

5382. **macromere** — *Embryol.*
macromère *(m.).*

5383. **macromolecule** —
Biochim. macromolécule
(f.).

5384. **macronucleus** — *Cytol.*
macronucléus *(m.),*
trophonucléus *(m.),*
noyau *(m.)* végétatif.

5385. **macrophage** — *Cytol.*
macrophage *(m.).*

5386. **macrophage system** —
Voir:
**reticuloendothelial
system.**

5387. **macrophagous** —
*Histol*macrophage
(adj.).

5388. **macropod** — *Bot., Zool.*
macropode *(n. m.).*

5389. **macropodous** — *Zool.*
macropode *(adj.).*

5390. **macropterous** — *Entom.*
macroptère *(adj.).*

5391. **macroscopic** — *Biol.*
macroscopique *(adj.).*

5392. **macrosporange** — Voir:
macrosporangium.

5393. **macrosporangium** — *Bot.*
macrosporange *(m.),*
mégasporange *(m.).*

5394. **macrospore** — *Bot.*
macrosporophylle *(f.),*
mégasporophylle *(f.).*

5395. **macrosporophyll** — *Bot.*
macrosporophylle *(f.),*
mégasporophylle *(f.).*

5396. **macrotrichia** — *Entom.*
macrotriche *(m.).*

5397. **macrurous** — *Crust.*
macroure *(adj.).*

5398. **macula** — *Biol.* tache *(f.)*, macula *(f.)*.

5399. **macula adherens** — *Histol.* macula *(f.)* adherens, desmosome *(m.)*.

5400. **macula acustica** — *Anat.* macule *(f.)* utriculaire.

5401. **macula lutea** — *Anat.* tache *(f.)* jaune.

5402. **madreporaria** — *Coelent.* madréporaires *(m. pl.)*.

5403. **madrepore** — Voir: **madreporite.**

5404. **madreporic** — *Coelent.*, *Echinod.* madréporique *(adj.)*.

5405. **madreporite** — *Echinod.* madréporite *(adj.)*, madrépore *(m.)*, plaque *(f.)* madréporique.

5406. **maggot** — *Entom.* ver *(m.)* apode, asticot *(m.)*.

5407. **magnetism** — *Physiq.* magnétisme *(m.)*.

5408. **magnum** — *Mamm.* grand os *(m.)* du carpe, troisième carpien *(m.)*.

5409. **major gene** — *Génét.* gène *(m.)* majeur.

5410. **major spiral** — *Génét.* spirale *(f.)* majeure.

5411. **malaceous** — *Bot.* pomacé, -e *(adj.)*.

5412. **malacocotylea** — *Plath.* malacocotylés *(m. pl.)*.

5413. **malacoderm** — *Entom.* malacoderme *(n. m.)*.

5414. **malacodermatous** — *Entom.* malacoderme *(adj.)*.

5415. **malacologist** — *Zool.* malacologue *(f.)*.

5416. **malacology** — *Zool.* malacologie *(f.)*.

5417. **malacopterygian** — *Ichtyol.* malacoptérygien, -enne *(adj.)*.

5418. **malacopterygii** — *Ichtyol.* malacoptérygiens *(m. pl.)*.

5419. **malacostraca** — *Crust.* malacostracés *(m. pl.)*.

5420. **malacostracan** — *Crust.* malacostracé, -e *(adj.)*.

5421. **malar bone** — *Anat.*, *Anat. comp.* os *(m.)* malaire.

5422. **malar stripe** — *Ornith.* rayure *(f.)* malaire.

5423. **malaria** — *Parasitol.* malaria *(f.)*, paludisme *(m.)*, fièvre paludéenne, fièvre *(f.)* des marais, fièvre *(f.)* à quinquina, fièvre *(f.)* quarte, fièvre *(f.)* tierce.

5424. **malarial** — *Parasitol.* paludéen, -enne *(adj.)*.

5425. **malarious** — *Parasitol.* impaludé, -e *(adj.)*.

5426. **malaxation** — *Entom.* malaxation *(f.)*.

5427. **male** — *Biol.* mâle *(n. m. et adj.)*.

5428. **malign** — Voir: **malignant.**

5429. **malignant** — *Pathol.* malin, -igne *(adj.)*.

5430. **malleolar bone** — *Anat.* os *(m.)* malléolaire.

5431. **malleolus** — *Anat.* malléole *(f.)*.

5432. **malleus** — *Anat.* marteau
(m.), malleus *(m.).*

5433. **mallophaga** — *Entom.*
mallophages *(m. pl.).*

5434. **malnutrition** — *Physiol.*
sous-alimentation *(f.).*

5435. **malpighian capsule** —
Anat. capsule *(f.)* de
Malpighi.

5436. **malpighian corpuscle** —
Anat. corpuscule *(m.)* de
Malpighi.

5437. **malpighian layer** —
Histol. couche *(f.)* de
Malpighi, réseau *(m.)*
de Malpighi, corps *(m.)*
de Malpighi.

5438. **malpighian tubule** —
Arthrop. tube *(m.)* de
Malpighi.

5439. **maltase** — *Biochim.*
maltase *(f.).*

5440. **maltose** — *Biochim.*
maltose *(m.).*

5441. **malvaceous** — *Bot.*
malvacé, -e *(adj.),*
malvé, -e *(adj.).*

5442. **mamilla** — *Anat.* bout
(m.) de sein, mamelon
(m.); Bot. mamelon
(m.).

5443. **mamillary body** — *Anat.*
tubercule *(m.)*
mamillaire, éminence
(f.) mamillaire.

5444. **mamma** — *Anat.* glande
(f.) mammaire,
mamelle *(f.).*

5445. **mammal** — *Zool.*
mammifère *(m.).*

5446. **mammalia** — *Zool.*
mammifères *(m. pl.).*

5447. **mammalian** — *Zool.*
mammifère *(n. m. et
adj.).*

5448. **mammalogy** — *Zool.*
mammalogie *(f.).*

5449. **mammary** — *Anat.,
Physiol.* mammaire
(adj.).

5450. **mammary artery** — *Anat.*
artère *(f.)* mammaire.

5451. **mammary gland** — *Anat.*
glande *(f.)* mammaire.

5452. **mammary papilla** —
Anat. papille *(f.)*
mammaire, tétine *(f.).*

5453. **mammary vein** — *Anat.*
veine *(f.)* mammaire.

5454. **mammiferous** — *Zool.*
mammifère *(adj.).*

5455. **mandible** — *Anat.*
mâchoire *(f.)* inférieure,
Zool. mandibule *(f.).*

5456. **mandibular** — *Anat.,
Zool.* mandibulaire
(adj.).

5457. **mandibular arch** — *Anat.*
comp. arc *(m.)*
mandibulaire.

5458. **mandibular artery** —
Anat. artère *(f.)*
mandibulaire, artère *(f.)*
maxillaire.

5459. **mandibular fossa** —
Anat. fosse *(f.)*
mandibulaire.

5460. **mandibular palp** —
Arthrop. palpe *(m.)*
mandibulaire.

5461. **mandibular vein** — *Anat.*
veine *(f.)* mandibulaire.

5462. **mantle** — *Moll., Ornith.*
manteau *(m.).*

5463. **manubrium** — *Algol., Anat., Coelent.* manubrium *(m.)*.

5464. **manure** (semi-fluid) — *Env.* lisier *(m.)*.

5465. **manus** — *Zool.* main *(f.)*, patte *(f.)* antérieure (d'un tétrapode).

5466. **manyplies** — *Anat. comp.* feuillet *(m.)*, psalterium *(m.)*, omasum *(m.)*.

5467. **map unit** — *Génét.* unité *(f.)* graphique.

5468. **marginal anchor** — *Coelent.* bouton *(m.)* adhésif.

5469. **marginal vesicle** — *Coelent.* statocyste *(m.)* (d'une méduse).

5470. **marginate** — *Zool.* marginé, -e *(adj.)*.

5471. **mariculture** — *Ecol.* mariculture *(f.)*.

5472. **marker** — *Génét.* marqueur *(m.)*.

5473. **marking** — *Ecol.* marquage *(m.)*, *Ornith.* marque *(f.)*.

5474. **marking-recapture method** — Voir: **capture-recapture method.**

5475. **marrow** — *Anat.* moelle *(f.)*.

5476. **marsh** — *Ecol.* marais *(m.)*.

5477. **marsupial bone** — *Zool.* épipubis *(m.)*, os *(m.)* marsupial.

5478. **marsupialia** — *Mamm.* marsupiaux *(m. pl.)*.

5479. **marsupials** — Voir: **marsupialia.**

5480. **marsupium** — *Mamm.* marsupium *(m.)*.

5481. **mask** — *Entom.* masque *(m.)*.

5482. **mast cell** — *Cytol.* cellule *(f.)* de mast, labrocyte *(m.)*, mastocyte *(m.)*.

5483. **mastax** — *Rotif.* mastax *(m.)*.

5484. **mastigobranchia** — *Crust.* mastigobranchie *(f.)*.

5485. **mastigoneme** — *Protoz.* mastigonème *(f.)*.

5486. **mastigophora** — *Protoz.* flagellés *(m. pl.)*, flagellates *(m. pl.)*.

5487. **mastoid** — *Anat.* mastoïde *(adj.)*, mastoïdien, -enne *(adj.)*.

5488. **mastoid antrum** — *Anat.* antre *(m.)* mastoïdien.

5489. **mastoid process** — *Anat.* apophyse *(f.)* mastoïde.

5490. **mastoidean** — *Anat.* mastoïdien, -enne *(adj.)*.

5491. **mastology** — *Méd.* mastologie *(f.)*.

5492. **mat** — *Algol., Océanogr.* matte *(f.)*.

5493. **maternal cares** — *Comport.* soins *(m.)* maternels.

5494. **maternal influence** — *Comport.* influence *(f.)* maternelle.

5495. **maternal inheritance** — *Génét.* héritage *(m.)* maternel.

5496. **mathematical ecology** — *Ecol.* écologie *(f.)* mathématique.

5497. **mating** — *Génét., Physiol.*
accouplement *(m.)*.

5498. **matrix** — *Anat.* matrice
(f.), utérus; *Cytol.*
matrice *(f.)* (de la
mitochondrie); *Histol.*
matrice *(f.)* (de l'os, du
cartilage), substance *(f.)*
intercellulaire. (Voir
aussi: **cartilage
capsule**).

5499. **maturation** — *Bot.,
Physiol., Zool.*
maturation *(f.)*.

5500. **maturation division** —
Cytol. division *(f.)* de
maturation, méiose *(f.)*.

5501. **maturation of germ-
cells** — *Cytol.*
maturation *(f.)* des
cellules germinales.

5502. **maturation period** —
Biol. phase *(f.)* de
maturation.

5503. **mature** — *Bot.* mûr, -e
(adj.); *Ecol., Ichtyol.*
mature *(adj.)*; *Pédol.*
Voir: **zonal.**

5504. **maxilla** — *Anat.*
maxillaire *(m.)*; *Zool.*
maxille *(f.)*.

5505. **maxillary** — *Anat., Zool.*
maxillaire *(adj.)*.

5506. **maxillary palp** —
Arthrop. palpe *(m.)*
maxillaire.

5507. **maxillary tooth** — *Zool.*
dent *(f.)* maxillaire.

5508. **maxillipede** — *Crust.*
maxillipède *(m.)*, patte-
mâchoire *(f.)*.

5509. **maxillule** — *Arthrop.*
maxillule *(f.)*.

5510. **maze** — *Comport.*
labyrinthe *(m.)*.

5511. **mean** — *Statist.* moyenne
(f.).

5512. **meandrous** — *Biol.*
sinueux, -euse *(adj.)*.

5513. **mean square
contingency** — *Statist.*
moyenne *(f.)*.

5514. **meatus** — *Anat.* méat
(m.), conduit *(m.)*, canal
(m.), orifice *(m.)*; *Bot.*
méat *(m.)*.

5515. **mechanism of reproductive
isolation** — *Génét.*
mécanisme *(m.)*
d'isolement reproductif.

5516. **mechano-receptor** —
Physiol.
mécanorécepteur *(m.)*.

5517. **Meckel's cartilage** —
Anat. comp. cartilage
(m.) de Meckel.

5518. **mechanical tissue** — *Bot.*
assise *(f.)* mécanique.

5519. **meconium** — *Embryol.,
Physiol.* méconium *(m.)*.

5520. **mecoptera** — *Entom.*
mécoptères *(m. pl.)*.

5521. **median** — *Biol.* médian,
-e *(adj.)*; *Statist.*
médiane *(f.)*.

5522. **median fissure of brain** —
Anat. comp. fente *(f.)*
interhémisphérique.

5523. **mediastinum** — *Anat.*
médiastin *(m.)*

5524. **mediastinum testis** —
Anat. corps *(m.)* de
Highmore.

5525. **mediocentromeric** —
Génét. médiocentrique
(adj.).

5526. **medium** — *Biol.* milieu *(m.)*, moyen, -enne *(adj.)*.

5527. **medulla** — *Anat.* moelle *(f.)* (d'un os); *Histol.* moelle *(f.)*, centre *(m.)* pileux (d'un cheveu, d'un poil); *Bot.* moelle *(f.)*.

5528. **medulla oblongata** — *Anat.* bulbe *(m.)* rachidien, moelle *(f.)* allongée.

5529. **medulla of suprarenal gland** — *Anat., Histol.* médullo-surrénale *(f.)*.

5530. **medullary** — *Anat.* médullaire *(adj.)*; *Bot.* médullaire *(adj.)*, médulleux, -euse *(adj.)*.

5531. **medullary canal** — *Anat.* canal *(m.)* médullaire.

5532. **medullary cavity** (of long bones) — *Anat.* cavité *(f.)* médullaire.

5533. **medullary cord** — *Anat.* cordon *(m.)* médullaire.

5534. **medullary plate** — Voir: **neural plate.**

5535. **medullary pyramid** — *Histol.* pyramide *(f.)* de Malpighi.

5536. **medullary ray** — *Histol.* rayon *(m.)* médullaire, pyramide *(f.)* de Ferrein.

5537. **medullary substance** — *Anat.* substance *(f.)* blanche.

5538. **medullated** — *Anat.* médullaire *(adj.)*; *Bot.* médullaire *(adj.)*, médulleux, -euse *(adj.)*.

5539. **medullated nerve fiber** — *Histol.* fibre *(f.)* blanche myélinique.

5540. **medusa** — *Coelent.* méduse *(f.)*.

5541. **medusan** — *Coelent.* médusaire *(adj.)*.

5542. **megacephalic** — *Tératol., Zool.* mégacéphale *(adj.)*, mégalocéphale *(adj.)*.

5543. **megalocephalous** — Voir: **megacephalic.**

5544. **megachiroptera** — *Mamm.* mégachiroptères *(m. pl.)*.

5545. **megaevolution** — *Evol., Paléont.* méga-évolution *(f.)*.

5546. **megagamete** — Voir: **macrogamete.**

5547. **megakaryocyte** — *Histol.* mégacaryocyte *(m.)*.

5548. **megalocephalic** — Voir: **megacephalic**

5549. **megalocephaly** — *Tératol., Zool.* mégalocéphalie *(f.)*.

5550. **megalocyte** — Voir: **macrocyte.**

5551. **megaloptera** — *Entom.* mégaloptères *(m. pl.)*.

5552. **megalospheric** — *Protoz.* mégalosphérique *(adj.)*.

5553. **megalospheric form** — *Protoz.* forme *(f.)* mégalosphérique.

5554. **megamere** — Voir: **macromere.**

5555. **meganephridium** — *Zool.* méganéphridie *(f.)*.

165

5556. **meganucleus** — Voir: **macronucleus.**

5557. **megaphyll** — *Bot.* mégaphylle *(f.).*

5558. **megaspheric** — Voir: **megalospheric.**

5559. **megasporangium** — *Bot.* mégasporange *(m.),* macrosporange *(m.).*

5560. **megaspore** — *Bot.* mégaspore *(f.),* macrospore *(f.).*

5561. **megaspore coat** — *Bot.* enveloppe *(f.)* de la mégaspore.

5562. **megasporophyll** — *Bot.* mégasporophylle *(f.),* macrosporophylle *(f.).*

5563. **meibomian gland** — *Anat.* glande *(f.)* de Meibomius, glande *(f.)* palpébrale.

5564. **meiocyte** — *Génét.* méiocyte *(m.).*

5565. **meiofauna** — *Ecol., Océanogr.* méiofaune *(f.).*

5566. **meiophylly** — *Bot.* méiophyllie *(f.).*

5567. **meiosis** — *Cytol.* méiose *(f.),* division *(f.)* cellulaire réductionnelle, réduction *(f.)* chromatique.

5568. **meiospore** — *Bot.* méiospore *(f.).*

5569. **meiostemonous** — *Bot.* méiostémone *(adj.).*

5570. **meiotaxy** — *Bot.* méiotaxie *(f.).*

5571. **meiotic** — *Cytol.* méiotique *(adj.).*

5572. **Meissner's corpuscle** — *Histol.* corpuscule *(m.)* de Meissner.

5573. **Meissner's plexus** — *Anat.* plexus *(m.)* sous-muqueux de Meissner.

5574. **melanin** — *Biochim.* mélanine *(f.).*

5575. **melanism** — *Génét.* mélanisme *(m.).*

5576. **melanocyte** — *Histol.* mélanocyte *(m.).*

5577. **melanogenesis** — *Physiol.* mélanogenèse *(f.).*

5578. **melanophore** — *Cytol.* mélanophore *(f.).*

5579. **melatonine** — *Biochim., Physiol.* mélatonine *(f.).*

5580. **melliferous** — *Entom.* mellifère *(adj.).*

5581. **mellification** — *Entom.* mellification *(f.).*

5582. **mellivorous** — *Zool.* mellivore *(adj.).*

5583. **membrana basilaris** — *Histol.* couche *(f.)* sous-épithéliale, couche *(f.)* sous-épidermique, membrane *(f.)* basale.

5584. **membrana elastica** — *Zool.* membrane *(f.)* élastique (de la notochorde).

5585. **membrana semilunaris** — *Ornith.* membrane *(f.)* semilunaire.

5586. **membrana tectoria** — Voir: **tectorial membrane.**

5587. **membranaceous** — *Zool.* membraneux, -euse *(adj.).*

5588. **membrane** — *Biol.*
membrane *(f.)*.

5589. **membrane bone** — *Anat.*
comp. os *(m.)* de
membrane.

5590. **membrane of Reissner** —
Anat. membrane *(f.)* de
Reissner.

5591. **membranella** — *Biol.*
membranelle(f.).

5592. **membraniform** — *Biol.*
membraniforme *(adj.)*.

5593. **membranology** —
Physiol. membranologie
(f.).

5594. **membranous** — *Biol.*
membraneux, -euse
(adj.), membrané, -e
(adj.).

5595. **membranous labyrinth** —
Anat. labyrinthe *(m.)*
membraneux.

5596. **membranula** — Voir:
membranella.

5597. **mendelian** — *Génét.*
mendélien, -enne *(adj.)*.

5598. **mendelian inheritance** —
Génét. hérédité *(f.)*
mendélienne.

5599. **mendelian population** —
Génét. population *(f.)*
mendélienne.

5600. **mendelism** — *Génét.*
mendélisme *(m.)*.

5601. **Mendel's laws** — *Génét.*
lois *(f.)* de Mendel.

5602. **meningeal** — *Anat.*
méningé, -e *(adj.)*.

5603. **meninges** — Voir:
meninx.

5604. **meningocele** — *Pathol.*
méningocèle *(f.)*.

5605. **meningo-coccus** —
Bactériol.
méningocoque *(f.)*.

5606. **meninx** — *Anat.* méninge
(f.).

5607. **meniscus** — *Anat.*
ménisque *(m.)*.

5608. **menispermaceous** — *Bot.*
ménispermacé, -e *(adj.)*.

5609. **menopause** — *Physiol.*
ménopause *(f.)*.

5610. **menstrual** — *Physiol.*
menstruel, -elle *(f.)*.

5611. **menstrual cycle** —
Physiol. cycle *(m.)*
menstruel, cycle *(m.)*
utérin.

5612. **menstruation** — *Physiol.*
menstruation *(f.)*, règles
(f. pl.), menstrues *(f.
pl.)*.

5613. **mento-meckelian** —
Embryol. mento-
meckélien *(adj.)*.

5614. **mentum** — *Entom.*
mentum *(m.)*.

5615. **mericarp** — *Bot.*
méricarpe *(adj.)*.

5616. **merismatic** — *Biol.*
mérismatique *(adj.)*.

5617. **meristele** — *Bot.*
méristèle *(f.)*

5618. **meristem** — *Bot.*
méristème *(m.)*.

5619. **meristematic** — *Bot.*
méristématique *(adj.)*.

5620. **meroblastic** — *Embryol.*
méroblastique *(adj.)*.

5621. **meroblastic cleavage** —
Embryol. segmentation
(f.) méroblastique.

5622. **merocrine** — *Physiol.*
mérocrine *(adj. f.)*.

5623. **merogony** — Voir:
schizogony.

5624. **meromictic lake** —
Limnol. lac *(m.)*
méromictique.

5625. **meroplankton** — *Ecol.,*
Océanogr. méroplancton
(m.).

5626. **merozoite** — *Protoz.*
mérozoïte *(m.),*
schizozoïte *(m.).*

5627. **mesadenia** — *Entom.*
mésadénie *(f.).*

5628. **mesangial cell** — *Histol.*
cellule *(f.)* mésangiale,
cellule *(f.)*
intercapillaire.

5629. **mesaxon** — *Histol.*
mésaxon *(m.).*

5630. **mesencephalon** — *Anat.*
mésencéphale *(m.).*

5631. **mesenchyma** — *Histol.*
mésenchyme *(m.).*

5632. **mesenchymal** — *Histol.*
mésenchymateux, -euse
(adj.).

5633. **mesenchyme** — *Histol.*
mésenchyme *(m.).*

5634. **mesenteric** — *Anat.*
mésentérique *(adj.).*

5635. **mesenteric artery** —
Anat. artère *(f.)*
mésentérique.

5636. **mesenteric caecum** —
Anat. caecum *(m.)*
mésentérique.

5637. **mesentery** — *Anat.*
mésentère *(m.).*

5638. **mesethmoid** — *Anat.*
comp. mésethmoïde
(m.).

5639. **mesobenthos** — *Biol.*
mar. mésobenthos *(m.).*

5640. **mesoblast** — *Embryol.*
mésoblaste *(m.).*

5641. **mesocardium** — *Anat.*
mésocarde *(m.).*

5642. **mesocarp** — *Bot.*
mésocarpe *(m.).*

5643. **mesocerebrum** —
Arthrop. mésocérébron
(m.), deutocérébron
(m.).

5644. **mesoclimate** — *Ecol.*
mésoclimat *(m.).*

5645. **mesocolon** — *Anat.*
mésocôlon *(m.).*

5646. **mesoderm** — *Embryol.*
mésoderme *(m.).*

5647. **mesodermal** — *Embryol.*
mésodermique *(adj.).*

5648. **mesodermal fold** —
Embryol. repli *(m.)*
mésodermique.

5649. **mesodermic** — Voir:
mesodermal.

5650. **mesogaster** — *Anat.*
mésogastre *(m.).*

5651. **mesogastric** — *Anat.*
mésogastrique *(adj.).*

5652. **mesoglea** — *Coelent.*
mésoglée *(f.).*

5653. **mesogloea** — Voir:
mesoglea.

5654. **mesolithic** — *Anthropol.*
mésolithique *(adj.).*

5655. **mesology** — *Biol.*
mésologie *(f.).*

5656. **mesonephric duct** —
Anat. comp. canal *(m.)*
de Wolff.

5657. **mesonephros** — *Embryol.*
mésonéphros *(m.),* corps
(m.) de Wolff.

5658. **mesonotum** — *Entom.*
mésonotum *(m.)*.

5659. **mesophilic** — *Bot.*
mésophylle *(adj.)*.

5660. **mesophyll** — *Bot.*
mésophylle *(m.)*.

5661. **mesophyllum** — Voir:
mesophyll.

5662. **mesophyte** — *Bot.*
mésophyte *(m.)*.

5663. **mesophytic** — *Ecol.*
mésophyte *(adj.)*.

5664. **mesopic** — *Physiol.*
mésopique *(adj.)*.

5665. **mesoplankton** — *Biol.*
mar. mésoplancton *(m.)*.

5666. **mesopterygium** —
Ichtyol. mésoptérygium
(m.).

5667. **mesorchium** — *Anat.*
mésorchium *(m.)*.

5668. **mesosoma** — *Arthrop.*
mésosoma *(m.)*.

5669. **mesosternum** — *Anat.*
comp. mésosternum
(m.), corps *(m.)* du
sternum.

5670. **mesotarsal joint** —
Herpétol. articulation
(f.) intertarsienne.

5671. **mesothelial** — *Histol.*
mésothélial, -e, -aux
(adj.).

5672. **mesothelioma** — *Pathol.*
mésothéliome *(m.)*.

5673. **mesotheliomata** — Voir:
mesothelioma.

5674. **mesothelium** — *Histol.*
mésothélium *(m.)*.

5675. **mesothoracic leg** —
Entom. patte *(f.)*
mésothoracique.

5676. **mesothoracic wing** —
Entom. aile *(f.)*
mésothoracique.

5677. **mesothorax** — *Entom.*
mésothorax *(m.)*.

5678. **mesotrophic lake** —
Limnol. lac *(m.)*
mésotrophe.

5679. **mesovarium** — *Anat.*
mésovarium *(m.)*.

5680. **mesozoic** — *Géol.*
mésozoïque *(n. m. et
adj.)*, secondaire *(n. m.
et adj.)*.

5681. **mesozoon** — *Zool.*
mésozoaire *(m.)*.

5682. **messenger RNA** —
Biochim., Génét. ARN
(m.) messager, acide
(m.) ribonucléique
messager.

5683. **metabola** — *Entom.*
métaboles *(m. pl.)*. (On
admet l'extension de ce
terme à d'autres
animaux que les
insectes).

5684. **metabolic** — *Physiol.*
métabolique *(adj.)*.

5685. **metabolic disease** —
Méd., Physiol.
dysmétabolie *(f.)*.

5686. **metabolic pathway** —
Physiol. voie *(f.)*
métabolique.

5687. **metabolic water** —
Physiol. eau *(f.)* de
métabolisme.

5688. **metabolism** — *Physiol.*
métabolisme *(m.)*.

5689. **metabolizable** — *Ecol.*
métabolisable *(adj.)*.

5690. **metabolize** (to) —
  Physiol. transformer *(v. tr.)* par métabolisme.

5691. **metabolite** — *Physiol.*
  métabolite *(m.)*.

5692. **metaboly** — *Protoz.*
  métabolie *(f.)*.

5693. **metacarpal bone** — *Anat.*
  métacarpe *(m.)*.

5694. **metacarpus** — Voir:
  metacarpal bone.

5695. **metacentric** — *Génét.*
  métacentrique *(adj.)*.

5696. **metacerebrum** — Voir:
  tritocerebrum.

5697. **metachromatic** — *Cytol.*
  métachromatique *(adj.)*.

5698. **metachronal** — *Biol.*
  métachronique *(adj.)*.

5699. **metachrony** — *Biol.*
  métachronie *(f.)*.

5700. **metacromion** — *Anat.*
  métacromion *(m.)*.

5701. **metagenesis** — *Zool.*
  métagenèse *(f.)*.

5702. **metagenetic** — *Biol.*
  métagénésique *(adj.)*.

5703. **metakinesis** — *Cytol.*
  métacinèse *(f.)*.

5704. **metamere** — *Embryol.*
  métamère *(m.)*, somite *(m.)*.

5705. **metameric**
  segmentation —
  Embryol. segmentation *(f.)* métamérique,
  métamérisation *(f.)*.

5706. **metamerism** — *Biol.*
  métamérie *(f.)*.

5707. **metamorphosis** — *Biol.*
  métamorphose *(f.)*.

5708. **metamyelocyte** — *Histol.*
  métamyélocyte *(m.)*.

5709. **metanemertini** — *Zool.*
  métanémertiens *(m. pl.)*,
  némertes *(f.)* armées.

5710. **metanephric duct** —
  Anat. comp. uretère *(m.)*
  secondaire.

5711. **metanephridium** — *Ann.*
  métanéphridie *(f.)*.

5712. **metanephros** — *Anat.*
  comp. métanéphros
  (m.).

5713. **metanotum** — *Entom.*
  métanotum *(m.)*.

5714. **metaphase** — *Cytol.*
  métaphase *(f.)*.

5715. **metaphyta** — Voir:
  embryophyta.

5716. **metaplasia** — *Histol.*
  métaplasie *(f.)*.

5717. **metaplasm** — *Cytol.*
  métaplasme *(m.)*,
  paraplasme *(m.)*,
  deutoplasme *(m.)*,
  deutoplasma *(m.)*.

5718. **metapleural fold** —
  Céphal. métapleure *(f.)*,
  repli *(m.)* métapleural.

5719. **metapleure** — Voir:
  metapleural fold.

5720. **metapneustic** — *Entom.*
  métapneustique *(adj.)*.

5721. **metapodium** — *Anat.*
  comp. métapode *(m.)*.

5722. **metapophysis** — *Anat.*
  comp. métapophyse *(f.)*.

5723. **metapterygium** —
  Ichtyol. métaptérygium
  (m.).

5724. **metapterygoid** — *Ichtyol.*
  métaptérygoïde *(m.)*.

5725. **metasoma** — *Arachn.*
métasome *(m.)*,
métasoma *(m.)*,
postabdomen *(m.)*.

5726. **metastasis** — *Pathol.*
métastase *(f.)*.

5727. **metasternite** — *Arachn.*
sternum *(m.)* (du
scorpion).

5728. **metasternum** — *Entom.*
métasternum *(m.)*.

5729. **metastoma** — *Arthrop.*
métastome *(m.)*.

5730. **metasyndesis** — *Génét.*
métasyndèse *(f.)*.

5731. **metatarsal** — *Anat.*
métatarsien, -enne
(adj.).

5732. **metatarsal bone** — *Anat.*
métatarse *(m.)*,
métatarsien *(m.)*.

5733. **metatarsus** — Voir:
metatarsal bone.

5734. **metatheria** — *Mamm.*
métathériens *(m. pl.)*,
didelphes *(m. pl.)*,
marsupiaux *(m. pl.)*.

5735. **metathorax** — *Entom.*
métathorax *(m.)*.

5736. **metathoracic leg** —
Entom. patte *(f.)*
métathoracique.

5737. **metathoracic wing** —
Entom. aile *(f.)*
métathoracique.

5738. **metatroch** — *Ann., Moll.*
métatroque *(m.)*.

5739. **metaxylem** — *Bot.*
métaxylème *(m.)*.

5740. **metazoa** — *Zool.*
métazoaires *(m. pl.)*.

5741. **metazoic** — *Zool.*
métazoaire *(adj.)*.

5742. **metencephalon** —
Embryol. métencéphale
(m.).

5743. **methadone** — *Pharmacol.*
méthadone *(f.)*.

5744. **method** — *Biol.* méthode
(f.).

5745. **micell** — *Cytol.* micelle
(f.).

5746. **micella** — Voir: **micell.**

5747. **micelle** — Voir: **micell.**

5748. **micraner** — *Entom.*
micranère *(m.)*.

5749. **micrergate** — *Entom.*
micrergate *(f.)*,
microergate *(f.)*.

5750. **microbe** — *Bactériol.*
microbe *(m.)*.

5751. **microbial** — *Bactériol.*
microbien, -enne *(adj.)*.

5752. **microbicidal** — *Bactériol.*
microbicide *(adj.)*.

5753. **microbicide** — *Bactériol.*
microbicide *(m.)*.

5754. **microbiogenesis** — *Biol.*
microbiogénèse *(f.)*.

5755. **microbiogenetic** — *Biol.*
microbiogène *(adj.)*.

5756. **microbiogenic** — Voir:
microbiogenetic.

5757. **microbiogeny** — Voir:
microbiogenesis.

5758. **microbiology** — *Biol.*
microbiologie *(f.)*.

5759. **microbism** — *Env.*
microbisme *(m.)*.

5760. **microbody** — *Génét.*
microcorps *(m.)*.

5761. **microcephalic** — *Zool.*
microcéphale *(adj.)*.

5762. **microcephalous** — Voir:
microcephalic.

5763. **microchiroptera** —
Mamm.
microchiroptères *(m. pl.).*

5764. **microchromosome** —
Génét.
microchromosome *(m.).*

5765. **microclimate** — *Ecol.,*
Env. microclimat *(m.).*

5766. **microclimatology** —
Climatol.
microclimatologie *(f.).*

5767. **microcosm** — *Bot., Ecol.*
microcosme *(m.).*

5768. **microcyte** — *Cytol.*
microcyte *(m.).*

5769. **microdissection** — *Biol.*
microdissection *(f.),*
microchirurgie *(f.),*
micrurgie *(f.).*

5770. **microevolution** — *Evol.*
micro-évolution *(f.).*

5771. **microfibril** — *Histol.*
microfibrille *(f.).*

5772. **microflora** — *Microbiol.*
microflore *(f.).*

5773. **microgamete** — *Biol.*
microgamète *(m.).*

5774. **microgametocyte** — *Biol.*
microgamétocyte *(m.),*
microgamonte *(m.).*

5775. **microglia** — *Histol.*
microglie *(f.).*

5776. **microincineration** —
Microtech. micro-
incinération *(f.).*

5777. **microlecithal** — *Biol.*
microlécithe *(adj.).*

5778. **microlepidoptera** —
Entom.
microlépidoptères *(m. pl.).*

5779. **micromanupulator** —
Cytol., Génét.
micromanipulateur
(m.).

5780. **micromere** — *Embryol.*
micromère *(m.).*

5781. **micromigration** — *Biol.*
micromigration *(f.).*

5782. **micron** — *Micr.* micron
(m.).

5783. **micronekton** — *Ecol.,*
Océanogr. micronecton
(m.).

5784. **micronephridium** — *Ann.*
micronéphridie *(f.).*

5785. **micronucleolus** — *Cytol.*
micronucléole *(m.).*

5786. **micronucleus** — *Cytol.*
micronucleus *(m.).*

5787. **micro-organism** —
Microbiol. micro-
organisme *(m.).*

5788. **microphage** — *Hématol.*
microphage *(m.).*

5789. **microphagous** —
Hématol. microphage
(adj.).

5790. **micropinocytosis** —
Cytol. micropinocytose
(f.).

5791. **micropituicyte** — *Histol.*
micropituicyte *(m.).*

5792. **micropolluant** — *Env.*
micropolluant *(m.).*

5793. **micropterous** — *Entom.,*
Ornith. microptère
(adj.).

5794. **micropyle** — *Bot.*
micropyle *(m.).*

5795. **microscope** — *Micr.*
microscope *(m.).*

5796. **microscopy** — *Biol.*
microscopie *(f.).*

5797. **microsmog** — *Env.*
microbrouillard *(m.).*

5798. **microsome** — *Cytol.*
microsome *(m.).*

5799. **microspheric** — *Protoz.*
microsphérique *(adj.).*

5800. **microspheric form** —
Protoz. forme *(f.)*
microsphérique.

5801. **microsporangium** — *Bot.*
microsporange *(m.).*

5802. **microspore** — *Bot.*
microspore *(f.).*

5803. **microsporidia** — *Protoz.*
microsporidies *(f. pl.).*

5804. **microsporophyll** — *Bot.*
microsporophylle *(f.).*

5805. **microtome** — *Microtech.*
microtome *(m.).*

5806. **microtrichia** — *Entom.*
microtriche *(m.).*

5807. **microtubule** — *Cytol.*
microtubule *(m.).*

5808. **microvilli** — Pluriel de
microvillus (voir ce
mot).

5809. **microvillus** — *Histol.*
microvillosité *(f.).*

5810. **mid-brain** — *Anat.*
mésencéphale *(m.).*

5811. **middle-ear** — *Anat.*
oreille *(f.)* moyenne.

5812. **middle lamella** — *Cytol.*
lamelle *(f.)* moyenne.

5813. **middle paleolithic** —
Géol. paléolithique *(m.)*
moyen.

5814. **middle piece** — *Histol.*
pièce *(f.)* intermédiaire
(d'un spermatozoïde).

5815. **mid-gut** — *Anat. comp.,*
Zool. intestin *(m.)*
moyen.

5816. **mid-rib** — *Bot.* nervure
(f.) médiane.

5817. **midriff** — *Anat.*
diaphragme *(m.).*

5818. **mid-vein** — *Bot.* nervure
(f.) médiane.

5819. **migrant** — *Zool.*
migrateur, -trice *(adj.),*
nomade *(adj.),*
migratoire *(adj.)*
(mouvement).

5820. **migration** — *Bot.,*
Physiol., Zool.
migration *(f.).*

5821. **migration inversion** —
Ornith. inversion *(f.)* de
migration.

5822. **migrator** — Voir:
migrant.

5823. **migratory** — Voir:
migrant.

5824. **mildew** — *Bot.* mildiou
(m.), rouille *(f.),*
moisissure *(f.).*

5825. **miliaria** — *Pathol.* fièvre
(f.) miliaire.

5826. **miliary** — *Pathol.*
miliaire *(adj.).*

5827. **milk gland** — *Entom.*
glande *(f.)* lactifère;
Mamm. Voir: **mammary**
gland.

5828. **milk teeth** — Voir:
deciduous teeth.

5829. **milky spot** — *Histol.*
tache *(f.)* de lait.

5830. **millepede** — *Arthrop.*
mille-pattes *(m.),* mille-
pieds, *(m.),* diplopode
(m.).

5831. **millepore** — *Coelent.*
millépore *(m.)*.

5832. **Millon's test** — *Biochim.*
réactif *(m.)* de Millon.

5833. **mimesis** — *Bot., Zool.*
mimétisme *(m.)*.

5834. **mimetic** — *Biol.*
mimétique *(adj.)*.

5835. **mimetism** — *Bot., Zool.*
mimétisme *(m.)*.

5836. **mimicry** — *Bot., Zool.*
mimétisme *(m.)*.

5837. **mineralization of
humus** — *Ecol.*
minéralisation *(f.)* de
l'humus.

5838. **mineralocorticoid** —
Biochim.
minéralocorticoïde *(m.)*.

5839. **minimum law** — Voir:
**Liebig's law of the
minimum.**

5840. **minor spiral** — *Génét.*
spirale *(f.)* mineure.

5841. **minorate** (to) — *Ecol.*
minorer *(v. tr.)*.

5842. **miocene** — *Géol.* miocène
(n. m. et adj.).

5843. **miracidium** — *Plath.*
larve *(f.)* miracidium,
miracidium *(m.)*.

5844. **miscarriage** — *Méd.,
Physiol.* avortement
(m.).

5845. **misdivision** — *Génét.*
division *(f.)*
transversale.

5846. **misuse** — *Biol.* mésusage
(m.).

5847. **mitchourinian school** —
Génét. école *(f.)*
mitchourinienne.

5848. **mite-ripened** — *Arachn.*
cironné, -e *(adj.)*.

5849. **mites** — *Arthrop.*
acariens *(m. pl.)*.

5850. **mitochondrial sheath** —
Histol. gaine *(f.)*
mitochondriale.

5851. **mitochondrion** — Voir:
mitochondrium.

5852. **mitochondrium** — *Cytol.*
mitochondrie *(f.)*,
sarcosome *(m.)*.

5853. **mitosis** — *Cytol.* mitose
(f.).

5854. **mitotic index** — *Génét.*
indice *(m.)* mitotique.

5855. **mitotic recombination** —
Génét. recombinaison
(f.) mitotique.

5856. **mitral valve** — *Anat.*
valvule *(f.)* mitrale.

5857. **mixed forest** — *Ecol.*
fôret *(f.)* mixte.

5858. **mixed gland** — *Physiol.*
glande *(f.)* mixte.

5859. **mixed layer** — *Océanogr.*
couche *(f.)* mélangée.

5860. **mixed nerve** — *Physiol.*
nerf *(m.)* mixte.

5861. **mixedwood** — Voir:
mixed forest.

5862. **mixipterygium** — *Ichtyol.*
myxoptérygie *(f.)*,
ptérygopode *(m.)*.

5863. **mixoploidy** — *Génét.*
mixoploïdie *(f.)*.

5864. **mixotrophic lake** —
Limnol. lac *(m.)*
mixotrophe.

5865. **mnemonic retention** —
Comport. rétention *(f.)*
mnémonique.

5866. **modality** — *Statist.* modalité *(f.).*

5867. **model** — *Ecol.* modèle *(m.).*

5868. **modifier** — *Génét.* modificateur *(m.).*

5869. **modiolus** — *Anat.* columelle *(f.).*

5870. **moisture equivalent** — *Bot.* humidité *(f.)* équivalente.

5871. **molar process** — *Arthrop.* Voir: **incisor process**.

5872. **molar tooth** — *Anat., Zool.* molaire *(f.).*

5873. **molariform** — *Anat. comp.* molariforme *(adj.).*

5874. **molecular biology** — *Biol.* biologie *(f.)* moléculaire.

5875. **molecular genetics** — *Génét.* génétique *(f.)* moléculaire.

5876. **molecule** — *Chim.* molécule *(f.).*

5877. **mollusca** — *Zool.* mollusques *(m. pl.).*

5878. **molpadida** — *Echinod.* molpadides *(m. pl.).*

5879. **molt** — *Arthrop.* mue *(f.),* ecdysis *(f.),* exuviation *(f.); Vert.* mue *(f.).*

5880. **molluscoida** — *Zool.* molluscoïde *(m.).*

5881. **monadic** — *Algol.* monadoïde *(adj.).*

5882. **monadical** — Voir: **monadic.**

5883. **moneron** — *Protoz.* monère *(f.).*

5884. **mongolism** — *Génét.* mongolisme *(m.).*

5885. **monimostyly** — *Anat. comp., Herpétol.* monimostylie *(f.).*

5886. **monitoring** — *Env.* contrôle *(m.)* continu, monitorage *(m.).*

5887. **monitoring of pollution** — *Ecol.* monitorage *(m.)* de la pollution.

5888. **monoblast** — *Histol.* monoblaste *(m.).*

5889. **monocarp** — *Bot.* plante *(f.)* monocarpienne.

5890. **monocarpellary** — *Bot.* monocarpellaire *(adj.).*

5891. **monocarpic** — *Bot.* monocarpien, -enne *(adj.).*

5892. **monocarpous** — Voir: **monocarpellary, monocarpic.**

5893. **monocentric** — *Génét.* monocentrique *(adj.).*

5894. **monocephalous** — *Tératol.* monocéphale *(adj.).*

5895. **monochasium** — *Bot.* cyme *(f.)* unipare.

5896. **monochlamydeous** — *Bot.* monochlamidées *(f. pl.),* apétales *(f. pl.).*

5897. **monocotyledoneae** — *Bot.* monocotylédones *(f. pl.).*

5898. **monocotyledonous** — *Bot.* monocotylédone *(adj.).*

5899. **monocular** — *Micr.* monoculaire *(adj.).*

5900. **monocyte** — *Hématol., Histol.* monocyte *(m.).*

5901. **monodactylous** — *Anat. comp., Zool.*
monodactyle *(adj.).*

5902. **monodelphia** — Voir:
eutheria.

5903. **monodelphous** — *Mamm.*
monodelphe *(adj.),*
monodelphien *(adj.).*

5904. **monoecious** — *Bot.*
monoïque *(adj.); Zool.*
hermaphrodite *(adj.).*

5905. **monoecism** — *Bot.*
monoecie *(f.); Zool.*
hermaphrodisme *(m.).*

5906. **monogamic** — *Biol.*
monogame *(adj.).*

5907. **monogamous** — Voir:
monogamic.

5908. **monogamy** — *Biol.*
monogamie *(f.).*

5909. **monogenea** — *Parasitol.,*
Plath. monogéniens *(m.
pl.).*

5910. **monogenesis** — *Biol.*
monogenèse *(f.).*

5911. **monogenetic** — *Biol.*
monogène *(adj.),*
monogénésique *(adj.).*

5912. **monogenic** — Voir:
monogenetic.

5913. **monogenism** — *Anthrop.*
monogénisme *(m.).*

5914. **monohybrid** — *Génét.*
monohybride *(m.).*

5915. **monohybridism** — *Génét.*
monohybridisme *(m.).*

5916. **monomer** — *Biochim.*
monomère *(m.).*

5917. **monomictic lake** —
Limnol. lac *(m.)*
monomictique.

5918. **mononuclear** — *Cytol.*
mononucléaire *(adj.).*

5919. **monopetalous** — *Bot.*
monopétale *(adj.).*

5920. **monophyletic** — *Biol.*
monophylétique *(adj.).*

5921. **monophyletic theory** —
Voir: **unitarian theory.**

5922. **monophyllous** — *Bot.*
monophylle *(adj.).*

5923. **monophyodont** —
Mamm.
monophyodonte *(adj.).*

5924. **monoplastid** — Voir:
monoplast.

5925. **monoplast** — *Biol.*
monoplastide *(m.).*

5926. **monoploid** — Voir:
haploid.

5927. **monopodium** — *Bot.*
monopode *(m.).*

5928. **monopodous** — *Biol.*
monopode *(adj.).*

5929. **monopylaea** — *Rad.*
monopylaires *(m. pl.),*
nassellaires *(m. pl.).*

5930. **monorchid** — *Physiol.*
monorchide *(n. m. et
adj.).*

5931. **monorchism** — *Physiol.*
monorchidie *(f.).*

5932. **monosaccharide** —
Biochim.
monosaccharide *(m.).*

5933. **monosepalous** — *Bot.*
monosépale *(adj.).*

5934. **monosome** — *Génét.*
monosome *(m.).*

5935. **monosomic** — *Génét.*
monosomique *(adj.).*

5936. **monosomy** — *Génét.*
monosomie *(f.).*

5937. **monospermous** — *Bot.*
monosperme *(adj.)*,
monospermique *(adj.)*.

5938. **monospermy** — *Bot.*
monospermie *(f.)*.

5939. **monotocardia** — *Moll.*
monotocardes *(m. pl.)*.

5940. **monotremata** — *Mamm.*
monotrèmes *(m. pl.)*,
protothériens *(m. pl.)*,
ornithodelphes *(m. pl.)*.

5941. **monotremes** — Voir:
monotremata.

5942. **monozygotic twins** —
Voir: **identical twins.**

5943. **Monro's foramen** —
Voir: **foramen of
Monro.**

5944. **morphallaxis** — *Biol.*
morphallaxis *(f.)*.

5945. **morphogenesis** —
Embryol. morphogenèse
(f.), morphogénie *(f.)*,
organogenèse *(f.)*.

5946. **morphogenetic field** —
Embryol. champ *(m.)*
morphogénétique.

5947. **morphogenetic
movement** — *Embryol.*
mouvement *(m.)*
morphogénétique.

5948. **morphogram** — *Biol.*
morphogramme *(m.)*.

5949. **morphological** — *Biol.*
morphologique *(adj.)*.

5950. **morphology** — *Biol.*
morphologie *(f.)*.

5951. **morphosis** — *Biol.*
morphose *(f.)*,
accomodat *(m.)*.

5952. **mortality rate** — *Ecol.*
taux *(m.)* de mortalité.

5953. **morula** — *Embryol.*
morula *(f.)*.

5954. **mosaic** — *Bot., Génét.,
Embryol.* mosaïque
(adj.).

5955. **mosaic egg** — *Embryol.*
oeuf *(m.)* à mosaïque.

5956. **mosaic vision** — *Arthrop.*
vision *(f.)* en mosaïque.

5957. **mosasauria** — *Paléont.*
mosasauriens *(m. pl.)*.

5958. **mosquito** — *Entom.*
moustique *(m.)*.

5959. **moss** — *Bot.* mousse *(f.)*.

5960. **mossy cell** — *Histol.*
cellule *(f.)* moussue,
astrocyte *(m.)*.

5961. **mossy fiber** — *Histol.*
fibre *(f.)* moussue.

5962. **moth** — *Entom.*
lépidoptère *(m.)* (ailes
horizontales au repos).
(Voir aussi: **cloth-
moth**).

5963. **mother-cell** — *Biol.*
cellule-mère *(f.)*.

5964. **mother molecule** —
Génét. molécule-mère
(f.).

5965. **motile** — *Biol.* doué, -e
(adj.) de mouvement,
mobile *(adj.)*.

5966. **motility** — *Biol.* mobilité
(f.).

5967. **motivation** — *Comport.*
motivation *(f.)*.

5968. **motor** — *Anat., Physiol.*
moteur, -trice *(adj.)*.

5969. **motor end plate** —
Histol., Physiol. plaque
(f.) motrice, jonction
(f.) neuromusculaire.

5970. **motor nerve** — *Physiol.*
nerf *(m.)* moteur.

5971. **motor point** — *Anat.,*
Physiol. point *(m.)*
moteur.

5972. **motor root** — *Anat.,*
Physiol. racine *(f.)*
motrice.

5973. **motor unit** — *Physiol.*
unité *(f.)* motrice.

5974. **mould** — *Anat.*
fontanelle *(f.)*; *Mycol.*
moisissure *(f.)*.

5975. **moult** — Voir: **molt.**

5976. **moulting** — *Arthrop.* mue
(f.), ecdysis *(f.)*,
exuviation *(f.)*; *Vert.*
mue *(f.)*, en mue,
muant.

5977. **mouth** — *Anat.* bouche
(f.); *Zool.* gueule *(f.)*
(d'un carnassier).

5978. **mouth-part** — *Zool.* pièce
(f.) buccale.

5979. **mucin** — *Biochim.*
mucine *(f.)*.

5980. **mucoperichondrium** —
Voir: **mucoperiosteum.**

5981. **mucoperiosteum** —
Histol. mucopérioste
(m.), mucopérichondre
(m.), membrane *(f.)* de
Schneider.

5982. **mucopolysaccharide** —
Biochim.
mucopolysaccharide
(m.).

5983. **mucoprotein** — *Biochim.*
mucoprotéine *(f.)*.

5984. **mucosa** — *Histol.*
muqueuse *(f.)*, couche
(f.) muqueuse, tunique
(f.) muqueuse.

5985. **mucosity** — *Physiol.*
mucosité *(f.)*.

5986. **mucous** — *Physiol.*
muqueux, -euse *(adj.)*.

5987. **mucous canal** — *Ichtyol.*
canal *(m.)* latéral.

5988. **mucous cell** — *Histol.*
cellule *(f.)* muqueuse.

5989. **mucous gland** — *Moll.*
glande *(f.)* pédieuse;
Physiol. glande *(f.)*
muqueuse.

5990. **mucous membrane** —
Voir: **mucosa.**

5991. **mucous neck cell** —
Histol. cellule *(f.)*
muqueuse du collet.

5992. **mucro** — *Bot.* mucron
(m.), pointe *(m.)*.

5993. **mucronate** — *Bot.*
mucroné, -e *(adj.)*.

5994. **mucronated** — Voir:
mucronate.

5995. **mucus** — *Bot.* mucosité
(f.); *Physiol.* mucus
(m.), mucosité *(f.)*,
glaire *(f.)*.

5996. **mugiliformes** — Voir:
percesoces.

5997. **müllerian duct** — *Anat.*
canal *(m.)* de Müller.

5998. **müllerian mimicry** —
Biol. mimétisme *(m.)*
müllerian.

5999. **Müller's fibers** — Voir:
fibers of Müller.

6000. **Müller's larva** — *Zool.*
larve *(f.)* de Müller.

6001. **Müller's organ** — Voir:
wheel organ.

6002. **multangulum minus** —
Anat. petit

multangulaire *(m.)*,
trapézoïde *(m.)*.

6003. **multangulum majus** —
Anat. grand
multangulaire *(m.)*,
trapèze *(m.)*, premier
carpien *(m.)*.

6004. **multicellular** — *Biol.*
multicellulaire *(adj.)*.

6005. **multilobar** — *Anat.*
multilobé, -e *(adj.)*.

6006. **multinucleate** — *Cytol.*
multinucléé, -e *(adj.)*.

6007. **multiple alleles** — *Génét.*
allèles *(m.)* multiples.

6008. **multiple allelomorphs** —
Génét. allélomorphes
(m.) multiples.

6009. **multiple factors** — Voir:
multiple genes.

6010. **multiple genes** — *Génét.*
gènes *(m.)* multiples,
polygènes *(m.)*.

6011. **multiplication period** —
Bot. phase *(f.)*
germinative.

6012. **multipolar** — *Biol., Cytol.*
multipolaire *(adj.)*.

6013. **multituberculata** —
Paléont. multituberculés
(m. pl.), allothériens *(m.
pl.)*.

6014. **multivalent** — *Génét.*
multivalent, -e *(adj.)*.

6015. **murrain** — *Art vétér.*
épizootie *(f.)*.

6016. **muscalure** — *Ecol.*
muscalure *(f.)*.

6017. **musci** — *Bot.* mousses *(f.
pl.)*.

6018. **muscle** — *Anat.* muscle
(m.).

6019. **muscle relaxant** — Voir:
myorelaxant.

6020. **muscular** — *Anat.,
Physiol.* musculaire
(adj.).

6021. **muscular contraction** —
Physiol. contraction *(f.)*
musculaire.

6022. **muscular fiber** — *Histol.*
fibre *(f.)* musculaire.

6023. **muscularis** — *Histol.*
musculeuse *(f.)*, couche
(f.) musculeuse.

6024. **muscularis mucosae** —
Histol. couche *(f.)*
musculaire muqueuse,
tunique *(f.)* musculaire
muqueuse, musculaire
(f.) muqueuse.

6025. **musculation** — *Anat.,
Physiol.* musculature
(f.).

6026. **musculature** — *Anat.*
musculature *(f.)*.

6027. **musculo-cutaneous** —
Anat., Physiol. musculo-
cutané -e *(adj.)*.

6028. **musculo-epithelial cell** —
Voir: **epithelio-
muscular cell.**

6029. **musculus trachealis** —
Histol. muscle *(m.)*
trachéal.

6030. **mushroom** — *Bot.*
champignon *(m.)*.

6031. **mushroom body** —
Entom. corps *(m.)*
fongiforme.

6032. **musk** — *Zool.* musc *(m.)*.

6033. **mutability** — *Génét.*
mutabilité *(f.)*.

6034. **mutable gene** — *Génét.*
gène *(m.)* mutable.

6035. **mutable site** — *Génét.*
site *(m.)* mutable.

6036. **mutagene** — *Génét.*
mutagène *(m.)*.

6037. **mutagenesis** — *Génét.*
mutagenèse *(f.)*.

6038. **mutagenic** — *Génét.*
mutagène *(f.)*.

6039. **mutagenic agent** —
Génét. agent *(m.)*
mutagène.

6040. **mutagenic law** — *Génét.*
loi *(f.)* de mutabilité.

6041. **mutant** — *Génét.* mutant,
-e *(n. m. et adj.)*,
variant, -e *(adj.)*. (Voir
aussi: **reverse mutant**).

6042. **mutation** — *Génét.*
mutation *(f.)*.

6043. **mutation rate** — *Génét.*
taux *(m.)* de mutation.

6044. **mutationism** — *Génét.*
mutationnisme *(m.)*.

6045. **mutualism** — *Ecol.*
mutualisme *(m.)*.

6046. **myasthenia gravis** —
Méd. myasthénie *(f.)*.

6047. **mycelium** — *Mycol.*
mycélium *(m.)*.

6048. **mycetes** — *Mycol.*
mycètes *(m. pl.)*,
champignons *(m. pl.)*.

6049. **mycetocyte** — *Entom.*
mycétocyte *(m.)*.

6050. **mycetology** — *Mycol.*
mycétologie *(f.)*.

6051. **mycetozoa** — *Zool.*
mycétozoaires *(m. pl.)*,
myxomycètes *(m. pl.)*.

6052. **mycoderm** — *Mycol.*
mycoderme *(m.)*.

6053. **mycoderma** —

6054. **Voir** —

6055. **mycodermic** — *Mycol.*
mycodermique *(adj.)*.

6056. **mycologic** — *Bot.*
mycologique *(adj.)*.

6057. **mycological** — *Bot.*
mycologique *(adj.)*.

6058. **mycologist** — *Bot.*
mycologue *(m.)*.

6059. **mycology** — *Bot.*
mycologie *(f.)*.

6060. **mycoplasm** — *Biol. cell.*
mycoplasme *(m.)*.

6061. **mycoplasma** — Voir:
mycoplasm.

6062. **mycorrhyza** — *Bot.,
Mycol.* mycorhize *(f.)*,
mycorhize *(f.)*.

6063. **mycorrhizal** — *Mycol.*
mycorhizé, -e *(adj.)*.

6064. **mycosis** — *Pathol.*
mycose *(f.)*.

6065. **mycotoxicosis** — *Méd.*
mycotoxicose *(f.)*.

6066. **mycotrophic** — *Bot.*
mycotrophe *(adj.)*.

6067. **myelencephalon** — *Anat.*
myélencéphale *(m.)*.

6068. **myelin** — *Histol.* myéline
(f.).

6069. **myelin sheath** — *HIstol.*
gaine *(f.)* de myéline.

6070. **myeloblast** — *Histol.*
myéloblaste *(m.)*.

6071. **myelocyte** — *Histol.*
myélocyte *(m.)*.

6072. **myeloid elements** —
Histol. éléments *(m.)*
myéloïdes.

6073. **myeloid metaplasia** — *Histol.* métaplasie *(f.)* myéloïde.

6074. **myeloid tissue** — *Histol.* tissu *(m.)* myéloïde.

6075. **myoblast** — *Histol.* myoblaste *(m.)*.

6076. **myocardium** — *Anat.* myocarde *(m.)*.

6077. **myocardial** — *Physiol.* myocardique *(adj.)*.

6078. **myocoel** — *Anat. comp.* myocèle *(m.)*.

6079. **myocomma** — *Anat. comp.* myosepte *(m.)*, myocomma *(m.)*.

6080. **myodome** — *Ichtyol.* myodome *(m.)*.

6081. **myoepithelial cell** — *Histol.* cellule *(f.)* myo-épithéliale.

6082. **myofibril** — *Histol.* myofibrille *(f.)*.

6083. **myofilament** — *Histol.* myofilament *(m.)*.

6084. **myoglobin** — *Biochim.* myoglobine *(f.)*.

6085. **myological** — *Anat.* myologique *(adj.)*.

6086. **myomere** — *Zool.* myomère *(m.)*, myotome *(m.)*.

6087. **myometrium** — *Histol.* myomètre *(m.)*.

6088. **myomorpha** — *Mamm.* myomorphes *(m. pl.)*.

6089. **myoneme** — *Protoz.* myonème *(m.)*.

6090. **myoneural junction** — *Histol, Physiol.* jonction *(f.)* neuromusculaire, plaque *(f.)* motrice.

6091. **myophrisk** — *Rad.* myonème *(m.)*.

6092. **myopia** — *Méd.* myopie *(f.)*.

6093. **myopic** — *Méd.* myope *(adj.)*.

6094. **myorelaxant** — *Physiol.* myorelaxant, -e *(n. m. et adj.)*.

6095. **myoseptum** — Voir: **myocomma.**

6096. **myosin** — *Biochim.* myosine *(f.)*.

6097. **myosis** — *Pathol.* myosis *(m.)*.

6098. **myotic** — *Méd.* myotique *(adj.)*.

6099. **myotome** — *Zool.* myotome *(m.)*, myomère *(m.)*.

6100. **myriapoda** — *Arthrop.* myriapodes *(m. pl.)*, mille-pattes *(m. pl.)*.

6101. **myriapodous** — *Arthrop.* myriapode *(adj.)*.

6102. **myrmecophagous** — *Zool.* myrmécophage *(adj.)*.

6103. **myrtaceous** — *Bot.* myrtacé, -e *(adj.)*.

6104. **myrtiform** — *Anat.* myrtiforme *(adj.)*.

6105. **mysis larva** — *Crust.* larve *(f.)* mysis, larve *(f.)* schizopode.

6106. **mystacoceti** — Voir: **mysticeti.**

6107. **mysticeti** — *Mamm.* mysticètes *(m. pl.)*.

6108. **myxamoeba** — *Mycol.* myxamibe *(f.)*, myxoamibe *(f.)*.

6109. **myxoedema** — *Physiol.*
myxoedème *(m.).*

6110. **myxoma** — *Pathol.*
myxome *(m.).*

6111. **myxomycetes** — *Mycol.*
myxomycètes *(m. pl.),*
mycétozoaires *(m. pl.).*

6112. **myxomycophyta** — Voir:
myxomycetes.

6113. **myxopterigium** — Voir:
mixipterygium.

6114. **myxosporidia** — *Protoz.*
myxosporidies *(f. pl.).*

6115. **myxovirus** — *Microbiol.*
myxovirus *(m.).*

N

6116. **nabothian follicle** —
Histol. oeuf *(m.)* de
Naboth.

6117. **nacre** — *Moll.* nacre *(f.).*

6118. **nacreous** — *Moll.* nacré,
-e *(adj.).*

6119. **nacrous** — Voir:
nacreous.

6120. **nacrous layer** — *Moll.*
couche *(f.)* lamelleuse,
nacre *(f.),* hypostracum
(m.).

6121. **naevus** — *Méd.* naevus
(m.).

6122. **nail** — *Ornith.* onglet
(m.) (extrémité du bec);
Vert. ongle *(m.).*

6123. **nannoplankton** — Voir:
nanoplankton.

6124. **nanoplankton** — *Limnol.,*
Océanogr. nonoplancton
(m.), nannoplancton
(m.).

6125. **nape** — *Anat.* nuque *(f.).*

6126. **napiform** — *Bot.*
napiforme *(adj.).*

6127. **narcomedusae** —
Coelent. narcoméduses
(f. pl.).

6128. **naris** — *Anat.* narine (de
l'homme) *(f.); Zool.*
naseau, -aux *(m.).*

6129. **nasal** — *Anat.* nasal, -e,
-aux *(adj.).*

6130. **nasal bone** — *Anat.* os
(m.) nasal, nasal *(m.).*

6131. **nasal capsule** — *Anat.*
capsule *(f.)* nasale.

6132. **nasal cavity** — *Anat.*
fosse *(f.)* nasale.

6133. **nasal fossa** — Voir:
nasal cavity.

6134. **nasal gland** — *Anat.*
glande *(f.)* nasale.

6135. **nasal pit** — *Anat. comp.*
sac *(m.)* olfactif.

6136. **nasal sac** — *Anat. comp.*
sac *(m.)* nasal.

6137. **nasal sinus** — *Anat.*
comp. sinus *(m.)* nasal.

6138. **nascent granule** — *Cytol.*
granule *(m.)* naissant.

6139. **nasopharyngeal** — *Anat.*
nasopharyngien, -enne
(adj.).

6140. **nasopharynx** — *Anat.*
nasopharynx *(m.),*
pharynx *(m.)* nasal,
cavum *(m.),*
rhinopharynx *(m.).*

6141. **nasellaria** — *Rad.*
nassellaires *(m. pl.),*
monopylaires *(m. pl.).*

6142. **nastic movement** — *Bot.*
nastie *(f.).*

6143. **nasute** — *Entom.* soldat *(m.)* nasuté.

6144. **natality** — *Biol.* natalité *(f.)*.

6145. **natality rate** — *Ecol.* taux *(m.)* de natalité.

6146. **natatorial** — *Zool.* natatoire *(adj.)*.

6147. **natatory** — Voir: **natatorial.**

6148. **national park** — *Env.* parc *(m.)* national.

6149. **native** — *Bot., Zool.* indigène *(adj.)*.

6150. **native protein** — *Biochim.* protéine *(f.)* native.

6151. **natural** — *Biol.* naturel, -elle *(adj.)*.

6152. **natural order** — *Syst.* ordre *(m.)* naturel, famille *(f.)* (des plantes à fleurs).

6153. **natural selection** — *Génét.* sélection *(f.)* naturelle.

6154. **naturalist** — *Biol.* naturaliste *(m.)*.

6155. **nature** — *Biol.* nature *(f.)*.

6156. **naturopath** — *Méd.* naturopathe *(m.)*.

6157. **naupliar stage** — *Crust.* protopléon *(m.)*.

6158. **nauplius larva** — *Crust.* larve *(f.)* nauplius.

6159. **navel** — *Anat.* nombril *(m.)*, ombilic *(m.)*, cicatrice *(f.)* ombilical.

6160. **navicular bone** — *Anat. comp.* naviculaire *(m.)*, scaphoïde *(m.)*, radial *(m.)*.

6161. **naviculare** — Voir: **navicular bone.**

6162. **neanderthal man** — *Anthropol.* homme *(m.)* de Néandertal, homme *(m.)* de Néanderthal.

6163. **neap tide** — *Océanogr.* marée *(f.)* de morte eau.

6164. **nearctic** — *Bot., Zool.* néarctique *(adj.)*.

6165. **neck** — *Anat.* cou *(m.)*, col *(m.)* (du fémur); *Bot.* col *(m.)* (d'un archégone).

6166. **neck feather** — *Ornith.* collerette *(f.)*, plumes *(f.)* collaires, camail *(m.)*.

6167. **necrobiosis** — *Pathol.* nécrobiose *(f.)*.

6168. **necrobiotic** — *Pathol.* nécrobiotique *(adj.)*.

6169. **necrophagous** — *Entom.* nécrophage *(adj.)*.

6170. **necrophore** — *Entom.* nécrophore *(m.)*.

6171. **necropsy** — *Biol.* autopsie *(f.)*, dissection *(f.)*, nécropsie *(f.)*.

6172. **necrosis** — *Cytol., Pathol.* nécrose *(f.)*.

6173. **nectar** — *Bot.* nectar *(m.)*.

6174. **nectared** — *Bot.* nectaré, -e *(adj.)*.

6175. **nectareous** — *Bot.* nectaré, -e *(adj.)*.

6176. **nectariferous** — *Bot.* nectarifère *(adj.)*.

6177. **nectary** — *Bot.* nectaire *(m.)*; *Entom.* cornicule *(f.)*.

6178. **nectocalyces** — *Coelent.*
nectocalyces *(m.)*,
cloches *(f.)* natatoires.

6179. **necton** — *Limnol.,*
Océanogr. necton *(m.)*.

6180. **nekton** — Voir: **necton.**

6181. **nemacide** — Voir:
nematocide.

6182. **nemathelminth** — *Zool.*
némathelminthe *(m.)*.

6183. **nematicide** — Voir:
nematocide.

6184. **nematoblast** — *Coelent.*
nématoblaste *(m.)*,
cnidoblaste *(m.)*.

6185. **nematocalyx** — Voir:
nematophore.

6186. **nematocera** — *Entom.*
nématocères *(m. pl.)*,
moustiques *(m. pl.)*.

6187. **nematocide** — *Chim.,*
Zool. nématocide *(m.)*,
nématicide *(m.)*.

6188. **nematocyst** — *Coelent.*
nématocyste *(m.)*,
cnidocyste *(m.)*.

6189. **nematoda** — *Zool.*
nématodes *(m. pl.)*.

6190. **nematologist** — *Zool.*
nématologiste *(m.)*.

6191. **nematomorpha** — *Zool.*
nématomorphes *(m. pl.)*.

6192. **nematophore** — *Coelent.*
nématophore *(m.)*.

6193. **nemertea** — *Plath.*
némertiens *(m. pl.)*.

6194. **nemertini** — Voir:
nemertea.

6195. **neocentric** — *Génét.*
néocentrique *(adj.)*.

6196. **neoceratodus** — Voir:
ceratodus.

6197. **neo-darwinism** — *Evol.*
néo-darwinisme *(m.)*.

6198. **neogene** — *Géol.* néogène
(n. m. et adj.).

6199. **neo-lamarckism** — *Evol.*
néo-lamarckisme *(m.)*.

6200. **neolithic** — *Anthropol.*
néolithique *(adj.)*.

6201. **neolithization** — *Paléont.*
néolithisation *(f.)*.

6202. **neo-malthusianism** —
Démogr. néo-
malthusianisme *(m.)*.

6203. **neonate** — *Zool.* néonate
(adj.).

6204. **neopallium** — *Anat.*
comp. neopallium *(m.)*.

6205. **neoplasm** — *Pathol.*
néoplasme *(m.)*.

6206. **neossoptile** — *Ornith.*
plume *(f.)* néoptile.

6207. **neoteny** — *Zool.* néoténie
(f.).

6208. **nephridiopore** — *Zool.*
néphridiopore *(m.)*,
pore *(m.)* excréteur
externe.

6209. **nephridium** — *Zool.*
néphridie *(f.)*.

6210. **nephrocoel** — *Anat.*
comp., Zool. néphrocèle
(m.).

6211. **nephrocyte** — *Zool.*
néphrocyte *(m.)*.

6212. **nephron** — *Anat.*
néphron *(m.)*.

6213. **nephros** — *Anat. comp.*
rein *(m.)*.

6214. **nephrostome** — *Zool.*
néphrostome *(m.)*,
néphridiostome *(m.)*.

6215. **nephrotome** — *Embryol.*
néphrotome *(m.).*

6216. **neritic** — *Océanogr.*
néritique *(adj.).*

6217. **nervate** — *Bot.* nervé, -e
(adj.).

6218. **nervation** — *Bot.*
nervation *(f.).*

6219. **nerve** — *Anat., Physiol.*
nerf *(m.).*

6220. **nerve-cell** — *Histol.*
neurone *(m.),* cellule *(f.)*
nerveuse.

6221. **nerve center** — *Physiol.*
centre *(m.)* nerveux.

6222. **nerve cord** — *Anat. comp.*
chaîne *(f.)* nerveuse,
cordon *(m.)* nerveux.

6223. **nerve ending** — *Histol.,*
Physiol. terminaison *(f.)*
nerveuse.

6224. **nerve fiber** — *Histol.,*
Physiol. fibre *(f.)*
nerveuse.

6225. **nerve ganglion** — *Anat.*
ganglion *(m.)* nerveux.

6226. **nerve impulse** — *Physiol.*
influx *(m.)* nerveux.

6227. **nerve net** — *Zool.* filet
(m.) nerveux.

6228. **nerve ring** — *Zool.*
anneau *(m.)* nerveux,
collier *(m.)* nerveux.

6229. **nerve root** — *Anat.*
racine *(f.)* nerveuse.

6230. **nerve supply** — *Physiol.*
innervation *(f.).*

6231. **nervous** — *Anat., Physiol.*
nerveux, -euse *(adj.).*

6232. **nervous system** — *Anat.,*
Physiol. système *(m.)*
nerveux.

6233. **nervous tissue** — *Histol.*
tissu *(m.)* nerveux.

6234. **nervure** — *Bot.* nervure
(f.).

6235. **nest** — *Zool.* nid *(m.).*

6236. **nesting** — *Zool.* nicheur,
-euse *(adj.),* couvaison
(f.).

6237. **nestling** — *Ornith.*
oisillon *(m.)* (encore au
nid).

6238. **net productivity** — *Ecol.*
productivité *(f.)* nette.

6239. **neural** — *Anat., Physiol.*
neural, -e, -aux *(adj.).*

6240. **neural arch** — *Anat.* arc
(m.) neural.

6241. **neural canal** — *Anat.*
canal *(m.)* neural, cavité
(f.) neurale.

6242. **neural crest** — *Embryol.*
crête *(f.)* neurale.

6243. **neural fold** — *Embryol.*
bourrelet *(m.)*
médullaire.

6244. **neural groove** —
Embryol. gouttière *(f.)*
médullaire.

6245. **neural plate** — *Embryol.*
plaque *(f.)* neurale.

6246. **neural spine** — *Anat.*
neurépine *(f.),* apophyse
(f.) épineuse.

6247. **neural tissue** — *Embryol.*
tissu *(m.)* nerveux
embryonnaire.

6248. **neural tube** — *Embryol.*
tube *(m.)* neural, tube
(m.) nerveux.

6249. **neuralgia** — *Pathol.*
névralgie *(f.).*

6250. **neurenteric canal** —
Embryol. canal *(m.)*
neurentérique.

6251. **neurilemma** — *Histol.*
névrilème *(m.)*,
névrilemme *(m.)*,
neurolemme *(m.)* gaine
(f.) de Schwann.

6252. **neurine** — *Anat.* tissu
(m.) nerveux.

6253. **neurit** — *Histol.* neurite
(m.).

6254. **neurobiotaxis** — *Biol.*
neurobiotactisme *(m.)*.

6255. **neurocoel** — *Zool.*
neurocèle *(f.)*.

6256. **neurocranium** — *Anat.*
comp. neurocrâne *(m.)*.

6257. **neurocyte** — Voir:
neuron.

6258. **neuroepithelial taste
cell** — *Histol.* cellule
(f.) neuro-épithéliale
gustative.

6259. **neurofibril** — *Histol.*
neurofibrille *(f.)*.

6260. **neuroglia** — *Histol.*
névroglie *(f.)*.

6261. **neurohormone** — *Physiol.*
neurhormone *(f.)*.

6262. **neurohypophysis** —
Anat., Physiol.
neurohypophyse *(f.)*,
hypophyse *(f.)*
postérieure, lobe *(m.)*
postérieur de
l'hypophyse.

6263. **neurokeratin** — *Biochim.*
neuro-kératine *(f.)*.

6264. **neurolemma** — Voir:
neurilemma.

6265. **neurologist** — *Méd.*
neurologue *(m.)*.

6266. **neurology** — *Méd.*
neurologie *(f.)*.

6267. **neuroma** — *Pathol.*
névrome *(m.)*.

6268. **neuromast** — *Ichtyol.*
neuromaste *(m.)*.

6269. **neuromediation** —
Physiol. neuromédiation
(f.).

6270. **neuromere** — *Ann.,
Arthrop.* neuromère
(m.).

6271. **neuromuscular spindle** —
Histol. fuseau *(m.)*
neuromusculaire.

6272. **neuron** — *Histol.* neurone
(m.).

6273. **neuronal integration** —
Voir: **neuronic
integration.**

6274. **neuronic integration** —
Physiol. intégration *(f.)*.

6275. **neurophysiology** —
Physiol.
neurophysiologie *(f.)*.

6276. **neuropil** — *Histol.*
neuropil *(m.)*.

6277. **neuroplasm** — *Cytol.*
neuroplasme *(m.)*.

6278. **neuropodium** — *Ann.*
neuropodium *(m.)*.

6279. **neuropore** — *Embryol.*
neuropore *(m.)*.

6280. **neuroptera** — *Emtom.*
névroptères *(m. pl.)*,
neuroptères *(m. pl.)*.

6281. **neuropterous** — *Emtom.*
névroptère *(adj.)*.

6282. **neurosecretion** —
Physiol. neurosécrétion
(f.).

6283. **neuro-sensory system** —
Physiol. système *(m.)*
neurosensoriel.

6284. **neurotendinous spindle** —
Histol. fuseau *(m.)*
neuro-tendineux.

6285. **neurotic** — *Méd.* névrosé,
-e *(adj.)*, neurotique
(adj.).

6286. **neurovascular bundle** —
Anat. faisceau *(m.)*
vasculo-nerveux.

6287. **neurula** — *Embryol.*
neurula *(f.)*.

6288. **neuston** — *Limnol.*,
Océanogr. neuston *(m.)*.

6289. **neuter** — *Bot.* neutre
(adj.).

6290. **neutrophil** — *Histol.*
neutrophile *(n. m. et*
adj.).

6291. **nevrosis** — *Méd.* névrose
(f.).

6292. **new born behaviour** —
Comp. comportement
(m.) du nouveau-né.

6293. **nexus** — *Histol.* nexus
(m.).

6294. **niche** — *Ecol.* niche *(f.)*.

6295. **nicotinic acid** — *Chim.*
acide *(m.)* nicotinique.

6296. **nictitating membrane** —
Zool. membrane *(f.)*
nictitante.

6297. **nidamental gland** —
Zool. glande *(f.)*
nidamentaire.

6298. **nidamental shell** — *Moll.*
coquille *(f.)*
nidamentaire.

6299. **nidation** — *Physiol.*
nidation *(f.)*.

6300. **nidicolous** — *Ornith.*
nidicole *(adj.)*.

6301. **nidification** — *Ornith.*
nidification *(f.)*.

6302. **nidifugous** — *Ornith.*
nidifuge *(adj.)*.

6303. **night-blindness** —
Physiol. nyctalopie *(f.)*.

6304. **nipple** — *Anat.* mamelon
(m.).

6305. **Nissl's bodies** — Voir:
Nissl's granules.

6306. **Nissl's granules** —
Histol. corps *(m.)* de
Nissl.

6307. **nit** — *Emtom.* lente *(f.)*,
oeuf *(m.)* de pou.

6308. **nitrification** — *Ecol.*
nitrification *(f.)*.

6309. **nitrify** (to) — *Chim.*,
Ecol. nitrifier *(v. tr.)*, se
nitrifier *(v. pr.)*.

6310. **nitrobacter** — *Bactériol.*,
Ecol. nitrobacter *(m.)*,
nitrobactérie *(f.)*,
azotobacter *(m.)*.

6311. **nitrogen cycle** — *Ecol.*
cycle *(m.)* de l'azote.

6312. **nitrogen fixation** — *Ecol.*
fixation *(f.)* de l'azote.

6313. **nitrogenase** — *Biochim.*
nitrogénase *(f.)*.

6314. **noctiflorous** — *Bot.*
noctiflore *(adj.)*.

6315. **nocturnal** — *Biol.*
nocturne *(adj.)*.

6316. **node** — *Amph.* Voir:
calcareous node; *Anat.*
ganglion *(m.)*; *Bot.*,
Méd. noeud *(m.)*,
nodosité *(f.)*.

6317. **node of Ranvier** —
Histol. noeud *(m.)* de
Ranvier.

6318. **nodose** — *Bot., Pathol.*
noueux, -euse *(adj.).*

6319. **nodosity** — *Bot., Méd.*
nodosité *(f.).*

6320. **nodular** — *Méd.*
nodulaire *(adj.).*

6321. **nodule** — *Anat., Entom.*
nodule *(m.).*

6322. **nodule of Arantius** —
Histol. nodule *(m.)*
d'Arantius.

6323. **noduled** — *Anat.*
nodulaire *(adj.),*
noduleux, -euse *(adj.).*

6324. **nodulose** — *Anat.*
noduleux, -euse *(adj.).*

6325. **nodulous** — *Anat.*
noduleux, -euse *(adj.).*

6326. **nodus** — *Entom.* nodus
(m.), noeud *(m.).*

6327. **nomad** — *Ecol., Zool.*
nomade *(n. m. et adj.).*

6328. **nomadic** — *Ecol., Zool.*
nomade *(adj.).*

6329. **nomadism** — *Ecol., Zool.*
nomadisme *(m.).*

6330. **nomarthra** — *Mamm.*
nomarthres *(m. pl.),*
pholidotes *(m. pl.).*

6331. **nomenclature** — *Bot.,*
Zool. nomenclature *(f.).*

6332. **non-chromosomal
heredity** — *Génét.*
hérédité *(f.)* non-
chromosomique.

6333. **non-disjunction** — *Génét.*
non-disjonction *(f.).*

6334. **non-homologous** —
Génét. non-homologue
(adj.).

6335. **non-sense mutation** —
Génét. mutation *(f.)*
non-sens.

6336. **non-sister chromatid** —
Cytol. chromatide *(f.)*
non-soeur.

6337. **noosphere** — *Ecol.*
noosphère *(f.).*

6338. **nor-adrenalin** —
Biochim., Physiol. nor-
adrénaline *(f.),*
noradrénaline *(f.),*
norépinéphrine *(f.).*

6339. **nor-epinephrine** — Voir:
nor-adrenalin.

6340. **noradrenergic** — *Physiol.*
noradrénergique *(adj.).*

6341. **normal deviate** — *Statist.*
variable *(f.)* normale
réduite.

6342. **normoblast** — *Histol.*
normoblaste *(m.).*

6343. **normochromic
erythrocyte** — *Histol.*
normochrome *(m.).*

6344. **nose** — *Anat., Zool.* nez
(m.), museau *(m.).*

6345. **nose leaf** — *Zool.* feuille
(f.) nasale.

6346. **nostril** — Voir: **naris.**

6347. **notch** — *Anat.*
échancrure *(f.)*
(sciatique); *Ornith.*
entaille *(f.)* (ex: bec de
faucon), encoche *(f.).*

6348. **notochord** — *Embryol.,*
Zool. notochorde *(f.),*
corde *(f.)* dorsale.

6349. **Notogaea** — *Zool.*
Notogée *(n. Pr.).*

6350. **notonectal** — *Entom.*
notonecte *(f.).*

6351. **notopodium** — *Ann.*
notopodium *(m.)*.

6352. **notostraca** — *Crust.*
notostracés *(m. pl.)*.

6353. **notum** — *Entom.* notum
(m.).

6354. **nucellus** — *Bot.* nucelle
(m.).

6355. **nucha** — *Anat.* nuque
(f.).

6356. **nuciferous** — *Bot.*
nucifère *(adj.)*.

6357. **nuciform** — *Anat., Bot.*
nuciforme *(adj.)*.

6358. **nucivorous** — *Zool.*
nucivore *(adj.)*.

6359. **nuclear division** — *Cytol.*
division *(f.)* nucléaire.

6360. **nuclear membrane** —
Cytol. membrane *(f.)*
nucléaire.

6361. **nuclear reactor** —
Physiq. réacteur *(m.)*
nucléaire.

6362. **nuclear reticulum** —
Cytol. réticulum *(m.)*
nucléaire.

6363. **nuclear sap** — *Cytol.*
nucléoplasme *(m.)*, suc
(m.) nucléaire.

6364. **nuclear spindle** — *Cytol.*
fuseau *(m.)* nucléaire.

6365. **nuclease** — *Biochim.*
nucléase *(f.)*.

6366. **nucleate** — *Cytol.* nucléé,
-e *(adj.)*.

6367. **nucleated** — Voir:
nucleate.

6368. **nucleic acid** — *Biochim.,*
Cytol. acide *(m.)*
nucléique.

6369. **nucleo-cytoplasmic**
ratio — *Cytol.* rapport
(m.) nucléo-plasmique,
rapport *(m.)*
nucléocytoplasmique.

6370. **nucleoid** — *Bactériol.*
nucléoïde *(m.)*.

6371. **nucleolar** — *Cytol.*
nucléolaire *(adj.)*.

6372. **nucleolar organizer** —
Cytol. organisateur *(m.)*
nucléolaire.

6373. **nucleolate** — *Cytol.*
nucléolé, -e *(adj.)*.

6374. **nucleolated** — Voir:
nucleolate.

6375. **nucleole** — Voir:
nucleolus.

6376. **nucleolonema** — *Cytol.*
nucléolonéma *(m.)*.

6377. **nucleolus** — *Cytol.*
nucléole *(m.)*.

6378. **nucléomixis** — *Génét.*
nucléomixie *(f.)*.

6379. **nucleoplasm** — *Cytol.*
nucléoplasme *(m.)*,
caryolymphe *(f.)*, suc
(m.) nucléaire.

6380. **nucleoprotein** —
Biochim. nucléoprotéide
(f.).

6381. **nucleosome** — *Cytol.*
nucléosome *(m.)*.

6382. **nucleotid** — *Biochim.*
nucléotide *(m.)*.

6383. **nucleus** — *Cytol.* noyau,
-aux *(m.)*, nucléus *(m.)*.

6384. **nucleus pulposus** —
Anat. comp. noyau *(m.)*
pulpeux.

6385. **nudibranchiata** — *Moll.*
nudibranches *(m. pl.)*.

6386. **nulliparous** — *Physiol.*
nullipare *(adj.).*

6387. **nullisomic** — *Génét.*
nullisomique *(adj.).*

6388. **nummulites** — *Paléont.*
nummulites *(m. pl.).*

6389. **nunatak** — *Ecol.* nunatak
(m.).

6390. **nuptial** — *Ornith., Zool.*
nuptial, -e, -aux *(adj.).*

6391. **nuptial pad** — *Amph.*
excroissance *(f.)*
nuptiale, callosité *(f.)* de
l'index.

6392. **nurse** — *Entom.* nourrice
(f.).

6393. **nut** — *Bot.* noix *(f.).*

6394. **nutant** — *Bot.* nutant
(adj.).

6395. **nutation** — Voir:
circumnutation.

6396. **nutrient** — *Ecol.*
nutriment *(m.); Physiol.*
nutritif, -ive *(adj.).*

6397. **nutrient cycles** — *Ecol.*
cycles *(m.)* des
bioéléments.

6398. **nutrition** — *Physiol.*
nutrition *(f.).*

6399. **nutritionist** — *Physiol.*
nutritionniste *(m.).*

6400. **nutritive layer** — *Bot.*
assise *(f.)* nourricière,
tissu *(m.)* nourricier.

6401. **nyctalope** — *Zool.*
nyctalope *(n. m. et adj.),*
nyctalopique *(adj.).*

6402. **nyctalopia** — *Zool.*
nyctalopie *(f.).*

6403. **nyctinasty** — *Biol.*
nyctinastie *(f.).*

6404. **nymph** — *Anat.* Voir:
nymphae; *Entom.*
nymphe *(f.).*

6405. **nymphae** — *Anat.*
nymphes *(f.),* petites *(f.)*
lèvres.

O

6406. **obdiplostemonous** — *Bot.*
obdiplostémone *(adj.).*

6407. **oblicus superior muscle** —
Anat. muscle *(m.)*
grand oblique (de
l'oeil), muscle *(m.)*
oblique supérieur.

6408. **obovate** — *Bot.* obovale
(adj.).

6409. **obpyramidal** — *Bot.*
obpyramidal, -e, -aux
(adj.).

6410. **obtect pupa** — *Entom.*
nymphe-momie *(f.).*

6411. **obturating tract** — *Cytol.*
bandelette *(f.)*
obturante, bandelette
(f.) terminale.

6412. **obturator fissure** —
Ornith. fissure *(f.)*
obturée.

6413. **obturator foramen** —
Mamm. trou *(m.)*
obturé, trou *(m.)* ischio-
pubien.

6414. **obtusifolious** — *Bot.*
obtusifolié, -e *(adj.).*

6415. **obvolute** — *Bot.*
obvoluté, -e *(adj.).*

6416. **occipital** — *Anat.*
occipital, -e, -aux *(adj.).*

6417. **occipital bone** — *Anat.*
occipital *(m.),* os *(m.)*
occipital.

6418. **occipital condyle** —
Anat. condyle *(m.)*
occipital.

6419. **occipital region** — *Anat.*
région *(f.)* occipitale.

6420. **occipito-vertebral**
artery — *Anat.* artère
(f.) occipito-vertébrale.

6421. **occiput** — *Anat.* occiput
(m.).

6422. **oceanic** — *Océanogr.*
océanique *(adj.)*, *Zool.*
pélagique (faune) *(adj.).*

6423. **oceanic region** —
Océanogr. région *(f.)*
océanique.

6424. **oceanic water** —
Océanogr. eau *(f.)*
océanique.

6425. **oceanographer** — *Biol.*
mar., Ecol.
océanographe *(m.).*

6426. **oceanographic** — *Biol.*
mar., Ecol.
océanographique *(adj.).*

6427. **oceanographical** — Voir:
oceanographic.

6428. **oceanography** — *Biol.*
mar., Ecol.
océanographie *(f.).*

6429. **ocellate** — *Entom.* ocellé,
-e *(adj.)*, oculé, -e *(adj.).*

6430. **ocellated** — Voir:
ocellate.

6431. **ocelliform** — *Biol.*
ocelliforme *(adj.).*

6432. **ocellus** — *Entom.* ocelle
(m.), oeil *(m.)* simple.

6433. **ocreate** — Voir: **booted.**

6434. **octogynous** — *Bot.*
octogyne *(adj.).*

6435. **octopetalous** — *Bot.*
octopétale *(adj.).*

6436. **octopoda** — *Moll.*
octopodes *(m. pl.).*

6437. **ocular** — *Anat., Physiol.*
oculaire *(adj.).*

6438. **ocular plate** — *Echinod.*
plaque *(f.)* basale.

6439. **oculomotor ganglion** —
Voir: **ophthalmic**
ganglion.

6440. **oculomotor nerve** —
Anat. nerf *(m.)* oculo-
moteur.

6441. **ODAS** (Oceanic Data
Acquisition Systems) —
Océanogr. SADO *(m.)*
(système d'acquisition
de données océaniques).

6442. **odonata** — *Entom.*
odonates *(m. pl.)*,
odonanoptères *(m. pl.).*

6443. **odontoblast** — *Cytol.*
odontoblaste *(m.).*

6444. **odontoceti** — *Mamm.*
odontocètes *(m. pl.)*,
denticètes *(m. pl.).*

6445. **odontoid** — *Anat.*
odontoïde *(adj.).*

6446. **oecomuseum** — Voir:
ecomuseum.

6447. **oedema** — *Pathol.*
oedème *(m.).*

6448. **oenocyte** — *Histol.*
oenocyte *(m.).*

6449. **oenocytoid** — *Entom.*
oenocytoïde *(m.).*

6450. **oesophageal** — *Anat.*
oesophagien, -enne
(adj.).

6451. **oesophageal artery** —
Anat. artère *(f.)*
oesophagienne.

6452. **oesophageal gland** —
Zool. glande *(f.)*
oesophagienne.

6453. **oesophagus** — *Anat.*
oesophage *(m.).*

6454. **oestradiol** — *Biochim.*
oestradiol *(m.),*
dihydrofolliculine *(f.).*

6455. **oestrin** — *Physiol.*
oestrine *(f.).*

6456. **oligo-element** — *Biol.*
oligo-élément *(m.).*

6457. **oestriol** — *Biochim.*
oestriol *(m.).*

6458. **oestrogen** — *Physiol.*
oestrogène *(m.).*

6459. **oestrogenic** — *Physiol.*
oestrogène *(adj.).*

6460. **oestrogenous** —

6461. **Voir** —

6462. **oestrone** — *Biochim.*
oestrone *(f.),* folliculine
(f.).

6463. **oestrous** — *Physiol.*
oestrien, -enne *(adj.).*

6464. **oestrous cycle** — *Physiol.*
cycle *(m.)* oestrien.

6465. **oestrum** — Voir: **oestrus.**

6466. **oestrus** — *Entom.* oestre
(m.); *Physiol.* oestrus
(m.); *Zool.* chaleur *(f.),*
rut *(m.).*

6467. **offspring** — *Génét.*
descendant *(m.).*

6468. **oil gland** — Voir:
uropygial gland.

6469. **oil-immersion objective** —
Micr. objectif *(m.)* à
immersion.

6470. **oilseed crop** — *Biochim.,*
Bot. plantes *(f.)*
protéagineuses.

6471. **oleaginous** — *Biol.*
oléagineux, -euse *(adj.).*

6472. **olecranon process** —
Anat. olécrane *(m.).*

6473. **olfactometer** — *Env.*
olfactomètre *(m.).*

6474. **olfactory** — *Physiol.*
olfactif, -ive *(adj.).*

6475. **olfactory bulb** — *Anat.*
bulbe *(m.)* olfactif.

6476. **olfactory capsule** —
Anat. capsule *(f.)*
olfactive.

6477. **olfactory cell** — *Histol.*
cellule *(f.)* olfactive.

6478. **olfactory efficiency** —
Biol., Physiol. odorité
(f.).

6479. **olfactory epithelium** —
Histol. épithélium *(m.)*
olfactif.

6480. **olfactory hair** — *Histol.*
poil *(m.)* olfactif.

6481. **olfactory lobe** — *Anat.*
comp. lobe *(m.)* olfactif.

6482. **olfactory pit** — *Céphal.*
Voir: **Kölliker's pit**;
Ichtyol. crypte *(f.)*
sensorielle, fossette *(f.)*
olfactive, fossette *(f.)*
sensorielle.

6483. **olfactory tract** — *Anat.*
comp. tractus *(m.)*
olfactif.

6484. **olfactory vesicle** —
Histol. vésicule *(f.)*
olfactive.

6485. **oligocarpous** — *Bot.*
oligocarpe *(adj.).*

6486. **oligocene** — *Géol.*
oligocène *(n. m. et adj.).*

6487. **oligochaeta** — *Ann.*
oligochètes *(m. pl.).*

6488. **oligodendroglie** — *Histol.*
oligodendroglie *(f.).*

6489. **oligodynamic** — *Biochim.*
oligocynamique *(adj.).*

6490. **oligodynamics** —
Biochim. oligodynamie
(f.).

6491. **oligohaline** — *Ecol.*
oligohalin, -e *(adj.).*

6492. **oligomictic lake** —
Limnol. lac *(m.)*
oligomictique.

6493. **oligopod larva** —

6494. **Voir** —

6495. **oligotricha** — *Protoz.*
oligotriches *(m. pl.).*

6496. **oligotrophic** — *Limnol.*
oligotrophe *(adj.).*

6497. **omasum** — *Anat. comp.,*
Zool. omasum *(m.),*
omasus *(m.),* feuillet
(m.).

6498. **omental** — *Anat.*
épiploïque *(adj.),*
omental, -e, -aux *(adj.).*

6499. **omentum** — *Anat.*
épiploon *(m.).*

6500. **omentum magnum** —
Anat. grand épiploon
(m.).

6501. **ommatidium** — *Arthrop.*
ommatidie *(f.).*

6502. **omnivorous** — *Zool.*
omnivore *(adj.).*

6503. **omosternum** — *Anat.*
comp. omosternum *(m.).*

6504. **omphaloidean**
trophoblast —
Embryol.
omphalotrophoblaste
(m.).

6505. **onchosphere** — *Parasitol.*
oncosphère *(f.).*

6506. **oncogenic** — *Méd.*
oncogène *(adj.).*

6507. **oncology** — *Méd.*
oncologie *(f.).*

6508. **oncosphere** — Voir:
onchosphere.

6509. **one-leaved** — *Bot.*
unifeuillé, -e *(adj.),*
unifolié, -e *(adj.).*

6510. **ontogenesis** — *Biol.*
ontogenèse *(f.),*
ontogénie *(f.).*

6511. **ontogenesis of social**
behaviour — *Comport.*
ontogenèse *(f.)* du
comportement social.

6512. **ontogeny** — Voir:
ontogenesis.

6513. **onychophora** — *Arthrop.*
onychophores *(m. pl.),*
péripates *(m. pl.).*

6514. **oocyst** — *Mycol.* oocyste
(m.).

6515. **oocyte** — *Histol., Physiol.*
ovocyte *(m.).* (Voir
aussi: **primary oocyte,**
secondary oocyte).

6516. **oogamous** — *Biol.*
oogame *(adj.).*

6517. **oogamy** — *Biol.* oogamie
(adj.).

6518. **oogenesis** — *Embryol.*
ovogenèse *(f.),* ovogénie
(f.), oogénèse *(f.).*

6519. **oogonium** — *Bot.* oogone
(f.), Histol., Zool.
ovogonie *(f.).*

6520. **oologie** — *Ornith.* oologie
(f.), ovologie *(f.).*

6521. **oosphere** — *Bot.*
oosphère *(f.).*

6522. **oospore** — *Bot.* oospore
(f.), oïdium *(m.).*

6523. **oostegite** — *Crust.*
oostégite *(m.)*.

6524. **ootheca** — *Entom.*
oothèque *(f.)*.

6525. **ootype** — *Plath.* ootype
(m.).

6526. **oozes** — *Océanogr.*
sédiments *(m.)*.

6527. **oozoid** — *Zool.* oozoïde
(m.).

6528. **opening** — *Anat., Zool.*
orifice *(m.)*, ouverture
(f.), trou *(m.)*, foramen
(m.), méat *(m.)*.

6529. **operator** — *Génét.*
opérateur, -trice *(n. m.
et adj.)*.

6530. **opercular** — *Zool.*
operculaire *(adj.)*.

6531. **operculate** — *Zool.*
operculé, -e *(adj.)*.

6532. **operculated** — Voir:
operculate.

6533. **operculiform** — *Zool.*
operculiforme *(adj.)*.

6534. **operculum** — *Zool.*
opercule *(m.)*.

6535. **operon** — *Génét.* opéron
(m.).

6536. **ophidia** — *Herpétol.*
ophidiens *(m. pl.)*.

6537. **ophiocephalous** —
Ichtyol. ophiocéphale
(adj.).

6538. **ophiuroidea** — *Echinod.*
ophiures *(m. pl.)*,
ophiurides *(m. pl.)*.

6539. **ophthalmic** — *Anat.*
ophtalmique *(adj.)*.

6540. **ophthalmic ganglion** —
Anat. comp. ganglion
(m.) ophtalmique.

6541. **ophthalmic nerve** —
Anat. nerf *(m.)*
ophtalmique.

6542. **ophthalmic profundus
nerve** — *Ichtyol.* nerf
(m.) ophtalmique
profond.

6543. ` **ophthalmicus
profundus** — Voir:
**ophthalmic profundus
nerve.**

6544. **ophthalmologic** — *Méd.*
ophtalmologique *(adj.)*.

6545. **ophthalmological** —
Voir: **ophthalmologic.**

6546. **ophthalmology** — *Méd.*
ophtalmologie *(f.)*.

6547. **opisthobranchia** — Voir:
opisthobranchiata.

6548. **opisthobranchiata** —
Moll. opistobranches
(m. pl.).

6549. **opisthocoelous** — *Anat.
comp.* opisthocoele
(adj.)., opistoglyphe
(adj.).

6550. **opisthogoneata** — Voir:
chilopoda.

6551. **opisthosoma** — *Arachn.*
opistosoma *(m.)*.

6552. **opisthotic bone** —
Ichtyol. os *(m.)*
intercalaire, os *(m.)*
opisthotique.

6553. **opsonic** — *Bactériol.*
opsonique *(adj.)*.

6554. **opsonin** — *Biochim.*
opsonine *(f.)*.

6555. **optic** — *Physiq.* optique
(adj.).

6556. **optic axis** — *Micr.* axe
(m.) optique.

6557. **optic chiasma** — *Anat.*
chiasma *(m.)* optique.

6558. **optic commissure** —
Anat. commissure *(f.)*
optique.

6559. **optic disk** — *Anat.,*
Histol. disque *(m.)*
optique.

6560. **optic foramen** — *Anat.*
foramen *(m.)* optique.

6561. **optic lobes** — *Anat.* nerf
(m.) optique.

6562. **optic nerve** — *Anat.* nerf
(m.) optique.

6563. **optic papilla** — *Histol.*
papille *(f.)* optique.

6564. **optic stalk** — *Anat.*
pédoncule *(m.)* oculaire,
pédoncule *(m.)* de l'oeil.

6565. **optic thalami** — *Embryol.*
couches *(f.)* optiques.

6566. **optic tract** — *Anat.*
bandelette *(f.)* optique.

6567. **optic vesicle** — *Embryol.*
vésicule *(f.)* optique.

6568. **optical microscope** —
Micr. microscope *(m.)*
optique.

6569. **optimum** — *Biol.*
optimum *(n. m. et adj.).*

6570. **oral** — *Anat.* oral, -e,
-aux *(adj.)*, buccal, -e,
-aux *(adj.).*

6571. **oral cone** — *Coelent.*
cône *(m.)* péribuccal,
cône *(m.)* hypostomial.

6572. **oral groove** — *Infus.*
péristome *(m.).*

6573. **oral hood** — *Céphal.*
rostre *(m.).*

6574. **oral plate** — *Embryol.*
plaque *(f.)* buccale,

membrane *(f.)*
pharyngienne.

6575. **oral surface** — *Zool.* face
(f.) orale.

6576. **orangeophil** — *Cytol.*
orangeophile *(n. f. et*
adj.), cellule *(f.)*
acidophile alpha.

6577. **orbit** — *Anat., Zool.*
orbite *(f.)*, cavité *(f.)*
orbitaire.

6578. **orbital** — *Anat., Zool.*
orbitaire *(adj.).*

6579. **orbital cartilage** — *Anat.*
comp. cartilage *(m.)*
orbitaire.

6580. **orbital sinus** — *Ichtyol.*
sinus *(m.)* orbitaire.

6581. **orbitosphenoid** — *Anat.*
comp. os *(m.)*
orbitosphénoïde.

6582. **orchitis** — *Méd.* orchite
(f.).

6583. **order** — *Syst.* ordre *(m.).*

6584. **ordovician** — *Géol.*
ordovicien, -enne *(n. m.*
et adj.).

6585. **oreopithecus** — *Paléont.*
oréopithecus *(m.).*

6586. **organ** — *Biol.* organe
(m.).

6587. **organ of Corti** — *Anat.*
organe *(m.)* de Corti.

6588. **organ of Rosenmüller** —
Anat. organe *(m.)* de
Rosenmüller,
parovarium *(m.).*

6589. **organ of smell** — *Anat.,*
Physiol. organe *(m.)* de
l'olfaction.

6590. **organella** — Voir:
organelle.

6591. **organelle** — *Cytol.*
organite *(m.).*

6592. **organic detritus** — *Ecol.*
détritus *(m.)*
organiques.

6593. **organism** — *Biol.*
organisme *(m.).*

6594. **organite** — Voir:
organelle.

6595. **organization center** —
Embryol. centre *(m.)*
organisateur.

6596. **organizer** — *Embryol.*
organisateur *(m.).*

6597. **organogenesis** —
Embryol. organogenèse
(f.), morphogenèse *(f.),*
morphogénie *(f.).*

6598. **organogeny** — Voir:
organogenesis.

6599. **organoid** — Voir:
organelle.

6600. **organomercurial** — *Ecol.*
organomercuriel *(adj.).*

6601. **organotherapy** — *Méd.*
organothérapie *(f.).*

6602. **orientation** — *Zool.*
orientation *(f.).*

6603. **origin** — *Biol.* origine
(f.).

6604. **ornithine cycle** —
Biochim. cycle *(m.)* de
l'ornithine.

6605. **ornithodelphia** — *Zool.*
ornithodelphes *(m. pl.),*
monotrèmes *(m. pl.).*

6606. **ornithological** — *Zool.*
ornithologique *(adj.).*

6607. **ornithologist** — *Zool.*
ornithologue *(m.),*
ornithologiste *(m.).*

6608. **ornithology** — *Zool.*
ornithologie *(f.).*

6609. **ornithomelography** —
Ornith.
ornithomélographie *(f.).*

6610. **ornithopoda** — *Paléont.*
ornithopodes *(m. pl.).*

6611. **ornithorhynchus** —
Mamm. ornithorynque
(m.).

6612. **ornithoscelida** —
Paléont. ornithoscélides
(m. pl.) (ancien nom des
dinosauriens).

6613. **oropharynx** — *Anat.*
oropharynx *(m.).*

6614. **orthogenesis** — *Evol.*
orthogénétique *(adj.).*

6615. **orthognathism** —
Anthropol.
orthognathisme *(m.).*

6616. **orthognathous** — *Arach.*
orthognathe *(adj.),*
mygalomorphe *(adj.).*

6617. **orthograde** — *Zool.* qui
marche en position
debout.

6618. **orthoptera** — *Entom.*
orthoptères *(m. pl.).*

6619. **orthopterous** — *Entom.*
orthoptère *(adj.).*

6620. **orthorrhapha** — *Entom.*
orthorrhaphes *(m. pl.).*

6621. **orthostichy** — *Bot.*
orthostique *(n. f. et*
adj.).

6622. **orthoxenic** — *Art vétér.*
orthoxénique *(adj.).*

6623. **os** — Voir: **bone.**

6624. **os calcis** — *Anat.* os *(m.)*
calcis, calcanéum *(m.),*
péroné *(m.).*

6625. **os cloacae** — *Herpétol.* os
(m.) cloacaux.

6626. **os coccygis** — *Anat.* coccygis; *Amph.* Voir: **urostyle.**

6627. **os innominatum** — *Mamm.* os *(m.)* innominé.

6628. **os penis** — *Mamm.* os *(m.)* pénien.

6629. **os planum** — *Anat.* os *(m.)* planum, face *(f.)* externe de l'ethmoïde.

6630. **oscular** — *Anat.* osculaire *(adj.).*

6631. **osculum** — *Spong.* oscule *(m.).*

6632. **osmoregulation** — *Physiol.* régulation *(f.)* osmotique.

6633. **osmose** — Voir: **osmosis.**

6634. **osmosis** — *Cytol., Physiol.* osmose *(f.).*

6635. **osmotic** — *Cytol., Physiol.* osmotique *(adj.).*

6636. **osmotic pressure** — *Physiol., Physiq.* pression *(f.)* osmotique.

6637. **osmotroph** — *Ecol.* osmotrophe *(n. m. et adj.).*

6638. **osphradium** — *Moll.* osphradie *(f.).*

6639. **osseous** — *Anat.* osseux, -euse *(adj.).*

6640. **osseous labyrinth** — *Anat.* labyrinthe *(m.)* osseux.

6641. **osseous tissue** — *Histol.* tissu *(m.)* osseux.

6642. **ossicle** — *Anat.* osselet *(m.); Zool.* ossicule *(m.).*

6643. **ossification** — *Embryol., Histol.* ossification *(f.).*

6644. **ostariophysi** — *Ichtyol.* ostariophysaire *(m. pl.).*

6645. **osteichthyes** — *Ichtyol.* ostéichthyens *(m. pl.).*

6646. **osteoblast** — *Histol.* ostéoblaste *(m.).*

6647. **osteoclast** — *Histol.* ostéoclaste *(m.).*

6648. **osteocollagenous fibers** — *Histol.* fibres *(f.)* ostéocollagènes.

6649. **osteocyte** — *Histol.* ostéocyte *(m.).*

6650. **osteoderm** — *Herpétol.* ostéoderme *(m.).*

6651. **osteogenesis** — *Embryol.* ostéogenèse *(f.),* ostéogénie *(f.).*

6652. **osteoid tissue** — *Histol.* tissu *(m.)* ostéoïde.

6653. **osteolepid scale** — Voir: **cosmoid scale.**

6654. **osteomalacia** — *Méd.* ostéomalacie *(f.).*

6655. **osteone** — Voir: **haversian system.**

6656. **osteophagia** — *Art vétér.* ostéophagie *(f.).*

6657. **osteoscute** — Voir: **osteoderm.**

6658. **ostiole** — *Biol.* ostiole *(m.).*

6659. **ostium** — *Anat.* pavillon *(m.)* (de l'oviducte), pavillon *(m.)* oviductaire; *Biol.* ostiole *(m.).*

6660. **ostracoda** — *Crust.* ostracodes *(m. pl.).*

6661. **ostracoderma** — *Paléont.* ostracodermes *(m. pl.).*

6662. **ostracodermi** — Voir:
ostracoderma.

6663. **ostreiculture** — Voir:
oyster-breeding.

6664. **otic** — *Anat.* otique
(adj.).

6665. **otic ganglion** — *Anat.*
ganglion *(m.)* otique.

6666. **otoconium** — *Anat.*
otoconie *(f.).*

6667. **otocyst** — *Zool.* otocyste
(m.).

6668. **otolith** — *Zool.* otolithe
(f.), otolite *(f.).*

6669. **otolithic membrane** —
Histol. membrane *(f.)*
otolithique.

6670. **outbreeding** — Voir:
outcross.

6671. **outcross** — *Génét.*
outcross *(m.),*
outbreeding *(m.).*

6672. **outer ear** — *Anat.* oreille
(f.) externe.

6673. **outgrowth** — *Bot.,*
Pathol., Zool.
excroissance *(f.).*

6674. **outwelling** — *Océanogr.*
outwelling *(m.).*

6675. **oval window** — Voir:
fenestra ovalis.

6676. **ovarian** — *Anat., Physiol.*
ovarien, -enne *(adj.).*

6677. **ovarian follicle** — *Histol.,*
Physiol. follicule *(m.)*
ovarien.

6678. **ovarian funnel** — *Zool.*
ostiole *(m.),* ostium
(m.), pavillon *(m.)* de
l'oviducte, pavillon *(m.)*
oviductaire.

6679. **ovarian tubule** — Voir:
ovariole

6680. **ovariole** — *Zool.* ovariole
(f.).

6681. **ovariotomy** — *Méd.*
ovariotomie *(f.).*

6682. **ovary** — *Anat., Bot.,*
Zool. ovaire *(m.).*

6683. **over-turn** — Voir: **spring**
over-turn.

6684. **overfishing** — *Ecol., Env.,*
Ichtyol. surpêche *(f.).*

6685. **overflow** — *Env.* surverse
(f.).

6686. **overgrazing** — *Ecol.*
surcroissance *(f.).*

6687. **overstimulation** —
Physiol. surexcitation
(f.).

6688. **ovicell** — *Bryoz.* ovicelle
(f.).

6689. **oviducal gland** — *Zool.*
glande *(f.)* de
l'oviducte.

6690. **oviduct** — *Anat., Zool.*
oviducte *(m.).*

6691. **oviferous** — *Biol.* ovifère
(adj.), ovigère *(adj.).*

6692. **ovigerous** — Voir:
oviferous.

6693. **ovine** — *Zootech.* ovin, -e
(adj.).

6694. **oviparity** — *Zool.*
oviparité *(f.),*
oviparisme *(m.).*

6695. **oviparous** — *Zool.*
ovipare *(adj.).*

6696. **oviposition** — *Entom.*
oviposition *(f.),* ponte
(m.).

6697. **ovipositor** — *Entom.*
ovipositeur *(m.),*
ovipositor *(m.),*
oviscapte *(m.).*

6698. **ovisac** — *Physiol.*
follicule *(m.)* de De
Graff; *Zool.* ovisac *(m.).*

6699. **ovocenter** — *Cytol.*
ovocentre *(m.).*

6700. **ovoculture** — *Biol., Méd.*
ovoculture *(f.).*

6701. **ovocyte** — *Cytol., Histol.*
ovocyte *(m.).*

6702. **ovogenesis** — Voir:
oogenesis.

6703. **ovolemma** — Voir: **zona pellucida.**

6704. **ovotestis** — *Zool.*
ovotestis *(m.).*

6705. **ovoviviparous** — *Zool.*
ovovivipare *(adj.).*

6706. **ovular** — *Anat., Bot.,
Physiol.* ovulaire *(adj.).*

6707. **ovulate cone** — *Bot.* cône
(m.) femelle.

6708. **ovulation** — *Physiol.*
ovulation *(f.).*

6709. **ovule** — *Bot., Physiol.,
Zool.* ovule *(m.).*

6710. **ovuliferous scale** — *Bot.*
écaille *(f.)* ovulifère.

6711. **ovum** — *Zool.* ovule *(m.),*
oeuf *(m.)* vierge.

6712. **oxidase** — *Biochim.*
oxydase *(f.).*

6713. **oxidation** — *Chim.*
oxydation *(f.).*

6714. **oxidative
phosphorylation** —
Chim. phosphorylation
(f.) oxydante.

6715. **oxygen debt** — *Physiol.*
dette *(f.)* d'oxygène.

6716. **oxyhaemoglobin** —
Biochim.
oxyhémoglobine *(f.).*

6717. **oxyphil cell** — *Histol.*
cellule *(f.)* oxyphile.

6718. **oxyphilic cell** — Voir:
oxyphil cell.

6719. **oxytocin** — *Biochim.*
ocytocine *(f.),*
hypophamine *(f.)*
Alpha, pitocine *(f.).*

6720. **oxytrophic lake** —
Limnol. lac *(m.)*
oxytrophe.

6721. **oyster-bed** — *Moll.*
huîtrière *(f.),* parc *(m.)*
à huîtres.

6722. **oyster-breeding** — *Moll.*
ostréiculture *(f.),*
perliculture *(f.).*

P

6723. **pacemaker** — *Physiol.*
rythmeur *(m.)*
cardiaque, stimulateur
(m.) cardiostimulateur
(m.).

6724. **pachyderm** — *Zool.*
pachyderme *(adj.).*

6725. **pachydermata** — *Mamm.*
pachydermes *(m. pl.).*

6726. **pachydermatous** — Voir:
pachyderm.

6727. **pachymeninx** — Voir:
dura-mater.

6728. **pachynema** — *Génét.*
pachynème *(m.).*

6729. **pachytene** — *Cytol.*
pachytène *(adj.).*

6730. **pachytene stage** — *Cytol.*
stade *(m.)* pachytène.

6731. **pacinian corpuscle** —
Histol. corpuscule *(m.)*
de Pacini, corpuscule
(m.) de Vater-Pacini.

6732. **paedogamy** — Voir:
autogamy.

6733. **paedogenesis** — *Biol.*
paedogenèse *(f.)*,
pédogenèse *(f.)*,
paedogonie *(f.).*

6734. **paired observations** —
Statist. observations *(f.)*
appariées.

6735. **pairing of chromosomes** —
Voir: **synapsis.**

6736. **palaeocene** — *Géol.*
paléocène *(n. m. et adj.).*

6737. **palaeogene** — *Géol.*
nummulitique *(adj.)*,
paléogène *(adj.).*

6738. **palaeognathae** — *Ornith.*
palaeognathes *(m. pl.)*,
paléognathes *(m. pl.).*

6739. **palaeolithic** — *Anthropol.*
paléolithique *(n. m. et
adj.).*

6740. **palate** — *Anat.* os *(m.)*
palatin, palatin *(m.).*

6741. **palatine tonsil** — *Anat.*
amygdale *(f.)* palatine.

6742. **palato-pterygo-
quadrate** — Voir:
palato-quadrate.

6743. **palato-quadrate** —
Ichtyol. palato-carré
(m.).

6744. **palea** — *Bot.* glumelle
(f.) (des graminées),
paléa *(f.)* (des
composées).

6745. **paleobiology** — *paléont.*
paléobiologie *(f.).*

6746. **paleobotany** — *Bot.*,
Paléont. paléobotanique
(f.).

6747. **paleodictyoptera** —
Paléont.

paléodictyoptères *(m.
pl.).*

6748. **paleoecologic** — *Ecol.*,
Paléont.
paléoécologique *(adj.).*

6749. **paleoecological** — Voir:
paleoecologic.

6750. **paleo-encephalon** —
Anat. comp.
paléencéphale *(m.).*

6751. **paleoecology** — *Ecol.*,
Paléont. paléoécologie
(f.).

6752. **paleohistology** — *Histol.*,
Paléont. paléohistologie
(f.).

6753. **paleolithic** — *Anthrop.*
paléolithique *(n. m. et
adj.).*

6754. **paleontology** — *Biol.*,
Géol. paléontologie *(f.).*

6755. **paleotemperature** —
Géol., *Paléont.*
paléotempérature *(f.).*

6756. **paleozoic** — *Géol.*
paléozoïque *(n. m. et
adj.)*, primaire *(n. m. et
adj.).*

6757. **palingenesis** — *Biol.*
palingénie *(f.).*

6758. **palinurus** — *Crust.*
langouste *(f.).*

6759. **palisade parenchyma** —
Bot. parenchyme *(m.)*
palissadique, tissu *(m.)*
palissadique.

6760. **pallial** — *Zool.* paléal, -e,
-aux *(adj.).*

6761. **pallial gills** — *Moll.*
branchies *(f.)* palléales.

6762. **pallial sinus** — *Zool.*
sinus *(m.)* palléal.

6763. **pallio-visceral nerve cord** — *Zool.* chaîne *(f.)* nerveuse palléoviscérale.

6764. **pallium** — *Anat.* pallium *(m.)*, *Moll.* manteau *(m.)*.

6765. **palm** — *Anat.* paume *(f.)*, *Bot.* palmier *(m.)*, palme *(f.)*, rameau *(m.)*.

6766. **palmar** — *Zool.* palmaire *(adj.)*.

6767. **palmiform** — *Bot.* palmiforme *(adj.)*.

6768. **palmiped** — *Ornith.* palmipède *(n. m. et adj.)*.

6769. **palp** — *Zool.* palpe *(m.)*.

6770. **palpebra** — *Anat.* paupière *(f.)*.

6771. **palpebral** — *Anat.* palpébral, -e, -aux *(adj.)*.

6772. **palpifer** — Voir: **palpiger.**

6773. **palpiger** — *Entom.* palpigère *(m.)*.

6774. **palpitation** — *Pathol.*, *Physiol.* palpitation *(f.)*.

6775. **palpus** — Voir: **palp.**

6776. **paludal** — *Pathol.* paludéen, -enne *(adj.)*, paludique *(adj.)*.

6777. **paludism** — Voir: **malaria.**

6778. **palynology** — *Bot.* palynologie *(f.)*, analyse *(f.)* pollinique.

6779. **pancreas** — *Anat.* pancréas *(m.)*.

6780. **pancreatic** — *Anat.* pancréatique *(adj.)*.

6781. **pancreatic duct** — *Anat.* canal *(m.)* pancréatique, conduit *(m.)* pancréatique.

6782. **pancreatic juice** — *Physiol.* suc *(m.)* pancréatique.

6783. **pancreatin** — *Pharmacol.* pancréatine *(f.)*.

6784. **panchrony** — *Evol.* panchronie *(f.)*.

6785. **pangenesis** — *Biol.* pangenèse *(f.)*.

6786. **panicle** — *Bot.* panicule *(f.)*.

6787. **panicled** — *Bot.* paniculé, -e *(adj.)*.

6788. **paniculate** — Voir: **panicled.**

6789. **panmictic** — *Génét.* panmictique *(adj.)*.

6790. **panmixis** — *Génét.* panmixie *(f.)*.

6791. **panoistic ovariole** — *Entom.* ovariole *(f.)* panoïstique.

6792. **panspermia** — *Biol.* panspermie *(f.)*, panspermisme *(m.)*.

6793. **pansporoblast** — *Biol.* pansporoblaste *(m.)*.

6794. **pantopoda** — *Arachn.* pantopodes *(m. pl.)*, pycnogonides *(m. pl.)*.

6795. **pantothenic acid** — *Biochim.* acide *(m.)* pantothénique.

6796. **papain** — *Pharmacol.* papaïne *(f.)*.

6797. **papaveraceous** — *Bot.* papilionacé, -e *(adj.)*.

6798. **papilla** — *Anat.*, *Bot.* papille *(f.)*.

6799. **papilla acustica basilaris** — *Anat. comp.* papille *(f.)* basillaire.

6800. **papilla circumvallata** — Voir: **circumvallate papilla.**

6801. **papillary** — *Bot., Histol., Pathol.* papillaire *(adj.).*

6802. **papillary duct of Bellini** — Voir: **duct of Bellini.**

6803. **papillary layer** (of dermis) — *Histol.* couche *(f.)* papillaire.

6804. **papillose** — *Biol.* papilleux, -euse *(adj.).*

6805. **pappus** — *Bot.* pappe *(m.),* aigrette *(f.),* pappus *(m.).*

6806. **papula** — *Anat., Bot.* papule *(f.).*

6807. **papule** — Voir: **papula.**

6808. **papulose** — *Pathol., Zool.* papuleux, -euse *(adj.).*

6809. **papulous** — Voir: **papulose.**

6810. **papyraceous** — *Entom.* papyracé, -e *(adj.).*

6811. **paraaortic bodies of Zuckerkandl** — *Histol.* organe *(m.)* de Zuckerkandl.

6812. **parabasal body** — *Protoz.* appareil *(m.)* parabasal.

6813. **parabiosis** — *Physiol.* parabiose *(f.).*

6814. **parablast** — *Bot.* parablaste *(m.),* feuillet *(m.)* vasculaire.

6815. **paracentral** — *Anat.* paracentral, -e, -aux *(adj.).*

6816. **paracentric** — *Génét.* paracentrique *(adj.).*

6817. **parachordals** — *Embryol.* cartilages *(m.)* paracordaux.

6818. **paractinopoda** — Voir: **synaptida.**

6819. **paraffin section** — *Microtech.* coupe *(f.)* à la paraffine.

6820. **paraganglion** — *Histol.* paraganglion *(m.).*

6821. **paragaster** — *Spong.* atrium *(m.),* cavité *(f.)* gastrale.

6822. **paragastric cavity** — Voir: **paragaster.**

6823. **paraglossa** — *Entom.* paraglosse *(m.).*

6824. **paragnatha** — *Entom.* paragnathes *(m. pl.).*

6825. **paramecium** — *Protoz.* paramécie *(f.).*

6826. **parameres** — *Entom.* paramères *(f. pl.).*

6827. **paramitosis** — *Cytol.* paramitose *(f.).*

6828. **paramutation** — *Génét.* paramutation *(f.).*

6829. **paramylum** — *Biochim.* paramylon *(m.),* paramylone *(f.).*

6830. **para-oesophageal connective** — *Zool.* connectif *(m.)* périsoesophagien, collier *(m.)* périoesophagien.

6831. **paraphysis** — *Anat. comp., Mycol.* paraphyse *(f.).*

6832. **parapineal eye** — *Anat. comp., Zool.* organe *(m.)* parapinéal.

6833. **parapodium** — *Zool.* parapode *(m.).*

6834. **paraproct** — *Entom.* paraprocte *(m.).*

6835. **parapsida** — *Herpétol.* parapsides *(m. pl.).*

6836. **parasexual** — *Génét.* parasexuel, -elle *(adj.).*

6837. **parasexual cycle** — *Génét.* cycle *(m.)* parasexuel.

6838. **parasexuality** — *Génét.* parasexualité *(f.).*

6839. **parasite** — *Bot., Zool.* parasite *(adj.).*

6840. **parasitic** — *Bot., Zool.* parasite *(adj.),* parasitaire *(adj.).*

6841. **parasitic castration** — *Crust.* castration *(f.)* parasitaire.

6842. **parasitical** — Voir: **parasitic.**

6843. **parasiticide** — *Parasitol.* parasiticide *(n. m. et adj.).*

6844. **parasitism** — *Bot., Ecol., Zool.* parasitisme *(m.).*

6845. **parasitology** — *Biol., Méd.* parasitologie *(f.).*

6846. **parasitocoenosis** — *Ecol.* parasitocénose *(f.).*

6847. **parasitoid** — *Parasitol.* parasitoïde *(adj.).*

6848. **parasphenoid** — *Anat. comp.* parasphénoïde *(m.),* os *(m.)* parasphénoïde.

6849. **parasterility** — *Génét.* parastérilité *(f.).*

6850. **parastichy** — *Bot.* parastique *(adj.).*

6851. **parasympathetic nerve** — *Anat.* nerf *(m.)* parasympathique.

6852. **parasympathetic system** — *Anat., Physiol.* système *(m.)* parasympathique.

6853. **parasynapsis** — *Génét.* parasynapsis *(f.),* parasyndésis *(f.).*

6854. **parasyndesis** — Voir: **parasynapsis.**

6855. **parathormone** — *Biochim.* parathormone *(f.).*

6856. **parathyroid gland** — *Anat., Physiol.* parathyroïde *(f.),* glande *(f.),* parathyroïde.

6857. **parathyroid hormone** — *Physiol.* hormone *(f.)* parathyroïdienne.

6858. **paratoid gland** — *Amph.* glande *(f.)* parotoïde.

6859. **paratype** — *Biol.* paratype *(m.).*

6860. **parazoa** — Voir: **porifera.**

6861. **parenchyma** — *Bot., Histol.* parenchyme *(m.).*

6862. **parenchymal** — Voir: **parenchymatous.**

6863. **parenchymatous** — *Histol.* parenchymateux, -euse *(adj.).*

6864. **parent** — *Génét.* parent *(m.),* géniteur *(m.).*

6865. **parenteral** — *Méd.*
parentéral, -e, -aux
(adj.).

6866. **parietal** — *Anat., Bot.*
pariétal, -e, -aux *(adj.)*.

6867. **parietal bone** — *Anat.*
pariétal *(m.)*, os *(m.)*
pariétal.

6868. **parietal cell** — *Histol.*
cellule *(f.)* bordante.

6869. **parietal foramen** —
Anat. comp. foramen
(m.) pariétal, foramen
(m.) pinéal.

6870. **parietal organ** — Voir:
pineal gland.

6871. **parietal vessel** — *Zool.*
vaisseau *(m.)* pariétal.

6872. **paripinnate** — *Bot.*
paripenné, -e *(adj.)*.

6873. **park** — Voir: **national
park.**

6874. **paroccipital process** —
Herpétol. apophyse *(f.)*
paraoccipitale.

6875. **paroophoron** — *Anat.*
paroophore *(m.)*.

6876. **parotic** — *Anat., Zool.*
parotique *(adj.)*.

6877. **parotic process** — Voir:
paroccipital process.

6878. **parotid** — *Anat.* parotide
(adj.), parotidien, -enne
(adj.).

6879. **parotid gland** — *Anat.*
glande *(f.)* parotide.

6880. **parotidean** — Voir:
parotid.

6881. **parous** — *Zool.* pare
(adj.).

6882. **pars cavernosa** (of
urethra) — Voir: **pars
spongiosa.**

6883. **pars distalis** (of
hypophysis) — *Anat.*
lobe *(m.)* antérieur (de
l'hypophyse).

6884. **pars intermedia** (of
hypophysis) — *Anat.*
lobe *(m.)* intermédiaire
(de l'hypophyse).

6885. **pars membranacea** (of
urethra) — *Histol.*
urètre *(m.)*
membraneux.

6886. **pars nervosa** (of
neurohypophysis) —
Anat. partie *(f.)*
postérieure (de la
neurohypophyse).

6887. **pars prostatica** (of
urethra) — *Anat.*
urètre *(m.)* prostatique.

6888. **pars spongia** (of
urethra) — *Histol.*
urètre *(m.)* spongieux.

6889. **pars tuberalis** (of
hypophysis) — *Anat.*
lobe *(m.)* tubéral (de
l'hypophyse), lobe *(m.)*
postérieur.

6890. **parthenocarpy** — *Bot.*
parthénocarpie *(f.)*.

6891. **parthenogenesis** — *Bot.,*
Zool. parthénogenèse
(f.), parthénogonie *(f.)*.

6892. **parthenogenetic fruit** —
Bot. fruit *(m.)*
parthénogénétique.

6893. **parthenote** — *Génét.*
parthénote *(m.)*.

6894. **parturition** — *Zool.*
parturition *(f.)*.

6895. **parvifoliate** — Voir:
parvifolious.

6896. **parvifolious** — *Bot.*
parvifolié, -e *(adj.)*.

6897. **PAS reaction** — Voir: **periodic acid-Shiff reaction.**

6898. **passage cell** — *Bot.* cellule *(f.)* de passage.

6899. **passeres** — Voir: **passeriformes.**

6900. **passeriformes** — *Ornith.* passeriformes *(m. pl.).*

6901. **passerine** — Voir: **passeriformes.**

6902. **passerine birds** — Voir: **passeriformes.**

6903. **pasteurization** — *Biol.* pasteurisation *(f.).*

6904. **pasture** — *Ecol.* pâturage *(m.),* pacage *(m.).*

6905. **patagium** — *Zool.* patagium *(m.).*

6906. **patch of Peyer** — Voir: **Peyer's patch.**

6907. **patella** — *Anat.* rotule *(f.); Bot, Moll.* patelle *(f.).*

6908. **patellar** — *Anat.* rotulien, -enne *(adj.).*

6909. **patheticus nerve** — *Anat.* nerf *(m.)* pathétique.

6910. **pathogen** — *Pathol.* pathogène *(n. m. et adj.).*

6911. **pathogenecity** — *Pathol.* pathogénicité *(f.).*

6912. **pathogenesis** — *Méd.* pathogénésie *(f.).*

6913. **pathogenetic** — *Méd.* pathogénétique *(adj.).*

6914. **pathogenic** — *Méd.* pathogénique *(adj.).*

6915. **pathogeny** — *Méd.* pathogénie *(f.).*

6916. **pathological** — *Méd.* pathologique *(adj.).*

6917. **pathology** — *Méd.* pathologie *(f.).*

6918. **pathotype** — *Bot.* pathotype *(m.).*

6919. **patristic** — *Bot.* patristique *(adj.).*

6920. **pattern** — *Ecol.* pattern *(m.).*

6921. **patulous** — *Bot.* étalé, -e *(adj.).*

6922. **pauciflorous** — *Bot.* pauciflore *(adj.).*

6923. **paucimicrobial** — Voir: **paucimicrobian.**

6924. **paucimicrobian** — *Microbiol.* paucimicrobien, -enne *(adj.).*

6925. **paunch** — Voir: **rumen.**

6926. **pavement epithelium** — *Histol.* épithélium *(m.)* pavimenteux, épithélium *(m.)* malpighien.

6927. **pavilion** — *Anat.* pavillon *(m.).*

6928. **peak** — *Biol., Physiol.* apogée *(f.),* pointe *(f.).*

6929. **pearl-form urea** — *Agric.* perlurée *(f.).*

6930. **peat** — *Bot.* tourbe *(f.).*

6931. **peaty** — *Ecol.* tourbeux, -euse *(adj.).*

6932. **peck (to)** — *Ornith.* picoter *(v. tr),* picorer *(v. tr.),* becqueter *(v. tr.).*

6933. **pecking-order** — *Comport.* pecking-order *(m.),* becquetage *(m.)* hiérarchique.

6934. **pecten** — *Entom., Moll., Ornith.* peigne *(m.).*

6935. **pectic compound** — *Biochim.* matières *(f.)* pectiques.

6936. **pectin** — *Biochim.* pectine *(f.).*

6937. **pectinate** — *Ornith.* pectiné, -e *(adj.).*

6938. **pectinate ligament** — *Histol.* ligament *(m.)* pectiné.

6939. **pectinated** — Voir: **pectinate.**

6940. **pectine** — *Arachn.* peigne *(m.)* du scorpion.

6941. **pectineal process** — *Ornith.* processus *(m.)* pectinéal.

6942. **pectinibranchiata** — *Moll.* pectinibranches *(m. pl.),* monotocardes *(m. pl.).*

6943. **pectiniform septum** — *Histol.* septum *(m.)* pectiniforme.

6944. **pectoral** — *Anat., Zool.* pectoral, -e, -aux *(adj.).*

6945. **pectoral fin** — *Ichtyol.* nageoire *(f.)* pectorale.

6946. **pectoral girdle** — *Anat. comp.* ceinture *(f.)* pectorale.

6947. **pedal** — *Anat., Zool.* pédieux, -euse *(adj.).*

6948. **pedal ganglion** —

6949. *Moll.* ganglion *(m.)* pédieux —

6950. **pedal gland** — *Moll.* glande *(f.)* pédieuse.

6951. **pedicel** — *Bot.* pédicelle *(m.), Cytol.* pied *(m.).*

6952. **pedicellaria** — *Echinod.* pédicellaire *(m.).*

6953. **pedicellate** — *Bot.* pédicellé, -e *(adj.).*

6954. **pedicle** — Voir: **pedicel.**

6955. **pediculate** — Voir: **pedicellate.**

6956. **pediculated** — Voir: **pedicellate.**

6957. **pediculati** — *Ichtyol.* pédiculates *(m. pl.).*

6958. **pedigree** — *Bot.* lignée *(f.)* pedigree; *Zool.* pedigree *(m.).*

6959. **pedimanous** — *Zool.* pédimane *(adj.).*

6960. **pedipalp** — *Arachn.* pédipalpe *(m.).*

6961. **pedogenesis** — *Zool.* pédogenèse *(f.).*

6962. **pedology** — *Ecol.* pédologie *(f.).*

6963. **peduncle** — *Anat., Bot.* pédoncule *(m.).*

6964. **peduncular** — *Bot.* pédonculaire *(adj.).*

6965. **pedonculate** — *Anat., Bot.* pédonculé, -e *(adj.).*

6966. **peg cell** — *Histol.* cellule *(f.)* en forme de cheville.

6967. **pelage** — *Zool.* pelage *(m.),* robe *(f.),* toison *(f.).*

6968. **pelagic** — *Zool.* pélagique *(adj.).*

6969. **pelecypoda** — *Moll.* pélécypodes *(m. pl.),* lamellibranches *(m. pl.),* bivalves *(m. pl.),* acéphales *(m. pl.).*

6970. **pellet** — *Ornith.* pelote
(f.).

6971. **pellicle** — *Bot., Protoz.*
pellicule *(f.).*

6972. **pellicular** — *Bot.*
membraneux, -euse
(adj.), pelliculaire *(adj.).*

6973. **pelmatozoa** — *Echinod.*
pelmatozoaires *(m. pl.).*

6974. **pelotrophic lake** —
Limnol. lac *(m.)*
pélotrophe.

6975. **pelvic** — *Abat.* pelvien,
-enne *(adj.).*

6976. **pelvic fin** — *Ichtyol.*
nageoire *(f.)* pelvienne.

6977. **pelvic girdle** — *Anat.*
comp. ceinture *(f.)*
pelvienne.

6978. **pelvic nerve** — *Anat.* nerf
(m.) pelvien.

6979. **pelvic plexus** — Voir:
sciatic plexus.

6980. **pelvic vein** — *Anat.* veine
(f.) pelvienne.

6981. **pelvis** — *Anat.* pelvis
(m.), petit bassin *(m.),*
excavation *(f.)*
pelvienne. (Voir aussi:
renal pelvis).

6982. **pen** — *Moll.* coquille *(f.);*
Ornith. plume *(f.).*

6983. **penetrance** — *Génét.*
pénétrance *(f.).*

6984. **penial** — *Anat.* pénien,
-enne *(adj.).*

6985. **penial sac** — *Ném.* sac
(m.) pénien.

6986. **penial seta** — *Ném.*
spicule *(m.)* sexuel
copulateur.

6987. **penicillate** — *Anat.*
pénicillé, -e *(adj.).*

6988. **penicilli vessels** — *Histol.*
vaisseaux *(m.)*
pénicillés.

6989. **penicilliform** — *Zool.*
pénicilliforme *(adj.).*

6990. **penicillin** — *Microbiol.*
pénicilline *(f.).*

6991. **penis** — *Anat.* pénis *(m.),*
verge *(f.).*

6992. **penna** — *Ornith.* penne
(f.).

6993. **pensile** — *Ornith.*
suspendu, -e *(adj.).*

6994. **pentadactyl** — *Zool.*
pentadactyle *(adj.).*

6995. **pentagynous** — *Bot.*
pentagyne *(adj.).*

6996. **pentamerous** — *Zool.*
pentamère *(adj.).*

6997. **pentandria** — *Bot.*
pentandrie *(f.).*

6998. **pentandrous** — *Bot.*
pentandre *(adj.).*

6999. **pentapetalous** — *Bot.*
pentapétale *(adj.).*

7000. **pentastomida** — *Zool.*
pentastomides *(m. pl.),*
linguatulidés *(m. pl.).*

7001. **pentose** — *Chim.* pentose
(m.).

7002. **pepsin** — *Biochim.*
pepsine *(f.),* pepsinase
(f.).

7003. **peptic** — *Biochim.,*
Physiol. peptique *(adj.),*
gastrique *(adj.).*

7004. **peptic cells** — Voir:
peptic gland.

7005. **peptic gland** — *Physiol.*
glande *(f.)* à pepsine,
glande *(f.)* gastrique.

7006. **peptidase** — *Biochim.*
peptidase *(f.)*.

7007. **peptide** — *Biochim.*
peptide *(m.)*.

7008. **peptidic binding** —
Biochim. liaison *(m.)*
peptidique.

7009. **peptone** — *Biochim.*
peptone *(f.)*.

7010. **peptonize** (to) — *Physiol.*
peptoniser *(v. tr.)*.

7011. **peracarida** — *Crust.*
péracarides *(f. pl.)*.

7012. **percesoces** — *Ichtyol.*
percésoces *(m.)*,
mugiliformes *(m. pl.)*.

7013. **perciformes** — Voir:
percomorphi.

7014. **percolation** — *Pédol.*
percolation *(f.)*,
infiltration *(f.)*,
filtration *(f.)*.

7015. **percomorphi** — *Ichtyol.*
percomorphes *(m. pl.)*,
perciformes *(m. pl.)*.

7016. **pereiopod** — *Crust.*
péréiopode *(m.)*.

7017. **perennation** — *Bot.*
pérennité *(f.)*.

7018. **perennial** — *Bot.* vivace
(adj.), persistant, -e
(adj.).

7019. **perennibranchiata** —
Amph. pérennibranches
(m. pl.).

7020. **perfoliate** — *Bot., Ent.*
perfolié, -e *(adj.)*.

7021. **perforate foraminifera** —
Protoz. foraminifère
(m.) perforé.

7022. **performance** — *Comport.*
performance *(f.)*.

7023. **perfusion** — *Physiol.*
perfusion *(f.)*.

7024. **perianth** — *Bot.*
périanthe *(m.)*.

7025. **periblast** — *Embryol.*
périblaste *(m.)*.

7026. **periblastula** — *Arthrop.*
périblastula *(f.)*.

7027. **periblem** — *Bot.*
périblème *(m.)*.

7028. **peribranchial cavity** —
Céphal., Tun. cavité *(f.)*
péribranchiale.

7029. **pericardial cavity** —
Anat. cavité *(f.)*
péricardique.

7030. **pericardial cell** — *Entom.*
cellule *(f.)* péricardiale.

7031. **pericardio-peritoneal
canal** — *Ichtyol.* canal
(m.) péricardo-
péritonéal.

7032. **pericardium** — *Anat.*
péricarde *(m.)*.

7033. **pericarp** — *Bot.*
péricarpe *(m.)*.

7034. **pericarpial** — *Bot.*
péricarpial, -e, -aux
(adj.).

7035. **perichondral
ossification** —
Embryol., Histol.
ossification *(f.)*
périchondrale.

7036. **perichondrium** — *Anat.,
Histol.* périchondre *(m.)*.

7037. **perichordal vertebra** —
Anat. comp. vertèbre *(f.)*
péricordale.

7038. **perichoroidal space** —
Anat. espace *(m.)*
périchoroïdien.

7039. **perichromocentric** — *Génét.* périchromocentrique *(adj.).*

7040. **periclinal** — *Géol.* périclinal, -e, -aux *(adj.).*

7041. **pericranium** — *Anat.* péricrâne *(m.).*

7042. **pericycle** — *Bot.* péricycle *(m.).*

7043. **pericyte** — *Histol.* péricyte *(m.),* cellule *(f.)* adipeuse de réserve, cellule *(f.)* réticulaire extravasculaire.

7044. **periderm** — *Bot., Zool.* périderme *(m.).*

7045. **peridural** — *Anat.* péridural, -e, -aux *(adj.).*

7046. **peri-enteric plexus** — *Ann.* plexus *(m.)* périentérique.

7047. **perigynous** — *Bot.* périgyne *(adj.).*

7048. **perihaemal coelom** — *Echinod.* coelome *(m.)* péri-hémal.

7049. **perikaryon** — *Cytol.* périkaryon *(m.),* corps *(m.)* cellulaire (d'un neurone).

7050. **perilogy** — *Ecol.* périlogie *(f.).*

7051. **perilymph** — *Anat.* périlymphe *(f.).*

7052. **perimetrium** — *Histol.* périmètre *(m.).*

7053. **perimysium** — *Histol.* périmysium *(m.).*

7054. **perineal** — *Anat.* périnéal, -e, -aux *(adj.).*

7055. **perineal gland** — *Mamm.* glande *(f.)* périnéale.

7056. **perineum** — *Anat.* périnée *(m.).*

7057. **perineurium** — *Histol.* périnèvre *(m.),* gaine *(f.)* de Henlé.

7058. **perinuclear space** — *Cytol.* espace *(m.)* périnucléaire, citerne *(f.).*

7059. **period** — *Biol.* période *(f.).*

7060. **periodic acid-Shiff reaction** — *Histol.* ligament *(m.)* annulaire.

7061. **peri-oesophageal bands** — Voir: **peripharyngeal bands.**

7062. **periost** — Voir: **periosteum.**

7063. **periosteal bone ring** — *Histol.* anneau *(m.)* d'os périosté.

7064. **periosteal bud** — *Histol.* bourgeon *(m.)* périosté.

7065. **periosteum** — *Anat., Histol.* périoste *(m.).*

7066. **periostracum** — *Moll.* périostracum *(m.).*

7067. **periotic bone** — *Anat. comp.* ensemble *(m.)* périotique, ensemble *(m.)* pétro-tympanique.

7068. **peripatus** — *Arthrop.* péripates *(m. pl.),* onychophores *(m. pl.).*

7069. **peripharyngeal bands** — *Céphal., Tun.* bandelettes *(f.)* péripharyngiennes, organe *(m.)* rotateur.

7070. **peripharyngeal chamber** — *Zool.* cavité *(f.)* péripharyngienne, cavité *(f.)*.

7071. **peripheral** — *Biol.* périphérique *(adj.)*.

7072. **peripheral nervous system** — *Anat., Physiol.* système *(m.)* nerveux périphérique.

7073. **peripheralization** — *Histol., Physiol.* périphérisation *(f.)*.

7074. **periphery** — *Biol.* périphérie *(f.)*.

7075. **perithyton** — *Ecol.* périphyton *(m.)*.

7076. **periplasm** — *Cytol.* périplasme *(m.)*.

7077. **peripneustic** — *Entom.* péripneustique *(adj.)*.

7078. **periproct** — *Zool.* périprocte *(m.)*.

7079. **peripylae** — Voir: **spumellaria.**

7080. **perisarc** — *Coelent.* périsarc *(m.)*, périsarque *(m.)*.

7081. **perisinusoidal space** — *Histol.* espace *(m.)* périsinusoïdal, espace *(m.)* de Disse.

7082. **perisperm** — *Bot.* périsperme *(m.)*.

7083. **perissodactyla** — *Mamm.* périssodactyles *(m. pl.)*.

7084. **peristalsis** — *Physiol.* péristaltisme *(m.)*, mouvement *(m.)* péristaltique, péristole *(f.)*.

7085. **peristaltic** — *Physiol.* péristaltique *(adj.)*.

7086. **peristaltic movement** — *Physiol.* mouvement *(m.)* péristaltique.

7087. **peristole** — *Physiol.* péristole *(f.)*.

7088. **peristome** — *Bot., Zool.* péristome *(m.)*.

7089. **peristomium** — Voir: **peristome.**

7090. **peritendineum** — *Histol.* péritendinéum *(m.)*.

7091. **perithecium** — *Mycol.* périthèce *(m.)*.

7092. **peritoneal** — *Anat.* péritonéal, -e, -aux *(adj.)*.

7093. **peritoneal cavity** — *Anat.* cavité *(f.)* péritonéale, cavité *(f.)* périviscérale.

7094. **peritoneum** — *Anat.* péritoine *(m.)*.

7095. **peritonitis** — *Pathol.* péritonite *(f.)*.

7096. **peritricha** — *Protoz.* péritriches *(m. pl.)*.

7097. **peritrichida** — Voir: **peritricha.**

7098. **peritrophic membrane** — *Entom.* membrane *(f.)* péritrophique.

7099. **peri-urban** — *Ecol.* périurbain, -e *(adj.)*.

7100. **perivisceral cavity** — Voir: **peritoneal cavity.**

7101. **perivisceral coelom** — *Anat.* coelome *(m.)* périviscéral.

7102. **perivitelline fluid** — *Embryol.* liquide *(m.)* périvitellin.

7103. **perlaria** — *Entom.*
perloïdes *(m. pl.)*,
plécoptères *(m. pl.)*.

7104. **permafrost** — *Ecol.*,
Pédol. permafrost *(m.)*,
pergélisol *(m.)*.

7105. **permanent modification** —
Génét. modification
(f.) permanente.

7106. **permanent tooth** — *Anat.*
dent *(m.)* permanente.

7107. **permeability** — *Biol.*
perméabilité *(f.)*.

7108. **permease** — *Biochim.*
perméase *(f.)*.

7109. **permian** — *Géol.* permien
(m.), permien, -enne
(adj.).

7110. **peroxidase** — *Biochim.*
peroxydase *(f.)*.

7111. **persistence** — *Biol. cell.*
persistance *(f.)*.

7112. **perspiration** — *Physiol.*
transpiration *(f.)*,
sudation *(f.)*.

7113. **perspiratory** — *Physiol.*
sudorifère *(adj.)*,
sudoripare *(adj.)*.

7114. **pes** — *Anat., Zool.* pied
(m.).

7115. **pessulus** — *Ornith.*
pessulus *(m.)*.

7116. **pesticide** — *Biol.*
pesticide *(m.)*.

7117. **petal** — *Bot.* pétale *(m.)*.

7118. **petaled** — *Bot.* pétalé, -e
(adj.).

7119. **petaline** — *Bot.*
pétaliforme *(adj.)*,
pétaloïde *(adj.)*.

7120. **petaloid** — Voir:
petaline.

7121. **petiolar** — *Bot.* pétiolaire
(adj.).

7122. **petiolate** — *Bot.* pétiolé,
-e *(adj.)*.

7123. **petiolated** — Voir:
petiolate.

7124. **petiole** — *Bot.* pétiole
(m.).

7125. **petrosal nerve** — *Anat.*
nerf *(m.)* pétreux.

7126. **Peyer's patch** — *Histol.*
plaque *(f.)* de Peyer.

7127. **phaeodaria** — *Protoz.*
phaeodariés *(m. pl.)*.

7128. **phaeophyceae** — *Algol.*
phaeophycées *(f. pl.)*,
phéophycées *(f. pl.)*.

7129. **phage** — *Bactériol.* phage
(m.), bactériophage
(m.). (Voir aussi:
transducing phage).

7130. **phagocyte** — *Cytol.*
phagocyte *(m.)*.

7131. **phagocytic** — *Cytol.*
phagocytaire *(adj.)*.

7132. **phagocytic cell** — *Cytol.*
cellule *(f.)* phagocytaire.

7133. **phagocytosis** — *Cytol.*
phagocytose *(f.)*.

7134. **phagolysis** — *Biol.*
phagolyse *(f.)*.

7135. **phagosome** — *Cytol.*
phagosome *(m.)*.

7136. **phagotroph** — *Ecol.*
phagotrophe *(n. m. et
adj.)*.

7137. **phalange** — *Anat.*
phalange *(f.)*.

7138. **phalangeal** — *Anat.*
phalangien, -enne
(adj.).

7139. **phalangeal cell** — *Histol.* cellule *(f.)* à phalange.

7140. **phalangeal formula** — *Anat. comp.* formule *(f.)* phalangienne.

7141. **phalloidin** — Voir: **phalloidine.**

7142. **phalloidine** — *Mycol.* phalloïdine *(f.).*

7143. **phallotoxin** — *Mycol.* phallotoxine *(f.).*

7144. **phallus** — *Anat.* phallus *(m.)*, pénis *(m.)* verge *(f.).*

7145. **phanerogam** — *Bot.* phanérogamme *(f.).*

7146. **phanerogamia** — *Bot.* phanérogames *(f. pl.).*

7147. **phanerogamic** — *Bot.* phanérogame *(adj.).*

7148. **phanerogamous** — Voir: **phanerogamic.**

7149. **phaneroglossa** — *Amph.* phanéroglosses *(m. pl.).*

7150. **phanerophyte** — *Bot.* phanérophyte *(f.).*

7151. **pharmacognosia** — *Bot., Méd.* pharmacognosie *(f.).*

7152. **pharmaco-simulation** — *Pharmacol.* pharmacosimulation *(f.).*

7153. **pharyngeal** — *Anat.* pharyngien, -enne *(adj.)*, pharyngé, -e *(adj.).*

7154. **pharyngeal aperture** — Voir: **gill slit.**

7155. **pharyngeal bar** — Voir: **gill bar.**

7156. **pharyngeal chamber** — *Zool.* cavité *(f.)* pharyngienne.

7157. **pharyngeal gland** — *Zool.* glande *(f.)* pharyngienne.

7158. **pharyngeal tonsil** — *Anat.* amygdale *(f.)* pharyngée.

7159. **pharyngeal tooth** — *Ichtyol.* dent *(f.)* pharyngienne.

7160. **pharyngobranchial** — *Ichtyol.* pharyngobranche *(adj.)*, pharyngobranchial, -e, -aux *(adj.).*

7161. **pharynx** — *Anat., Zool.* pharynx *(m.).*

7162. **phase** — *Ornith.* phase *(f.)* (de coloration).

7163. **phase contrast** — *Micr.* microscope *(m.)* à contraste de phase.

7164. **phellem** — *Bot.* liège *(m.).*

7165. **phelloderm** — *Bot.* phelloderme *(m.).*

7166. **phellogen** — *Bot.* phellogène *(adj.).*

7167. **phellogenetic** — Voir: **phellogen.**

7168. **phellogenic** — Voir: **phellogen.**

7169. **phenocopy** — *Génét.* phénocopie *(f.).*

7170. **phenology** — *Ecol.* phénologie *(f.).*

7171. **phenotype** — *Génét.* phénotype *(m.).*

7172. **phenotypic** — *Génét.* phénotypique *(adj.).*

7173. **pheochrome cell** — Voir: **chromaffin cell.**

7174. **pheromone** — *Comport., Physiol.* phéromone *(f.),* phérormone *(f.),* phérhormone *(f.).*

7175. **phloem** — *Bot.* phloème *(m.),* liber *(m.).*

7176. **phobia** — *Pathol.* Pathol. phobie *(f.).*

7177. **pholidota** — *Mamm.* pholidotes *(m.),* nomarthres *(m. pl.).*

7178. **phonocardiogram** — *Méd., Physiol.* phonocardiogramme *(m.).*

7179. **phonocomportment** — *Comport.* phonocomportement *(m.).*

7180. **phoresis** — *Zool.* phorésie *(f.).*

7181. **phoretic** — *Immunol.* phorétique *(adj.).*

7182. **phoronidea** — *Zool.* phoronidiens *(m. pl.).*

7183. **phorozooid** — *Tun.* phorozoïde *(m.).*

7184. **phosphatase** — *Biochim.* phosphatase *(f.).*

7185. **phosphatide** — *Biochim.* phosphatide *(m.).*

7186. **phospholipid** — *Biochim.* phospholipid *(m.),* acide *(m.)* phosphatidique.

7187. **phosphorescence** — *Biol.* phosphorescence *(f.).*

7188. **phosphorescent protozoa** — *Protoz.* protozoaires *(m.)* phosphorescents.

7189. **phosphorylation** — *Biochim.* phosphorylation *(f.).*

7190. **phosvitin** — *Biochim., Embryol.* phosvitine *(f.).*

7191. **photic threshold** — *Bot.* seuil *(m.)* photique.

7192. **photogenic organ** — *Zool.* organe *(m.)* photogène.

7193. **photogrammetry** — *Cartographie.* photogrammétrie *(f.),* métrophotographie *(f.),* phototopographie *(f.).*

7194. **photointerpretation** — *Cartographie.* photointerprétation *(f.).*

7195. **photomicrograph** — *Micr.* photomicrographie *(f.).*

7196. **photomicrography** — *Micr.* photomicrographie *(f.).*

7197. **photonasty** — *Bot.* photonastie *(f.).*

7198. **photoperiod** — *Bot.* photopériode *(f.).*

7199. **photoperiodism** — *Bot.* photopériodisme *(m.).*

7200. **photophore** — *Zool.* photophore *(m.).*

7201. **photophosphorylation** — *Biochim.* photophosphorylation *(f.).*

7202. **photoreceptor** — *Zool.* photorécepteur *(m.),* photorécepteur, -trice *(adj.).*

7203. **photosociology** — *Comport.* photosociologie *(f.).*

7204. **photosynthesis** — *Bot.*
photosynthèse *(f.)*.

7205. **photosynthetic**
phosphorylation —
Voir:
photophosphorylation.

7206. **phototactism** — *Biol.*
phototaxie *(f.)*.

7207. **phototropic** — *Bot., Zool.*
phototropique *(adj.)*,
héliotropique *(adj.)*.

7208. **phototropism** — *Bot.,*
Zool. phototropisme
(m.), héliotropisme *(m.)*.

7209. **phragma** — *Arthrop.*
phragma *(m.)*,
endotergite *(m.)*,
phragmata *(m.)*.

7210. **phragmocone** — *Moll.*
phragmocône *(m.)*.

7211. **phragmoplast** — *Bot.,*
Cytol. phragmoplaste
(m.).

7212. **phreatology** — *Ecol.*
phréatologie *(f.)*.

7213. **phrenic** — *Anat.*
phrénique *(adj.)*.

7214. **phrenic nerve** — *Anat.*
nerf *(m.)* phrénique.

7215. **phycobilin** — *Bot.*
phycobiline *(f.)*.

7216. **phycocyanin** — *Bot.*
phycocyanine *(f.)*.

7217. **phycoerythrine** — *Bot.*
phycoérythrine *(f.)*.

7218. **phycologist** — *Bot.*
phycologiste *(m.)*,
phycologue *(m.)*,
algologiste *(m.)*,
algologue *(m.)*.

7219. **phycology** — *Bot.*
phycologie *(f.)*,
algologie *(f.)*.

7220. **phycomycetes** — *Mycol.*
phycomycètes *(m. pl.)*,
siphomycètes *(m. pl.)*,
oomycètes *(m. pl.)*.

7221. **phylactolaemata** — *Zool.*
phylactolémates *(m. pl.)*.

7222. **phyletic** — Voir:
phylogenetic.

7223. **phyllobranchia** — *Crust.*
phyllobranchie *(f.)*.

7224. **phylloclade** — *Bot.*
phyllocladode *(m.)*,
cladode *(m.)*.

7225. **phyllode** — *Bot.* phyllode
(f.).

7226. **phylloid** — *Bot.* phylloïde
(adj.), foliacé, -e *(adj.)*.

7227. **phyllopodium** — *Crust.*
phyllopode *(m.)*.

7228. **phyllopodous** — *Crust.*
phyllopode *(adj.)*.

7229. **phyllotaxy** — *Bot.*
phyllotaxie *(f.)*.

7230. **phylogenesis** — *Evol.*
phylogenèse *(f.)*,
phylogénie *(f.)*.

7231. **phylogenetic** — *Evol.*
phylogénétique *(adj.)*,
phylogénique *(adj.)*.

7232. **phylogeny** — Voir:
phylogenesis.

7233. **phylon** — *Evol.* phylon
(m.).

7234. **phylum** — *Syst.* phylum
(m.), embranchement
(m.).

7235. **physiographic** — *Ecol.*
physiographique *(adj.)*.

7236. **physiologic**
specialization —
Génét., Physiol.
spécialisation *(f.)*
physiologique.

7237. **physiological** — *Biol.*
physiologique *(adj.).*

7238. **physiological saline** —
Physiol. liquide *(m.)*
physiologique, sérum
(m.) physiologique.

7239. **physiologist** — *Biol.,*
Méd. physiologiste *(m.).*

7240. **physiology** — *Biol., Méd.*
physiologie *(f.).*

7241. **physocleistous** — *Ichtyol.*
physocliste *(adj.).*

7242. **physostomi** — Voir:
physostomous.

7243. **physostomous** — *Ichtyol.*
physostome *(adj.).*

7244. **phytiatrics** — *Bot.*
phytiatrie *(f.).*

7245. **phytobenthos** — *Biol.*
mar. phytobenthos *(m.).*

7246. **phytobiology** — *Bot.*
phytobiologie,
physiologie *(f.)*
végétale.

7247. **phytocartographer** —
Bot., Ecol.
phytocartographe *(m.).*

7248. **phytochrome** — *Bot.*
phytochrome *(m.).*

7249. **phytogeography** — *Bot.,*
Ecol. phytogéographie
(f.).

7250. **phytokinin** — Voir:
cytokinin.

7251. **phytomonadina** —
Protoz. phytomonadines
(f. pl.).

7252. **phytopathology** — *Bot.*
phytopathologie *(f.),*
pathologie *(f.)* végétale.

7253. **phytophaga** — *Entom.*
phytophages *(m. pl.).*

7254. **phytophagan** — *Ecol.*
consommateur *(m.)*
primaire.

7255. **phytophagous** — *Zool.*
phytophage *(adj.),*
herbivore *(adj.),*
végétarien, -enne *(adj.).*

7256. **phytoplankton** — *Bot.,*
Ecol. phytoplancton
(m.).

7257. **phytosociologist** — *Bot.,*
Ecol. phytosociologue.

7258. **phytosociology** — *Bot.,*
Ecol. phytosociologie
(f.).

7259. **phytotron** — *Bot.*
phytotron *(m.).*

7260. **phytozoon** — *Zool.*
zoophyte *(m.),*
phytozoaire *(m.).*

7261. **phytozoon** — *Zool.*
zoophyte *(m.),*
phytozoaire *(m.).*

7262. **pia-mater** — *Anat.* pie-
mère *(f.).*

7263. **pici** — *Ornith.* pics *(m.*
pl.).

7264. **pigeon's milk** — *Ornith.*
lait *(m.)* de pigeon, lait
(m.) du jabot.

7265. **pigment** — *Bot., Zool.,*
Physiol. pigment *(m.).*

7266. **pigment cell** — *Histol.*
cellule *(f.)* pigmentaire.

7267. **pigment epithelium** —
Histol. épithélium *(m.)*
pigmentaire.

7268. **pigment layer** — *Anat.,*
Histol. couche *(f.)*
pigmentaire (de l'oeil).

7269. **pigment spot** — *Flag.*
stigma *(m.).*

7270. **pigmentary** — *Bot., Zool.*
pigmentaire *(adj.)*.

7271. **pigmentation** — *Bot.,*
Zool. pigmentation *(f.)*.

7272. **pigmented** — *Bot., Zool.*
pigmenté, -e *(adj.)*.

7273. **pigmentous** — *Bot., Zool.*
pigmentaire *(adj.)*.

7274. **pile** — *Anat.* hémorroïde
(f.) interne.

7275. **pileate** — *Mycol.* à piléus
(m.), à chapeau *(m.)*.

7276. **pileated** — Voir: **pileate.**

7277. **pileus** — *Mycol.* chapeau
(m.), piléus *(m.)*.

7278. **piliferous** — *Bot.* pilifère
(adj.); *Zool.* pilifère
(adj.), piligère *(adj.)*.

7279. **piliferous layer** — *Bot.*
assise *(f.)* pilifère.

7280. **piliform** — *Biol.*
piliforme *(adj.)*,
capilliforme *(adj.)*.

7281. **pillar cell** — *Histol.*
cellule *(f.)* à pilier.

7282. **pilocarpine** — *Physiol.*
pilocarpine *(f.)*.

7283. **pilose** — *Anat., Histol.*
pileux, -euse *(adj.)*,
poilu, -e *(adj.)*.

7284. **pilosity** — *Anat.* pilosité
(f.).

7285. **pilous** — Voir: **pilose.**

7286. **pinacocyte** — *Spong.*
pinacocyte *(m.)*.

7287. **pineal apparatus** — Voir:
pineal gland.

7288. **pineal body** — Voir:
pineal gland.

7289. **pineal eye** — *Zool.* oeil
(m.) pinéal, oeil *(m.)*
pariétal.

7290. **pineal foramen** — Voir:
parietal foramen.

7291. **pineal gland** — *Anat.*
glande *(f.)* pinéale,
épiphyse *(f.)*.

7292. **pineapple plantation** —
Agric. ananeraie *(f.)*.

7293. **pinina** — *Anat.* pavillon
(m.) (de l'oreille);
Ornith. lame *(f.)* (d'une
plume).

7294. **pinnate** — *Bot.* pinné, -e
(adj.), penné, -e *(adj.)*.

7295. **pinnated** — Voir:
pinnate.

7296. **pinnatifid** — *Bot.*
pennatifide *(adj.)*.

7297. **pinnatilobed** — *Bot.*
pennatilobé, -e *(adj.)*.

7298. **pinnatiped** — *Ornith.*
pinnatipède *(n. m. et*
adj.).

7299. **pinnatisect** — *Bot.*
pennatiséqué, -e *(adj.)*.

7300. **pinniped** — *Mamm.*
pinnipède *(n. m. et*
adj.).

7301. **pinnipedia** — *Mamm.*
pinnipèdes *(m. pl.)*.

7302. **pinnule** — *Bot.* pinnule
(f.), foliole *(f.)*; *Zool.*
pinnule *(f.)*.

7303. **pinocytic vesicle** —
Cytol., Histol. vésicule
(f.) pinocytique.

7304. **pinocytose** — Voir:
pinocytosis

7305. **pinocytosis** — *Cytol.*
pinocytose *(f.)*.

7306. **piperaceous** — *Bot.*
pipéracé, -e *(adj.)*.

7307. **pipetting** — *Biol.*
pipetage *(m.)*.

7308. **pisces** — *Ichtyol.*
poissons *(m. pl.)* (super-classe).

7309. **piscicultural** — *Ichtyol.*
piscicole *(adj.).*

7310. **pisciculture** — *Ichtyol.*
pisciculture *(f.).*

7311. **pisciculturist** — *Ichtyol.*
pisciculteur *(m.).*

7312. **pisciform** — *Ichtyol.*
pisciforme *(adj.).*

7313. **piscitoxic** — *Ichtyol.*
ichtyotoxique *(adj.).*

7314. **pisiform bone** — *Anat.*
comp. os *(m.)* pisiforme.

7315. **pistil** — *Bot.* pistil *(m.).*

7316. **pistillate** — *Bot.* pistillé,
-e *(adj.),* pistillifère
(adj.).

7317. **pit** — *Bot.* favéole *(f.),*
ponctuation *(f.); Zool.*
Voir: **olfactory pit**.

7318. **pit-organ** — *Ichtyol.*
fossette *(f.)* sensorielle.

7319. **pith** — *Anat.* moelle *(f.);*
Bot. moelle *(f.),* médulle
(f.).

7320. **pithecantrope** —

7321. **Voir** —

7322. **pithecantropus** —
Paléont. pithécanthrope
(m.).

7323. **pithecoid** — *Zool.*
pithécoïde *(adj.).*

7324. **pitressin** — *Physiol.*
pitressine *(f.).*

7325. **pitted tube** — *Bot.*
vaisseau *(m.)* ponctué,
trachéide *(f.)* ponctuée,
trachéide *(f.)* aréolée.

7326. **pituicyte** — *Histol.*
pituicyte *(m.).*

7327. **pituitary** — *Anat.*
pituitaire *(adj.).*

7328. **pituitary body** — Voir:
pituitary gland.

7329. **pituitary gland** — *Anat.*
glande *(f.)* pituitaire,
hypophyse *(f.).*

7330. **pituitrin** — *Physiol.*
pituitrine *(f.).*

7331. **placenta** — *Embryol.*
placenta *(m.).*

7332. **placental** — *Embryol.*
placentaire *(adj.).*

7333. **placental barrier** —
Physiol. barrière *(f.)*
placentaire.

7334. **placental mammals** —
Voir: **eutheria**.

7335. **placental septum** —
Histol. cloison *(f.)*
placentaire.

7336. **placentalia** — Voir:
eutheria.

7337. **placentary** — *Bot.,*
Physiol. placentaire
(adj.).

7338. **placentation** — *Embryol.,*
Physiol. placentation
(f.).

7339. **placode** — *Ichtyol.*
placode *(f.).*

7340. **placodermi** — *Paléont.*
placodermes *(m. pl.).*

7341. **placodontia** — *Paléont.*
placodontes *(m. pl.).*

7342. **placoid** — *Ichtyol.*
placoïde *(adj.).*

7343. **placoid receptor** —
Entom. récepteur *(m.)*
placoïde, sensille *(f.).*

7344. **placoid scale** — *Ichtyol.*
écaille *(f.)* placoïde.

7345. **plagioclimax** — *Ecol.*
plagioclimax *(m.)*.

7346. **plagiogeotropism** — *Bot.*
plagiogéotropisme *(m.)*.

7347. **plagiosere** — *Ecol.*
plagiosère *(f.)*.

7348. **plagiostomi** — *Ichtyol.*
plagiostomes *(m. pl.)*.

7349. **planarian** — *Plath.*
planaire *(f.)*.

7350. **planipennia** — *Entom.*
planipennes *(m. pl.)*.

7351. **planktologist** — *Limnol.,*
Océanogr. planctologiste
(m.).

7352. **plankton** — *Limnol.,*
Océanogr. plancton *(m.)*.

7353. **planktont** — *Zool.*
planctonte *(m.)*.

7354. **planning** — *Ecol.*
planification *(f.)*,
planning *(m.)*.

7355. **planosol** — *Pédol.*
planosol *(m.)*.

7356. **plant chronobiology** —
Bot. chronobiologie *(f.)*
végétale.

7357. **plant ecology** — *Ecol.*
phytoécologie *(f.)*.

7358. **plant geography** — *Bot.*
phytogéographie *(f.)*.

7359. **plant protector** — *Agric.*
phytoprotecteur *(m.)*.

7360. **plant sociology** — *Bot.*
phytosociology *(f.)*.

7361. **plantigrad** — *Zool.*
plantigrade *(n. m. et
adj.)*.

7362. **plantula** — *Entom.*
plantule *(f.)*.

7363. **planula** — *Zool.* planula
(f.).

7364. **plaque** — *Cytol.* plaque
(f.).

7365. **plasm** — *Cytol., Physiol.*
protoplasme *(m.)*,
protoplasma *(m.)*.

7366. **plasma** — *Cytol., Physiol.*
plasma *(m.)*.

7367. **plasma cell** — *Histol.*
plasmocyte *(m.)*.

7368. **plasma membrane** —
Voir: **cell membrane**.

7369. **plasma protein** —
Biochim., Cytol. protéine
(f.) plasmatique.

7370. **plasmagel** — *Cytol.*
plasmagel *(m.)*.

7371. **plasmagene** — *Cytol.*
plasmagène *(m.)*,
génoïde *(m.)*, plasmon
(m.).

7372. **plasmalemma** — *Cytol.*
plasmalemma *(m.)*.

7373. **plasmapheresis** — *Méd.,*
Physiol. plasmaphérèse
(f.).

7374. **plasmasol** — *Cytol.*
plasmasol *(m.)*.

7375. **plasmatic** — *Cytol.*
protoplasmique *(adj.)*,
protoplasmatique *(adj.)*.

7376. **plasmid** — *Biol. cell.*
plasmide *(m.)*.

7377. **plasmoderm** — *Bot.*
plasmoderme *(m.)*.

7378. **plasmodesma** — *Cytol.*
plasmodesme *(m.)*.

7379. **plasmodium** — *Parasitol.*
plasmodie *(f.)*,
plasmodium *(m.)*,
hématozoaire *(m.)*.

7380. **plasmogamy** — *Bot.*
plasmogamie *(f.)*,
cytogamie *(f.)*.

7381. **plasmolemma** — *Cytol.*
plasmalemme *(m.)*,
membrane *(f.)*
plasmique.

7382. **plasmolysis** — *Cytol.*
plasmolyse *(f.)*.

7383. **plasmon** — Voir:
plasmagene.

7384. **plasmotomy** — *Protoz.*
plasmotomie *(f.)*.

7385. **plast** — Voir: **plastid.**

7386. **plaste** — Voir: **plastid.**

7387. **plasticity** — *Génét.*
plasticité *(f.)*.

7388. **plastid** — *Bot.* plaste
(m.).

7389. **plastidome** — *Génét.*
plastidome *(m.)*.

7390. **plastogamy** — Voir:
plasmogamy.

7391. **plastron** — *Zool.* plastron
(m.).

7392. **plate** — *Ornith.* lamelle
(f.).

7393. **platelet** — Voir: **blood
platelet.**

7394. **platybasic** — *Anat. comp.*
platibasique *(adj.)*.

7395. **platyctenea** — *Zool.*
platycténides *(m. pl.)*.

7396. **platyhelmia** — Voir:
platyhelminthes.

7397. **platyhelminthes** — *Zool.*
plathelminthes *(m. pl.)*,
platodes *(m. pl.)*.

7398. **platyrrhina** — *Mamm.*
platyrhiniens *(m. pl.)*.

7399. **platyrrhine** — *Anthrop.*
platyrhinien *(n. m. et
adj.)*.

7400. **platyrrhines** — Voir:
platyrrhina.

7401. **platyrrhini** — Voir:
platyrrhina.

7402. **platysma** — *Anat.* muscle
(m.) peaucier, peaucier
(m.).

7403. **platytrabic** — Voir:
platybasic.

7404. **plecoptera** — *Entom.*
plécoptères *(m. pl.)*,
perloïdes *(m. pl.)*.

7405. **plectenchyma** — *Moll.,
Mycol.* plectenchyme
(m.).

7406. **plectognathi** — *Ichtyol.*
plectognathes *(m. pl.)*.

7407. **pleiomorphism** — Voir:
pleomorphism.

7408. **pleiotropic** — *Génét.*
pléiotropique *(adj.)*,
pléiotrope *(adj.)*.

7409. **pleiotropy** — *Génét.*
pléiotropie *(f.)*.

7410. **pleistocene** — *Géol.*
pléistocène *(n. m. et
adj.)*.

7411. **pleomorphic** —
Microbiol. pléomorphe
(adj.)., polymorphe
(adj.).

7412. **pleomorphism** —
Microbiol.
pléomorphisme *(m.)*,
polymorphisme *(m.)*.

7413. **pleopod** — *Crust.*
pléopode *(m.)*.

7414. **plerergate** — *Entom.*
plérergate *(m.)*,
pleurergate *(m.)*.

7415. **plerome** — *Bot.* plérome
(m.).

7416. **plethysmography** —
Physiol.
pléthysmographie *(f.)*.

7417. **pleura** — *Anat.* plèvre *(f.).*

7418. **pleural** — *Anat.* pleural, -e, -aux *(adj.).*

7419. **pleural cavity** — *Anat.* cavité *(f.)* pleurale.

7420. **pleural sac** — Voir: **pleural cavity.**

7421. **pleurobranchiae** — *Crust.* pleurobranchies *(f. pl.).*

7422. **pleurocarpous** — *Bot.* pleurocarpe *(adj.).*

7423. **pleurocentrum** — *Anat. comp.* pleurocentre *(m.).*

7424. **pleurodira** — *Herpétol.* pleurodères *(m. pl.).*

7425. **pleurodont** — *Anat. comp., Herpétol.* pleurodonte *(adj.).*

7426. **pleuron** — *Arthrop.* pleure *(f.)*, pleuron *(m.).* (Parfois, en parlant des arthropodes, le mot pleurite *(m.)* est utilisé comme synonyme de pleure).

7427. **pleuroperitoneal** — *Anat.* pleuropéritonéal, -e, -aux *(adj.).*

7428. **pleuropodite** — Voir: **precoxa.**

7429. **pleuston** — *Limnol., Océanogr.* pleuston *(m.).*

7430. **plexus** — *Anat.* plexus *(m.).*

7431. **plica semilunaris** — *Mamm.* pli *(m.)* semi-lunaire.

7432. **plicae circulares** — *Histol.* replis *(m.)* circulaires, valvules *(f.)* de Kerckring.

7433. **pliocene** — *Géol.* pliocène *(n. m. et adj.).*

7434. **ploidy** — *Génét.* ploïdie *(f.).*

7435. **plumage** — *Ornith.* plumage *(m.).*

7436. **plumelet** — *Bot.* plumule *(f.).*

7437. **plumule** — *Bot.., Ornith.* plumule *(f.).*

7438. **pluteus larva** — *Echinod.* larve *(f.)* plutéus.

7439. **pluviogram** — *Ecol.* pluviogramme *(m.).*

7440. **pluviograph record** — Voir: **pluviogram.**

7441. **pneumaticity** — *Ornith.* pneumaticité *(f.)* (des os).

7442. **pneumatophore** — *Coelent.* pneumatophore *(m.).*

7443. **pneumobacillus** — *Bactériol.* pneumobacille *(m.).*

7444. **pneumogastric nerve** — *Anat.* nerf *(m.)* pneumogastrique, nerf *(m.)* vague.

7445. **pneumonia** — *Pathol.* pneumonie *(f.).*

7446. **pneumostome** — *Moll.* pneumostome *(m.).*

7447. **pod** — *Bot.* gousse *(f.)*, cosse *(f.).*

7448. **podeon** — Voir: **podeum.**

7449. **podeum** — *Entom.* pédicule *(m.)*, pédoncule *(m.).*

7450. **podex** — Voir: **pygidium.**

7451. **podical plate** — *Entom.* plaque *(f.)* podicale,

plaque *(f.)* pudique,
épiprocte *(m.)*.

7452. **podium** — *Echinod.*
podion *(m.)*, tube *(m.)*
ambulacraire, pied *(m.)*
ambulacraire.

7453. **podobranchiae** — *Crust.*
podobranchies *(f. pl.)*.

7454. **podobranchial** — *Crust.*
podobranche *(adj.)*.

7455. **podocyte** — *Histol.*
podocyte *(m.)*.

7456. **poecilothermal** — Voir:
poikilothermous.

7457. **poikilocyte** — *Hématol.*
poïkilocyte *(m.)*.

7458. **poikilocytosis** — *Cytol.*
poïkilocytose *(f.)*.

7459. **poikilothermal** — Voir:
poikilothermous.

7460. **poikilothermous** —
Physiol., Zool.
poïkilotherme *(adj.)*,
poecilotherme *(adj.)*,
ecthermique *(adj.)*.

7461. **poison fang** — *Herpétol.*
dent *(f.)* venimeuse.

7462. **poison gland** — *Herpétol.*
glande *(f.)* à venin.

7463. **polar body** — *Embryol.*
globule *(m.)* polaire.

7464. **polar cap** — *Géogr.*
calotte *(f.)* polaire

7465. **polar nucleus** — *Bot.*
noyau *(m.)* polaire.

7466. **polarity** — *Biol.* polarité
(f.).

7467. **polarizing microscope** —
Micr. microscope *(m.)*
polarisant.

7468. **pole capsule** — *Zool.*
capsule *(f.)* polaire.

7469. **poliencephalitis** —
Pathol. poliomyélite *(f.)*.

7470. **poliomyelitis** — *Pathol.*
poliomyélite *(f.)*.

7471. **pollen** — *Bot.* pollen *(m.)*.

7472. **pollen analysis** — *Bot.*
analyse *(f.)* pollinique.

7473. **pollen basket** — *Entom.*
corbeille *(f.)* pollinique,
corbicule *(f.)*.

7474. **pollen grain** — *Bot.* grain
(m.) de pollen.

7475. **pollen profile** — *Ecol.*
profil *(m.)* pollinique.

7476. **pollen sac** — *Bot.* sac
(m.) pollinique.

7477. **pollen tube** — *Bot.* tube
(m.) pollinique.

7478. **pollex** — *Ornith.* pollex
(m.).

7479. **pollinate** (to) — *Biol.*
couvrir *(v. tr.)* de pollen.

7480. **pollination** — *Bot.*
pollinisation *(f.)*,
pollination *(f.)*
fécondation *(f.)*.

7481. **pollinic** — *Bot.* pollinique
(adj.).

7482. **polliniferous** — *Bot.*
pollinifère *(adj.)*.

7483. **pollinium** — *Bot.* pollinie
(f.), pollinide *(f.)*.

7484. **pollinization** — Voir:
pollination.

7485. **pollutant** — *Ecol., Env.*
polluant *(m.)*.

7486. **pollute** (to) — *Ecol., Env.*
polluer *(v. tr.)*.

7487. **pollution** — *Ecol., Env.*
pollution *(f.)*.

7488. **pollution control** — *Env.*
dépollution *(f.)*.

7489. **polocyte** — Voir: **polar body**

7491. **polyadelphous** — *Bot.* polyadelphe *(adj.)*.

7492. **polyandria** — *Comport., Zool.* polyandrie *(f.)*.

7493. **polyandrous** — *Zool.* polyandre *(adj.)*.

7494. **polyandry** — *Comport., Zool.* polyandre *(adj.)*.

7495. **polyanthous** — *Bot.* polyanthe *(adj.)*.

7496. **polycarpellary** — *Bot.* polycarpellaire *(adj.)*, polycarpellien, -enne *(adj.)*.

7497. **polycellular** — *Biol.* polycellulaire *(adj.)*.

7498. **polychaeta** — *Ann.* polychètes *(m. pl.)*.

7499. **polychromatophil erythroblast** — *Hstol.* érythroblaste *(m.)* polychromatophile.

7500. **polycladida** — *Plath.* polyclades *(m. pl.)*.

7501. **polycotyledonous** — *Bot.* polycotylédone *(adj.)*.

7502. **polydactyl** — *Tératol.* polydactyle *(adj.)*.

7503. **polyembryony** — *Bot., Zool.* polyembryonie *(f.)*.

7504. **polygamia** — *Comport., Zool.* polygamie *(f.)*.

7505. **polygamian** — Voir: **polygamous.**

7506. **polygamous** — *Comport., Zool.* polygame *(adj.)*.

7507. **polygamy** — Voir: **polygamia.**

7508. **polygenes** — *Génét.* polygènes *(m.)*, gènes *(m.)* multiples.

7509. **polygeny** — *Génét.* polygénie *(f.)*.

7510. **polygraph** — *Méd., Physiol.* polygraphe *(m.)*.

7511. **polyhaploid** — *Génét.* polyhaploïde *(adj.)*.

7512. **polyhybridism** — *Génét.* polyhybridisme *(m.)*.

7513. **polymastigina** — *Protoz.* polymastigines *(f. pl.)*.

7514. **polymere** — *Chim.* polymère *(m.)*.

7515. **polymeric** — *Chim.* polymère *(adj.)*.

7516. **polymerization** — *Biochim., Chim.* polymérisation *(f.)*.

7517. **polymictic lake** — *Limnol.* lac *(m.)* polymictique.

7518. **polymorph** — *Bot., Chim., Zool.* polymorphe *(adj.)*.

7519. **polymorphic** — Voir: **polymorph.**

7520. **polymorphism** — *Zool.* polymorphisme *(m.)*.

7521. **polymorphonuclear leucocyte** — *Histol.* leucocyte *(m.)* polynucléaire.

7522. **polymorphous** — Voir: **polymorph.**

7523. **polymorphs** — Voir: **polymorphonuclear leucocyte.**

7524. **polynuclear** — *Cytol.* polynucléaire *(adj.)*, polynucléé, -e *(adj.)*.

7525. **polynucleotide** —
Biochim. polynucléotide
(m.).

7526. **polyp** — *Coelent., Pathol.*
polype *(m.).*

7527. **polypeptide** — *Biochim.*
polypeptide *(m.).*

7528. **polypetalous** — *Bot.*
polypétale *(adj.).*

7529. **polyphaga** — *Entom.*
polyphages *(m. pl.).*

7530. **polyphagous** — *Zool.*
polyphage *(adj.),*
euryphage *(adj.).*

7531. **polyphyletic** — *Evol.*
polyphylétique *(adj.).*

7532. **polyphyletic theory** —
Voir: **trialistic theory.**

7533. **polyphyodont** — *Anat.*
comp. polyphyodonte
(adj.).

7534. **polypide** — *Bryoz.*
polypide *(m.).*

7535. **polyplacophora** — *Moll.*
polyplacophores *(m.
pl.),* chitons *(m. pl.).*

7536. **polyplanetism** — *Bot.*
polyplanétisme *(m.).*

7537. **polyploid** — *Génét.*
polyploïde *(n. m. et
adj.).*

7538. **polyploidy** — *Génét.*
polyploïdie *(f.).*

7539. **polypod** — *Tératol., Zool.*
polypode *(n. m. et adj.).*

7540. **polypod larva** — Voir:
eruciform larva.

7541. **polypodium** — *Bot.*
polypode *(m.).*

7542. **polyporus** — *Mycol.*
polypore *(m.).*

7543. **polyprotodontia** —
Mamm.
polyprotodontes *(m.
pl.).*

7544. **polyribonucleotide** —
Biochim.
polyribonucléotide *(m.).*

7545. **polyribosome** — *Cytol.*
polysome *(m.),*
polyribosome *(m.).*

7546. **polysaccharide** — *Chim.*
polysaccharide *(m.),*
polyose *(m.),* polyoside
(m.).

7547. **polysaprobial** — *Env.*
polysaprobe *(adj.).*

7548. **polysepalous** — *Bot.*
polysépale *(adj.).*

7549. **polysome** — Voir:
polyribosome.

7550. **polysomic** — *Génét.*
polysomique *(adj.).*

7551. **polysomy** — *Génét.*
polysomie *(f.).*

7552. **polyspermia** — Voir:
polyspermy.

7553. **polyspermy** — *Biol.*
polyspermie *(f.),*
surfécondation *(f.).*

7554. **polytene** — *Génét.*
polyténique *(adj.),*
polytène *(m.).*

7555. **polythely** — *Tératol.*
polythélie *(f.).*

7556. **polytocous** — *Zool.*
multipare *(adj.).*

7557. **polytrophic** — *Pathol.*
polytrophe *(adj.).*

7558. **polytrophic ovariole** —
Entom. ovariole *(f.)*
polytrophique.

7559. **polytypism** — *Bot., Zool.*
polytypisme *(m.).*

7560. **polyzoa** — *Bryoz.*
polyzoaires *(m. pl.)*
(synonyme ancien de
bryozoaires).

7561. **pome** — *Bot.* fruit *(m.)* à
pépins, pomme *(f.)*.

7562. **pomaceous** — *Bot.*
pomacé, -e *(adj.)*.

7563. **pond** — *Ecol., Env.* étang
(m.).

7564. **ponic air** — *Agric.* air
(m.) ponique.

7565. **pons** — *Anat.* pont *(m.)*
de Varole, pont *(m.)* de
Varoli.

7566. **poplar arboretum** — *Bot.,*
Ecol. populetum *(m.)*.

7567. **popliteal** — *Anat.*
poplité, -e *(adj.)*.

7568. **popliteus** — *Anat.* muscle
(m.) poplité, popliteus
(m.).

7569. **population** — *Bot., Ecol.,*
Zool. population *(f.)*,
peuplement *(m.)*.

7570. **population dynamics** —
Ecol. démécologie *(f.)*.

7571. **population eruption** —
Voir: **population**
explosion.

7572. **population explosion** —
Ecol. explosion *(f.)*
démographique.

7573. **population genetics** —
Génét. génétique *(f.)* des
populations.

7574. **population growth** —
Ecol. accroissement *(m.)*
des populations.

7575. **pore** — *Anat., Bot., Zool.*
pore *(m.)*.

7576. **pore membrane** — *Spong.*
membrane *(f.)*
dermique.

7577. **pore plate** — *Protoz.*
plaque *(f.)* poreuse,
membrane *(f.)* poreuse
(des radiolaires).

7578. **porifer** — *Zool.*
spongiaire *(m.)*.

7579. **porifera** — *Zool.*
spongiaires *(m. pl.)*.

7580. **porocyte** — *Spong.*
porocyte *(m.)*.

7581. **porta hepatis** — *Anat.*
hile *(m.)*.

7582. **portal areas** (of liver) —
Anat. espaces *(f.)* portes
(du foie).

7583. **portal canals** (of liver) —
Voir: **portal areas.**

7584. **portal lobule** — *Histol.*
lobule *(m.)* portal.

7585. **portal vein** — *Anat.* veine
(f.) porte.

7586. **portio vaginalis cervicis** —
Anat. partie *(f.)*
vaginale du col.

7587. **position effect** — *Génét.*
effet *(m.)* de position
(des gènes).

7588. **posological** —
Pharmacol. posologique
(adj.).

7589. **posology** — *Pharmacol.*
posologie *(f.)*.

7590. **postcaval vein** — Voir:
inferior vena cava.

7591. **post-cleithrum** — *Ichtyol.*
post-cleithrum *(m.)*.

7592. **posterior** — *Biol.*
postérieur, -e *(adj.)*.

7593. **posterior cardinal sinus** —
Embryol., Ichtyol.

sinus *(m.)* cardinal postérieur.

7594. **posterior caval vein** — Voir: **inferior vena cava.**

7595. **posterior hypophysis** — *Anat.* posthypophyse *(f.).*

7596. **posterior mesenteric artery** — *Anat.* artère *(f.)* mésentérique postérieure.

7597. **posterior rectus muscle** — *Anat.* muscle *(m.)* droit postérieur (de l'oeil), muscle *(m.)* droit externe (de l'oeil).

7598. **posterior root** — *Anat.* racine *(f.)* postérieure, corne *(f.)* postérieure.

7599. **posterior temporal arcade** — Voir: **post-temporal bar.**

7600. **posterior temporal fossa** — Voir: **post-temporal fossa.**

7601. **posterior vena cava** — Voir: **inferior vena cava.**

7602. **post-ganglionic fibre** — *Anat.* fibre *(f.)* postganglionaire.

7603. **post-mentum** — *Entom.* postmentum *(m.).*

7604. **post-notum** — *Entom.* postnotum *(m.).*

7605. **post-ocular** — *Anat.* post-oculaire *(adj.).*

7606. **post-scutellum** — Voir: **post-notum.**

7607. **post-oestrus** — *Physiol.* postoestrus *(m.).*

7608. **post-orbital bone** — *Herpétol., Ichtyol.* os *(m.)* postorbitaire, os *(m.)* postorbital.

7609. **post-pubis** — *Paléont.* post-pubis *(m.).*

7610. **post-reduction** — *Génét.* postréduction *(f.).*

7611. **post-scapular fossa** — *Anat.* fosse *(f.)* sous-épineuse.

7612. **post-temporal arcade** — Voir: **post-temporal bar.**

7613. **post-temporal bar** — *Herpétol.,*arc *(m.)* temporal postérieur.

7614. **post-temporal bone** — *Ichtyol.* os *(m.)* post-temporal.

7615. **post-temporal fossa** — *Herpétol.* fosse *(f.)* post-temporal.

7616. **potency** (of a gene) — Voir: **gene potency.**

7617. **potto** — *Mamm.* potto *(m.).*

7618. **powder down** — *Ornith.* duvet *(m.)* poudreux.

7619. **praxis** — *Comport.* praxie *(f.).*

7620. **preadaptation** — *Biol.* préadaptation *(f.).*

7621. **preantenna** — *Arthrop.* préantenne *(f.).*

7622. **prebiological** — Voir: **prebiotic.**

7623. **prebiotic** — *Biochim., Evol.* prébiotique *(n. m. et adj.).*

7624. **precambrian flora** — *Paléont.* gazon *(m.)* primordial.

7625. **precaval vein** — *Anat.*
veine *(f.)* cave
supérieure, veine *(f.)*
cave antérieure.

7626. **precipitate** — *Chim.*
précipité *(m.).*

7627. **precipitation** — *Chim.,*
Ecol. précipitation *(f.).*

7628. **precipitin** — *Biochim.*
précipitine *(f.).*

7629. **precipitin reaction** —
Physiol. réaction *(f.)* à
la précipitine.

7630. **precipitin test** — Voir:
precipitin reaction.

7631. **precocial** — Voir:
precocious.

7632. **precocious** — *Ornith.*
nidifuge *(adj.).*

7633. **precoracoid** — Voir:
procoracoid.

7634. **precordial** — *Physiol.*
précordial, -e, -aux
(adj.).

7635. **precoxa** — *Crust.*
praecoxa *(m.),*
précoxopodite *(m.).*

7636. **predation** — *Ecol., Zool.*
prédation *(f.).*

7637. **predator** — *Ecol., Zool.*
prédateur, -trice *(n. et*
adj.).

7638. **predatory** — *Ecol., Zool.*
prédateur, -trice *(adj.).*

7639. **predentin** — *Histol.*
prédentine *(f.).*

7640. **preen** (to) — *Ornith.*
lisser *(v. tr.)* (les
plumes).

7641. **preen gland** — Voir:
uropygial gland.

7642. **preferendum** — *Comport.*
préférendum *(m.).*

7643. **preformation** — *Biol.*
préformation *(f.).*

7644. **prefrontal bone** — *Anat.*
comp. os *(m.)* préfrontal.

7645. **pre-ganglionic fiber** —
Anat. fibre *(f.)*
préganglionnaire.

7646. **pregnancy** — *Physiol.*
grossesse *(f.),* gestation
(f.).

7647. **pregnant** — *Physiol.*
enceinte *(adj. f.)*
(femme), grosse *(adj.*
f.) (femelle d'un
mammifère).

7648. **prehallux** — *Anat. comp.*
préhallux *(m.),*
prépollex *(m.).*

7649. **prehensile** — *Zool.*
préhensile *(adj.),*
préhenseur *(adj. m.),*
caudimane *(adj.)*
(comme dans
l'expression "queue
caudimane")

7650. **prehensive** — Voir:
prehensile.

7651. **prehensorial** — Voir:
prehensile.

7652. **prehensory** — Voir:
prehensile.

7653. **prelachrymal fossa** —
Herpétol., Ornith. fosse
(f.) prélacrymale, cavité
(f.) prélacrymale.

7654. **prelingual fossa** — *Anat.*
comp. fosse *(f.)*
prélinguale, cavité *(f.),*
prélinguale.

7655. **prelingual tubercle** —
Anat. comp. tubercule
(m.) prélingual.

7656. **premandibular segment** —
Voir: **premandibular
somite.**

7657. **premandibular somite** —
Embryol. somite *(m.)*
prémandibulaire,
segment *(m.)*
prémandibulaire.

7658. **premaxilla** — *Anat.*
comp. prémaxillaire
(m.).

7659. **premenstrual stage** —
Voir: **ischemic stage.**

7660. **prementum** — *Entom.*
prémentum *(m.).*

7661. **premolar** — *Anat.*
prémolaire *(n. f. et
adj.),* avant-molaire *(n.
f. et adj.).*

7662. **premolar bone** — *Anat.*
comp. os *(m.)*
prémolaire.

7663. **pre-oestrus** — *Physiol.*
préoestrus *(m.).*

7664. **pre-opercular bone** —
Ichtyol. préopercule
(m.).

7665. **pre-oral** — *Anat.* préoral,
-e, -aux *(adj.).*

7666. **pre-oral gut** — *Embryol.*
partie *(f.)* préorale de
l'intestin.

7667. **preovulatory swelling** (of
follicle) — *Histol.*
gonflement *(m.)* pré-
ovulaire.

7668. **prepuce** — *Anat.* prépuce
(m.).

7669. **prepupa** — *Entom.*
prépupe *(f.).*

7670. **prenuptial** — *Anat.*
préputial, -e, -aux *(adj.).*

7671. **prepyloric ossicle** —
Crust. ossicule *(m.)*
prépylorique.

7672. **prereduction** — *Génét.*
préréduction *(f.).*

7673. **presbyopia** — *Physiol.*
presbytie *(f.),*
presbytisme *(m.).*

7674. **presbyopic** — *Méd.*
presbytique *(adj.)* (vue
presbytique), presbyte
(adj.) (personne
presbyte).

7675. **pre-scapular fossa** —
Anat. fosse *(f.)* sus-
scapulaire.

7676. **prescutum** — *Entom.*
préscutum *(m.).*

7677. **presphenoid** — *Anat.*
comp. présphénoïde *(n.
m. et adj.).*

7678. **prespiracular** — *Ichtyol.*
préspiraculaire *(adj.).*

7679. **prespiracular cartilage** —
Ichtyol. cartilage *(m.)*
préspiraculaire.

7680. **pressure ridge** —
Océanogr. ride *(f.)* de
pression.

7681. **presternum** — *Anat.*
présternum *(m.),*
manubrium *(m.),*
poignée *(f.)* du sternum.

7682. **prestomum** — *Entom.*
préstomum *(m.).*

7683. **presumptive area** —
Embryol. territoire *(m.)*
présomptif.

7684. **presynaptic ending** —
Physiol. terminaison *(f.)*
présynaptique.

7685. **pretarsus** — *Entom.*
prétarse *(m.).*

7686. **pretrematic nerve** —
Ichtyol. nerf *(m.)* pré-
trématique, rameau *(m.)*
pré-trématique.

7687. **preventive medicine** —
Méd. préventologie *(f.).*

7688. **prey** — *Ecol., Zool.* proie
(f.).

7689. **preying** — *Ecol., Zool.* de
proie (comme dans
l'expression "oiseau de
proie").

7690. **primaries** — Voir:
primary feathers.

7691. **primary feathers** —
Ornith. primaires *(f.),*
rémiges *(f.)* primaires.

7692. **primary meristem** — *Bot.*
méristème *(m.)*
primaire.

7693. **primary oocyte** — *Histol.*
ovocyte *(m.)* de premier
ordre.

7694. **primary production** —
Ecol. productivité *(f.)*
primaire.

7695. **primary productivity** —
Ecol. productivité *(f.)*
primaire.

7696. **primary root** — *Bot.*
racine *(f.)* primaire,
racine *(f.)* principale.

7697. **primary sex character** —
Anat., Physiol.
caractères *(m.)* sexuels
primaires.

7698. **primary spermatocyte** —
Histol. spermatocyte
(m.) de premier ordre.

7699. **primary teeth** — Voir:
deciduous teeth.

7700. **primary treatment** —
Ecol. traitement *(m.)*
primaire.

7701. **primates** — *Zool.*
primates *(m. pl.).*

7702. **primatologist** — *Zool.*
primatologue *(m.).*

7703. **primatology** — *Zool.*
primatologie *(f.).*

7704. **primipara** — *Physiol.*
primipare *(f.).*

7705. **primiparous** — *Physiol.*
primipare *(adj.).*

7706. **primitive** — *Anat. comp.,*
Evol. primitif, -ive
(adj.).

7707. **primitive character** —
Evol. caractère *(m.)*
primitif.

7708. **primitive groove** —
Embryol. gouttière *(f.)*
primitive.

7709. **primitive knot** —
Embryol. noeud *(m.)* de
Hensen.

7710. **primitive sex cells** —
Histol. gonocytes *(m.)*
primordiaux.

7711. **primitive streak** —
Embryol. ligne *(f.)*
primitive.

7712. **primordial germ cell** —
Histol. cellule *(f.)*
sexuelle primordiale.

7713. **primordial meristem** —
Voir: **primary meristem.**

7714. **prisere** — *Ecol.* prisère
(f.), sère *(f.)* primaire.

7715. **prismatic layer** — *Moll.*
couche *(f.)* des prismes.

7716. **pro-amnion** — *Embryol.*
proamnios *(m.).*

7717. **pro-atlas** — *Herpétol.*
pro-atlas *(m.).*

7718. **probability** — *Statist.*
probabilité *(f.).*

7719. **pro-basipodite** — *Crust.*
probasipodite *(m.).*

7720. **proboscidean** — *Zool.*
proboscidien, -enne
(adj.).

7721. **proboscidian** — Voir:
proboscidean.

7722. **proboscis** — *Zool.*
proboscide *(f.),* trompe
(f.).

7723. **proboscis sheath** —
Némert. gaine *(f.)* de la
trompe.

7724. **procallus** — *Histol.*
précal *(m.).*

7725. **procambium** — *Bot.*
procambium *(m.).*

7726. **procaryote** — *Cytol.*
procaryote *(m.),*
protocaryote *(m.),*
pseudocaryote *(adj.).*

7727. **procaryotic** — *Cytol.*
procaryote *(adj.),*
protocaryote *(adj.),*
pseudocaryote *(adj.).*

7728. **procellariiformes** —
Ornith.
procellariiformes *(m.
pl.).*

7729. **procerebrum** — *Arthrop.*
protocérébron *(m.),*
protocerebrum *(m.).*

7730. **process** — *Anat.*
apophyse *(f.),* processus
(m.), procès *(m.).*

7731. **prochordata** — *Zool.*
procordés *(m. pl.).*

7732. **prochromosome** —
Génét. prochromosome
(m.).

7733. **procoelous** — *Anat.*
comp. procoele *(adj.),*
procoelique *(adj.).*

7734. **procoracoid** — *Anat.*
comp. procoracoïde *(n.
m. et adj.).*

7735. **procreate** (to) — *Biol.*
procréer *(v. tr.).*

7736. **procreation** — *Biol.*
procréation *(f.).*

7737. **procreative** — *Biol.*
procréateur, -trice
(adj.).

7738. **procrypsis** — *Comp.,
Ecol.* homochromie *(f.).*

7739. **procryptic** — *Comp.,
Ecol.* mimétique *(adj.).*

7740. **proctodeum** — *Embryol.*
proctodaeum *(m.),*
proctodeum *(m.).*

7741. **procyte** — *Cytol.* procyte
(m.).

7742. **prodromal** — *Méd.*
prodromique *(adj.).*

7743. **prodromic** — Voir:
prodromal.

7744. **producer** — *Ecol.*
producteur *(m.).*

7745. **productivity** — *Ecol.*
productivité *(f.).*

7746. **pro-embryo** — *Bot.*
proembryon *(m.),*
préembryon *(m.).*

7747. **pro-epipodite** — *Crust.*
proépipodite *(m.).*

7748. **proerythroblast** — *Histol.*
pro-érythroblaste *(m.).*

7749. **profile** — Voir: **root
profile.**

7750. **profile library** — *Pédol.*
profilothèque *(f.)*.

7751. **profundal zone** —
Limnol. couche *(f.)*
profonde.

7752. **profundus ganglion** —
Ichtyol. ganglion *(m.)*
ciliaire.

7753. **profundus nerve** —
Ichtyol. nerf *(m.)*
profond.

7754. **progametangium** — *Bot.*
progamétange *(m.)*.

7755. **progeniture** — Voir:
progeny.

7756. **progeny** — *Génét.*
progéniture *(f.)*,
descendance *(f.)*,
descendants *(m. pl.)*,
petits enfants *(m. pl.)*
(espèce humaine).

7757. **progeny test** — *Génét.*
test *(m.)* de
descendance.

7758. **progestational stage** —
Physiol. phase *(f.)*
progestative, phase *(f.)*
lutéinique, phase *(f.)* de
sécrétion.

7759. **progesterone** — *Physiol.*
progestérone *(f.)*,
lutéine *(f.)*, progestine
(f.), hormone *(f.)*
progestinogène.

7760. **progestogen** — *Physiol.*
progestinogène *(adj.)*,
progestatif, -ive *(adj.)*.

7761. **proglottid** — *Plath.*
proglottis *(m.)*, segment
(m.), anneau, -aux *(m.)*.

7762. **prognathic** — Voir:
prognathous.

7763. **prognathism** — *Anat.*,
Anthropol.

prognathisme *(m.)*,
prognathie *(f.)*.

7764. **prognathous** — *Anat.*,
Anthropol. prognathe
(adj.).

7765. **prognosis** — *Pathol.*
pronostic *(m.)*.

7766. **prognostic** — *Pathol.*
pronostique *(adj.)*.

7767. **progoneata** — Voir:
diplopoda.

7768. **prokaryotic** — Voir:
procaryotic.

7769. **prolactin** — *Physiol.*
prolactine *(f.)*,
lactostimuline *(f.)*,
hormone *(f.)*
galactogène.

7770. **prolegs** — *Entom.* fausses
pattes *(f.)* (d'une
chenille).

7771. **proleucocyte** — *Entom.*
proleucocyte *(m.)*.

7772. **proliferation** — *Biol.*
prolifération *(f.)*,
proligération *(f.)*.

7773. **proliferative stage** (of
menstrual cycle) —
Physiol. phase *(f.)* de
prolifération, phase *(f.)*
folliculaire.

7774. **proliferous** — *Bot.*
prolifère *(adj.)*.

7775. **prolific** — *Biol.* prolifique
(adj.), fertile *(adj.)*,
fécond, -e *(adj.)*.

7776. **prolificacy** — *Zool.*,
Zootechn. prolificité *(f.)*.

7777. **prolification** — *Biol.*
procréation *(f.)*,
génération *(f.)*.

7778. **prolificness** — Voir:
prolificacy.

7779. **proligerous** — *Biol.,*
Histol. proligère *(adj.),*
prolifère *(adj.).*

7780. **promeristem** — *Bot.*
proméristème *(m.).*

7781. **prominence** — *Anat.*
proéminence *(f.),* saillie
(f.), protubérance *(f.).*

7782. **promitosis** — *Cytol.*
promitose *(f.).*

7783. **promontory** — *Anat.*
promontoire *(m.).*

7784. **promyelocyte** — *Histol.*
promyélocyte *(m.).*

7785. **pronation** — *Physiol.*
pronation *(f.).*

7786. **pronator** — *Anat.*
pronateur, -trice *(adj.).*

7787. **pronephric duct** — *Anat.*
comp. canal *(m.)* du
pronéphros, canal *(m.)*
de Müller.

7788. **pronephros** — *Anat.*
comp. pronéphros *(m.).*

7789. **pronotum** — *Entom.*
pronotum *(m.).*

7790. **pronucleolus** — *Cytol.*
pronucléole *(m.).*

7791. **pronucleus** — *Cytol.*
pronucléus *(m.).*

7792. **propagule** — *Bot.*
propagule *(f.),*
propagine *(f.).*

7793. **pro-oestrus** — *Physiol.*
préoestrus *(m.).*

7794. **pro-ostracum** — *Moll.*
proostracum *(m.),*
osselet *(m.)* corné.

7795. **pro-otic bone** — *Ichtyol.*
prootique *(n. m. et adj.),*
os *(m.)* prootique.

7796. **pro-otic ganglion** —
Amph. ganglion *(m.)*
prootique.

7797. **prophage** — *Bactériol.*
prophage *(m.).*

7798. **prophase** — *Cytol.*
prophase *(f.).* (Voir
aussi: **early prophase** et
late prophase).

7799. **prophylactic** — *Méd.*
prophylactique *(adj.).*

7800. **prophylaxis** — *Méd.*
prophylaxie *(f.).*

7801. **proplastid** — *Bot.*
proplaste *(m.).*

7802. **propodite** — *Crust.*
protopodite *(m.).*

7803. **propolis** — *Entom.*
propolis *(f.).*

7804. **proprioception** —
Physiol. proprioception
(f.).

7805. **proprioceptor** — *Physiol.*
propriocepteur, -trice
(adj.).

7806. **proprioceptive sense** —
Physiol. sens *(m.)*
proprioceptif.

7807. **propterygium** — *Ichtyol.*
proptérygium *(m.).*

7808. **proscolex** — *Plath.* scolex
(m.) invaginé, proscolex
(m.).

7809. **prosencephalon** — *Anat.*
comp. prosencéphale
(m.).

7810. **prosenchyma** — *Mycol.*
prosenchyme *(m.).*

7811. **prosimiae** — *Mamm.*
prosimiens *(m. pl.).*

7812. **prosobranchia** — *Moll.*
prosobranches *(m. pl.).*

7813. **prosobranchiata** — Voir: **prosobranchia**.

7814. **prosoma** — *Arachn.* prosome *(m.)*.

7815. **prosopyle** — *Spong.* prosopyle *(m.)*, canal *(m.)* prosodal.

7816. **pro-spindle fibers** — *Cytol.* fibrilles *(f.)* préfusoriales.

7817. **prostate gland** — *Anat.* prostate *(f.)*.

7818. **prostatic** — *Anat.* prostatique *(adj.)*.

7819. **prostatitis** — *Pathol.* prostatite *(f.)*.

7820. **prosthetic group** — *Biochim.* groupement *(m.)* prosthétique.

7821. **prostomium** — *Ann.* prostomium *(m.)*.

7822. **protamine** — *Biochim.* protamine *(f.)*.

7823. **protandrous** — *Bot.*, *Zool.* protandre *(adj.)*, protérandre *(adj.)*.

7824. **protandry** — *Bot.*, *Zool.* protandrie *(f.)*, protérandrie *(f.)*.

7825. **protease** — *Biochim.* protéase *(f.)*.

7826. **protected nature reserve** — *Ecol.*, *Env.* aire *(f.)* anthropologique protégée.

7827. **protective coloration** — Voir: **cryptic coloration**.

7828. **protective pattern** — Voir: **cryptic coloration**.

7829. **protector** — Voir: **plant protector**.

7830. **protein** — *Biochim.* protéine *(f.)*.

7831. **protein synthesis** — *Biochim.* synthèse *(f.)* des protéines.

7832. **proteinase** — *Biochim.* protéinase *(f.)*.

7833. **proteinoid** — *Biochim.* proténoïde *(f.)*.

7834. **proteolytic enzyme** — *Biochim.* enzyme *(f.)* protéolitique.

7835. **proteroglypha** — *Herpétol.* protéroglyphes *(m. pl.)*.

7836. **prothallial cell** — *Bot.* cellule *(f.)* prothallienne.

7837. **prothallium** — *Bot.* prothalle *(m.)*.

7838. **prothallus** — Voir: **prothallium**.

7839. **prothoracic leg** — *Entom.* patte *(f.)* prothoracique.

7840. **prothorax** — *Entom.* prothorax *(m.)*.

7841. **prothrombin** — *Biochim.* prothrombine *(f.)*, facteur *(m.)* II de la coagulation.

7842. **protide synthesis** — *Biochim.* protidosynthèse *(f.)*.

7843. **protista** — *Bot.*, *Zool.* protistes *(m. pl.)*.

7844. **protobranchia** — *Moll.* protobranches *(m. pl.)*.

7845. **protobranchiata** — Voir: **protobranchia**.

7846. **protocell** — *Biol cell.*, *Evol.* protocellule *(f.)*.

7847. **protocercal** — *Ichtyol.* protocerque *(adj.)*.

7848. **protocerebrum** —
Arthrop. protocérébrum
(m.), protocérébron
(m.).

7849. **protochorda** — Voir:
prochordata.

7850. **protochordata** — Voir:
prochordata.

7851. **protoccus** — *Algol.*
protocoque *(m.)*,
protococcus *(m.)*.

7852. **protoconch** — *Moll.*
protoconque *(f.)*, loge
(f.) initiale.

7853. **protocooperation** — *Ecol.*
protocoopération *(f.)*.

7854. **protocorm** — *Bot.*
protocorme *(m.)*.

7855. **protodonata** — *Entom.*
protodonates *(m. pl.)*.

7856. **protogynous** — *Bot.*
protogyne *(adj.)*.

7857. **protogyny** — *Bot.*
protogynie *(f.)*.

7858. **protokaryon** — *Cytol.*
protocaryon *(m.)*.

7859. **protomerite** — *Protoz.*
protomérite *(m.)*.

7860. **protomonadina** — *Protoz.*
protomonadales *(f. pl.)*,
protomonadines *(f. pl.)*,
herpétomonadales *(f. pl.)*.

7861. **protomyxa** — Voir:
mycetozoa,
myxomycetes.

7862. **protonema** — *Bot.*
protonéma *(m.)*.

7863. **protonephridium** —
Plath. protonéphridie
(f.).

7864. **protophloem** — *Bot.*
protophloème *(m.)*.

7865. **protophyte** — *Protoz.*
protophyte *(m.)*.

7866. **protoplasm** — *Cytol.*
protoplasme *(m.)*,
protoplasma *(m.)*,
sarcode *(m.)*.

7867. **protoplasmic** — *Cytol.*
protoplasmique *(adj.)*.

7868. **protoplasmic**
connections — Voir:
plasmodesma.

7869. **protoplast** — *Cytol.*
protoplaste *(m.)*.

7870. **protopod larva** — *Entom.*
larve *(f.)* protopode.

7871. **protopodite** — *Crust.*
protopodite *(m.)*.

7872. **protopterus** — *Ichtyol.*
protoptère *(m.)*.

7873. **protostele** — *Bot.*
protostèle *(f.)*.

7874. **prototheria** — *Mamm.*
protothériens *(m. pl.)*,
monotrèmes *(m. pl.)*,
ornithodelphes *(m. pl.)*.

7875. **prototroch** — *Invert.*
prototroque *(m.)*.

7876. **prototrophic** — *Biol.*
prototrophe *(adj.)*.

7877. **protoxylem** — *Bot.*
protoxylème *(m.)*.

7878. **protozoa** — *Bot., Zool.*
protozoaires *(m. pl.)*.

7879. **protozoal** — *Bot., Zool.*
protozoaire *(adj.)*.

7880. **protozoan** — *Bot., Zool.*
protozoaire *(n. m. et adj.)*.

7881. **protozoic** — Voir:
protozoan

7883. **protractile** — *Zool.*
extensile *(adj.)*.

7884. **protrusion** — *Anat.*
protrusion *(f.)*,
protubérance *(f.)*, saillie
(f.).

7885. **protoura** — *Entom.*
protoures *(m. pl.)*.

7886. **proventriculus** — *Ann.*,
Crust. proventricule
(m.); *Ornith.* estomac
(m.) glandulaire,
ventricule *(m.)*
succenturié.

7887. **provirus** — *Bactériol.*
provirus *(m.)*.

7888. **proximal** — *Anat.*
proximal, -e, -aux *(adj.)*.

7889. **psalterium** — *Anat.*
comp., *Mamm.*
psalterium *(m.)*,
omasum *(m.)*, feuillet
(m.).

7890. **psammon** — *Limnol.*
psammon *(m.)*.

7891. **pseudaposematic
mimicry** — *Comport.*
mimétisme *(m.)*
protecteur.

7892. **pseudo-alleles** — *Génét.*
pseudo-allèles *(m.)*.

7893. **pseudobranch** — *Ichtyol.*
pseudo-branchie *(f.)*.

7894. **pseudocaudal fin** —
Ichtyol. nageoire *(f.)*
pseudo-caudale.

7895. **pseudocoel** — *Zool.*
pseudo-coelome *(m.)*,
cavité *(f.)* viscérale.

7896. **pseudo-colony** — *Protoz.*
pseudo-colonie *(f.)*.

7897. **pseudoeosinophil** —
Histol. pseudo-
éosinophile *(m.)*.

7898. **pseudoepithelium** —
Histol. pseudo-
épithélium *(m.)*.

7899. **pseudoeutrophy** —
Limnol.
pseudoeutrophie *(f.)*.

7900. **pseudo-fruit** — *Bot.*
pseudofruit *(m.)*.

7901. **pseudogamy** — *Bot.*
pseudogamie *(f.)*.

7902. **pseudo-hearts** — *Ann.*
coeurs *(m.)* latéraux.

7903. **pseudoparenchyma** —
Mycol.
pseudoparenchyme
(m.).

7904. **pseudophyllidae** — *Plath.*
pseudophyllidiens *(m.
pl.)*.

7905. **pseudopod** — *Protoz.*
pseudopode *(m.)*,
pseudopodium *(m.)*.

7906. **pseudopodium** — Voir:
pseudopod.

7907. **pseudospore** — *Mycol.*
pseudo-spore *(f.)*.

7908. **pseudostratified ciliated
columnar epithelium** —
Histol. épithélium
(m.) cylindrique cilié
pseudostratifié.

7909. **pseudostratified
epithelium** — *Histol.*
épithélium *(m.)*
pseudostratifié.

7910. **pseudotrachea** — *Entom.*
pseudotrachée *(f.)*.

7911. **pseudounipolar neuron** —
Histol. neurone *(m.)*
pseudo-unipolaire.

7912. **pseudovelum** — *Coelent.*
pseudovelum *(m.)*.

7913. **pseudovilli** — *Embryol.*
villosités *(f.)*
placentaires.

7914. **psilotales** — *Bot.*
psilotales *(f. pl.).*

7915. **psittacosis** — *Art vétér.,*
Méd. psittacose *(f.).*

7916. **psoas magnus** — *Anat.*
grand psoas *(m.).*

7917. **psoas parvus** — *Anat.*
petit psoas *(m.).*

7918. **psocoptera** — *Entom.*
psocoptères *(m. pl.).*

7919. **psychrometer** — *Ecol.*
psychromètre *(m.).*

7920. **psychrophylic** —
Microbiol. psychrophile
(adj.), cryophile *(adj.).*

7921. **pterergate** — *Entom.*
ptérergate *(m.).*

7922. **pteridophyta** — *Bot.*
ptéridophytes *(f. pl.).*

7923. **pterine pigment** —
Entom. ptérine *(f.).*

7924. **pterins** — Voir: **pterine
pigment.**

7925. **pterobranchia** — *Zool.*
ptérobranches *(m. pl.).*

7926. **pterocardiac ossicle** —
Crust. ossicule *(m.)*
ptérocardiaque.

7927. **pterodactyls** — *Paléont.*
ptérodactyles *(m. pl.).*

7928. **pteropoda** — *Moll.*
ptéropodes *(m. pl.).*

7929. **pterosauria** — *Paléont.*
ptérosauriens *(m. pl.).*

7930. **pterostigma** — *Entom.*
ptérostigma *(m.).*

7931. **pterotic bone** — *Ichtyol.*
os *(m.)* ptérotique,
ptérotique *(m.).*

7932. **pterygoid** — *Anat.*
ptérigoïde *(adj.),*
ptérygoïdien, -enne
(adj.).

7933. **pterygoid bone** — *Anat.*
os *(m.)* ptérygoïde,
ptérygoïde *(m.).*

7934. **pterygoid plate** — *Anat.*
lame *(f.)* de l'apophyse
ptérygoïde.

7935. **pterygoid process** —
Anat. apophyse *(f.)*
ptérygoïde.

7936. **pterygo-palato-quadrate
bone** — *Ichtyol.* os
(m.) ptérygo-palato-
carré.

7937. **pterygopodium** —
Ichtyol. ptérygopodium
(m.).

7938. **pterygo quadrate bone** —
Ichtyol. os *(m.)* ptérygo-
carré.

7939. **pterygota** — *Entom.*
ptérygotes *(m. pl.).*

7940. **pteryla** — *Ornith.*
ptérylie *(f.).*

7941. **ptilinum** — *Entom.*
ptiline *(f.).*

7942. **ptyalin** — *Biochim.*
ptyaline *(f.).*

7943. **ptyalism** — *Physiol.*
ptyalisme *(m.),*
salivation *(f.).*

7944. **ptyxis** — *Bot.*
préfoliation *(f.).*

7945. **puberty** — *Physiol.*
puberté *(f.).*

7946. **puberulent** — Voir:
pubescent.

7947. **pubescence** — *Bot.*
pubescence *(f.); Physiol.*
puberté *(f.).*

7948. **pubescent** — *Bot.*
pubescent, -e *(adj.)*,
velu, -e *(adj.)*; *Physiol.*
pubère *(adj.)*.

7949. **pubic bone** — *Anat.* os
(m.) pubien.

7950. **pubic symphysis** — *Anat.*
symphyse *(f.)* pubienne.

7951. **pubis** — *Anat.* pubis *(m.)*.

7952. **puff** — *Génét.* renflement
(m.).

7953. **pulmo-cutaneous arch** —
Anat. comp. tronc *(m.)*
pulmo-cutané.

7954. **pulmonary** — *Anat.*
pulmonaire *(adj.)*.

7955. **pulmonary alveolus** —
Anat. alvéole *(f.)*
pulmonaire.

7956. **pulmonary artery** —
Anat. alvéole *(f.)*
pulmonaire.

7957. **pulmonary vein** — *Anat.*
veine *(f.)* pulmonaire.

7958. **pulmonata** — *Moll.*
pulmonés *(m. pl.)*.

7959. **pulp** — *Anat.* pulpe *(f.)*
(d'une dent).

7960. **pulp cavity** — *Anat.*
cavité *(f.)* pulpaire
(d'une dent).

7961. **pulp cords** (of spleen) —
Voir: **Billroth cords.**

7962. **pulsatile** — *Biol.* pulsatile
(adj.).

7963. **pulsatile organ** — *Entom.*
vésicule *(f.)* pulsatile.

7964. **pulse** — *Physiol.* pouls
(m.).

7965. **pulvillus** — *Entom.*
pulville *(m.)*.

7966. **pulvinar** — *Anat.*
pulvinar *(m.)*, tubercule
(m.) postérieur du
thalamus.

7967. **pulvinate** — *Bot., Entom.*
pulviné, -e *(adj.)*.

7968. **pulvinus** — *Bot.*
pulvinule *(f.)*.

7969. **puncta lachrymalia** —
Anat. points *(m.)*
lacrymaux.

7970. **puncta lacrimalia** —
Voir: **puncta
lachrymalia.**

7971. **pupa** — *Entom.* pupe *(f.)*,
nymphe *(f.)*, chrysalide
(f.).

7972. **puparium** — *Entom.*
puparium *(m.)*.

7973. **pupation** — *Entom.*
nymphose *(f.)*,
pupation *(f.)*.

7974. **pupil** — *Anat.* pupille
(f.).

7975. **pupiparous** — *Entom.*
pupipare *(adj.)*.

7976. **pure line** — *Génét.* lignée
(f.) pure.

7977. **purine bases** — *Chim.*
bases *(f.)* puriques.

7978. **Purkinje cell** — *Histol.*
cellule *(f.)* de Purkinje.

7979. **Purkinje fiber** — *Histol.*
fibre *(f.)* de Purkinje.

7980. **putrefaction** — *Biol.*
putréfaction *(f.)*.

7981. **pycnidium** — *Mycol.*
pycnide *(f.)*.

7982. **pycnosis** — *Cytol.*
pycnose *(f.)*.

7983. **pygidium** — *Ann.,
Arthrop.* pygidium *(m.)*.

7984. **pygostyle** — *Ornith.*
pygostyle *(m.).*

7985. **pyloric** — *Anat.*
pylorique *(adj.).*

7986. **pyloric caecum** — *Invert.*
caecum *(m.)* pylorique,
diverticule *(m.)*
pylorique.

7987. **pyloric glands** — *Histol.*
glandes *(f.)* pyloriques.

7988. **pyloric ossicle** — *Crust.*
ossicule *(m.)* pylorique.

7989. **pyloric sac** — *Echin.* sac
(m.) stomacal.

7990. **pyloric sphincter** —
Anat. sphincter *(m.)*
pylorique, valvule *(f.)*
pylorique.

7991. **pyloric stomach** — *Anat.*
région *(f.)* pylorique de
l'estomac, portion *(f.)*
pylorique de l'estomac;
Echinod. poche *(f.)*
pylorique de l'estomac.

7992. **pylorus** — *Anat.* pylore
(m.).

7993. **pyramid** (of kidney) —
Histol. pyramide *(f.)*
(du rein), pyramide *(f.)*
de Malpighi.

7994. **pyramid of ages** — Voir:
age pyramid.

7995. **pyramid of numbers** —
Ecol. pyramide *(f.)* des
nombres.

7996. **pyramidal cell** — *Histol.*
cellule *(f.)* pyramidale.

7997. **pyrenoid** — *Bot.*
pyrénoïde *(n. m. et
adj.).*

7998. **pyrheliometer** — *Ecol.*
pyrhéliomètre *(m.).*

7999. **pyridoxine** — *Biochim.*
pyridoxine *(f.).*

8000. **pyriform** — *Anat., Bot.*
pyriforme *(adj.),*
piriforme *(adj.).*

8001. **pyriform cortex** — *Anat.*
comp. cortex *(m.)*
pyriforme.

8002. **pyriform lobe** — *Anat.*
comp. lobe *(m.)*
pyriforme.

8003. **pyrimidine bases** —
Chim. bases *(f.)*
pyrimidiques.

8004. **pyrogenic** — *Pathol.*
pyrogène *(adj.).*

8005. **pyxidium** — *Bot.* pyxide
(f.).

8006. **pyxis** — *Anat.* cavité *(f.)*
cotyloïde; *Bot.* Voir:
pyxidium.

Q

8007. **quadrat** — *Ecol.* quadrat
(m.).

8008. **quadrate** — *Anat.*
quadrate *(adj.),* carré, -e
(adj.).

8009. **quadrate bone** — *Anat.*
quadrate *(m.),* os *(m.)*
carré.

8010. **quadrate cartilage** —
Anat. comp. cartilage
(m.) carré.

8011. **quadrato-jugal** — *Anat.*
comp. quadratojugal
(m.), quadratojugal, -e,
-aux *(adj.).*

8012. **quadricuspid** — *Anat.*
comp. quadricuspidé, -e
(adj.).

8013. **quadricuspidate** — Voir: **quadricuspid.**

8014. **quadridentate** — *Bot.* quadridenté, -e *(adj.).*

8015. **quadridigitate** — *Zool.* quadridigité, -e *(adj.).*

8016. **quadrifid** — *Bot.* quadrifide *(adj.).*

8017. **quadrifoliate** — *Bot.* quadrifolié, -e *(adj.).*

8018. **quadrigeminal bodies** — *Anat.* tubercules *(m.)* quadrijumeaux.

8019. **quadrilobate** — *Anat., Bot.* quadrilobé, -e *(adj.).*

8020. **quadrinary** — *Génét.* quadrinaire *(adj.).*

8021. **quadrivalent** — *Génét.* quadrivalent *(m.).*

8022. **quadrumane** — *Zool.* quadrumane *(m.).*

8023. **quadrumanous** — *Zool.* quadrumane *(adj.).*

8024. **qualitative inheritance** — *Génét.* héritage *(m.)* biologique qualitatif.

8025. **quantitative inheritance** — *Génét.* héritage *(m.)* biologique quantitatif.

8026. **quaternary** — *Géol.* quaternaire *(m.),* ère *(f.)* quaternaire.

8027. **quaternate** — *Bot.* quaterné, -e *(adj.),* quaternifolié, -e *(adj.).*

8028. **queen** — *Entom.* reine *(f.).*

8029. **quill** — Voir: **calamus.**

8030. **quill-feather** — *Ornith.* penne *(f.).*

8031. **quinquefid** — *Bot.* quinquéfide *(adj.).*

8032. **quinquefoliate** — *Bot.* quinquéfolié, -e *(adj.).*

8033. **quinquifid** — Voir: **quinquefid.**

8034. **quintocubital** — *Ornith.* quintocubital, -e, -aux *(adj.).*

R

8035. **rabid** — *Art vétér.* enragé, -e *(adj.).* (Voir aussi: **rabid virus**).

8036. **rabid virus** — *Bactériol.* virus *(m.)* rabide.

8037. **rabbit-breeding** — *Zootechn.* cunicole *(adj.).*

8038. **race** — *Biol.* race *(f.).*

8039. **raceme** — *Bot.* racème *(m.).*

8040. **racemose** — *Bot.* racémeux, -euse *(adj.).*

8041. **racemose vesicle** — Voir: **Tiedmann's body.**

8042. **rachidian** — *Anat.* rachidien, -enne *(adj.).*

8043. **rachiglossa** — *Moll.* rachiglosses *(m. pl.).*

8044. **rachis** — *Anat.* rachis *(m.), Ornith.* rachis *(m.),* tige *(f.)* pleine, hampe *(f.)* pleine.

8045. **rachitis** — *Bot., Pathol.* rachitisme *(m.).*

8046. **radial** — *Biol.* radial, -e, -aux *(adj.).*

8047. **radial blood vessel** — *Echinod.* lacune *(f.)* radiaire.

8048. **radial canal** — *Coelent.,*
Spong. canal *(m.)*
radiaire.

8049. **radial nerve** — *Echinod.*
nerf *(m.)* radiaire.

8050. **radial section** — *Histol.,*
Microt. coupe *(f.)*
radiale.

8051. **radial symmetry** — *Biol.*
symétrie *(f.)* radiale.

8052. **radial tuberosity** — *Anat.*
tubercule *(m.)* bicipital,
tubérosité *(f.)* bicipitale.

8053. **radial water tube** —
Echinod. canal *(m.)*
ambulacraire radiaire.

8054. **radiale** — *Anat.* os *(m.)*
radial, os *(m.)*
naviculaire, os *(m.)*
scaphoïde.

8055. **radialia** — *Anat.* os *(m.)*
radial, os *(m.)*
naviculaire, os *(m.)*
scaphoïde.

8056. **radialia** — *Ichtyol.*
radiaux *(m. pl.).*

8057. **radiary** — *Zool.* radiaire
(adj.).

8058. **radiate** — *Bot.* radié, -e
(adj.), rayonné, -e *(adj.).*

8059. **radical** — *Bot.* radical, -e,
-aux *(adj.).*

8060. **radicle** — *Bot.* radicule
(f.), radicelle *(f.).*

8061. **radicular** — *Bot.*
radiculaire *(adj.).*

8062. **radio-ecology** — *Ecol.*
radio-écologie *(f.).*

8063. **radio tracking** — *Zool.*
pistage *(m.)*
radioélectrique.

8064. **radio-ulna** — *Anat. comp.*
radio-ulna *(m.),* radio-
cubital *(m.).*

8065. **radioactive marker** —
Radio-biol. marqueur
(m.) radioactif.

8066. **radioautography** — Voir:
autoradiography.

8067. **radiograph** — *Biol., Méd.*
radiogramme *(m.).*

8068. **radiography** — *Biol.,*
Méd. radiographie *(f.).*

8069. **radiolaria** — *Protoz.*
radiolaires *(m. pl.).*

8070. **radiolarian** — *Protoz.*
radiolaire *(n. m. et adj.).*

8071. **radiole** — *Echinod.*
radiole *(f.),* piquant
(m.).

8072. **radiomimetic** — *Méd.*
radiomimétique *(adj.).*

8073. **radionuclide** — *Ecol.*
radionucléide *(m.),*
radionuclide *(m.).*

8074. **radiopasteurization** —
Bactériol.
radiopasteurisation *(f.),*
radappertisation *(f.).*

8075. **radiosensitivity** — *Ecol.*
radiosensibilité *(f.).*

8076. **radiosterilization** —
Bactériol.
radiostérilisation *(f.),*
raduration *(f.).*

8077. **radiotracking** — Voir:
radio tracking.

8078. **radius** — *Anat.* radius
(m.).

8079. **radula** — *Moll.* radula
(f.), radule *(f.).*

8080. **raffia-palm grove** — *Bot.*
raphiale *(f.).*

8081. **rain forest** — *Ecol.* fôret *(f.)* vierge ombrophile.

8082. **rainfall** — *Ecol.* précipitation *(f.).*

8083. **ramus** — *Anat.* rameau *(m.),* ramification *(f.); Ornith.* ramus *(m.),* barbe *(f.).*

8084. **ramus communicans** — *Anat.* rameau *(m.)* communicant.

8085. **random** — *Statist.* aléatoire *(adj.).*

8086. **random mating** — *Génét.* panmixie *(f.).*

8087. **random numbers** — *Statist.* nombres *(m.)* au hasard.

8088. **randomization** — *Statist.* aléation *(f.),* randomisation *(f.).*

8089. **range** — *Statist., Zool.* étendue *(f.),* aire *(f.)* de distribution.

8090. **rank** — *Statist.* rang *(m.).*

8091. **rank sum test** — *Statist.* test *(m.)* sur la somme des rangs.

8092. **Ranvier's node** — Voir: **node of Ranvier.**

8093. **raphe** — *Anat., Bot.* raphé *(m.).*

8094. **raphide** — *Bot.* raphide *(f.).*

8095. **Rathke's pocket** — *Anat., Histol.* poche *(f.)* de Rathke.

8096. **Rathke's pouch** — Voir: **Rathke's pocket.**

8097. **ratio** — *Biol., Statist.* ratio *(m.),* rapport *(m.).*

8098. **ratites** — *Ornith.* ratites *(m. pl.).*

8099. **Rauber cells** — *Embryol.* cellules *(f.)* de Rauber.

8100. **Raunkiaer's life forms** — *Ecol.* formes *(f.)* de vie de Raunkiaer.

8101. **ravenous** — *Zool.* rapace *(adj.),* vorace *(adj.).*

8102. **ray** — *Bot., Zool.* rayon *(m.); Ichtyol.* raie *(f.).*

8103. **ray flower** — *Bot.* fleur *(f.)* ligulée.

8104. **reaction time** — *Physiol.* temps *(m.)* de réaction. (Voir aussi: **latent period**).

8105. **recapitulation** — *Embryol., Evol.* récapitulation *(f.).*

8106. **recent** — Voir: **holocene.**

8107. **receptacle** — *Bot.* réceptacle *(m.).*

8108. **receptaculum seminis** — Voir: **seminal receptacle.**

8109. **receptor** — *Entom.* sensille *(f.),* sensillie *(f.); Physiol.* récepteur, -trice *(n.m. et adj.).*

8110. **recess of attic** — Voir: **epitympanic recess of attic.**

8111. **recessive** — *Génét.* récessif, -ive *(adj.),* dominé, -e *(adj.).*

8112. **reciprocal** — *Génét.* réciproque *(adj.).*

8113. **reciprocal crosses** — *Génét.* croisements *(m.)* réciproques.

8114. **reciprocal hybrids** — *Génét.* hybrides *(m.)* réciproques.

8115. **reciprocal organs** — *Anat. comp., Zool.* organes *(m.)* réciproques.

8116. **reclinate** — *Bot.* récliné, -e *(adj.)*.

8117. **recombination** — *Génét.* recombinaison *(f.)*.

8118. **recombination frequency** — *Génét.* fréquence *(f.)* de recombinaison.

8119. **rectal** — *Anat.* rectal, -e, -aux *(adj.)*.

8120. **rectal caecum** — *Anat. comp.* caecum *(m.)* rectal, diverticule *(m.)* rectal.

8121. **rectal gland** — *Anat.* glande *(f.)* rectale.

8122. **rectal papillae** — *Entom.* papilles *(f.)* rectales.

8123. **rectoanal junction** — *Anat.* passage *(m.)* ano-rectal.

8124. **recto-vesical artery** — *Anat.* artère *(f.)* recto-vésicale.

8125. **rectrices** — Pluriel de **rectrix** (voir ce mot).

8126. **rectrix** — *Ornith.* rectrice *(f.)*.

8127. **rectum** — *Anat.* rectum *(m.)*.

8128. **rectus inferior muscle** — *Anat.* muscle *(m.)* droit inférieur (de l'oeil).

8129. **rectus medialis muscle** — *Anat.* muscle *(m.)* droit interne (de l'oeil).

8130. **rectus obliquus inferior muscle** — *Anat.* muscle *(m.)* oblique inférieur (de l'oeil), petit oblique *(m.)*.

8131. **rectus lateralis muscle** — *Anat.* muscle *(m.)* droit externe (de l'oeil).

8132. **rectus muscle** — *Anat.* muscle *(m.)* droit.

8133. **rectus superior muscle** — *Anat.* muscle *(m.)* droit supérieur (de l'oeil).

8134. **recurrent laryngeal nerve** — *Anat.* nerf *(m.)* laryngé récurrent.

8135. **recurvate** — *Biol.* recourbé, -e *(adj.)*.

8136. **recurved** — *Ornith.* retroussé *(adj.)*.

8137. **recyclability** — *Ecol., Env.* recyclabilité *(f.)*.

8138. **recycling** — *Ecol.* recyclage *(m.)*.

8139. **red blood cell** — *Hématol., Histol.* globule *(m.)* rouge, érythrocyte *(m.)*.

8140. **red bone marrow** — *Anat., Histol.* moelle *(f.)* rouge.

8141. **red gland** — *Echinod., Ichtyol.* glande *(f.)* rouge, organe *(m.)* rouge, réseau *(m.)* admirable.

8142. **red pulp** — *Histol.* pulpe *(f.)* rouge (de la rate).

8143. **redia** — *Plathel.* rédie *(f.)*.

8144. **redox potential** — *Ecol.* potentiel *(m.)* d'oxydoréduction.

8145. **reductase** — *Biochim.* réductase *(f.)*.

8146. **reduction** — *Chim.,*
Génét. réduction *(f.).*

8147. **reduction division** —
Cytol. méiose *(f.),*
mitose *(f.)*
réductionnelle, division
(f.) hétérotypique.

8148. **reefy** — *Océanogr.*
récifal, -e, -aux *(adj.).*

8149. **reflex** — *Physiol.* réflexe
(m.).

8150. **reflex action** — *Physiol.*
action *(f.)* réflexe,
phénomène *(m.)* réflexe.

8151. **reflex arc** — *Physiol.* arc
(m.) reflexe. reforest
(to) *Ecol., Env.* reboiser
(v. tr.).

8152. **reforestation** — *Ecol.,*
Env. reboisement *(m.).*

8153. **refraction** — Voir:
birefringence.

8154. **refractive index** — *Micr.*
index *(m.)* de réfraction.

8155. **refractive media** — *Anat.*
milieux *(m.)* réfringents
(de l'oeil).

8156. **refuge area** — *Ecol., Env.*
aire *(f.)* de refuge.

8157. **refugium** — *Ecol.* refuge
(m.).

8158. **regenerate** — *Bot.*
régénérat *(m.).*

8159. **regeneration** — *Biol.*
régénération *(f.).*

8160. **region of elongation** —
Bot. zone *(f.)*
d'élongation.

8161. **region of maturation** —
Bot. zone *(f.)* de
maturation.

8162. **regressive character** —
Génét. caractère *(m.)*
récessif.

8163. **regulation** — *Biol.*
régulation *(f.).*

8164. **regulator** — *Génét.*
régulateur, -trice *(n. m.*
et adj.).

8165. **regulator gene** — *Génét.*
gène *(m.)* régulateur.

8166. **regurgitation** — *Physiol.*
régurgitation *(f.).*

8167. **reinforcement** —
Comport. renforcement
(m.).

8168. **Reissner's membrane** —
Anat. membrane *(f.)* de
Reissner.

8169. **relative abundance**
index — *Ecol.* index
(m.) d'abondance
relative.

8170. **relaxine** — *Physiol.*
relaxine *(f.).*

8171. **relay neurone** — *Anat.,*
Physiol. neurone *(m.)*
intercalaire.

8172. **releaser** — *Comport.*
déclencheur *(m.).*

8173. **relic** — *Bot., Evol., Zool.*
relique *(f.),* fossile *(m.)*
vivant.

8174. **relic fauna** — *Zool.* faune
(f.) relique.

8175. **relic flora** — *Bot.* flore
(f.) relique.

8176. **Remak's fibers** — *Histol.*
fibres *(f.)* de Remak.

8177. **remex** — Voir: **remige.**

8178. **remige** — *Ornith.* rémige
(f.).

8179. **remigial** — *Ornith.*
rémigial, -e, -aux *(adj.).*

8180. **renal** — *Anat., Physiol.*
rénal, -e, -aux *(adj.).*

8181. **renal artery** — *Anat.*
artère *(f.)* rénale.

8182. **renal columns of Bertin** —
Histol. colonnes *(f.)*
de Bertin.

8183. **renal cortex** — *Anat.*
cortex *(m.)* rénal.

8184. **renal pelvis** — *Histol.*
bassinet *(m.).*

8185. **renal portal vein** — *Anat.*
comp. veine *(f.)* porte
rénale.

8186. **renal vein** — *Anat.* veine
(f.) rénale.

8187. **renaturation** — *Génét.*
renaturation *(f.).*

8188. **renin** — *Biochim.* rénine
(f.).

8189. **rennin** — *Biochim.*
rennine *(f.).*

8190. **reno-pericardial
aperture** — *Moll.*
orifice *(m.)* réno-
péricardique.

8191. **repair** — *Génét.*
réparation *(f.).*

8192. **repellent** — *Entom., Env.*
répulsif *(m.).*

8193. **replacing bone** — *Anat.*
comp., Embryol. os *(m.)*
de remplacement. (Voir
aussi: **cartilage bone**).

8194. **replicas method** —
Bactériol. test *(m.)* des
répliques.

8195. **replication** — *Génét.*
réplication *(f.),*
duplication *(f.),* auto-
reproduction *(f.).*

8196. **repopulate** (to) — *Env.*
repeupler *(v. tr.).*

8197. **repopulation** — *Ecol.,*
Env. repeuplement *(m.).*

8198. **repressible enzyme** —
Biochim. enzyme *(m.)*
répressible.

8199. **repression** — *Biochim.,*
Génét. répression *(f.).*

8200. **repressor** — *Génét.*
répresseur *(m.).*

8201. **reproduction** — *Biol.*
reproduction *(m.).*

8202. **reproduction by cutting** —
Bot. bouturage *(m.).*

8203. **reproductive** — *Biol.*
reproducteur, -trice
(adj.).

8204. **reproductivity control** —
Entom. lutte *(f.)*
génétique.

8205. **reptilia** — *Herpétol.*
reptiles *(m. pl.).*

8206. **reptilian** — *Herpétol.*
reptile *(adj.).*

8207. **répugnatorial** — *Zool.*
répugnatoire *(adj.).*

8208. **repulsion** — *Génét.*
répulsion *(f.).*

8209. **repulsive** — *Biol.*
recherche *(f.).*

8210. **reserve** — *Ecol.* réserve
(f.). (Voir aussi:
**protected nature,
undeveloped nature
reserve** et **developed
nature reserve**).

8211. **reserve cells** — *Histol.*
cellules *(f.)* de réserve.

8212. **reserved amnesia** —
Comport. amnésie *(f.)*
rétrograde.

8213. **reservoir** — *Protoz.*
réservoir *(m.).*

8214. **residual lumen** — *Histol.* lumière *(f.)* résiduelle.

8215. **resin canal** — *Bot.* canal *(m.)* résinifère.

8216. **resiniferous** — *Bot.* résinifère *(adj.).*

8217. **resistance** — *Biol.* résistance *(f.).*

8218. **resolution** — *Micr.* résolution *(f.).*

8219. **resolving power** — *Micr.* pouvoir *(m.)* de résolution (d'un microscope).

8220. **resorption of bone** — *Histol.* résorption *(f.)* osseuse.

8221. **respiration** — *Physiol.* respiration *(f.).*

8222. **respiratory enzyme** — *Biochim.* enzyme *(m.)* respiratoire.

8223. **respiratory movement** — *Physiol.* mouvement *(m.)* respiratoire.

8224. **respiratory organ** — *Anat., Zool.* organe *(m.)* respiratoire.

8225. **respiratory pigment** — *Physiol.* pigment *(m.)* respiratoire.

8226. **respiratory quotient** — *Physiol.* quotient *(m.)* respiratoire.

8227. **respiratory system** — *Anat.* appareil *(m.)* respiratoire.

8228. **respiratory tract** — *Anat.* voies *(f.)* respiratoires.

8229. **respiratory tree** — *Echinod.* organe *(m.)* arborescent.

8230. **respirometry** — *Physiol.* respirométrie *(f.).*

8231. **response** — *Physiol.* réponse *(f.).*

8232. **restiform body** — *Anat.* corps *(m.)* restiforme.

8233. **resting cell** — *Cytol.* cellule *(f.)* au repos.

8234. **resting egg** — Voir: **winter egg.**

8235. **resting potential** — Voir: **action potential.**

8236. **restriction endonuclease** — *Génét.* endonucléase *(f.)* de restriction.

8237. **rete cutaneum** — *Histol.* réseau *(m.)* cutané.

8238. **rete subpapillare** — *Histol.* réseau *(m.)* sous-papillaire.

8239. **rete mirabile** — *Echinod., Ichtyol.* réseau *(m.)* admirable.

8240. **retention** — *Pathol.* rétention *(f.).* (Voir aussi: **mnemonic retention**).

8241. **reticular** — *Anat., Bot.* réticulaire *(adj.),* réticulé, -e *(adj.).*

8242. **reticular cell** — *Histol.* cellule *(f.)* réticulaire.

8243. **reticular formation** — *Anat.* formation *(f.)* réticulée.

8244. **reticular layer** — *Histol.* couche *(f.)* réticulaire (du derme).

8245. **reticular tissue** — *Histol.* tissu *(m.)* réticulaire.

8246. **reticulate** — *Anat.* réticulé, -e *(adj.),*

rétiforme *(adj.)*,
réticulaire *(adj.)*;
Ornith. réticulé, -e
(adj.).

8247. **reticulate vessel** — *Bot.*
vaisseau *(m.)* réticulé.

8248. **reticulin** — *Histol.* fibre
(f.) de réticuline.

8249. **reticulocyte** — *Histol.*
réticulocyte *(m.)*.

8250. **reticuloendothelial
system** — *Histol.*
système *(m.)* réticulo-
endothélial, système
(m.) macrophagique.

8251. **reticulopituicyte** —
Histol. réticulopituicyte
(m.).

8252. **reticulum** — *Cytol.*
réticulum *(m.)*. (Voir
aussi: **endoplasmic
reticulum, agranular
reticulum, granular
reticulum, sarcoplasmic
reticulum, rough
reticulum**).

8253. **retina** — *Anat.* rétine *(f.)*.

8254. **retinaculum** — *Bot.*
rétinacle *(m.)*; *Entom.*
rétinacle *(m.)*, hamule
(m.).

8255. **retinal** — *Anat.* rétinien,
-enne *(adj.)*.

8256. **retinula** — *Arthrop.*
rétinule *(f.)*.

8257. **retractor** — *Anat.*
rétracteur *(m.)*, muscle
(m.) rétracteur.

8258. **retroaction** — *Biol.*
rétroaction *(f.)*.

8259. **retroinhibition** — *Génét.*
rétroinhibition *(f.)*.

8260. **retroperitoneal** — *Anat.*
rétropéritonéal, -e, -aux
(adj.).

8261. **retroperitoneal fat** —
Anat. dépôt *(m.)*
adipeux rétropéritonéal.

8262. **reverse migration** —
Voir: **migration
inversion.**

8263. **reverse mutant** — *Génét.*
révertant *(m.)*.

8264. **reverse mutation** —
Génét. mutation *(f.)*
inverse, mutation *(f.)* de
retour.

8265. **reverse osmosis** — *Biol.*
osmose *(f.)* inverse.

8266. **reversible** — *Ornith.*
réversible *(adj.)*.

8267. **reversion** — *Génét.*
réversion *(f.)*.

8268. **Rh factor.** — *Hématol.*
facteur *(m.)* Rh, facteur
(m.) Rhésus.

8269. **rhabdite** — *Plath.*
rhabdite *(m.)*.

8270. **rhabditoid larva** — *Ném.*
larve *(f.)* rhabditoïde.

8271. **rhabdocoelida** — *Plath.*
rhabdocèles *(m. pl.)*.

8272. **rhabdolith** — *Protoz.*
rhabdolite *(m.)*.

8273. **rhabdom** — *Arthrop.*
rhabdome *(m.)*.

8274. **rhabdomere** — *Arthrop.*
rhabdomère *(m.)*.

8275. **rhamphotheca** — *Ornith.*
rhamphothèque *(f.)*, bec
(m.) corné.

8276. **rheotectic receptor** —
Physiol., Zool. récepteur
(m.) rhéotaxique.

8277. **rhesus factor** —
Hématol. facteur *(m.)*
Rhésus, facteur *(m.)* Rh.

8278. **rhinal fissure** — *Anat.*
scissure *(f.)* rhinale.

8279. **rhinencephalon** — *Anat.*
comp. rhinencéphale
(m.), rhinocéphale *(m.)*.

8280. **rhinovirus** — *Bactériol.,*
Méd. rhinovirus *(m.)*.

8281. **rhipidoglossa** — *Moll.*
rhipidoglosses *(m. pl.)*.

8282. **rhitron** — *Ecol.* rhitron
(m.).

8283. **rhizocarpous** — *Bot.*
rhizocarpé, -e *(adj.)*.

8284. **rhizocephala** — *Crust.*
rhizophales *(m. pl.)*.

8285. **rhizoid** — *Bot.* rhizoïde
(f.).

8286. **rhizomastigina** — *Protoz.*
rhizomastigines *(f. pl.)*.

8287. **rhizome** — *Bot.* rhizome
(m.).

8288. **rhizomorph** — *Mycol.*
rhizomorphe *(m.)*.

8289. **rhizophagous** — *Entom.,*
Zool. rhizophage *(adj.)*,
racidivore *(adj.)*.

8290. **rhizoplane** — *Ecol.*
rhizoplan *(m.)*.

8291. **rhizoplast** — *Cytol.*
rhizoplaste *(m.)*.

8292. **rhizopoda** — *Protoz.*
rhizopodes *(m. pl.)*.

8293. **rhizopodia** — *Protoz.*
pseudopodes *(m.)*
réticulés.

8294. **rhizopodous** — *Protoz.*
rhizopode *(adj.)*.

8295. **rhizosphere** — *Ecol.*
rhizosphère *(f.)*.

8296. **rhodophyceae** — *Algol.*
rhodophycées *(f. pl.)*,
floridées *(f. pl.)*.

8297. **rhodopsin** — *Biochim.*
rhodopsine *(f.)*.

8298. **rhodospermous** — *Bot.*
rhodosperme *(adj.)*.

8299. **rhombencephalon** —
Anat. rhombencéphale
(m.).

8300. **rhopalia** — *Coelent.*
rhopalie *(f.)*.

8301. **rhynchocephalia** —
Herpétol.
rhynchocéphales *(m.*
pl.).

8302. **rhynchocoel** — *Zool.*
rhynchocoele *(f.)*.

8303. **rhynchodeum** — *Zool.*
rhynchodeum *(m.)*.

8304. **rhynchophora** — *Entom.*
rhynchophores *(m. pl.)*.

8305. **rhynchota** — *Entom.*
rhynchotes *(m. pl.)*,
hémiptéroïdes *(m. pl.)*.

8306. **rhythm** — *Biol.* rythme
(m.).

8307. **rib** — *Anat.* côte *(f.)*.

8308. **riboflavin** — *Biochim.*
riboflavine *(f.)*,
lactoflavine *(f.)*,
vitamine *(f.)* B-2,
vitamine *(f.)* nutritive.

8309. **ribonucleic acid** —
Biochim. acide *(m.)*
ribonucléique, ARN
(m.).

8310. **ribonucleotide** —
Biochim. ribonucléotide
(m.).

8311. **ribosenucleic acid** —
Voir: **ribonucleic acid.**

8312. **ribosomal protein** —
Biochim. protéine *(f.)*
ribosomique.

8313. **ribosome** — *Cytol.*
ribosome *(m.)*.

8314. **ribosomic RNA** — *Génét.*
ARN *(m.)* ribosomique.

8315. **rickets** — *Pathol.,*
Physiol. rachitisme *(m.)*.

8316. **rictal bristle** — *Zool.*
vibrisse *(f.)*, soie *(f.)*
rictale.

8317. **ridge** — *Anat.* crête *(f.)*.

8318. **rift** — *Océanogr.* rift *(m.)*.

8319. **rift valley** — Voir: **rift**.

8320. **rim** — *Bot.* aréole *(f.)*.

8321. **ring bone** — Voir:
sphenethmoid.

8322. **ring canal** — *Echinod.*
anneau *(m.)* aquifère,
anneau *(m.)*
ambulacraire.

8323. **ring cartilage** — *Anat.*
cartilage *(m.)* cricoïde.

8324. **ring chromosome** —
Génét. chromosome *(m.)*
en anneau.

8325. **ring of Schwalbe** —
Génét. anneau *(m.)* de
Schwalbe.

8326. **ring vertebra** — *Anat.*
comp. vertèbre *(f.)*
cyclospondyle.

8327. **Ringer's fluid** — *Physiol.*
liquide *(m.)* de Ringer.

8328. **ripe** — *Bot.* mûr, -e *(adj.)*.

8329. **rise in temperature** —
Ecol. redoux *(m.)*.

8330. **RNA** — Voir: **ribonucleic**
acid.

8331. **RNA polymerase** —
Biochim. polymérase *(f.)*
de l'ARN.

8332. **rodent** — *Mamm.*
rongeur *(m.)*.

8333. **rodenticide** — *Env.*
rodenticide *(m.)*.

8334. **rodentia** — *Mamm.*
rongeurs *(m. pl.)*.

8335. **rods** — *Arthrop.*
bâtonnets *(m.)* visuels;
Histol. bâtonnets *(m.)*
rétiniens; *Myr.*
bâtonnets *(m.)* olfactifs.

8336. **roof of the mouth** —
Anat. voûte *(f.)* du
palais, voûte *(f.)*
palatine.

8337. **root** — *Anat., Bot.* racine
(f.). (Voir aussi: **hilum**
(du poumon)).

8338. **root cap** — *Bot.* coiffe
(f.), pilothize *(f.)*.

8339. **root eating** — *Zool.*
racidivore *(adj.)*.

8340. **root hair** — *Bot.* poil *(m.)*
absorbant.

8341. **hair zone** — *Bot.* zone
(f.) pilifère.

8342. **root nodule** — *Bot.*
nodosité *(f.)*.

8343. **root of the lung** — Voir:
hilum.

8344. **root pressure** — *Bot.*
pression *(f.)* racinaire,
pression *(f.)* racinienne,
pression *(f.)* radiculaire.

8345. **root profile** — *Bot.* profil
(m.) racinaire.

8346. **root sheath** — Voir:
dermal rooth sheath.

8347. **root-stack** — *Bot.*
rhizome *(m.),* souche
(f.).

8348. **rosaceous** — *Bot.* rosacé,
-e *(adj.).*

8349. **Rosenmüller's organ** —
Voir: **epoophoron.**

8350. **rosette ossicle** —
Echinod. pièce *(f.)*
basale de la rosette.

8351. **rostellate** — *Zool.*
rostellé, -e *(adj.).*

8352. **rostellum** — *Zool.*
rostellum *(m.).*

8353. **rostral** — *Zool.* rostral,
-e, -aux *(adj.).*

8354. **rostrate** — *Bot., Zool.*
rostré, -e *(adj.).*

8355. **rostrated** — Voir:
rostrate.

8356. **rostrum** — *Bot., Zool.*
rostre *(m.).*

8357. **rotate** — *Bot.* rotacé, -e
(adj.).

8358. **rotation** — *Agric.,*
Physiol. rotation *(f.).*

8359. **rotifer** — *Zool.* rotifère
(m.).

8360. **rotifera** — *Zool.* rotifères
(m. pl.).

8361. **rotiform** — *Biol.*
rotiforme *(adj.).*

8362. **rotula** — *Echinod.* rotule
(f.).

8363. **Rouget cell** — *Histol.*
cellule *(f.)* de Rouget.

8364. **rough reticulum** — Voir:
granular reticulum.

8365. **round-leaved** — *Bot.*
rotundifolié, -e *(adj.).*

8366. **round ligament** — *Anat.*
ligament *(m.)* rond.

8367. **round worm** — *Ném.*
nématode *(m.).*

8368. **royal jelly** — *Entom.*
gelée *(f.)* royale.

8369. **R.Q.** — Voir: **respiratory**
quotient.

8370. **rubiaceous** — *Bot.*
rubiacé, -e *(adj.).*

8371. **ruderal** — *Bot.* rudéral,
-e, -aux *(adj.).*

8372. **rudimentary** — *Biol.*
rudimentaire *(adj.).*

8373. **rufous** — *Zool.* roux,
rousse *(adj.),* rougeâtre
(adj.).

8374. **rugae** — *Anat., Histol.*
rugosités *(f. pl.).*

8375. **rumen** — *Anat. comp.,*
Zool. rumen *(m.),* panse
(f.).

8376. **ruminant** — *Zool.*
ruminant, -e *(n. m. et*
adj.).

8377. **ruminantia** — *Zool.*
ruminants *(m. pl.).*

8378. **ruminate** (to) — *Zool.*
ruminer *(v. tr.).*

8379. **rumination** — *Physiol.*
rumination *(f.).*

8380. **rump** — *Ornith.* croupion
(m.), Mamm. croupe
(f.).

8381. **run** — *Statist.* suite *(f.)*
homogène.

8382. **runner** — *Bot.* stolon
(m.), coulant *(m.).*

8383. **running-water** — Voir:
lotic water.

8384. **rupture selection** —
Génét. sélection *(f.)* de
rupture.

8385. **Russell bodies** — *Histol.* corps *(m.)* de Russell.

8386. **rust** — *Bot.* rouille *(f.).*

8387. **rut** — *Physiol.* rut *(m.).*

8388. **rutaceous** — *Bot.* rutacé, -e *(adj.).*

S

8389. **sac** — *Zool.* sac *(m.),* poche *(f.),* vésicule *(f.).*

8390. **saccadic movement** — *Physiol.* saccade *(f.).*

8391. **saccharase** — *Biochim.* saccharase *(f.),* sucrase *(f.),* invertase *(f.).*

8392. **saccharomyces** — *Mycol.* saccharomyces *(m.).*

8393. **saccharomycetes** — Voir: **saccharomyces.**

8394. **sacciform** — *Bot., Zool.* sacciforme *(adj.).*

8395. **saccular** — Voir: **sacciform.**

8396. **saccule** — *Anat., Zool.* saccule *(m.).*

8397. **sacculina** — *Crust.* sacculine *(f.).*

8398. **sacculus** — Voir: **saccule.**

8399. **saccus endolymphaticus** — Voir: **endolymphatic sac.**

8400. **saccus vasculosus** — *Ichtyol.* sac *(m.)* vasculaire.

8401. **sacral** — *Anat.* sacral, -e, -aux *(adj.).*

8402. **sacral vein** — *Anat.* veine *(f.)* sacrée.

8403. **sacral vertebra** — *Anat.* vertèbre *(f.)* sacrée.

8404. **sacro-iliac** — *Anat.* sacro-iliaque *(adj.).*

8405. **sacro-lumbar** — *Anat.* sacro-lombaire *(adj.).*

8406. **sacro-vertebral** — *Anat.* sacro-vertébral, -e, -aux *(adj.).*

8407. **sacrum** — *Anat.* sacrum *(m.).*

8408. **sagittal** — *Biol.* sagittal, -e, -aux *(adj.).*

8409. **salimeter** — Voir: **salinometer.**

8410. **saline residue** — Voir: **evaporite.**

8411. **salinity** — *Océanogr.* salinité *(f.).*

8412. **salinometer** — *Océanogr.* salinomètre *(m.).*

8413. **saliva** — *Physiol.* salive *(f.).*

8414. **salivary** — *Bot., Physiol.* salivaire *(adj.).*

8415. **salivary corpuscle** — *Histol.* corpuscule *(m.)* salivaire.

8416. **salivary gland** — *Anat.* glande *(f.)* salivaire.

8417. **salivary gland chromosome** — *Génét.* chromosome *(m.)* de la glande salivaire.

8418. **salivate** (to) — *Physiol.* saliver *(v. tr.).*

8419. **salivation** — *Physiol.* salivation *(f.).*

8420. **salmon breeding** — *Ichtyol., Zootechn.* salmonicole *(adj.).*

8421. **salmoni-clupeiformes** — Voir: **malacopterygii.**

8422. **salpida** — *Tun.* salpides *(m. pl.).*

8423. **salt gland** — Voir: **nasal gland.**

8424. **salt water** — Voir: **seawater.**

8425. **saltatoria** — *Entom.* saltatoria *(n. m. et adj.).*

8426. **saltatorial** — *Zool.* saltatoire *(adj.).*

8427. **saltorial** — *Zool.* sauteur, -euse *(adj.),* saltatoire *(adj.).*

8428. **samara** — *Bot.* samare *(f.).*

8429. **sample** — *Statist.* échantillon *(m.).*

8430. **sample size** — *Statist.* taille *(f.)* d'un échantillon.

8431. **sap** — *Bot.* sève *(f.);* *Cytol.* Voir: **cell sap, nuclear sap.**

8432. **saphenous vein** — *Anat.* veine *(f.)* saphène.

8433. **sapindaceous** — *Bot.* sapindacé, -e *(adj.).*

8434. **saprophage** — *Ecol.,* *Zool.* saprophage *(m.).*

8435. **saprophagous** — *Zool.* saprophage *(adj.).*

8436. **saprophyte** — *Bot.,* *Microbiol.* saprophyte *(n. m. et adj.).*

8437. **saprophytic** — *Bot.,* *Microbiol.* saprophytique *(adj.).*

8438. **saprozoic** — Voir: **saprophagous.**

8439. **sapwood** — *Bot.* aubier *(m.).*

8440. **sarcoderm** — *Bot.* sarcoderme *(m.).*

8441. **sarcodina** — Voir: **rhizopoda.**

8442. **sarcolemma** — *Histol.* sarcolemme *(m.).*

8443. **sarcoma** — *Pathol.* sarcome *(m.).*

8444. **sarcomere** — *Histol.* sarcomère *(m.).*

8445. **sarcoplasma** — *Histol.* sarcoplasma *(m.).*

8446. **sarcoplasmic reticulum** — *Histol.* réticulum *(m.)* sarcoplasmique.

8447. **sarcopte** — *Arthrop.* sarcopte *(m.).*

8448. **sarcosome** — Voir: **mitochondrium.**

8449. **sarcosporidia** — *Protoz.* sarcosporidies *(f. pl.).*

8450. **sarmentose** — Voir: **sarmentous.**

8451. **sarmentous** — *Bot.* sarmenteux, -euse *(adj.).*

8452. **sarothrum** — *Entom.* sarothrum *(m.).*

8453. **satellite** — *Génét.* satellite *(m.),* trabant *(m.).*

8454. **satellite cell** — *Histol.* cellule *(f.)* satellite.

8455. **sauria** — *Herpétol.* sauriens *(m. pl.).*

8456. **saurians** — Voir: **sauria.**

8457. **sauroid** — *Zool.* sauroïde *(n. m. et adj.).*

8458. **sauropsida** — *Zool.* sauropsidés *(m. pl.).*

8459. **savanna** — *Ecol.* savane *(f.).*

8460. **Savi's vesicle** — *Ichtyol.* vésicule *(f.)* de Savi.

8461. **saxicavous** — *Moll.* saxicave *(adj.).*

8462. **scab** — *Bot., Parasitol.* gale *(f.).*

8463. **scala tympani** — *Anat., Histol.* rampe *(f.)* tympanique.

8464. **scala vestibuli** — *Anat., Histol.* rampe *(f.)* vestibulaire.

8465. **scalariform** — *Bot., Histol., Moll.* scalariforme *(adj.).*

8466. **scalariform vessel** — *Bot.* vaisseau *(m.)* scalariforme.

8467. **scale** — *Ichtyol.* écaille *(f.)*; *Statist.* échelle *(f.).*

8468. **scale insect** — *Entom.* coccide *(m.).*

8469. **scalenus** — *Anat.* scalène *(m.)*, muscle *(m.)* scalène.

8470. **scanning electron microscope** — *Micr.* microscope *(m.)* électronique à balayage.

8471. **scansorial** — *Zool.* grimpeur, -euse *(adj.).*

8472. **scape** — *Bot.* hampe *(f.)*, scape *(m.)*; *Entom.* scape *(m.)*; *Ornith.* axe *(m.)*, tige *(f.)*, hampe *(f.).*

8473. **scaphocephalic** — *Anthrop.* scaphocéphale *(adj.).*

8474. **scaphocephalous** — Voir: **scaphocephalic.**

8475. **scaphognathite** — *Crust.* scaphognathite *(m.).*

8476. **scaphoid** — *Anat.* scaphoïde *(n. m. et adj.).*

8477. **scaphopoda** — *Moll.* scaphopodes *(m. pl.).*

8478. **scapula** — *Anat.* omoplate *(f.).*

8479. **scapular** — *Anat.* scapulaire *(adj.).*

8480. **scapular girdle** — *Anat. comp.* ceinture *(f.)* scapulaire, ceinture *(f.)* pectorale.

8481. **scapus** — Voir: **scape.**

8482. **scar** — *Anat.* cicatrice *(f.)*; *Bot.* cicatricule *(f.)*, hile *(m.).*

8483. **scarring rate** — Voir: **healing rate.**

8484. **scavenger** — *Zool.* nécrophage *(m.).*

8485. **scent gland** — *Zool.* glande *(f.)* odoriférante.

8486. **scent scale** — *Entom.* écaille *(f.)* à parfum, androconie *(f.).*

8487. **Schiff reaction** — *Histol.* réaction *(f.)* de Schiff. (Voir aussi: **periodic acid-Schiff reaction**).

8488. **schistosoma** — *Parasitol.* schistosome *(m.)*, bilharzie *(f.)*, bilharzia *(f.).*

8489. **schizocarpous** — *Bot.* schistocarpe *(adj.).*

8490. **schizocoel** — *Embryol.* schizocoele *(m.).*

8491. **schizogamy** — *Biol.* schizogamie *(f.).*

8492. **schizogenesis** — *Biol.*
schizogenèse *(f.)*,
fissiparité *(f.)*.

8493. **schizogenous** — *Bot.*
schizogène *(adj.)*.

8494. **schizognathous** —
Ornith. schizognathe
(adj.).

8495. **schizogony** — *Protoz.*
schizogonie *(f.)*.

8496. **schizogregarinaria** —
Protoz. schizogrégarines
(f. pl.).

8497. **schizomycetes** —
Bactériol. schizomycètes
(m. pl.).

8498. **schizomycophyta** —
Bactériol.
schizomycophytes *(f.
pl.)*, bactéries *(f. pl.)*.

8499. **schizont** — *Protoz.*
schizonte *(m.)*,
agamonte *(m.)*.

8500. **schizophyte** — *Bot.*
schizophyte *(m.)*.

8501. **schizopod larva** — *Crust.*
larve *(f.)* schizopode.

8502. **schizopoda** — *Crust.*
schizopodes *(m. pl.)*.

8503. **schizozoite** — *Protoz.*
schizozoïte *(m.)*,
mérozoïte *(m.)*.

8504. **Schmidt-Lanterman
cleft** — *Histol.* incisure
(f.) de Schmidt-
Lanterman.

8505. **schneiderian membrane** —
Histol. membrane *(f.)*
de Schneider. (Voir
aussi: **mucoperiosteum**
et **mucoperichondrium**).

8506. **Schwann's cell** — *Histol.*
cellule *(f.)* Swann.

8507. **Schwann's sheath** —
Histol. gaine *(f.)* de
Schwann.

8508. **Schweigger-Seidel
sheath** — *Histol.*
housse *(f.)* de
Schweigger-Seidel.

8509. **sciatic artery** — *Anat.*
artère *(f.)* sciatique.

8510. **sciatic nerve** — *Anat.*
nerf *(m.)* sciatique.

8511. **sciatic plexus** — *Anat.*
plexus *(m.)* sciatique.

8512. **sciatic vein** — *Anat.*
veine *(f.)* sciatique.

8513. **scintigram** — *Radio-biol.*
scintigramme *(m.)*.

8514. **scintillon** — *Biochim.*,
Biol. cell. scintillon *(m.)*.

8515. **scion** — *Bot.* scion *(m.)*.

8516. **scissiparity** — *Biol.*
fissiparité *(f.)*,
schizogenèse *(f.)*.

8517. **scissiparous** — *Biol.*
fissipare *(adj.)*.

8518. **sciuromorpha** — *Mamm.*
sciuromorphes *(m. pl.)*.

8519. **sclera** — *Anat., Histol.*
sclérotique *(f.)*.

8520. **scleral sulcus** — *Anat.*
sillon *(m.)* péri-irien.

8521. **scleral trabecula** —
Histol. trabécule *(f.)*
sclérale.

8522. **sclereid** — *Bot.* sclérite
(m.), cellule *(f.)*
pierreuse.

8523. **sclerenchyma** — *Bot.*
sclérenchyme *(m.)*.

8524. **sclerite** — *Arthrop.*
sclérite *(m.)*.

8525. **scleroblast** — *Cytol.*
sicléroblaste *(m.)*.

8526. **sclerodermatous** — *Zool.*
sclérodermé, -e *(adj.)*.

8527. **sclerodermi** — *Ichtyol.*
sclérodermes *(m. pl.)*.

8528. **scleroprotein** — *Biochim.*
scléroprotéine *(f.)*.

8529. **sclerosis** — *Pathol.*
sclérose *(f.)*.

8530. **sclerotic** — *Anat.*
sclérotique *(n. f. et adj.)*,
cornée *(f.)* opaque.

8531. **sclerotic coat** — Voir:
sclerotic.

8532. **sclerotin** — *Entom.*
sclérotine *(f.)*.

8533. **sclerotium** — *Bot.*
sclérote *(m.)*.

8534. **sclerotome** — *Embryol.*
sclérotome *(m.)*.

8535. **scolex** — *Plath.* scolex
(m.).

8536. **scolopale** — *Entom.*
scolope *(m.)*, corps *(m.)*
scolopal.

8537. **scopa** — *Entom.* brosse
(f.).

8538. **scorpioid** — *Bot., Zool.*
scorpioïde *(adj.)*.

8539. **scotophobin** — *Biochim.*
scotophobine *(f.)*.

8540. **scototaxis** — *Biol.*
scototaxie *(f.)*.

8541. **scrobicular** — *Biol.*
scrobiculé, -e *(adj.)*,
scrobiculeux, -euse
(adj.).

8542. **scrobiculate** — Voir:
scrobicular.

8543. **scroll bone** — Voir:
turbinate bone.

8544. **scrotal** — *Anat.* scrotal,
-e, -aux *(adj.)*.

8545. **scrotal sac** — Voir:
scrotum.

8546. **scrotiform** — *Bot.*
scrotiforme *(adj.)*.

8547. **scrotum** — *Anat.*
scrotum *(m.)*, bourse *(f.)*
testiculaire.

8548. **scurvy** — *Méd.* scorbut
(m.).

8549. **scute** — *Echinod.,*
Herpétol. écaille *(f.)*;
Ornith. scutelle *(f.)*,
écaille *(f.)*.

8550. **scutellar** — *Entom.*
scutellaire *(adj.)*.

8551. **scutellate** — *Bot., Zool.*
scutelliforme *(adj.)*,
scutelloïde *(adj.)*.

8552. **scutellum** — *Bot.*
scutellum *(m.)*; *Entom.*
scutellum *(m.)*, écusson
(m.).

8553. **scutifoliate** — *Bot.*
scutifolié, -e *(adj.)*.

8554. **scutiform** — *Anat., Zool.*
scutiforme *(adj.)*.

8555. **scutum** — *Entom.* scutum
(m.), écusson *(m.)*.

8556. **scyphistoma** — *Coelent.*
scyphistome *(m.)*.

8557. **scyphomedusae** — Voir:
scyphozoa.

8558. **scyphozoa** — *Coelent.*
scyphozoaires *(m. pl.)*.

8559. **sea cucumber** —
Echinod. concombre
(m.) de mer.

8560. **seawater** — *Océanogr.*
eau *(f.)* de mer.

8561. **seaweed** — *Algol.,*
Océanogr. algue *(f.)*

marine, herbe *(f.)*
marine, plante *(f.)*
marine.

8562. **sebaceous gland** —
Anat., Histol. glande *(f.)*
sébacée.

8563. **Secchi disk** — *Limnol.,*
Océanogr. disque *(m.)*
de Secchi.

8564. **second polar body** —
Embryol. deuxième
globule *(m.)* polaire.

8565. **second ventricle** — *Anat.*
comp. deuxième
ventricule *(m.).*

8566. **second character** — *Evol.*
caractère *(m.)*
secondaire.

8567. **second choana** — *Anat.*
comp. choane *(f.)*
secondaire.

8568. **second feathers** —
Ornith. rémiges *(f.)*
secondaires.

8569. **second gill bars** —
Céphal. cloisons *(f.)*
interbranchiales
secondaires.

8570. **second oocyte** — *Histol.*
ovocyte *(m.)* de
deuxième ordre.

8571. **second root** — *Bot.*
racine *(f.)* secondaire.

8572. **second sexual**
character — *Zool.*
caractère *(m.)* sexuel
secondaire.

8573. **second spermatocyte** —
Histol. spermatocyte
(m.) de deuxième ordre.

8574. **second thickening** — *Bot.*
épaississement *(m.)*
secondaire.

8575. **second treatment** — *Ecol.*
traitement *(m.)*
secondaire.

8576. **secondary meristem** —
Bot. méristème *(m.)*
secondaire.

8577. **secretin** — *Physiol.*
sécrétine *(f.).*

8578. **secretion** — *Physiol.*
sécrétion *(f.).*

8579. **secretion granule** —
Cytol. grain *(m.)* de
sécrétion.

8580. **secretory** — *Physiol.*
sécréteur, -trice *(adj.).*

8581. **secretory stage** — Voir:
progestational stage.

8582. **section** — *Bot., Zool.*
section *(f.); Histol.,*
Microtech. coupe *(f.).*

8583. **sectorial tooth** — Voir:
canine tooth.

8584. **sedative** — *Méd.* sédatif
(m.), sédatif, -ive *(adj.).*

8585. **sedentary** — *Comport.,*
Zool. sédentaire *(adj.).*

8586. **sedentation** — *Comport.*
sédentarisation *(f.).*

8587. **sediment** — *Limnol.,*
Océanogr. sédiment
(m.), dépôt *(m.).*

8588. **sediment profile** — *Ecol.*
profil *(m.)* sédimentaire.

8589. **sedimentary** — *Ecol.*
sédimentaire *(adj.).*

8590. **sedimentation** — *Histol.,*
Limnol., Océanogr.
sédimentation *(f.).*

8591. **seed** — *Bot.* graine *(f.).*

8592. **seed-coat** — *Bot.*
tégument *(m.).*

8593. **seed-eater** — *Zool.*
granivore *(n. m. et adj.).*

8594. **seed-leaf** — *Bot.*
cotylédon *(m.).*

8595. **seedling** — *Bot.* jeune
plant *(m.).*

8596. **seedling-forest** — *Bot.,*
Ecol. futaie *(f.).*

8597. **segment** — *Plath.*
proglottis *(m.),* anneau
(m.); *Zool.* segment
(m.).

8598. **segmentation** — *Embryol.*
segmentation *(f.).* (Voir
aussi: **metameric**
segmentation).

8599. **segregate** (to) — *Génét.*
ségréger *(v. tr.),*
ségréguer *(v. tr.).*

8600. **segregation** — *Ecol.,*
Génét. ségrégation *(f.),*
séparation *(f.),*
isolement *(m.).*

8601. **seismicity** — *Océanogr.*
sismicité *(f.).*

8602. **seismic sleep** — *Physiol.*
sommeil *(m.)* sismique.

8603. **seismonasty** — *Bot.*
séismonastie *(f.).*

8604. **selachii** — *Ichtyol.*
sélaciens *(m. pl.),*
élasmobranches *(m. pl.),*
plagiostomes *(m. pl.).*

8605. **selaginella** — *Bot.*
sélaginelle *(f.).*

8606. **select** (to) — *Génét.*
sélectionner *(v. tr.).*

8607. **selection** — *Génét.*
sélection *(f.).*

8608. **selection pressure** —
Génét. pression *(f.)*
sélective, pression *(f.)*
de sélection.

8609. **selective pressure** —
Voir: **selection pressure**.

8610. **selenodont teeth** — *Anat.*
comp. dents *(f.)*
sélénodontes.

8611. **self-differentiation** —
Embryol.
autodifférentiation *(f.).*

8612. **self-fertile** — *Bot., Génét.*
autofertile *(adj.).*

8613. **self-fertilization** — *Bot.,*
Zool. autofécondation
(f.).

8614. **self-mending** — *Méd.,*
Zool. autoréparation
(f.).

8615. **self-pollination** — *Bot.*
autopollinisation *(f.),*
autofécondation *(f.).*

8616. **self-sterility** — *Bot.,*
Zool. autostérilité *(f.).*

8617. **sella turcica** — *Anat.*
selle *(f.)* turcique.

8618. **semen** — *Physiol.* sperme
(m.), semence *(f.),*
liquide *(m.)* séminal,
liquide *(m.)*
spermatique.

8619. **semicircular canal** —
Anat. canal *(m.)* semi-
circulaire.

8620. **semi-endoparasite** —
Parasitol.
semiendoparasite *(m.).*

8621. **semilunar** — *Anat.* semi-
lunaire *(adj.),* os *(m.)*
semi-lunaire.

8622. **semilunar notch** — *Anat.*
échancrure *(f.)*
sigmoïde.

8623. **semilunar valve** — *Anat.*
valvule *(f.)* semi-
lunaire.

8624. **semimicroanalysis** — *Biochim.* semimicroanalyse *(f.).*

8625. **seminal** — *Anat.* séminal, -e, -aux *(adj.).*

8626. **seminal fluid** — Voir: **semen.**

8627. **seminal groove** — *Ann.* sillon *(m.)* sexuel.

8628. **seminal receptacle** — *Zool.* réceptacle *(m.)* séminal.

8629. **seminal vesicle** — *Zool.* vésicule *(f.)* séminale.

8630. **seminiferous** — *Anat., Zool.* séminifère *(adj.).*

8631. **seminiferous tubules** — *Anat., Histol.* tubes *(m.)* séminifères.

8632. **sempervirent** — *Bot., Ecol.* sempervirent, -e *(adj.).*

8633. **sense capsule** — *Anat. comp.* capsule *(f.)* sensorielle.

8634. **sense organs** — *Anat.* organes *(m.)* des sens, organes *(m.)* sensoriels.

8635. **sensitive area** — *Ecol.* espace *(m.)* sensible.

8636. **sensorial** — Voir: **sensory.**

8637. **sensory** — *Physiol.* sensoriel, -elle *(adj.).*

8638. **sensory cell** — *Histol.* cellule *(f.)* sensorielle.

8639. **sensory-motor** — *Physiol.* sensitivo-moteur, -trice *(adj.).*

8640. **sensory nerve ending** — *Histol., Physiol.* terminaison *(f.)* nerveuse sensorielle.

8641. **sensory root** — *Physiol.* racine *(f.)* sensorielle.

8642. **sepal** — *Bot.* sépale *(m.).*

8643. **sepaloid** — *Bot.* sépaloïde *(adj.).*

8644. **separate carpels** — *Bot.* carpelle *(m.)* libre.

8645. **sepia** — *Moll.* sépia *(f.)* , seiche *(f.).*

8646. **septal cell** — *Histol.* cellule *(f.)* septale.

8647. **septate** — *Anat., Coelent.* à septum *(m.),* à septes *(m.); Bot.* cloisonné, -e *(adj.).*

8648. **septibranchiata** — *Moll.* septibranches *(m. pl.).*

8649. **septicidal** — *Bot.* septicide *(adj.).*

8650. **septiferous** — *Bot.* septifère *(adj.).*

8651. **septiform** — *Bot., Zool.* septiforme *(adj.).*

8652. **septomaxillary bone** — *Herpétol.* os *(m.)* septomaxillaire.

8653. **septum** — *Anat., Zool.* septum *(m.),* saeptum *(m.),* cloison *(f.).* (Voir aussi: **placental septum**).

8654. **septum membranaceum** — *Histol.* cloison *(f.)* membraneuse.

8655. **septum pellucidum** — *Anat.* septum *(m.)* pellucidum.

8656. **sequence of amino-acids** — *Biochim.* séquence *(f.)* des acides aminés.

8657. **sequence of complementary nucleotides** —

Biochim. séquence *(f.)*
nucléotidique
complémentaire.

8658. **sere** — *Ecol.* sère *(f.)*.

8659. **serology** — *Méd.*
sérologie *(f.)*.

8660. **seroprevention** — *Art
vétér., Méd.*
séroprévention *(f.)*.

8661. **seroprophylaxis** — Voir:
seroprevention.

8662. **serosa** — *Anat., Histol.*
(Voir: **tunica serosa**);
Entom. séreuse *(f.)*.

8663. **serosal cuticle** — Voir:
serosa.

8664. **serotonin** — *Biochim.*
sérotonine *(f.)*,
entéramine *(f.)*,
5-hydroxytryptamine
(f.), 5-H.T. *(f.)*.

8665. **serotype** — *Art vétér.,
Méd.* sérotype *(m.)*.

8666. **serous** — *Anat., Pathol.*
séreux, -euse *(adj.)*.

8667. **serous gland** — *Physiol.*
glande *(f.)* séreuse.

8668. **serous membrane** —
Anat. membrane *(f.)*
séreuse, séreuse *(f.)*.

8669. **serpula** — *Ann.* serpule
(f.).

8670. **serriform** — *Bot.*
serriforme *(adj.)*.

8671. **serrulate** — *Bot.*
denticulé, -e *(adj.)*.

8672. **Sertoli cell** — *Histol.*
cellule *(f.)* de Sertoli.

8673. **serum** — *Hématol.,
Physiol.* sérum *(m.)*.

8674. **sesamoid** — *Anat.*
sésamoïde *(adj.)*, os *(m.)*
sésamoïde.

8675. **sesamoid bone** — Voir:
sesamoid.

8676. **sessile** — *Bot., Zool.*
sessile *(adj.)*.

8677. **seston** — *Limnol.,
Océanogr.* seston *(m.)*.

8678. **seta** — *Ann., Entom.* soie
(f.).

8679. **setaceous** — *Zool.* sétacé,
-e *(adj.)*.

8680. **setiferous** — *Zool.*
sétigère *(adj.)*.

8681. **setiform** — *Zool.*
sétiforme *(adj.)*.

8682. **setigerous** — Voir:
setiferous.

8683. **sex** — *Anat., Génét.* sexe
(m.).

8684. **sex chromatin** — *Cytol.*
chromatine *(f.)* sexuelle.

8685. **sex chromosome** —
Génét. chromosome *(m.)*
sexuel.

8686. **sex cord** — *Histol.*
cordon *(m.)* sexuel.

8687. **sex cycle** — *Génét.* cycle
(m.) sexuel.

8688. **sex determination** —
Génét. détermination
(f.) du sexe.

8689. **sex gland** — *Anat.,
Physiol.* glande *(f.)*
sexuelle, gonade *(f.)*.

8690. **sex limited character** —
Génét. caractère *(m.)* lié
au sexe.

8691. **sex-linked character** —
Génét. caractère *(m.)*
héréditaire lié au
chromosome sexuel.

8692. **sex ratio** — *Ecol.* indice *(m.)* de masculinité.

8693. **sex therapist** — *Méd.* sexothérapeute *(m.).*

8694. **sexual** — *Biol.* sexué, -e *(adj.),* sexuel, -elle *(adj.).*

8695. **sexual reproduction** — *Biol.* reproduction *(f.)* sexuée.

8696. **sexual selection** — *Evol., Génét.* sélection *(f.)* sexuelle.

8697. **sexual union** — *Physiol., Zool.* accouplement *(m.).*

8698. **sexuales** — *Entom.* sexués *(m. pl.).*

8699. **sexupara** — *Entom.* sexupare *(n. m. et adj.).*

8700. **shady side** (of a mountain) — *Ecol.* ubac *(m.).*

8701. **shaft** — *Ornith.* hampe *(f.),* rachis *(m.).*

8702. **shank** — *Anat.* jambe *(f.).*

8703. **Sharpey's fibers** — *Histol.* fibres *(f.)* de Sharpey.

8704. **sheated arteriole** — *Histol.* artériole *(f.)* à gaine ellipsoïde (de la rate).

8705. **sheath** — *Anat., Histol.* gaine *(f.).* (Voir aussi: **Schweigger-Seidel sheath**).

8706. **sheath cell** — *Bot.* cellule *(f.)* de la gaine vasculaire.

8707. **sheath of Hertwig** — Voir: **epithelial root sheath.**

8708. **sheath of Schwann** — Voir: **Schwann's sheath.**

8709. **sheath of Schweigger-Seidel** — Voir: **Schweigger-Seidel sheath.**

8710. **shell** — *Crust., Herpétol.* carapace *(f.); Moll.* coquille *(f.),* écaille *(f.),* valve *(f.)* (des lamellibranches).

8711. **shell gland** — *Ornith.* glande *(f.)* coquillière.

8712. **shell membrane** — *Ornith.* membrane *(f.)* coquillière.

8713. **shellfish** — *Crust., Moll.* coquillage *(m.).*

8714. **shells** — *Moll.* coquillages *(m.).*

8715. **shelter-association** — *Ecol.* faux parasitisme *(m.).*

8716. **shield-shaped tentacle** — *Echinod.* tentacule *(m.)* ramifié.

8717. **shoal** — Voir: **bank.**

8718. **shoot** — *Bot.* pousse *(f.).*

8719. **shore** — *Océanogr.* rivage *(m.),* littoral *(m.),* côte *(f.).*

8720. **short-day plant** — *Bot.* plante *(f.)* de jours courts.

8721. **shoulder** — *Anat.* épaule *(f.).*

8722. **shoulder-blade** — *Anat.* omoplate *(m.).*

8723. **shoulder girdle** — Voir: **scapular girdle.**

8724. **Shrapnell's membrane** — *Histol.* membrane *(f.)* flasque de Shrapnell.

8725. **shrimp** — *Crust.* crevette *(f.)*.

8726. **shrub** — *Bot.* arbrisseau *(m.)*, arbuste *(m.)*.

8727. **shrubbery** — *Bot., Ecol.* fruticée *(f.)*, bosquet *(m.)*.

8728. **shrubby** — *Bot.* arbustif, -ive *(adj.)*.

8729. **siblings** — *Génét.* enfants *(m.)* (d'un même sexe ou de sexes différents, nés de mêmes parents); *Zool.* espèces *(f.)* jumelles.

8730. **sibs** — Voir: **siblings.**

8731. **sicula** — *Paléont.* sicula *(f.)*.

8732. **siderophage** — *Histol.* cellule *(f.)* sidérophage.

8733. **sieve** — *Bot.* sève *(f.)*.

8734. **sieve-plate** — *Bot.* plage *(f.)* criblée.

8735. **sieve-tube** — *Bot.* tube *(m.)* criblé.

8736. **significance level** — *Statist.* niveau *(m.)* de signification.

8737. **silico-flagellates** — *Protoz.* silicoflagellés *(m. pl.)*.

8738. **silicula** — *Bot.* silicule *(f.)*.

8739. **siliqua** — *Bot.* silique *(f.)*.

8740. **siliquiform** — *Bot.* siliquiforme *(adj.)*.

8741. **silk** — *Entom.* soie *(f.)*.

8742. **silkworm** — *Entom.* ver *(m.)* à soie.

8743. **silt plug** — *Océanogr.* bouchon *(m.)* vaseux.

8744. **silurian** — *Géol.* silurien, -ienne *(n. m. et adj.)*.

8745. **silver-fish** — *Ichtyol.* argentine *(f.)*; *Entom.* lépisme *(m.)*, poisson *(m.)* d'argent.

8746. **simian** — *Zool.* simiiforme *(n. m. et adj.)*.

8747. **simplicidentata** — *Mamm.* simplicidentés *(m. pl.)*.

8748. **sinanthropus** — *Anthropol.* sinanthrope *(m.)*, homme *(m.)* de Péking.

8749. **sinciput** — *Anat.* sinciput *(m.)*.

8750. **sinciputal** — *Anat.* sinciputal, -e, -aux *(adj.)*.

8751. **single tail test** — *Statist.* test *(m.)* unilatéral.

8752. **sinistral** — *Moll.* sénestre *(adj.)*.

8753. **sinistrorse** — *Bot.* sinistrorse *(adj.)*.

8754. **sino-atrial node** — *Anat., Physiol.* noeud *(m.)* sino-atrial.

8755. **sino-auricular node** — *Anat., Physiol.* noeud *(m.)* sino-auriculaire.

8756. **sino-auricular valve** — *Anat.* valvule *(f.)* sino-auriculaire.

8757. **sinus** — *Anat.* sinus *(m.)*. (Voir aussi: **coronary**

259

sinus, lactiferous sinus, lymph sinus, sinus terminale, sinus venosus).

8758. **sinus terminale** — *Embryol.* sinus *(m.)* terminale *(loc. lat.)*, vaisseau *(m.)* circulaire.

8759. **sinus venosus** — *Anat.* comp. sinus *(m.)* veineux.

8760. **sinusoid** — *Anat.* sinusoïde *(f.)*.

8761. **siphon** — *Zool.* siphon *(m.)*.

8762. **siphonaptera** — *Entom.* siphonaptères *(m. pl.)*, aphaniptères *(m. pl.)*, suceurs *(m. pl.)*.

8763. **siphonoglyph** — *Coelent.* siphonoglyphe *(m.)*.

8764. **siphonophora** — *Coelent.* siphonophores *(m. pl.)*.

8765. **siphonopoda** — Voir: **cephalopoda.**

8766. **siphonostele** — Voir: **solenostele.**

8767. **siphonoozoid** — *Coelent.* siphonozoïde *(m.)*.

8768. **siphuncle** — *Moll.* siphon *(m.)*.

8769. **siphunculata** — *Entom.* siphonculate *(m.)*.

8770. **sipunculoidea** — *Zool.* sipunculiens *(m. pl.)*.

8771. **sire** — *Génét.* géniteur *(m.)*.

8772. **sirenia** — *Mamm.* siréniens *(m. pl.)*.

8773. **sister chromatid** — *Génét.* chromatide *(f.)* soeur.

8774. **site** — *Génét.* site *(m.)*.

8775. **six-hooked embryo** — *Parasitol., Plath.* embryon *(m.)* hexacanthe.

8776. **skeletal** — *Anat., Zool.* squelettique *(adj.)*.

8777. **skeletal muscle** — *Anat., Histol.* muscle *(m.)* squelettique, muscle *(m.)* strié, muscle *(m.)* volontaire.

8778. **skeleton** — *Anat., Zool.* squelette *(m.)*.

8779. **skimmer** — *Env.* dépollueur *(m.)*.

8780. **skin** — *Anat., Zool.* peau *(f.)*.

8781. **skull** — *Anat.* crâne *(m.)*.

8782. **skull of cephalopoda** — *Moll.* crâne *(m.)* cartilagineux.

8783. **slick-licker** — Voir: **skimmer.**

8784. **slide** — *Microtech.* lame *(f.)*, lame *(f.)* porte-objet.

8785. **sliding filament mechanism** — *Physiol.* glissement *(m.)*.

8786. **slime-fungi** — Voir: **myxomycetes.**

8787. **slime tube** — *Ann.* anneau *(m.)* muqueux, balle *(f.)* muqueuse.

8788. **slit pore** — Voir: **filtration slit.**

8789. **slough** — *Entom., Herpétol.* mue *(f.)*, dépouille *(f.)*.

8790. **slow release fertilizer** — *Agric.* engrais-retard *(m.)*.

8791. **small intestine** — *Anat.* intestin *(m.)* grêle.

8792. **smear** — *Microtech.* frottis *(m.)*.

8793. **smell curtain** — *Env.* mur *(m.)* odorant.

8794. **smoltification** — *Ichtyol.* smoltification *(f.)*.

8795. **smooth muscle** — *Anat.*, *Histol.* muscle *(m.)* lisse, muscle *(m.)* involontaire, muscle *(m.)* viscéral.

8796. **smooth reticulum** — Voir: **agranular reticulum.**

8797. **snout** — *Zool.* museau *(m.)*, groin *(m.)* (de porc, de sanglier), mufle *(m.)* (de boeuf).

8798. **soar** (to) — *Ornith.* planer *(v. intr.)*.

8799. **social insect** — *Comport.*, *Entom.* insecte *(m.)* social.

8800. **sociality** — *Comport.* socialité *(f.)*.

8801. **sociation** — *Bot.*, *Ecol.* sociation *(f.)*.

8802. **sphenoid bone** — *Anat.* os *(m.)* sphénoïde, sphénoïde *(m.)*.

8803. **society** — *Comport.*, *Zool.* société *(f.)*.

8804. **socioecoloty** — *Ecol.* socioécologie *(f.)*.

8805. **socion** — *Bot.*, *Ecol.* socion *(m.)*.

8806. **soft palate** — *Anat.* voile *(m.)* du palais.

8807. **soil** — *Pédol.* sol *(m.)*.

8808. **soil horizons** — *Pédol.* horizons *(m.)* du sol. (Voir: **soil profile**).

8809. **soil profile** — *Pédol.* profile *(m.)* pédologique.

8810. **solanaceous** — *Bot.* solanacé, -e *(adj.)*.

8811. **solar plexus** — *Anat.* plexus *(m.)* solaire, plexus *(m.)* coeliaque.

8812. **solar radiation** — *Ecol.* radiation *(f.)* solaire.

8813. **soldier ant** — *Entom.* soldat *(m.)*.

8814. **solenocyte** — *Zool.* solénocyte *(m.)*.

8815. **solenostele** — *Bot.* solénostèle *(f.)*.

8816. **soleus** — *Anat.* muscle *(m.)* soléaire.

8817. **sol-gel transformation** — *Cytol.* transformation *(f.)* sol-gel.

8818. **solidungulate** — *Zool.* solipède *(adj.)*.

8819. **solipede** — *Mamm.* solipède *(n. m. et adj.)*.

8820. **solitary** — *Biol.* solitaire *(adj.)*.

8821. **solodized** — *Pédol.* solodisé, -e *(adj.)*.

8822. **solute** — *Chim.* soluté *(m.)*.

8823. **solvent** — *Chim.* solvant *(m.)*.

8824. **soma** — *Génét.* soma *(m.)*.

8825. **somactid** — Voir: **radialia.**

8826. **somatic** — *Biol.*
somatique *(adj.).*

8827. **somatic cell** — *Biol.*
cellule *(f.)* somatique.

8828. **somatic mutation** —
Génét. mutation *(f.)*
somatique.

8829. **somatic nerve** — *Anat.,*
Physiol. nerf *(m.)*
somatique.

8830. **somatic nervous system** —
Anat., Physiol.
système *(m.)* nerveux
somatique.

8831. **somatic tissue** — *Anat.,*
Histol., Zool. tissu *(m.)*
somatique.

8832. **somatoblast** — *Cytol.*
somatoblaste *(m.).*

8833. **somatopleure** — *Anat.*
somatopleure *(f.).*

8834. **somatotrophic hormone** —
Voir: **growth**
hormone.

8835. **somite** — *Embryol., Zool.*
somite *(m.),* métamère
(m.), anneau *(m.),*
segment *(m.).*

8836. **somitic mesoderm** —
Embryol. mésoderme
(m.) somatique.

8837. **sone** — *Env.* sone *(f.).*

8838. **soot** — *Env.* suie *(f.).*

8839. **soredia** — *Bot.* sorédie
(f.).

8840. **sorus** — *Bot.* sore *(m.).*

8841. **space of Disse** — Voir:
perisinusoidal space.

8842. **spaciology** — *Env.*
spaciologie *(f.).*

8843. **spadiceous** — *Bot.*
spadicé, -e *(adj.),*
brunâtre *(adj.).*

8844. **spadicifloral** — *Bot.*
spadiciflore *(adj.).*

8845. **spadix** — *Bot.* spadice
(m.).

8846. **sparciflorous** — *Bot.*
sparciflore *(adj.).*

8847. **sparoid** — *Ichtyol.*
sparoïde *(adj.).*

8848. **sparsifolious** — *Bot.*
sparsifolié, -e *(adj.).*

8849. **spasm** — *Pathol.* spasme
(m.).

8850. **spasmodic** — *Pathol.*
spasmodique *(adj.),*
spastique *(adj.).*

8851. **spathaceous** — *Bot.*
spathé, -e *(adj.),*
spatacé, -e *(adj.).*

8852. **spathe** — *Bot.* spathe *(f.).*

8853. **spawn** (to) — *Ichtyol.*
frayer *(v. intr.).* (Voir
aussi: **spawning**).

8854. **spawning** — *Ichtyol.* frai
(m.).

8855. **spawning-ground** —
Ichtyol. frayère *(f.).*

8856. **specialized** — *Bot., Zool.*
adapté, -e *(adj.).*

8857. **specialized character** —
Evol. caractère *(m.)*
d'adaptation.

8858. **speciation** — *Génét.*
spéciation *(f.).*

8859. **species** — *Biol.* espèce
(f.).

8860. **specific** — *Biol.*
spécifique *(adj.).*

8861. **specimen** — *Bot., Zool.*
spécimen *(m.).*

8862. **speculum** — *Ornith.*
spéculum *(m.),* miroir
(m.).

8863. **Spemann's organizer** —
Embryol. organisateur
(m.) (de Spemann).

8864. **sperm** — Voir: **semen.**

8865. **sperm cell** — Voir:
spermatozoid.

8866. **sperm funnel** — *Ann.*
pavillon *(m.)* cilié,
entonnoir *(m.)*
spermatique, entonnoir
(m.) séminal.

8867. **sperm sac** — *Zool.*
ampoule *(f.)*
spermatique, diverticule
(m.) spermatique.

8868. **spermaceti** — *Mamm.*
spermaceti *(m.),* blanc
(m.) de baleine.

8869. **spermagone** — Voir:
spermogonium.

8870. **spermagonium** — Voir:
spermogonium.

8871. **spermary** — *Coelent.*
glande *(f.)* séminale.

8872. **spermatheca** — *Entom.*
spermatothèque *(f.),*
spermathèque *(f.).*

8873. **spermatic** — *Anat.*
spermatique *(adj.).*

8874. **spermatic atrium** —
Invert. atrium *(m.)*
spermatique.

8875. **spermatic cord** — *Anat.*
comp. cordon *(m.)*
spermatique.

8876. **spermatid** — *Histol.*
spermatide *(f.).*

8877. **spermatium** — *Mycol.*
spermatie *(f.).*

8878. **spermatoblast** — *Histol.*
spermatoblaste *(m.).*

8879. **spermatocyte** — *Histol.*
spermatocyte *(m.).*

8880. **spermatogenesis** — *Cytol.*
spermatogenèse *(f.),*
spermiogenèse *(f.).*

8881. **spermatogenic cells** —
Histol. cellules *(f.)*
germinatives.

8882. **spermatogenous** —
Histol., Physiol.
spermatogène *(adj.).*

8883. **spermatogonium** —
Cytol., Histol.
spermatogonie *(f.).*

8884. **spermatophore** — *Invert.*
spermatophore *(m.).*

8885. **spermatophyta** — *Bot.*
spermatophytes *(f. pl.),*
spermaphytes *(f. pl.),*
phanérogames *(f. pl.).*

8886. **spermatozoa** — Voir:
spermatozoid.

8887. **spermatozoid** — *Biol.*
spermatozoïde *(m.),*
gamète *(m.)* mâle,
spermie *(f.).*

8888. **spermatozoon** — Voir:
spermatozoid.

8889. **spermiducal gland** —
Ann. glande *(f.)*
prostatique.

8890. **spermiogenesis** — *Cytol.,*
Histol. spermiogenèse
(f.).

8891. **spermogonium** — *Mycol.*
spermogonie *(f.).*

8892. **spermogram** — *Biol.,*
Méd. spermogramme
(m.).

8893. **spermovelocimeter** —
Physiol.
spermovélocimètre *(m.).*

8894. **sphagnum** — *Bot.*
sphaigne *(f.).*

8895. **spheciformia** — Voir: **sphecoidea.**

8896. **sphecoidea** — *Entom.* sphécodes *(m. pl.).*

8897. **sphenethmoid** — *Anat. comp.* sphénethmoïde *(m.).*

8898. **sphenisciformes** — *Ornith.* sphénisciformes *(m. pl.).*

8899. **sphenodon** — *Herpétol.* sphénodon *(m.).*

8900. **sphenoid** — *Anat.* sphénoïde *(n. m. et adj.).*

8901. **sphenoid sinus** — *Anat. comp.* sinus *(m.)* sphénoïdal.

8902. **sphenoidal** — *Anat.* sphénoïdal, -e, -aux *(adj.),* sphénoïdien, -enne *(adj.).*

8903. **spheno-palatine ganglion** — *Anat. comp.* ganglion *(m.)* sphéno-palatin.

8904. **sphenotic bone** — *Ichtyol.* os *(m.)* sphénotique.

8905. **sphincter** — *Anat.* sphincter *(m.).*

8906. **sphygmomanometer** — *Physiol.* sphygmomanomètre *(m.).*

8907. **spicate** — *Bot.* épié, -e *(adj.),* spiciforme *(adj.).*

8908. **spiciferous** — *Ornith.* spicifère *(adj.),* à aigrette *(f.).*

8909. **spiciflorous** — *Bot.* spiciflore *(adj.).*

8910. **spiciform** — *Bot.* spiciforme *(adj.).*

8911. **spiculate** — *Bot.* spiculé, -e *(adj.).*

8912. **spicule** — *Spong.* spicule *(m.).*

8913. **spider cell** — *Histol.* astrocyte *(m.),* cellule *(f.)* moussue.

8914. **spider-web** — *Archn.* toile *(f.)* d'araignée.

8915. **spigot** — Voir: **fusula.**

8916. **spike** — *Bot.* épi *(m.).*

8917. **spikelet** — *Bot.* épilet *(m.)* (de graminées).

8918. **spina sternalis** — *Anat.* épine *(f.)* (du sternum).

8919. **spinal accessory nerve** — *Anat. comp.* nerf *(m.)* accessoire.

8920. **spinal canal** — *Anat.* canal *(m.)* neural.

8921. **spinal column** — Voir: **vertebral column.**

8922. **spinal cord** — *Anat.* moelle *(f.)* épinière, cordon *(m.)* médullaire.

8923. **spinal nerve** — *Anat.* nerf *(m.)* rachidien.

8924. **spindle** — *Anat., Cytol., Histol.* fuseau *(m.).*

8925. **spindle-attachment** — Voir: **centromere.**

8926. **spindle fibers** — *Cytol.* fuseau *(m.)* achromatique.

8927. **spine** — *Bot., Ichtyol.* épine *(f.),* Echinod., Mamm. piquant *(m.).*

8928. **spinescence** — *Bot.* spinescence *(f.).*

8929. **spinescent** — *Bot.*
spinescent *(adj.).*

8930. **spiniferous** — *Bot.*
spinifère *(adj.),* épineux,
-euse *(adj.).*

8931. **spinneret** — *Arachn.*
filière *(f.).*

8932. **spinocarpous** — *Bot.*
spinocarpe *(adj.).*

8933. **spino-thalamic** — *Anat.*
comp. faisceau *(m.)*
spino-thalamique.

8934. **spinous process** — *Anat.*
comp. apophyse *(f.)*
épineuse.

8935. **spinulose** — *Bot.* spinellé,
-e *(adj.).*

8936. **spinulous** — Voir:
spinulose.

8937. **spiny** — *Biol.* épineux,
-euse *(adj.);* *Bot.*
acanthoïde *(adj.),*
spinifère *(adj.).*

8938. **spiracle** — *Zool.* spiracle
(m.).

8939. **spiral arrangement of
leaves** — Voir: **leaves
spiral arrangement.**

8940. **spiral cleavage** —
Embryol., Invert.
segmentation *(f.)*
spirale.

8941. **spiral ganglion** — *Histol.*
ganglion *(m.)* spiral.

8942. **spiral lamina** — *Anat.*
lame *(f.)* spirale.

8943. **spiral ligament** — *Anat.*
ligament *(m.)* spiral.

8944. **spiral thickening** — *Bot.*
épaississement *(m.)*
spiralé.

8945. **spiral valve** — *Anat.,*
Zool. valvule *(f.)*
spiralée.

8946. **spiral valve of Heister** —
Anat. valvule *(f.)* spirale
de Heister.

8947. **spiral vessel** — *Bot.*
vaisseau *(m.)* spiralé.

8948. **spireme** — *Cytol.* spirème
(m.).

8949. **spirillosis** — *Bactériol.*
spirillose *(f.).*

8950. **spirillum** — *Bactéiol.*
spirille *(m.).*

8951. **spirochaete** — *Parasitol.*
spirochète *(m.).*

8952. **spirometer** — *Physiol.*
spiromètre *(m.).*

8953. **spirometry** — *Physiol.*
spirométrie *(f.).*

8954. **spiroplasma** — *Biol.*
*cell*spiroplasme *(m.).*

8955. **splanchnic** — *Anat.*
splanchnique *(adj.).*

8956. **splanchnic mesoderm** —
Embryol. mésoderme
(m.) splanchnique.

8957. **splanchnic nerve** — *Anat.*
comp. nerf *(m.)*
splanchnique.

8958. **splanchnocoel** — *Anat.*
comp. splanchnocoele
(f.).

8959. **splanchnocranium** —
Anat. comp.
splanchnocrâne *(m.).*

8960. **splanchnopleure** —
Embryol.
splanchnopleure *(f.).*

8961. **spleen** — *Anat.* rate *(f.).*

8962. **splenial bone** — *Anat.*
comp. os *(m.)* splénial.

8963. **splenic** — *Anat.*
splénique *(adj.)*.

8964. **splenic artery** — *Anat.*
artère *(f.)* splénique.

8965. **splenium** — *Anat. comp.*
splénium *(m.)*.

8966. **sponge** — *Zool.* éponge
(f.).

8967. **spongin** — *Spong.*
spongine *(f.)*.

8968. **spongioblast** — *Histol.*
spongioblaste *(m.)*.

8969. **spongiocyte** — *Histol.*
spongiocyte *(m.)*.

8970. **spongoid** — *Anat.*
spongoïde *(adj.)*.

8971. **spongiole** — *Bot.*
spongiole *(f.)*.

8972. **spongioplasm** — *Cytol.*,
Histol. spongioplasme
(m.).

8973. **spongy** — *Anat.*
caverneux, -euse *(adj.)*,
lacuneux, -euse *(adj.)*.

8974. **spongy bone** — *Histol.* os
(m.) spongieux.

8975. **spongy parenchyma** —
Histol. parenchyme *(m.)*
lacuneux.

8976. **spontaneous generation** —
Biol. génération *(f.)*
spontanée.

8977. **sporangiophore** — *Bot.*
sporangiophore *(m.)*.

8978. **sporangium** — *Bot.*
sporange *(m.)*.

8979. **sporation** — *Bot.*
sporulation *(f.)*.

8980. **spore** — *Biol.* spore *(f.)*.

8981. **spore mother cell** — *Biol.*
cellule-mère *(f.)* des
spores.

8982. **sporiferous** — *Biol.*
sporifère *(adj.)*.

8983. **sporoblast** — *Protoz.*
sporoblaste *(m.)*.

8984. **sporocarp** — *Bot.*
sporocarpe *(m.)*.

8985. **sporocyst** — *Bot.*,
Parasitol. sporocyste
(m.).

8986. **sporogenous** — *Biol.*
sporifère *(adj.)*.

8987. **sporogone** — Voir:
sporogonium.

8988. **sporogonium** — *Bryoz.*
sporogone *(m.)*.

8989. **sporogony** — *Zool.*
sporogonie *(f.)*.

8990. **sporophore** — *Mycol.*
sporophore *(m.)*.

8991. **sporophyll** — *Bot.*
sporophylle *(f.)*.

8992. **sporophyte** — *Bot.*
sporophyte *(m.)*.

8993. **sporozoa** — *Protoz.*
sporozoaires *(m. pl.)*.

8994. **sporozoite** — *Protoz.*
sporozoïte *(m.)*.

8995. **sport** — *Génét.* sport
(m.).

8996. **sporulated** — *Bot.*
sporulé, -e *(adj.)*.

8997. **sporulation** — *Bactériol.*,
Biol. sporulation *(f.)*.

8998. **sporule** — *Bot.* sporule
(f.).

8999. **spring over-turn** —
Limnol. période *(f.)* de
circulation.

9000. **spring-tide** — *Océanogr.*
marée *(f.)* de vive-eau.

9001. **spring wood** — *Bot.* bois
(m.) de printemps.

9002. **springtail** — *Entom.*
podure *(m.)*.

9003. **sprinkler** — *Agric.*
asperseur *(m.)*.

9004. **sprout** — *Bot.* germe
(m.), pousse *(f.)*,
bourgeon *(m.)*; *Embryol.*
(Voir: **syncytial knot**).

9005. **spumellaria** — *Protoz.*
spumellaria *(m. pl.)*.

9006. **spur** — *Ornith.* éperon
(m.).

9007. **squalus** — *Ichtyol.* squale
(m.), requin *(m.)*.

9008. **squama** — *Bot.* pellicule
(f.); *Zool.* squame *(f.)*.

9009. **squamata** — *Herpétol.*
squamates *(m. pl.)*,
lépidosauriens *(m. pl.)*.

9010. **squamate** — *Biol.*
squamé, -e *(adj.)*.

9011. **squamation** — *Biol.*
squamosité *(f.)*.

9012. **squamiferous** — *Biol.*
squamifère *(adj.)*.

9013. **squamosal** — *Anat.*
comp. os *(m.)*
squamosal, squamosal
(m.).

9014. **squamous** — *Anat., Zool.*
squameux, -euse *(adj.)*,
pavimenteux, -euse
(adj.).

9015. **squamous epithelium** —
Histol. épithélium *(m.)*
pavimenteux.

9016. **stabilizing selection** —
Génét. sélection *(f.)*
stabilisante.

9017. **stadium** — *Entom.* stade
(m.).

9018. **stagnant** — *Limnol.*
stagnant, -e *(adj.)*.

9019. **stagnation** — *Limnol.*
stagnation *(f.)*.

9020. **stalk** — *Anat.* pédoncule
(m.) (de l'oeil); *Bot.*
tige *(f.)* (d'une fleur,
d'une plante), pied *(m.)*
(d'un champignon),
pétiole *(m.)* (d'une
feuille).

9021. **stalk cell** (of renal
corpuscle) — *Histol.*
cellule *(f.)* à tige.

9022. **stamen** — *Bot.* étamine
(f.).

9023. **staminal** — *Bot.*
staminaire *(adj.)*,
staminal, -e, -aux *(adj.)*.

9024. **staminate** — *Bot.*
staminé, -e *(adj.)*.

9025. **staminate cone** — *Bot.*
cône *(m.)* mâle.

9026. **staminiferous** — *Bot.*
staminifère *(adj.)*.

9027. **staminode** — *Bot.*
staminode *(m.)*.

9028. **standard deviation** —
Statist. écart-type *(m.)*.

9029. **standardization** — *Biol.,*
Physiq. étalonnage *(m.)*,
étalonnement *(m.)*.

9030. **standing crop** — *Ecol.*
récolte *(f.)* sur pied.

9031. **standing timber** — *Ecol.*
bois *(m.)* sur pied.

9032. **standing-water** — Voir:
lentic water.

9033. **stapes** — *Anat.* étrier
(m.).

9034. **staphylococcus** —
Bactériol. staphylocoque
(m.).

9035. **starch** — *Bot., Chim.*
amidon *(m.)*.

9036. **starch sheath** — *Bot.*
gaine *(f.)* amylifère,
assise *(f.)* amylifère.

9037. **starvation** — *Physiol.*
privation *(f.)* de
nourriture.

9038. **station** — *Ecol.* station
(f.).

9039. **stational** — *Ecol.*
stationel, -elle *(adj.).*

9040. **statoblast** — *Bryoz.*
statoblaste *(m.).*

9041. **statocyst** — *Physiol.,*
Zool. statocyste *(m.).*

9042. **statocyte** — *Bot.*
statocyte *(m.).*

9043. **statolith** — *Bot.*
statolithe *(m.),* statolite
(m.); Zool. (Voir:
otolith).

9044. **stele** — *Bot.* stèle *(f.),*
cylindre *(m.)* central.

9045. **stellate cell** — Voir:
phagocytic cell.

9046. **stem** — *Bot.* tige *(f.).*

9047. **stem cell** — *Histol.*
cellule *(f.)* souche.

9048. **stemless** — *Bot.* acaule
(adj.), sans tige *(f.).*

9049. **stemma** — *Entom.*
stemmate *(m.),* ocelle
(m.).

9050. **stenoecious** — *Ecol.*
sténoèce *(adj.).*

9051. **stenohaline** — *Zool.*
sténohalin, -e *(adj.).*

9052. **stenohydric** — *Ecol.*
sténohydrique *(adj.).*

9053. **stenoky** — *Ecol.* sténoèce
(adj.).

9054. **stenophagic** — *Ecol.*
sténophage *(adj.).*

9055. **stenophagous** — Voir:
stenophagic.

9056. **stenopodium** — *Crust.*
sténopodium *(m.).*

9057. **stenothermal** — *Ecol.*
sténotherme *(adj.).*

9058. **stereocilium** — *Histol.*
stéréocil *(m.).*

9059. **stereoisomer** — *Chim.*
stéréo-isomère *(m.).*

9060. **stereoscan microscope** —
Voir: **scanning electron**
microscope.

9061. **stereotactic** — *Méd.*
stéréotaxique *(adj.).*

9062. **sterigma** — *Bot.*
stérigmate *(m.).*

9063. **sterile** — *Biol.* stérile
(adj.).

9064. **sternal** — *Anat.* sternal,
-e, -aux *(adj.).*

9065. **sternal plate** — *Arthrop.*
plaque *(f.)* sternale.

9066. **sternebra** — *Anat. comp.*
sternèbre *(f.).*

9067. **sternite** — *Arthrop.*
sternite *(m.),* sternum
(m.).

9068. **sternoryncha** — *Entom.*
sternorynques *(m. pl.).*

9069. **sternum** — *Anat.*
sternum *(m.); Arthrop.*
sternum *(m.),* sternite
(m.).

9070. **steroid hormone** —
Physiol. hormone *(f.)*
stéroïde.

9071. **steroidogenesis** —
Biochim., Physiol.
stéroïdogénèse *(f.).*

9072. **steroids** — *Biochim.*
stéroïdes *(m. pl.).*

9073. **sterol** — *Biochim.* stérol *(m.)*.

9074. **stickiness** — *Génét.* viscosité *(f.)*.

9075. **stigma** — *Arthrop., Bot.* stigmate; *Histol.* Voir: **follicular stigma**; *Protoz.* tache *(f.)* oculaire.

9076. **stimulose** — *Bot.* stimuleux, -euse *(adj.)*.

9077. **stimulus** — *Bot.* stimule *(m.)*; *Physiol.* stimulus *(m.)*.

9078. **sting** — *Arachn.* aiguillon *(m.)* (du scorpion), crochet *(m.)*; *Coelent.* cnidoblaste *(m.)*; *Entom.* dard *(m.)*, aiguillon *(m.)*; *Ichtyol.* épine *(f.)*.

9079. **stipe** — *Bot.* stipe *(m.)*, pédicule *(m.)*; *Entom.* stipe *(m.)*.

9080. **stipel** — *Bot.* stipelle *(f.)*.

9081. **stipella** — Voir: **stipel.**

9082. **stipiform** — *Bot., Zool.* stipiforme *(adj.)*.

9083. **stipitate** — *Bot.* stipité, -e *(adj.)*.

9084. **stipula** — Voir: **stipule.**

9085. **stipulaceous** — *Bot.* stipulacé, -e *(adj.)*.

9086. **stipular** — *Bot.* stipulaire *(adj.)*.

9087. **stipulate** — *Bot.* stipulé, -e *(adj.)*.

9088. **stipule** — *Bot.* stipule *(f.)*.

9089. **stipuled** — *Bot.* stipulé, -e *(adj.)*.

9090. **stipulose** — *Bot.* stipuleux, -euse *(adj.)*.

9091. **stock** — *Bot.* tronc *(m.)*, souche *(f.)*.

9092. **stolon** — *Bot.* stolon *(m.)*, coulant *(m.)*.

9093. **stoloniferous** — *Bot.* stolonifère *(adj.)*.

9094. **stoma** — *Anat., Bot.* stomate *(m.)*.

9095. **stomach** — *Anat.* estomac *(m.)*.

9096. **stomachal** — *Anat.* stomacal, -e, -aux *(adj.)*.

9097. **stomata** — Voir: **stoma.**

9098. **stomate** — Voir: **stoma.**

9099. **stomatopoda** — *Crust.* stomatopodes *(m. pl.)*.

9100. **stomodeum** — *Embryol.* stomodeum *(m.)*.

9101. **stomocord** — *Zool.* stomodorde *(f.)*.

9102. **stone** — *Physiol.* calcul *(m.)*, pierre *(f.)*.

9103. **stone canal** — *Echinod.* canal *(m.)* hydrophore, canal *(m.)* du sable.

9104. **stone cell** — Voir: **sclereid.**

9105. **stored food** — *Physiol.* réserve *(f.)* alimentaire.

9106. **strabism** — *Méd.* strabisme *(m.)*.

9107. **straight sinus** — *Anat.* sinus *(m.)* droit.

9108. **strain** — *Biol.* souche *(f.)*, lignée *(f.)*, race *(f.)*.

9109. **strand** — *Océanogr.* médiolittoral, -e, -aux *(adj.)*.

9110. **stratified** — *Biol.* stratifié, -e *(adj.)*.

9111. **stratified epithelium** — *Histol.* épithélium *(m.)* stratifié.

9112. **stratum** — *Histol.* stratum *(m.)*, couche *(f.)*, strate *(f.)*.

9113. **stratum corneum** — *Histol.* couche *(f.)* cornée.

9114. **stratum germinativum** — *Histol.* couche *(f.)* génératrice, couche *(f.)* basale.

9115. **stratum granulosum** — *Histol.* couche *(f.)* granuleuse.

9116. **stratum lucidum** — *Histol.* couche *(f.)* claire.

9117. **stratum Malpighii** — *Histol.* couche *(f.)* de Malpighi.

9118. **strepsiptera** — *Entom.* strepsiptères *(m. pl.)*, rhipiptères *(m. pl.)*.

9119. **streptococcus** — *Bactériol.* streptocoque *(m.)*.

9120. **streptoneura** — *Moll.* streptoneures *(m. pl.)*, prosobranches *(m. pl.)*.

9121. **streptostylic skull** — *Anat. comp.* crâne *(m.)* streptostylique.

9122. **stress** — *Ecol., Physiol.* stress *(m.)*, tension *(f.)*.

9123. **stressing** — *Physiol.* stressant, -e *(adj.)*.

9124. **stria** — *Anat., Bot.* strie *(f.)*, cannelure *(f.)*.

9125. **stria vascularis** — *Histol.* strie *(f.)* vasculaire.

9126. **striae of Retzius** — *Histol.* lignes *(f.)* de Retzius.

9127. **striated border cells** — *Histol.* cellules *(f.)* à plateau strié.

9128. **striated muscle** — Voir: **skeletal muscle.**

9129. **striation** — *Biol.* striation *(f.)*.

9130. **stridulant** — *Entom.* stridulant, -e *(adj.)*.

9131. **stridulation** — *Entom.* stridulation *(f.)*.

9132. **stridulating organ** — *Entom.* appareil *(m.)* stridulatoire.

9133. **stridulous** — *Pathol.* striduleux, -euse *(adj.)*.

9134. **strigil** — *Entom.* strigite *(m.)*, peigne *(m.)* tibial, râpe *(f.)*.

9135. **strigose** — *Bot.* hérissé, -e *(adj.)*, *Entom.* strié, -e *(adj.)*.

9136. **striola** — *Biol.* striole *(f.)*.

9137. **striolate** — *Biol.* striolé, -e *(adj.)*.

9138. **strobila** — *Zool.* strobile *(m.)*.

9139. **strobilaceous** — *Bot.* strobilacé, -e *(adj.)*.

9140. **strobilation** — *Coelent., Plath.* strobilation *(f.)*.

9141. **strobile** — *Bot.* strobile *(m.)*, cône *(m.)*; *Plath.* strobile *(m.)*.

9142. **strobiliferous** — *Bot.* strobilifère *(adj.)*.

9143. **strobiliform** — *Bot.* strobiliforme *(adj.)*.

9144. **strobilus** — Voir:
strobile.

9145. **stroma** — *Histol.* stroma
(m.).

9146. **stromal cell** — *Histol.*
cellule *(f.)* du stroma.

9147. **strongyloid larva** — *Ném.*
larve *(f.)* strongyloïde.

9148. **strophism** — *Bot.*
strophisme *(m.).*

9149. **structural change** —
Génét. modification *(f.)*
de structure.

9150. **structural coloration** —
Ornith. coloration *(f.)*
de structure.

9151. **structural gene** — *Génét.*
gène *(m.)* de structure,
gène *(m.)* structural.

9152. **structure** — *Biol.*
structure *(f.).*

9153. **structureless lamella** —
Voir: **mesoglea.**

9154. **study of currents** —
Océanogr. courantologie
(f.).

9155. **stylar** — *Bot.* stylaire
(adj.).

9156. **style** — *Bot.* style *(m.);*
Moll. Voir: **crystalline
style;** *Zool.* Voir: **stylus.**

9157. **stylet** — Voir: **stylus.**

9158. **stylohyal** — *Anat. comp.*
stylohyal *(m.),* os *(m.)*
stylohyal.

9159. **styloid** — *Anat.* styloïde
(adj.).

9160. **styloid process** — *Anat.
comp.* apophyse *(f.)*
styloïde.

9161. **stylomastoid foramen** —
Anat. comp. foramen
(m.) stylomastoïde.

9162. **stylommatophora** —
Moll. stylommatophores
(m. pl.).

9163. **stylospore** — *Bot.*
stylospore *(f.).*

9164. **stylus** — *Arthrop.* style
(m.) (appendice
abdominal); *Entom.*
stylet *(m.)* (pièce
buccale), stylet *(m.)*
(pièce copulatrice).

9165. **subarachnoid space** —
Anat. espace *(m.)* sous-
arachnoïdien.

9166. **subaxillary** — *Bot., Zool.*
sous-axillaire *(adj.);*
Ornith. axillaire *(adj.).*

9167. **subcapsular epithelium** —
Histol. épithélium
(m.) sous-capsulaire.

9168. **subcaudal** — *Ornith.,*
Zool. subcaudal, -e, -aux
(adj.).

9169. **subchoroidal space** —
Voir: **perichoroidal
space.**

9170. **subclavian** — *Anat.* sous-
clavier, -ière *(adj.).*

9171. **subclavian artery** —
Anat. artère *(f.)* sous-
clavière.

9172. **subclavian vein** — *Anat.*
veine *(f.)* sous-clavière.

9173. **subcortical** — *Bot.*
subcortical, -e, -aux
(adj.).

9174. **subcoxa** — *Entom.*
subcoxa *(f.).*

9175. **subcutaneous** — *Anat.,*
Zool. sous-cutané, -e
(adj.).

9176. **subendocardial layer** —
Histol. couche *(f.)* sous-endocardique.

9177. **subendothelial layer** —
Histol. couche *(f.)* sous-endothéliale.

9178. **subepicardial layer** —
Histol. couche *(f.)* sous-péricardique.

9179. **suber** — *Bot.* liège *(m.)*.

9180. **suberin** — *Bot.* subérine *(f.)*.

9181. **suberization** — *Bot.* subérisation *(f.)*.

9182. **suberous** — *Bot.* subéreux, -euse *(adj.)*.

9183. **subfamily** — *Syst.* sous-famille *(f.)*.

9184. **subgenital pits** —
Coelent. poches *(f.)* génitales, saccules *(f.)* sous-ombrellaires.

9185. **subgenus** — *Syst.* sous-genre *(m.)*.

9186. **subgerminal cavity** —
Embryol. cavité *(f.)* de segmentation.

9187. **subimago** — *Entom.* subimago *(m.)*.

9188. **subintestinal vessel** —
Ann. vaisseau *(m.)* ventral.

9189. **subliminal** — *Physiol.* subliminal, -e, -aux *(adj.)*.

9190. **sublingual gland** — *Anat.* glande *(f.)* sublinguale, glande *(f.)* sous-linguale.

9191. **submandibular gland** —
Voir: **submaxillary gland.**

9192. **sublittoral** — *Océanogr.* infralittoral, -e, -aux *(adj.)*, infralittoral *(m.)*, étage *(m.)* infralittoral. (Voir aussi: **lower sublittoral**).

9193. **submaxillary gland** —
Anat. glande *(f.)* sous-maxillaire.

9194. **submental** — *Anat.* submental, -e, -aux *(adj.)*.

9195. **submentum** — *Entom.* submentum *(m.)*, sous-menton *(m.)*.

9196. **submissiveness** —
Comport. submissivité *(f.)*.

9197. **submucosa** — Voir: **tunica submucosa.**

9198. **submucous plexus** —
Voir: **Meissner's plexus.**

9199. **subnecrotic rate** — *Env.* taux *(m.)* subnécrotique.

9200. **subneural** — *Zool.* sous-neural, -e, -aux *(adj.)*.

9201. **subneural blood vessel** —
Ann. vaisseau *(m.)* sous-neural.

9202. **suboccipital** — *Anat.* sous-occipital, -e, -aux *(adj.)*, suboccipital, -e, -aux *(adj.)*.

9203. **suboesophageal ganglion** — *Zool.* ganglion *(m.)* sous-oesophagien.

9204. **subopercular bone** —
Ichtyol. sous-opercule *(m.)*.

9205. **sub-pubic** — *Anat.* sous-pubien, -enne *(adj.)*.

9206. **subrostral** — *Bot., Zool.*
sous-rostral, -e, -aux
(adj.).

9207. **subrostral fossa** — *Zool.*
cavité *(f.)* sous-rostrale.

9208. **subscapular** — *Anat.*
sous-scapulaire *(adj.).*

9209. **subscapular vein** — *Anat.*
comp. veine *(f.)* sous-
scapulaire.

9210. **sub-shrub** — *Bot.* sous-
arbrisseau *(m.).*

9211. **subsoil** — *Pédol.* sous-sol
(m.).

9212. **subspecies** — *Syst.* sous-
espèce *(f.).*

9213. **substantia propria** —
Histol. tissu *(m.)* propre.

9214. **substernal** — *Anat.* sous-
sternal, -e, -aux *(adj.).*

9215. **substitution** — *Anat.,
Génét., Histol.*
substitution *(f.).*

9216. **substrate** — *Biochim.*
substrat *(m.); Ecol.,
Pédol.* substratum *(m.),*
substrat *(m.).*

9217. **substratum** — Voir:
substrate.

9218. **subulate** — *Bot., Zool.*
subulé, -e *(adj.),* aléné,
-e *(adj.).*

9219. **subulate leaf** — *Bot.*
feuille *(f.)* alénée.

9220. **subumbral** — *Coelent.*
sous-ombrellaire *(adj.).*

9221. **subumbral pits** — Voir:
subgenital pits.

9222. **subumbrellar** — Voir:
subumbral.

9223. **subungual** — *Anat., Zool.*
sous-ongulaire *(adj.),*

sous-unguéal, -e, -aux
(adj.).

9224. **succession** — *Ecol.*
succession *(f.).*

9225. **succulent** — *Bot.*
succulent, -e *(adj.).*

9226. **succus entericus** —
Physiol. suc *(m.)*
intestinal.

9227. **sucker** — *Ann., Moll.,
Plath.* ventouse *(f.);
Entom.* suçoir *(m.);
Zool.* suceur, -euse
(adj.).

9228. **suckling** — *Physiol.*
nourrisson *(m.),*
allaitement *(m.).*

9229. **sucrase** — *Biochim.*
sucrase *(f.),* invertase
(f.), saccharase *(f.).*

9230. **sucrose** — *Chim.*
saccharose *(m.).*

9231. **suctoria** — *Protoz.*
acinétiens *(m. pl.),*
tentaculifères *(m. pl.).*

9232. **sudanophilia** —
Microtech.
soudanophilie *(f.).*

9233. **sudatory** — *Physiol.*
sudorifique *(adj.).*

9234. **sudoriferous** — *Physiol.*
sudorifère *(adj.).*

9235. **sudorific** — *Physiol.*
sudorifique *(n. m. et
adj.).*

9236. **sudorific gland** — Voir:
sudoriparous gland.

9237. **sudoriparous** — Voir:
sudoriferous.

9238. **sudoriparous gland** —
Anat., Histol. glande *(f.)*
sudoripare.

9239. **sufficient** – *Statist.* exhaustif *(adj.)*.

9240. **sulcus** – *Anat.* rainure *(f.)*, scissure *(f.)*, sulcature *(f.)*.

9241. **sulcus calcanei** – *Anat. comp.* rainure *(f.)* calcanéenne.

9242. **sulcus marginalis** – *Anat. comp.* rainure *(f.)* marginale.

9243. **summation** – *Statist.* sommation *(f.)*.

9244. **summer wood** – *Bot.* bois *(m.)* d'été.

9245. **sunny side** (of a mountain) – *Ecol.* adroit *(m.)*.

9246. **superbacterium** – *Bactériol.* superbactérie *(f.)*.

9247. **superciliary** – *Anat.* sourcilier, -ière *(adj.)*.

9248. **superfetation** – *Embryol.* superfétation *(f.)*, superfécondation *(f.)*.

9249. **superficial ophthalmic nerve** – *Anat.* nerf *(m.)* ophtalmique superficiel.

9250. **superficial petrosal nerve** – *Anat.* nerf *(m.)* pétreux superficiel.

9251. **supergene** – *Génét.* supergène *(m.)*.

9252. **superior** – *Biol.* supérieur, -e *(adj.)*; *Bot.* supère *(adj.)* (ovaire); *Zool.* supère *(adj.)* (bouche).

9253. **superior oblique muscle** – *Anat.* muscle *(m.)* supérieur oblique (de l'oeil), muscle *(m.)* grand oblique (de l'oeil).

9254. **superior ovary** – *Bot.* ovaire *(m.)* supère.

9255. **superior palea** – *Bot.* glumelle *(f.)* supérieure (des graminées).

9256. **superior pharyngeal bone** – *Ichtyol.* os *(m.)* supérieur pharyngien.

9257. **superior rectus** – *Anat.* muscle *(m.)* droit supérieur (de l'oeil), muscle *(m.)* droit dorsal (de l'oeil).

9258. **superior temporal fossa** – *Anat. comp.* fosse *(f.)* temporale supérieure.

9259. **superlingua** – *Entom.* superlangue *(f.)*, superlingue *(f.)*.

9260. **superposition vision** – *Arthrop.* vision *(f.)* par superposition.

9261. **supinator** – *Anat.* supinateur *(m.)*, supinateur, -trice *(adj.)*.

9262. **supination** – *Physiol.* supination *(f.)*.

9263. **supine** – *Physiol.* en supination *(f.)*.

9264. **supporting cell** – *Histol.* cellule *(f.)* soutien.

9265. **suppressive mutation** – *Génét.* mutation *(f.)* suppressive.

9266. **suppressor gene** – *Génét.* gène *(m.)* suppresseur.

9267. **supra anal plate** – *Entom.* plaque *(f.)* supra-anale.

9268. **supra-angular** — *Anat. comp.* os *(m.)* supra-angulaire, supra-angulaire *(m.).*

9269. **supra-axillairy** — *Bot.* supra-axillaire *(adj.).*

9270. **supracilliary space** — *Anat.* espace *(m.)* supracilliaire.

9271. **supra-clavicle** — Voir: **supra-cleithrum.**

9272. **supra-cleithrum** — *Ichtyol.* supracleithrum *(m.)* (autrefois appelé supraclavicule).

9273. **supracostal** — *Anat.* surcostal, -e, -aux *(adj.).*

9274. **suprahepatic** — *Anat.* sus-hépatique *(adj.).*

9275. **supraliminal** — *Physiol.* supraliminal, -e, -aux *(adj.).*

9276. **supralittoral** — *Océanogr.* supralittoral, -e, -aux *(adj.)*, étage *(m.)*, supralittoral.

9277. **supra-occipital bone** — *Anat. comp.* os *(m.)* supra-occipital, supra-occipital *(m.).*

9278. **supra-oesophageal ganglion** — *Ann., Arthrop., Moll.* ganglion *(m.)* supra-oesophagien, ganglion *(m.)* cérébroïde, "cerveau" *(m.).*

9279. **supraoptic center** — *Anat.* centre *(m.)* supraoptique.

9280. **supra-orbital** — *Anat.* sus-orbitaire *(adj.)*, supra-orbitaire *(adj.).*

9281. **suprarenal gland** — Voir: **adrenal gland.**

9282. **supra-scapula** — *Anat. comp.* os *(m.)* supra-scapulaire, surscapulum *(m.)*, supra-scapulaire *(m.).*

9283. **supra-temporal arcade** — *Anat. comp.* arc *(m.)* supratemporal, arc *(m.)* post-orbito-squamosal.

9284. **supra-temporal bone** — *Anat. comp.* os *(m.)* supra-temporal, supra-temporal *(m.).*

9285. **supra-temporal fossa** — Voir: **superior temporal fossa.**

9286. **supra vital staining** — *Microtech.* coloration *(f.)* supravitale.

9287. **surfactant** — *Physiol.* surfactant *(m.).*

9288. **surgery** — *Art vétér., Méd.* chirurgie *(f.).*

9289. **surgical** — *Art vétér., Méd.* chirurgical, -e, -aux *(adj.).*

9290. **suricate** — *Mamm.* suricate *(m.).*

9291. **survey** — *Statist.* enquête *(f.).*

9292. **survival** — *Ecol., Zool.* survivance *(f.)*, survie *(f.).*

9293. **survival rate** — *Ecol.* taux *(m.)* de survie.

9294. **survivorship curve** — *Ecol., Zool.* courbe *(f.)* de survie.

9295. **suspensor** — *Bot.* suspenseur *(m.).*

9296. **suspensorium** — *Zool.*
suspenseur *(m.).*

9297. **suspensory** — *Biol.*
suspenseur *(adj. m.).*

9298. **suspensory ligament** —
Anat. ligament *(m.)*
suspenseur.

9299. **sustentacular cell** —
Voir: **supporting cell.**

9300. **sutural** — *Entom.*
sutural, -e, -aux *(adj.).*

9301. **suture** — *Anat., Entom.*
suture *(f.).*

9302. **suture-line** — *Paléont.*
ligne *(f.)* d'insertion
(des ammonites).

9303. **swallow** — *Ornith.*
hirondelle *(f.).*

9304. **swallow** (to) — *Physiol.*
avaler *(v. tr.),* ingurgiter
(v. tr.).

9305. **Swammerdam's gland** —
Voir: **calcareous node.**

9306. **swarm-spore** — *Bot.*
zoospore *(f.).*

9307. **sweat** — *Physiol.* sueur
(f.), transpiration *(f.).*

9308. **sweat** (to) — *Physiol.*
suer *(v. tr. et intr.),*
transpirer *(v. tr.).*

9309. **sweat gland** — *Anat.,*
Histol. glande *(f.)*
sudoripare.

9310. **sweat pore** — *Anat.,*
Histol. pore *(m.)* cutané.

9311. **swim-bladder** — Voir: **air**
bladder.

9312. **swimmeret** — *Crust.*
pléopode *(m.),* patte *(f.)*
abdominale, patte *(f.)*
natatoire.

9313. **swimming** — *Zool.*
nageur, -euse *(adj.).*

9314. **swimming bladder** —
Voir: **air bladder.**

9315. **sycon grade** — *Spong.*
stade *(m.)* sycon.

9316. **sylvan** — *Ecol.* selvatique
(adj.).

9317. **sylvian fissure** — Voir:
fissure of Sylvius.

9318. **symbion** — *Ecol.*
symbion *(m.).*

9319. **symbiont** — Voir:
symbion.

9320. **symbiosis** — *Biol., Ecol.*
symbiose *(f.).*

9321. **symbiote** — *Biol., Ecol.*
symbiote *(adj.).*

9322. **symbiotic** — *Biol., Ecol.*
symbiotique *(adj.).*

9323. **sympathetic ganglion** —
Anat. ganglion *(m.)*
sympathique.

9324. **sympathetic system** —
Anat. système *(m.)*
sympathique.

9325. **sympathin** — *Physiol.*
sympathine *(f.).*

9326. **sympatric** — *Génét.*
sympatrique *(adj.).*

9327. **sympatry** — *Biol., Génét.,*
Zool. sympatrie *(f.).*

9328. **sympetalous** — Voir:
gamopetalous.

9329. **symphyla** — *Arthrop.*
symphyles *(m. pl.).*

9330. **symphyly** — Voir:
commensalism.

9331. **symphysis** — *Anat.*
symphyse *(f.); Bot.,*
Ecol. symphitie *(f.).*

9332. **symphyta** — *Entom.*
symphytes *(m. pl.),*
sessiliventres *(m. pl.).*

9333. **symplast** — *Biol.*
symplaste *(m.)*.

9334. **symplectic bone** —
Ichtyol. os *(m.)*
symplectique,
symplectique *(m.)*.

9335. **sympode** — Voir:
sympodium.

9336. **sympodial** — *Bot.*
sympodique *(adj.)*.

9337. **sympodium** — *Bot.*
sympode *(n. m. et adj.)*.

9338. **synangium** — *Bot.*
synange *(m.)*.

9339. **synantherous** — *Bot.*
synanthéré, -e *(adj.)*.

9340. **synapse** — *Cytol., Histol.*
synapse *(f.)*.

9341. **synapsida** — *Anat. comp.*
synapsides *(m. pl.)*.

9342. **synapsis** — *Génét.*
synapsis *(f.)*, synapse
(f.), appariement *(m.)*.

9343. **synaptic vesicle** — *Cytol.,*
Histol. vésicule *(f.)*
synaptique.

9344. **synapticula** — *Zool.*
synapticule *(m.)*.

9345. **synaptida** — *Echinod.*
synaptes *(f. pl.)*.

9346. **synaptogenesis** —
Physiol. synaptogénèse
(f.).

9347. **synarthrodial** — *Anat.*
synarthrodial, -e, -aux
(adj.).

9348. **synarthrosis** — *Anat.*
synarthrose *(f.)*.

9349. **syncarida** — *Crust.*
syncarides *(m. pl.)*.

9350. **syncarp** — *Bot.* syncarpe
(m.).

9351. **syncarpous** — *Bot.*
syncarpé, -e *(adj.)*.

9352. **synchondrosis** — *Anat.*
synchondrose *(f.)*.

9353. **synchronisor** — *Ecol.,*
Physiol. synchroniseur
(m.).

9354. **synchronous culture** —
Bactériol. culture *(f.)*
synchrone.

9355. **syncytial knot** —
Embryol. bourgeon *(m.)*
syncitial.

9356. **syncytial trophoblast** —
Histol. syncytio-
trophoblaste *(m.)*.

9357. **syncytium** — *Cytol.*
syncytium *(m.)*,
plasmode *(m.)*.

9358. **syndactyle** — *Anat.*
comp. syndactyle *(adj.)*.

9359. **syndactylism** — Voir:
syndactyly.

9360. **syndactylous** — Voir:
syndactyle.

9361. **syndactyly** — *Anat.*
comp. syndactylie *(f.)*.

9362. **syndesis** — *Génét.*
syndèse *(f.)*.

9363. **syndesmochorial** —
Embryol.
syndesmochorial *(adj.)*.

9364. **syndesmo-chorialis**
placenta — *Embryol.*
placenta *(m.)*
syndesmochorial.

9365. **syndesmosis** — *Anat.*
syndesmose *(f.)*.

9366. **synecology** — *Ecol.*
synécologie *(f.)*.

9367. **synergia** — Voir:
synergy.

9368. **synergic** — *Physiol.*
synergique *(adj.)*.

9369. **synergid** — *Bot.*
synergide *(f.)*.

9370. **synergism** — Voir:
synergy.

9371. **synergy** — *Physiol.*
synergie *(f.)*.

9372. **syngamodeme** — *Génét.*
syngamodème *(m.)*.

9373. **syngamy** — *Biol.*
syngamie *(f.)*.

9374. **syngenesia** — *Biol.*
syngénésie *(.)*,
syngenèse *(f.)*.

9375. **syngenesious** — *Biol.*
syngénésique *(adj.)*.

9376. **syngenesis** — Voir:
syngenesia.

9377. **syngenetic** — Voir:
syngenesious.

9378. **synostosis** — *Anat.*,
Histol. synostose *(f.)*.

9379. **synovia** — Voir: **synovial
fluid.**

9380. **synovial** — *Anat.*
synovial, -e, -aux *(adj.)*.

9381. **synovial capsule** — *Anat.*
bourse *(f.)* synoviale.

9382. **synovial fluid** — *Anat.*
synovie *(f.)*, liquide *(m.)*
synovial.

9383. **synovial membrane** —
Anat. membrane *(f.)*
synoviale.

9384. **syntoxic** — *Biochim.*
syntoxique *(adj.)*.

9385. **syntype** — *Biol.*, *Syst.*
syntype *(m.)*.

9386. **syrinx** — *Ornith.* syrinx
(f.).

9387. **systaltic** — *Physiol.*
systaltique *(adj.)*.

9388. **system** — *Anat.*, *Physiol.*
système *(m.)*, appareil
(m.).

9389. **systema naturae** — *Syst.*
système *(m.)* naturel (de
Linné).

9390. **systemic** — *Biol.*
systémique *(adj.)*.

9391. **systemic arch** — *Anat.*
crosse *(f.)* aortique.

9392. **systemic circulation** —
Physiol. circulation *(f.)*
générale.

9393. **systématics** — *Bot.*, *Zool.*
systématique *(f.)*.

9394. **systole** — *Physiol.* systole
(f.).

9395. **systolic** — *Physiol.*
systolique *(adj.)*.

9396. **syzygy** — *Echinod.*
syzygie *(f.)*.

T

9397. **tachycardia** — *Physiol.*
tachycardie *(f.)*.

9398. **tachygenesis** — *Embryol.*,
Evol. tachygenèse *(f.)*.

9399. **tachymictic lake** —
Limnol. lac *(m.)*
tachymictique.

9400. **tactile** — *Anat.*, *Physiol.*,
Zool. tactile *(adj.)*.

9401. **tactile corpuscle** —
Anat., *Histol.* corpuscule
(m.) tactile.

9402. **tactile receptor** —
Physiol. récepteur *(m.)*
tactile.

9403. **tactism** — *Biol.* tactisme
(m.).

9404. **tadpole** — *Amph.* têtard *(m.)*.

9405. **taenia** — *Parasitol.*, *Plath.* taenia *(m.)*, ténia *(m.)*.

9406. **taenioglossa** — *Moll.* taenioglosses *(m. pl.)*.

9407. **tail** — *Zool.* queue *(f.)*, appendice *(m.)* caudal.

9408. **tail-base** — *Zool.* croupion *(m.)*.

9409. **tail-biting** — Voir: **caudophagia.**

9410. **tail-coverts** — *Ornith.* tectrices *(f.)* de la queue. (Voir: **upper** et **lower tail-coverts**).

9411. **tail fin** — *Ichtyol.* nageoire *(f.)* caudale.

9412. **tail fold** — *Embryol.* pli *(m.)* amniotique postérieur, pli *(m.)* caudal.

9413. **talon** — *Mamm.* griffe *(f.)*, *Ornith.* serre *(f.)*.

9414. **talpoid** — *Zool.* talpiforme *(adj.)*.

9415. **tangential** — *Biol.* tangentiel, -elle *(adj.)*.

9416. **tangential section** — *Biol.* coupe *(f.)* tangentielle.

9417. **tannin** — *Bot.*, *Pharmacol.* tanin *(m.)*, tannin *(m.)*.

9418. **tapetum** — *Anat.* tapétum *(m.)*, tapis *(m.)*.

9419. **tapeworm** — *Plath.* cestode *(m.)*.

9420. **taphonomy** — *Paléont* taphonomie *(f.)*.

9421. **taproot** — *Bot.* racine *(f.)* pivotante.

9422. **tardigrada** — *Arthrop.*, *Mamm.* tardigrades *(m. pl.)*.

9423. **tardigrade** — *Zool.* tardigrade *(n. m. et adj.)*.

9424. **target cell** — *Cytol.* cellule-cible *(f.)*.

9425. **target corpuscle** — Voir: **target cell.**

9426. **target organ** — *Physiol.* organe *(m.)* cible.

9427. **tarsal** — *Anat.* tarsien, -enne *(adj.)*. (Voir aussi: **tarsal bone**).

9428. **tarsal bone** — *Anat.* tarse *(m.)*, os *(m.)* tarsien.

9429. **tarsiiform** — *Zool.* tarsiiforme *(n. m. et adj.)*.

9430. **tarsius** — *Mamm.* tarsier *(m.)*.

9431. **tarsomere** — *Entom.* tarsomère *(m.)*, tarsite *(m.)*.

9432. **tarso-metatarsal** — *Anat. comp.* tarso-métatarsien, -enne *(adj.)*.

9433. **tarso-metatarsus** — *Anat. comp.* tarso-métatarse *(m.)*.

9434. **tarsus** — *Anat.*, *Entom.* tarse *(m.)*; *Ornith.* tarso-métatarse *(m.)*.

9435. **taste** — *Physiol.* goût *(m.)*.

9436. **taste bud** — *Histol.*, *Physiol.* bourgeon *(m.)* gustatif, bourgeon *(m.)* du goût.

9437. **taste hair** — *Histol.* poil *(m.)* gustatif.

9438. **tautomerisation** — *Chim.*
tautomérisation *(f.).*

9439. **taxidermist** — *Tech.*
taxidermiste *(m.).*

9440. **taxidermy** — *Tech.*
taxidermie *(f.).*

9441. **taxinomy** — Voir:
taxonomy.

9442. **taxis** — *Comport., Zool.*
taxie *(f.).*

9443. **taxon** — *Bot., Syst., Zool.*
taxon *(m.),* taxum *(m.).*

9444. **taxonomy** — *Bot., Zool.*
taxonomie *(f.),*
taxinomie *(f.).*

9445. **tectibranchiata** — *Moll.*
tectibranches *(m. pl.).*

9446. **tectology** — *Zool.*
tectologie *(f.).*

9447. **tectorial membrane** —
Anat. membrane *(f.)*
tectrice.

9448. **tectospondylous
vertebra** — *Anat.*
comp. vertèbre *(f.)*
tectospondyle.

9449. **tectrices** — *Ornith.*
plumes *(f.)* tectrices,
tectrices *(f.),*
couvertures *(f.).*

9450. **tectum opticum** — *Anat.*
toit *(m.)* optique.

9451. **teff** — *Agric.* tef *(m.),* teff
(m.).

9452. **teff grass** — Voir: **teff.**

9453. **tegmen** — *Bot.* tegmen
(m.), tégument *(m.),*
endoplèvre *(f.); Entom.*
tegmen *(m.)* (pl:
tegmina); *Echinod.*
pièce *(f.)* centrodorsale,
centrodorsale *(f.).*

9454. **tegmentum** — *Moll.*
tegmentum *(m.).*

9455. **tegula** — *Entom.* tégula
(f.), tégule *(f.).*

9456. **tegument** — *Anat., Bot.*
tégument *(m.).*

9457. **tegumental** — Voir:
tegumentary.

9458. **tegumentary** — *Anat.,*
Bot. tégumentaire *(adj.).*

9459. **telegony** — *Génét.*
télégonie *(f.),*
imprégnation *(f.).*

9460. **telencephalon** — *Anat.*
télencéphale *(m.).*

9461. **teleonomy** — *Evol.*
téléonomie *(f.).*

9462. **teleoptile** — *Ornith.*
plume *(f.)* téléoptile,
téléoptile *(adj.).*

9463. **teleost** — *Ichtyol.*
téléostéen *(n. m. et adj.).*

9464. **teleostean** — *Ichtyol.*
téléostéen *(adj.).*

9465. **teleostei** — *Ichtyol.*
téléostéens *(m. pl.).*

9466. **teleostomi** — *Ichtyol.*
téléostomes *(m. pl.).*

9467. **teliospore** — *Bot.*
téliospore *(f.),*
téleutospore *(f.).*

9468. **telium** — *Bot.* télie *(f.).*

9469. **telluric discharge** —
Env., Océanogr. rejet
(m.) tellurique.

9470. **telocentric** — *Génét.*
télocentrique *(adj.).*

9471. **telodendrite** — *Histol.*
télodendrite *(m.).*

9472. **telolecithal** — *Embryol.*
télolécithe *(adj.).*

9473. **telolecithal egg** —
Embryol. oeuf *(m.)*
télolécithe.

9474. **telophase** — *Cytol.*
télophase *(f.)*. (Voir:
early et **late telophase**).

9475. **telosynapsis** — *Génét.*
télosynapsis *(m.)*,
télosynapse *(m.)*.

9476. **telson** — *Crust.* telson
(m.).

9477. **temnocephalea** — *Plath.*
temnocéphales *(m. pl.)*.

9478. **temnospondylous** —
Amph. temnospondyle
(adj.).

9479. **temperate deciduous
forest** — *Ecol.* forêt
(f.) tempérée
caducifoliée.

9480. **temple-bone** — Voir:
temporal bone.

9481. **temporal** — *Anat.*
temporal, -e, -aux *(adj.)*.

9482. **temporal bone** — *Anat.*
os *(m.)* temporal,
temporal *(m.)*.

9483. **temporal cavity** — *Anat.*
comp. cavité *(f.)*
temporale.

9484. **temporal fossa** — *Anat.*
comp. fosse *(f.)*
temporale, fenêtre *(f.)*
temporale.

9485. **temporal lobe** — *Anat.*
lobe *(m.)* temporal.

9486. **tendinous** — *Anat.*
tendineux, -euse *(adj.)*.

9487. **tendon** — *Anat.* tendon
(m.).

9488. **tendon cell** — Voir:
fibroblast.

9489. **tendril** — *Bot.* vrille *(f.)*,
cirre *(m.)*.

9490. **Tenon's capsule** —
Histol. capsule *(f.)* de
Tenon.

9491. **tension receptor** —
Physiol. récepteur *(m.)*
de la tension.

9492. **tensor tympani muscle** —
Anat. muscle *(m.)*
tenseur du tympan.

9493. **tentacle** — *Zool.*
tentacule *(m.)*.

9494. **tentacled** — Voir:
tentaculate.

9495. **tentacula** — *Coelent.*
tentaculés *(m. pl.)*,
micropharyngiens *(m.
pl.)*.

9496. **tentacular** — *Zool.*
tentaculaire *(adj.)*.

9497. **tentaculata** — Voir:
tentacula.

9498. **tentaculate** — *Zool.*
tentaculé, -e *(adj.)*.

9499. **tentaculocyst** — *Coelent.*
tentaculocyste *(m.)*.

9500. **tentorium** — *Entom.*
tentorium *(m.)*.

9501. **tenuiflorous** — *Bot.*
ténuiflore *(adj.)*.

9502. **tenuifoliate** — *Bot.*
ténuifolié *(adj.)*.

9503. **tenuiroster** — *Ornith.*
ténuirostre *(m.)*.

9504. **tenuirostrate** — *Ornith.*
ténuirostre *(adj.)*.

9505. **tepal** — *Bot.* tépale *(m.)*.

9506. **teratogenesis** — *Tératol.*
tératogenèse *(f.)*.

9507. **teratologist** — *Tératol.* tératologiste *(m.)*, tératologue *(m.)*.

9508. **teratology** — *Biol., Méd.* tératologie *(f.)*.

9509. **terebellid** — *Ann.* térébelle *(f.)* (ne pas confondre avec le gastéropode du même nom).

9510. **terebra** — *Entom.* tarière *(f.)*.

9511. **terebrant** — *Zool.* térébrant, -e *(adj.)*.

9512. **terebrantia** — *Entom.* térébrants *(m. pl.)*.

9513. **tergal** — *Arthrop.* tergal, -e, -aux *(adj.)*.

9514. **tergeminal** — *Bot.* tergéminé, -e *(adj.)*.

9515. **tergeminate** — Voir: **tergeminal.**

9516. **tergite** — *Arthrop.* tergite *(m.)*, tergum *(m.)*.

9517. **tergum** — Voir: **tergite.**

9518. **terminal** — *Biol.* terminal, -e, -aux *(adj.)*.

9519. **terminal bars** — *Cytol.* bandelettes *(f.)* obturantes.

9520. **terminal bronchiole** — *Anat.* bronchiole *(f.)* terminale.

9521. **terminal web** — *Cytol.* plateau *(m.)* terminal.

9522. **termitarium** — *Entom.* termitière *(f.)*.

9523. **termite** — *Entom.* termite *(m.)*.

9524. **ternate** — *Bot.* terné, -e *(adj.)*.

9525. **ternately triflorous** — *Bot.* terniflore *(adj.)*.

9526. **terpene** — *Bot., Chim.* terpène *(m.)*.

9527. **terrestrial** — *Biol.* terrestre *(adj.)*.

9528. **terricola** — *Ann.* terricoles *(m. pl.)*.

9529. **terricolous** — *Ann.* terricole *(adj.)*.

9530. **territorial** — *Comport., Ecol.* territorial *(adj.)*.

9531. **territorial imperative** — *Ecol.* territorialisme *(m.)*.

9532. **territorial matrix** — Voir: **cartilage capsule.**

9533. **territoriality** — *Ecol.* territorialité *(f.)*.

9534. **territory** — *Ecol.* territoire *(m.)*.

9535. **tertials** — *Ornith.* rémiges *(f.)* tertiaires.

9536. **tertian fever** — *Parasitol.* fièvre *(f.)* tierce. (Voir aussi: **malaria**).

9537. **tertiary** — *Géol.* tertiaire *(n. m. et adj.)*.

9538. **tertiary structure** — *Génét.* structure *(f.)* tertiaire.

9539. **tertiary treatment** — *Env.* traitement *(m.)* tertiaire.

9540. **test** — *Bot.* test *(m.)*; testa *(m.)*; *Statist.* test *(m.)*, *Zool.* test *(m.)*, carapace *(f.)*.

9541. **test for goodness of fit** — *Statist.* test *(m.)* d'ajustement.

9542. **testa** — Voir: **test.**

9543. **testaceous** — *Bot.* de couleur *(f.)* brique; *Zool.* testacé, -e *(adj.),* de couleur *(f.)* brique.

9544. **testicardines** — *Crust.* testicardines *(m. pl.).*

9545. **testicle** — Voir: **testis.**

9546. **testicular** — *Anat., Zool.* testiculaire *(adj.).*

9547. **testiculate** — *Anat., Zool.* testiculé, -e *(adj.).*

9548. **testis** — *Anat.* testicule *(m.).*

9549. **testosterone** — *Biochim., Physiol.* testostérone *(f.).*

9550. **testudinata** — *Herpétol.* testudines *(m. pl.),* chéloniens *(m. pl.).*

9551. **testudinidae** — *Herpétol.* testudinidés *(m. pl.).*

9552. **tetanic** — *Physiol.* tétanique *(adj.).*

9553. **tetanize** (to) — *Physiol.* tétaniser *(v. tr.).*

9554. **tetanus** — *Physiol.* tétanos *(m.).*

9555. **tetany** — *Pathol.* tétanie *(f.),* tétanos *(m.)* intermittent.

9556. **tetrabranchiata** — *Moll.* tétrabranches *(m. pl.).*

9557. **tetractinellida** — *Spong.* tétractinellidés *(m. pl.).*

9558. **tetrad** — *Bot., Génét.* tétrade *(f.).*

9559. **tetrad analysis** — *Génét.* analyse *(f.)* des tétrades.

9560. **tetradactyl** — Voir: **tetradactylous.**

9561. **tetradactylous** — *Zool.* tétradactyle *(adj.).*

9562. **tetradynamous** — *Bot.* tétradyname *(adj.).*

9563. **tetralophodont teeth** — *Anat. comp.* dents *(f.)* tétralophodontes.

9564. **tetramerous** — *Bot., Entom.* tétramère *(adj.).*

9565. **tetrandria** — *Bot.* tétrandrie *(f.).*

9566. **tetrandrous** — *Bot.* tétrandre *(adj.).*

9567. **tetraparental** — *Génét.* tétraparental *(adj.).*

9568. **tetrapetalous** — *Bot.* tétrapétale *(adj.).*

9569. **tetraphyllidea** — *Plath.* tétraphyllidiens *(m. pl.).*

9570. **tetraplegic** — *Méd.* tétraplégique *(adj.).*

9571. **tetraploid** — *Génét.* tétraploïde *(n. m. et adj.).*

9572. **tetraploidy** — *Génét.* tétraploïdie *(f.).*

9573. **tetrapoda** — *Zool.* tétrapodes *(m. pl.).*

9574. **tetrapterous** — *Entom.* tétraptère *(adj.).*

9575. **tetrarhynchidea** — *Plath.* tétrarhynchidiens *(m. pl.).*

9576. **tetrasepalous** — *Bot.* tétrasépale *(adj.).*

9577. **tetrasomic** — *Génét.* tétrasomique *(adj.).*

9578. **tetraspore** — *Bot.* tétraspore *(f.).*

9579. **tetraxon** — *Spong.* tetraxone *(adj.),* spicule *(m.)* tétraxone.

9580. **thalamencephalon** — *Anat.* thalamencéphale

(m.), diencéphale *(m.),* cerveau *(m.)* intermédiaire.

9581. **thalamifloral** — Voir: **thalamiflorous.**

9582. **thalamiflorous** — *Bot.* thalamiflore *(adj.).*

9583. **thalamus** — *Anat.* thalamus *(m.),* couches *(f.)* optiques.

9584. **thaliacea** — *Tun.* thaliacés *(m. pl.).*

9585. **thallophyta** — *Bot.* thallophytes *(f. pl.).*

9586. **thallus** — *Bot.* thalle *(m.).*

9587. **thanatocoenose** — *Ecol., Env.* thanatocénose *(f.).*

9588. **thanatocoenosis** — Voir: **thanatocoenose.**

9589. **thebesian valve** — *Anat. comp.* valvule *(f.)* de Thébésius.

9590. **theca** — *Bot.* loge *(f.); Histol., Physiol.* thèque *(f.); Mycol.* asque *(m.),* thèque *(f.).*

9591. **theca folliculi** — *Histol.* thèque *(f.)* folliculaire.

9592. **theca lutein cells** — *Histol.* cellules *(f.)* lutéiniques thècales.

9593. **thecodont teeth** — *Anat. comp.* dents *(f.)* thécodontes.

9594. **thecophora** — *Herpétol.* thécophores *(m. pl.).*

9595. **theory of the correlation of parts** — *Evol.* loi *(f.)* des corrélations anatomiques.

9596. **theriodonta** — *Herpétol.* thériodontes *(m. pl.).*

9597. **thermal pollution** — *Env.* pollution *(f.)* thermique.

9598. **thermal radiation** — *Ecol.* radiation *(f.)* thermique.

9599. **thermal water** — *Géol.* eau *(f.)* thermale, eau *(f.)* thermominérale.

9600. **thermocline** — *Limnol., Océanogr.* thermocline *(f.).*

9601. **thermogenesis** — *Physiol.* thermogenèse *(f.).*

9602. **thermogenetic** — *Physiol.* thermogène *(adj.).*

9603. **thermogenic** — Voir: **thermogenetic.**

9604. **thermogenous** — Voir: **thermogenetic.**

9605. **thermograph** — *Ecol.* thermographe *(m.).*

9606. **thermolabile** — *Biochim.* thermolabile *(adj.).*

9607. **thermolability** — *Biochim.* thermolabilité *(f.).*

9608. **thermonasty** — *Bot.* thermonastie *(f.).*

9609. **thermoperiod** — *Bot.* thermopériode *(f.).*

9610. **thermophilic** — *Bactériol., Micro. biol.* thermophile *(adj.).*

9611. **thermopreferendum** — *Ecol., Env.* thermopréférendum *(m.).*

9612. **thermoreader** — *Méd.* thermolecteur *(m.).*

9613. **therology** — *Zool.* mammalogie *(f.).*

9614. **therophyte** — *Bot.* thérophyte *(n. f. et adj.).*

9615. **theropoda** — *Paléont.*
théropodes *(m. pl.).*

9616. **thiamin** — *Biochim.*
thiamine *(f.),* vitamine
B1 *(f.),* aneurine *(f.),*
vitamine *(f.)*
antinévritique.

9617. **thigh** — *Anat., Ornith.*
cuisse *(f.).*

9618. **thigmotaxis** — Voir:
thigmotropism.

9619. **thigmothermic** —
Physiol., Zool.
thigmotherme *(adj.).*

9620. **thigmotropism** — *Biol.*
thigmotropisme *(m.),*
thigmotaxie *(f.),*
haptotropisme *(m.).*

9621. **third eye** — Voir: **pineal
eye.**

9622. **third ventricle** — *Anat.*
troisième ventricule
(m.).

9623. **thirst** — *Physiol.* soif *(f.).*

9624. **thirsty** — *Physiol.*
assoiffé, -e *(adj.).*

9625. **thoracic** — *Anat.*
thoracique *(adj.).*

9626. **thoracic duct** — *Anat.*
canal *(m.)* thoracique.

9627. **thoracic ganglion** —
Anat. ganglion *(m.)*
thoracique.

9628. **thoracic wall** — *Anat.*
paroi *(f.)* thoracique.

9629. **thoracica** — *Crust.*
thoraciques *(m. pl.).*

9630. **thorax** — *Anat.* thorax
(m.), cage *(f.)*
thoracique.

9631. **thorn** — *Bot.* épine *(f.).*

9632. **thorny** — *Bot.* spinifère
(adj.), spinigère *(adj.).*

9633. **thoroughbred** — *Génét.,
Zool., Zootechn.* pur
sang *(loc. m.),* de race
(f.) pure.

9634. **thread** — *Coelent.*
filament *(m.)* urticant
(d'un nématoblaste).

9635. **thread cell** — Voir:
nematoblast.

9636. **threadworm** — Voir:
nematoda.

9637. **three-budded** — *Bot.*
trigemme *(adj.).*

9638. **threshold** — *Ecol.,
Physiol.* seuil *(m.).*

9639. **throat** — *Anat., Ornith.*
gorge *(f.).*

9640. **thrombin** — *Biochim.,
Physiol.* thrombine *(f.),*
fibrine *(f.)* ferment,
plasmase *(f.),*
thrombase *(f.).*

9641. **thrombus** — *Histol.*
thrombus *(m.).*

9642. **thrombocyte** — *Hématol.,
Histol.* thrombocyte
(m.). (Voir aussi: **blood
platelet**).

9643. **thrombocytic** — Voir:
haematoblastic.

9644. **thrombocytopenia** —
Hématol.
thrombocytopénie *(f.).*

9645. **thrombokinase** —
Biochim. thrombokinase
(f.), thromboplastine
(f.), thrombokinine *(f.),*
thrombozyme *(f.),*
cytozyme *(f.),*
zymoplastine *(f.).*

9646. **thromboplastin** — Voir:
thrombokinase.

9647. **thrombosis** — *Physiol.*
thrombose *(f.).*

9648. **thumb** — *Anat.* pouce
(m.).

9649. **thylakoid** — *Bot.*
thylakoïde *(m.).*

9650. **thymic** — *Anat.*
thymique *(adj.).*

9651. **thymic corpuscle** —
Voir: **corpuscle of
Hassall.**

9652. **thymocyte** — *Histol.*
thymocyte *(m.).*

9653. **thymoprivic** — Voir:
thymoprivous.

9654. **thymoprivous** — *Méd.,
Physiol.* thymiprive
(adj.).

9655. **thymus** — *Anat., Physiol.*
thymus *(m.).*

9656. **thyrocalcitonin** —
Biochim.
thyrocalcitonine *(f.).*

9657. **thyroglobulin** — *Biochim.*
thyroglobuline *(f.),*
thyréoglobuline *(f.).*

9658. **thyrohyal cartilage** —
Anat. comp. thyrohyal
(m.), petites cornes *(f.)*
postérieures (de
l'appareil hyoïdien).

9659. **thyrohyoid cartilage** —
Anat. comp. cartilage
(m.) thyro-hyoïdien.
(Voir aussi: **thyrohyal
cartilage**).

9660. **thyroid cartilage** — *Anat.*
cartilage *(m.)* thyroïde.

9661. **thyroid gland** — *Anat.*
glande *(f.)* thyroïde,
thyroïde *(f.).*

9662. **thyroid process** — *Anat.*
processus *(m.)* thyroïde.

9663. **thyroid stimulating
hormone** — Voir:
thyrotrophic hormone.

9664. **thyroid vein** — *Anat.*
veine *(f.)* thyroïdienne.

9665. **thyroidectomy** — *Méd.*
thyroïdectomie *(f.).*

9666. **thyroidectomy cells** —
Histol. cellules *(f.)* de
thyroïdectomie.

9667. **thyroidism** — *Pathol.*
thyroïdisme *(m.).*

9668. **thyrotrophic** — *Physiol.*
thyréotrope *(adj.).*

9669. **thyrotrophic hormone** —
Physiol. hormone *(f.)*
thyréotrope,
thyréostimuline *(f.),*
T.S.H. *(f.).*

9670. **thyrotropic** — Voir:
thyrotrophic.

9671. **thyrotropic hormone** —
Voir: **thyrotrophic
hormone.**

9672. **thyroxin** — *Biochim.*
thyroxine *(f.).*

9673. **thysanoptera** — *Entom.*
thysanoptères *(m. pl.),*
thysanoptéroïdes *(m.
pl.),* physapodes *(m. pl.).*

9674. **thysanoura** — *Entom.*
thysanoures *(m. pl.).*

9675. **tibia** — *Anat.* tibia *(m.).*

9676. **tibial** — *Anat.* tibial, -e,
-aux *(adj.).*

9677. **tibiale** — *Anat. comp.*
tibial *(m.),* astragale
(m.).

9678. **tibio-fibula** — *Anat.
comp.* tibio-fibula *(m.).*

9679. **tibio-tarsal** — *Anat.*
tibio-tarsien, -enne

(adj.); *Anat. comp.* tibio-tarse *(m.)*.

9680. **tick** — *Arachn.* tique *(f.)*; *Entom.* Voir: **dog tick, horse tick, tick fly.**

9681. **tick-fly** — *Entom.* hippobosque *(m.)*.

9682. **tick-removing** — *Art vétér.* détiqueur *(adj.)*. (Voir aussi: **ixodicide**).

9683. **tidal air** — *Physiol.* air *(m.)* de respiration.

9684. **tidal energy** — *Env., Océanogr.* énergie *(f.)* marémotrice.

9685. **tidal wave** — *Océanogr.* raz *(m.)* de marée.

9686. **tide** — *Océanogr.* marée *(f.)*.

9687. **tide land** — *Env.* terre *(f.)* inondée.

9688. **tide range** — *Océanogr.* marnage *(m.)*.

9689. **tied ranks** — *Statist.* rangs *(m.)* ex-aequo.

9690. **Tiedmann's body** — *Echinod.* corps *(m.)* de Tiedmann.

9691. **tige** — *Bot.* tige *(f.)*.

9692. **tigella** — *Bot.* tigelle *(f.)*.

9693. **tigellate** — *Bot.* tigellé, -e *(adj.)*.

9694. **tigon** — *Zool.* tigon *(m.)*.

9695. **tigroid body** — Voir: **Nissl's granules.**

9696. **tiliaceous** — *Bot.* tiliacé, -e *(adj.)*.

9697. **tiller** — *Bot.* talle *(f.)*.

9698. **timber** — Voir: **standing timber.**

9699. **tinamiformes** — *Ornith.* tinamiformes *(m. pl.)*.

9700. **tine** — *Mall.* andouiller *(m.)* (de daim, de cerf, de chevreuil).

9701. **tissue** — *Histol.* tissu *(m.)* (Voir aussi: les noms spécifiques).

9702. **tissue culture** — *Histol.* culture *(f.)* de tissus.

9703. **tissue fluid** — *Physiol.* liquide *(m.)* tissulaire.

9704. **tissue respiration** — *Physiol.* respiration *(f.)* tissulaire.

9705. **titration** — *Biol.* titration *(f.)*, titrage *(m.)*, dosage *(m.)*.

9706. **toe** — *Anat.* orteil *(m.)*, doigt *(m.)* de pied.

9707. **tolerance** — *Ecol., Génét., Physiol.* accoutumance *(f.)*, tolérance *(f.)*.

9708. **tolerant** — *Ecol., Génét., Physiol.* tolérant, -e *(adj.)*.

9709. **Tomes's dentinal fibers** — *Histol.* fibres *(f.)* de Tomes.

9710. **tomium** — *Ornith.* tomium *(m.)*, tomies *(m.)*.

9711. **tongue** — *Anat.* langue *(f.)*.

9712. **tongue bar** — *Céphal.* languette *(f.)* (de l'amphioxus).

9713. **tonofibril** — *Cytol.* tonofibrille *(f.)*.

9714. **tonofilament** — *Cytol.* tonofilament *(m.)*.

9715. **tonoplast** — *Cytol.* tonoplaste *(m.)*,

membrane *(f.)*
vacuolaire.

9716. **tonsil** — *Anat.* amygdale
(f.). (Voir aussi: **lingual
tonsil, palatine tonsil,
pharyngeal tonsil, tubal
tonsil**).

9717. **tonsillar crypt** — *Histol.*
crypte *(f.)* tonsillaire.

9718. **tonus** — *Physiol.* tonus
(m.).

9719. **tool** — *Comport.* outil
(m.).

9720. **tooth** — *Anat., Zool.* dent
(f.).

9721. **tooth germs** — *Histol.*
germes *(m.)* dentaires.

9722. **toposequence** — *Pédol.*
toposéquence *(f.).*

9723. **topotaxis** — *Biol.*
topotaxie *(f.).*

9724. **topothesiology** — *Env.*
sitologie *(f.).*

9725. **tormogen** — *Entom.*
cellule *(f.)* tormogène.

9726. **tornaria larva** — *Zool.*
larve *(f.)* tornaria.

9727. **torsion** — *Moll.* torsion
(f.).

9728. **torula** — *Mycol.* torola
(f.), torule *(m.).*

9729. **torus** — *Bot.* réceptacle
(m.), disque *(m.)*
ligneux.

9730. **total amount law** —
Comport., Physiol. loi
(f.) d'action de masse.

9731. **totipotency** — *Génét.*
totipotence *(f.).*

9732. **toxalbumin** — *Biochim.*
toxalbumine *(f.).*

9733. **toxic** — *Méd.,
Pharmacol.* toxique
(adj.), intoxicant, -e
(adj.).

9734. **toxicity** — *Pharmacol.*
toxicité *(f.).*

9735. **toxicogenic** — *toxicol.*
toxicogène *(adj.).*

9736. **toxicological** —
Pharmacol.
toxicologique *(adj.).*

9737. **toxicologist** — *Méd.*
toxicologue *(m.).*

9738. **toxicology** — *Méd.*
toxicologie *(f.).*

9739. **toxigenic** — Voir:
toxicogenic.

9740. **toxin** — *Bactériol.,
Biochim.* toxine *(f.).*

9741. **toxodontia** — *Paléont.*
toxodontes *(m. pl.).*

9742. **toxolysis** — *Pathol.*
toxolyse *(f.).*

9743. **trabecula** — *Histol.*
trabécule *(f.).*

9744. **trabecular** — *Histol.*
trabéculaire *(adj.).*

9745. **trabecular artery** —
Anat. artère *(f.)*
trabéculaire.

9746. **trabecular vein** — *Anat.*
veine *(f.)* trabéculaire.

9747. **trace element** — *Ecol.*
oligo-élément *(m.).*

9748. **tracer** — *Biol., Chim.*
traceur *(m.).*

9749. **tracer isotope** — *Radio.
biol.* traceur *(m.)* radio-
actif.

9750. **trachea** — *Anat.* trachée
(f.), trachée-artère *(f.);
Bot., Zool.* trachée *(f.).*

9751. **tracheal** — *Anat.* trachéal, -e, -aux *(adj.)*, *Bot., Zool.* trachéen, -enne *(adj.)*.

9752. **tracheal gill** — *Entom.* trachéobranchie *(f.)*.

9753. **tracheal tube** — Voir: **tracheid.**

9754. **tracheal trunk** — *Entom.* tronc *(m.)* trachéen.

9755. **trachean** — *Anat.* trachéen, -enne *(adj.)*.

9756. **tracheid** — *Bot.* trachéide *(f.)*.

9757. **tracheole** — *Arthrop.* trachéole *(f.)*.

9758. **tracheophyte** — *Bot.* trachéophytes *(f. pl.)*.

9759. **trachymedusae** — *Coelent.* trachyméduses *(f. pl.)*.

9760. **tract** — *Anat.* (système nerveux) faisceau *(m.)*, bandelette *(f.)*. (Voir aussi: **respiratory tract, digestive tract, optic tract**).

9761. **trail** — *Ecol.* sentier *(m.)*, piste *(f.)*.

9762. **trama** — *Mycol.* trame *(f.)*.

9763. **transducing phage** — *Bactériol., Génét.* phage *(m.)* transducteur.

9764. **transduction** — *Bactériol., Génét.* transduction *(f.)*.

9765. **transect** — *Ecol.* transect *(m.)*.

9766. **transfection** — *Génét.* transfection *(f.)*.

9767. **transfer** — *Génét.* transfert *(m.)*.

9768. **transfer RNA** — *Cytol., Génét.* ARN *(m.)* de transfert.

9769. **transferase** — *Biochim.* transférase *(f.)*.

9770. **transformation** — *Bactériol., Evol., Génét.* transformation *(f.)*.

9771. **transformism** — *Evol.* transformisme *(m.)*.

9772. **transfusion** — *Physiol.* transfusion *(f.)*.

9773. **transfusion tissue** — *Bot.* tissu *(m.)* de transfusion.

9774. **transfusive** — *Hématol.* transfusionnel, -elle *(adj.)*.

9775. **transillumination** — *Micr.* transillumination *(f.)*.

9776. **transitional epithelium** — *Histol.* épithélium *(m.)* de transition.

9777. **transitional race** — *Ecol., Génét.* race *(f.)* de transition.

9778. **translocation** — *Génét.* translocation *(f.)*.

9779. **transmutation** — *Génét.* transmutation *(f.)*.

9780. **transpalatine bone** — *Herpétol.* os *(m.)* transpalatin.

9781. **transpiration** — *Bot.* transpiration *(f.)*, évaporation *(f.)*; *Physiol.* transpiration *(f.)*.

9782. **transplant specialist** — *Immunol.* transplantologue *(m.)*.

9783. **transplantation** — *Agric.*, *Méd.* transplantation *(f.)*.

9784. **transsexualism** — *Biol.*, *Méd.* transsexualité *(f.)*.

9785. **transverse** — *Biol.* transverse *(adj.)*, transversal, -e, -aux *(adj.)*.

9786. **transverse colon** — *Anat.* côlon *(m.)* transverse.

9787. **transverse ligament** — *Anat.* ligament *(m.)* transverse (de l'atlas).

9788. **transverse process** — *Anat.* apophyse *(f.)* transverse.

9789. **trap** — *Ecol.*, *Entom.*, *Zool.* piège *(m.)*.

9790. **trap** (to) — *Ecol.*, *Entom.*, *Zool.* piéger *(v. tr.)*.

9791. **trapezium** — *Anat.* os *(m.)* trapèze, grand multangulaire *(m.)*, premier carpien *(m.)*.

9792. **trapezoid** — *Anat.* os *(m.)* trapézoïde, trapézoïde *(m.)*, petit multangulaire *(m.)*, deuxième carpien *(m.)*.

9793. **trapped aquifer** — *Env.*, *Limnol.* nappe *(f.)* captive.

9794. **trapping** — *Ecol.*, *Entom.*, *Zool.* piégeage *(m.)*.

9795. **trauma** — *Physiol.* trauma *(m.)*.

9796. **traumatic** — *Pathol.* traumatique *(adj.)*.

9797. **traumatism** — *Pathol.* traumatisme *(m.)*.

9798. **trawl** — *Pêch.* chalut *(m.)*.

9799. **trawler** — *Pêch.* chalutier *(m.)*.

9800. **trematoda** — *Plath.* trématodes *(m. pl.)*.

9801. **trephone** — *Biol.* tréphone *(f.)*.

9802. **treponema** — *Bactériol.* tréponème *(m.)*.

9803. **triad** — *Histol.* triade *(f.)*.

9804. **triadelphous** — *Bot.* triadelphe *(adj.)*.

9805. **triaene spicule** — *Spong.* tétractine *(m.)*.

9806. **trialistic theory** — *Histol.* théorie *(f.)* trialiste, théorie *(f.)* polyphylétique.

9807. **trials and errors** — *Statist.* essais *(m.)* et erreurs *(f.)*.

9808. **triassic** — *Géol.* triasique *(adj.)*, trias *(m.)*.

9809. **tribe** — *Syst.* tribu *(f.)*.

9810. **tricapsular** — *Bot.* tricapsulaire *(adj.)*.

9811. **tricarpous** — *Bot.* tricarpellaire *(adj.)*, à trois carpelles *(m.)*.

9812. **tricephalic** — *Tératol.* tricéphale *(adj.)*.

9813. **triceps** — *Anat.* triceps *(m.)*.

9814. **trichina** — *Ném.*, *Parasitol.* trichine *(f.)*.

9815. **trichinella** — Voir: **trichina**.

9816. **trichinosis** — *Parasitol.* trichinose *(f.)*.

9817. **trichobranchia** — *Crust.* trichobranchie *(f.)*.

9818. **trichocyst** — *Histol.*
trichocyste *(m.)*; *Protoz.*
trichocyste *(m.)*, trichite
(m.).

9819. **trichogen** — *Entom.*
trichogène *(n. m. et
adj.)*.

9820. **trichogyne** — *Algol.*
trichogyne *(f.)*.

9821. **trichohyalin granule** —
Histol. grain *(m.)* de
trichohyaline.

9822. **trichome** — *Algol.*
trichome *(m.)*.

9823. **trichoptera** — *Entom.*
trichoptères *(m. pl.)*.

9824. **trichotomous** — *Bot.*
trichotome *(adj.)*,
trifurqué, -e *(adj.)*.

9825. **trichotomy** — *Biol.*
trichotomie *(f.)*.

9826. **tricladida** — *Plath.*
triclades *(m. pl.)*.

9827. **tricoccous** — *Bot.*
tricoque *(adj.)*.

9828. **triconodont tooth** —
Anat. comp. dent *(f.)*
triconodonte.

9829. **triconodontidae** —
Ichtyol. triconodontes
(m. pl.).

9830. **tricotyledonous** — *Bot.*
tricotylédone *(adj.)*.

9831. **tricuspid balve** — *Anat.*
valvule *(f.)* tricuspide.

9832. **tridactyl** — *Zool.*
tridactyle *(adj.)*.

9833. **tridactylous** — Voir:
tridactyl.

9834. **triflorous** — *Bot.* triflore
(adj.).

9835. **trifoliate** — *Bot.* trifolié,
-e *(adj.)*.

9836. **trifurcate** — *Anat., Bot.,
Zool.* trifurqué, -e *(adj.)*.

9837. **trigamous** — *Bot.*
trigame *(adj.)*.

9838. **trigeminal nerve** — *Anat.*
nerf *(m.)* trijumeau.

9839. **trigona fibrosa** — *Histol.*
trigone *(m.)* fibreux.

9840. **trigonodont tooth** —
Anat. comp. dent *(f.)*
trituberculée.

9841. **trigynous** — *Bot.* trigyne
(adj.).

9842. **trilobate** — *Anat., Bot.,
Zool.* trilobé, -e *(adj.)*.

9843. **trilobita** — *Paléont.*
trilobites *(m. pl.)*.

9844. **trilocular** — *Bot.*
triloculaire *(adj.)*.

9845. **trimeran** — *Entom.*
trimère *(n. m. et adj.)*.

9846. **trimerous** — *Entom.*
trimère *(adj.)*.

9847. **triphyllous** — *Bot.*
triphylle *(adj.)*.

9848. **tripinnate** — *Bot.*
tripenné, -e *(adj.)*.

9849. **triploblastic** — *Embryol.*
tridermique *(adj.)*,
triploblastique *(adj.)*.

9850. **triploid** — *Génét.*
triploïde *(adj.)*.

9851. **tripton** — *Limnol.,
Océanogr.* tripton *(m.)*.

9852. **tripylaea** — Voir:
phaeodaria.

9853. **triquetum** — *Anat. comp.*
os *(m.)* triquètre,
pyramidal *(m.)*,
cunéiforme *(m.)*, ulnaire
(m.).

9854. **trisepalous** — *Bot.*
trisépale *(adj.).*

9855. **trisomic** — *Génét.*
trisomique *(adj.).*

9856. **trisomy** — *Génét.*
trisomie *(f.).*

9857. **triticale** — *Bot.* triticale
(m.).

9858. **tritocerebrum** — *Arthrop.*
tritocérébron *(m.).*

9859. **tritubercular tooth** —
Anat. comp. dent *(f.)*
trituberculée.

9860. **triungulin** — *Entom.*
triongulin *(m.).*

9861. **triungulus** — Voir:
triungulin.

9862. **trivalent** — *Génét.*
trivalent, -e *(adj.).*

9863. **trochal disc** — *Rotif.* aire
(f.) apicale.

9864. **trochanter** — *Anat.*
trochanter *(m.),*
(trochantin *(m.)* est
synonyme de petit
trochanter *(m.)*);
Entom. trochanter *(m.).*

9865. **trochantin** — *Entom.*
trochantin *(m.).*

9866. **trochlea** — *Anat.*
trochlée *(f.).*

9867. **trochlear** — *Anat.*
trochléaire *(adj.).*

9868. **trochlear nerve** — *Anat.*
nerf *(m.)* trochléaire.

9869. **trochoid** — *Anat.*
trochoïde *(adj.).*

9870. **trochus** — *Rotif.* trochus
(m.), prototroque *(m.).*

9871. **trochosphere larva** —
Zool. trocosphère *(f.),*
trocophore *(f.).*

9872. **trogone** — *Ornith.* trogon
(m.).

9873. **trophallaxis** — *Comport.,*
Entom. trophallaxis *(f.),*
trophallaxie *(f.).*

9874. **trophamnion** — *Entom.*
trophamnios *(m.).*

9875. **trophic** — *Cytol., Pathol.,*
Physiol. trophique
(adj.).

9876. **trophoblast** — *Embryol.*
trophoblaste *(m.).*

9877. **trophocyte** — *Cytol.*
trophocyte *(m.).*

9878. **trophonemata** — *Anat.*
comp. trophonemata
(m.).

9879. **trophonucleus** — *Protoz.*
macronucléus *(m.),*
trophonucléus *(m.),*
noyau *(m.)* végétatif.

9880. **trophoplasm** — *Histol.*
trophoplasma *(m.).*

9881. **trophotaxis** — *Biol.*
trophotaxie *(f.),*
trophotropisme *(m.).*

9882. **trophothylax** — *Entom.*
trophothylax *(m.).*

9883. **trophotropism** — Voir:
trophotaxis.

9884. **trophozoite** — *Protoz.*
trophozoïte *(m.).*

9885. **tropibasic skull** — Voir:
tropitrabic skull.

9886. **tropical deciduous**
forest — *Ecol.* forêt
(f.) tropicale
caducifoliée.

9887. **tropical greenhouse** —
Bot. serre *(f.)* humide.

9888. **tropism** — *Biol.* tropisme
(m.).

9889. **tropitrabic skull** — *Anat.*
comp. crâne *(m.)*
tropitrabique.

9890. **tropocollagen** —
Biochim. tropocollagène
(m.).

9891. **truffle** — *Mycol.* truffe
(f.).

9892. **truncate** — *Zool.*
tronqué, -e *(adj.)*.

9893. **troncus arteriosus** —
Anat. tronc *(m.)*
aortique.

9894. **trypanosoma** —
Parasitol., Protoz.
trypanosome *(m.)*.

9895. **trypanotolerant** —
Parasitol.
trypanotolérant, -e
(adj.).

9896. **trypsin** — *Biochim.*
trypsine *(f.)*.

9897. **trypsinogen** — *Biochim.*
trypsinogène *(f.)*.

9898. **tsetse fly** — *Entom.*
mouche *(f.)* tsé-tsé, tsé-
tsé *(f.)*.

9899. **tubal tonsil** — *Anat.*
amygdale *(f.)* tubaire.

9900. **tube foot** — *Echinod.*
ambulacre *(m.)*, podium
(m.), tube *(m.)*
ambulacraire, pied *(m.)*
ambulacraire.

9901. **tube nucleus** — *Bot.*
noyau *(m.)* végétatif.

9902. **tuber** — *Bot.* tubercule
(m.).

9903. **tuberaceous** — *Bot.*
tubéracé, -e *(adj.)*.

9904. **tubercle** — *Anat.*
tubercule *(m.)*,
tubérosité *(f.)*; *Zool.*

tubercule *(m.)*,
mamelon *(m.)*.

9905. **tubercular** — *Bot.*
tuberculeux, -euse *(adj.)*.

9906. **tuberculate** — *Biol.*
tuberculé, -e *(adj.)*.

9907. **tuberculiferous** — *Zool.*
tuberculifère *(adj.)*.

9908. **tuberculiform** — *Mycol.*
tuberculiforme *(adj.)*.

9909. **tuberculin** — *Microbiol.,*
Pharmacol. tuberculine
(f.).

9910. **tuberculosis** — *Pathol.*
tuberculose *(f.)*.

9911. **tuberculum** — Voir:
tubercle.

9912. **tuberculum acusticum** —
Anat. tubercule *(m.)*
acoustique.

9913. **tuberculum of rib** —
Anat. tubérosité *(f.)*
costale.

9914. **tuberiferous** — Voir:
tuberculiferous.

9915. **tuberiform** — Voir:
tuberculiform.

9916. **tuberosity** — *Anat.*
tubérosité *(f.)*.

9917. **tuberous** — *Bot.*
tubéreux, -euse *(adj.)*,
tuberculeux, -euse *(adj.)*.

9918. **tubiparous** — *Ann.*
tubipare *(adj.)*.

9919. **tubipore** — *Coelent.*
tubipore *(m.)*, tubipora
(m.).

9920. **tubulate** — *Bot.* tubulé,
-e *(adj.)*.

9921. **tubule** — *Anat., Histol.*
tubule *(m.)*, canalicule
(m.). (Voir aussi:
dentinal tubule).

9922. **tubule of kidney** — *Anat.* tube *(m.)* urinifère.

9923. **tubuli recti** — *Anat.* tube *(m.)* droit.

9924. **tubulidentata** — *Mamm.* tubulidentés *(m. pl.).*

9925. **tubuliflorous** — *Bot.* tubuliflore *(adj.).*

9926. **tubulous** — *Anat., Bot., Zool.* tubuleux, -euse *(adj.).*

9927. **tuft** — *Bot.* mèche *(f.).*

9928. **tumescence** — *Physiol.* tumescence *(f.).*

9929. **tumescent** — *Physiol.* tumescent, -e *(adj.).*

9930. **tumoral** — *Méc.* tumoral, -e, -aux *(adj.).*

9931. **tumoral virus** — *Bactériol.* virus *(m.)* tumoral.

9932. **tundra** — *Ecol.* toundra *(f.).*

9933. **tunic** — *Anat., Histol.* tunique *(f.),* couche *(f.)*; *Tun.* tunique *(f.).* (Voir aussi: **fibrous tunic, vascular tunic**).

9934. **tunica** — Voir: **tunic.**

9935. **tunica adventitia** — Voir: **adventitia.**

9936. **tunica albuginea** — *Histol.* albuginée *(f.).*

9937. **tunica corpus concept** — *Bot.* théorie *(f.)* de la tunica et du corpus.

9938. **tunica mucosa** — *Histol.* couche *(f.)* muqueuse, tunique *(f.)* muqueuse, muqueuse *(f.).*

9939. **tunica muscularis** — Voir: **muscularis.**

9940. **tunica serosa** — *Histol.* couche *(f.)* séreuse, tunique *(f.)* séreuse, séreuse *(f.).*

9941. **tunica submucosa** — *Histol.* tunique *(f.)* sous-muqueuse, couche *(f.)* sous-muqueuse, sous-muqueuse *(f.).*

9942. **tunica vaginalis** — *Anat.* processus *(m.)* vaginal, tunique *(f.)* vaginale.

9943. **tunicata** — *Zool.* tuniciers *(m. pl.),* urocordés *(m. pl.).*

9944. **tunicin** — *Zool.* tunicine *(f.).*

9945. **turacin** — *Ornith.* touracine *(f.).*

9946. **turacoverdin** — *Ornith.* touracoverdine *(f.).*

9947. **turbellaria** — *Plath.* turbellariés *(m. pl.).*

9948. **turbinal bone** — Voir: **turbinate bone.**

9949. **turbinate bone** — *Anat.* os *(m.)* turbiné, cornet *(m.).*

9950. **turbiniform** — *Biol.* turbiniforme *(adj.),* turbiné, -e *(adj.).*

9951. **turgid** — *Physiol.* turgide *(adj.),* enflé, -e *(adj.).*

9952. **turgidity** — *Physiol.* enflure *(f.),* turgescence *(f.).*

9953. **turgor** — *Bot., Physiol.* turgescence *(f.).*

9954. **turion** — *Bot.* turion *(m.).*

9955. **twig** — *Anat.* petit vaisseau *(m.)*; *Bot.* brindille *(f.).*

9956. **twin** — *Génét., Zool.*
jumeau *(m.).*

9957. **two by two frequency
table** — *Statist.*
tableau *(m.)* 2 X 2.

9958. **two-footed** — *Zool.*
bipède *(adj.).*

9959. **two-handed** — *Zool.*
bimane *(adj.).*

9960. **two-legged** — *Zool.*
bipède *(adj.).*

9961. **two-sided test** — *Statist.*
test *(m.)* bilatéral.

9962. **two-way classification** —
Statist. classification *(f.)*
à double entrée.

9963. **tylopoda** — *Mamm.*
tylopodes *(m. pl.),*
camélidés *(m. pl.).*

9964. **tylose** — Voir: **tylosis.**

9965. **tylosis** — *Bot.* thylle *(f.).*

9966. **tympanal organ** —
Entom. organe *(m.)*
tympanique, tympan
(m.).

9967. **tympanic** — *Anat.*
tympanique *(adj.).*

9968. **tympanic bone** — *Anat.*
os *(m.)* tympanal,
tympanal *(m.).*

9969. **tympanic bulla** — *Anat.*
bulle *(f.)* osseuse, bulla
(f.) tympanica, bulle *(f.)*
tympanique.

9970. **tympanic cavity** — *Anat.*
caisse *(f.)* du tympan.

9971. **tympanic membrane** —
Anat. tympan *(m.),*
membrane *(f.)* du
tympan, membrane *(f.)*
tympanique.

9972. **tympanohyal** — *Anat.*
comp. os *(m.)* tympanohyal, os *(m.)* latéro-hyal.

9973. **tympanum** — Voir:
tympanic membrane.

9974. **type specimen** — Voir:
holotype.

9975. **typhlosole** — *Zool.*
typhlosolis *(m.).*

9976. **typhoid** — *Pathol.*
typhoïde *(adj.).*

9977. **typhus** — *Art. vétér.,*
Pathol. typhus *(m.).*

9978. **typing** — *Génét.* typage
(m.).

9979. **typotheria** — *Paléont.*
typothériens *(m. pl.).*

9980. **tyrosinase** — *Biochim.*
tyrosinase *(f.).*

U

9981. **ulcer** — *Pathol.* ulcère
(m.).

9982. **ulceration** — *Pathol.*
ulcération *(f.).*

9983. **uliginal** — *Bot., Ecol.*
uliginaire *(adj.),*
uligineux, -euse *(adj.).*

9984. **ulmaceous** — *Bot.*
ulmacé, -e *(adj.).*

9985. **ulna** — *Anat.* ulna *(m.),*
cubitus *(m.).*

9986. **ulnare** — *Anat.* os *(m.)*
ulnaire, ulnaire *(m.).*

9987. **ulotrichous** — *Algol.*
ulotriche *(adj.),*
ulotrique *(adj.).*

9988. **ultimobranchial body** —
Histol. corps *(m.)*
ultimobranchial.

9989. **ultra phagocytosis** —
Cytol. ultra-phagocytose
(f.).

9990. **ultracentrifuge** — *Tech.*
ultracentrifugeuse *(f.).*

9991. **ultramicroclimate** —
Ecol. ultramicroclimat
(m.).

9992. **ultrastructural** — *Biol.*
cell. ultrastructural, -e,
-aux *(adj.).*

9993. **ultrastructure** — *Cytol.*
structure *(f.)* fine.

9994. **ultraviolet microscope** —
Micr. microscope *(m.)* à
ultraviolet.

9995. **ultraviolet radiation** —
Ecol. radiation *(f.)*
ultraviolette.

9996. **umbel** — *Bot.* ombelle
(f.).

9997. **umbella** — Voir: **umbel.**

9998. **umbellate** — *Bot.*
ombellé, -e *(adj.).*

9999. **umbellet** — *Bot.*
ombellule *(f.).*

10000. **umbelliferous** — *Bot.*
ombellifère *(adj.).*

10001. **umbelliform** — *Bot.*
ombelliforme *(adj.).*

10002. **umbellule** — *Bot.*
ombelle *(f.).*

10003. **umbilic** — Voir:
umbilicus.

10004. **umbilical** — *Anat.*
ombilical, -e, -aux
(adj.); *Océanogr.*
ombilical, -aux *(m.).*

10005. **umbilical artery** —
Embryol. artère *(f.)*
ombilicale.

10006. **umbilical cord** —
Embryol. cordon *(m.)*
ombilical.

10007. **umbilical vein** — *Anat.,*
Embryol. veine *(f.)*
ombilicale.

10008. **umbilicus** — *Bot.* ombilic
(m.), Anat., Zool.
ombilic *(m.),* nombril
(m.), cicatrice *(f.)*
ombilicale.

10009. **umbo** — *Moll.* sommet
(m.), protubérance *(f.).*

10010. **umbrellar surface** —
Coelent. surface *(f.)*
ombrellaire.

10011. **unbiased estimator** —
Statist estimateur *(m.)*
sans biais.

10012. **unciform** — *Anat.* os *(m.)*
crochu, os *(m.)*
unciforme.

10013. **uncinate process** —
Ornith. apophyse *(f.)*
uncinée.

10014. **uncini** — *Ann.* soies *(f.)*
en crochets.

10015. **undercurrent** —
Océanogr. courant *(m.)*
de fond.

10016. **underflow** — *Env.*
sousverse *(f.).*

10017. **undersexed** — *Physiol.,*
Zool. hyposexué, -e
(adj.).

10018. **underwashing** — *Limnol.,*
Pédol. affouillement
(m.).

10019. **undeveloped nature**
reserve — *Ecol., Env.*
réserve *(f.)* naturelle
intégrale.

10020. **ungual** — *Anat.* unguéal, -e, -aux *(adj.).*

10021. **unguiculate** — *Mamm.* onguiculé, -e *(adj.).*

10022. **unguiculated** — Voir: **unguiculate.**

10023. **ungulata** — *Mamm.* ongulés *(m. pl.).*

10024. **ungulate** — *Mamm.* ongulé, -e *(adj.).*

10025. **unguligrade** — *Mamm.* onguligrade *(adj.).*

10026. **uniangulate** — *Bot.* uniangulaire *(adj.).*

10027. **uniarticulate** — *Entom.* uniarticulé, -e *(adj.).*

10028. **unicellular gland** — *Histol.* glande *(f.)* unicellulaire.

10029. **unicellular organism** — *Bactériol., Protoz.* organisme *(m.)* unicellulaire.

10030. **unicostate** — *Bot.* uninervé, -e *(adj.).*

10031. **unicuspid** — *Bot., Zool.* unicuspidé, -e *(adj.).*

10032. **uniflorous** — *Bot.* uniflore *(adj.).*

10033. **unifoliate** — *Bot.* unifolié, -e *(adj.).*

10034. **unijugate** — *Bot.* unijugué, -e *(adj.).*

10035. **unilabiate** — *Bot.* unilabié, -e *(adj.).*

10036. **unilobate** — *Anat., Bot.* unilobé, -e *(adj.).*

10037. **unilocular** — *Bot.* uniloculaire *(adj.).*

10038. **uniloculate** — Voir: **unilocular.**

10039. **uniovular twins** — *Embryol., Génét.* jumeaux *(m.)* univitellins.

10040. **uniparous** — *Zool.* unipare *(adj.).*

10041. **unipetalous** — *Bot.* unipétale *(adj.),* monopétale *(adj.).*

10042. **unipolar neurone** — *Cytol., Histol.* neurone *(m.)* unipolaire.

10043. **unisepalous** — *Bot.* monosépale *(adj.).*

10044. **unisexual** — *Bot., Zool.* unisexué, -e *(adj.).*

10045. **unisexuality** — *Bot., Zool.* unisexualité *(f.).*

10046. **unit membrane** — *Cytol.* membrane *(f.)* élémentaire, membrane *(f.)* unitaire.

10047. **unitarian theory** — *Histol.* théorie *(f.)* uniciste, théorie *(f.)* monophylétique.

10048. **univalent** — *Génét.* univalent, -e *(adj.).*

10049. **univalve** — *Bot.* univalve *(adj.);* *Zool.* univalve *(n. m. et adj.).*

10050. **univalvia** — *Moll.* univalves *(m. pl.).*

10051. **univalvular** — *Bot.* univalve *(adj.).*

10052. **unmyelinated** — *Histol.* sans myéline *(f.),* amyélinique *(adj.).*

10053. **unsexual** — *Biol.* asexué, -e *(adj.),* asexuel, -elle *(adj.).*

10054. **unstriated muscle** — Voir: **smooth muscle.**

10055. **unstriped muscle** — Voir: **smooth muscle.**

10056. **upland** — *Ecol.* haute *(f.)* terre.

10057. **upper paleolithic** — *Géol.* paléolithique *(m.)* supérieur.

10058. **upper tail-covert** — *Ornith.* plume *(f.)* sus-caudale.

10059. **upper-arm** — *Anat.* bras *(m.).*

10060. **upper-jaw** — *Anat.* mâchoire *(f.)* supérieure, maxillaire *(m.)* supérieur.

10061. **upwelling** — *Océanogr.* upwelling *(m.).*

10062. **urceolate** — *Bot.* urcéolé, -e *(adj.).*

10063. **urea** — *Chim.* urée *(f.),* carbamide, carbamide *(m. ou f.).* (Voir aussi: **pearl-form urea**).

10064. **urease** — *Biochim.* uréase *(f.).*

10065. **uredinales** — *Mycol.* urédinales *(f. pl.).*

10066. **uredinia** — *Mycol.* urédinales *(f. pl.).*

10067. **urediniospore** — *Mycol.* urédospore *(f.).*

10068. **ureter** — *Anat.* uretère *(m.).*

10069. **ureteral** — *Anat.* urétéral, -e, -aux *(adj.).*

10070. **urethra** — *Anat.* urètre *(m.).*

10071. **urethral** — *Anat.* urétral, -e, -aux *(adj.).*

10072. **urethrobulbar** — *Anat.* urétrobulbaire *(adj.).*

10073. **uric acid** — *Chim.* acide *(m.)* urique.

10074. **urinary** — *Anat.* urinaire *(adj.).*

10075. **urinary bladder** — *Anat.* vessie *(f.)* urinaire, vessie *(f.).*

10076. **urinary meatus** — *Anat.* méat *(m.)* urinaire.

10077. **urinary pole** — *Histol.* pôle *(m.)* urinaire.

10078. **urinary system** — *Anat.,* *Physiol.* appareil *(m.)* urinaire.

10079. **urination** — *Physiol.* miction *(f.).*

10080. **urine** — *Physiol.* urine *(f.).*

10081. **uriniferous tubule** — *Anat.* tube *(m.)* urinifère.

10082. **urocardiac ossicle** — *Crust.* apophyse *(f.)* urocardiaque.

10083. **urochorda** — Voir: **urochordata.**

10084. **urochordata** — *Zool.* urocordés *(m. pl.),* tuniciers *(m. pl.).*

10085. **urodaeum** — *Herpétol.,* *Ornith.* urodaeum *(m.),* urodéum *(m.).*

10086. **urodela** — *Amph.* urodèles *(m. pl.).*

10087. **urogenital** — *Anat.,* *Physiol.* urogénital, -e, -aux *(adj.),* génito-urinaire *(adj.).*

10088. **urogenital duct** — *Anat.* comp. canal *(m.)* urogénital, canal *(m.)* génito-urinaire.

10089. **urogenital sinus** — *Anat. comp.* sinus *(m.)* urogénital.

10090. **uropod** — *Crust.* uropode *(m.).*

10091. **uropoietic** — *Physiol.* uropoïétique *(adj.).*

10092. **uropygial** — *Ornith.* uropygial, -e, -aux *(adj.)*, uropygienne *(adj. f.)* (L'adjectif "uropygienne" ne s'applique qu'au mot "glande").

10093. **uropygial gland** — *Ornith.* glande *(f.)* uropygienne, glande *(f.)* à huile.

10094. **uropygium** — *Ornith.* uropygium *(m.)*, uropyge *(m.).*

10095. **urosome** — *Arthrop.* urosome *(m.).*

10096. **urostyle** — *Amph.* urostyle *(m.)*, baguette *(f.)* grêle du coccyx.

10097. **urticaceous** — *Bot.* urticacé, -e *(adj.).*

10098. **uterine milk** — *Embryol.* lait *(m.)* utérin.

10099. **uterine tube** — Voir: **fallopian tube.**

10100. **uterine villi** — *Embryol.* villosités *(f.)* placentaires.

10101. **utero-gestation** — *Physiol.* gestation *(f.)* utérine.

10102. **uterus** — *Anat.* utérus *(m.)*, matrice *(f.).*

10103. **uterus masculinus** — *Mamm.* utérus *(m.)* mâle.

10104. **utricle** — *Anat., Bot.* utricule *(m.).*

10105. **utricular** — *Anat., Bot.* utriculaire *(adj.)*, utriculé, -e *(adj.)*, utriculeux, -euse *(adj.).*

10106. **utriculus** — Voir: **utricle.**

10107. **uvea** — *Anat.* uvée *(f.).*

10108. **uveal** — *Anat.* uvéal, -e, -aux *(adj.).*

10109. **uvula** — *Anat.* uvule *(f.)*, luette *(f.).*

10110. **uvular** — *Anat.* uvulaire *(adj.).*

V

10111. **vaccinal** — *Pathol.* vaccinal, -e, -aux *(adj.).*

10112. **vaccination** — *Méd.* vaccination *(f.).*

10113. **vacuolar** — *Cytol.* vacuolaire *(adj.).*

10114. **vacuole** — *Cytol.* vacuole *(f.).*

10115. **vagina** — *Anat.* vagin *(m.).*

10116. **vaginal** — *Anat.* vaginal, -e, -aux *(adj.).*

10117. **vaginal smear** — *Microtech.* frottis *(m.)* vaginal.

10118. **vagus nerve** — *Anat.* nerf *(m.)* vague.

10119. **vallate papilla** — Voir: **circumvallate papilla.**

10120. **valve** — *Anat.* valvule *(f.)*, valve *(f.)*; *Bot., Zool.* valve *(f.).*

10121. **valve of Kerckring** — Voir: **plicae circulares.**

10122. **valve of Vieussens** — *Anat.* valvule *(f.)* de Vieussens.

10123. **valvula** — *Anat.* valvule *(f.).*

10124. **valvula cerebelli** — *Ichtyol.* valvule *(f.)* du cervelet.

10125. **valvula conniventes** — *Anat.* valvule *(f.)* connivente.

10126. **valvular** — *Anat.* valvulaire *(adj.).*

10127. **Van't Hoff law** — Voir: **Hoff's law.**

10128. **vane** — Voir: **vexillum.**

10129. **vannus** — *Entom.* van *(m.),* champ *(m.)* vannal.

10130. **vaporization** — *Agric.* brumisation *(f.),* fumigation *(f.),* vaporisation *(f.).*

10131. **variability** — *Génét.* variabilité *(f.).*

10132. **variance** — *Statist.* variance *(f.).*

10133. **variance ratio test** — *Statist.* test *(m.)* de F (rapport des variances).

10134. **variation** — *Génét.* variation *(f.).*

10135. **variegation** — *Bot.* panachure *(f.),* diaprure *(f.).*

10136. **variety** — *Bot., Zool.* variété *(f.).*

10137. **vas** — *Anat., Zool.* vaisseau *(m.),* canal *(m.),* tube *(m.).*

10138. **vas deferens** — *Anat.* canal *(m.)* déférent.

10139. **vas efferens** — *Anat.* canalicule *(m.)* efférent.

10140. **vascular** — *Anat., Bot., Zool.* vasculaire *(adj.).*

10141. **vascular bundle** — *Bot.* faisceau *(m.)* libéro-ligneux, faisceau *(m.)* cribro-vasculaire.

10142. **vascular cylinder** — *Bot.* cylindre *(m.)* vasculaire, cylindre *(m.)* central, stèle *(f.).*

10143. **vascular plant** — *Bot.* plante *(f.)* vasculaire.

10144. **vascular pole** — *Histol.* pôle *(m.)* vasculaire.

10145. **vascular system** — *Anat.* système *(m.)* vasculaire, appareil *(m.)* circulatoire.

10146. **vascular tunic** — *Histol.* membrane *(f.)* musculo-vasculaire (de l'oeil).

10147. **vascularity** — *Physiol.* vascularité *(f.).*

10148. **vascularization** — *Physiol.* vascularisation *(f.).*

10149. **vasoconstriction** — *Physiol.* vaso-constriction *(f.).*

10150. **vasoconstrictor** — *Anat., Physiol.* vaso-constricteur *(n. m. et adj.).*

10151. **vasoconstrictor center** — *Anat., Physiol.* centre *(m.)* vaso-constricteur.

10152. **vasodilatation** — *Physiol.* vaso-dilatation *(f.).*

10153. **vasomotor** — *Physiol.* vaso-moteur *(m.),* vaso-moteur, -trice *(adj.).*

10154. **vasopressin** — *Biochim.* vasopressine *(f.)*, hypophamine Bêta *(f.)*, pitressine *(f.)*, hormone *(f.)* antidiurétique, hormone *(f.)* antipolyurique, hormone *(f.)* oligurique.

10155. **Vater-Pacini corpuscle** — Voir: **pacinian corpuscle.**

10156. **vector** — *Parasitol., Pathol.* porteur *(m.)*.

10157. **vegetal** — *Bot.* végétal, -e, -aux *(n. m. et adj.)*.

10158. **vegetal pole** — *Embryol.* pôle *(m.)* végétatif.

10159. **vegetal tissue** — *Bot.* tissu *(m.)* végétal.

10160. **vegetative** — *Biol.* végétatif, -ive *(adj.)*.

10161. **vegetative cell** — *Biol.* cellule *(f.)* végétative.

10162. **vegetative filament** — *Bot.* filament *(m.)* végétatif.

10163. **vegetative phase** — *Biol.* phase *(f.)* végétative.

10164. **vegetative pole** — Voir: **vegetal pole.**

10165. **vegetative reproduction** — *Bot.* multiplication *(f.)* végétative.

10166. **vein** — *Anat.* veine *(f.)*; *Bot., Entom.* nervure *(f.)*.

10167. **veined** — *Bot., Entom.* nervuré, -e *(adj.)*.

10168. **veinous** — Voir: **venous.**

10169. **velamen** — *Bot.* vélamen *(m.)*.

10170. **velar** — *Zool.* du vélum *(loc.)*. (Voir: **velar tentacle**).

10171. **velar tentacle** — *Amph.* languette *(f.)* du vélum.

10172. **veliger larva** — *Moll.* larve *(f.)* véligère.

10173. **veligerous** — *Zool.* véligère *(adj.)*.

10174. **velocimetry** — *Biol.* vélocimétrie *(f.)*.

10175. **velum** — *Anat.* voile *(m.)*, *Zool.* velum *(m.)*.

10176. **velum transversum** — *Anat.* velum *(m.)* transversum, voile *(m.)* transverse.

10177. **vena cava** — *Anat.* veine *(f.)* cave.

10178. **venation** — *Bot., Entom.* nervation *(f.)*.

10179. **venereal** — *Pathol.* vénérien, -enne *(adj.)*.

10180. **venom** — *Biol.* venin *(m.)*.

10181. **venomous** — *Bot.* venéneux, -euse *(adj.)*, *Zool.* venimeux, -euse *(adj.)*.

10182. **venous** — *Physiol.* veineux, -euse *(adj.)*.

10183. **venter** — *Anat.* ventre *(m.)* (d'un muscle); *Bot.* ventre *(m.)*.

10184. **ventral** — *Anat., Bot., Zool.* ventral, -e, -aux *(adj.)*.

10185. **ventral nerve cord** — *Zool.* tronc *(m.)* nerveux ventral, chaîne *(f.)* nerveuse ventrale.

10186. **ventral plate** — *Ném.*
lame *(f.)* pharyngienne,
lame *(f.)* tranchante.

10187. **ventral root** — *Anat.*
racine *(f.)* antérieure,
racine *(f.)* ventrale.

10188. **ventral tube** — *Entom.*
tube *(m.)* ventral (des
collemboles).

10189. **ventralia** — *Anat. comp.,*
Embryol. ébauches *(f.)*
arcuales.

10190. **ventricle** — *Anat.*
ventricule *(m.).*

10191. **ventricular** — *Anat.*
ventriculaire *(adj.).*

10192. **ventricular septum** —
Anat. cloison *(f.)*
interventriculaire,
septum *(m.),*
interventriculaire.

10193. **ventriculo-bulbus** —
Anat. ventriculo-
aortique *(adj.).*

10194. **ventriculus** — Voir:
ventricle.

10195. **venule** — *Anat., Bot.,*
Entom. veinule *(f.).*

10196. **vermicide** — *Agric.,*
Entom. vermicide *(m.).*

10197. **vermicular** — *Anat.*
vermiculaire *(adj.),*
vermiforme *(adj.).*

10198. **vermiform** — Voir:
vermicular.

10199. **vermiform appendix** —
Anat. appendice *(m.)*
vermiculaire, appendice
(m.) vermiforme,
appendice *(m.)* iléo-
caecal.

10200. **vermifugal** — *Méd.,*
Parasitol. vermifuge
(adj.).

10201. **vermifuge** — *Méd.,*
Parasitol. vermifuge
(m.).

10202. **vermilingua** — *Mamm.*
vermilingues *(m. pl.).*

10203. **vermis** — *Anat.* vermis
(m.), éminence *(f.)*
vermiforme (peu usité).

10204. **vermivorous** — *Zool.*
vermivore *(adj.).*

10205. **vernacular** — *Syst.*
vernaculaire *(adj.).*

10206. **vernal** — *Ecol.* vernal, -e,
-aux *(adj.).*

10207. **vernalin** — *Bot.* vernaline
(f.).

10208. **vernalization** — *Bot.*
vernalisation *(f.),*
printanisation *(f.).*

10209. **vernation** — *Bot.*
vernation *(f.),*
préfoliation *(f.),*
préfloraison *(f.).*

10210. **verrucous** — *Bot., Zool.*
verruqueux, -euse *(adj.).*

10211. **Verson's gland** —
Arthrop. glande *(f.)* de
Verson.

10212. **vertebra** — *Anat.*
vertèbre *(f.).*

10213. **vertebral** — *Anat.*
vertébral, -e, -aux *(adj.).*

10214. **vertebral artery** — *Anat.*
artère *(f.)* vertébrale.

10215. **vertebral column** —
Anat. colonne *(f.)*
vertébrale.

10216. **vertebrarterial canals** —
Anat. comp. trous *(m.)*

trachéliens, trous *(m.)* transversaires.

10217. **vertebrata** — *Zool.* vertébrés *(m. pl.).*

10218. **vertebrates** — *Zool.* vertébrés *(m. pl.).*

10219. **vertebro-iliac** — *Anat.* vertébro-iliaque *(adj.).*

10220. **vertex** — *Anat., Entom.* vertex *(m.).*

10221. **vertic** — *Pédol.* vertique *(adj.).*

10222. **verticil** — *Bot.* verticille *(m.).*

10223. **verticillate** — *Bot.* verticillé, -e *(adj.).*

10224. **vertison** — *Péd.* vertison *(m.).*

10225. **vesical** — *Anat.* vésical, -e, -aux *(adj.).*

10226. **vesical artery** — *Anat.* artère *(f.)* vésicale.

10227. **vesical vein** — *Anat.* veine *(f.)* vésicale.

10228. **vesicle** — *Anat., Bot.* vésicule *(f.).*

10229. **vesicula seminalis** — Voir: **seminal vesicle.**

10230. **vesicular** — *Pathol., Physiol.* vésiculaire *(adj.).*

10231. **vesiculate** — *Bot., Zool.* vésiculeux, -euse *(adj.).*

10232. **vessel** — *Anat., Bot.* vaisseau *(m.).*

10233. **vestibular** — *Anat.* vestibulaire *(adj.).*

10234. **vestibular glands** — *Anat.* glandes *(f.)* vestibulaires. (*Voir* aussi: **Bartholin's gland**).

10235. **vestibular membrane of cochlear duct** — *Histol.* membrane *(f.)* vestibulaire de Reisner.

10236. **vestibular nerve** — *Anat.* nerf *(m.)* vestibulaire.

10237. **vestibulata** — Voir: **hymenostomata.**

10238. **vestibule** — *Anat.* vestibule *(m.).*

10239. **vestigial** — *Biol.* rudimentaire *(adj.),* atrophié, -e *(adj.).*

10240. **vestigial organ** — *Anat., Zool.* organe *(m.)* atrophié, organe *(m.)* rudimentaire.

10241. **vexillar** — *Bot., Ornith.* vexillaire *(adj.).*

10242. **vexillate** — *Bot.* vexillé, -e *(adj.).*

10243. **vexillum** — *Ornith.* vexille *(m.),* vexillum *(m.),* lame *(f.).*

10244. **viability** — *Génét.* viabilité *(f.).*

10245. **viable** — *Biol.* viable *(adj.).*

10246. **vibraculum** — *Bryoz.* vibraculum *(m.).*

10247. **vibrissa** — *Zool.* vibrisse *(f.),* soie *(f.).*

10248. **vicariant** — *Biol., Physiol.* vicariant, -e *(adj.).*

10249. **vidian nerve** — *Anat. comp.* nerf *(m.)* vidien.

10250. **villi** — Voir: **villus.**

10251. **villosity** — *Anat., Histol.* villosité *(f.).*

10252. **villus** — *Histol.* villosité *(f.).* (*Voir* aussi: **free villus, anchoring villus**).

10253. **virescence** — *Bot.* virescence *(f.)*.

10254. **virescent** — *Bot.* verdoyante, -e *(adj.)*.

10255. **viridescent** — Voir: **virescent**.

10256. **virogen** — *Génét.* virogène *(m.)*.

10257. **viroid** — *Microbiol.* viroïde *(n. m. et adj.)*.

10258. **virosome** — *Microbiol.* virosome *(m.)*.

10259. **virus** — *Microbiol.* virus *(m.)*.

10260. **viscera** — *Anat.* viscère *(f.)*.

10261. **visceral arch** — *Anat.* comp. arc *(m.)* viscéral.

10262. **visceral cleft** — *Anat.* comp. fente *(f.)* viscérale, fente *(f.)* branchiale.

10263. **visceral hump** — *Moll.* bosse *(f.)* viscérale, masse *(f.)* viscérale.

10264. **visceral mass** — *Crust.* masse *(f.)* viscérale; *Moll.* Voir: **visceral hump**.

10265. **visceral pouch** — Voir: **gill pouch**.

10266. **visceral skeleton** — *Anat.* comp. squelette *(m.)* viscéral.

10267. **vision** — *Physiol.* vision *(f.)*, vue *(f.)*.

10268. **viscerotropic** — *Art vétér., Méd.* viscérotrope *(adj.)*.

10269. **visual** — *Physiol.* visuel, -elle *(adj.)*.

10270. **visual purple** — *Anat.* pourpre *(m.)* rétinien.

10271. **visual receptor** — *Physiol.* photorécepteur *(m.)*.

10272. **visual staining** — *Microtech.* coloration *(f.)* vitale.

10273. **vitamin** — *Biochim.* vitamine *(f.)*.

10274. **vitellarium** — *Zool.* vitellarium *(m.)*.

10275. **vitelline** — *Embryol.* vitellin, -ine *(adj.)*.

10276. **vitelline duct** — *Zool.* canal *(m.)* vitellin.

10277. **vitelline gland** — *Zool.* glande *(f.)* vitellogène.

10278. **vetelline membrane** — *Embryol.* membrane *(f.)* vitelline.

10279. **vitellus** — *Zool.* vitellus *(m.)*.

10280. **vitreous body** — *Anat.* corps *(m.)* vitré, humeur *(f.)* vitrée.

10281. **vitreous humour** — Voir: **vitreous body**.

10282. **vivaceous** — *Bot.* vivace *(adj.)*.

10283. **vivarium** — *Biol.* vivarium *(m.)*, vivier *(m.)*.

10284. **vividiffusion** — *Méd., Physiol.* hémodialyse *(f.)*.

10285. **viviparity** — *Zool.* viviparité *(f.)*, viviparisme *(m.)*.

10286. **viviparous** — *Zool.* vivipare *(adj.)*.

10287. **vivisection** — *Biol.* vivisection *(f.)*.

10288. **vocal cord** — *Anat.* corde *(f.)* vocale.

10289. **vocal sac** — *Amph.* sac *(m.)* vocal.

10290. **Volkmann's canals** — *Histol.* canaux *(m.)* de Volkmann.

10291. **volva** — *Bot.* volve *(f.)*.

10292. **voluntary muscle** — Voir: **skeletal muscle.**

10293. **volute** — *Moll.* volute *(f.)*.

10294. **vomer** — *Anat.* vomer *(m.)*.

10295. **vomerine tooth** — *Zool.* dent *(f.)* vomérienne.

10296. **von Baer's law** — *Embryol., Evol.* loi *(f.)* de von Baer, loi *(f.)* des états correspondants.

10297. **vortex vein** — *Histol.* veine *(f.)* vorticineuse.

10298. **vulva** — *Anat.* vulve *(f.)*.

10299. **vulvar** — *Anat.* vulvaire *(adj.)*.

W

10300. **wader** — *Ornith.* pataugeur *(n. m. et adj.)*.

10301. **walking leg** — *Crust.* patte *(f.)* ambulatoire, péréiopode *(m.)*.

10302. **wall** — Voir: **cell wall.**

10303. **wallerian degeneration** — *Histol., Physiol.* dégénérescence *(f.)* wallérienne.

10304. **wandering cell** — *Histol.* cellule *(f.)* migratrice.

10305. **warm-blooded** — Voir: **homeothermal.**

10306. **warm trend** — *Ecol.* redoux *(m.)*.

10307. **warning coloration** — *Comport.* coloration *(f.)* aposématique, coloration *(f.)* prémonitrice.

10308. **water pollution** — *Ecol., Env.* pollution *(f.)* des eaux.

10309. **water table** — *Ecol., Limnol.* nappe *(f.)* phréatique, nappe *(f.)* aquifère.

10310. **water vascular system** — *Echinod.* appareil *(m.)* aquifère, système *(m.)* aquifère.

10311. **waterfowl** — *Ornith.* oiseau *(m.)* aquatique, sauvagine *(f.)*.

10312. **wattle** — *Ornith.* caroncule *(m.)*.

10313. **weariableness** — Voir: **fatigability.**

10314. **weather-forecast** — *Climatol.* prévision *(f.)* atmosphérique.

10315. **weathering** — *Ecol.* altération *(f.)* superficielle.

10316. **web** — *Zool.* palmure *(f.)*, membrane *(f.)*. (Voir aussi: **spider-web, terminal web**).

10317. **webbed foot** — *Zool.* patte *(f.)* palmée.

10318. **Weber's law** — *Physiol.* loi *(f.)* de Weber.

10319. **weberian ossicles** — *Ichtyol.* osselets *(m.)* de Weber.

10320. **weight** — *Biol.* poids *(m.)*.

10321. **weighted average** —
Statist. moyenne *(f.)*
pondérée.

10322. **weismannism** — *Génét.*
théorie *(f.)* de
Weismann.

10323. **wetness** — Voir: **degree
of wetness.**

10324. **whalebone** — *Mamm.*
fanon *(m.).*

10325. **Wharton's jelly** — *Histol.*
gelée *(f.)* de Wharton.

10326. **wheel animalcule** —
Zool. rotifère *(m.).*

10327. **wheel organ** — *Rotif.*
appareil *(m.)* rotateur.

10328. **white alkali** — *Pédol.*
salant *(m.)* blanc.

10329. **white blood cell** — Voir:
leucocyte.

10330. **white corpuscle** — Voir:
leucocyte.

10331. **white matter** — *Anat.*
matière *(f.)* blanche,
substance *(f.)* blanche.

10332. **white pulp** — *Histol.*
pulpe *(f.)* blanche (de la
rate).

10333. **whole mount** —
Microtech. montage *(m.)*
intégral.

10334. **whorled** — *Bot.* verticillé,
-e *(adj.)*, convoluté, -e
(adj.).

10335. **wild** — *Bot., Zool.*
sauvage *(adj.).*

10336. **wild type** — *Génét.* type
(m.) sauvage.

10337. **wild type gene** — *Génét.*
gène *(m.)* de type
sauvage.

10338. **wilderness area** — *Ecol.,
Env.* aire *(f.)* de nature
sauvage.

10339. **wildlife** — *Zool.* faune
(f.).

10340. **wildlife management** —
Ecol. aménagement *(m.)*
de la faune.

10341. **wilting** — *Bot.*
flétrissement *(m.).*

10342. **wilting coefficient** — *Bot.*
point *(m.)* de
flétrissement.

10343. **windpipe** — *Anat.* trachée
(f.).

10344. **wine-coloured** — *Ornith.*
vineux, -euse *(adj.).*

10345. **wing** — *Bot.* ballonnet
(m.) (d'un grain de
pollen); *Entom., Ornith.*
aile *(f.).*

10346. **wing-coverts** — *Ornith.*
tectrices *(f.)* des ailes.

10347. **wing-quill** — *Ornith.*
rémige *(f.).*

10348. **Winslow's foramen** —
Voir: **foramen of
Winslow.**

10349. **winter egg** — *Rotif.* oeuf
(m.) d'hiver.

10350. **wireworm** — *Entom.*
larve *(f.)* de taupin.

10351. **within group mean
square** — *Statist.* carré
(m.) moyen à l'intérieur
des groupes (classes).

10352. **within group sum of
squares** — *Statist.*
somme *(f.)* des carrés à
l'intérieur des groupes
(classes).

10353. **within group variance** —
Statist. variance *(f.)*

intraclasse, variance *(f.)*
résiduelle.

10354. **wolffian body** — *Anat.*
corps *(m.)* de Wolff,
mésonéphros *(m.)*.

10355. **wolffian duct** — *Embryol.*
canal *(m.)* de Wolff.

10356. **womb** — *Anat.* matrice
(f.), utérus *(m.)*.

10357. **wood** — *Bot.* bois *(m.)*,
xylème *(m.)*.

10358. **wood ray** — *Bot.* rayon
(m.) médullaire.

10359. **wood stem** — *Bot.* tige
(f.) ligneuse.

10360. **woody** — *Bot.* ligneux,
-euse *(adj.)*; *Ecol.* boisé,
-e *(adj.)*.

10361. **worker** — *Entom.*
ouvrière *(f.)*.

10362. **worm** — *Zool.* ver *(m.)*.

10363. **wound** — *Bot., Zool.*
blessure *(f.)*.

10364. **wrist** — *Anat.* poignet
(m.).

X

10365. **X chromosome** — *Génét.*
chromosome *(m.)* X.

10366. **X-ray microscope** —
Micr. microscope *(m.)* à
rayons X.

10367. **xanthophyll** — *Biochim.*
xanthophylle *(f.)*.

10368. **xenarthra** — *Mamm.*
xénarthres *(m. pl.)*.

10369. **xenia** — *Bot.* xénie *(f.)*.

10370. **xenogamy** — *Bot.*
xénogamie *(f.)*.

10371. **xenogenesis** — Voir:
heterogenesis.

10372. **xenopus** — *Amph.*
xénopus *(m.)*,
dactylèthre *(m.)*.

10373. **xerophilous** — *Bot.*
xérophile *(adj.)*.

10374. **xerophyte** — *Bot.*
xérophyte *(n. f. et adj.)*.

10375. **xerosere** — *Ecol.*
xérosère *(f.)*.

10376. **xiphisternum** — *Anat.*
comp. xiphisternum
(m.), appendice *(m.)*
xiphoïde.

10377. **xiphoid process** — Voir:
xiphisternum.

10378. **xiphosura** — *Arthrop.*
xiphosures *(m. pl.)*.

10379. **xylem** — *Bot.* xylème
(m.), bois *(m.)*.

10380. **xylem ray** — *Bot.* rayon
(m.) ligneux.

Y

10381. **Y chromosome** — *Génét.*
chromosome *(m.)* Y.

10382. **yeast** — *Mycol.* levure
(f.).

10383. **yeast-fungus** — *Mycol.*
saccharomyces *(m.)*.

10384. **yellow cell** — Voir:
chloragogue cell.

10385. **yellow elastic ligament** —
Histol. ligament *(m.)*
jaune.

10386. **yellow spot** — *Anat.*
tache *(f.)* jaune.

10387. **yerkish** — *Comport.*,
Zool. yerkish *(m.)*.

10388. **yield** — *Ecol.* rendement
(m.).

10389. **yield capacity** — *Ecol.*
productivité *(f.)*.

10390. **yolk** — *Embryol.* vitellus *(m.).*

10391. **yolk cell** — *Embryol.* cellule *(f.)* à vitellus, cellule *(f.)* vitelline.

10392. **yolk gland** — *Embryol.* glande *(f.)* vitellogène.

10393. **yolk plug** — *Embryol.* bouchon *(m.)* vitellin.

10394. **yolk sac** — *Embryol.* sac *(m.)* vitellin.

Z

10395. **Z-disc** — *Histol.* disque *(m.)* Z.

10396. **zebrass** — *Zool.* zèbrâne *(m.).*

10397. **zero population growth** — *Ecol.* croissance *(f.)* zéro de la population humaine.

10398. **zeugopodium** — *Zool.* zeugopode *(m.).*

10399. **ziphiinae** — *Mamm.* ziphiinés *(m. pl.).*

10400. **zoaea larva** — *Crust.* zoé *(f.),* larve *(f.)* zoé.

10401. **zoantharia** — *Coelent.* zoanthaires *(m. pl.).*

10402. **zoid** — *Bot.* zoïde *(m.).*

10403. **zona fasciculata** — *Histol.* zone *(f.)* fasciculée (de la glande surrénale).

10404. **zona glomerulosa** — *Histol.* zone *(f.)* glomérulée (de la glande surrénale).

10405. **zona pellucida** — *Histol.* zone *(f.)* pellucide.

10406. **zona radiata** — Voir: **zona pellucida.**

10407. **zona reticularis** — *Histol.* zone *(f.)* réticulée (de la surrénale).

10408. **zonal** — *Pédol.* climatomorphique *(adj.).*

10409. **zonation** — *Ecol.* zonation(f.).

10410. **zone of Lissauer** — *Histol.* zone *(f.)* marginale de Lissauer.

10411. **zonography** — *Méd.* zonographie *(f.).*

10412. **zonule** — *Anat., Histol.* zonule *(f.),* ligament *(m.)* suspenseur (du cristallin).

10413. **zoobiological** — *Biol., Zool.* zoobiologique *(adj.).*

10414. **zoobiology** — *Biol., Zool.* zoobiologie *(f.).*

10415. **zoochlorellae** — *Algol.* zoochlorelles *(f. pl.).*

10416. **zooecium** — *Bryoz.* zoécie *(f.).*

10417. **zooerythrin** — *Ornith.* zooérythrine *(f.).*

10418. **zoofulvin** — *Ornith.* zoofulvine *(f.).*

10419. **zoogeography** — *Zool.* zoogéographie *(f.).*

10420. **zoogloae** — *Bactériol.* zooglée *(f.).*

10421. **zooid** — *Coelent.* zoïde *(m.),* zoïte *(m.),* polype *(m.).*

10422. **zoological** — *Zool.* zoologique *(adj.).*

10423. **zoological geography** — *Zool.* géographie *(f.)* zoologique.

10424. **zoologist** — *Zool.*
zoologiste *(m.)*,
zoologue *(m.)*.

10425. **zoology** — *Biol.* zoologie
(f.).

10426. **zoomastigina** — *Protoz.*
zooflagellés *(m. pl.)*.

10427. **zoomelanin** — *Ornith.*
zoomélanine *(f.)*.

10428. **zoomorphic** — *Zool.*
zoomorphique *(adj.)*.

10429. **zoomorphism** — *Zool.*
zoomorphisme *(m.)*.

10430. **zoomorphy** — *Zool.*
zoomorphie *(f.)*.

10431. **zooplankton** — *Limnol.,*
Océanogr. zooplancton
(m.).

10432. **zoosperm** — *Biol.*
zoosperme *(m.)*,
spermatozoïde *(m.)*.

10433. **zoosporangium** — *Bot.*
zoosporange *(m.)*.

10434. **zoospore** — *Bot.*
zoospore *(f.)*.

10435. **zootechnic** — *Zool.*
zootechnique *(adj.)*.

10436. **zootechny** — *Zool.*
zootechnie *(f.)*.

10437. **zooxanthellae** — *Algol.*
zooxanthelles *(f. pl.)*.

10438. **zoraptera** — *Entom.*
zoraptères *(m. pl.)*.

10439. **ZPG** — Voir: **zero
population growth.**

10440. **zygantrum** — *Herpétol.*
zygantrum *(m.)*.

10441. **zygapophyse** — *Anat.*
zygapophyse *(f.)*.

10442. **zygocardiac ossicle** —
Crust. ossicule *(m.)*
zygocardiaque.

10443. **zygodactylous** — *Ornith.*
zygodactyle *(adj.)*.

10444. **zygoma** — *Anat.* zygoma
(m.), apophyse *(f.)*
zygomatique.

10445. **zygomatic** — *Anat.*
zygomatique *(adj.)*.

10446. **zygomatic arch** — Voir:
zygoma.

10447. **zygomatic process** —
Anat. apophyse *(f.)*
zygomatique, zygoma
(m.).

10448. **zygomorphic** — *Bot.*
zygomorphe *(adj.)*.

10449. **zygoptera** — *Entom.*
zygoptères *(m. pl.)*.

10450. **zygosphene** — Voir:
zygantrum.

10451. **zygospore** — *Bot.*
zygospore *(m.)*.

10452. **zygote** — *Biol.* zygote *(m.)*.

10453. **zygotene** — *Cytol.*
zygotène *(adj.)*.

10454. **zygotene stage** — *Cytol.*
stade *(m.)* zygotène,
stade *(m.)* de
l'appariement, synapsis
(m.).

10455. **zymase** — *Biochim.*
zymase *(f.)*.

10456. **zymogen** — *Cytol.*
zymogène *(m.)*.

10457. **zymogen granules** —
Cytol. grains *(m.)* de
zymogène.

10458. **zymogenic** — *Biochim.,*
Cytol. zymogène *(adj.)*.

10459. **zymogenous** — Voir:
zymogenic.

INDEX DES TERMES FRANÇAIS

A
à aigrette, 8908.
A.C.T.H., 97.
à carapace, 2069.
— chapeau, 7275.
A.D.P., 125.
à deux noeuds, 896.
— double périanthe, 2403.
— filaments, 3416.
— héliotropisme négatif, 499.
— nageoires, 3437.
— piléus, 7275.
— septes, 8647.
— septum, 8647.
— symétrie radiale, 99.
A.T.P., 126.
à trois carpelles, 9811.
abactérien, 1.
abaisseur, 2316.
abdomen, 5.
abdominal, 6.
abducteur, 9, 11.
abduction, 10.
abiogenèse, 12.
abiogénique, 13.
abiose, 14.
abiotique, 15.
abomasum, 16.
abondance, 22.
aboral, 3, 17.
abscissine, 19.
absence de dominance, 1745.
absorption, 21.
— digestive, 2431.
abyssal, 23.
acanthoïde, 8937.
acaride, 25.
acarien, 25.
acariens, 5849.
acaudé, 26.
acaule, 28, 9048.
accessoire, 30.

acclimatation, 32.
acclimatement, 32.
acclimater, 34.
accommodation, 35.
accomodat, 5951.
accouchement, 2276.
accouplement, 1913, 5497, 8697.
accoutumance, 9707.
accrochage autostylique, 715.
accroissement des populations, 7574.
— par apposition, 541.
acculturation, 37.
acentrique, 39.
acéphale, 41.
acéphales, 6969.
acervule, 43, 1079, 1963.
acervulus, 43.
acétabule, 44.
acetabulum, 44.
acétilgalactosamine, 47.
acétylcholine, 45.
acétylcholinestérase, 46.
acétylgalactosamine, 47.
achaine, 200.
achène, 200.
achètes, 4328.
acheuléen, 49.
achromatine, 54.
achromatisme, 55.
aciculaire, 56.
acicule, 58.
aciculé, 57.
aciculiforme, 62.
acide, 2534.
— adénosine-diphosphorique, 125, 126.
— aminé, 301.
— ascorbique, 627.
— gras, 3325.
— hyaluronique, 4452.

agarose, 179.

agent dérivatif, 2317.

— éclaircissant, 1675.

— fécondant, 3373.

— hémolytique, 4097.

— mutagène, 6039.

agglutinant, 182.

agglutination, 183.

agglutinine, 184.

aggressivité, 186.

agnathes, 187.

agnosie, 188.

agradation, 189.

agrégat, 192.

agrégation, 185.

agrobiologie, 193.

agroécosystème, 194.

aigrette, 2727, 6805.

aigéu, 115.

aiguillon, 9078.

aiguillon cuticulaire, 2189.

aile, 10345.

ailé, 205.

aile bâtarde, 275.

— mésothoracique, 5676.

— métathoracique, 5737.

aileron, 3433.

aine, 4000.

air de respiration, 9683.

— ponique, 7564.

aire ambulacraire, 289.

— anthropologique protégée, 7826.

— apicale, 9863.

— corticale, 1984.

— de distribution, 2521, 8089.

— de nature sauvage, 10338.

— de refuge, 8156.

— opaque, 584.

— pellucide, 585.

— vasculaire, 586.

aisselle, 745, 747.

ajustement, 3951.

akène, 200.

akinète, 201.

alaire, 202.

albino, 207.

albuginée, 9936.

albumen, 209.

albumine, 210.

alcaloïde, 225.

aldostérone, 211.

aléation, 8088.

aléatoire, 8085.

aléné, 9218.

aleurone, 212.

algacé, 217.

algal, 217.

algicide, 218.

algologie, 7219.

algologiste, 7218.

algologue, 7218.

algue, 220.

— marine, 8561.

alimentaire, 221.

alimentation, 2423, 3348.

allaitement, 9228.

allantoïde, 231.

allantoïdien, 226.

allantoïdiens, 309.

allantoïque, 226.

allèle, 233.

allèles multiples, 6007.

allélique, 234.

allélisme, 235.

allélochimie, 237.

allélochimique, 236.

allélomorphe, 238.

allélomorphes multiples, 6008.

allergénicité, 241.

allergie, 243.

allergisant, 240.

allergologie, 242.

alligator, 244.

allo-immunisation, 251.

alloanticorps, 245.

allochtonie, 246.

allodiploïde, 247.

allogame, 248.

allogamie, 249.

allohaploïde, 250.
allomone, 252.
allongement, 2761.
allopatrie, 255.
allopatrique, 253.
alloploïde, 256.
allopolyploïde, 257.
allopolyploïdie, 258.
allosome, 260, 4254.
allostérie, 262.
allosyndèse, 263.
allotétraploïde, 264.
allotétraploïdie, 265.
allothériens, 6013.
allotype, 266.
allule, 275.
allure, 3669.
alluvions, 267.
alpha, 268.
alpha-foetoprotéine, 3530.
altéralogie, 270.
altéramétrie, 271.
altération superficielle, 10315.
alternance, 272.
alula, 275.
alvéolaire, 276.
alvéole, 283, 3334.
— pulmonaire, 7955, 7956.
amatoxine, 285.
ambre gris, 286.
ambulacraire, 287.
ambulacral, 287.
ambulacre, 290, 9900.
aménagement de la faune, 10340.
amensalisme, 297.
amétabole, 298.
amibe, 291.
amibiase intestinale, 2886.
amibien, 292.
amibiens nus, 316.
amibocyte, 293.
amiboïde, 294.
amibose intestinale, 2886.
amidon, 9035.

aminergique, 300.
amino-acide, 301.
aminoacide, 301.
aminosucre, 302.
amitose, 303.
amitotique, 304.
ammocète, 305.
amnésie rétrograde, 8212.
amniens, 309.
amniocentèse, 306.
amnios, 307.
amniote, 310.
amniotes, 309.
amniotique, 311.
amoebiens nus, 316.
amomorphe, 298.
amphiaster, 319, 2393.
amphibie, 321, 323.
amphibiens, 320.
amphicoele, 325.
amphicoelien, 325.
amphidiploïde, 327.
amphihaploïde, 329.
amphimixie, 330.
amphineures, 331.
amphineuste, 333.
amphioxus, 332.
amphipodes, 334.
ampoule, 338.
— ambulacraire, 338.
— spermatique, 8867.
ampoules de Lorenzini, 5306.
amyélinique, 10052.
amygdale, 9716.
— linguale, 5239.
— palatine, 6741.
— pharyngée, 7158.
— tubaire, 9899.
amylase, 340.
amyloleucyte, 341.
amyloplaste, 341.
anabolique, 342.
anabolisant, 344.
anabolisme, 343.
anacanthiniens, 3667.

anaculture, 345.
anadrome, 346.
anaérobie, 347.
anaérobiose, 349.
anagenèse, 350.
anagénétique, 351.
anal, 352.
anallergisant, 355.
analogie, 356.
analyse des tétrades, 9559.
— pollinique, 6778, 7472.
anamnié, 358.
anamnien, 358.
anamniens, 358.
anamniote, 358.
anamniotes, 358.
ananeraie, 7292.
anaphase, 360, 2640, 5093.
anaphylaxie, 361.
anapophyse, 362.
anapside, 363.
anastomose, 364, 4735.
— de Jacobson, 4925.
— jugulaire, 4943.
— transverse, 4943.
anastomoser, 4734.
anatif, 806.
anatomie, 365.
— comparée, 1822.
anatrope, 366.
anautogène, 367.
anavenin, 368.
ancylostome, 4416.
andosol, 370.
andouiller, 487, 9700.
androcée, 371.
androconie, 372, 8486.
androdioïque, 373.
androecie, 371.
androgène, 374.
androgenèse, 375.
androgyne, 376.
andromonoïque, 377.
anéantir, 3244.
anémié, 3113.

anémogame, 378.
anémone de mer, 98.
anémophile, 378.
anémophilie, 379.
anergié, 380.
aneuploïde, 381.
aneuploïdie, 382.
aneurine, 383, 9616.
angiosperme, 384, 385.
angiospore, 386.
angiotensine, 387.
angle de filtration, 3427.
— facial, 3289.
anguillule, 2713.
angustifolié, 388.
animal colonial, 1798.
anisocytose, 393.
anisogamètes, 4260.
anisogamie, 395, 4264.
anisomère, 396.
anisopétale, 397.
anisotropie, 399.
ankylostome, 4416.
anneau, 409, 7761, 8597, 8835.
— ambulacraire, 8322.
— annuel, 403.
— aquifère, 8322.
— d'épaississement, 404.
— d'os périosté, 7063.
— de croissance, 4010.
— de Schwalbe, 8325.
— muqueux, 8787.
— nerveux, 6228.
anneaux de Balbiani, 795.
— fibreux, 408.
annelé, 406.
annélides, 401.
annexes embryonnaire, 2776.
annuel, 402.
anodonte, 410, 2709.
anomalie, 411.
anoures, 490.
anoxie, 413.
anoxique, 414.
anse, 2024.
— de Henlé, 5297.

antagonisme, 415.
antéhypophyse, 4567.
antennaire, 420.
antenne, 417.
— géniculée, 3780.
antennectomie, 419.
antennulaire, 424.
antennule, 426.
antépiptérygoïde, 3020.
antérieur, 427.
anthelminthique, 435.
anthère, 436.
anthéridie, 440.
anthéridien, 437.
anthérifère, 441.
anthérozoïde, 442.
anthèse, 443.
anthocyane, 444.
anthocyanine, 444.
anthocyanophore, 445.
anthogène, 3505.
anthozoaires, 446.
anthropique, 449.
anthropoïde, 451.
anthropologie, 452.
anthropomorphe, 451.
anthropopaléontologie, 454.
antiauxine, 455.
antibiomanie, 457.
antibiosupplémentation, 459.
antibiosupplémenté, 461.
antibiothérapie, 460.
antibiotique, 456.
antibiotype, 462.
antibruit, 478.
anticlinal, 464.
anticoagulant, 465.
anticodon, 466.
anticorps, 463.
antidiurétique, 468.
antidote, 467, 482.
antigène, 470.
antigénésique, 1890.
antigibbérelline, 471.

antigibérelline, 471.
antihormone, 472.
antilarvaire, 474.
antimère, 475.
antimutagène, 476.
antimycotique, 477.
antipéristaltique, 479.
antipodal, 480.
antipode, 481.
antiprothrombine, 483.
antiseptique, 3817, 3818.
antisérum, 484.
antitoxine, 485.
antitropistique, 486.
antre, 489.
— mastoïdien, 5488.
anus, 491.
aorte, 492.
apérianthé, 52.
apétale, 496.
apétales, 5896.
aphagie, 498.
aphaniptères, 8762.
aphidien, 500.
aphis, 501.
aphylle, 503.
aphytal, 504.
apical, 505.
aplacentaires, 508, 4634, 4635.
aplacophores, 509.
aplanospore, 510.
aplati, 2315.
apocarpe, 511.
apocrine, 512.
apocyte, 513.
apode, 517.
apodème, 515.
apodes, 514.
apoenzyme,. 519.
apogamie, 520.
apogée, 6928.
apolaire, 521.
apoméïose, 522.
apomicte, 523.

apomixie, 524.
aponévrose, 525.
aponévrotique, 3309.
apophyse, 526, 7730.
— accessoire, 362.
— basiptérigoïde, 837.
— coronoïde, 1961.
— crysta-galli, 2039.
— épineuse, 6246, 8934.
— mastoïde, 5489.
— paraoccipitale, 6874.
— ptérygoïde, 7935.
— styloïde, 362, 9160.
— transverse, 2388, 9788.
— uncinée, 10013.
— urocardiaque, 10082.
— zygomatique, 10444, 10447.
apopyle, 527.
aposémate, 528.
aposématique, 528.
aposporie, 530.
apothécie, 531.
appareil, 532, 9388.
— aquifère, 10310.
— auditif, 2635.
— cardiovasculaire, 1018.
— circulatoire, 1640, 10145.
— de Golgi, 3932, 4601.
— digestif, 2433.
— lacrymal, 5019.
— lacunaire, 5045.
— parabasal, 6812.
— respiratoire, 8227.
— rotateur, 10327.
— stridulatoire, 9132.
— urinaire, 10078.
— vasculaire, 1018.
appariement, 5242, 9342.
appendice, 533, 539.
— biramé, 964.
— caudal, 9407.
— dorsal, 1164.
— foliacé, 3839.
— iléo-caecal, 10199.
— vermiculaire, 10199.
— vermiforme, 10199.
— xiphoïde, 10376.
appendices épiploïques, 534.

appendiculaire, 535.
appendiculaires, 536.
apposition, 36, 540.
apprentissage latent, 5096.
apprentissage., 542.
appuyé, 4665.
aptérie, 543.
aptérygotes, 544.
aquacole, 554.
aquaculture, 555.
aquanaute, 546.
aquariologie, 547.
aquatique, 549.
aqueduc de Sylvius, 550.
— du limaçon, 551.
aqueux, 552.
aquiculture, 545, 555.
aquintocubitalisme, 556.
arachnides, 558.
arachnoïde, 560.
arachnoïdien, 559.
arboretum, 562.
arboricole, 561.
arbovirose, 564.
arbre de vie, 563.
arbrisseau, 1160, 8726.
arbuste, 1160, 8726.
arbustif, 8728.
arc, 566.
— branchial, 1085.
— cératobranchial, 1436.
— hémal, 4056.
— hyoïdien, 4496.
— mandibulaire, 5457.
— neural, 6240.
— post-orbito-squamosal, 9283.
— reflexe, 8151.
— supratemporal, 9283.
— temporal inférieur, 4702.
— temporal postérieur, 7613.
— viscéral, 10261.
arcade, 566.
— jugale, 4938.
— sourcilière, 1121.
— zygomatique, 4938.
archébiose, 12.

archédictyon, 576.
archégone, 571.
archégonial, 569.
archentère, 572, 3722.
archentéron, 572, 3722.
archéoptéryx, 567.
archéspore, 573.
archiannélides, 574.
archicérébron, 575.
archigonie, 12.
archinéphros, 577.
archipallium, 578.
archiptérygie, 579.
archosaurien, 580.
arcualie, 583.
arénicole, 587.
arénivore, 588.
aréole, 589, 2493, 8320.
arête, 595, 738, 801, 1031, 2028.
argentine, 8745.
argyrophile, 593.
arille, 594.
arista, 595.
aristé, 596.
armé de griffes, 1673.
ARN, 8309.
— cytoplasmique, 2844.
— de transfert, 9768.
— messager, 5682.
— ribosomique, 8314.
arolium, 599.
arpenteuse, 5298.
arrêt de développement, 3027.
— du coeur, 4164.
artéfact, 602.
artère, 606.
— arcocentrique, 582.
— brachiale, 1053.
— brachiocéphalique, 1061, 4728.
— carotide, 1285.
— carotide externe, 3248.
— carotide interne, 4799.
— carotide primitive, 1284.
— coelentérique, 1752.
— coeliaco-mésentérique, 1753.
— colique, 1777.

— épigastrique, 2967.
— fémorale, 3351.
— fémorale circonflexe, 3352.
— gastrique, 3714.
— hélicine, 4178.
— hypogastrique, 4541.
— iliaque, 4609.
— iliaque primitive, 1818.
— linguale, 5238.
— mammaire, 5450.
— mandibulaire, 5458.
— maxillaire, 5458.
— mésentérique, 5635.
— mésentérique antérieure, 432.
— mésentérique postérieure, 7596.
— occipito-vertébrale, 6420.
— oesophagienne, 6451.
— ombilicale, 10005.
— recto-vésicale, 8124.
— rénale, 8181.
— sciatique, 8509.
— sous-clavière, 9171.
— splénique, 8964.
— trabéculaire, 9745.
— vertébrale, 10214.
— vésicale, 10226.
artérialisation, 155.
artériel, 603.
artériolaire, 604.
artériole, 605.
— à gaine ellipsoïde, 8704.
arthrobranchie, 607.
arthropodes, 608.
article, 513.
articulaire, 610.
articulamentum, 609.
articulation, 4934.
— intertarsienne, 5670.
artiodactyles, 617.
aryténoïde, 618.
ascidiacés, 623.
ascidie, 624.
ascidies, 623.
ascocarpe, 625.
ascomycètes, 626.
ascospore, 628.
asepsie, 630.

aseptique, 631.
asexué, 632, 10053.
asexuel, 632, 10053.
asperseur, 9003.
aspidozoïde, 4481.
asporulé, 635.
asque, 629, 9590.
assec, 3240.
assèchement, 2569, 2572.
assimilation, 636.
assise, 5113.
— amylifère, 9036.
— de séparation, 20.
— génératrice, 3764.
— mécanique, 5518.
— nourricière, 6400.
— pilifère, 7279.
association, 637.
assoiffé, 9624.
assortiment, 638.
aster, 639.
astéridés, 640.
astérospondyle, 641.
asticot, 4011, 5406.
astigmate, 642.
astigmatisme, 643.
astragale, 644, 9677.
astrocyte, 645, 5960, 8913.
— fibreux, 3403.
asymétrique, 646.
asynapsis, 647.
asyndèse, 647.
atavisme, 649.
athérogénèse, 650.
atlas, 651.
atoll, 652.
atomique, 653.
atrésie, 655, 656.
atrium, 660, 6821.
— génital, 3785.
— spermatique, 8874.
atrophie, 661.
atrophié, 10239.
attention, 664.
atténuation, 665.

attique, 666.
— externe, 3040.
attractif, 667.
au hasard, 648.
aube, 2196.
aubier, 8439.
auditif, 669.
auriculaire, 681.
auricularia, 684.
auricule, 680.
auriculo-ventriculaire, 685.
aurignacien, 686.
australopithèque, 687, 688.
autacoïde, 689.
auto-immunisation, 704.
— immunité, 703.
— reproduction, 8195.
autoadaptation, 691.
autoamputation, 719.
autocatalytique, 692.
autochtonie, 693.
autoclavable, 695.
autodifférentiation, 8611.
autoécologie, 698.
autofécondation, 700, 8613, 8615.
autofertile, 8612.
autofertilisant, 699.
autogamie, 700.
autoïque, 697.
autolyse, 705.
autonome, 706.
autoploïde, 709.
autopollinisation, 8615.
autopolyploïde, 710.
autopsie, 6171.
autoradiographie, 711.
autoréparation, 8614.
autosome, 712.
autostérilité, 713, 8616.
autostylique, 714.
autosyndèse, 716.
autotétraploïde, 717.
autotétraploïdie, 718.
autotomie, 719.

autotransplantation, 701, 702.
autotrophe, 721, 722, 4357.
autotrophie, 4358.
autozoïde, 723.
auxèse, 724.
auxine, 727.
auxotrophe, 728.
avaler, 4711, 9304.
avant-bras, 3570.
— molaire, 7661.
aversion, 730.
aviaire, 731.
avianisé, 732.
aviculaire, 733.
avien, 731.
avifaune, 734.
avifuge, 966.
avitaminose, 736.
avortement, 18, 5844.
axe, 8472.
— hypocotylé, 4536.
— optique, 6556.
axène, 739.
axénisation, 740.
axial, 741.
axillaire, 202, 748, 9166.
axis, 750, 3030.
axodendrite, 752.
axolotl, 753.
axone, 751, 754.
axonoste, 756.
axoplasma, 757.
axoplasme, 757.
axopode, 758.
axostyle, 759.
azoospermie, 760.
azotobacter, 6310.
azygos, 761.
azygospore, 763.
azygote, 764.

B

bacillaire, 765.
bacillariées, 2396.
bacille, 768, 3808.
bacilliforme, 778.
bacillogène, 767.
backcross, 770.
bactéricide, 766, 775, 776.
bactérie, 773, 3808.
bactérien, 774, 787.
bactéries, 8498.
— dénitrifiantes, 2290.
bactériochlorophylle, 777.
bactériologie, 780.
bactériologiste, 779.
bactériolysine, 781.
bactériophage, 782, 7129.
bactérioprotéine, 783.
bactérioscopie, 784.
bactériostatique, 785.
bactériothérapie, 786.
bactospéine, 788.
baguage, 797.
baguette grêle du coccyx, 10096.
balancier, 792, 4126.
balane, 72, 77.
balanoglosse, 794.
balanoglossus, 794.
balanophage, 75.
balanophore, 73, 793.
balanus, 72, 77.
balle muqueuse, 8787.
ballonnet, 10345.
banc, 798.
bande, 3497.
— de Caspary, 1322.
— transversale, 799.
bandelette, 9760.
— obturante, 6411.
— optique, 6566.
— sillonnée, 5223.
— terminale, 6411.
bandelettes obturantes, 9519.
— péripharyngiennes, 7069.
barbe, 738, 801, 802, 8083.

barbeau, 802.
barbicelle, 803, 4133.
barbillon, 801, 802.
barbu, 596.
barbule, 804.
barophile, 808.
barrage, 2185.
barre de Sanio, 800.
barrière de filtration, 3428.
— placentaire, 7333.
— sang-air, 1000.
basale, 816.
baséoste, 834.
bases puriques, 7977.
— pyrimidiques, 8003.
basibranchial, 817.
baside, 823.
basidiomycètes, 821.
basidiospore, 822.
basidorsal, 824.
basifixe, 825.
basihyal, 826.
basilaire, 810, 827.
basipète, 835.
basipodite, 836.
basisphénoïde, 838.
basiventral, 841.
basophile, 843.
basophilie, 844.
bassin, 6981.
— de drainage, 2570.
bassinet, 8184.
bathoïdes, 4581.
bathomètre, 851.
bathyal, 852.
bathymètre, 851.
bathymétrie, 855.
bathymétrique, 854.
bathyphotomètre, 856.
bâtonnets olfactifs, 8335.
— rétiniens, 8335.
— visuels, 8335.
batraciens, 320, 857.
battement, 860, 4163.
baume du Canada, 1219.

bec, 858.
— corné, 8275.
— de-lièvre, 4147.
becquetage hiérarchique, 6933.
becqueter, 6932.
béhaviorisme, 865.
béhavioriste, 866.
béhaviourisme, 865.
béhaviouriste, 866.
benthologue, 868.
bernache, 806.
bernacle, 806.
besoin d'énergie, 2880.
biconcave, 325.
bifide, 871.
bifurqué, 872, 2408.
bilatéral, 876.
bile, 879, 3675.
bilharzia, 884, 8488.
bilharzie, 884, 8488.
biliprotéine, 885.
bilirubine, 886.
biliverdine, 887.
bilobé, 889.
bilobulaire, 891.
bimane, 893, 9959.
bioblaste, 899.
biocatalyseur, 900.
biocénose, 905.
biocénotique, 906.
biochimie, 902.
biocide, 903.
bioclimatique, 904.
biocoenose, 905.
biocompatible, 907.
bioélectrogenèse, 908.
biogenèse, 911.
biogénétique, 912.
biologie, 924.
— moléculaire, 5874.
biologiste, 923.
bioluminescence, 925.
biomasse, 926.
biomatériau, 921.

biome, 927, 5198.
biomécanique, 916.
biométrie, 929.
biomonomère, 930.
bion, 931.
bionomie, 933.
biopériodicité, 935.
biopériodique, 934.
biophysique, 936.
biopoièse, 937.
biopotentiel, 938.
biopsié, 939.
biorythme, 940.
biorythmique, 941.
biospéléologie, 942.
biosphère, 943, 2680.
biostratigraphie, 944.
biosystématique, 945.
biotechnologique, 947, 3069.
biotine, 951.
biotique, 948.
biotope, 952.
biotype, 953.
biovulaire, 2533.
bioxyde, 2461.
bipare, 954.
bipartition, 955.
bipède, 956, 957, 9958, 9960.
bipenné, 959.
bipinnaria, 958.
bipinné, 959.
bipolaire, 960.
biramé, 963.
biréfringence, 967.
bisannuel, 869.
bisexué, 971.
bisexuel, 971.
bivalent, 973.
bivalve, 974.
bivalves, 6969.
bivitellin, 2533.
blaireau, 790.
blairelle, 789.
blanc d'oeuf, 209.

— de baleine, 8868.
blastématique, 981.
blastème, 980.
— de régénération, 980.
— régénérateur, 980.
blastocèle, 982.
blastocoele, 982.
blastocyste, 983.
blastocyte, 984.
blastoderme, 985.
blastodermique, 986.
blastodisque, 987, 3822.
blastogenèse, 988.
blastomère, 989.
blastophore, 990.
blastopore, 991.
blastostyle, 992.
blastozoïde, 994.
blastozoïte, 994.
blastula, 995.
blépharoblaste, 811.
blépharoplaste, 811.
blessure, 10363.
bleu grisâtre, 1172.
— verdâtre, 1172.
bois, 488, 10357, 10379.
— d'été, 9244.
— de printemps, 9001.
— parfait, 4166.
— sur pied, 9031.
boisé, 10360.
boîte crânienne, 2020.
bonnet, 4411.
boomerang écologique, 2669.
bord alvéolaire, 280.
— costal, 1997.
— dorsal, 1270.
bordure, 1037.
— en brosse, 1127, 1626.
bosquet, 8727.
bosse viscérale, 10263.
botanique, 1045.
botaniste, 1044, 4224.
botté, 1036.
botulisme, 1047.

bouche, 5977.
bouchon vaseux, 8743.
— vitellin, 10393.
bouclier, 4481.
— céphalothoracique, 1256.
boue à globigérines, 3887.
bourdon, 2577.
bourgeon, 1135, 3741, 9004.
— à fruit, 3630.
— axillaire, 749.
— du goût, 9436.
— fixé, 997.
— floral, 3513.
— foliaire, 5118.
— gustatif, 9436.
— périosté, 7064.
— sensible, 2550.
— syncitial, 9355.
bourgeonnement, 1137.
bourgeonner, 1136.
bourrelet médullaire, 6243.
bourse, 1157.
— copulatrice, 1158.
— de Fabricius, 1159.
— génitale, 3786.
— synoviale, 9381.
— testiculaire, 8547.
bout de sein, 5442.
bouton, 1135, 1162.
— adhésif, 5468.
— céphalique, 95, 4158.
— embryonnaire, 2779.
— terminal, 2802.
bouturage, 8202.
bovin, 1048.
brachial, 1052.
brachiateur, 1058.
brachicères, 1059.
brachio-cubital, 4436.
brachiocéphalique, 1060.
brachiole, 1063.
brachiopodes, 1064, 5071.
brachycardie, 1076.
brachycéphale, 1066.
brachydactile, 1067.
brachydactilie, 1068.
brachydactyle, 1067.

brachydactylie, 1068.
brachyopodes, 1064, 5071.
brachyoures, 1071.
brachyures, 1071.
bractée, 1074.
bractéole, 1075.
bradycardie, 1076.
bradyrythmie, 1076.
branche, 1082.
branchial, 1084.
branchie, 1083, 3837, 3839.
branchié, 1093.
branchie sanguine, 1005.
branchies externes, 3250.
— palléales, 6761.
branchiforme, 1094.
branchiopodes, 1095.
branchiostégite, 1098.
branchiures, 1099.
bras, 598, 10059.
— ectotyle, 4171.
brèche, 5120.
bréchet, 1275, 4971.
bregma, 1106.
brindille, 9955.
bronche, 1111.
bronchiole, 1112.
— terminale, 9520.
bronchique, 1110.
brosse, 8537.
brouillard, 3532.
broutard, 3979.
brouter, 3981.
broyat, 4381.
brucellique, 1123.
brûlures d'estomac, 4167.
brumisation, 10130.
brunâtre, 8843.
bryologie, 1130.
bryologique, 1128.
bryologiste, 1129.
bryophytes, 1131.
bryozoaires, 1132.
buccal, 1133, 6570.

buisson, 1160.
bulbe, 1141.
— artériel, 1145, 1895.
— de Krause, 4992.
— olfactif, 6475.
— pileux, 4114.
— rachidien, 5528.
— sétigère, 1471.
bulbille, 1142.
— contractile, 1892.
bulla tympanica, 9969.
bullé, 1150.
bulle osseuse, 9969.
— tympanique, 9969.
byssus, 1163.

C

cadophore, 1164.
caduc, 1166, 2227.
caducité, 1165.
caduque, 2220.
— basilaire, 2221.
— ovulaire, 2222.
— pariétale, 2223.
caecal, 1167.
caeciforme, 1168.
caecum, 1169.
— gastrique, 3715.
— hépatique, 4212.
— mésentérique, 5636.
— pylorique, 7986.
— rectal, 8120.
caenogenèse, 1170, 1398.
caenogénétique, 1171.
cage thoracique, 9630.
caillette, 16.
caillot, 1700.
— sanguin, 1001.
caillou, 3999.
caisse du tympan, 9970.
cal, 1197.
calamus, 1173.
calcaire, 1177, 5234.
calcanéum, 1174, 3409, 4175,
  6624.

calcarifère, 1176.
calcéiforme, 1180, 1181.
calcéoliforme, 1181.
calcicole, 1182.
calcification, 1184.
calcifié, 1177.
calcifuge, 1185.
calciphile, 1182.
calciphobe, 1185.
calcitonine, 1187.
calcul, 9102.
— biliaire, 883, 3678.
calice, 1211, 2120, 3514, 4486.
caliciforme, 1189.
caliculaire, 1191.
calicule, 1190.
caliculé, 1192.
calipédie, 3122.
callitriche, 1194, 1195.
callose, 1196.
callosité, 1197.
— de l'index, 6391.
calorico-azoté, 1199.
calorie, 1200.
calorifique, 1201.
calorique, 1198.
calotte, 2057.
— polaire, 7464.
calymna, 1203.
calyptoblastides, 1205.
calyptoblastiques, 1205.
calyptomères, 1206.
calyptre, 1207.
calyptré, 1208.
calyptrogène, 1209.
camail, 6166.
cambial, 1210.
cambium, 1212.
— fasciculaire, 3315.
— interfasciculaire, 4784.
— intrafasciculaire, 4838.
cambrien, 1213.
caméléonisme, 1802.
camélidés, 9963.
campanulé, 1215.

campanule de Haller, 1214.
camptotriche, 1217.
campylotrope, 1218.
canal, 1220, 2584, 5514, 10137.
– alimentaire, 222, 2896.
– alisphénoïde, 223.
– allantoïde, 228.
– allantoïdien, 228.
– alvéolaire, 278.
– ambulacraire latérale, 1868.
– ambulacraire radiaire, 8053.
– aphodal, 527.
– artériel de Botal, 2594.
– auditif, 677.
– biliaire, 3677.
– carotidien, 1287, 2596.
– central de la moelle, 1405.
– cérébrospinal, 1454.
– cholédoque, 1816, 3677.
– cochléaire, 1740.
– cystique, 2146.
– d'évacuation, 2568.
– de Cloquet, 4448.
– de Cuvier, 2597.
– de Gartner, 2587.
– de Havers, 4155.
– de Hering, 1221, 4234.
– de Laurer, 5111.
– de Leydig, 5186.
– de Müller, 5997, 7787.
– de Schlemn, 1222.
– de Wolff, 5656, 10355.
– déférent, 2598, 10138.
– du pronéphros, 7787.
– du sable, 9103.
– éjaculateur, 2599, 2729.
– endolymphatique, 2600, 2831.
– entérique, 2890.
– épendymaire, 1405.
– épineural, 2993.
– excréteur, 3188.
– galactophore, 5037.
– génito-urinaire, 10088.
– hépatique, 881.
– hépato-pancréatique, 4221.
– hyaloïde, 4448.
– hydrophore, 9103.
– inguinal, 4710.
– inhalant, 4667, 4714.
– lacrymal, 5021.

– lactifère, 5037.
– latéral, 5987.
– médullaire, 5531.
– neural, 6241, 8920.
– neurentérique, 6250.
– pancréatique, 6781.
– péricardo-péritonéal, 7031.
– prosodal, 7815.
– radiaire, 8048.
– résinifère, 8215.
– semi-circulaire, 8619.
– thoracique, 2602, 9626.
– urogénital, 10088.
– veineux, 2603.
– veineux d'Arantius, 2604.
– vitellin, 10276.
canaliculaire, 1223.
canalicule, 1225, 2591, 9921.
canaliculé, 1224.
canalicule de l'ivoire, 2303.
– efférent, 10139.
canalicules biliaires, 880.
canaux de Volkmann, 10290.
– exhalants, 3193.
– intralobulaires, 4841.
cancer, 1228.
cancéreux, 1230.
cancériforme, 1231.
cancérigène, 1261.
cancérisation, 1229.
cancérogène, 1261.
cancérogénicité, 1262.
cancroïde, 1231.
canibalisme, 1232.
canine, 1233, 3281.
caninité, 1234.
canisse, 3833, 3985.
cannelure, 9124.
capacitation, 1240.
capacité au champ, 2260, 3412.
– limite, 1299.
capillaire, 1241.
– lymphatique, 5347.
capillifolié, 1242.
capilliforme, 7280.
capillitium, 1244.
capité, 1245.

capitule, 1245, 1248, 3515, 4157.
capitulum, 1248.
caprinisé, 1249.
capsule, 1250.
— bucale, 1134.
— de cellules cartilagineuses, 1302.
— de Bowman, 1050.
— de Glisson, 3885.
— de Malpighi, 5435.
— de Tenon, 1251, 9490.
— du cristallin, 5141.
— nasale, 6131.
— olfactive, 6476.
— otique, 671.
— polaire, 7468.
— sensorielle, 8633.
— surrénale, 139.
captacule, 1252.
captage, 1894.
captivité, 1253.
capuchon, 1239, 4413.
— céphalique, 4158.
caractère, 1485.
— 'killer', 4978.
— acquis, 82.
— continu, 1886.
— d'adaptation, 8857.
— discret, 2504.
— dominant, 2544.
— épigamique, 2964.
— héréditaire, 1485.
— héréditaire lié au chromosome sexuel, 8691.
— lié au sexe, 8690.
— primitif, 7707.
— récessif, 8162.
— secondaire, 8566.
— sexuel secondaire, 8572.
caractères sexuels primaires, 7697.
carapace, 1256, 3274, 8710, 9540.
carbamide, 10063.
carbonifère, 1259.
carcinogène, 1261.
cardia, 1263.
cardial, 1264.
cardiaque, 1264.
cardinal, 1269.

cardo, 1273.
carence, 2243.
carène, 1275.
carinates, 1276.
cariopse, 1317.
carnassier, 1280, 1281, 3485.
carnassiers, 3461.
carnivore, 1280, 1281, 3485.
carnivores, 1279.
caroncule, 1305, 1307, 10312.
— lacrymale, 1306.
carotène, 1282.
caroténoïde, 1283.
carotide, 1285.
— interne, 4799.
— primitive, 1817.
carpe, 1291.
carpellaire, 1294.
carpelle, 1293.
— libre, 8644.
carpien, 3989, 6003, 9791.
carpiens, 4127.
carpogone, 1295.
carpométacarpe, 1296.
carpopodite, 1297.
carpospore, 1298.
carré, 8008.
— moyen à l'intérieur des groupes, 10351.
carte chromosomique, 1593, 3754.
— factorielle, 1593, 3754.
— génétique, 1593, 3754.
cartilage, 1300, 3998.
— carré, 8010.
— cératobranchial, 1436.
— cricoïde, 2035, 8323.
— de conjugaison, 3007.
— de Meckel, 5517.
— élastique, 2736.
— hyalin, 4446.
— hypoischiatique, 4552.
— labial, 5001.
— orbitaire, 6579.
— préspiraculaire, 7679.
— thyro-hyoïdien, 9659.
— thyroïde, 9660.
cartilages paracordaux, 6817.

cartilagineux, 1303, 1543.
cartillage aryténoïde, 619.
caryaster, 1308.
caryocinèse, 1309.
caryocinétique, 1310.
caryogamie, 1312.
caryogamique, 1311.
caryokinèse, 1309.
caryologique, 1313.
caryolymphe, 1314, 1316, 6379.
caryolyse, 1315.
caryopse, 1317.
caryosome, 1318, 2854.
caryotype, 1319.
caséeux, 1321.
caséine, 1320.
casque, 3673, 4413.
caste, 1323.
castrat, 3130.
castration, 1325, 2764.
— parasitaire, 6841.
catabolisme, 1327, 2516.
catadrome, 1328.
catalase, 1329.
catalyseur, 1330.
catapétale, 1331.
catarhiniens, 1332.
catastrophe, 2021.
catécholamine, 1333.
cathepsine, 1335.
catostéomes, 1336.
caudal, 1340.
caudimane, 7649.
caudophagie, 1343.
caulescent, 1346, 1349.
caulicule, 1347.
caulifère, 1349.
caulifloré, 1350.
cauliflorie, 1351.
cauliforme, 1352.
caulinaire, 1353.
caverneux, 8973.
cavernicole, 1355.
cavicorne, 1358.

cavité, 7070, 7654.
— abdominale, 2894.
— amniotique, 312.
— coelomique, 1028, 1756.
— cotyloïde, 44, 8006.
— de segmentation, 9186.
— de Kretschmann, 3040.
— du système aquifère, 4468.
— en cul-de-sac, 2530.
— gastrale, 6821.
— gastro-vasculaire, 1750, 3730.
— générale, 1028.
— glénoïde, 3880, 3881.
— médullaire, 5532.
— neurale, 6241.
— orbitaire, 6577.
— péribranchiale, 660, 1087, 7028.
— péricardique, 7029.
— péripharyngienne, 7070.
— péritonéale, 7093.
— périviscérale, 7093.
— pharyngienne, 7156.
— pleurale, 7419.
— prélacrymale, 7653.
— pulpaire, 7960.
— sous-rostrale, 9207.
— temporale, 9483.
— viscérale, 7895.
cavum, 6140.
cécidie, 1362, 3675.
cécidologie, 1361.
ceinture, 3851.
— pectorale, 6946, 8480.
— pelvienne, 6977.
— scapulaire, 8480.
cellulaire, 1386, 1388.
cellule, 1365.
cellulé, 1384, 1388.
cellule à collerette, 1535.
— à flamme vibratile, 3479.
— à phalange, 7139.
— à pilier, 7281.
— à poussière, 2615.
— à tige, 9021.
— à vitellus, 10391.
— acidophile alpha, 6576.
— adipeuse de réserve, 7043.
— amacrine, 284.

cellulose, 1391.
cément, 1393.
cémentocyte, 1396.
cendre volante, 3523.
cénogenèse, 1170, 1398.
cénogénétique, 1171.
cénozoïque, 1399.
centimorgan, 1403.
centipède, 1404.
centipèdes, 1512.
centre cruciforme, 2062.
– différenciateur, 2425.
– germinatif, 3820.
– nerveux, 6221.
– organisateur, 6595.
– pileux, 5527.
– supraoptique, 9279.
– vaso-constricteur, 10151.
– vertébral, 1420.
centres épiphysaires, 3004.
centrifugable, 1410.
centriole, 1412.
centrocerque, 1414.
centrodorsale, 9453.
centrolécithe, 1415.
centromère, 663, 1416.
centrosome, 1418.
centrosphère, 1419.
céphalé, 1422.
céphalique, 1423.
céphalisation, 1426.
céphalocordés, 1427.
céphaloïde, 1429.
céphalopode, 1431.
céphalopodes, 1432.
céphalothorax, 1433.
cératodus, 1437.
cératotriche, 1441.
cercaire, 1442.
cercle annuel, 403.
– céphalicus, 1641.
céréale, 1445.
cérébelleux, 1446.
cérébral, 1448.
cerque, 1443.

céruléoplasmine, 1458.
cérumen, 1459.
cerveau, 1078, 1456.
– antérieur, 3571.
– intermédiaire, 9580.
– postérieur, 4320.
cervelet, 1447.
cervical, 1460.
cervico-branchial, 1464.
cestode, 9419.
cestodes, 1467.
cestoïde, 1468.
cétacés, 1469.
chaetognathes, 1472.
chaetopodes, 1473.
chaetosoma, 1474.
chaetosome, 1474.
chaîne alimentaire, 3549.
– nerveuse, 6222.
– nerveuse palléo-viscérale, 6763.
– nerveuse ventrale, 10185.
– trophique, 3549.
chalaze, 1475.
chaleur, 6466.
chalone, 1477.
chalut, 9798.
chalutier, 9799.
chambre aérifère, 196.
– anthéridienne, 438.
– branchiale, 1087.
– sous-stomatique, 196, 199.
chaméphyte, 1478.
champ, 3411.
– morphogénétique, 5946.
– vannal, 10129.
champignon, 3656, 6030.
champignons, 6048.
– à lamelles, 3842.
champs de Conheim, 3413.
chancre, 1235, 1480.
chancreux, 1236, 1482.
chancroïde, 1481.
changement de sexe, 1483.
changer de peau, 3274.
chapeau, 1239, 7277.

— de l'intestin, 5069.
choripétale, 1566.
choroïde, 1559, 1567.
chorologie, 1569.
chromaffine, 1570.
chromatide, 1573.
— non-soeur, 6336.
— soeur, 8773.
chromatine, 1574.
— sexuelle, 8684.
chromatolyse, 1575.
chromatophore, 1576.
chromidie, 1578.
chromocentre, 1579.
chromogène, 1580.
chromomère, 1581.
chromophage, 1583.
chromophile, 1584.
chromophobe, 1585.
chromophore, 1576.
chromoplaste, 1586.
chromosome, 1591.
— accessoire, 31.
— de la glande salivaire, 8417.
— en anneau, 8324.
— fils, 2194.
— plumeux, 5072.
— sexuel, 4254, 8685.
— X, 10365.
— X lié, 662.
— Y, 10381.
chromosomes homologues, 4388.
chromosomique, 1588.
chronobiologie, 1595.
— végétale, 7356.
chronogenèse, 1596.
chronogénétique, 1596.
chronon, 1597.
chronosusceptibilité, 1598.
chronothérapeutique, 1599.
chrysalide, 1600, 7971.
— coarctée, 1722.
chrysomonadales, 1601.
chrysophycées, 1601.
chute, 2021.
chylaire, 1602.

chyle, 1603, 1604.
chyleux, 1602.
chylifère, 1605, 5033.
chylification, 1607.
chylifier, 1606.
chyme, 1609.
chymification, 1610.
chymifier, 1611.
chymotrypsine, 1612.
cicatrice, 1613, 8482.
— foliaire, 5122.
— ombilical, 6159, 10008.
cicatricule, 1615, 4317, 8482.
cicatrisation, 1616.
cil, 1632.
— vibratile, 1632.
ciliaire, 1618.
ciliates, 1623.
cilié, 1624.
ciliés, 1623, 4705.
cilifère, 1624, 1628.
ciliforme, 1629.
ciliophores, 1630.
ciliospore, 1631.
cils, 3606.
cinèse, 4981.
cinesthésique, 4980.
cingulum, 1633.
circadien, 1634.
circalittoral, 5312.
circannuel, 1636.
circompolaire, 1648.
circonvolution, 4044.
circonvolutionnaire, 1902.
circulation, 1639.
— double, 2561.
— générale, 9392.
circumnutation, 1644.
circumpolaire, 1648.
cire, 1444.
cironné, 5848.
cirre, 1654, 9489.
cirres, 3606.
cirrhe, 1654.
cirrifère, 1651.

cirripèdes, 1653.
cirrose, 1650.
cistron, 1658.
citerne, 1655, 7058.
citernes, 1656.
cladocarpe, 1659.
cladocères, 1660.
cladode, 1661, 7224.
cladogenèse, 1662.
cladogénétique, 1663.
cladonie, 2121.
clarification, 1674.
clasmatocyte, 1664.
classe, 1666.
classification, 1667.
— à double entrée, 9962.
claviculaire, 1669.
clavicule, 1668, 1783, 4947.
claviculé, 1670.
claviforme, 1671.
cléistocarpe, 1678.
cléistocarpique, 1678.
cléistogame, 1679.
cleithrum, 1680.
climacique, 1681.
climat, 1682.
climatique, 1683.
climatologie, 1685.
climatologique, 1683, 1684.
climatomorphique, 10408.
climatron, 1686.
climax, 1687.
climogramme, 1689.
cline, 1690.
clitellum, 1692.
clitoris, 1693.
clivage, 1676.
— bilatéral, 877.
cloacal, 1694.
cloches natatoires, 6178.
cloison, 8653.
— interbranchiale, 3838.
— interventriculaire, 10192.
— membraneuse, 8654.
— placentaire, 7335.

cloisonné, 8647.
cloisons interbranchiales
secondaires, 8569.
clonage, 1699.
clone, 1698.
clypéastroïdes, 1708.
clypeus, 1709.
cnidaires, 1710.
cnidoblaste, 1711, 6184, 9078.
cnidocil, 1712.
cnidocyste, 6188.
cnidosporidia, 1714.
cnidosporidie, 1714.
coacervation, 1715.
coadné, 134.
coagglutination, 1716.
coagulable, 1717.
coagulant, 1718.
coagulation, 1703, 1719.
— sanguine, 1002.
coagulé, 1702.
coalescence, 1720.
coalescent, 1721.
coassement, 2044.
coasser, 2044.
cobalamine, 1726.
coccide, 8468.
coccidie, 1731.
coccidies, 1732.
coccidiomorphes, 1728.
coccidiose, 1729.
coccidiostat, 1730.
cocciforme, 1733.
coccus, 1735.
coccygis, 6626.
coccyx, 1737.
cochléaire, 1739, 1743.
cochlée, 1738.
cocon, 1744.
code génétique, 3767.
codominance, 1745.
codominant, 1746.
codon, 1747.
coefficient, 3294.

comprimé, 1833.
concentreur, 1837.
concentrique, 4375.
conceptacle, 1839.
conchostracés, 1842.
conchylicole, 1841.
concombre, 2108.
— de mer, 4361, 8559.
concrétions prostatiques, 1962.
conditionnement, 1845.
conduit, 2584, 5514.
— auditif, 672, 677, 678.
— bilaire, 3677.
— éjaculateur, 2599.
— pancréatique, 6781.
condyle, 1847.
— occipital, 6418.
condylien, 1846.
condyloïde, 1848.
cône, 1849, 9141.
— cristallin, 2089.
— de Doyère, 755.
— femelle, 6707.
— hypostomial, 6571.
— mâle, 9025.
— péribuccal, 6571.
— rétinien, 1849.
cônes efférents, 2593.
congestion, 4506.
congloméré, 3894.
conglutinant, 1854, 1855.
conglutinatif, 1854.
conglutination, 1853.
conglutiné, 1852.
conidie, 1857.
conifère, 1858, 1859.
coniférien, 1859.
conirostre, 1860.
conjonctive, 1866.
conjugaison, 1864.
conjugant, 1862.
conjugué, 4941.
connectif périoesophagien, 1646, 6830.
conotriches, 1552.
conque, 1840.

consanguin, 4649.
consanguinité, 1872.
conservateur, 2126.
conservation, 1873.
consistant, 1874.
consommateur, 1877.
— de matière morte, 2353.
— primaire, 4227, 7254.
— secondaire, 1280.
consommateur de premier ordre, 4227.
contagieux, 1878.
continuité du plasma germinatif, 1885.
— germinale, 3821.
continuum, 1888.
contraceptif, 1890.
contractile, 1891.
contraction musculaire, 6021.
contrepoison, 467, 482.
contrôle continu, 5886.
convection, 1896.
convergence, 1897.
convergent, 1898.
convoluté, 1902, 10334.
convolvulacé, 1903.
copépodes, 1907.
copolymère, 1908.
coprodaeum, 1909.
coprophage, 1910.
coprophagie, 1911.
coprophile, 1912.
copulateur, 1914.
copulation, 1769, 1913.
coque, 1735.
coquillage, 8713.
coquillages, 8714.
coquille, 2724, 6982, 8710.
— nidamentaire, 6298.
coracoïde, 1918.
corail, 1919.
corallifère, 1920.
coralliforme, 1921.
coralligère, 1920, 1922.
corbeille, 1924, 3475.

- branchiale, 1086.
- pollinique, 7473.

corbicule, 7473.

corde, 1925.
- dorsale, 6348.
- du tympan, 1553.
- vocale, 10288.

cordés, 1556.

cordes auditives, 676.

cordiforme, 1926.

cordon, 1925, 3319, 3657.
- médullaire, 5339, 5533, 8922.
- nerveux, 6222.
- ombilical, 10006.
- sexuel, 8686.
- spermatique, 8875.

cordons de Billroth, 888.
- tendineux, 1554.

corion, 2331.

cormidie, 1931.

corne, 4422.

corné, 1936.

corne antérieure, 434.
- de l'hyoïde, 4498, 5165.
- postérieure, 7598.

cornéal, 1934.

cornée, 1932.
- opaque, 8530.

cornes postérieures, 9658.

cornet, 1840, 9949.

cornicule, 1938, 6177.

corollacé, 1944.

corolle, 1942.

corollé, 1945.

corollifère, 1946.

corolliflore, 1947.

corolliforme, 1949.

coronaire, 1953.

coronal, 1952, 3614.

corps, 1027.
- adipeux, 3321.
- allate, 1969.
- atrésique, 1968.
- bordant, 3431.
- brun, 1117.
- calleux, 1970.
- caverneux, 1965, 1971.

- cellulaire, 1366, 7049.
- ciliaire, 1619.
- de Herring, 4248.
- de Highmore, 5524.
- de l'hyoïde, 1030.
- de l'os hyoïde, 826.
- de l'utérus, 1976.
- de Malpighi, 5437.
- de Nissl, 6306.
- de Russell, 8385.
- de Tiedmann, 9690.
- de Wolff, 5657, 10354.
- du sternum, 5669.
- fibreux, 3399.
- fongiforme, 6031.
- géniculé, 3782.
- genouillé, 3782.
- gras, 3321.
- inter-rénal, 4816.
- jaune, 1972.
- jaune périodique, 5331.
- mamillaires, 1966.
- restiforme, 1973, 8232.
- rhomboïdal du cervelet, 2297.
- scolopal, 8536.
- spongieux, 1974.
- strié, 1975.
- ultimobranchial, 9988.
- vertébral, 1420.
- vitré, 1977, 10280.

corpus allatum, 1969.

corpuscule, 1027, 1978.
- basal, 811.
- carotidien, 1286.
- de Hassall, 1979.
- de Krause, 4992.
- de Malpighi, 5436.
- de Meissner, 5572.
- de Pacini, 6731.
- de Ruffini, 1980.
- de Vater-Pacini, 6731.
- salivaire, 8415.
- tactile, 9401.

corrélation, 1981.

cortex, 1982.
- cérébral, 1449.
- pileux, 4116.
- pyriforme, 8001.
- rénal, 8183.
- surrénalien, 138.

cortical, 1983.
corticifère, 1985.
corticostimuline, 97.
corticotrophine, 97, 1986.
cortine, 1987.
cortisol, 4470.
cortisone, 1988.
corvicide, 1990.
corvifuge, 2058.
corymbe, 1991.
cosmine, 1992.
cosse, 4433, 7447.
costal, 1995.
côte, 8307, 8719.
côté, 3285.
côte cervicale, 1462.
— dichocéphale, 2404.
— flottante, 3491.
— holocéphale, 4352.
— monocéphale, 4352.
cotylédon, 1999, 8594.
cotylédonaire, 2000.
cotylédoné, 2001.
cotylifère, 2002.
cotyloïde, 2003.
cotyloïdien, 2003.
cou, 1795, 6165.
couche, 5113, 9112, 9933.
couché, 2231, 4665.
couche adventice, 148.
— basale, 9114.
— claire, 9116.
— cornéagène, 1933.
— cornée, 1937, 1940, 9113.
— cuticulaire, 2137.
— de Henle, 4207.
— de Huxley, 4444.
— de Malpighi, 5437, 9117.
— des prismes, 7715.
— génératrice, 9114.
— granuleuse, 9115.
— hyménéale, 4490.
— lamelleuse, 6120.
— mélangée, 5859.
— muqueuse, 5984, 9938.
— musculaire muqueuse, 6024.
— musculeuse, 6023.

— papillaire, 6803.
— pigmentaire, 7268.
— profonde, 7751.
— réticulaire, 8244.
— séreuse, 9940.
— sous-endocardique, 9176.
— sous-endothéliale, 9177.
— sous-épidermique, 816, 5583.
— sous-épithéliale, 816, 5583.
— sous-muqueuse, 9941.
— sous-péricardique, 9178.
couches optiques, 6565, 9583.
coude, 2743.
coulant, 8382, 9092.
coup de vent, 3672.
coupe, 8582.
— à la paraffine, 6819.
— longitudinale, 5296.
— radiale, 8050.
— tangentielle, 9416.
— transversale, 2054.
courant, 2127.
— de fond, 10015.
courantologie, 9154.
courantométrie, 2128.
courbé, 4695.
courbe de croissance diauxique, 2399.
— de survie, 9294.
— en J, 4924.
— logistique, 5281.
— sigmoïde, 5281.
courbure, 2130.
— céphalique, 2017.
coureur, 2129.
couronne, 1950, 2057.
couronné, 1958.
couronne radiante, 1951.
— rayonnante, 1951.
cours d'eau, 2025.
couvaison, 6236.
couvée, 1114, 1707, 4149.
couver, 4660.
couvert, 2005.
couvertures, 9449.
couvrir de pollen, 7479.
coxa, 2010, 4892.

coxal, 2011.
coxite, 2012.
coxopodite, 2013.
crabe appelant, 3410.
crampon, 4343.
crâne, 2015, 2020, 8781.
— amphistylique, 335.
— cartilagineux, 8782.
— streptostylique, 9121.
— tropitrabique, 9889.
crânien, 2016.
crayeux, 1476.
créatine, 2022.
créationisme, 2023.
crémaster, 2026.
crénelure, 2027.
crépuscule, 2613.
crétacé, 2030.
crête, 1812, 2028, 2036, 8317.
— ampullaire, 2038.
— clinoïde, 1691.
— génitale, 3789.
— lambdoïde, 5057.
— mitochondriale, 2040.
— neurale, 6242.
— sternale, 4971.
crétinisme, 2031.
crevette, 8725.
cribellum, 2032.
cricoïde, 2034.
crin, 4113, 4423.
criniforme, 1243.
crique, 2024.
crise audiogène, 668.
cristallin, 2090.
cristalloïde, 5141.
cristiforme, 2029.
cristophage, 2092.
critère, 2041.
croassement, 2044.
croasser, 2044.
croc, 3306.
crochet, 801, 2056, 3306, 4133, 5003, 9078.
crocodile, 2045.

crocodilien, 2046.
croisé, 2059.
croisement, 2049.
— consanguin, 4651.
— double, 2562.
— en X, 2232.
— pollinique, 2052.
croisements réciproques, 8113.
croissance, 4006.
— interstitielle, 4821.
— zéro de la population humaine, 10397.
croquant, 3998.
crosse aortique, 493, 9391.
crossing-over, 2051.
crossoptérygiens, 2053.
croupe, 8380.
croupion, 8380, 9408.
croûte squameuse du cuir chevelu, 2187.
crucifère, 2060.
cruciforme, 2059, 2061.
crural, 2063.
crustacé, 2068, 2069.
crustacés, 2067.
crutacéen, 2068.
cryo-ultramicrotomie, 2073.
cryobiologie, 2070.
cryoclastie, 3623.
cryodécapage, 3599.
cryoeutrophe, 4995.
cryophile, 7920.
cryoprotecteur, 2072.
crypte, 2075.
— sensorielle, 6482.
— tonsillaire, 9717.
cryptes de Liberkühn, 2088.
— gastriques, 3719.
cryptique, 2076, 2077.
cryptocérates, 2079.
cryptodères, 2080.
cryptogame, 2081, 2082, 2083.
cryptogamique, 2082, 2083.
cryptopolymorphisme, 2084.
cryptorchidie, 2085.

D

D.B.O., 1025.
dacryogène, 2177.
dactylèthre, 10372.
dactylopodite, 2179.
dactyloptère, 2180.
dactylozoïde, 2181.
daltonien, 2183, 4534.
daltonisme, 2184.
danse des abeilles, 863.
dard, 2189, 9078.
darwinisme, 2191.
de couleur brique, 9543.
débactérisation, 2509.
debout, 6617.
décalcification, 2209, 2210.
décapeptide, 2211.
décapétale, 2212.
décapode, 2213.
décapodes, 2214, 2215, 3116.
décérébration, 2218.
déchloruration, 2219.
décident, 2227.
décidu, 2227.
déciduale, 2224.
déciduates, 2226.
décidués, 2226.
décimorgan, 2228.
déclencheur, 8172.
décoloration, 2499.
décombant, 2231.
décomposeur, 2229.
décompression, 2230.
décussation, 2232.
dédifférenciation, 2234.
dédifférencier, 2233.
défaut de nutrition, 4731.
défaut de, 2243.
défécation, 2238.
défense, 3306.
déféquer, 2237.
déférent, 2240.
défeuillage, 2250.

défeuillaison, 2250.
défeuiller, 2249.
défibrination, 2241.
défibrineur, 2242.
déficience, 2243.
déficit de pression de diffusion, 2427.
défoliant, 2248.
défoliateur, 2251.
défoliation, 2250.
déformabilité, 2252.
dégénération, 2255, 2362.
dégénéré, 2253.
dégénérer, 2254.
dégénérescence, 2255, 2362.
— fibreuse, 3401.
— morbide, 359.
— wallérienne, 10303.
déglutition, 2256.
dégradation, 2257.
degré de liberté, 2259.
degré-jour, 2258.
déhiscence, 2261.
déhiscent, 2262.
déhydrase, 2265.
déjections, 2269.
délai, 2272.
délamination, 2271.
délétion, 2273.
déliquescence, 2274.
déliquescent, 2275.
deltoïde, 2277.
demande biochimique en oxygène, 1025.
démarche, 3669.
dème, 2278.
démécologie, 7570.
demi-facette, 2280.
— vertèbres, 4118.
démographie, 2282.
démosponges, 2283.
démoussage, 2247.
dénaturation, 2284.
dendrite, 2285.
dendrochirotes, 2287.

dénitrer, 2289.
dénitrifier, 2289.
dénombrement, 1400.
dent, 9720.
— bilophodonte, 892.
— brachyodonte, 1069.
— bunodonte, 1153.
— bunolophodonte, 1154.
— canine, 1233, 2134, 2135, 3281.
— carnassière, 1278.
— hypsodonte, 4585.
— incisive, 4654.
— labyrinthodonte, 5012.
— maxillaire, 5507.
— permanente, 7106.
— pharyngienne, 7159.
— triconodonte, 9828.
— trituberculée, 9840, 9859.
— venimeuse, 7461.
— vomérienne, 10295.
dentaire, 2291, 2294.
denté, 2295.
dentelé, 2295.
dentelure, 2296.
denticètes, 6444.
denticule, 2298.
denticulé, 2299, 8671.
dentiforme, 2301.
dentine, 2304.
dentition, 2306.
dents sélénodontes, 8610.
— tétralophodontes, 9563.
— thécodontes, 9593.
déoxygénation, 2307.
dépendance écologique, 2670.
dépeuplement, 2313.
dépeupler, 2312.
déplétion, 2309.
dépolarisation, 2311.
dépollueur, 8779.
dépollution, 7488.
dépopulation., 2313.
dépôt, 4573, 8587.
— adipeux rétropéritonéal, 8261.
dépouille, 8789.
déprimant, 2314.

déraciné, 3259.
dérivatif, 2317.
dérive des continents, 1881.
— génique, 3777.
dermaptères, 2326.
dermatoglyphique, 2327.
dermatophilose, 2328.
dermatoptères, 2332.
dermatosome, 2329.
derme, 1928, 2331.
dermique, 2320, 2330.
dermoptères, 2332.
derrière, 4319.
désacidification, 2198.
désailement, 2202.
désallergiser, 2203.
désamidase, 2204.
désamination, 2205.
désaxé, 4.
désazoter, 2289.
descendance, 2334, 7756.
descendant, 6467.
descendants, 7756.
désert, 2336.
déshydrase, 2265.
déshydratation, 2263, 2264.
déshydrogénase, 2265.
déshydrogénation, 2267.
déshydrogéné, 2266.
déshydrogéner, 2268.
désinfection, 2509.
désintoxication, 2352.
désintoxiquer, 2351.
desmergate, 2339.
desmognathe, 2340.
desmosome, 2341, 5399.
désoxycorticostérone, 2342.
désoxydation, 2307.
désoxyribonucléique, 2534.
dessalure, 3605.
dessin cryptique, 2078.
désutilité, 2524.
détérioration, 2347.
déterminant, 2348.

détermination du sexe, 8688.
— épigamique, 2965.
détiqueur, 9682.
détorsion, 2350.
détour, 2361.
détoxication, 2352.
détritiphage, 2353.
détritivore, 2353.
détritus, 2354.
— organiques, 6592.
détroquage, 2346.
dette d'oxygène, 6715.
deutérocérébron, 2356.
deutocérébron, 5643.
deutomérite, 2357.
deutoplasma, 5717.
deutoplasme, 2358, 5717.
deuxième carpien, 5166.
— globule polaire, 8564.
— ventricule, 8565.
deuxième carpien, 9792.
développement, 2360, 3167, 3579.
déviation, 2361.
dévonien, 2363.
dextre, 2366.
dextrine, 2367.
dextrose, 2369.
diabète, 2370.
diacinèse, 2378.
diadelphe, 2374.
diagéotropisme, 2376.
diagramme, 1488, 2377.
— d'une fleur, 3503.
— floral, 3503.
dialysat, 2379.
dialyse, 2380.
diamant, 2725.
diamine, 2381.
diandre, 2382.
diandrique, 2382.
diapause, 2383.
diapédèse, 2384.
diaphragme, 2385, 5817.
diaphyse, 2387.
diapophyse, 2388.

diaprure, 10135.
diapside, 2389.
diarthrose, 2390, 4323.
diastase, 900, 2391, 2916, 3360.
diastasique, 2918.
diastataxie, 556.
diaster, 319, 2393.
diastole, 2394.
diastolique, 2395.
diatomées, 2396.
diauxie, 2400.
diauxique, 2398.
dicaryon, 2449.
dicaryophase, 2450.
dicentrique, 2401.
dicharyon, 2449.
dichasium, 2402.
dichogame, 2405.
dichogamie, 2406.
dichotome, 872, 2408.
dichotomie, 2409.
dichotomique, 872, 2407, 2408.
dicline, 2410.
dicotylédone, 2411, 2413.
dicotylédoné, 2413.
dicotylédonée, 2411.
dicotylédones, 2412.
dictyosome, 2414.
dictyospore, 2415.
dictyostèle, 2416.
didelphes, 2418, 5734.
didelphiens, 2418.
didermique, 2468.
didyme, 2419.
didyname, 2420.
didynamique, 2420.
diencéphale, 2422, 9580.
diète, 2423.
différenciation, 2424.
— cellulaire, 1369.
diffusion, 2426.
digenèse, 2428.
digéniens, 2429.
digestion, 2430.

— intracellulaire, 4833.
digestive, 3551.
digital, 2436.
digitation, 2441.
digité, 2438.
digitifolié, 2439.
digitiforme, 2442.
digitigrade, 2443.
digitinerve, 2444.
digitinervé, 2444.
digue, 2185.
digyne, 2445.
dihaploïde, 2446.
diholoside, 2491.
dihybride, 2447.
dihybridisme, 2448.
dihydrofolliculine, 6454.
dilatatateur, 2451.
dimère, 2452.
dimorphisme, 2454.
dinergate, 2455.
dinoflagellés, 2456.
dinosauriens, 2458.
dioïque, 2459.
diotocardes, 2460.
diphycerque, 2462.
diphyodonte, 2464.
diplanétisme, 2465.
diplo-haplonte, 2470.
diplobacille, 2467.
diplobionte, 2473.
diploblastique, 2468.
diploé, 2469.
diploïde, 2471.
diplonème, 2472.
diplonte, 2473.
diplophase, 2474.
diplopode, 5830.
diplopodes, 2475.
diplospondylie, 2476.
diplosporie, 2477.
diplostracés, 2478.
diplotène, 2479.
diploures, 2480.

dipneuste, 5326.
dipneustes, 2483.
dipode, 2484.
diprotodontes, 2485.
diptère, 2487.
diptères, 2486.
disaccharide, 2491.
disclimax, 2494.
discoblastula, 2495.
discobole, 2496.
discoïdal, 2497.
discoïde, 2497.
discoméduses, 2500.
discontinuité, 2501, 4307.
discrimination, 2505.
disjonction, 2510.
— indépendante, 4673.
disomique, 2511.
disparu, 3257.
dispermie, 2512.
dispersion, 2513, 2514.
disque adhésif, 3467.
— de Secchi, 8563.
— embryonnaire, 987, 2777,
3822.
— imaginal, 4616.
— intercalaire, 4764.
— intervertébral, 4828.
— ligneux, 9729.
— optique, 6559.
— proligère, 2506.
— Z, 10395.
dissection, 2515, 6171.
distal, 2518.
distribution, 2520.
— à deux dimensions, 975.
— alternée, 273.
— conjointe, 4935.
— des âges.in, 180.
— discontinue, 2502.
— intermitente, 2502.
distyle, 2523.
diurèse, 2525.
diurne, 2526.
divergent, 2528.
diverticule, 1169, 2530.

— hypophysaire, 4565.
— pylorique, 7986.
— rectal, 8120.
— spermatique, 8867.
division, 1676, 2532.
— asexuée, 634.
— cellulaire, 1370.
— cellulaire réductionnelle, 5567.
— de maturation, 5500.
— équationelle binaire, 3049.
— hétérotypique, 8147.
— nucléaire, 6359.
— transversale, 5845.
divorce des facteurs, 2510.
dizygote, 2533.
dizygotique, 2533.
docoglosses, 2536.
doigt, 2178, 2435.
— de pied, 9706.
dolichocéphale, 2539, 2540.
domaine vital, 4370.
domestication, 2541.
dominance, 2542.
— écologique, 2672.
dominant, 2543.
dominé, 8111.
donneur, 2545.
dopage, 2547.
dormance, 2548.
dormant, 2549.
dormine, 2551.
dorsal, 2553.
dorso-lombaire, 2558.
dos, 2552.
dosage, 2560, 9705.
doué de mouvement, 5965.
douve, 3519.
— du foie, 5262.
drainage, 2569.
drainologue, 2571.
drastique, 2573.
drépanocytaire, 2574.
droméognathe, 2576.
drosophile, 2578, 3631.
drupe, 2582.
du milieu, 2913.

— vélum, 10170.
dulçaquiculture, 3604.
dune, 2607.
duodénal, 2608.
duodénum, 2609.
duplication, 2610, 8195.
duplicidentés, 2611.
duramen, 4166.
dure-mère, 2612.
durée de la vie, 5196.
duvet, 2566.
— poudreux, 7618.
duvet d'un oisillon, 3496.
dyade, 2619.
dynamique de l'écosystème, 2682.
dysauxie, 2245.
dysfonction, 2507.
dysfonctionnel, 2623.
dysgénésie, 2624.
dysgénique, 2508.
dysmélique, 2626.
dysmétabolie, 5685.
dystrophie, 2630.
dystrophisation, 2628.
dysurie, 2631.
dytique, 2633, 2634.

E

eau courante, 5309.
— de mer, 8560.
— de métabolisme, 5687.
— de ruissellement, 4003.
— océanique, 6424.
— potable, 2575.
— saumâtre, 1072.
— stagnante, 5144.
— thermale, 9599.
— thermominérale, 9599.
ébauches arcuales, 10189.
ébracté, 2644.
écade, 2645.
écaille, 8467, 8549, 8710.
— à parfum, 8486.
— cosmoïde, 1993.
— cténoïde, 2094.

élasmobranches, 2734, 8604.
élastance, 2735.
élasticité, 2740.
élastine, 2741.
élastoïdine, 1779.
élatère, 2742.
électro-immunodiffusion, 2753.
électroantennogramme, 2745.
électrobiologie, 2746.
électrocardiogramme, 2653.
électroclimat, 2747.
électrocoagulation, 2748.
électrode à enzyme, 2917.
électroencéphalogramme, 2712.
électrolyse, 2751.
électron, 2754.
électrophysiologie, 2746.
élément biogène, 913.
— de paysage, 5075.
éléments myéloïdes, 6072.
éléphantiasis, 2756.
éleuthérozoaires, 2757.
élevage, 389.
élevoir, 1116.
élongation, 2761.
élytre, 2762.
émail, 2789.
émarginé, 2763.
émasculation, 2764.
embioptères, 2766.
embranchement, 7234.
embryogenèse, 2769.
embryologie, 2773.
embryologique, 2771.
embryologiste, 2772.
embryon, 2767, 3531.
— hexacanthe, 4301, 8775.
embryonnaire, 2774.
embryophythes, 2784.
émergence, 2785.
émigration, 2786.
éminence interglénoïdienne, 4779.
— mamillaire, 5443.
— vermiforme, 10203.
emplumé, 3339.

empodium, 2787.
empoisonnement du sang, 1011.
émulsion, 2788.
énation, 2792.
enceinte, 3980, 7647.
encéphale, 2795.
encéphalique, 2793.
encéphalocèle, 2794.
enchondral, 2796.
enchyléma, 2798.
enchylème, 2798.
enclume, 4670.
encoche, 6347.
endartère, 4831.
endémique, 2805.
endémisme, 2807.
— insulaire, 4752.
endergonique, 2808.
endite, 2809.
endoblaste, 2810, 2820.
endocarde, 2811.
endocarpe, 2812.
endocrine, 2814.
endocrinien, 2814.
endocrinologie, 2817.
endocrinologiste, 2816.
endocuticule, 2818.
endocytose, 2819.
endoderme, 2375, 2810, 2820,
    3723, 4529.
endofaune, 2822.
endogamie, 2823.
endogène, 2824, 2825, 2826.
endoglobulaire, 2828.
endolithe, 2829.
endolymphe, 2830.
endomètre, 2833.
endomitose, 2834.
endomixie, 2835.
endomysium, 2836.
endonèvre, 2837.
endonucléase de restriction, 8236.
endoparasite, 2838.
endophage, 4677.

— fibreuse du foie, 3885.
— subéreuse, 3000.
environnement, 2912.
envols, 3523.
enzootie, 2915.
enzootique, 2914.
enzymatique, 2918.
enzyme, 2916, 3360.
— constitutif, 1875.
— inductible, 4680.
— protéolitique, 7834.
— répressible, 8198.
— respiratoire, 8222.
enzymogramme, 2919.
éocène, 2920.
éosine, 2921.
éosinoblaste, 2922.
éosinocyte, 2923.
éosinophile, 61, 2923.
épaississement secondaire, 8574.
— spiralé, 8944.
épaule, 8721.
épendymaire, 2875, 2926.
épendyme, 2925.
éperon, 1175, 4174, 9006.
éphémère, 2927, 2928.
éphéméroptères, 2930.
éphippie, 2931.
éphippium, 2931.
éphyra, 2932.
épi, 1725, 2635, 8916.
épibionte, 2933.
épiblaste, 2934.
épiblastique, 2935.
épibolie, 2937.
épibolique, 2936.
épibranchial, 2938.
épicarde, 2940.
épicarpe, 2941.
épichoroïd, 2943.
épicondyle, 2945.
— de l'humérus, 2888.
épicondylien, 2944.
épicoracoïde, 2947.
épicotylé, 2948.

épicrâne, 2951.
épicrânien, 2949.
épicuticule, 2952.
épidémie, 2953.
épidémiologie, 2956.
épidémiologique, 2955.
épidémique, 2953, 2954.
épiderme, 2960.
épidermique, 2958.
épididyme, 2601, 2961.
épidural, 2962.
épié, 8907.
épigaion, 2978.
épigastre, 2969.
épigastrique, 2966.
épigé, 2977.
épigène, 2974.
épigenèse, 2975.
épigénétique, 2976.
épiglotte, 2980.
épiglottique, 2979.
épigone, 2981.
épigyne, 2982.
épigynie, 2983.
épihyal, 2984.
épilet, 8917.
épilimnion, 2985.
épimère, 2988.
épimérite, 2987.
épimorphose, 2989.
épimysium, 2990.
épinastie, 2991.
épine, 8918, 8927, 9078, 9631.
— dorsale, 769.
épinéphrine, 140.
épines, 4684.
épineux, 8930, 8937.
épinèvre, 2994.
épipédique, 2996.
épipétale, 2997.
épipharynx, 2999.
épiphléon, 3000.
épiphragme, 3001.
épiphylle, 3002.

épiphysaire, 3003.
épiphyse, 3008, 3009, 7291.
épiphyte, 3011.
épiphytique, 3010, 3012.
épiphytisme, 3013.
épiplasme, 3014.
épiploïque, 3015, 6498.
épiploon, 3016, 6499.
épipode, 3018.
épipodite, 3017.
épipodium, 3018.
épiprocte, 3019, 7451.
épiptérigoïde, 3020.
épipubis, 3021, 5477.
épirrhize, 3022.
épis, 2639.
épisitisme, 3024.
épisome, 3025.
épisperme, 3026.
épispore, 3223.
épistaminé, 4038.
épistase, 3027.
épistasie, 3027.
épisternum, 3028.
épistome, 1709, 3029.
épistrophée, 3030.
épistropheus, 3030.
épitendinéum, 3031.
épithélial, 3032.
épithéliochorial, 3034.
épithélioma, 3037.
épithélium, 3039.
— cilié, 1620, 1627.
— cubique, 2098.
— cylindrique cilié
    pseudostratifié, 7908.
— de transition, 9776.
— malpighien, 6926.
— olfactif, 6479.
— pavimenteux, 6926, 9015.
— pigmentaire, 7267.
— pseudostratifié, 7909.
— séminifère, 3823.
— sous-capsulaire, 9167.
— stratifié, 9111.
épithèque, 3265.

épizoaire, 3042.
épizoïque, 3041.
épizootie, 3044, 6015.
épizootique, 3043.
éponge, 8966.
éponychynium, 3045.
époophore, 3046.
équation logistique, 5282.
équilibre électrolytique, 2752.
équiprobable, 3048.
équisétales, 3051.
equisetum, 3052.
equitant, 3053.
ère, 3055.
— géologique, 3801.
— quaternaire, 8026.
érecteur, 3058.
érectile, 3056.
érepsine, 3059.
ergapolyse, 3060.
ergastoplasme, 2844, 3061.
ergatanère, 3063, 3064.
ergate, 3065.
ergatogyne, 3066.
ergatomorphique, 3062.
ergométrique, 3067.
ergon, 3068.
ergonomique, 947, 3069.
ergophtalmologie, 3070.
ergot, 2365, 3071, 4174.
érianthe, 3072.
éricacé, 3073.
érinose, 3074.
érogène, 3076.
érosion, 3077.
erpétologie, 4247.
erpétologique, 4245.
erpétologiste, 4246.
érythrin, 3080.
érythroblaste, 3081.
— polychromatophile, 7499.
érythroblastique, 3082.
érythrocarpe, 3083.
érythrocytaire, 3085.

érythrocyte, 3084, 8139.
érythrolyse, 3086.
érythropoïèse, 3087.
esclavagisme, 2605, 2606.
espace de Disse, 7081.
— épidural, 2963.
— interglobulaire, 4790.
— interstitiel, 589.
— périchoroïdien, 7038.
— périnucléaire, 1655, 7058.
— périsinusoïdal, 7081.
— sensible, 8635.
— sous-arachnoïdien, 9165.
— supracilliaire, 9270.
espaces portes, 7582.
espèce, 8859.
— biologique, 922.
espèces jumelles, 8729.
espérance de vie, 5194.
— mathématique, 3226.
essai biologique, 898.
essais et erreurs, 9807.
estérase, 3093.
esthète, 165.
estimateur sans biais, 10011.
estival, 3094.
estivation, 3096.
estiver, 3095.
estomac, 9095.
— glandulaire, 7886.
étage, 9276.
étagé, 3954.
étage circalittoral, 5312.
— infralittoral., 9192.
étalé, 6921.
étalonnage, 9029.
étalonnement, 9029.
étamine, 9022.
étang, 7563.
étendue, 8089.
ethmoïdal., 3110.
ethmoïde, 3108.
ethmoïdien, 3110.
éthogénèse, 3107.
éthologie, 3112.
éthologique, 3111.

étiolé, 3113.
étiolement, 3114.
étrier, 9033.
eubiotique, 3115.
eucarides, 3116.
eucaryote, 3117.
eucéphale, 3118.
euchromatine, 3119.
euédaphon, 2704.
eufilicales, 5161.
eugénésie, 3120.
eugénésique, 3121.
eugénie, 3122.
eugénique, 3122.
eugénisme, 3122.
euglène, 3123.
eugléniens, 3125.
eugrégarines, 3126.
eulamellibranches, 3128.
eunuque, 3130.
euploïde, 3133.
euploïdie, 3134.
europoïde, 3136.
euryalin, 3139.
euryèce, 3137, 3143.
eurygame, 3138.
euryhydrique, 3140.
euryphage, 3141, 3142, 7530.
eurytherme, 3144.
eurythmie, 3135.
eusélaciens, 3146.
eusporangiées, 3147.
eustasie, 3151.
euthériens, 3153.
euthyneurie, 3155.
eutrophe, 3156.
eutrophie, 3159.
eutrophique, 3156.
eutrophisation, 3158.
évacuation, 2720.
évacuer, 2719.
evagination, 3160.
évaporation, 9781.
évaporite, 3161.

exuvie, 3273.

F

F.S.H., 3541.
face, 3285.
— externe de l'ethmoïde, 6629.
— orale, 6575.
facette, 3286.
— articulaire, 612.
— auriculaire, 683.
facial, 3288.
faciès, 3291.
faciès caridoïde, 1274.
facilitateur, 3293.
facilitation, 3292.
— sociale, 1879.
facteur, 3294.
— biotique, 949.
— de concentration, 1836.
— de croissance, 4007.
— de fertilité, 3368.
— II de la coagulation, 7841.
— édaphique, 2703.
— extrinsèque, 1726.
— létal, 5169.
— limitant, 5225.
— Rh, 8268, 8277.
— Rhésus, 8268, 8277.
faim, 4441.
faisceau, 1151, 3319, 9760.
— amphicribral, 326.
— amphivasal, 337.
— auriculo-ventriculaire, 657, 1152.
— collatéral, 1786.
— concentrique, 1838.
— cribro-vasculaire, 10141.
— de His, 657, 1152.
— fibro-vascular, 3405.
— libéro-ligneux, 3405, 10141.
— spino-thalamique, 8933.
— vasculo-nerveux, 6286.
falciforme, 3297, 3298.
falqué, 3297.
famille, 3305, 6152.
fanon, 10324.
fantômes sanguins, 1015.

faon, 3335.
faonner, 3336.
fascia, 3308.
fascial, 3309.
fasciation, 3311.
fasciculaire, 3314.
fasciculé, 3314.
fascié, 3310.
fatal, 2199.
fatigabilité, 3322.
faune, 3327, 10339.
— des cîmes, 3328.
— du littoral, 5259.
— littorale, 5259.
— relique, 8174.
faunique, 3331.
faunistique, 3331.
fausse côte, 3304.
fausses pattes, 7770.
faux parasitisme, 8715.
favéole, 3334, 7317.
favéolé, 3333.
fèces, 3341.
fécond, 3365, 7775.
fécondance, 3345.
fécondation, 1864, 2563, 3344, 3370, 4640.
— croisée, 2050.
fécondé, 4639.
féconder, 3343, 3372, 4638.
fécondité, 3345, 3367.
femelle, 3349, 4206.
fémoral, 3350.
fémur, 3355.
fenêtre hypophysaire, 4563.
— ovale, 3356.
— prootique, 3357.
— ronde, 3358.
— temporale, 9484.
fente, 3462.
— branchiale, 3847, 10262.
— de filtration, 3429.
— interhémisphérique, 5522.
— viscérale, 10262.
féral, 3359.
ferment, 3360.

— parthénogénétique, 6892.
frustule, 3633.
frutescent, 3634.
fruticée, 8727.
fruticetum, 3635.
fucoxanthine, 3636.
fucus, 3637.
fulcre, 3638.
fulcrum, 3638.
fumigation, 3641, 10130.
fumiger, 3639.
fundus, 3649.
funicule, 3657.
furca, 3661.
furcula, 3662.
furoncle, 3663.
fuseau, 8924.
— achromatique, 53, 8926.
— neuro-tendineux, 6284.
— neuromusculaire, 6271.
— nucléaire, 6364.
fusion, 3665.
fusule, 3666.
futaie, 8596.

G

gadiformes, 3667.
gadoïde, 3668.
gaine, 8705.
— amylifère, 9036.
— de Henle, 4209.
— de Henlé, 7057.
— de la racine, 2325.
— de la trompe, 7723.
— de myéline, 6069.
— de Schwann, 8507.
— épithéliale, 2325.
— épithéliale d'Hertwig, 3033.
— épithéliale de la racine, 3033.
— fibreuse, 1342.
— foliaire, 5123.
— gélatineuse, 3735.
— mitochondriale, 5850.
galactase, 3670.
galactophore, 5036.
galactose, 3671.

gale, 8462.
galéa, 3673.
galéiforme, 3674.
galle, 1362, 3675.
galliformes, 3679.
gallinacé, 3680.
galvanotaxie, 3682.
galvanotropisme, 3682.
gamétange, 3684.
gamète, 3685.
— mâle, 8887.
gamètes dissemblables, 394.
gamétocyste, 3688.
gamétocyte, 3689.
gamétogenèse, 3690.
gamétophyte, 3691.
gammaglobuline, 3692.
gammapathie, 3694.
gamodème, 3695.
gamone, 3374.
gamonte, 3689.
gamopétale, 3698.
gamosépale, 3699.
ganglion, 3701, 3857, 6316.
— carotidien, 1288.
— cérébral, 1450.
— cérébroïde, 1078, 1450, 9278.
— ciliaire, 7752.
— de Gasser, 3710.
— frontal, 3616.
— géniculé, 3781.
— hémolymphatique, 4092.
— lymphatique, 5340, 5342.
— nerveux, 3702, 6225.
— ophtalmique, 6540.
— otique, 6665.
— prootique, 7796.
— sous-oesophagien, 9203.
— sphéno-palatin, 8903.
— spiral, 8941.
— supra-oesophagien, 9278.
— sympathique, 9323.
— thoracique, 9627.
ganglionnaire, 3703.
ganglions collatéraux, 1787.
— de l'habénula, 3700.
gangrène, 1235.

ganoïde, 3705.
garniture chromosomique, 1594.
gastéropodes, 3711.
gastralia, 3712.
gastrine, 3721.
gastrique, 3713, 7003.
gastro-splénique, 3726.
— vasculaire, 3729.
gastrocèle, 3722.
gastrocoele, 3722.
gastrolithe, 3724.
gastropodes, 3711.
gastrotriches, 3728.
gastrozoïde, 3731.
gastrula, 3732.
gastrulation, 3733.
gazon primordial, 7624.
gel, 3622.
gelée de Wharton, 10325.
— royale, 8368.
gélose, 178.
gémellance, 3736.
gémellation, 3737.
gémellité, 3738, 3742.
gémellologie, 3740.
gémellologue, 3739.
gemmation, 3742.
gemme, 3741.
gemmifère, 3743.
gemmiflore, 3744.
gemmiforme, 1138, 3745.
gemmipare, 3746.
gemmule, 3747.
gencive, 3848.
gène, 3749.
— allélomorphe, 233.
— de structure, 9151.
— de type sauvage, 10337.
— létal, 5169.
— majeur, 5409.
— mutable, 6034.
— régulateur, 8165.
— structural, 9151.
— suppresseur, 9266.
génécologie, 3759.

généraliser, 3760.
générateur, 3762.
génératif, 3762.
génération, 3761, 7777.
— fille, 3420.
— spontanée, 12, 8976.
générique, 3765.
gènes allélomorphes, 239.
— multiples, 6010, 7508.
génétique, 3766, 3778.
— biochimique, 901.
— des populations, 7573.
— humaine, 4434.
— moléculaire, 5875.
géniculé, 3779.
géniohyoïdien, 3783.
génital, 3784.
géniteur, 6864, 8771.
génito-crural, 3792.
— urinaire, 3793, 10087.
génoïde, 7371.
génome, 3795.
génotype, 3796.
génotypique, 3797.
genou, 4988.
genouillé, 3779.
genre, 3798.
géobotanique, 3799.
géochimie, 3800.
géographie zoologique, 10423.
géophyte, 3802.
géotactisme, 3803.
géotaxie, 3804.
géotropique, 3805.
géotropisme, 3806.
géphyriens, 3807.
germarium, 3814.
germe, 3808, 9004.
germen, 3815.
germer, 3826.
germes dentaires, 9721.
germicide, 3817, 3818.
germinal, 3819.
germinatif, 3819, 3828.
germination, 3827.

germinicide, 3829.
gésier, 3853.
gestante, 3830.
gestation, 3831, 7646.
— utérine, 10101.
gibbérelline, 3834.
gibérelline, 3834.
gigantisme, 3835.
gigantocyte, 3836.
gingival, 3849.
ginkgoales, 3850.
glabelle, 3854.
glabre, 3855.
gladié, 3856.
glaire, 5995.
gland, 71, 3872.
— du clitoris, 3873.
— du pénis, 3874.
glande, 3857, 6856.
— à gaz, 3709.
— à huile, 10093.
— à pepsine, 7005.
— à sécrétion interne, 2590.
— à venin, 7462.
— annexe, 725.
— antennaire, 421, 3991.
— aréolaire, 590.
— calcarifère, 1179, 1183.
— calcifère, 1183.
— cardiale, 1265.
— carotidienne, 1288.
— close, 2590.
— conglobée, 1851.
— coquillière, 8711.
— cytogène, 2159.
— de Bartholin, 809.
— de Bowman, 3860.
— de Cowper, 2009.
— de l'oviducte, 6689.
— de Liberkéuhn, 3864.
— de Littre, 3865.
— de Meibomius, 5563.
— de Moll, 3866.
— de Montgomery, 3867.
— de Morren, 1183.
— de Swammerdan, 1179.
— de Verson, 10211.
— du noir, 4721.

— en massue, 1706.
— endocrine, 2590, 2815.
— frontale, 3617.
— gastrique, 7005.
— génitale, 3935.
— hémale, 4057.
— labiale, 5002.
— lacrymale, 5022.
— lactifère, 5827.
— mammaire, 5444, 5451.
— mixte, 5858.
— muqueuse, 5989.
— nasale, 6134.
— nidamentaire, 6297.
— odoriférante, 8485.
— oesophagienne, 6452.
— orbitaire, 4701.
— palpébrale, 5563.
— parotide, 6879.
— parotoïde, 6858.
— pédieuse, 5989, 6950.
— périnéale, 7055.
— pharyngienne, 7157.
— pinéale, 3009, 7291.
— pituitaire, 4566, 7329.
— prostatique, 8889.
— rectale, 8121.
— rouge, 8141.
— salivaire, 8416.
— sébacée, 8562.
— séminale, 8871.
— séreuse, 8667.
— sexuelle, 3935, 8689.
— sous-linguale, 9190.
— sous-maxillaire, 9193.
— sublinguale, 9190.
— sudoripare, 9238, 9309.
— surrénale, 139.
— thyroïde, 9661.
— unicellulaire, 10028.
— uropygienne, 10093.
— verte, 421, 3991.
— vitellogène, 10277, 10392.
glandes anales, 1642.
— bulbo-urétrales, 1144.
— collétériales, 1791.
— conglomérées, 66.
— de Brunner, 1126.
— de Cowper, 1144.
— de Harder, 4145.

gonotome, 3948.
gonozoïde, 3950.
gorge, 4947, 9639.
gorgonaires, 3952.
gosier, 3326, 4014, 4017.
goulot, 4017.
gousse, 4433, 5132, 7447.
— lomentacée, 5283.
goût, 9435.
gouttière, 4001.
— ambulacraire, 288.
— épipharyngienne, 2998, 4519.
— médullaire, 6244.
— primitive, 7708.
gradient, 3953.
— axial, 742.
— longitudinal, 742.
grain, 3958.
— basal, 811.
— d'aleurone, 213, 216.
— de kératohyaline, 3971.
— de pollen, 7474.
— de sécrétion, 8579.
— de trichohyaline, 9821.
graine, 8591.
grains de zymogène, 10457.
graisse, 3320.
— brune, 1118.
graminacées, 3961.
graminé, 3960.
graminées, 3961.
grana, 3962.
grand épiploon, 1345, 3984, 6500.
— multangulaire, 3989, 6003, 9791.
— os du carpe, 5408.
— psoas, 7916.
— trochanter, 3986.
grande aile du sphénoïde, 3987.
— arête, 769.
— calorie, 4979.
— commissure cérébrale, 3983.
— corne de l'hyoïde, 3988.
— veine lymphatique, 5348.
grandes lèvres, 4998.
granifère, 3963.
graniforme, 3964.

granivore, 3965, 8593.
granule, 3969.
— naissant, 6138.
granulocyte, 3972.
granum, 3974.
graphique, 1488.
grappe, 42.
graptolite, 3975.
graptolithe, 3975.
gravide, 3980.
greffage, 3957.
greffe, 3956, 3957.
— allogénique, 4385.
— chorio-allentoïdienne, 1558.
greffon, 3956.
— isologue, 4903.
grégaire, 3995.
griffe, 1672, 3300, 9413.
grimpeur, 8471.
grippe, 4698.
groin, 8797.
gros intestin, 5083.
grosse, 3980, 7647.
— tubérosité, 3990.
grossesse, 7646.
groupe carboxylé, 1260.
— carboxylique, 1260.
— critique, 2042.
— fonctionnel, 3644.
— isogénique, 1377.
— sanguin, 1006.
groupement fonctionnel, 3644.
— prosthétique, 7820.
groupes hétérotypiques, 4297.
— homotypiques, 4406.
gubernaculum, 4013.
gueule, 5977.
gulaire, 4015.
guttation, 4020.
guttifère, 4021.
guttiforme, 4022.
gymnamoebiens, 316.
gymnocarpe, 4023.
gymnocérates, 4024.
gymnolémates, 4025.
gymnomères, 4026.

gymnosome, 4028.
gymnosperme, 4031.
gymnospermé, 4031.
gymnospermes, 4030.
gymnospermie, 4032.
gymnospore, 4033.
gymnostomes, 4034.
gynandre, 4038.
gynandromorphe, 4035, 4037.
— intersexué, 3062.
gynandromorphe antérolatéral, 3062.
gynandromorphisme, 4036.
gynécée, 4041.
gynécologie, 4039.
gynobasique, 4040.
gynodioïque, 4042.
gynomonoïque, 4043.
gypsobellum, 2189.

H

5-H.T, 8664, 8664.
habitat, 4046.
habituation, 4047.
haemal, 4055.
haematogenèse, 4070.
halieutique, 4119.
hallux, 4120.
halomorphie, 4121.
halophile, 4122, 4123.
halophyte, 4124, 4125.
haltère, 4126.
hampe, 8472, 8701.
— creuse, 1173.
— pleine, 8044.
hamster, 4129.
hamule, 4130, 8254.
hamuleux, 4131.
hamulus, 4133.
hanche, 2010.
haplodonte, 4137.
haploïde, 4138.
haplome, 3795.
haplomes, 4139.

haplomitose, 4140.
haplonte, 4141.
haplopétale, 4142.
haptotropisme, 4143, 9620.
harpagones, 4148.
haustorie, 4153.
hédéracé, 4172.
hédériforme, 4173.
hélice foliaire, 5128.
héliciforme, 4177.
hélicoïdal, 4179.
hélicoïde, 4179.
hélicotrème, 4180.
héliotherme, 4181.
héliotropique, 7207.
héliotropisme, 4182, 7208.
héliox, 4183.
héliozoaires, 4184.
helminthe, 4185.
helminthologie, 4186.
hémacie, 3084.
hémagglutination, 4054.
hémal, 4055.
hématie nucléée, 3081.
hématimètre, 4052.
hématine, 4060.
hématique, 4059.
hématoblaste, 1010, 4061.
hématochrome, 4063.
hématocrite, 4064.
hématogonie, 4087.
hématologie, 4071.
hématolyse, 4095.
hématophage, 4072, 4073.
hématopoïèse, 4101.
hématose, 4078.
hématoser, 3175.
hématoxyline, 4188.
— au fer, 4881.
hématozoaire, 4080, 7379.
hémélitre, 4197.
hémérythrine, 4081.
hémibranchie, 4190.
hémicellulose, 4191.

hémicéphale, 4192.
hémicordés, 4194.
hémicryptophyte, 4195.
hémiédaphon, 4196.
hémimétabole, 4198.
hémiptère, 4200, 4201, 4202.
hémiptères, 4199.
hémiptéroïdes, 4199, 8305.
hémisphère cérébral, 1451.
— du cerveau, 1451.
hémizygote, 4203.
hémizygotique, 4203.
hémocèle, 4083.
hémocompatible, 4084.
hémocyanine, 4085.
hémocytoblaste, 4087.
hémodialyse, 4088, 10284.
hémogène, 1726.
hémoglobine, 4090.
hémolymphe, 4091.
hémolyse, 3086, 4095, 5053.
hémolyser, 4093.
hémolysine, 4094, 4097.
hémolytique, 4096.
hémophile, 4099.
hémophilie, 4098.
hémophilique, 4100.
hémopoïèse, 4101.
hémoprévention, 1013.
hémorragie, 4103.
hémorragique, 4104.
hémorroïdal, 4106.
hémorroïde, 4105.
— interne, 7274.
hémosporidies, 4108.
hémostase, 4109.
hémotype, 4111.
hémotypologique, 4112.
héparine, 483, 4210.
hépatique, 4211, 5263.
hépatiques, 4218.
hépatite, 4219.
hépatocyte, 4213.
hépatopancréas, 2432, 4220.

herbacé, 4223.
herbe, 3976, 4222.
— marine, 8561.
herbier, 4225.
herbivore, 3977, 4227, 4228, 7255.
herbivores, 4226.
herborisateur, 4224.
héréditaire, 4230.
hérédité, 4232.
— cytoplasmique, 2171.
— des caractères acquis, 4233.
— mendélienne, 5598.
— non-chromosomique, 6332.
hérissé, 9135.
héritage biologique, 4715.
— biologique qualitatif, 8024.
— biologique quantitatif, 8025.
— maternel, 5495.
hermaphrodisme, 4235, 5905.
hermaphrodite, 376, 4236, 4237, 5904.
herniaire, 4241, 4242.
hernie, 4240.
héroïnomane, 4243.
herpétologie, 4247.
herpétologique, 4245.
herpétologiste, 4246.
herpétomonadales, 7860.
herpès, 4244.
hétérocardes, 2536.
hétérocaryote, 4268.
hétérocèles, 4255.
hétérocères, 4249.
hétérochlamydée, 4251.
hétérochromatine, 4253.
hétérochromatique, 4252.
hétérochromosome, 260, 4254.
hétérocoele, 4256.
hétérocyste, 4257.
hétérodonte, 4258.
hétérogame, 4263.
hétérogamètes, 4260.
hétérogamétie, 4262.
hétérogamie, 4264.

homéotherme, 4371.
hominoïde, 4373.
homme de Néandertal, 6162.
— de Néanderthal, 6162.
— de Péking, 8748.
homocentrique, 4375.
homocerque, 4376.
homochromie, 7738.
homodonte, 4377.
homogame, 4380.
homogamète, 4378.
homogamie, 4902.
homogène, 4383.
homogénéité, 4382.
homogénésie, 4384.
homogénie, 4384.
homologie, 4392.
homologue, 4387, 4390, 4391, 4404, 4405.
homoneures, 4393.
homopétale, 4394.
homopolaire, 4395.
homoptère, 4397.
homoptères, 4396.
homosexuel, 4398.
homosporé, 4399.
homostylie, 4400.
homothallisme, 4401.
homotype, 4390, 4404.
homotypique, 4391, 4405.
homozygote, 4407, 4408.
horizons du sol, 8808.
horloge interne, 917.
hormogonie, 4419.
hormone, 4420.
— adrénocorticotrope, 97.
— androgène, 374.
— antidiurétique, 469, 10154.
— antipolyurique, 10154.
— corticotrope, 97.
— de croissance, 4008.
— galactogène, 7769.
— gonadotrope, 3937.
— lactogène, 5040.
— lutéinisante, 5333.
— lutéotrophique, 5335.

— mâle, 374.
— oligurique, 10154.
— parathyroïdienne, 6857.
— progestinogène, 7759.
— somatotrope, 4008.
— stéroïde, 9070.
— thyréotrope, 9669.
hormonologie, 4421.
horticole, 4428.
horticulteur, 4429.
horticulture, 4427.
hôte, 4430.
housse de Schweigger-Seidel, 8508.
huile de ricin, 1324.
huîtrière, 6721.
huméral, 4435.
huméro-cubital, 4436.
humérus, 4437.
humeur aqueuse, 553.
— vitrée, 1977, 10280.
humide, 2186.
humidité équivalente, 5870.
humification, 4439.
humus, 4440.
huppe, 2028.
hyalin, 4445.
hyaloïde, 4447.
hyaloïdien, 4447.
hyalomère, 4450.
hyaloplasma, 4451.
hyaloplasme, 4451.
hyaluronidase, 4453.
hybridation, 4456.
— cellulaire, 1387.
— introgressive, 4853.
hybride, 4454.
hybrider, 4457.
hybrides réciproques, 8114.
hydatode, 4458.
hydraires, 4474.
hydrante, 4461.
hydratation, 4462.
hydrate du carbone, 1257.
hydre, 4460.

hydrobiologie, 4464.
hydrobiont, 4465.
hydrocaule, 4466.
hydroclimogramme, 4467.
hydrocoele, 4468.
hydrocoralliaires, 4469.
hydrocortisone, 4470.
hydrocyclone, 4471.
hydrogel, 4472.
hydroïdes, 4474.
hydrolyse, 4476.
hydroméduses, 4477.
hydrophile, 4478.
hydrophobe, 4479.
hydrophyte, 4482.
hydroponique, 4483.
hydrorhize, 4484.
hydrosère, 4485.
hydrotaxie, 4487.
hydrothèque, 4486.
hydrotropisme, 4487.
7-hydroxycorticostérone, 4470.
5-hydroxytryptamine, 8664.
hydrozoaires, 4488.
hymen, 4489.
hyménium, 4490.
hyménoptère, 4493.
hyménoptères, 4492.
hyménostomes, 4494.
hyoïde, 4495.
hyoïdien, 4495, 4500.
hyomandibulaire, 4501.
hyostylique, 4502.
hypandrium, 4503.
hypapophyse, 4504.
hyperarginémie, 4507.
hyperbare, 4508.
hypercholestérémie, 4510.
hyperdactylie, 4511.
hyperémie, 4506, 4573.
hyperhémie, 4506.
hyperimmun, 4512.
hyperlipidémie, 4513.
hypermastigines, 4515.

hypermétamorphose, 4516.
hypermorphie, 4521.
hyperparathyroïdie, 4517.
hyperparathyroïdisme, 4517.
hyperphagique, 4518.
hyperplasie, 4520.
hypertélie, 4521.
hypertension, 4522.
hyperthyroïdie, 4523.
hyperthyroïdisme, 4523.
hypertonique, 4524.
hypertrophie, 4525.
— compensatrice, 1824.
hyphe, 3496, 4526.
hyphomycètes, 4527.
hypnogène, 4528.
hypoblaste, 990, 4529.
hypoblastique, 4530.
hypobranchial, 4531.
hypocentre, 4532, 4775.
hypocérébral, 4533.
hypochrome, 4535.
hypocotyle, 4536.
hypoderme, 4537.
hypodermique, 4538.
hypogastre, 4543.
hypogastrique, 4540.
hypogé, 4544.
hypoglosse, 4547.
hypoglycémie, 4549.
hypogyne, 4550.
hypohyal, 4551.
hypoischium, 4552.
hypolimnion, 4553.
hypolipémiant, 473.
hyponastie, 4554.
hyponeustonique, 4556.
hyponichium, 4557.
hypophamine Alpha, 6719.
— Bêta, 10154.
hypopharynx, 4558.
hypophyse, 4566, 7329.
— postérieure, 6262.
hypophysectomie, 4562.

incisure de Schmidt-Lanterman, 8504.
inclusion, 2765, 4656.
incoagulable, 4657.
incombant, 4665.
incompatibilité, 4658.
— gamétique, 3686.
incrémentation, 4659.
incubation, 4661, 4662.
incube, 4664.
incuber, 4660.
incurvé, 4669.
indéhiscent, 4672.
index, 4724.
— d'abondance relative, 8169.
— de réfraction, 8154.
indicateur biologique, 920.
— écologique, 2674.
indice actinothermique, 102.
— céphalique, 1424.
— de diversité, 2529.
— de masculinité, 8692.
— mitotique, 5854.
indigène, 4676, 6149.
inducteur, 4679.
induction, 4681.
— embryonnaire, 2778.
induse, 4682.
indusie, 4682.
industrio-climax, 4683.
inerme, 4684.
infarctus, 4685.
infectieux, 4688.
infection, 4687.
infiltration, 4693, 7014.
inflammation, 4694.
infléchi, 4695.
inflexe, 4695.
inflexion, 4696.
inflorescence, 4697.
influence maternelle, 5494.
influenza, 4698.
influx nerveux, 4643, 6226.
information génétique, 3771.
infralittoral, 4699, 9192.

inframammalien, 4700.
infundibulum, 4704.
infusoires, 1623, 4705.
ingérer, 4707.
ingestion, 4708.
inguinal, 4709.
ingurgitation, 4712.
ingurgiter, 4711, 9304.
inhalant, 4666, 4713.
inhibiteur, 4717.
inhibition, 4716.
initial, 4719.
inné, 4722.
innervation, 4727, 6230.
innerver, 4726.
inoculation, 4733.
inondation, 3498, 3499.
inquilin, 4736.
inquilinisme, 4737.
insalivation, 4738.
insecte social, 8799.
insectes, 4739.
insecticide, 2109, 4740, 4741.
insectivore, 2905, 4743, 4744.
insectivores, 4742.
insémination, 4746.
— artificielle, 614.
insertion, 4747.
inspiration, 4749.
instinct, 4751.
— de couvaison, 4663.
insuffisance, 2243.
insuline, 4754.
intégration, 6274.
intégron, 4755.
interaction, 4759.
— des gènes, 3753.
interagir, 4758.
interattraction, 4761.
intercalaire, 4763.
intercalation, 4768.
intercellulaire, 4770.
intercentre, 4775.
interception, 4777.

intercinèse, 4792, 4812.
interclavicule, 4778.
intercostal, 4780.
interdépendance, 4781.
interdigital, 4782.
interdorsal, 4783.
interfécondité, 4785.
interférence, 4786.
— du centromère, 1417.
interféron, 4788.
intermédine, 4796.
interne, 4798.
intérocepteur, 4808.
intéroceptif, 4807.
interopercule, 4809.
interosseux, 4810.
interpariétal, 4811.
interphase, 4792, 4812.
interpolation, 4814.
interpoler, 4813.
intersexe, 4817.
intersexualité, 4818.
interstérilité, 3686.
interventral, 4827.
interventriculaire, 10192.
intestin, 1049, 2896, 4019, 4830, 7666.
— grêle, 8791.
— moyen, 5815.
intestinal, 2889, 4829.
intima, 4831.
intoxicant, 9733.
intra-épithélial, 4837.
intracellulaire, 4832.
intracérébral, 4834.
intracrânien, 4835.
intradermique, 4836.
intramédullaire, 4843.
intramoléculaire, 4845.
intraspécifique, 4848.
intravasculaire, 2873, 4849.
intraveineux, 4850.
intrinsèque, 4851.
introgression, 4852.

intromission, 4854.
introrse, 4855.
intussusception, 4856.
inuline, 4857.
invagination, 4856, 4859.
invaginé, 4858.
invasion, 4860.
inversion, 4861.
— de migration, 5821.
invertase, 4862, 8391, 9229.
invertébré, 4864.
invertébrés, 4863.
involucral, 4866.
involucre, 4868.
involucré, 4867.
involution, 2362, 4871.
iodopsine, 4872.
ionophore, 4874.
iridacé, 4875.
iridescence, 4876.
iridescent, 4877.
iridocyte, 4878.
iris, 4879.
irisé chatoyant, 4877.
irrigation, 3499, 4883.
irriguer, 4882.
irritabilité, 4884.
irritation, 4885.
irruption, 3079.
ischiatique, 4888.
ischion, 4892.
ischiopodite, 4890.
isoallèle, 4896.
isobare, 4897.
isochromosome, 4899.
isoclinal, 4900.
isogamète, 4378.
isogamètes, 4901.
isogamie, 4902.
isohymique, 4904.
isolat, 4905.
isolement, 4906, 8600.
isologue, 4907.
isomorphe, 4908.

isophène, 4909, 4910.
isophone, 4911.
isopodes, 4912.
isoptères, 4913.
isospondyles, 4914.
isothermique, 4916.
isotonique, 4917.
isotope, 4918.
isthme, 4921.
— du gosier, 3326.
"Iter a tertio ad quartum
    ventriculum", 4922.
ivoire, 2304.
ixodicide, 4923.

J
jabot, 2047.
jaguarion, 4927.
jambe, 5131, 8702.
jaunisse, 4928.
jéjunum, 4930.
jeu, 3683.
joint, 4934.
jointure, 4934.
jonction cellulaire, 1374.
— iléo-caecale, 4604.
— neuromusculaire, 5969, 6090.
joue, 1490, 3748.
jugal, 4937.
jugulaire, 4942.
jugulaires, 4946.
jugum, 4940, 4948.
jumeau, 9956.
jumeaux identiques, 4598.
— univitellins, 4598, 10039.
jurassique, 4951.
juvénile, 4952.
juxta-glomérulaire, 4953.

K
kamptozoaires, 2848.
karyokinèse, 1309.
kératine, 4973.
kératinique, 1435.
kératinisation, 1939, 4974.
kératogène, 1438.
kératohyaline, 4975.
kératoïde, 1440.
kilocalorie, 4979.
kinesthésique, 4980.
kinétonucléus, 4983.
kinétoplaste, 4984.
kinine, 4986.
krill, 4994.
kyst, 2144.
— hydatique, 4459.
kystique., 2145.

L
labelle, 4997.
labial, 5000.
labié, 5005.
labiée, 5005.
labium, 5007.
laborant, 5008.
labre, 5009.
labrocyte, 5482.
labrum, 5009.
labyrinthe, 5010, 5510.
— membraneux, 5595.
— osseux, 6640.
labyrinthodontes, 5011.
labyrinthula, 5013.
labyrinthule, 5013.
lac amictique, 299.
— bradymictique, 1077.
— conitrophe, 1861.
— cryoeutrophe, 2071.
— cryotrophe, 2074.
— dimictique, 2453.
— dystrophe, 2627.
— eumictique, 3129.
— eutrophe, 3157.
— méromictique, 5624.

- glaucothoé, 3879.
- miracidium, 5843.
- mysis, 6105.
- nauplius, 6158.
- plutéus, 7438.
- protopode, 7870.
- rhabditoïde, 8270.
- schizopode, 6105, 8501.
- strongyloïde, 9147.
- tornaria, 9726.
- véligère, 10172.
- zoé, 10400.
larvicole, 5086.
larviforme, 5087.
larvipare, 5088.
laryngé, 5089.
laryngien, 5089.
laryngopharynx, 5090.
larynx, 5091.
latéral, 5098.
latériflore, 5105.
latex, 5106.
laticifère, 5107.
latifolié, 5108.
latimeria, 5109.
lauracé, 5110.
lécithine, 5129.
lectine, 5130.
légume, 5132.
lemnisque, 5134.
lémur, 5135.
lémurien, 5135, 5136, 5138.
lemuriforme, 5137.
lente, 6307.
lenticelle, 5145.
lenticellé, 5146.
lentille, 5140.
lentique, 5143.
léopon, 5148.
lépidoptère, 1161, 5150, 5962.
lépidoptères, 5149.
lépidosauriens, 5151, 9009.
lépidosirène, 5152.
lépidostées, 5153.
lépidotriche, 5155.
lépisme, 8745.

leptocéphale, 5156, 5157.
leptoméduses, 1205.
leptoméninge, 5159.
leptonème, 5160.
leptosporangiées, 5161.
leptostracés, 5162.
leptotène, 5163.
léthal, 5168.
leucémogène, 5179.
leucoblaste, 5170.
leucocyte, 5171.
- éosinophile, 2923.
- granuleux, 3966, 3972.
- hyalin, 190.
- polynucléaire, 7521.
leucocytose, 5172.
leucopénie, 5174.
leucoplaste, 341, 5175, 5178.
leucosine, 5177.
leucyte, 5178.
levalloisien, 5183.
lèvre, 5247.
- blastoporale, 5248.
- dorsale du blastopore, 2554.
- du blastopore, 5248.
- inférieure, 5007.
lèvres, 4999, 6405.
levure, 10382.
liaison, 5242.
- hydrophobe, 4480.
- peptidique, 7008.
liane, 5187.
liber, 847, 7175.
lichen, 5188.
lichénique, 5190.
lichenologie, 5189.
lichomanie, 5191.
liège, 1929, 7164, 9179.
ligament, 5199.
- annulaire, 7060.
- conoïde, 1871.
- falciforme, 3299.
- hépatique, 4214.
- jaune, 10385.
- large, 1109.
- pectiné, 6938.

- rond, 8366.
- spiral, 8943.
- suspenseur, 1109, 9298, 10412.
- transverse, 9787.
ligamenteux, 5200.
ligand, 5203.
ligature, 5204.
ligné, 5236.
ligne cimentante, 1394.
- d'insertion, 9302.
- de Langer, 5076.
- épiphysaire, 3006.
- intrapériodique, 4847.
- primitive, 7711.
lignée, 9108.
- cellulaire, 1375.
- pedigree, 6958.
- pure, 7976.
lignes de Retzius, 9126.
ligneux, 5209, 10360.
lignifère, 5210.
lignification, 5211.
lignine, 5212.
ligre, 5205.
ligula, 5213.
ligule, 5213.
ligulé, 5214.
limaciforme, 5218.
limaçon, 1738.
limbe, 5064, 5220.
- scléro-cornéen, 5222.
limbifère, 5221.
limicolés, 5224.
limite biogéographique, 915.
limnétique, 5226.
limniculture, 5227.
limnigramme, 5229.
limnologie, 5230.
limnoplancton, 5232.
limule, 4424, 4985, 5233.
limulus, 5233.
lingual, 5237.
linguatulidés, 7000.
lingulaire, 5241.
lingulé, 5241.
linkage, 5242.

Linné, 5243.
linnéen, 5244.
linnéiste, 5244.
linoléique, 5245.
lipase, 5249.
lipide, 3320, 5250.
lipoïde, 5252.
lipolytique, 5253.
lipostatique, 5254.
liquide amniotique, 313.
- céphalo-rachidien, 1455.
- cérébrospinal, 1455.
- de Ringer, 8327.
- interstitiel, 4820.
- périvitellin, 7102.
- physiologique, 7238.
- séminal, 8618.
- spermatique, 8618.
- synovial, 9382.
- tissulaire, 9703.
lisier, 5464.
lisière, 2710.
lisser, 7640.
lithochrome, 5255.
litière, 5256.
littoral, 1724, 5257, 8719.
lobe, 5265.
lobé, 5266.
lobe antérieur, 6883.
- frontal, 3612, 3618.
- intermédiaire, 6884.
- olfactif, 6481.
- postérieur, 6889.
- postérieur de l'hypophyse, 6262.
- pyriforme, 8002.
- temporal, 9485.
- tubéral, 6889.
lobes optiques, 3277.
lobopode, 5268.
lobulaire, 5269.
lobule, 5267, 5271.
lobulé, 5270.
lobule portal, 7584.
lobuleux, 5270.
localisation génique, 5273.

371

loculaire, 5274.
loculé, 5275.
loculicide, 5276.
locus, 5278.
lodicule, 5279.
loess, 5280.
loge, 5277, 9590.
— initiale, 7852.
loi biogénétique de Haeckel, 4049.
— biogénétique fondamentale, 3646.
— d'action de masse, 9730.
— de complémentarité des bases, 5112.
— de mutabilité, 6040.
— de von Baer, 10296.
— de Dollo, 2546.
— de Fechner, 3342.
— de Galton, 3681.
— de Hardy-Weinberg, 4146.
— de Liebig, 5192.
— de Van't Hoff, 4341.
— de Weber, 10318.
— des corrélations anatomiques, 9595.
— des états correspondants, 10296.
— du minimum, 5192.
— du tout ou rien, 259.
lois de Mendel, 5601.
lombaire, 5316.
lombric, 5318.
longévif, 5285.
longévité, 5196, 5286.
longicaude, 5287.
longicaule, 5288.
longicorne, 5289.
longimane, 5290.
longipède, 5291.
longipenne, 5292.
longirostre, 5293.
longitudinal, 5294.
longueur, 5139.
lophiiformes, 5300.
lophobranche, 5301.
lophodonte, 5302.
lophophore, 5303.

loral, 5304.
lore, 5305.
loricates, 331.
lorum, 5305, 5307.
lotique, 5308.
loupe, 4135.
luciférase, 5314.
lucifuge, 5315.
luciole, 3440, 3903.
luette, 10109.
lumen, 5319.
lumière du jour, 2197.
— résiduelle, 8214.
luminescence, 5320.
luminescent, 5321.
lunulaire, 5327.
lunule, 5328.
lunulé, 5327.
lutéine, 5332, 7759.
lutéinostimuline, 5333.
lutéotrophine, 5335.
lutte autocide, 694.
— biologique, 919.
— génétique, 3768, 8204.
lycopode, 5337.
— en massue, 1705.
lycopodiales, 5336.
lymbe, 5116.
lymphatique, 5346.
lymphe, 5338.
lymphoblaste, 5352.
lymphocyte, 5353.
lymphoïde, 5354.
lymphopoïèse, 5356.
lyophile, 4478.
lyophilevure, 5358.
lyophilisation, 5357.
lyse, 5359.
lysigène, 5360.
lysimètre, 5361.
lysogène, 5364.
lysogénie, 5363.
lysosome, 5367.
lysozyme, 5368.
lytique, 5369.

M

macergate, 5371.

mâchoire, 4929.

— inférieure, 5455.

— supérieure, 10060.

macraner, 5372.

macrocéphale, 5373.

macrocyte, 5375.

macrodactyle, 5376.

macroévolution, 5378.

macrogamète, 5379.

macroglie, 5380.

macrolépidoptères, 5381.

macromère, 5382.

macromolécule, 5383.

macronucléus, 5384, 9879.

macrophage, 5385, 5387.

macrophages fixes, 5258.

macropode, 5388, 5389.

macroptère, 5390.

macroscopique, 5391.

macrosporange, 5393, 5559.

macrospore, 5560.

macrosporophylle, 5394, 5395,
    5562.

macrotriche, 5396.

macroure, 5397.

macula, 5398.

— adherens, 5399.

macule utriculaire, 5400.

madréporaires, 5402.

madrépore, 5405.

madréporique, 5404.

madréporite, 5405.

magnétisme, 5407.

main, 4134, 5465.

malacocotylés, 5412.

malacoderme, 5413, 5414.

malacologie, 5416.

malacologue, 5415.

malacoptérygien, 5417.

malacoptérygiens, 5418.

malacostracé, 5420.

malacostracés, 5419.

maladie de carence, 2244.

— de Carré, 2519.

— des chiens, 2519.

— du jeune âge, 2519.

— héréditaire, 3769, 4231.

malaria, 5423.

malaxation, 5426.

mâle, 5427.

— complémentaire, 1829.

— ergatandromorphique, 3062.

malin, 5429.

malléole, 5431.

malleus, 4128, 5432.

mallophages, 5433.

maltase, 5439.

maltose, 5440.

malvacé, 5441.

malvé, 5441.

mamelle, 5444.

mamelon, 5442, 6304, 9904.

mammaire, 5449.

mammalogie, 5448, 9613.

mammifère, 5445, 5447, 5454.

mammifères, 5446.

mandibulaire, 5456.

mandibule, 5455.

manteau, 4413, 5462, 6764.

manubrium, 3028, 5463, 7681.

marais, 5476.

marée, 9686.

— basse, 5310.

— de morte eau, 6163.

— de vive-eau, 9000.

— haute, 4316.

marginé, 5470.

mariculture, 5471.

marnage, 9688.

marquage, 5473.

marque, 5473.

marqueur, 5472.

— génétique, 3774.

— radioactif, 8065.

marsupiaux, 2418, 5478, 5734.

marsupium, 5480.

marteau, 4128, 5432.

mosasauriens, 5957.

masque, 5481.
masse viscérale, 10263, 10264.
massue, 1245.
mastax, 5483.
mastigobranchie, 5484.
mastigonème, 5485.
mastigosome, 811.
mastocyte, 5482.
mastoïde, 5487.
mastoïdien, 5487, 5490.
mastologie, 5491.
mastzelle, 843.
matériau génétique, 3775.
matière blanche, 10331.
— grise, 3996.
matières fécales, 2730, 3341.
— pectiques, 6935.
matrice, 5498, 10102, 10356.
matte, 5492.
maturation, 5499.
— des cellules germinales, 5501.
mature, 5503.
maxillaire, 5504, 5505.
— supérieur, 10060.
maxille, 5504.
maxillipède, 5508.
maxillule, 5509.
méat, 5514, 6528.
— auditif externe, 3247.
— intercellulaire, 4773.
— urinaire, 10076.
mécanisme d'isolement
    reproductif, 5515.
mécanorécepteur, 5516.
mèche, 9927.
méconium, 5519.
mécoptères, 5520.
médian, 5521.
médiane, 5521.
médiastin, 5523.
médiateur chimique, 1498.
médiocentrique, 5525.
médiolittoral, 9109.
médullaire, 5530, 5538.
médulle, 7319.

médulleux, 5530, 5538.
médullo-surrénale, 5529.
médusaire, 5541.
méduse, 4931, 5540.
méga-évolution, 5545.
mégacaryocyte, 5547.
mégacéphale, 5542.
mégachiroptères, 5544.
mégalocéphale, 5542.
mégalocéphalie, 5549.
mégalocyte, 3836, 5375.
mégaloptères, 5551.
mégalosphérique, 5552.
méganéphridie, 5555.
mégaphylle, 5557.
mégascience, 875.
mégasporange, 5393, 5559.
mégaspore, 5560.
mégasporophylle, 5394, 5395,
    5562.
méiocyte, 5564.
méiofaune, 5565.
méiophyllie, 5566.
méiose, 5500, 5567, 8147.
méiospore, 5568.
méiostémone, 5569.
méiotaxie, 5570.
méiotique, 5571.
mélanine, 5574.
mélanisme, 5575.
mélanocyte, 5576.
mélanogenèse, 5577.
mélanophore, 5578.
mélatonine, 5579.
mellifère, 5580.
mellification, 5581.
mellivore, 4409, 5582.
membrane, 5588.
membrané, 5594.
membrane allantoïde, 231.
— basale, 816, 5583.
— branchiostège, 1096.
— cellulaire, 1376.
— coquillière, 8712.
— de Bowman, 1051.

374

microbisme, 5759.
microbrouillard, 5797.
microcéphale, 5761.
microchiroptères, 5763.
microchirurgie, 5769.
microchromosome, 5764.
microclimat, 5765.
microclimatologie, 5766.
microcorps, 5760.
microcosme, 5767.
microcyte, 5768.
microdissection, 5769.
microergate, 5749.
microfibrille, 5771.
microflore, 5772.
microgamète, 5773.
microgamétocyte, 5774.
microgamonte, 5774.
microglie, 5775.
microlécithe, 5777.
microlépidoptères, 5778.
micromanipulateur, 5779.
micromère, 5780.
micromigration, 5781.
micron, 5782.
micronecton, 5783.
micronéphridie, 5784.
micronucléole, 5785.
micronucleus, 5786.
microphage, 5788, 5789.
micropharyngiens, 9495.
micropinocytose, 5790.
micropituicyte, 5791.
micropolluant, 5792.
microptère, 5793.
micropyle, 5794.
microscope, 5795.
— à contraste de phase, 7163.
— à fond noir, 2188.
— à rayons X, 10366.
— à ultraviolet, 9994.
— électronique, 2755.
— électronique à balayage, 8470.
— interférentiel, 4787.
— optique, 6568.

— polarisant, 7467.
microscopie, 5796.
— de fluorescence, 3520.
microsome, 5798.
microsphérique, 5799.
microsporange, 5801.
microspore, 5802.
microsporidies, 5803.
microsporophylle, 5804.
microtome, 5805.
— à congélation, 3601.
microtriche, 5806.
microtubule, 5807.
microvillosité, 5809.
microvillus, 5808.
micrurgie, 5769.
miction, 10079.
miellat, 4412.
miellée, 4412.
migrateur, 5819.
migration, 5820.
migratoire, 5819.
mildiou, 5824.
miliaire, 5826.
milieu, 2912, 5526.
— ambiant, 2912.
— intérieur, 4800.
milieux réfringents, 8155.
mille-pattes, 5830, 6100.
— pieds, 5830.
millépore, 5831.
millithermie, 4979.
mimétique, 5834, 7739.
mimétisme, 5833, 5835, 5836.
— batésien, 850.
— méullerien, 5998.
— protecteur, 7891.
minéralisation de l'humus, 5837.
minéralocorticoïde, 5838.
minorer, 5841.
miocène, 5842.
miracidium, 5843.
miroir, 8862.
mise-bas, 2276.
mite, 1701.

mitochondrie, 5852.
mitose, 1309, 5853.
— réductionnelle, 8147.
mixoploïdie, 5863.
mobile, 5965.
mobilité, 5966.
modalité, 5866.
modèle, 5867.
modificateur, 5868.
modification de structure, 9149.
— permanente, 7105.
moelle, 1032, 5475, 5527, 7319.
— allongée, 5528.
— des os, 1032.
— épinière, 8922.
— osseuse, 1032.
— rouge, 8140.
moisissure, 5824, 5974.
moisissures, 4527.
molaire, 5872.
molariforme, 5873.
molécule, 5876.
molécule-fille, 2195.
— mère, 5964.
molluscoïde, 5880.
mollusques, 5877.
molpadides, 5878.
monadoïde, 5881.
monère, 5883.
mongolisme, 5884.
monimostylie, 5885.
monitorage, 5886.
— de la pollution, 5887.
monoblaste, 5888.
monocarpellaire, 5890.
monocarpic, 5892.
monocarpien, 5891.
monocentrique, 5893.
monocéphale, 5894.
monochlamidées, 5896.
monocotylédone, 5898.
monocotylédones, 5897.
monoculaire, 5899.
monocyte, 5900.
monodactyle, 5901.

monodelphe, 5903.
monodelphes, 3153.
monodelphien, 5903.
monodelphiens, 3153.
monoecie, 5905.
monogame, 5906.
monogamie, 5908.
monogène, 5911.
monogenèse, 5910.
monogénésique, 5911.
monogéniens, 5909.
monogénisme, 5913.
monohybride, 5914.
monohybridisme, 5915.
monoïque, 4237, 5904.
monomère, 5916.
mononucléaire, 5918.
monopétale, 5919, 10041.
monophylétique, 5920.
monophylle, 5922.
monophyodonte, 5923.
monoplastide, 5925.
monoploïde, 4138.
monopode, 5927, 5928.
monopylaires, 5929, 6141.
monorchide, 5930.
monorchidie, 5931.
monosaccharide, 5932.
monosépale, 5933, 10043.
monosome, 5934.
monosomie, 5936.
monosomique, 5935.
monosperme, 5937.
monospermie, 5938.
monospermique, 5937.
monotocardes, 5939, 6942.
monotrèmes, 5940, 6605, 7874.
montage intégral, 10333.
morphallaxis, 5944.
morphogenèse, 5945, 6597.
morphogénie, 5945, 6597.
morphogramme, 5948.
morphologie, 5950.
morphologique, 5949.

morphose, 5951.
mortel, 2199, 5168.
morula, 5953.
mosaïque, 5954.
moteur, 5968.
motivation, 5967.
mouche-à-feu, 3440.
mouche des chevaux, 1041.
— tsé-tsé, 3898, 9898.
moulin gastrique, 3718.
moulinet gastrique, 3718.
mouroir, 2207.
mousse, 5959.
mousses, 6017.
moustique, 5958.
moustiques, 6186.
mouvement amiboïde, 295.
— brownien, 1120.
— euglénien, 3124.
— flagellaire, 3124.
— morphogénétique, 5947.
— péristaltique, 7084, 7086.
— respiratoire, 8223.
moyen, 729, 5526.
moyenne, 729, 5511, 5513.
— pondérée, 10321.
muant, 5976.
mucine, 5979.
mucopérichondre, 5981.
mucopérioste, 5981.
mucopolysaccharide, 5982.
mucoprotéine, 5983.
mucosité, 5985, 5995.
mucron, 5992.
mucroné, 5993.
mucus, 5995.
mue, 2310, 5879, 5976, 8789.
muer, 3274.
mufle, 8797.
mugiliformes, 7012.
multangulaire, 5166, 6002, 9792.
multicellulaire, 6004.
multilobé, 6005.
multinucléé, 6006.
multipare, 7556.

multiplication végétative, 10165.
multipolaire, 6012.
multituberculés, 6013.
multivalent, 6014.
muqueuse, 5984, 9938.
muqueux, 5986.
mûr, 5503, 8328.
mur odorant, 8793.
— plongeant, 5006.
musc, 6032.
muscalure, 6016.
muscle, 6018.
— acoustico-malléen, 3148.
— aliforme, 204.
— arrecteur, 600.
— cardiaque, 1266.
— ciliaire, 1621.
— circulaire, 1638.
— columellaire, 1805.
— de Crampton, 2014.
— deltoïde, 2277.
— dilateur, 2451.
— droit, 8132.
— droit dorsal, 9257.
— droit externe, 3254, 7597, 8131.
— droit inférieur, 4691, 8128.
— droit interne, 433, 4803, 8129.
— droit postérieur, 7597.
— droit supérieur, 8133, 9257.
— droit ventral, 4691.
— érecteur, 3058.
— extenseur, 3242.
— extrinsèque de l'oeil, 3267.
— fessier, 3915.
— fléchisseur, 3486.
— grand oblique, 6407, 9253.
— horripilateur, 600.
— involontaire, 4870, 8795.
— lisse, 4870, 8795.
— longitudinal, 5295.
— oblique, 2559.
— oblique inférieur, 4689, 8130.
— oblique supérieur, 6407.
— optique, 3278.
— peaucier, 7402.
— pilo-moteur, 600.
— poplité, 7568.
— releveur, 2758.

— releveur de la paupière
supérieure, 5184.
— rétracteur, 8257.
— scalène, 8469.
— soléaire, 8816.
— squelettique, 8777.
— strié, 8777.
— supérieur oblique, 9253.
— tenseur du tympan, 9492.
— trachéal, 6029.
— viscéral, 4870, 8795.
— volontaire, 8777.
musculaire, 6020.
— muqueuse, 6024.
musculature, 6025, 6026.
— épaxonale, 2924.
— hypaxonale, 4505.
musculeuse, 6023.
musculo-cutané, 6027.
museau, 6344, 8797.
mutabilité, 6033.
mutagène, 6036, 6038.
mutagenèse, 6037.
mutant, 6041.
mutation, 2503, 6042.
— de retour, 772, 8264.
— génique, 3755.
— inverse, 772, 8264.
— léthale conditionnelle, 1843.
— non-sens, 6335.
— somatique, 8828.
— suppressive, 9265.
mutationnisme, 6044.
mutualisme, 6045.
myasthénie, 6046.
myéline, 10052.
mycélium, 6047.
mycète, 3656.
mycètes, 6048.
mycétocyte, 6049.
mycétologie, 6050.
mycétozoaires, 6051, 6111.
mycoderme, 6052.
mycodermique, 6055.
mycologie, 6059.
mycologique, 6056, 6057.
mycologue, 6058.

mycoplasme, 6060.
mycorhize, 6062.
mycorhizé, 6063.
mycose, 6064.
mycotoxicose, 6065.
mycotrophe, 6066.
myélencéphale, 6067.
myéline, 6068.
myéloblaste, 2922, 6070.
myélocyte, 6071.
mygalomorphe, 6616.
myoblaste, 6075.
myocarde, 6076.
myocardique, 6077.
myocèle, 6078.
myocomma, 6079.
myodome, 6080.
myofibrille, 6082.
myofilament, 6083.
myoglobine, 6084.
myologique, 6085.
myomère, 6086, 6099.
myomètre, 6087.
myomorphes, 6088.
myonème, 6089, 6091.
myope, 6093.
myopie, 6092.
myorelaxant, 6094.
myosepte, 6079.
myosine, 6096.
myosis, 6097.
myotique, 6098.
myotome, 6086, 6099.
myriapode, 6101.
myriapodes, 6100.
myrmécophage, 6102.
myrtacé, 6103.
myrtiforme, 6104.
mysticètes, 6107.
myxamibe, 6108.
myxoamibe, 6108.
myxoedème, 6109.
myxome, 6110.
myxomycètes, 6051, 6111.

myxomycetes, 7861.
myxoptérygie, 5862.
myxoptérygium, 1665.
myxosporidies, 6114.
myxotérygie, 1665.
myxovirus, 6115.

N

nacre, 6117, 6120.
nacré, 6118.
naevus, 6121.
nageoire, 3433.
— adipeuse, 129.
— caudale, 1341, 9411.
— jugulaire, 4944.
— pectorale, 1102, 6945.
— pelvienne, 6976.
— pseudo-caudale, 7894.
nageoires, 3437.
nageur, 9313.
nain, 2616.
naine, 2616.
naissain, 1114.
naissance, 968.
nanisme, 2617.
nannoplancton, 6124.
napiforme, 6126.
nappe aquifère, 4004, 10309.
— captive, 9793.
— phréatique, 4004, 10309.
narcoméduses, 6127.
narine, 3253, 6128.
— interne, 4802.
nasal, 6129, 6130.
naseau, 6128.
nasopharyngien, 6139.
nasopharynx, 6140.
nassellaires, 5929, 6141.
nastie, 6142.
natalité, 6144.
natatoire, 6146.
naturaliste, 6154.
nature, 6155.
naturel, 6151.

naturopathe, 6156.
naviculaire, 6160.
néarctique, 6164.
nécrobiose, 932, 6167.
nécrobiotique, 6168.
nécromasse, 2200.
nécrophage, 6169, 8484.
nécrophore, 6170.
nécropsie, 6171.
nécrose, 1235, 6172.
nectaire, 6177.
nectar, 4412, 6173.
nectaré, 6174, 6175.
nectarifère, 6176.
nectocalyces, 6178.
necton, 6179.
némathelminthe, 6182.
nématicide, 6187.
nématoblaste, 6184.
nématocères, 6186.
nématocide, 6187.
nématocyste, 6188.
nématode, 8367.
nématodes, 6189.
nématologiste, 6190.
nématomorphes, 6191.
nématophore, 6192.
némertes armées, 5709.
némertiens, 6193.
néo-darwinisme, 6197.
— glucogenèse, 3907.
— lamarckisme, 6199.
— malthusianisme, 6202.
néocentrique, 6195.
néogène, 6198.
néolithique, 6200.
néolithisation, 6201.
néonate, 6203.
neopallium, 6204.
néoplasme, 6205.
néoténie, 6207.
néphridie, 6209.
néphridiopore, 6208.
néphridiostome, 6214.

néphrocèle, 6210.
néphrocyte, 6211.
néphron, 6212.
néphrostome, 6214.
néphrotome, 6215.
nerf, 6219.
— abducteur de l'oeil, 8.
— accessoire, 8919.
— acoustique, 79, 673.
— antennaire, 423.
— auditif, 79, 673.
— cochléaire, 1742.
— crânien, 2018.
— efférent, 2717.
— facial, 3290.
— glossopharyngien, 3899.
— hypoglosse, 4548.
— inhibiteur, 4718.
— laryngé récurrent, 8134.
— mixte, 5860.
— moteur, 5970.
— oculaire externe, 8.
— oculo-moteur, 6440.
— ophtalmique, 6541.
— ophtalmique profond, 6542.
— ophtalmique superficiel, 9249.
— optique, 6561, 6562.
— parasympathique, 6851.
— pathétique, 6909.
— pelvien, 6978.
— pétreux, 7125.
— pétreux profond, 2235.
— pétreux superficiel, 9250.
— phrénique, 7214.
— pneumogastrique, 7444.
— pré-trématique, 7686.
— profond, 7753.
— rachidien, 8923.
— radiaire, 8049.
— sciatique, 8510.
— somatique, 8829.
— splanchnique, 8957.
— trijumeau, 9838.
— trochléaire, 9868.
— vague, 7444, 10118.
— vestibulaire, 10236.
— vidien, 10249.
nerfs rachidiens postérieurs, 4425.
néritique, 6216.

nervation, 6218, 10178.
nervé, 6217.
nerveux, 6231.
nervure, 6234, 10166.
nervuré, 10167.
nervure concave, 1835.
— costale, 1994, 1998.
— cubitale, 2102.
— intercalaire, 4766.
— médiane, 5816, 5818.
— transverse, 2055.
neural, 6239.
neurépine, 6246.
neurhormone, 6261.
neurite, 6253.
neuro-kératine, 6263.
neurobiotactisme, 6254.
neurocèle, 6255.
neurocrâne, 6256.
neurofibrille, 6259.
neuroglie, 3884.
neurolemme gaine de Schwann, 6251.
neurologie, 6266.
neurologue, 6265.
neuromaste, 6268.
neuromédiation, 6269.
neuromère, 6270.
neurone, 6220, 6272.
— bipolaire, 962.
— intercalaire, 132, 8171.
— moteur, 3181, 3182.
— pseudo-unipolaire, 7911.
— unipolaire, 10042.
neurohypophyse, 6262.
neurophysiologie, 6275.
neuropil, 6276.
neuroplasme, 6277.
neuropodium, 6278.
neuropore, 6279.
neuroptères, 6280.
neurosécrétion, 6282.
neurotique, 6285.
neurula, 6287.
neuston, 6288.

oïdium, 6522.
oignon, 1141.
oiseau aquatique, 10311.
oisillon, 6237.
oléagineux, 6471.
olécrane, 6472.
olfactif, 6474.
olfactomètre, 6473.
oligo-élément, 6456, 9747.
oligocarpe, 6485.
oligocène, 6486.
oligochètes, 6487.
oligocynamique, 6489.
oligodendroglie, 6488.
oligodynamie, 6490.
oligohalin, 6491.
oligotriches, 6495.
oligotrophe, 6496.
olive cérébelleuse, 2297.
omasum, 3307, 5466, 6497, 7889.
omasus, 6497.
ombelle, 9996, 10002.
ombellé, 9998.
ombellifère, 10000.
ombelliforme, 10001.
ombellule, 9999.
ombilic, 4317, 6159, 10008.
ombilical, 10004.
ombres sanguines, 1015.
omental, 6498.
ommatidie, 6501.
omnivore, 6502.
omoplate, 8478, 8722.
omosternum, 6503.
omphalotrophoblaste, 6504.
oncogène, 6506.
oncologie, 6507.
oncosphère, 6505.
ondes cérébrales, 1081.
ongle, 1672, 6122.
onglet, 6122.
onglon, 4414.
onguiculé, 10021.

ongulé, 4415, 10024.
ongulés, 10023.
onguligrade, 10025.
ontogenèse, 6510.
— du comportement social, 6511.
ontogénie, 6510.
onychophores, 6513, 7068.
oocyste, 6514.
oogame, 6516.
oogamie, 6517.
oogénèse, 6518.
oogone, 6519.
oologie, 6520.
oomycètes, 7220.
oosphère, 2721, 6521.
oospore, 6522.
oostégite, 6523.
oothèque, 6524.
ootype, 6525.
oozoïde, 6527.
opérateur, 6529.
operculaire, 6530.
opercule, 3841, 6534.
operculé, 6531.
operculiforme, 6533.
opéron, 6535.
ophidiens, 6536.
ophiocéphale, 6537.
ophiures, 6538.
ophiurides, 6538.
ophtalmique, 6539.
ophtalmologie, 6546.
ophtalmologique, 6544.
opisthocoele., 6549.
opistobranches, 6548.
opistoglyphe, 6549.
opistosoma, 6551.
opposées, 870.
opsonine, 6554.
opsonique, 6553.
optimum, 6569.
optique, 6555.
oral, 6570.
orangeophile, 6576.

orbitaire, 6578.
orbite, 6577.
orchite, 6582.
ordonnée à l'origine, 4776.
ordovicien, 6584.
ordre, 6583.
— naturel, 6152.
oreille, 2635.
— externe, 3249, 6672.
— interne, 4723.
— moyenne, 5811.
oreillette, 660, 680.
oréopithecus, 6585.
organe, 6586.
— arborescent, 8229.
— atrophié, 10240.
— auditif, 674.
— axial, 743.
— axile, 746.
— chordotonal, 1557.
— cible, 9426.
— cloisonné, 1479.
— copulateur, 1916.
— de Corti, 6587.
— de Jacobson, 4926.
— .de Johnston, 4933.
— de Jordan, 4936.
— de l'émail, 2790.
— de l'olfaction, 6589.
— de Rosenmüller, 3046, 6588.
— de Zuckerkandl, 6811.
— électrique, 2744.
— électrogène, 2744.
— exterocepteur, 3256.
— parapinéal, 6832.
— photogène, 7192.
— respiratoire, 8224.
— rotateur, 7069.
— rouge, 8141.
— rudimentaire, 10240.
— terminal, 2804.
— tympanal, 670.
— tympanique, 670, 9966.
organes des sens, 8634.
— génitaux, 3791.
— réciproques, 8115.
— sensoriels, 8634.
organisateur, 6596, 8863.
— nucléolaire, 6372.

organisme, 6593.
— unicellulaire, 10029.
organite, 6591.
organization center., 1401.
organogenèse, 5945, 6597.
organomercuriel, 6600.
organothérapie, 6601.
orientation, 6602.
— par compas lumineux, 5207.
orienté vers l'extrémité, 2517.
— vers la queue, 1337.
— vers la tête, 1421.
— vers le crâne, 2015.
— vers le dos, 2552.
orifice, 495, 3556, 5514, 6528.
— réno-péricardique, 8190.
origine, 6603.
ornithodelphes, 5940, 6605, 7874.
ornithologie, 6608.
ornithologique, 6606.
ornithologiste, 6607.
ornithologue, 6607.
ornithomélographie, 6609.
ornithopodes, 6610.
ornithorynque, 6611.
ornithoscélides, 6612.
oropharynx, 6613.
orteil, 9706.
orthogénétique, 6614.
orthogénie, 969.
orthognathe, 6616.
orthognathisme, 6615.
orthoptère, 6619.
orthoptères, 6618.
orthorrhaphes, 6620.
orthostique, 6621.
orthoxénique, 6622.
os, 1031, 4127.
— articulaire, 611.
— basioccipital, 832.
— basitemporal, 840.
— calcis, 6624.
— canon, 1237.
— carpien, 1291.
— carré, 8009.
— central, 1408.

— de Weber, 10319.
osseux, 6639.
ossicule, 6642.
— prépylorique, 7671.
— ptérocardiaque, 7926.
— pylorique, 7988.
— zygocardiaque, 10442.
ossification, 6643.
— enchondrale, 2797.
— périchondrale, 7035.
ostariophysaire, 6644.
ostéichthyen, 1034.
ostéichthyens, 6645.
ostéoblaste, 6646.
ostéoclaste, 6647.
ostéocyte, 6649.
ostéoderme, 6650.
ostéogenèse, 6651.
ostéogénie, 6651.
ostéomalacie, 6654.
ostéone, 4156.
ostéophagie, 6656.
ostéotrope, 1033.
ostiole, 6658, 6659, 6678.
ostium, 6678.
ostracodermes, 6661.
ostracodes, 6660.
ostréiculture, 6722.
ôtable, 1876.
otique, 6664.
otoconie, 6666.
otocyste, 6667.
otolite, 6668.
otolithe, 6668.
outbreeding, 6671.
outcross, 6671.
outil, 9719.
outwelling, 6674.
ouverture, 495, 6528.
ouvrière, 10361.
ovaire, 6682.
— infère, 4690.
— supère, 9254.
ovarien, 6676.
ovariole, 6680.

— acrotrophique, 96.
— panoïstique, 6791.
— polytrophique, 7558.
ovariotomie, 6681.
ovicelle, 6688.
oviducte, 3301, 6690.
ovifère, 6691.
ovigère, 6691.
ovin, 6693.
ovipare, 2723, 6695.
oviparisme, 6694.
oviparité, 6694.
ovipositeur, 6697.
oviposition, 6696.
ovipositor, 6697.
ovisac, 6698.
oviscapte, 6697.
ovocentre, 6699.
ovoculture, 6700.
ovocyte, 6515, 6701.
— de deuxième ordre, 8570.
— de premier ordre, 7693.
ovogenèse, 6518.
ovogénie, 6518.
ovogonie, 6519.
ovologie, 6520.
ovotestis, 6704.
ovovivipare, 6705.
ovulaire, 6706.
ovulation, 6708.
ovule, 2722, 6709, 6711.
oxydase, 6712.
oxydation, 6713.
oxyhémoglobine, 6716.

P

pacage, 3982, 6904.
pachyderme, 6724.
pachydermes, 6725.
pachydermie, 2756.
pachyméninge, 2612.
pachynème, 6728.
pachytène, 6729.
paedogenèse, 6733.

paedogonie, 6733.
paire antérieure des tubercules
    quadrijumeaux, 873.
paître, 3981.
palaeognathes, 6738.
palais secondaire, 3303.
palatin, 6740.
palato-carré, 6743.
paléa, 6744.
paléal, 6760.
paléencéphale, 6750.
paléobiologie, 6745.
paléobotanique, 6746.
paléocène, 6736.
paléodictyoptères, 6747.
paléoécologie, 6751.
paléoécologique, 6748.
paléogène, 6737.
paléognathes, 6738.
paléohistologie, 6752.
paléolithique, 6739, 6753.
— inférieur, 5311.
— moyen, 5813.
— supérieur, 10057.
paléontologie, 6754.
paléotempérature, 6755.
paléozoïque, 6756.
palingénie, 6757.
pallium, 6764.
palmaire, 6766.
palme, 6765.
palmier, 6765.
palmiforme, 6767.
palmipède, 6768.
palmure, 10316.
palpe, 6769.
— labial, 5004.
— mandibulaire, 5460.
— maxillaire, 5506.
palpébral, 6771.
palpigère, 6773.
palpitation, 6774.
paludéen, 5424, 6776.
paludique, 6776.
paludisme, 5423.

palynologie, 6778.
panachure, 10135.
panchronie, 6784.
pancréas, 6779.
pancréatine, 6783.
pancréatique, 6780.
pangenèse, 6785.
panicule, 6786.
paniculé, 6787.
panicule adipeux, 1024.
panmictique, 6789.
panmixie, 6790, 8086.
panse, 8375.
panspermie, 6792.
panspermisme, 6792.
pansporoblaste, 6793.
pantopodes, 6794.
papaïne, 6796.
papilionacé, 6797.
papillaire, 6801.
papille, 6798.
— basillaire, 6799.
— caliciforme, 1649.
— dermique, 2322.
— filiforme, 3424.
— foliée, 3538.
— fongiforme, 3653.
— mammaire, 5452.
— optique, 998, 6563.
papilles adhésives, 3468.
— rectales, 8122.
papilleux, 6804.
papillon, 1161.
pappe, 6805.
pappus, 6805.
papule, 6806.
papuleux, 6808.
papyracé, 6810.
parabiose, 6813.
parablaste, 6814.
paracentral, 6815.
paracentrique, 6816.
paraganglion, 6820.
paraglosse, 6823.
paragnathes, 6824.

paramécie, 6825.
paramères, 6826.
paramitose, 6827.
paramutation, 6828.
paramylon, 6829.
paramylone, 6829.
paraphyse, 6831.
paraplasme, 5717.
parapode, 6833.
paraprocte, 6834.
parapsides, 6835.
parasexualité, 6838.
parasexuel, 6836.
parasitaire, 6840.
parasite, 6839, 6840.
parasiticide, 6843.
parasitisme, 6844.
— facultatif, 3296.
parasitocénose, 6846.
parasitoïde, 6847.
parasitologie, 6845.
parasphénoïde, 6848.
parastérilité, 6849.
parastique, 6850.
parasynapsis, 6853.
parasyndésis, 6853.
parathormone, 6855.
parathyroïde, 6856.
paratype, 6859.
parc à huîtres, 6721.
— national, 6148.
pare, 6881.
parenchymateux, 6863.
parenchyme, 6861.
— lacuneux, 8975.
— palissadique, 6759.
parent, 6864.
parentéral, 6865.
pariétal, 6866, 6867.
paripenné, 6872.
paroi cellulaire, 1383.
— thoracique, 9628.
paroophore, 6875.
parotide, 6878.
parotidien, 6878.

parotique, 6876.
parovarium, 3046, 6588.
parr, 3436.
parthénocarpie, 6890.
parthénogenèse, 6891.
— artificielle, 616.
— deutérotoque, 336.
parthénogonie, 6891.
parthénote, 6893.
parturition, 6894.
parvifolié, 6896.
pas, 5046.
passage ano-rectal, 8123.
passeriformes, 6900.
pasteurisation, 6903.
patagium, 6905.
pataugeur, 10300.
patelle, 6907.
pathogène, 6910.
pathogénésie, 6912.
pathogénétique, 6913.
pathogénicité, 6911.
pathogénie, 6915.
pathogénique, 6914.
pathologie, 6917.
— végétale, 7252.
pathologique, 6916.
pathotype, 6918.
patrimoine, 4715.
patristique, 6919.
patte, 5131.
— abdominale, 9312.
— ambulatoire, 10301.
— antérieure, 5465.
— branchifère, 3839.
— mâchoire, 5508.
— mésothoracique, 5675.
— métathoracique, 5736.
— natatoire, 9312.
— palmée, 10317.
— prothoracique, 7839.
pattern, 6920.
pattu, 3340.
pâturage, 3982, 6904.
pauciflore, 6922.
paucimicrobien, 6924.

paume, 6765.
paupière, 3283, 6770.
pavillon, 680, 4704, 6659, 6927, 7293.
— cilié, 8866.
— de l'oviducte, 6678.
— oviductaire, 6659, 6678.
pavimenteux, 9014.
paysage cultivé, 3366.
peau, 8780.
peaucier, 7402.
pêche, 3449.
pêcherie, 3450.
pecking-order, 6933.
pectine, 6936.
pectiné, 6937.
pectinibranches, 6942.
pectoral, 6944.
pédicellaire, 6952.
pédicelle, 6951.
pédicellé, 6953.
pédiculates, 6957.
pédicule, 7449, 9079.
pédieux, 6947.
pedigree, 6958.
pédiluve, 3553.
pédimane, 6959.
pédipalpe, 6960.
pédogenèse, 6733, 6961.
pédologie, 6962.
pédonculaire, 6964.
pédoncule, 3554, 3632, 6963, 7449, 9020.
pédonculé, 6965.
pédoncule cérébelleux, 2064.
— cérébral, 2065.
— de l'oeil, 6564.
— oculaire, 6564.
peigne, 6934.
— branchial, 3846.
— du scorpion, 6940.
— tibial, 9134.
pelage, 3660, 6967.
pélagique, 6422, 6968.
pélécypode, 974.

pélécypodes, 6969.
pelliculaire, 6972.
pellicule, 6971, 9008.
pellicules, 2187.
pelmatozoaires, 6973.
pelote, 6970.
pelvien, 6975.
pelvis, 6981.
pénétrance, 6983.
— des gènes, 3756.
pénicillé, 6987.
pénicilliforme, 6989.
pénicilline, 6990.
pénien, 6984.
pénis, 6991.
— verge, 7144.
pennatifide, 7296.
pennatilobé, 7297.
pennatiséqué, 7299.
penne, 1889, 6992, 8030.
penné, 7294.
pentadactyle, 6994.
pentagyne, 6995.
pentamère, 6996.
pentandre, 6998.
pentandrie, 6997.
pentapétale, 6999.
pentaradié, 3465.
pentastomides, 7000.
pente continentale, 1883.
— insulaire, 4753, 4894.
pentose, 7001.
pepsinase, 7002.
pepsine, 7002.
peptidase, 7006.
peptide, 7007.
peptique, 7003.
peptone, 7009.
peptoniser, 7010.
péracarides, 7011.
percésoces, 7012.
perche commune, 847.
perciformes, 7015.
percolation, 7014.

percomorphes, 7015.
péréiopode, 7016, 10301.
pérennibranches, 7019.
pérennité, 7017.
perfolié, 7020.
performance, 7022.
perfusion, 7023.
pergélisol, 7104.
périanthe, 7024.
périblaste, 7025.
périblastula, 7026.
périblème, 7027.
péricarde, 7032.
péricarpe, 7033.
péricarpial, 7034.
périchondre, 7036.
périchromocentrique, 7039.
périclinal, 7040.
péricrâne, 7041.
péricycle, 7042.
péricyte, 7043.
périderme, 7044.
péridiniens, 2456.
péridural, 7045.
périgyne, 7047.
périkaryon, 7049.
périlogie, 7050.
périlymphe, 7051.
périmètre, 7052.
périmysium, 7053.
périnéal, 7054.
périnée, 7056.
périnèvre, 7057.
période, 7059.
— critique, 2043.
— d'incubation, 4662.
— de circulation, 8999.
périoste, 7065.
périostracum, 7066.
péripates, 6513, 7068.
périphérie, 7074.
périphérique, 7071.
périphérisation, 7073.
périphyton, 7075.

périplasme, 7076.
péripneustique, 7077.
périprocte, 7078.
périsarc, 7080.
périsarque, 7080.
périsperme, 7082.
périssodactyles, 7083.
péristaltique, 7085.
péristaltisme, 7084.
péristole, 7084, 7087.
péristome, 6572, 7088.
péritendinéum, 7090.
périthèce, 7091.
péritoine, 7094.
péritonéal, 7092.
péritonite, 7095.
péritriches, 7096.
périurbain, 7099.
perliculture, 6722.
perloïdes, 7103, 7404.
perlurée, 6929.
permafrost, 7104.
perméabilité, 7107.
perméase, 7108.
permien, 7109.
péroné, 3408, 6624.
peroxydase, 7110.
persistance, 7111.
persistant, 4671, 7018.
perte de plumage, 2310.
pessulus, 7115.
peste, 977.
pesticide, 7116.
pétale, 7117.
pétalé, 7118.
pétaliforme, 7119.
pétaloïde, 7119.
pétiolaire, 7121.
pétiole, 3554, 5124, 7124, 9020.
pétiolé, 7122.
petit, 2097.
peuplement, 7569.
peur, 3337.
phaeodariés, 7127.

phaeophycées, 7128.
phage, 7129.
— transducteur, 9763.
phagocytaire, 7131.
phagocyte, 7130.
phagocytose, 2168, 7133.
phagolyse, 7134.
phagosome, 7135.
phagotrophe, 7136.
phalange, 7137.
— à sabot., 1768.
phalangette, 1768.
phalangien, 7138.
phalloïdine, 7142.
phallotoxine, 7143.
phallus, 7144.
phanérogame, 7147.
phanérogames, 7146, 8885.
phanérogamme, 7145.
phanéroglosses, 7149.
phanérophyte, 7150.
pharmacognosie, 7151.
pharmacosimulation, 7152.
pharyngé, 7153.
pharyngien, 7153.
pharyngobranche, 7160.
pharyngobranchial, 7160.
pharynx, 7161.
— nasal, 6140.
phase, 7162.
— d'accroissement, 4009.
— de maturation, 5502.
— de prolifération, 7773.
— de sécrétion, 7758.
— folliculaire, 7773.
— germinative, 6011.
— ischémique, 4887.
— lutéinique, 5329, 7758.
— polype, 4473.
— pré-menstruelle, 4887.
— progestative, 7758.
— végétative, 10163.
phelloderme, 7165.
phellogène, 7166.
phénocopie, 7169.
phénologie, 7170.

phénomène réflexe, 8150.
phénotype, 7171.
phénotypique, 7172.
phéophycées, 7128.
phérhormone, 7174.
phéromone, 7174.
phérormone, 7174.
phloème, 847, 7175.
phobie, 7176.
pholidotes, 6330, 7177.
phono-cardiogramme, 7178.
phonocomportement, 7179.
phorésie, 7180.
phorétique, 7181.
phoronidiens, 7182.
phorozoïde, 7183.
phosphatase, 7184.
— alcaline, 224.
phosphatide, 7185.
phospholipid, 7186.
phosphorescence, 7187.
phosphorylation, 7189.
— oxydante, 6714.
phosvitine, 7190.
photo-interprétation, 7194.
photogrammétrie, 7193.
photomicrographie, 7195, 7196.
photonastie, 7197.
photopériode, 7198.
photopériodisme, 7199.
photophore, 7200.
photophosphorylation, 7201.
photorécepteur, 7202, 10271.
photosociologie, 7203.
photosynthèse, 7204.
phototaxie, 7206.
phototopographie, 7193.
phototropique, 7207.
phototropisme, 7208.
phragma, 7209.
phragmata, 7209.
phragmocône, 7210.
phragmoplaste, 7211.
phréatologie, 7212.

phrénique, 7213.
phycobiline, 7215.
phycocyanine, 7216.
phycoérythrine, 7217.
phycologie, 7219.
phycologiste, 7218.
phycologue, 7218.
phycomycètes, 7220.
phylactolémates, 7221.
phyllobranchie, 7223.
phyllocladode, 1661, 7224.
phyllode, 7225.
phylloïde, 7226.
phyllopode, 7227, 7228.
phyllotaxie, 7229.
phyllotrachée, 5325.
phylogenèse, 7230.
phylogénétique, 7231.
phylogénie, 7230.
phylogénique, 7231.
phylon, 7233.
phylum, 7234.
physapodes, 9673.
physiographique, 7235.
physiologie, 7240.
— végétale, 7246.
physiologique, 7237.
physiologiste, 7239.
physocliste, 7241.
physostome, 7243.
phytiatrie, 7244.
phytobenthos, 7245.
phytobiologie, 7246.
phytocartographe, 7247.
phytochrome, 7248.
phytoécologie, 7357.
phytogéographie, 7249, 7358.
phytohormone, 727.
phytomonadines, 7251.
phytopathologie, 7252.
phytophage, 4227, 7255.
phytophages, 7253.
phytoplancton, 7256.
phytoprotecteur, 7359.

phytosociologie, 7258.
phytosociologue, 7257.
phytosociology, 7360.
phytotron, 7259.
phytozoaire, 7260, 7261.
picorer, 6932.
picoter, 6932.
pics, 7263.
pie-mère, 7262.
pièce basale de la rosette, 8350.
— buccale, 5978.
— centrodorsale, 9453.
— intermédiaire, 5814.
pied, 3552, 6951, 7114, 9020.
— ambulacraire, 290, 7452, 9900.
piège, 9789.
piégeage, 9794.
piéger, 9790.
pierre, 3999, 9102.
pigment, 7265.
— lipochrome, 5251.
— respiratoire, 8225.
— sanguin, 1007.
pigmentaire, 7270, 7273.
pigmentation, 7271.
pigmenté, 7272.
piléus, 7277.
pileux, 7283.
piliers du coeur, 1806.
pilifère, 7278.
piliforme, 7280.
piligère, 7278.
pilocarpine, 7282.
pilosité, 7284.
pilothize, 8338.
pinacocyte, 7286.
pince, 1491, 3569, 5003.
— abdominale, 3575.
pinces hémostatiques, 4110.
pinnatipède, 7298.
pinné, 7294.
pinnipède, 7300.
pinnipèdes, 7301.
pinnule, 7302.
pinocytose, 7305.

pipéracé, 7306.
pipetage, 7307.
piquant, 8071, 8927.
— adambulacraire, 119.
piriforme, 8000.
piscicole, 7309.
pisciculteur, 7311.
pisciculture, 3446, 7310.
pisciforme, 7312.
pistage radioélectrique, 8063.
piste, 9761.
pistil, 4041, 7315.
pistillé, 7316.
pistillifère, 7316.
pithécanthrope, 7322.
pithécoïde, 7323.
pitocine, 6719.
pitressine, 7324, 10154.
pituicyte, 7326.
pituitaire, 7327.
pituitrine, 7330.
placenta, 172, 7331.
— allantoïde, 230.
— allantoïdien, 230.
— discoïde, 2498.
— endothéliochorial, 2867.
— épithéliochorial, 3035.
— syndesmochorial, 9364.
placentaire, 3154, 7332, 7337.
placentaires, 3153.
placentation, 7338.
— hémochoriale, 4082.
placode, 7339.
placodermes, 7340.
placodontes, 7341.
placoïde, 7342.
plage criblée, 8734.
plagioclimax, 7345.
plagiogéotropisme, 7346.
plagiosère, 7347.
plagiostomes, 7348, 8604.
plan d'expérience, 2338.
planaire, 7349.
plancher interne, 4725.
planctologiste, 7351.

plancton, 7352.
planctonte, 7353.
planer, 8798.
planification, 7354.
planipennes, 7350.
planning, 7354.
planosol, 7355.
plant, 8595.
plante carnivore, 4745.
— cultivée propagée hors jardin, 3088.
— de jours courts, 8720.
— de jours longs, 5284.
— exorhize, 3217.
— insectivore, 4745.
— marine, 8561.
— monocarpienne, 5889.
— protéagineuse, 4314.
— vasculaire, 10143.
plantes protéagineuses, 6470.
plantigrade, 7361.
plantule, 7362.
planula, 7363.
plaque, 7364.
— adambulacraire, 118.
— basale, 6438.
— brachiale, 1054.
— branchiale, 3844.
— buccale, 6574.
— choriale, 1565.
— de Peyer, 7126.
— épicrânienne, 2950.
— équatoriale, 1380, 3050.
— latérale mésodermique, 5101.
— madréporique, 5405.
— motrice, 5969, 6090.
— neurale, 6245.
— podicale, 7451.
— poreuse, 7577.
— pudique, 7451.
— sternale, 9065.
— supra-anale, 9267.
plaquettaire, 4062.
plaquette, 4061.
— sanguine, 1010.
plasma, 7366.
— germinatif, 3813.
— sanguin, 1009.

plasmagel, 7370.
plasmagène, 7371.
plasmalemma, 7372.
plasmalemme, 7381.
plasmaphérèse, 7373.
plasmase, 9640.
plasmasol, 7374.
plasme sanguin, 4075.
plasmide, 7376.
plasmocyte, 7367.
plasmode, 1764, 9357.
plasmoderme, 7377.
plasmodesme, 4771, 7378.
plasmodie, 7379.
plasmodium, 7379.
plasmogamie, 7380.
plasmolyse, 7382.
plasmon, 7371.
plasmotomie, 7384.
plaste, 7388.
plasticité, 7387.
plastidome, 7389.
plastron, 7391.
plateau continental, 1882.
— terminal, 9521.
plathelminthe, 3482.
plathelminthes, 7397.
platibasique, 7394.
platode, 3482.
platodes, 7397.
platycténides, 7395.
platyrhinien, 7399.
platyrhiniens, 7398.
plécoptères, 7103, 7404.
plectenchyme, 7405.
plectognathes, 7406.
pleine, 3980.
pléiotrope, 7408.
pléiotropie, 7409.
pléiotropique, 7408.
pléistocène, 7410.
pléomorphe., 7411.
pléomorphisme, 7412.
pléopode, 7413, 9312.

plérergate, 7414.
plérome, 7415.
pléthysmographie, 7416.
pleural, 7418.
pleure, 7426.
pleurergate, 7414.
pleurobranchies, 7421.
pleurocarpe, 7422.
pleurocentre, 7423.
pleurodères, 7424.
pleurodonte, 7425.
pleuron, 7426.
pleuronecte, 3481.
pleuropéritonéal, 7427.
pleuston, 7429.
plèvre, 7417.
plexus, 7430.
— auditif, 678.
— brachial, 1055.
— choroïde, 1568.
— coeliaque, 1754, 8811.
— pectoral, 1055.
— périentérique, 7046.
— sciatique, 8511.
— solaire, 8811.
— sous-muqueux de Meissner, 5573.
pli, 3533, 4044.
— amniotique antérieur, 4159.
— amniotique postérieur, 9412.
— caudal, 9412.
— crânien, 4159.
— glandulaire, 2323.
— semi-lunaire, 7431.
pliocène, 7433.
ploïdie, 7434.
plumage, 7435.
— définitif, 2246.
plume, 3338, 6982.
— auriculaire, 682.
— de contour, 1889.
— néoptile, 6206.
— sus-caudale, 10058.
— téléoptile, 9462.
plumes collaires, 6166.
— sous-caudales, 5313.
— tectrices, 9449.

plumule, 7436, 7437.
pluviogramme, 7439.
pneumaticité, 7441.
pneumatophore, 7442.
pneumobacille, 7443.
pneumonie, 7445.
pneumostome, 7446.
pochage, 1019.
poche, 1157, 8389.
— cardiaque de l'estomac, 1268.
— cloacale, 1695.
— de Rathke, 8095.
— du dard, 2190.
— du noir, 4721.
— incubatrice, 1115.
— pylorique de l'estomac, 7991.
poches génitales, 9184.
podion, 7452.
podium, 9900.
podobranche, 7454.
podobranchies, 7453.
podocyte, 7455.
podure, 9002.
poecilotherme, 7460.
poids, 10320.
poignée, 3028.
— du sternum, 7681.
poignet, 10364.
poïkilocyte, 7457.
poïkilocytose, 7458.
poïkilotherme, 7460.
poil, 1108, 4113.
— absorbant, 8340.
— gustatif, 9437.
— olfactif, 6480.
poilu, 7283.
point aveugle, 998.
— de flétrissement, 10342.
— moteur, 5971.
pointe, 114, 497, 5992, 6928.
points lacrymaux, 7969.
poison chromosomique, 1590.
poisson, 3444.
— cartilagineux, 1304.
— d'argent, 8745.
— osseux, 1034.

— plat, 3481.
poissons, 7308.
poitrine, 1100.
polarité, 7466.
polatouche, 3524.
pôle animal, 391.
— urinaire, 10077.
— vasculaire, 10144.
— végétatif, 10158.
poliomyélite, 7469, 7470.
pollen, 7471.
pollex, 7478.
pollination fécondation, 7480.
pollinide, 7483.
pollinie, 7483.
pollinifère, 7482.
pollinique, 7481.
pollinisation, 3370, 7480.
— croisée, 2050.
polluant, 7485.
polluer, 7486.
pollution, 7487.
— atmosphérique, 197.
— des eaux, 10308.
— thermique, 9597.
polyadelphe, 7491.
polyandre, 7493, 7494.
polyandrie, 7492.
polyanthe, 7495.
polycarpellaire, 7496.
polycarpellien, 7496.
polycellulaire, 7497.
polychètes, 7498.
polyclades, 7500.
polycotylédone, 7501.
polydactyle, 7502.
polyembryonie, 7503.
polygame, 7506.
polygamie, 7504.
polygènes, 6010, 7508.
polygénie, 7509.
polygraphe, 7510.
polyhaploïde, 7511.
polyhybridisme, 7512.
polymastigines, 7513.

polymérase de l'ADN, 2535.
— de l'ARN, 8331.
polymère, 7514, 7515.
polymérisation, 7516.
polymorphe, 7411, 7518.
polymorphisme, 7412, 7520.
polynucléaire, 7524.
polynucléé, 7524.
polynucléotide, 7525.
polyose, 7546.
polyoside, 7546.
polype, 7526, 10421.
polypeptide, 7527.
polypétale, 7528.
polyphage, 3141, 3142, 7530.
polyphages, 7529.
polyphylétique, 7531.
polyphyodonte, 7533.
polypide, 7534.
polyplacophores, 7535.
polyplanétisme, 7536.
polyploïde, 7537.
polyploïdie, 7538.
polypode, 7539, 7541.
polypore, 7542.
polyprotodontes, 7543.
polyribonucléotide, 7544.
polyribosome, 7545.
polysaccharide, 7546.
polysaprobe, 7547.
polysépale, 7548.
polysome, 7545.
polysomie, 7551.
polysomique, 7550.
polyspermie, 7553.
polytène, 7554.
polyténique, 7554.
polythélie, 7555.
polytrophe, 7557.
polytypisme, 7559.
polyxène, 4259.
polyzoaires, 7560.
pomacé, 5411, 7562.
pomme, 7561.

ponctuation, 7317.
— aréolée, 1038.
pont de Varole, 7565.
— de Varoli, 7565.
— intercellulaire, 4771.
ponte, 5114, 6696.
poplité, 7567.
poplitéus, 7568.
population, 7569.
— dynamics, 2621.
— mendélienne, 5599.
populetum, 7566.
pore, 495, 7575.
— abdominal, 7.
— alvéolaire, 279.
— anal, 354.
— cutané, 9310.
— de la glande frontale, 3619.
— excréteur externe, 6208.
— frontal, 3619.
— génital, 3787.
porocyte, 7580.
portée, 5256.
porteur, 10156.
— de germes, 3809.
portion cardiaque de l'estomac,
    1268.
— pylorique de l'estomac, 7991.
position interradiaire, 4815.
posologie, 7589.
posologique, 7588.
post-cleithrum, 7591.
— oculaire, 7605.
— pubis, 7609.
postabdomen, 5725.
postérieur, 4319, 6886, 7592.
posthypophyse, 7595.
postmentum, 7603.
postnotum, 7604.
postoestrus, 7607.
postréduction, 7610.
potamotoque, 346.
potentiel biotique, 950.
— d'action, 106.
— d'oxydoréduction, 8144.
potto, 7617.

pouce, 9648.
poule, 4206.
pouls, 7964.
poumon, 5324, 5325.
pourpre rétinien, 10270.
pousse, 8718, 9004.
poussière, 2614.
pouvoir de résolution, 8219.
praecoxa, 7635.
prairie, 3978.
praxie, 7619.
préadaptation, 7620.
préantenne, 7621.
prébiotique, 7623.
précal, 7724.
précipitation, 7627, 8082.
précipité, 3495, 7626.
précipitine, 7628.
précision, 38.
précordial, 7634.
précoxopodite, 7635.
prédateur, 7637, 7638.
prédation, 7636.
prédentine, 7639.
préembryon, 7746.
préférendum, 7642.
préfloraison, 3096, 10209.
préfoliation, 7944, 10209.
préformation, 7643.
préhallux, 7648.
préhenseur, 7649.
préhensile, 7649.
prêle, 4425.
prélinguale, 7654.
prémaxillaire, 7658.
prémentum, 7660.
prémolaire, 7661.
préoestrus, 7663, 7793.
préopercule, 7664.
préoral, 7665.
préparc, 1140.
prépollex, 7648.
prépuce, 3573, 7668.
prépupe, 7669.

préputial, 7670.
préréduction, 7672.
presbyte, 7674.
presbytie, 7673.
presbytique, 7674.
presbytisme, 7673.
préscutum, 7676.
présphénoïde, 7677.
préspiraculaire, 7678.
pression artérielle, 1012.
 − de sélection, 8608.
 − osmotique, 6636.
 − racinaire, 8344.
 − racinienne, 8344.
 − radiculaire, 8344.
 − sélective, 8608.
présternum, 3028, 7681.
préstomum, 7682.
prétarse, 7685.
préventologie, 7687.
prévision atmosphérique, 10314.
primaire, 6756.
primaires, 7691.
primates, 7701.
primatologie, 7703.
primatologue, 7702.
primipare, 7704, 7705.
primitif, 7706.
principe d'Allee, 232.
printanisation, 10208.
prisère, 7714.
prisme de l'émail, 2791.
privation de nourriture, 9037.
pro-atlas, 7717.
 − érythroblaste, 7748.
proamnios, 7716.
probabilité, 7718.
probasipodite, 7719.
proboscide, 7722.
proboscidien, 7720.
procambium, 7725.
procaryote, 7726, 7727.
procellariiformes, 7728.
procès, 7730.
 − ciliaire, 1622.

processus, 7730.
— antérieur de l'hyoïde, 430.
— inciseur, 4655.
— pectinéal, 6941.
— thyroïde, 9662.
— vaginal, 9942.
prochromosome, 7732.
procoele, 7733.
procoelique, 7733.
procoracoïde, 7734.
procordés, 7731.
procréateur, 7737.
procréation, 7736, 7777.
procréer, 7735.
proctodaeum, 7740.
proctodeum, 4321, 7740.
procyte, 7741.
prodromique, 7742.
producteur, 3762, 7744.
productivité, 7745, 10389.
— nette, 6238.
— primaire, 7694, 7695.
produit final, 3434.
proembryon, 7746.
proéminence, 7781.
proépipodite, 7747.
profil pollinique, 7475.
— racinaire, 8345.
— sédimentaire, 8588.
profile pédologique, 8809.
profilothèque, 7750.
progamétange, 7754.
progéniture, 7756.
progestatif, 7760.
progestérone, 7759.
progestine, 7759.
progestinogène, 7760.
proglottis, 7761, 8597.
prognathe, 7764.
prognathie, 7763.
prognathisme, 7763.
proie, 7688, 7689.
prolactine, 7769.
proleucocyte, 7771.
prolifération, 7772.

prolifère, 7774, 7779.
prolificité, 7776.
prolifique, 7775.
proligération, 7772.
proligère, 7779.
proméristème, 7780.
promitose, 7782.
promontoire, 7783.
promyélocyte, 7784.
pronateur, 7786.
pronation, 7785.
pronéphros, 4160, 7788.
pronostic, 7765.
pronostique, 7766.
pronotum, 7789.
pronucléole, 7790.
pronucléus, 7791.
proostracum, 7794.
prootique, 7795.
propagation. clonale, 1696.
propagine, 3741, 7792.
propagule, 3741, 7792.
prophage, 7797.
prophase, 2642, 5094, 7798.
prophylactique, 7799.
prophylaxie, 7800.
proplaste, 7801.
propolis, 7803.
propriocepteur, 7805.
proprioception, 7804.
proptérygium, 7807.
proscolex, 7808.
prosencéphale, 3571, 7809.
prosenchyme, 7810.
prosimiens, 7811.
prosobranches, 7812, 9120.
prosome, 7814.
prosopyle, 7815.
prostate, 7817.
prostatique, 7818.
prostatite, 7819.
prostomium, 7821.
protamine, 7822.
protandre, 7823.

protandrie, 7824.
protéase, 7825.
protéinase, 7832.
protéine, 7830.
— allostérique, 261.
— native, 6150.
— plasmatique, 7369.
— ribosomique, 8312.
proténoïde, 7833.
protérandre, 7823.
protérandrie, 7824.
protéroglyphes, 7835.
prothalle, 7837.
prothorax, 7840.
prothrombine, 7841.
protidosynthèse, 7842.
protistes, 7843.
protobranches, 7844.
protocaryon, 7858.
protocaryote, 7726, 7727.
protocellule, 7846.
protocérébron, 7729, 7848.
protocerebrum, 7729.
protocérébrum, 7848.
protocerque, 7847.
protococcus, 7851.
protocole expérimental, 2338.
protoconque, 7852.
protocoopération, 7853.
protocoque, 7851.
protocorme, 7854.
protodonates, 7855.
protogyne, 7856.
protogynie, 7857.
protomérite, 7859.
protomonadales, 7860.
protomonadines, 7860.
protonéma, 7862.
protonéphridie, 7863.
protophloème, 7864.
protophyte, 7865.
protoplasma, 7365, 7866.
protoplasmatique, 7375.
protoplasme, 7365, 7866.
protoplasmique, 7375, 7867.

protoplaste, 7869.
protopléon, 6157.
protopodite, 7802, 7871.
protoptère, 7872.
protostèle, 7873.
protothériens, 5940, 7874.
prototrophe, 7876.
prototroque, 7875, 9870.
protoures, 7885.
protoxylème, 7877.
protozoaire, 7879, 7880.
protozoaires, 7878.
— phosphorescents, 7188.
protrusion, 7884.
protubérance, 7781, 7884, 10009.
proventricule, 7886.
provirus, 7887.
proximal, 7888.
psalterium, 3307, 5466, 7889.
psammique, 587.
psammon, 7890.
pseudo-allèles, 7892.
— branchie, 7893.
— coelome, 7895.
— colonie, 7896.
— éosinophile, 7897.
— épithélium, 7898.
— palais, 3303.
— spore, 7907.
pseudocaryote, 7726, 7727.
pseudoeutrophie, 7899.
pseudofruit, 7900.
pseudogamie, 7901.
pseudoparenchyme, 7903.
pseudophyllidiens, 7904.
pseudopode, 7905.
pseudopodes réticulés, 8293.
pseudopodium, 7905.
pseudotrachée, 7910.
pseudovelum, 7912.
psilotales, 7914.
psittacose, 7915.
psoas, 7917.
psocoptères, 7918.
psychromètre, 7919.

psychrophile, 7920.
ptérergate, 7921.
ptéridophytes, 7922.
ptérigoïde, 7932.
ptérine, 7923.
ptérobranches, 7925.
ptérodactyles, 7927.
ptéropodes, 7928.
ptérosauriens, 7929.
ptérostigma, 7930.
ptérotique, 7931.
ptérygoïde, 7933.
ptérygoïdien, 7932.
ptérygopode, 1665, 5862.
ptérygopodium, 7937.
ptérygotes, 7939.
ptérylie, 7940.
ptiline, 7941.
ptyaline, 7942.
ptyalisme, 7943.
pubère, 7948.
puberté, 7945, 7947.
pubescence, 7947.
pubescent, 7948.
pubis, 7951.
puce, 3484.
puissance d'un gène, 3758.
pulmonaire, 7954.
pulmonés, 7958.
pulpe, 7959.
— blanche, 10332.
— rouge, 8142.
pulsatile, 1891, 7962.
pulsation, 860, 4163.
pulville, 7965.
pulvinar, 7966.
pulviné, 7967.
pulvinule, 7968.
puparium, 7972.
pupation, 7973.
pupe, 7971.
pupille, 7974.
pupipare, 7975.
pupure, 208.

pur sang, 9633.
putréfaction, 7980.
pycnide, 7981.
pycnogonides, 6794.
pycnose, 7982.
pygidium, 7983.
pygostyle, 7984.
pylore, 7992.
pylorique, 7985.
pyramidal, 9853.
pyramide, 7993.
— de nourriture, 3550.
— de Ferrein, 5536.
— de Malpighi, 5535, 7993.
— des âges, 181.
— des nombres, 7995.
pyrénoïde, 7997.
pyrhéliomètre, 7998.
pyridoxine, 7999.
pyriforme, 8000.
pyrogène, 8004.
pyxide, 8005.

Q

quadrat, 8007.
quadrate, 8008, 8009.
quadratojugal, 8011.
quadricuspidé, 8012.
quadridenté, 8014.
quadridigité, 8015.
quadrifide, 3588, 8016.
quadrifolié, 3589, 8017.
quadrilobé, 8019.
quadrinaire, 8020.
quadrivalent, 8021.
quadrumane, 8022, 8023.
quaternaire, 8026.
quaterné, 8027.
quaternifolié, 8027.
quatrième ventricule, 3591.
queue, 1337, 9407.
— de cheval, 1339, 4425.
— de l'épididyme, 1338.
— hétérocerque, 4250.

ratites, 8098.
rayé, 5236.
rayon, 598, 8102.
— branchiostège, 1097.
— de miel, 4410.
— ligneux, 10380.
— médullaire, 5536, 10358.
rayonné, 8058.
rayons des nageoires, 3438.
rayure malaire, 5422.
raz de marée, 9685.
réacteur nucléaire, 6361.
réactif de Millon, 5832.
réaction à la précipitine, 7629.
— chromaffine, 1572.
— couplée, 2004.
— de Feulgen, 3377.
— de Schiff, 8487.
— du biuret, 972.
reboisement, 8152.
récapitulation, 8105.
recensement par capture et
   recapture, 1254.
réceptacle, 44, 8107, 9729.
— séminal, 8628.
récepteur, 8109.
— de la chaleur, 4169.
— de la tension, 9491.
— de tension, 1557.
— placoïde, 7343.
— rhéotaxique, 8276.
— tactile, 9402.
récessif, 8111.
recherche, 8209.
récif-barrière, 807.
récif corallien, 1923.
— de coraux, 1923.
— frangeant, 3607.
récifal, 8148.
réciproque, 8112.
récliné, 8116.
récolte, 2047.
— sur pied, 9030.
recombinaison, 8117.
— génétique, 3776.
— mitotique, 5855.
recourbé, 8135.

recroisement, 770.
rectal, 8119.
rectrice, 8126.
rectum, 8127.
recyclabilité, 8137.
recyclage, 8138.
rédie, 8143.
redoux, 8329, 10306.
réductase, 8145.
réduction, 8146.
réduction chromatique, 5567.
réflexe, 8149.
— conditionné, 1844.
réflexe tendineux rotulien, 4989.
réfraction, 967.
refuge, 8157.
régénérat, 8158.
régénération, 8159.
— du germen, 3816.
régime, 2423.
région aphotique, 502.
— d'acceptation, 29.
— de confiance, 1850.
— de la charnière, 1271.
— nucale, 1465.
— occipitale, 6419.
— océanique, 6423.
— pylorique de l'estomac, 7991.
règles, 5612.
régulateur, 8164.
régulation, 8163.
— biologique, 918.
— des naissances, 969.
— embryonnaire, 2783.
— osmotique, 6632.
régurgitation, 8166.
rein, 4977, 6213.
reine, 8028.
rejet tellurique, 9469.
relaxine, 8170.
releveur, 2758.
relique, 8173.
remaniement chromosomique,
   1589.
rémige, 8178, 10347.
— secondaire, 2101.

rhabdome, 8273.
rhabdomère, 8274.
rhamphothèque, 8275.
rhinencéphale, 8279.
rhinocéphale, 8279.
rhinopharynx, 6140.
rhinovirus, 8280.
rhipidoglosses, 8281.
rhipiptères, 9118.
rhitron, 8282.
rhizocarpé, 8283.
rhizocaule, 4484.
rhizoïde, 8285.
rhizomastigines, 8286.
rhizome, 8287, 8347.
rhizomorphe, 8288.
rhizophage, 8289.
rhizophales, 8284.
rhizoplan, 8290.
rhizoplaste, 8291.
rhizopode, 8294.
rhizopodes, 8292.
rhizosphère, 8295.
rhodophycées, 8296.
rhodopsine, 8297.
rhodosperme, 8298.
rhombencéphale, 8299.
rhopalie, 8300.
rhynchocéphales, 8301.
rhynchocoele, 8302.
rhynchodeum, 8303.
rhynchophores, 8304.
rhynchotes, 8305.
riboflavine, 8308.
ribonucléotide, 8310.
ribosome, 8313.
ride de pression, 7680.
rift, 8318.
rivage, 8719.
robe, 6967.
roche-mère, 862.
rodenticide, 8333.
rongeur, 8332.
rongeurs, 8334.

rosacé, 8348.
rosée, 2364.
rostellé, 8351.
rostellum, 8352.
rostral, 8353.
rostre, 6573, 8356.
rostré, 8354.
rostre basisphénoïde, 839.
rotacé, 8357.
rotation, 8358.
rotifère, 8359, 10326.
rotifères, 8360.
rotiforme, 8361.
rotin, 1173.
rotule, 4990, 6907, 8362.
rotulien, 6908.
rotundifolié, 8365.
roucoulement, 1904.
roucouler, 1905.
rougeâtre, 8373.
rouille, 5824, 8386.
— des feuilles, 5117.
rousse, 8373.
roux, 8373.
rubiacé, 8370.
rudéral, 8371.
rudimentaire, 8372, 10239.
rugosités, 8374.
ruisseau, 2025.
rumen, 8375.
ruminant, 8376.
ruminants, 8377.
rumination, 8379.
ruminer, 8378.
rut, 6466, 8387.
rutacé, 8388.
rythme, 8306.
— circadien, 1635, 2527.
rythmeur cardiaque, 6723.

S

sable cérébral, 43, 1079, 1963.
sabot, 4414.
sabulicole, 587.
sac, 1157, 2144, 8389.
— aérien, 198.
— alvéolaire, 282.
— branchial, 3845.
— compensateur, 1825.
— crayeux, 1179.
— embryonnaire, 2768.
— endolymphatique, 2832.
— gulaire, 4016.
— nasal, 6136.
— olfactif, 6135.
— pénien, 6985.
— pollinique, 7476.
— pulmonaire, 5325.
— stomacal, 7989.
— vasculaire, 8400.
— vitellin, 10394.
— vocal, 10289.
saccade, 8390.
saccharase, 8391, 9229.
saccharide, 3905.
saccharomyces, 8392, 10383.
saccharose, 9230.
sacciforme, 8394.
saccule, 4154, 8396.
saccules sous-ombrellaires, 9184.
sacculine, 8397.
sacral, 8401.
sacro-iliaque, 8404.
— lombaire, 8405.
— vertébral, 8406.
sacrum, 8407.
SADO (système d'acquisition de données océaniques), 6441.
saeptum, 8653.
sagittal, 8408.
saillie, 7781, 7884.
— du globe oculaire, 3279.
salant blanc, 10328.
— noir, 976.
salinité, 8411.
salinomètre, 8412.
salivaire, 8414.

salivation, 7943, 8419.
salive, 8413.
saliver, 8418.
salmonicole, 8420.
salpides, 8422.
saltatoire, 8426, 8427.
saltatoria, 8425.
samare, 8428.
samlet, 3436.
sang, 999.
— affluent, 171.
sangsue, 1016.
sapindacé, 8433.
saprobie, 2353.
saprophage, 8434, 8435.
saprophyte, 8436.
saprophytique, 8437.
sarcode, 7866.
sarcoderme, 8440.
sarcolemme, 8442.
sarcome, 8443.
sarcomère, 8444.
sarcoplasma, 8445.
sarcopte, 8447.
sarcosome, 5852.
sarcosporidies, 8449.
sarmenteux, 8451.
sarothrum, 8452.
satellite, 8453.
saumoneauaux, 3436.
sauriens, 8455.
sauroïde, 8457.
sauropsidés, 8458.
sauteur, 8427.
sauvage, 10335.
sauvagine, 10311.
savane, 8459.
saxicave, 8461.
scalariforme, 8465.
scalène, 8469.
scape, 8472.
scaphocéphale, 8473.
scaphognathite, 8475.
scaphoïde, 6160, 8476.

scaphopodes, 8477.
scapulaire, 8479.
schéma, 2377.
schistocarpe, 8489.
schistosome, 8488.
schizocoele, 8490.
schizogamie, 8491.
schizogène, 8493.
schizogenèse, 8492, 8516.
schizognathe, 8494.
schizogonie, 8495.
schizogrégarines, 8496.
schizomycètes, 3455, 8497.
schizomycophytes, 8498.
schizonte, 8499.
schizophyte, 8500.
schizopodes, 8502.
schizozoïte, 175, 5626, 8503.
scintigramme, 8513.
scintillon, 8514.
scion, 8515.
scissipare, 3458.
scissiparité, 3454, 3457.
scissure, 1677, 3462, 9240.
— rhinale, 8278.
sciuromorphes, 8518.
sclérenchyme, 8523.
sclérite, 8522, 8524.
— hyoïde, 4499.
scléroblaste, 8525.
sclérodermé, 8526.
sclérodermes, 8527.
scléroprotéine, 8528.
sclérose, 8529.
sclérote, 8533.
sclérotine, 8532.
sclérotique, 8519, 8530.
sclérotome, 8534.
scolex, 8535.
— invaginé, 7808.
scolope, 8536.
scorbut, 8548.
scorpioïde, 8538.
scotophobine, 8539.

scototaxie, 8540.
scrobiculé, 8541.
scrobiculeux, 8541.
scrotal, 8544.
scrotiforme, 8546.
scrotum, 8547.
scutellaire, 8550.
scutelle, 1935, 8549.
scutelliforme, 8551.
scutelloïde, 8551.
scutellum, 4529, 8552.
scutifolié, 8553.
scutiforme, 8554.
scutum, 8555.
scyphistome, 8556.
scyphozoaires, 8558.
se nitrifier, 6309.
sécheresse, 2579.
secondaire, 5680.
sécréter, 3185.
sécréteur, 8580.
sécrétine, 8577.
sécrétion, 8578.
section, 8582.
sédatif, 2314, 8584.
sédentaire, 8585.
sédentarisation, 8586.
sédiment, 4573, 8587.
sédimentaire, 8589.
sédimentation, 8590.
sédiments, 6526.
segment, 7761, 8597, 8835.
— commun de l'oreille, 2066.
— prémandibulaire, 7657.
segmentation, 1676, 8598.
— déterminée, 2349.
— holoblastique, 4346.
— indéterminée, 4674.
— méroblastique, 5621.
— métamérique, 5705.
— spirale, 8940.
ségrégation, 2510, 8600.
ségréger, 8599.
ségréguer, 8599.
seiche, 8645.

sein, 1100.
séismonastie, 8603.
sel biliaire, 882.
sélaciens, 2734, 8604.
sélaginelle, 8605.
sélection, 8607.
— de rupture, 8384.
— directionnelle, 2489.
— naturelle, 6153.
— sexuelle, 8696.
— stabilisante, 9016.
sélectionner, 8606.
selle, 1692.
— turcique, 2931, 8617.
selvatique, 9316.
semence, 8618.
semi-dominance, 1745.
— dominant, 1746.
semiendoparasite, 8620.
semi-lunaire, 8621.
semimicroanalyse, 8624.
séminal, 8625.
séminifère, 8630.
sempervirent, 8632.
sénestre, 8752.
sens proprioceptif, 7806.
sensille, 7343, 8109.
— basiconique, 820.
— coeloconique, 1755.
sensillie, 8109.
sensitivo-moteur, 8639.
sensoriel, 8637.
sentier, 9761.
sépale, 8642.
sépaloïde, 8643.
séparation, 8600.
sépia, 8645.
septibranches, 8648.
septicide, 8649.
septifère, 8650.
septiforme, 8651.
septum, 8653, 10192.
— interalvéolaire, 4760.
— interauriculaire, 4762.
— nasal, 4805.
— pectiniforme, 6943.

— pellucidum, 8655.
séquence des acides aminés, 8656.
— nucléotidique complémentaire, 8657.
sère, 8658.
— primaire, 7714.
séreuse, 8662, 8668, 9940.
séreux, 8666.
sériniculteur, 1226.
sérologie, 8659.
séroprévention, 8660.
sérotonine, 8664.
sérotype, 8665.
serpule, 8669.
serre, 1672, 3300, 3992, 9413.
— humide, 9887.
— sèche, 2337.
serriforme, 8670.
serriste, 3994.
sérum, 8673.
— physiologique, 7238.
— sanguin, 1014.
sésamoïde, 8674.
sessile, 8676.
sessiliventres, 9332.
seston, 8677.
sétacé, 8679.
sétiforme, 8681.
sétigère, 8680.
seuil, 9638.
— photique, 7191.
sève, 8431, 8733.
sevrage, 2270.
sexe, 8683.
— hétérogamétique, 4261.
— homogamétique, 4379.
— isogamétique, 4379.
sexothérapeute, 8693.
sexué, 8694.
sexuel, 8694.
sexués, 8698.
sexupare, 8699.
sicula, 8731.
silicoflagellés, 8737.
silicule, 8738.
silique, 8739.

siliquiforme, 8740.
sillon, 3664, 4001.
— cervical, 1461.
— péri-irien, 8520.
— sexuel, 8627.
silurien, 8744.
simiiforme, 8746.
simplicidentés, 8747.
sinanthrope, 8748.
sinciput, 8749.
sinciputal, 8750.
singe-lion, 3734.
sinistrorse, 8753.
sinueux, 5512.
sinus, 8757.
— cardinal antérieur, 429.
— cardinal postérieur, 7593.
— coronaire, 1955.
— droit, 9107.
— frontal, 3620.
— hépatique, 4217.
— lactifère, 5038.
— lymphatique, 5344.
— nasal, 6137.
— orbitaire, 6580.
— palléal, 6762.
— sphénoïdal, 8901.
— terminale, 8758.
— urogénital, 10089.
— veineux, 8759.
sinusoïde, 8760.
siphomycètes, 7220.
siphon, 8761, 8768.
— exhalant, 3190, 3194.
— inhalant, 4668.
siphonaptères, 8762.
siphonculate, 8769.
siphonoglyphe, 8763.
siphonophores, 8764.
siphonozoïde, 8767.
sipunculiens, 8770.
siréniens, 8772.
sismicité, 8601.
site, 8774.
— actif, 109.
— mutable, 6035.
sitologie, 9724.

smoltification, 8794.
socialité, 8800.
sociation, 8801.
société, 8803.
socioécologie, 8804.
socion, 8805.
soie, 1108, 4113, 8678, 8741, 10247.
— rictale, 8316.
soies en crochets, 10014.
soif, 9623.
soins maternels, 5493.
sol, 8807.
— arable, 557.
solanacé, 8810.
soldat, 8813.
— nasuté, 6143.
sole pédieuse, 3552.
solénocyte, 8814.
solénostèle, 8815.
solipède, 8818, 8819.
solitaire, 8820.
solodisé, 8821.
soluté, 8822.
solvant, 2217, 8823.
soma, 8824.
somatique, 8826.
somatoblaste, 8832.
somatopleure, 8833.
somatotrophine, 4008.
somite, 5704, 8835.
— crânien, 2019.
— prémandibulaire, 7657.
sommation, 9243.
somme de la flore et de la faune, 946.
— des carrés à l'intérieur des groupes, 10352.
sommeil à ondes lentes, 2236.
— classique, 2236.
— lent, 2236.
— proprement dit, 2236.
— sismique, 8602.
sommet, 10009.
sondeur à écho, 2658.

sone, 8837.
sore, 8840.
sorédie, 8839.
souche, 8347, 9091, 9108.
soudanophilie, 9232.
sourcil, 3282.
sourcilier, 9247.
sous-alimentation, 5434.
— arbrisseau, 9210.
— axillaire, 9166.
— clavier, 9170.
— cutané, 9175.
— espèce, 9212.
— famille, 9183.
— genre, 9185.
— menton, 9195.
— muqueuse, 9941.
— neural, 9200.
— occipital, 9202.
— ombrellaire, 9220.
— ongulaire, 9223.
— opercule, 9204.
— pubien, 9205.
— rostral, 9206.
— scapulaire, 9208.
— sol, 9211.
— sternal, 9214.
— unguéal, 9223.
sousverse, 10016.
spaciologie, 8842.
spadice, 8845.
spadicé, 8843.
spadiciflore, 8844.
sparciflore, 8846.
sparoïde, 8847.
sparsifolié, 8848.
spasme, 8849.
spasmodique, 8850.
spastique, 8850.
spatacé, 8851.
spathe, 8852.
spathé, 8851.
spécialisation physiologique, 7236.
spéciation, 8858.
— allopatrique, 254.
spécifique, 8860.

spécimen, 8861.
spectre d'action, 107.
spéculum, 8862.
spermaceti, 8868.
spermaphytes, 8885.
spermathèque, 8872.
spermatide, 8876.
spermatie, 8877.
spermatique, 8873.
spermatoblaste, 8878.
spermatocyte, 8879.
— de deuxième ordre, 8573.
— de premier ordre, 7698.
spermatogène, 8882.
spermatogenèse, 8880.
spermatogonie, 8883.
spermatophore, 8884.
spermatophytes, 8885.
spermatothèque, 8872.
spermatozoïde, 442, 8887, 10432.
sperme, 8618.
spermie, 8887.
spermiogenèse, 8880, 8890.
spermogonie, 8891.
spermogramme, 8892.
spermovélocimètre, 8893.
sphaigne, 8894.
sphécodes, 8896.
sphénethmoïde, 8897.
sphénisciformes, 8898.
sphénodon, 8899.
sphénoïdal, 8902.
sphénoïde, 8802, 8900.
sphénoïdien, 8902.
sphérique, 3889.
sphincter, 8905.
— cardial, 1267.
— cardiaque, 1267.
— pylorique, 7990.
sphygmomanomètre, 8906.
spicifère, 8908.
spiciflore, 8909.
spiciforme, 8907, 8910.
spicule, 8912.
spiculé, 8911.

spicule copulatrice, 1917.
— sexuel copulateur, 6986.
— tétraxone, 9579.
spinellé, 8935.
spinescence, 8928.
spinescent, 8929.
spinifère, 8930, 8937, 9632.
spinigère, 9632.
spinocarpe, 8932.
spiracle, 8938.
spiralé, 4177.
spirale majeure, 5410.
— mineure, 5840.
spirales équitantes, 3054.
spirème, 8948.
spirille, 8950.
spirillose, 8949.
spirochète, 8951.
spiromètre, 8952.
spirométrie, 8953.
spiroplasme, 8954.
splanchnique, 8955.
splanchnocoele, 8958.
splanchnocrâne, 8959.
splanchnopleure, 8960.
splénique, 8963.
splénium, 8965.
spongiaire, 7578.
spongiaires, 7579.
spongine, 8967.
spongioblaste, 8968.
spongiocyte, 8969.
spongiole, 8971.
spongioplasme, 8972.
spongoïde, 8970.
sporange, 8978.
sporangiophore, 8977.
spore, 8980.
— muriforme, 2415.
spores identiques, 4915.
sporifère, 8982, 8986.
sporoblaste, 8983.
sporocarpe, 8984.
sporocyste, 8985.
sporogone, 8988.

sporogonie, 8989.
sporophore, 8990.
sporophylle, 8991.
sporophyte, 8992.
sporozoaires, 8993.
sporozoïte, 3687, 8994.
sport, 8995.
sporulation, 8979, 8997.
sporule, 8998.
sporulé, 8996.
spumellaria, 9005.
squale, 9007.
squamates, 5151, 9009.
squame, 9008.
squamé, 9010.
squameux, 9014.
squamifère, 9012.
squamosal, 9013.
squamosité, 9011.
squelette, 8778.
— appendiculaire, 538.
— axial, 744.
— céphalopharyngien, 1430.
— viscéral, 10266.
squelettique, 8776.
stade, 9017.
— de l'appariement, 10454.
— initial de l'anaphase, 2640.
— initial de la prophase, 2642.
— initial de la télophase, 2643.
— larvaire, 4750.
— leptotène, 5164.
— leucon, 5173.
— pachytène, 6730.
— polype, 4473.
— sycon, 9315.
— terminal de l'anaphase, 5093.
— terminal de la prophase, 5094.
— terminal de la télophase, 5095.
— zygotène, 10454.
stagnant, 9018.
stagnation, 9019.
staminaire, 9023.
staminal, 9023.
staminé, 9024.
staminifère, 9026.

staminode, 9027.
staphylocoque, 9034.
station, 9038.
stationel, 9039.
statoblaste, 9040.
statocyste, 5469, 9041.
statocyte, 9042.
statolite, 9043.
statolithe, 9043.
stèle, 9044, 10142.
stellaridés, 640.
stemmate, 9049.
sténoèce, 9050, 9053.
sténohalin, 9051.
sténohydrique, 9052.
sténophage, 9054.
sténopodium, 9056.
sténotherme, 9057.
stéréo-isomère, 9059.
stéréocil, 9058.
stéréospondyles, 5011.
stéréotaxique, 9061.
stérigmate, 9062.
stérile, 9063.
sternal, 9064.
sternèbre, 9066.
sternite, 9067, 9069.
sternorynques, 9068.
sternum, 1101, 5727, 9067, 9069.
stéroïdes, 9072.
stéroïdogénèse, 9071.
stérol, 9073.
stigma, 7269.
 — folliculaire, 3544.
stigmate, 9075.
stimulant, 3177.
stimulateur cardiostimulateur,
   6723.
stimulations précoces, 2641.
stimule, 9077.
stimuleux, 9076.
stimulus, 9077.
stipe, 9079.
stipelle, 9080.

stipiforme, 9082.
stipité, 9083.
stipulacé, 9085.
stipulaire, 9086.
stipule, 9088.
stipulé, 9087, 9089.
stipuleux, 9090.
stolon, 8382, 9092.
 — radiculaire, 4484.
stolonifère, 3474, 9093.
stomacal, 3713, 9096.
stomate, 9094.
stomatopodes, 9099.
stomodeum, 3572, 9100.
stomodorde, 9101.
strabisme, 9106.
strate, 5113, 9112.
stratification faunique, 3332.
stratifié, 9110.
stratum, 9112.
strepsiptères, 9118.
streptocoque, 9119.
streptoneures, 9120.
stress, 9122.
stressant, 9123.
striation, 9129.
stridulant, 9130.
stridulation, 9131.
striduleux, 9133.
strie, 9124.
strié, 9135.
strie vasculaire, 9125.
strigite, 9134.
striole, 9136.
striolé, 9137.
strobilacé, 9139.
strobilation, 9140.
strobile, 1849, 9138, 9141.
strobilifère, 9142.
strobiliforme, 9143.
stroma, 9145.
strophisme, 9148.
structure, 9152.
 — complémentaire, 1830.

télencéphale, 9460.
téléonomie, 9461.
téléoptile, 9462.
téléostéen, 9463, 9464.
téléostéens, 9465.
téléostomes, 9466.
téleutospore, 9467.
télie, 9468.
téliospore, 9467.
télocentrique, 9470.
télodendrite, 9471.
télolécithe, 9472.
télophase, 2643, 5095, 9474.
télosynapse, 9475.
télosynapsis, 9475.
telson, 9476.
temnocéphales, 9477.
temnospondyle, 9478.
témoin, 1894.
temporal, 9481, 9482.
temps de latence, 5097.
— de réaction., 8104.
tendineux, 9486.
tendon, 9487.
— d'Achille, 51.
ténia, 9405.
tension, 9122.
— artérielle, 1012.
tentaculaire, 9496.
tentacule, 680, 9493.
tentaculé, 9498.
tentacule dendritique, 2286.
— ramifié, 8716.
tentaculés, 9495.
tentaculifères, 9231.
tentaculocyste, 9499.
tente hypophysaire, 2386.
tentorium, 9500.
ténuiflore, 9501.
ténuifolié, 9502.
ténuirostre, 9503, 9504.
tépale, 9505.
tératogenèse, 9506.
tératologie, 9508.
tératologiste, 9507.

tératologue, 9507.
térébelle, 9509.
térébrant, 9511.
térébrants, 9512.
tergal, 9513.
tergéminé, 9514.
tergite, 9516.
tergum, 9516.
terminaison nerveuse, 6223.
— nerveuse sensorielle, 8640.
— présynaptique, 7684.
terminal, 9518.
termite, 9523.
termitière, 9522.
terné, 9524.
terniflore, 9525.
terpène, 9526.
terre, 10056.
— à infusoires, 4706.
— arable., 557.
— cultivée, 2113.
— exploitée, 2113.
— grasse, 5264.
— inondée, 9687.
terreau, 5264.
terrestre, 9527.
terricole, 9529.
terricoles, 9528.
territoire, 9534.
— présomptif, 7683.
territorial, 9530.
territorialisme, 9531.
territorialité, 9533.
tertiaire, 1399, 9537.
test, 9540.
— bilatéral, 2565, 9961.
— cis-trans, 1657.
— d'ajustement, 9541.
— d'Ascheim-Zondek, 622.
— de descendance, 7757.
— de F, 10133.
— des répliques, 8194.
— sur la somme des rangs, 8091.
— unilatéral, 8751.
testa, 9540.
testacé, 9543.

thromboplastine, 9645.
thrombose, 9647.
thrombozyme, 9645.
thrombus, 9641.
thylakoïde, 9649.
thylle, 9965.
thymiprive, 9654.
thymique, 9650.
thymocyte, 9652.
thymus, 9655.
thyréoglobuline, 9657.
thyréostimuline, 9669.
thyréotrope, 9668.
thyrocalcitonine, 9656.
thyroglobuline, 9657.
thyrohyal, 9658.
thyroïde, 9661.
thyroïdectomie, 9665.
thyroïdisme, 9667.
thyroxine, 9672.
thysanoptères, 9673.
thysanoptéroïdes, 9673.
thysanoures, 9674.
tibia, 9675.
tibial, 9676, 9677.
tibio-fibula, 9678.
— tarse, 9679.
— tarsien, 9679.
tige, 8472, 9020, 9046, 9048, 9691.
— ligneuse, 10359.
— pleine, 8044.
— souterraine bulbeuse, 1930.
tigelle, 1347, 9692.
tigellé, 9693.
tigon, 9694.
tiliacé, 9696.
tinamiformes, 9699.
tique, 9680.
— des chiens, 2538.
tissu, 9701.
— adipeux, 130.
— aréolaire, 591.
— botryoïde, 1046.
— caverneux, 1357.

— conjonctif, 1867, 1869.
— conjonctif aréolaire, 591.
— conjonctif lâche, 5299.
— de granulation, 3968.
— de transfusion, 9773.
— élastique, 2738.
— épiscléral, 3023.
— érectile, 3057.
— hématopoïétique, 4102.
— hémopoïétique, 4102.
— interstitiel, 4824.
— lymphoïde, 5355.
— myéloïde, 6074.
— nerveux, 6233, 6252.
— nerveux embryonnaire, 6247.
— nourricier, 6400.
— osseux, 1035, 6641.
— ostéoïde, 6652.
— palissadique, 6759.
— propre, 9213.
— réticulaire, 8245.
— somatique, 8831.
— végétal, 10159.
titrage, 9705.
— biologique, 898.
titration, 9705.
toile d'araignée, 1727, 8914.
toison, 6967.
toit optique, 9450.
tolérance, 9707.
tolérant, 9708.
tomies, 9710.
tomium, 9710.
tonicité des muscles, 2740.
tonofibrille, 9713.
tonofilament, 9714.
tonoplaste, 9715.
tonus, 9718.
toposéquence, 9722.
topotaxie, 9723.
torola, 9728.
torsion, 9727.
torule, 9728.
totipotence, 9731.
toujours vert, 3164.
toundra, 9932.
touracine, 9945.

touracoverdine, 9946.
tourbe, 6930.
tourbeux, 6931.
toxalbumine, 9732.
toxicité, 9734.
toxicogène, 9735.
toxicologie, 9738.
toxicologique, 9736.
toxicologue, 9737.
toxine, 9740.
toxique, 9733.
toxodontes, 9741.
toxolyse, 9742.
trabant, 8453.
trabéculaire, 9744.
trabécule, 9743.
— sclérale, 8521.
tracé, 2377.
trace foliaire, 5125.
traceur, 9748.
— radio-actif, 9749.
trachéal, 9751.
trachée, 9750, 10343.
trachée-artère, 9750.
trachéen, 9751, 9755.
trachéide, 9756.
— annelée, 405.
— aréolée, 7325.
— ponctuée, 7325.
trachéobranchie, 9752.
trachéole, 9757.
trachéophytes, 9758.
trachyméduses, 9759.
tractus génital, 3790.
— hypothalamo-hypophysaire, 4576.
— olfactif, 6483.
trait caractéristique, 1485.
traitement primaire, 7700.
— secondaire, 8575.
— tertiaire, 9539.
trame, 9762.
transduction, 9764.
transect, 9765.
transfection, 9766.

transférase, 9769.
transfert, 9767.
transformation, 9770.
— asbestosique, 620.
— sol-gel, 8817.
transformer par métabolisme, 5690.
transformisme, 9771.
transfusion, 9772.
— de sang, 1020.
— sanguine, 1020.
transfusionnel, 9774.
transillumination, 9775.
translocation, 9778.
transmutation, 9779.
transpiration, 7112, 9307, 9781.
transpirer, 9308.
transplantation, 9783.
transplantologue, 9782.
transport actif, 112.
transsexualité, 9784.
transversal, 9785.
transverse, 9785.
trapèze, 3989, 6003.
trapézoïde, 5166, 6002, 9792.
trauma, 9795.
traumatique, 9796.
traumatisme, 9797.
travail sur le terrain, 3414.
trématodes, 9800.
trémoussant, 3522.
tréphone, 9801.
tréponème, 9802.
triade, 9803.
triadelphe, 9804.
trias, 9808.
triasique, 9808.
triaxonides, 4302.
tribu, 9809.
tricapsulaire, 9810.
tricarpellaire, 9811.
tricéphale, 9812.
triceps, 9813.
trichine, 9814.
trichinose, 9816.

trichite, 9818.
trichobranchie, 9817.
trichocyste, 9818.
trichogène, 9819.
trichogyne, 9820.
trichome, 9822.
trichoptères, 9823.
trichotome, 9824.
trichotomie, 9825.
triclades, 9826.
triconodontes, 9829.
tricoque, 9827.
tricotylédone, 9830.
tridactyle, 9832.
tridermique, 9849.
triflore, 9834.
trifolié, 9835.
trifurqué, 9824, 9836.
trigame, 9837.
trigemme, 9637.
trigone cérébral, 3580.
— fibreux, 9839.
trigyne, 9841.
trilobé, 9842.
trilobites, 9843.
triloculaire, 9844.
trimère, 9845, 9846.
triongulin, 9860.
tripenné, 9848.
triphylle, 9847.
triploblastique, 9849.
triploïde, 9850.
tripton, 9851.
trisépale, 9854.
trisomie, 9856.
trisomique, 9855.
triticale, 9857.
tritocérébron, 9858.
trivalent, 9862.
trochanter, 5167, 9864.
trochantin, 9865.
trochléaire, 9867.
trochlée, 9866.
trochoïde, 9869.

trochus, 9870.
trocophore, 9871.
trocosphère, 9871.
trogon, 9872.
troisième carpien, 5408.
— ventricule, 9622.
trompe, 4152, 7722.
— d'Eustache, 3149.
— de Fallope, 3301.
— utérine, 3301.
tronc, 9091.
— aortique, 9893.
— branchiocéphalique, 4730.
— cérébral, 1080.
— coeliaque, 1752.
— lymphatique, 5350.
— nerveux ventral, 10185.
— pulmo-cutané, 7953.
— trachéen, 9754.
tronqué, 9892.
trophallaxie, 9873.
— directe, 2488.
trophallaxis, 9873.
trophamnios, 9874.
trophique, 9875.
trophoblaste, 9876.
trophocyte, 9877.
trophonemata, 9878.
trophonucléus, 5384, 9879.
trophoplasma, 9880.
trophotaxie, 9881.
trophothylax, 9882.
trophotropisme, 9881.
trophozoïte, 9884.
tropisme, 9888.
tropocollagène, 9890.
trou, 3556, 6528.
— de Botal, 1042.
— de Munro, 3561.
— déchiré antérieur, 3557.
— déchiré moyen, 3558.
— déchiré postérieur, 3559.
— entépicondylien, 2887.
— ischio-pubien, 4891, 6413.
— obturé, 6413.
— occipital, 3560.
— ovale, 3564.

- rond, 3565.
- susépitrochléen, 2887.
trouble, 1704.
troupe, 3497.
troupeau, 3497.
trous trachéliens, 10216.
- transversaires, 10216.
truffe, 9891.
trypanosome, 9894.
trypanotolérant, 9895.
trypsine, 9896.
trypsinogène, 9897.
tsé-tsé, 9898.
tube, 10137.
- alimentaire, 222.
- ambulacraire, 7452, 9900.
- collecteur, 1788.
- copulateur, 1865.
- corollaire, 1943.
- criblé, 8735.
- de la corolle, 1943.
- de Malpighi, 5438.
- digestif, 222, 2434.
- droit, 9923.
- nerveux, 6248.
- neural, 6248.
- papillaire de Bellini, 2585.
- pollinique, 7477.
- urinifère, 9922, 10081.
- ventral, 10188.
tubéracé, 9903.
tubercule, 9902, 9904.
tuberculé, 9906.
tubercule acoustique, 2636, 9912.
- articulaire, 613.
- bicipital, 8052.
- mamillaire, 5443.
- postérieur du thalamus, 7966.
- prélingual, 7655.
tubercules bijumeaux, 1964.
- quadrijumeaux, 1967, 8018.
tuberculeux, 9905, 9917.
tuberculifère, 9907.
tuberculiforme, 9908.
tuberculine, 9909.
tuberculose, 9910.
tubéreux, 9917.

tubérosité, 9904, 9916.
- bicipitale, 8052.
- costale, 9913.
tubes séminifères, 8631.
tubipare, 9918.
tubipora, 9919.
tubipore, 9919.
tubule, 9921.
tubulé, 9920.
tubuleux, 9926.
tubulidentés, 9924.
tubuliflore, 9925.
tumescence, 9928.
tumescent, 9929.
tumoral, 9930.
tuniciers, 9943, 10084.
tunicine, 9944.
tunique, 9933.
- adventice, 148.
- muqueuse, 5984, 9938.
- musculaire muqueuse, 6024.
- séreuse, 9940.
- sous-muqueuse, 9941.
- vaginale, 9942.
turbellariés, 9947.
turbiné, 9950.
turbiniforme, 9950.
turgescence, 9952, 9953.
turgide, 9951.
turion, 9954.
tylopodes, 9963.
tympan, 2580, 2581, 2637, 9966, 9971.
tympanal, 9968.
tympanique, 9967.
typage, 9978.
type sauvage, 10336.
types biologiques, 5195.
typhlosolis, 9975.
typhoïde, 9976.
typhus, 9977.
typothériens, 9979.
tyrosinase, 9980.

U

ubac, 8700.
ulcération, 9982.
ulcère, 9981.
— rongeur, 1235.
uliginaire, 9983.
uligineux, 9983.
ulmacé, 9984.
ulna, 9985.
ulnaire, 9853, 9986.
ulotriche, 9987.
ulotrique, 9987.
ultra-phagocytose, 9989.
ultracentrifugeuse, 9990.
ultramicroclimat, 9991.
ultrastructural, 9992.
unciforme, 4127.
unguéal, 10020.
unguifère, 1673.
uniangulaire, 10026.
uniarticulé, 10027.
unicuspidé, 10031.
unifeuillé, 6509.
uniflore, 10032.
unifolié, 6509, 10033.
unijugué, 10034.
unilabié, 10035.
unilobé, 10036.
uniloculaire, 10037.
uninervé, 10030.
unipare, 10040.
unipétale, 10041.
unipolaire, 4395.
unisexualité, 10045.
unisexué, 10044.
unité graphique, 5467.
— motrice, 5973.
univalent, 10048.
univalve, 10049, 10051.
univalves, 10050.
upwelling, 10061.
urcéolé, 10062.
uréase, 10064.
urédinales, 10065, 10066.

urédospore, 10067.
urée, 10063.
urétéral, 10069.
uretère, 10068.
— secondaire, 5710.
urétral, 10071.
urètre, 10070.
— membraneux, 6885.
— prostatique, 6887.
— spongieux, 6888.
urétrobulbaire, 10072.
urinaire, 10074.
urine, 10080.
urocordés, 9943, 10084.
urodaeum, 10085.
urodèles, 10086.
urodéum, 10085.
urogénital, 10087.
uropode, 10090.
uropoïétique, 10091.
uropyge, 10094.
uropygial, 10092.
uropygienne, 10092.
uropygium, 10094.
urosome, 10095.
urostyle, 10096.
urticacé, 10097.
utérus, 5498, 10102, 10356.
— mâle, 10103.
utriculaire, 10105.
utricule, 10104.
utriculé, 10105.
utriculeux, 10105.
uvéal, 10108.
uvée, 10107.
uvulaire, 10110.
uvule, 10109.

V

vaccinal, 10111.
vaccination, 10112.
vacciné, 4622.
vacuolaire, 10113.
vacuole, 3551, 10114.

- jugulaire interne, 4801.
- linguale, 5240.
- mammaire, 5453.
- mandibulaire, 5461.
- ombilicale, 10007.
- pelvienne, 6980.
- porte, 7585.
- porte hépatique, 4216.
- porte rénale, 8185.
- pulmonaire, 7957.
- rénale, 8186.
- sacrée, 8402.
- saphène, 8432.
- sciatique, 8512.
- sous-clavière, 9172.
- sous-scapulaire, 9209.
- thyroïdienne, 9664.
- trabéculaire, 9746.
- ventrale abdominale, 428.
- vésicale, 10227.
- vorticineuse, 10297.

veineux, 10182.

veinule, 10195.

vélamen, 10169.

véligère, 10173.

vélocimétrie, 10174.

velu, 7948.

velum, 10175.
- transversum, 10176.

venéneux, 10181.

vénérien, 10179.

venimeux, 10181.

venin, 10180.

ventouse, 9227.

ventral, 10184.

ventre, 10183.

ventriculaire, 10191.

ventricule, 3443, 10190.
- latéral, 5102.
- succenturié, 7886.

ventriculo-aortique, 10193.

ver, 10362.
- à soie, 8742.
- apode, 5406.
- blanc, 4011.
- de terre, 5318.
- luisant, 3903.
- plat, 3482.

verdoyante, 10254.

verge, 6991.

vermicide, 10196.

vermiculaire, 10197.

vermiforme, 10197.

vermifuge, 10200, 10201.

vermilingues, 10202.

vermis, 10203.

vermivore, 10204.

vernaculaire, 10205.

vernal, 10206.

vernaline, 10207.

vernalisation, 10208.

vernation, 10209.

verruqueux, 10210.

vers l'extrémité, 2517.

vertébral, 10213.

vertèbre, 10212.
- arcocentrique, 581.
- cervicale, 1463.
- coccygyenne, 1736.
- cordale, 1555.
- cyclospondyle, 8326.
- lombaire, 5317.
- péricordale, 7037.
- sacrée, 8403.
- tectospondyle, 9448.

vertébrés, 10217, 10218.

vertébro-iliaque, 10219.

vertex, 2057, 10220.

verticille, 10222.

verticillé, 10223, 10334.

vertique, 10221.

vertison, 10224.

vésical, 10225.

vésiculaire, 10230.

vésicule, 978, 2144, 8389, 10228.
- acrosomiale, 94.
- biliaire, 3676.
- de Savi, 8460.
- encéphalique, 1452.
- encéphalique moyenne, 2371.
- germinative, 3825.
- olfactive, 6484.
- optique, 6567.
- pinocytique, 7303.

X

xanthophylle, 10367.
xénarthres, 10368.
xénie, 10369.
xénogamie, 10370.
xénogenèse, 4265.
xénopus, 10372.
xérophile, 10373.
xérophyte, 10374.
xérosère, 10375.
xiphisternum, 10376.
xiphosures, 10378.
xoprodéum, 1909.
xylème, 10357, 10379.

Y

yerkish, 10387.
yeux, 3275.

Z

zèbrâne, 10396.
zeugopode, 10398.
ziphiinés, 10399.
zoanthaires, 10401.
zoé, 10400.
zoécie, 10416.
zoïde, 10402, 10421.
zoïte, 10421.
zonation, 10409.
zone abyssale, 24.
— adjacente, 1880.
— d'élongation, 8160.
— de maturation, 8161.
— euphotique, 3131, 3132.
— fasciculée, 10403.
— glomérulée, 10404.
— hadale, 4048.
— intertidale, 4826.
— marginale de Lissauer, 10410.
— méristématique, 2782.
— pellucide, 10405.

— pilifère, 8341.
— réticulée, 10407.
zonographie, 10411.
zonule, 10412.
zoobiologie, 10414.
zoobiologique, 10413.
zoochlorelles, 10415.
zooérythrine, 10417.
zooflagellés, 10426.
zoofulvine, 10418.
zoogéographie, 10419.
zooglée, 10420.
zoologie, 10425.
zoologique, 10422.
zoologiste, 10424.
zoologue, 10424.
zoomélanine, 10427.
zoomorphie, 10430.
zoomorphique, 10428.
zoomorphisme, 10429.
zoophyte, 7260, 7261.
zooplancton, 10431.
zoosperme, 10432.
zoosporange, 10433.
zoospore, 9306, 10434.
zootechnie, 10436.
zootechnique, 10435.
zooxanthelles, 10437.
zoraptères, 10438.
zygantrum, 10440.
zygapophyse, 10441.
zygodactyle, 10443.
zygoma, 10444, 10447.
zygomatique, 10445.
zygomorphe, 10448.
zygoptères, 10449.
zygospore, 10451.
zygote, 10452.
zygotène, 10453.
zymase, 2916, 10455.
zymogène, 10456, 10458.
zymoplastine, 9645.

Achevé d'imprimer par les travailleurs
des ateliers Marquis Limitée de Montmagny
en août 1978